让我们一起追寻

A History of Ancient Egypt

II

（第二卷）

刘依晨 译

〔英〕约翰·罗默（John Romer） 著

从大金字塔到中王国的衰亡

古埃及史

From the Great Pyramid to the
Fall of the Middle Kingdom

社会科学文献出版社

SSAP

SOCIAL SCIENCES ACADEMIC PRESS (CHINA)

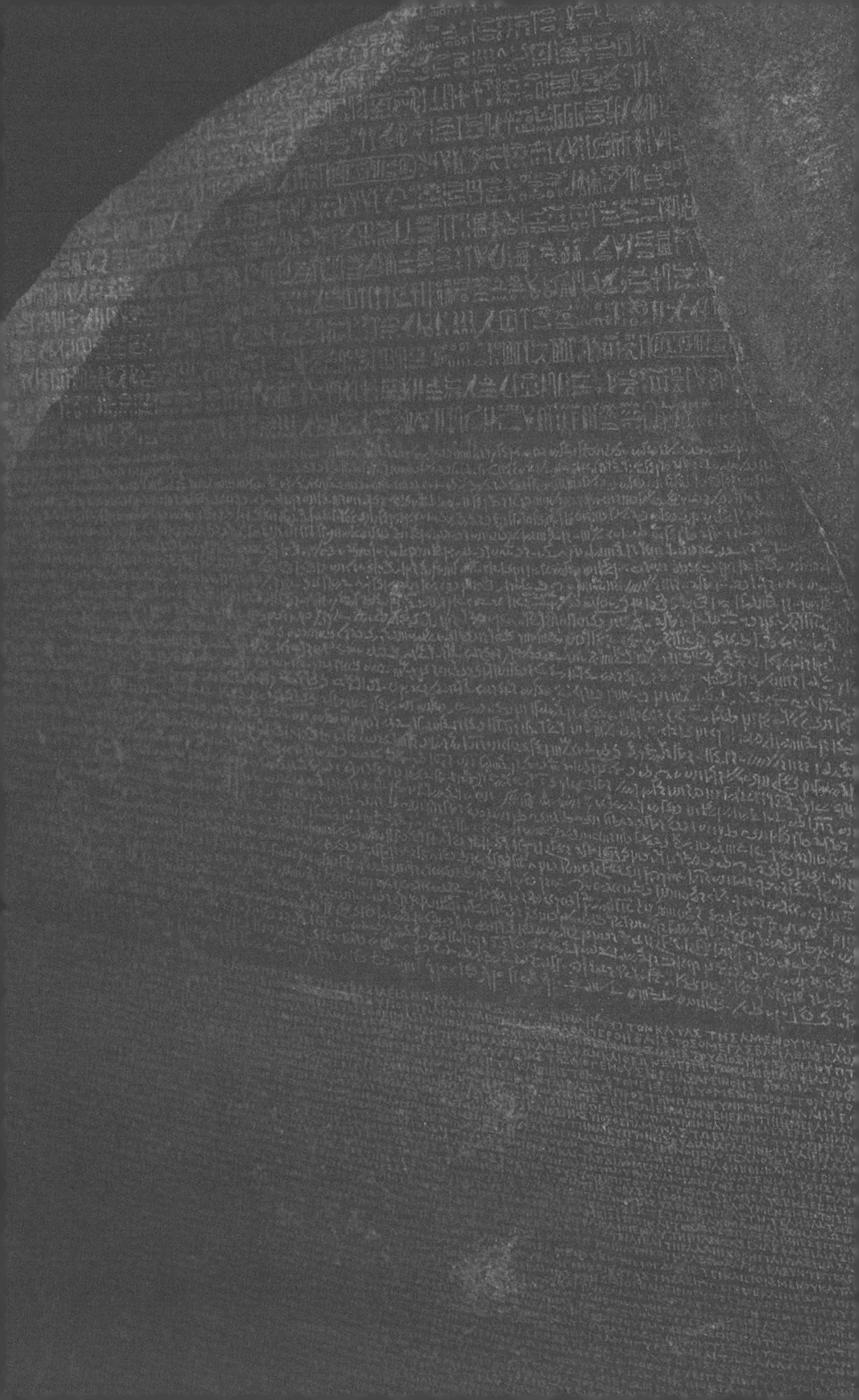

目　录

第四部分　古王国：阿布西尔及此后时代
（公元前 2500～前 2200 年）

第五部分　古王国：古老的记录，古老的生活

第六部分　中间期（公元前 2200～前 2140 年）

第七部分　中王国：重建王国
（公元前 2140～前 1780 年）

目　录

第八部分　中王国：重建后的国家
（公元前 2000~前 1660 年）

序　言

这套古埃及史的第一卷描述了法老时代国家的创立，结 束于公元前 2550 年前后吉萨（Giza）大金字塔的建造。这段历史的大部分时期是沉默无言的，几乎没有留存下任何能解释这段长达千年的历史进程的书面文字。但在这第二卷中，我们进入了一个从整体上来说更为喧闹的时代，它以那些古朴而沉默的早期金字塔为开始，但这份沉默会逐渐被不断增加的圣书文字（即象形文字）文本组成的闲谈打破。这一时段结束于公元前 1770 年前后，此时的法老王国达到了全盛期，书吏们也创造出了优雅的宫廷文学。

这两卷书的时间线并非交汇于一个具体的时间点，而是于长达一世纪的时间段中以某种角度结合在一起，在这段时间内大金字塔建成，文本和铭文也开始增多。因此，第二卷记载的历史与第一卷是有所不同的，圣书文本的存在感不断增加，使得古老的思想以书面语言的形式得到表达，成为主流叙事的一部分。

我们常常会发现，历史是过去的世界与现在的世界之间的一次对话。现代人眼中的古埃及历史的关键总是在于古代文本，因此我们可以将之视为古老的文本与这些文本被破译后的两个世纪中的西方学术界的一次对话。这次对话是如此居高临下，以至于许多重要西方学者的态度和观点与吉萨的金字塔一样，成为现代构建出的"古埃及"的重要组成部分。

因此在我看来，为避免造成困扰，任何打算为法老文化 xiv 新写一部历史的作者都应该对他们所写的版本与标准的现代版"古埃及"之间的不同及其原因加以概述。

由于现代人文学科植根于对古典时代希腊罗马文学作品的研究，我们不难想象，西方最早的有关这个刚刚得到破译的古老文明的历史是基于古典时代历史学家们的叙述写就的，它们的重点在于政治、民族和王朝之间的冲突。但同时，这些历史又是在欧洲刚刚步入现代时被打造出来的。而现代是一个社会与工业变革的时代，民族国家与帝国主义的概念正炽烈地燃烧着。因此，这些法老时代历史中的主角也被来自这个时代的精神所鼓舞，他们的故事以财富和战争、阶级、种族和唯我独尊的权势为主题。考虑到埃及在 19 世纪的世界当中的位置，这样的历史自然是以东方为背景上演的。

但实际上，建立并维护着法老文化的一百五十代人早已消逝不见，他们和他们创造的历史所留下的东西也所剩无几。19 世纪的历史学家们只能用个人看法和猜想，来填补它们与构建西方历史书中常见的叙事所需的基础信息之间的巨大鸿沟。他们的那些传统故事尽管给陌生的法老时代遗迹带来了一种并不真实的熟悉感，但也造成了深远的不良影响，而这正是问题所在。

序　言

现代构建出的"古埃及"是 19 世纪流行的种族与古代语言研究的直接产物，这些研究当中使用的术语和概念后来又给希特勒的第三帝国定下了基本特性。当然，这并不是要说为现代构建的"古埃及"打下了基础的数位来自不同国家的学者都是天性残酷的人，或者是种族主义者、帝国主义支持者，而是说他们受到了自己所处时代主流思想的影响。例如，格奥尔格·施泰因多夫（Georg Steindorff）曾是莱比锡大学的校长，也是遭受纳粹迫害者中最著名的埃及学家，他认为自己完全是这个国家的一员，并且终其一生都支持德国极端保守的价值观。在第一次世界大战开始前几年，施泰因多夫写了一本十分流行、颇具影响力的历史书《法老王国的全盛时期》（*Die Blütezeit des Pharaonenreichs*），在这本 书中他满怀钦佩地将古埃及描述为强大的帝国。在那之前十年，现代埃及学的创立者，也是施泰因多夫在柏林的教授阿道夫·埃尔曼（Adolph Erman）提出古埃及人"从未体验过大型国家战争带来的令人鼓舞的影响"的论断。尽管二者表述不同，但他们那执着于视建立帝国为精神动力的虚幻念头却是相同的，且均是他们所处时代的产物。不过，同埃尔曼一起编写古埃及语标准词典的沃尔特·格拉波（Walter Grapow）却和其他几位学者一样，是狂热的纳粹支持者，格拉波认为伟大的历史是由强大的个人缔造出来的，并且认为古埃及语中的"王国"、"血"和"土地"等词完全可以与当时德语中的这几个词对应起来。在下一代学者中，这些想法被进一步拓展，法老拥有神性的概念也被包含在其中，他们认为"血与土"这样的原则在这个古老的民族身上也得到了深刻的体现。实际上直至今日，像其他许多同样未经证实的猜想一样，很多专家仍然断言古埃及王国是在鲜血与战斗中诞生的，且会将在位的法老视为神明。

20世纪60年代我刚到埃及时，遇到了许多友善的学者，并和他们一起工作。他们是所谓的柏林学派建立者的学生，正是他们用漫长而慷慨的对话将我引入了古埃及及其现代学术研究当中。许多如今已然退休的教授接受过这一代人的教育，实际上，当代埃及学主要是由这一复杂传统的直接继承者打造的。一些大学现在使用的教科书也是由曾经热情地欢迎希特勒上台，或者后来因在20世纪30年代的不光彩活动而被禁止在战后的德国从事教学工作的那些埃及学家编写的。

这些作品之所以被广泛使用似乎是因为人们相信埃及学从根本上来讲是一门科学，因此居于一切俗世的政治之上，我们对法老文化及其历史的了解也是一个不断揭示真相的过程，每一代的学者都毫无疑问地站在先辈们的肩膀上。

xvi 　然而，埃及学却并非科学，当然也不是书写历史的学问。科学家所探查的，是被精确定义的宇宙秩序的某些方面。大部分埃及学家会把时间花在搜寻和整理各种各样复杂的人类活动中随机产生的文物上。历史并不存在普遍的叙事——尽管19世纪时曾有不少西方人相信这一点——也不存在能用来科学分析埃及学研究产物的，与种族、贪婪、权力或不断增长的人类智慧有关的世界秩序，同样不存在一条线索或一个突破，能拼完一张可以涵盖并解释一个长达一百五十代人的古老文化的拼图。但时至今日，许多有关古埃及历史的学术作品仍然是基于一百多年前的猜想和理念写成的，那时埃及学乃至历史学本身都是被当作一门科学看待的。当然，同样不足采信的想象中的历史也成为如今的小说、电影和流行文化中的"古埃及"的基础。

从这些有关古代历史的狭隘想象被创立之初起，评论家便已经开始抱怨其不足之处了。弗里德里希·尼采（Friedrich Nietzsche）或许是其中最有先见之明的，也是指责得最为激烈的一位，他认为这样的历史，这种对过去的印象完全没有他在许多其他古代事物中发现的那种优雅风度、对生活之中喜乐的沉迷、残酷的精确与完美，以及充满创意的运用词语和材料的方式。十年后，亨利克·易卜生（Henrik Ibsen）也加入其中，以海达·高布乐（Hedda Gabler）的名义抱怨了同时代的历史学家们，认为他们"不是什么幽默风趣的旅伴。至少不会太久……试试就知道了！除了文明的早晨、中午和晚上的历史之外别无所有"。当然，在海达那个时代，即"美好时代"（Belle Époque），人们认为欧洲的文化是世界文明中最高等的形式。所以一战之后詹姆斯·乔伊斯（James Joyce）会借斯蒂芬·迪德勒斯（Stephen Dedalus）之口，将历史称为一场他尝试从中醒来的噩梦也就毫不奇怪了。

同样，当今那些最重要的埃及学家也并不看好这些传统的史观。但他们并不写面向公众的作品，并且倾向于回避此类争议，毕竟它们植根于政治意识形态，并且与政府或大学等机构的秩序乃至人类的本性紧密相关。不过，他们也默默地对事态的进展提出了自己的看法。例如，约翰·贝恩斯（John Baines）在一篇有关法老时代文字的起源的学术论文中表示，自己有必要提醒读者创造了古埃及语的人显然比绝大多数解读古埃及语的现代人都更为智慧，而巴里·肯普（Barry Kemp）则称人们将当代版的"血与土"的神话应用到了古埃及的历史当中，并提醒道"A. 希特勒"已经对这一概念进行了"粗略的展示"。同时，人们对埃及学学科本身的历史产生了越来越强烈的兴趣，托马斯·施耐德（Thomas Schneider）小心地记录下了纳粹帝国的兴起对柏林学派造成的影响。这就是本书写作时所处的复杂背景。

第二卷讲的是从古王国到中王国这一时期，我原本以为这一卷的序可以写得简短一些。毕竟这一时期留存下来的数据实在很贫乏，因此传统的历史学家通常只会用全史不到三分之一的篇幅来记述这八个世纪，其中还充满了从后世收集来的信息，这种研究方法是基于所谓的"原始"社会本质永恒不变的信念，而我很久以前就打算抛弃这一观念了。

在我着手研究之后，全新的信息竟然开始如井喷般涌现。埃及的沙漠中和红海之畔的众多发掘的成果告诉我们，在这两个漫长的时期当中法老朝廷的旅行范围和规模超越了所有之前的想象。与此同时，对为人所知已久的文本进行的创新性研究以及近期的发掘工作中出土的一些令人惊奇的文献，更进一步拓展了我们对那些时代的了解。简而言之，发掘与研究修正了之前所有有关古王国和中王国时期历史的概念。这最终就使得我必须将我原本对这套埃及史的规划从两卷拓展到三卷，第二卷将结束于中王国末期，而第三卷则结束于法老文化终结之时。

序　言

　　就像在第一卷中那样，我的愿望是书写一部没有边界的历史，除非有同时代的文物所提供的证据和记录作为支撑，我会尽量避免使用任何前人有关法老王国的组成或特点的理论。我还打算摆脱普遍存在于历史学家当中的，假装自己能解释一切的傲慢，因为大量有关法老文化的基础性数据是我们现在尚未拥有，或许也永远不会拥有的。不过，在学界长达两个世纪的详尽而又专注的研究之后，我们已经发现了大部分古埃及统治者及其部分臣民的相关信息，并将这些信息谨慎地拼在一起，按次序编排出了一条时间线。但是，现有的信息仍旧不足以为任何一个古埃及人提供完全基于事实的简介。有记录的事件也很难成为传统历史书中连续性叙事的元素；W. H. 奥登（W. H. Auden）称那些故事为"肮脏而杂乱的历史"。

　　因此，我不打算将留存下来的信息置于按传统划分的古典王朝或个人统治时期当中，构建出一系列虚假的国王与廷臣小传，而是决定脚踏实地用事实构建出一部历史。在这部历史中，存留至今的文本、图像、石头、砖块和莎草纸被汇集起来，与创造了它们的人留下的稀少痕迹结合在一起，放置于古老的乡村、环绕在周围的海域和沙漠，以及尼罗河沿岸的背景中。因此存留下来的资料——一系列随机的"快照"、满怀怒意的书信、破碎的水壶、带着头发的梳子、写着法老名字的华贵珠宝——便被放到了这个长时段里，置于地下的水流、纪念建筑、海港、矿场和采石场、自古以来便存在的沙漠道路以及丰饶与灾害留下的痕迹当中。

　　在讲述这样的历史的过程中也存在着特别的危险之处。

就像路德维希·维特根斯坦（Ludwig Wittgenstein）在很久以前发现的那样，整部神话就存在于我们的语言当中。对古代文本的翻译将现代人构建出的"古埃及"蒙在了"国王""国家""士兵""廷臣""祭司"这样常用的西方词语的面纱之下。这些词语的存在本身便足以将这失落的社会所留下的碎片放进近代历史的童话故事、梦境与梦魇当中。

因此，要赶走这样的幽灵，拓展这类学术王国当中的可能性，让我构建出的历史进入更广阔的、有关古老的可能性的领域当中，我根据需要在文本中添加了另一条线索，用以描述现代构建"古埃及"时所基于的一些重大发现所处的背景，尤其是它们最早被报告、翻译、选择和解读时的情况。简单来说，就是这些孤立的、神秘的古代文本和文物是怎样被放到西方历史书的标准叙事当中的。

xix

我相信我文本中有关时间、王朝和地图的提示信息能够帮助读者找到它们在古代时空中所处的位置。但是，用公元纪年去记录遥远的过去本身就会带来矛盾，因为现在和过去的人们对时间和历史的认识是不同的。因此最好随时记住，现代第一部有关古埃及历史的年表是由法国人让－弗朗索瓦·商博良（Jean-François Champollion）于 1824 年在都灵城中的一座巴洛克式宫殿里编制出来的。

我将这部埃及史分为八个部分。

第一部分描述了书面语言产生后法老时代的宫廷中发生的戏剧性变革，这一场变革为过去的世代提供了声音，也使其变得遥远，并让那种古老的宫廷文化变得更加深刻。

第二部分讲述了在这种古老的书面语言于 19 世纪被破译后，我们构建出来的"古埃及"是怎样被打下基础的。

接下来的三部分描述了古王国时期的历史，对传统的历史学家而言这是充满困难的时期，因为他们几乎找不到建立通常的叙事所需的证据。但是，法老王国的核心身份正是在这一时期内变得成熟，后来的法老朝廷更是将之视为基础性模范。因此，这一时期在法老时代的历史中十分关键。

第三部分开始于建造吉萨金字塔的时期，描述了王室与廷臣家族，以及他们工作时所运用的智慧和情感。

第四部分描述了吉萨诸王之后的时代，以及他们的朝廷是用何种方法完善和拓展法老时代人们生前与死后的独特给养生存系统的。

第五部分描述的是这种生活方式带来的令人惊异的文学作品和生动的纪念建筑，并且对这些著名的文物做了解读。

第六部分描述了这个维持了四百年的王国的解体，并且为其终结找到了基于硬性证据而非政治理论推断出的原因。　xx
更重要的是，我们还发现古王国时期人们对生与死，以及对政府的看法是尼罗河下游沿岸的农民和官员们所共有的。之后，法老的王国被小心而又有意识地复兴了。

接下来的两部分写的是中王国的历史。首先是统一的法老王国的复兴，然后是它完善和复杂化的过程。

第七部分描述的是中王国时期开始时人们为重建之前朝廷中的活动、建筑和仪式所付出的巨大努力。这一时期的文物精确地向我们展示了被当时的法老朝廷视为宫廷文化以及古埃及生活中必备元素的东西。我们还见证了这个国家字面

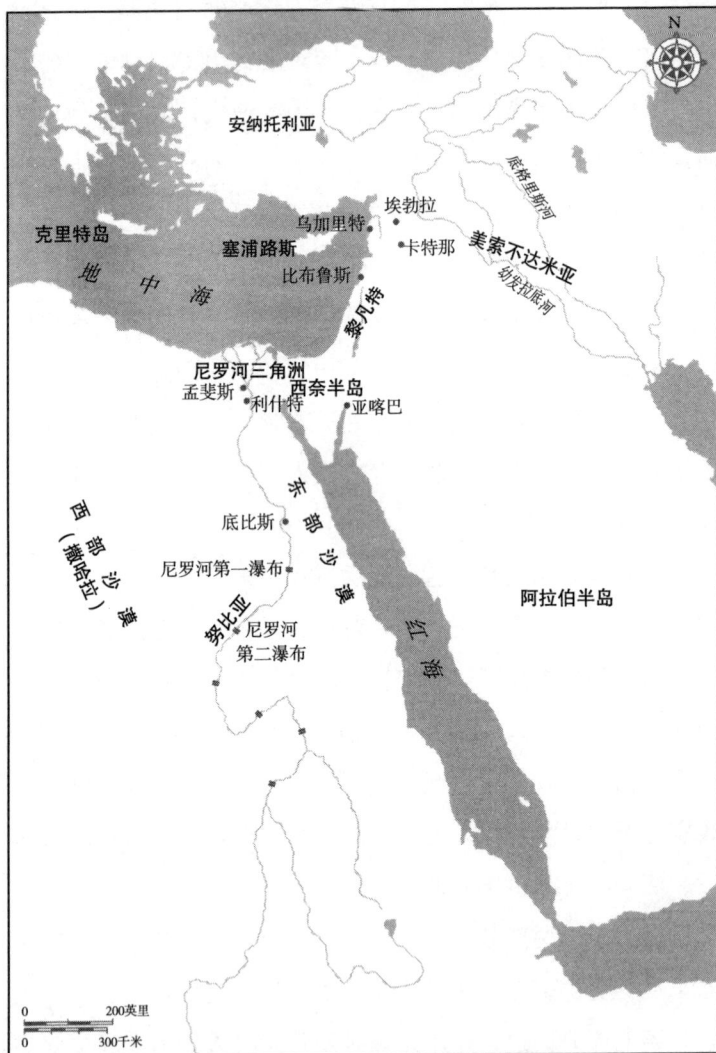

公元前两千纪中期的古埃及及其周边地区

意义上的重建过程，它打开古老的采石场，建造新的神庙和坟墓，派遣远征队前往大海和沙漠彼岸以获取装备、材料的必备要素，以及在生者的宫廷、神庙和坟墓祈祷室中进行的仪式与典礼。这个王国并非建立在神学、社会学或政治学理论之上，而是建立在朝廷的日常运作之上，建立在行动的神圣性之上。

第八部分是本卷的高潮所在，我们不但复现了中王国时期朝廷中一些实际的东西，也同样复现了一些有关这个王国当中人们日常生活水平的东西。这个由农民、国王和廷臣组成的社会顽强、坚韧、务实、聪慧，无论生者死者，都由独一无二的世界观紧密相连。

第二卷的尾声部分讨论了中王国朝廷产出的非凡作品，它们可能是法老时代朝廷存续的三千年当中存留下来的最完美的工艺品与书面作品。这些强大而为人熟知的图像并未被我写进这部历史的主体当中。但在这里，它们可以得到重新审视。

有关文本的说明

我文中使用的绝大多数译文是由米里亚姆·利希海姆（Miriam Lichtheim）、威廉·凯利·辛普森（William Kelley Simpson）、理查德·帕金森（Richard Parkinson）和爱德华·温特（Edward Wente）作品中的译文统合而来，并且我 xxii 尽可能以统一清晰、连贯的风格来引用这些杰出的学术作品。有关我所引用的内容出处的详情，请查看参考书目。

在加德纳和福克纳的宣言——许多古代文本中含混不清

的地方最终会导致译者凭直觉猜测其含义——之后，我自然而然地选择了那些最能说明我所描述的叙事的译文。在我看来，尽管不同的译文中偶有差异，但大部分译文的核心内容几乎没有什么不同。

我在译文有缺损或进行了缩略的地方添加了省略号（……），并且在有的地方添加了用方括号括起来的词，以表示进一步的解释。一些王家称号或标准称呼用语，如常被译作"生命、繁荣与健康！"以及"上下埃及之王"的词，由于它们的含义仍旧晦涩难解，在此便不做翻译。

我在本书中使用的古代人名与地名皆为其最通用的形式，取自纽约大都会艺术博物馆最新目录等。所有君王的名字都是以单一的形式写出的：斯尼夫鲁（Sneferu）而非斯诺夫鲁（Snofru）；胡夫（Khufu）而非基奥普斯（Cheops）；哈夫拉（Khafre）而非齐夫伦（Chephren）；伊塞西（Isesi）而非杰德卡拉-伊佐西（Djedkare-Izozi）或其他类似写法；乌纳斯（Wenis）而非尤纳斯（Unas）；因特夫（Intef）而非因约特夫（Inyotef）；门图霍特普（Montuhotep）而非门图特普（Menthotpe）；阿蒙涅姆哈特（Amenemhet）而非阿蒙涅姆斯（Amenemes）；森沃斯雷特（Senwosret）而非萨努斯雷特（Senusret）、森沃瑟（Senwosre），当然也不是塞索斯特里斯（Sesostris）！

大部分阿拉伯语地名的拼写均来自权威著作，即约翰·贝恩斯和亚罗米尔·马利克（Jaromir Malek）的《古埃及地图集》。

就像在第一卷当中那样，我将"埃及"作为现代地理名称使用，将"古埃及"用于指代现代人眼中的法老文化——"文化"这个词定义的是一系列有着共同的制造技术和审美特性的物品，以及制造并使用了这些物品的人们。

我将传统上称作"古埃及王国"的众多有人居住的地区称为"尼罗河下游地区"。这片地区南至现代阿斯旺地区的花岗岩瀑布，北至尼罗河三角洲。

我以"孟斐斯"这个词指代的并不是同名的古代城市，xxiii因为它在本卷所涵盖的历史时期之内尚不存在。我用这个词指代的是古王国时期的国家中心地带，即从北方的阿布鲁韦斯（Abu Roash）到南方的美杜姆（Maidum），沿着尼罗河西岸在现代城市开罗对面延展开来的长达三十英里①的建筑群，其中包含了今日大致被称为塞加拉（Saqqara）、阿布西尔（Abusir）和吉萨的众多大型墓地。为了简便起见，我将名为阿布古拉布（Abu Ghurab）的地区放在了阿布西尔地区之中，因为这两个相邻地区的建筑同属一个工程，同样，我也将如今名为美兹哥哈纳（Mazghuna）的地方并入了达舒尔（Dahshur）平原地区中，而它实际上在平原往北一些的地方。另外，我又将塞加拉及其建筑群分成了两个不同部分，即中塞加拉和南塞加拉。

我还使用了"孟斐斯的"（Memphite）这个词作为形容词，用来表达与"地方的"和"底比斯的"相对的含义。"地方的"指法老势力范围内所有其他古老的地点，"底比

---

① 本书从原文使用英制单位。1 英里约为 1.609 千米；1 码约为 0.914 米；1 英尺约为 0.305 米；1 英寸约为 0.025 米。本书脚注皆为译者注，后不再说明。

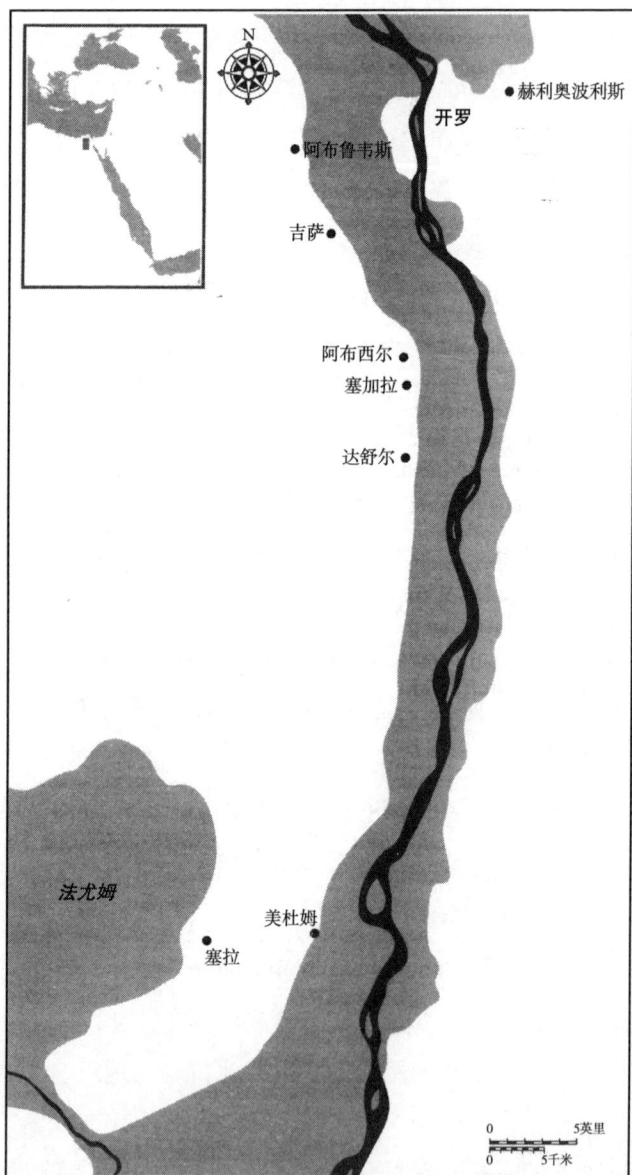

古孟斐斯地区，古王国时期金字塔所在的位置以其现代地名标出

斯的"指的则是南方聚落底比斯。就像在第一卷中一样，"聚落"这个词描述的是聚集在一起的非坟墓建筑。目前并未发现古埃及存在任何现代意义上的城镇。

就像文本中不断强调的那样，古代王国的核心机构是王宫，这是一座巨大的有围墙的建筑，它的名字也被用来描述这个国家本身。除了王室家族成员的居所以及朝觐用的厅堂之外，王宫中还有工匠们的工坊以及众多其他设施，这些设施直到最近还是大型居住用建筑群运转所必需的。

王室家族中似乎包含了法老众多的亲族成员，尽管这些人之间的血缘关系至今仍不清楚，更不用说情感上的亲疏了。因此，我使用"王后"这个词来指代王室家族中众多的女性成员，用"王子"这个词来指代相对不出名的男性成员。对于王位继承权相关的信息，我们一无所知，甚至不知道是否存在王位继承规则。实际上，对于法老本身所扮演的角色，我们也所知甚少。

我决定使用"廷臣"而不是"部长"这样的词来称呼 xxv 被同时代的文本描述为控制着法老时代朝廷中某些广泛进行的活动的人，因为部长这样的词容易让人认为存在某种高度结构化的官僚体系，但法老的王国似乎是以自上而下和面对面的形式运转的。文本还表明法老常常和几名廷臣组成的小群体会面，我大致按照他们的纪念建筑上列明的称号和头衔的现代翻译，将这一群体中的部分人称为"维齐尔""财政大臣"等。然而，我们并不清楚这些头衔是否能代表具体的职责，并且根据文本，我们得知不同的廷臣可能会执行截然不同的任务。

就像法老及其家族一样，许多廷臣与生活在尼罗河下游沿岸聚落中的所谓政府官员及长官有联系，后者领导的家族似乎也在王室宅邸当中负责运转较小的地方朝廷（府衙）。

有时，我也会用"贵族"这样的词来描述与王室家族有联系的廷臣或是地方长官及庄园主家族的首领，他们中有些人被葬在了装饰华丽的坟墓当中，这些地方如今成了游客们的必往之地，并且成了现代人眼里不变的古埃及图景中极为生动的一部分。

但是，古王国和中王国时期的文化却是以王宫为中心的。王宫活动的遗迹是现代人了解当时的历史所用的主要信息来源，而这些活动本身也为当时人们提供了对法老王国的定义。因此，"廷臣"这个词的范围不仅包含其在现代通常所指的管理人员，还应该包括所有与王室家族有关联的人，他们头衔的译文似乎表明他们从事着"雕塑师"、"珠宝匠"或"祭司"（priest）这样的工作。

实际上，"祭司"这个词所描述的也是一系列古老的头衔，我们如今会将它们分类为"宗教相关头衔"，但其实际上包含了与收集和分配物品相关的许多职能，这些物品正是维持国家活动的必需品。同样，"国家崇拜"、"神庙"和"坟墓祈祷室"这样的词指代的也是与祭司为国王、诸神和死者献上供品相关的活动和建筑，这些活动是维持生者的王国存续之机制的缩影。

xxvi

我决定不使用"税收"（tax）这个词来描述维系国家中各个政府机关和各项活动的方式，因为在《牛津英语词典》中，这个词的定义是"估定的货币支付额"，所以不适合用来描述一个根本不具备其相应现代概念的系统的运作方式。我用"课税"（tithe）这个词来代替它，但请不要按字面含义将这个词理解为如"什一税"那样的固定征收农业粮食出产十分之一的课税，而是要将其理解为一个混成词，包含了多种用来为国家机关提供给养的方式。

　　同样，我使用"劳役"（Levee）这个词来描述法老时代的朝廷为不断进行的大型建筑工程召集所需的大量劳动力的方式。这个词并不表示古埃及农民经历了像近两个世纪当中的强迫劳动那样可怕的事，它仅仅指代非货币经济当中召集大量劳动力的行为。出于显而易见的原因，我选择使用"农民"和"农业工作者"而非"法拉欣"（fellah）① 或"佃农"这样的词。

　　最后，请注意哈杰德夫（Hardjedef）、安特佛克（Antefoker）和赫卡纳赫特（Heqanakht）这样在本书中被提及姓名的古代人只不过是个例，只是一些留存至今的古代文本中包含了对他们和他们的部分活动的描述。尽管我使用他们的名字是希望在读者脑海中建立一些有关彼时生活的概念，但我们不应该把这些人想象成杰出的历史人物，因为他们从数量众多的古代文本中脱颖而出，其存在一直被铭记到今天也不过是时间长河中的巧合罢了。例如，维齐尔安特佛克只是中王国时期所谓的维齐尔当中的一位，而像他一样留名至今的维齐尔至少还有二十位。他们的名字之所以能为人所知，主要是通过其坟墓当中的铭文，但有关他们的其他信息则几乎完全没有留存下来。

---

① 源自阿拉伯语，意为"农夫""耕作者"，历史上主要强调其古埃及渊源。

第一部分

大金字塔之后：

历史与圣书文字

1 迄今为止的故事

金字塔中的历史

大金字塔建成之后，一切都改变了。大金字塔在它建成时是世界上最大、最精准的石头建筑，亦是公元前 2500 年前后一百多年的时间内建成的四座大小相当的巨石建筑物之一。这四座巨型金字塔中的前两座是在斯尼夫鲁王在位期间建成的，第三座即我们所说的大金字塔，其建筑工艺精致超凡，是斯尼夫鲁的继位者胡夫在位期间建成的。最后一座与大金字塔一同矗立在开罗的地平线上，是哈夫拉在位期间建成的。哈夫拉对尼罗河下游地区的统治大约开始于公元前 2540 年，他可能是胡夫的孙辈。在这一时间段内还建造了其他一些巨石建筑，但仅这四座巨大的墓葬建筑所使用的石灰岩就已经超过了 1700 万吨。也就是说，在它们建成的那一百年中，每天都有大约 240 块、每块重达 2.5 吨的巨石被运到金字塔所在的位置。

这四座巨大的建筑是人类已知历史上的第一个国家的标志性作品。这个国家是一个青铜时代的王国，王国中有带卫城的王宫、补给品生产地和沿着尼罗河下游泛滥平原建立的无数农业聚落。根据目前最准确的估算，大约有一百万人为金字塔的建造提供了后勤保障——有了这个全国性的后勤保障系统，巨量的石材、铜、食物和木材才能在这宽广的大河上下运输。这也就意味着需要全国大部分人口积极参与其中，而不直接参与建造的人也要为此背负沉重的压力。建造完毕之后，这项工程赋予了这个法老的国度独有的自信和强大而成熟的身份认同。

在这四座巨型金字塔建成之后的三百年中，尼罗河河谷的下游地区又陆续建起了一系列较小的王家金字塔。大大小小的金字塔建成的那个年代如今被我们称作古王国时代。这些时代较晚、规模较小的金字塔每一座都属于一位不同的国王，它们都位于一片长达十五英里，从现代开罗所在纬度向南沿着尼罗河河谷西岸直深入塞加拉的沙漠墓葬群的狭长地带当中。这些时代较晚的金字塔结构比较相似，体积大约为大金字塔的三分之一，外角和内部结构则与诸多较大的金字塔一致。因此，对着重于讲述事件与发展的西方历史学来说，学者们很可能会得出这样的结论：在早期那些巨大而有创新性的金字塔建造完成之后，古埃及的历史发展变缓了。但实际上，出现这一现象的原因是法老及其廷臣看重的东西有所改变。

在四座巨型金字塔之后，这些早期的建筑工程得到重新评估。这在法老时代的历史上还是第一次：负责建筑工程的宫廷官吏和组织被分类、详述，且在大量的文字和图画中得到了描绘。接连不断地进行文化创新的时代已经永远过去了：从此时起，那再也不是法老们所关注的了。在接下来的两千年中，法老时代的历史充满了一系列的分裂、内乱和复兴，以及对巨型金字塔建造者所建立的国家中的生死大事的思考与阐述，既有文字上的，也有视觉上的。除了一些震撼宫廷上下的值得注意的冒险之外，这个有关反思和复兴的故事组成了一段颇具异国情调的历史，一段对现代人来说十分陌生的历史。

2 书写改变了一切

　　　公元前 2540 年之后，宫廷石匠们为王室成员建造的金字塔变得比之前小得多。同时，廷臣坟墓的祈祷室也不再仅仅是带有装饰的长方形石头走廊，而是变得更大更美。由于建筑和装饰上的变革，它们变得更加令人印象深刻。不少著名人物的祭葬庙——如提伊（Tiy）、梅雷卢卡（Mereruka）和普塔霍特普（Ptahhotep）的祈祷室墙壁上都画满了以"日常生活"为主题的壁画——成为游客眼中法老文化的象征和旅游路线上的必经之地。这些豪华的祈祷室中还放置了独立的雕塑，许多雕塑质量极高。墓室中还有纪念性文字，它们曾经十分罕见，如今却已变得颇为寻常：文字中描述了祈祷室墙壁浮雕中出现的场景、准备献给死者的供品、死者持有的或被国王赐予的土地和头衔、坟墓的建造过程，以及死者与法老的会面和通信。

　　　在这个漫长的变化过程进行到一半，也就是大约公元前 2380 年时，王家金字塔的内部通道和墓室中那些曾经没有任何图画装饰的墙壁上也出现了圣书文字铭文，这种现象一直持续到了古王国时代末期。这些铭文被称作《金字塔铭文》（Pyramid Text），它们是古埃及保存到今天的文本中年代最早的。

这些被刻在坟墓祈祷室和金字塔中的圣书文字本身既非罕见又非新创，而是已经在长达数个世纪的时间里被运用在了各种各样的地方。不过，被铭刻在金字塔中的圣书文字和 6 之前所有的圣书文字都有所不同。在之前的圣书文字文本中，大部分符号是用来表现名字、头衔和物品列表的。即便我们认为这样的文本拥有语法，那它的语法也和超市货架上的商品标签差不多。也就是说，这些文本里的符号和单词的主要用途是标记名称和数字，记录存储和供给的物品。在法老时代的埃及，这些物品会被分配给王室家族、国王的臣属和宫廷中的贵族。仅用于这类用途的文字几乎是不需要被写成完整句子的，一句接着一句出现的情况就更为罕见。到了公元前 2500 年前后，虽然王室金字塔变小了，但其中对圣书文字的运用却增加了。圣书文字形成了独立的书写系统，并且它的语法似乎再现了口语的一些元素。

胡夫廷臣的家族墓地，约公元前 2575 年，以及约公元前 2315 年的另一座贵族家族墓地。除了拥有垂直通往地下墓穴的竖井，早期坟墓主要由巨大而坚固的石头和碎砖建造而成

尽管一些保存至今的年代更早的文本中也体现出这种重要变化，但长久以来，历史学家们一直认为这些单词与书面文本是突然出现在古王国晚期的纪念建筑中的，它揭开了史前时代的面纱，将古埃及世界生动地展示在我们面前。不过，当时的书吏和廷臣们不这么认为。他们认为，之前那个沉默却建造了四座巨型金字塔的时代才是他们宫廷文化的成熟期。同样，在晚一些的时期中，人们为斯尼夫鲁写下祈祷词，将他奉为神明。四座巨型金字塔周围神庙中所用的石料像种子一样被放进后来那些体积较小的金字塔当中。那些被认为是在史诗时代写下的文本也得到某种程度的敬畏。一名惜字如金的后世书吏悲伤地在空白的莎草纸上写道，他希望能找到和之前的人们所用的词句不一样的表达方式。另一篇文本则讲述了一位国王命人在他面前打开许多老旧的卷轴，这样他才能知道怎样"用合适的方式"处理事务。就算是所谓的"教谕文本"——详细冗杂地记载了古王国时期宫廷及社会中种种礼节的文献，也遵从着来自近乎沉默的巨型金字塔时代的规矩：最近有学者认为，这个时代在其结束后的一个世纪之内就被古人当成法老时代的缩影了。

从最初建造金字塔的那些国王的名声来看，我们不难理解为何最早的教谕文本的作者是一位名为哈杰德夫的王子。其他文献将他描述为是建造了吉萨大金字塔的胡夫法老的儿子。

> 世袭的王子和领主、国王之子哈杰德夫为自己的儿子奥伊利留下这样的教导。他说：

2 书写改变了一切

你要在自己眼前责备自己，免得别人责备你。

当你功成名就之后，你应当成家，为自己得一个内心正直的女人，这样就能有自己的儿子……

《亡灵书》是生活在比胡夫晚一千多年的时代中的人们用来陪葬的文献，其中也有一段相似的文本，说哈杰德夫王子找到了一份"之前从未有人看到，从未有人知晓的隐秘的"葬礼文本。

当然，不必把这样的说法当真。在印刷和现代意义上的作者与版权出现之前，文献的作者归属有着不同于今日的目的和含义。有些晚期文献我们仅凭其文学形式就可以判定它们写成的年代比胡夫晚几个世纪，文献作者却宣称文本来源于上古时代，这只是为了让其写的东西看起来更有历史感，也更庄重。

不过，胡夫时代倒是真的有一位名叫哈杰德夫的王子。他的陵墓至今仍在吉萨高原上法老们的金字塔落下的阴影中矗立着。一些画在建筑用石块上的来自"[名为]胡夫醉了工作组"的罕见涂鸦证明了，为这位王子建造巨石陵墓的工匠正是给法老建造金字塔的工匠中的一部分。

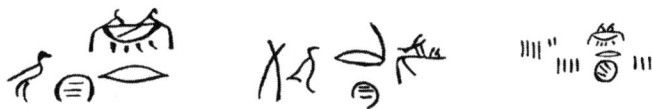

画在哈杰德夫的马斯塔巴石块上的涂鸦，是三个当时的工作组的名字

哈杰德夫王子被按照当时的习俗葬在了他坟墓中央的花岗岩石棺中，而石棺则被放置到了深深的竖井下面岩石凿成的小墓室当中。1925 年，发掘他墓室的人发现"他的尸身几乎完好无损，留在原处。身子朝着东边，向左侧躺着缩在一起，手伸直着放在盆骨前面。他是个高个子老年人。脊背完整，但第八节和第九节脊椎骨被小心地切断了……头骨从脖子上翻了下来，几乎落到了门对面的南墙那里"。

与哈杰德夫的陵墓类似的巨大的纪念建筑还有大约 200 处，它们被称作吉萨马斯塔巴（Giza mastaba）。在胡夫的时代，这些阴暗的、黄沙覆盖的建筑被建在了这片多风的高原上。其他许多王室成员也像哈杰德夫王子一样被葬在了这个巨大的墓葬群中，但他们中大部分人如今除了铭刻在墓室中的名字，别无所存。似乎只有这位王子在死后一个世纪中获得了名人光环。考古学家清理他陵墓附近的流沙时，发现了后世所建的几座小型纪念碑的遗存。其中一座纪念碑上的铭文说，希望路过的人能念诵一段祈祷文，这样一位名叫卡（Kha）的廷臣就能在死后享用贡品。这段铭文还说卡是一个"敬爱哈杰德夫的人"。

书写改变了一切。虽然目前的证据显示这位王子生活在没有文字的史前时代，但他后来却变成了一位不朽的文学人物。这种重获新生的可能，这份活着的人心中的记忆曾经只能靠不断在坟墓祈祷室中放上贡品来维系，如今却在数个世代过去之后依旧长存。在接下来的一千年中，宫廷书吏会骄傲地宣称，书写下来的文字比巨石造就的坟墓更能让人被世人长久地记住。

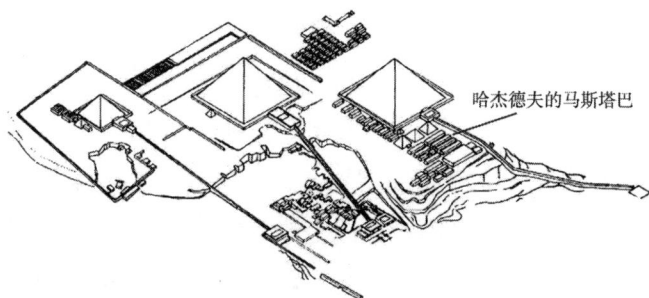

哈杰德夫的马斯塔巴

金字塔建成时代的吉萨高原，图上标出了哈杰德夫陵墓的位置

> 人死之后，尸体被深埋在地里。当他所有的亲人都入土之后，文字却使他能被人们记住……书卷比房屋和西边的墓室都更有用，比宫殿和庙中的碑石都更为完美。
>
> 有人比得上哈杰德夫吗？又有人能像伊姆霍特普那样吗？［其他文本中的人物］……他们早已死去，他们的名字或许也会被人忘记，但文字却让他们在人们心中永存。

在后世文献中，哈杰德夫王子也曾多次出现。其中最著名 10 的文献是一份书写优美的莎草纸卷——维斯特卡（Westcar），写成于王子死后约五百年。这份莎草纸卷上写了一系列虚构的、发生在建造了巨型金字塔的那几位法老宫廷中的故事。这些文学中建构出来的宫廷和历史上实际的情况相去甚远，历史上总管巨型金字塔建造的地方一定满是尘土和忙碌的身影，而文本中描绘的则是平静乃至快乐的宫廷，家具用黄金和乌木制成，衣着暴露的少女将船划过湖面，以取悦王室成员。哈杰德夫王子乘坐着王室游船沿尼罗河航行，将像聪明的杰蒂（Djedi）这样的占卜师带给国王以供娱乐之需。杰蒂为国王展示了令人惊异的魔法，并且占卜了王国的未来。之后，胡夫下令把他派到"国王之子哈杰德夫的家里，和王子一起居住生活。要给他固定的食物，包括一千条面包、一百罐啤酒、一头牛和一百捆蔬菜。于是一切就依照国王的命令办成了"。

这样的故事往往不像它们乍看上去那样简单直白。福楼拜（Flaubert）的《埃及日记》不仅记载了一次 19 世纪的埃及之旅，更是详细记述了早期欧洲旅行者在东方的见闻。这些提及了哈杰德夫的文本也是如此，它们是法老时代文学传统的一部分。

当然，它们也不仅限于此。哈杰德夫作为胡夫宫廷中的一位王子在古代的文学记忆中长存，因此在今日的古埃及历史中，也到处可见他的名字。由于没有其他资料，维斯特卡莎草纸卷上的简单故事就成为有关这一历史时期的第一手资料。几乎所有的现代历史书在描述四座巨型金字塔建成时代之后的历史变迁时都会提到维斯特卡莎草纸卷上的故事。这篇在另一个时代写下的小说成为现代古埃及历史的一部分，也成为这建造了古代世界最大最复杂的建筑、为法老文化的定义打下基础的关键时期的一部分。

11　　因此，虽然对于哈杰德夫本人，我们所知的一切都只能从他的遗骸和吉萨高原上写着他名字的墓室中得来，但文学作品中的"哈杰德夫王子"却不仅仅出现在古埃及的文献中，也在现代历史中作为伟大的先知、虔诚的宗教文献作者和格林童话式的人物出场，这些作品往往假定自己所描绘的是历史上真实的王朝时代的政治。每次在文献中新发现这位王子的名字，每个新找到的他的圣书文字称号，都使得这位文学人物变得更加丰满，而吉萨高原上的大墓则提醒我们这个复杂的、建构成的、文学性浓厚的人物原本是基于冷冰冰的史实所创造的。

从这种意义上来说，哈杰德夫王子是现代史观下法老文化的完美象征。就像《旧约》中对青铜时代巴勒斯坦地区的骆驼、钱币、奴隶和国家间的战争的描述是在希腊化时代的亚历山大撰写并编纂而成，因此充满了后一时期的问题和忧虑一样，就像莎士比亚对笔下国王们的描写受到他自己所在时代政治的局限一样，现代历史对古埃及的描述也充满了后来者和异文化的感情及叙事方式所带来的影响。到目前为止，对其影响最大的是诞生了埃及学的那个时代和地区，即19世纪的欧洲，福楼拜的《埃及日记》亦成书于此时此地。

这种特殊情况很大程度上是由于缺乏其他能与这些狭隘的史观对抗的信息。从古埃及时代保存至今的文献里并没有史学作品。巨石残骸上留存下来的只是一堆人名、称号和头衔、字母、记事表和账目，还有一些与宗教仪式和死后世界相关的东西。除此之外，还有一些王室记录和法令，以及维斯特卡莎草纸卷这样的片段，它们一起组成了这个支离破碎的语料库，材料之少以至于它们都能被塞入一本厚实的平装书中。

我们没有理由想象黄沙之下还掩埋着一位古代的爱德华·

吉本（Edward Gibbon）或托马斯·巴宾顿·麦考莱（Thomas Babington Macaulay），而且就算是真的发现了这样的宝藏（这不大可能发生），我们也不应该假定他们发挥了与现代历史学家相同的作用。与古希腊、古罗马以及现代的历史学不同，法老时代的历史、神学和法典并非单单由书写下来的文字所组成。古埃及文化并非这样的文化。古埃及文化诞生于截然不同的时间和地点。在古埃及时代末期，一个生活于希腊化时代的亚历山大的充满智慧的埃及人发现了这种不同，他警告了那些喜欢招摇卖弄的希腊人，将他们的哲学称为"空虚而嘈杂的争吵"，认为它威胁了"从来不争论……"的庄严的法老文化的内核。这位忧郁的先知还认为，若是这样的事发生了，那么神圣而古老的尼罗河河谷，"这人间的天堂……这充满圣坛与神庙的地方，将会充斥着坟墓和亡者"。

这个聪明的亚历山大人描述了所有来自不以书写文献作为主要表达手段的文化的历史学家都会面临的困境。从某种意义上来说，今天那些参观古老的杰出画作展览的人也会遇到同样的问题。就如同古埃及一样，这些庄严的西方画作长久以来也被以书面文字作为主要表达方式的学术界关注着。尽管很难精确详细地分析出书面文字对其造成的持续不断的打击——图画的标题、分类和各种各样的解读，历史学家、神学家以及瓦萨里（Vasari）[①]、雪莱（Shelley）和斯特里斯夫人（Madame Sesostris）[②]的作品——我们却可以认为，我

---

① 即乔尔乔·瓦萨里（1511~1574），意大利艺术理论家，代表作《艺苑名人传》。
② 斯特里斯夫人，T. S. 艾略特代表作《荒原》中的人物。

们对这些沉默的画作的理解不可避免地被这些东西改变了。毕竟，对于现代社会来说，书写改变了一切。

因此我们可以说，对古埃及的传统历史学研究，大体上基于对存留至今的那些支离破碎的非史学文献的研究。而这样的研究究竟有没有可能展现出大体上基于视觉图画表达的法老文化的真实历史呢？不仅如此，由于这种研究持续了两个世纪之久，大部分现代人受其毒害，相信现代社会与人类历史上最古老的王国之间的巨大鸿沟可以这种方式得到填补。

然而，今日的你若是身处尼罗河下游那些优美的古文化遗迹中，身处陵墓、神庙甚至是博物馆中，一定会感到周身充满了如同弥散在空气中的香气一般的错位感。在更早一些的年代，人们是在炼金术文献和诺斯替教派（Gnostic）①的小册子的帮助下解读这看起来无法接触到的神秘世界的，而今天，大众媒体则假装"科学突破"有助于解释它。实际上，在两个世纪以来的研究和发掘工作之后，接连不断涌现的书面资料只是加深了我们长久以来的疏离感。

这便是古埃及的神秘之处所在。正因为如此，我们才会盯着图坦卡蒙那双黄金镶嵌的眼睛，想知道它们背后藏着什么。如同杰出的埃及学家詹姆斯·艾伦（James Allen）最近发现的，我们"就像古生物学家一样，能够对早已灭绝的生物进行令人印象深刻的重新构建，但对它们原本的样子却只有模糊不清的概念"。

---

① 基督教的一个派别，重视精神世界与神秘主义。

3 复活哈杰德夫？

14 　　讽刺的是，只有尼罗河下游地区古代文化的前半部分——文字诞生前的阶段——包含了真正的现代史学叙述，因为它的遗迹中包含了清晰的史学证据，可以体现物质上和政治上的发展。埃及历史的后半部分，即有书写文本的部分更为人们所熟悉，但它并未体现出这样的发展。实际上，从严格的物质层面来说，有文字的法老时代甚至可以被认为是全面衰落的时代。但在这后半个阶段中还是发展出了一种非凡的建筑，法老们开始了冒险，哈杰德夫虽已是石棺中的白骨，却获得了文学意义上的死后生活，并且这宫廷文化中的几乎所有元素都变得更加复杂而精致。因此我们可以说，如此丰富的一千年本身一定拥有伟大的历史。

　　这种信念至少激励了这个有着二百年历史的学科，让学者们仔细查阅留存下来的文字，并由此催生出众多论文和手册，它们成为传统的历史学家手中的原始材料。自然，要对这些基于文本的历史进行改写或是扩充，只能重读以前研究过的文本，或是将新发现的文献加入已有的信息当中。这个过程已经成为持续进行且有国际参与的学术项目，有着专门化的、特定的词汇表，给人们带来了一种科学进步的印象，一种"正在揭示事实之卓越"的错觉。

这种研究方法有三个根本性缺陷。第一，它太过强调基于文本的证据，导致原本是无缝衔接的法老文化被割裂成了两个时段，即前文字时代和文字时代。

第二，因为书写在法老时代本身就是一项只有很少一部分人才能参与的活动，古埃及的历史就从前文字时代的一个国家中所有人的历史变成了少数廷臣的历史，其中甚至很少有关于他们所供职的宫廷的历史。不过，这些幸存下来的文本有时也能提供一些包含了生动的语言和真实事件的历史碎片。

这种研究方法的第三个缺陷是，现存文本中的数据完全不足以支撑大部分现代史观下的叙事。例如，只有被称作维斯特卡莎草纸卷的这一份文献记载了哈杰德夫与胡夫宫廷的故事。没有人知道这个故事的原出处是哪里。这个故事的开头和结尾都丢失了，也无法确定它具体的创作时间。然而，由于并没有其他信息，在研究我们今日称之为古王国的历史时段时，历史学家经常将这个故事和同一莎草纸卷中的其他故事当作第一手史料来使用。

确实，传统史观下有关古王国的资料十分稀少。尽管那个时代留下了许多壮观的视觉上的证据，但存留下来的书面信息却极端贫乏，而这个时段本身又是十分漫长的。1840 年之前，欧洲历史学家几乎没有注意过它，四座巨大的金字塔也被描绘为某个原始野蛮、洪荒而不可知的上古时代的造物。1879 年，海因里希·布鲁格施（Heinrich Brugsch）教授在讲述法老伟大历史的作品中仅给持续四百年的古王国时代留下

17

20 页的篇幅，而讲述后来时代的部分却长达 450 页。1961 年，艾伦·加德纳（Alan Gardiner）爵士——他被认为是英语世界最伟大的埃及学家之一——在其篇幅相当的历史学作品中也只为古王国的历史留下 40 页左右的篇幅。

实际上，从整个法老时代留存下来的书面文字信息都很少，我们只能基于这些文本勾勒出一部有关公元前 2000 年至前 1000 年的数个世纪的政治历史。因此，传统史观下的古埃及历史是大量杂乱无章的材料拼凑出来的：有维斯特卡莎草纸卷上的故事，有一条条面包和一个个酒罐上记下的日期，有从还原出来的家庭纠纷、魔法在政治中的运用、如同古罗马的除忆诅咒一样的抹杀记录的行为等中推测出的信息，还有那些罕见的记载了当时事件（这些事件之间通常毫无关联）的文本。

由于材料严重匮乏，我们无法为法老时代的文化构建出常规的历史，除非我们大胆假设尽管环境上有所不同，古代尼罗河下游宫廷中的生活和早期现代欧洲国家的宫廷生活依然是十分相似的。只有在这样的假设之下，我们才有可能构建出传统史观下的历史叙事。

由于我们采用了与欧洲宫廷文化相同的术语去描述法老宫廷中的成员，人们常常会有这样的错觉：古代尼罗河下游宫廷文化中的行事方法与欧洲宫廷文化是相同的。这样的术语包括"王朝"和"国王"，"宫殿"和"堡垒"，"王后"、"祭司"和"将军"等，还有其他许多翻译后的称号和头衔。有志于成为历史学家的人常常因此错误地陷入 19 世纪欧洲的浪漫主义叙事方式当中。

因此我们毫不意外地发现，传统史观下的古埃及故事讲述的是资产阶级的国王和王子、后宫和艺术家、贵族廷臣，以及带领着一支强大军队保卫国家的将军。这个国家由核心家庭组成，有海关岗哨，还有准现金经济（quasi-cash economy）。乍看上去，这个朦胧的世界似乎可以包含法老国度中的一切，那些别扭的差异之处则由残存的野蛮气息和新生的东方主义来解释。这奇怪的情境实际上产出了维多利亚时代中期版的古埃及，充满了各种来自那个时代的偏见——种族上的、民族上的，以及社会上的。在这样一个古埃及社会中，法老的家人们明事理、热爱家庭，法老们通过常规渠道处理帝国政务，士兵们长于露宿和操演，祭司们心胸狭隘而好妒，学者书吏们勤勉而又学识渊博，劳动者们忠诚、诙谐或是心术不正。然而与此同时，法老文化的工匠们精心打造的一切美丽的古代艺术品却像是研讨室窗外扇着翅膀的蝴蝶，被弃置一旁无人注意。

更讽刺的是，尽管书面文字从未在法老文化中拥有核 17 心地位，但留存至今的那些文本却在现代人对古埃及的构建中扮演了主要的角色。实际上，自 19 世纪初让-弗朗索瓦·商博良破译埃及圣书文字以来，文本就已经开始发挥这种基础性的作用了，而对法老时代文本的翻译和研究使得我们对这一古老文明的理解变得愈发歪曲。

这并不是要假装圣书文字文本在法老文化的历史中毫无地位。同样，我们也不应该就这样抛弃我们从法老时代的文本中提取出来的，构建了现代史观下的"古埃及"的那些为数不多的史料。在商博良译圣书文字之后的两个世纪中，埃及学所取得的成就给我们带来了对这久已失落的过去的全新理解，即便古埃及的书吏们不能理解它，对于现代人来说，它也是全然可以理解的。我们已经编撰了一份可信的年表，这对任何现代历史学研究来说都是必备的元素。大部分已知的文本得到了分析、翻译和敏锐的研判。因此，随着那些我们用以描述过去的词语，如王子、祭司、金字塔等词的出现，这种研究中所包含的信息也构成了所有现代对于尼罗河下游古文化的排序和解读。

这就是所有新时代的"古埃及"历史登场的舞台。这个舞台是在欧洲分成两个阶段搭建起来的。在第一阶段中，圣书文字得到解读，用以描绘法老王国中的官吏们的基础性词汇被确定下来，法老文化后来的文字时代的大致年表也被确立下来。这一阶段的时间是法国大革命后的数十年，它也反映了这个时代的精神。在第二个阶段中，之前对法老文化的印象迎来第一个成熟期，"在破译后变得可以阅读的圣书文字真正变得为人们所理解"。这一阶段的时间是第一次世界大战之前的数十年，地点是德国的大学。在这一时段中，古埃及学的传统词汇表得到了科学的背书，圣书文字的语法结构被放入了古典文献学的框架之中，标准的圣书文字词典也得到编纂。这些研究充满了来自这个时代的精神和令人烦扰的华丽修辞。这些叙事和看法，其对社会秩序、时间与地点的感觉，正是现代构建的"古埃及"不可分割的一部分。

因此，为了给古埃及书写一份全新的历史，这种奇怪的混合物中的两种元素——古埃及的文物和它们在近两个世纪中所得到的解读——都必须被带到台面上来。

第二部分

制造"古埃及"：

商博良及其后继者

4　开端

现场记录

　　我只是在试图说明我许多重要的发现成果，它们是 21
自然而然从我的主要研究对象中产生的；圣书文字的表
音字母……或许这能添加一些新记录给……举世闻名的
埃及人。

——让-弗朗索瓦·商博良，1822

　　许多书籍和文章描述了让-弗朗索瓦·商博良在 19 世纪
20 年代初对法老时代的圣书文字的破译，其中大部分将重点
放在了对学术优先权的争论上。也就是说，第一个弄清楚圣
书文字该如何阅读的，是英国人、丹麦人，还是法国人或瑞
典人呢？它们都搞错了重点。19 世纪 20 年代，解读古代东方
的文本已经成为欧洲学者们常常在博学者沙龙里举行的活动，
这最终导致了被亚述学家称为"解读之瀑"（cascade of
decipherment）的现象。但在所有有志于破译圣书文字的人

当中，只有商博良一个人将自己的一生都投到了研究法老文化之中，甚至连他的敌人都为此称他为"埃及人"（l'Égyptien）。因此，在他完成了破译圣书文字之谜的大部分工作之后——毫无疑问，在此过程中，他也得到了同时代其他学者的研究成果的帮助——商博良将余生投到了整理、分类和解读法老时代埃及遗迹的工作中。他和他的直接继任者们创造出的研究方法和术语时至今日仍是古埃及文化研究的基石。

有关商博良的破译工作的消息在学者中引起了热烈反响，当时的许多学者还在忙于探索语言的根源和欧洲民族的形成。但是，对他发表于 19 世纪 20 年代的那些有关法老社会的秩序和历史的论文所做的进一步解读，渐渐剥离了传说中西方人从古典时代起便视为智慧与启蒙源泉的王国的神秘感。

法老时代埃及的古典形象起源于《圣经》和古希腊罗马的文学，但此刻它又引人注目地在商博良的时代复苏了。它正是被许许多多的民族主义者、革命家和共济会成员，从莫扎特的歌剧剧本作者到吉约丹（Guillotin）医生①和拉法耶特（Lafayette）将军等人培养起来的。1793 年 8 月，为了纪念攻占巴士底狱，一尊名为重生喷泉（Fontaine de la Régénération）的巨大雕像被建在了巴士底狱的废墟之上。这是一尊取象于埃及女神伊西丝（Isis）②的雕像，雕像两

---

① 即约瑟夫-伊尼亚斯·吉约丹（1738~1814），法国医生，断头台的改良者。
② 伊西丝，古埃及女神，司掌魔法与生命，也是亡灵和孩童的保护神。

侧蹲坐着两头狮子——象征着大自然的启示之力，同时也象征着对基督教的消解。五年后，拿破仑入侵埃及。他在军队中带上了许多随军学者，其中许多人是特地前去测量古埃及的建筑物的。他们画下了建筑上的装饰和建筑布局，并将这些调查结果以一系列厚厚的手稿的形式发表。拿破仑的学者们曾经收集了许多古罗马的古典艺术品，以放到卢浮宫展览，如今他们又要将东方的古老智慧收集在法国的书籍之中了。

后世人常常将拿破仑的埃及之行描绘为英雄的功业。拿破仑的学者专家们面对着战争、饥饿和马穆鲁克游击队，有时也拿毛瑟枪的子弹做成铅笔来画下素描，陶醉于被古老的先知称作"世界之神庙"的神秘王国所留下来的遗迹。对于法国学者以及和他们一样从古埃及的神庙祭司那里寻找不朽智慧的古希腊罗马学者来说，这些谜团中最重要的就是古老的圣书文字，那些陵墓、神庙、雕像和石碑上刻下的"神圣符号"，那些石棺、裹尸布、泛棕色的莎草纸卷上用墨水写下的字符。因此，在拿破仑 23 的东方远征结束后，许多欧洲人开始涉足于圣书文字破译工作。

商博良三十二岁时在巴黎发表了第一篇有关他圣书文字破译工作的论文——《给达西尔先生的信》（"Lettre a M. Dacier"）。此时距离拿破仑的埃及远征才仅仅过去二十年。

商博良是个语言天才，他从十九岁起便在格勒诺布尔大学（University of Grenoble）任教。在他年龄尚小时，人们便已经注意到了他过人的天赋。著名数学家约瑟夫·傅里叶

LETTRE

A M. DACIER,

SECRÉTAIRE PERPÉTUEL DE L'ACADÉMIE ROYALE DES INSCRIPTIONS ET BELLES-LETTRES,

RELATIVE A L'ALPHABET

DES HIEROGLYPHES PHONÉTIQUES

EMPLOYÉS PAR LES ÉGYPTIENS POUR INSCRIRE SUR LEURS MONUMENTS LES TITRES, LES NOMS ET LES SURNOMS DES SOUVERAINS GRECS ET ROMAINS;

PAR M. CHAMPOLLION LE JEUNE.

《给达西尔先生的信》的封面

（Joseph Fourier）① 曾随拿破仑一起去过埃及。商博良是傅里叶秘书的弟弟，因此傅里叶给他看了一些学者们画下来的画。傅里叶称少年老成的商博良"像一只贪吃的鸡索要三倍的食物那样渴求着（这些画）"。勇敢的傅里叶一直和法国军队留在埃及，直到 1801 年 8 月被英国远征军驱逐出境为止。傅里叶是克莱贝尔（Kléber）② 将军的秘书。在拿破仑离开期间，克莱贝尔将军负责指挥法国军队，直到后来遭到暗杀。他将战败的法军交给英国人的文物记录了下来，其中第 8 号文物便是被称为罗塞塔石碑的纪念碑，

24

---

① 即让·巴普蒂斯·约瑟夫·傅里叶（1768~1830），法国数学家、物理学家，创立了热传导理论、傅里叶变换。
② 即让-巴蒂斯特·克莱贝尔（1753~1800），法国大革命时期的将军。

这块石碑的碑文当时已经大大地帮助了商博良这位未来的圣书文字破译者。

拿破仑返回之后，便任命傅里叶为新建立的伊泽尔（Isère）省的行政长官。该省位于法国南部，首府为格勒诺布尔。同时，这位数学家还带领政府委员会将学者们的作品出版成书，名为《埃及记述》（*Description de l'Égypte*），他亲自为此书作序。傅里叶和那些与他一同在埃及冒险的人组建的委员会不仅把控了《埃及记述》一书的内容，也使得对古埃及的研究得以在法国境内继续下去。

学者们对商博良的《给达西尔先生的信》评价并不好。这篇文章很短，语言也简单，因此之后又出版了更长、内容也更详尽的《古埃及圣书文字概要》（*Précis du Système Hiéroglyphique*）。《给达西尔先生的信》指出，当时的大多数学者以为他们辛辛苦苦从埃及抄录下来的文字是某种哲学符号，但其实它们是一种古老语言的单词及其发音，这种语言在中世纪埃及基督徒所讲的科普特语中得到了传承。商博良认为古埃及王国"只能通过解读圣书文字来了解"，这一论点同样令学者们不悦。因为长久以来，学者们一直相信，古希腊罗马时代存留下来的一些双语铭文就足以提供所需的信息了。另外，学者们所追求的是更宏大的东西。在那个令人振奋的年代里，封建制度被推翻，现代欧洲正在形成。对于这全新的世界而言，没有比为全新的哲学史奠基更重要的事了。

因此毫不意外，拿破仑的出版委员会的学者秘书埃德姆·弗朗索瓦·若马尔（Edme François Jomard）将商博良

对一些宗教经文的记录称为多此一举，认为这只是在记录某
25 种早已消逝的迷信。若马尔参与了对吉萨大金字塔地基的发
掘，并且为自己的发现感到十分满意。他发现，大金字塔的
尺寸完美地契合人类在世界各地所使用过的所有测量单位。
换句话说就是，大金字塔是启蒙的象征，是通行的尺度。若
马尔又以类似的方式和其他学者一起证明了一个由巴黎科学
家、反教会革命者查理·弗朗索瓦·迪皮伊（Charles
François Dupuis）公布的理论。迪皮伊认为，所有的宗教，
不论是古代的还是现代的，都起源于天体运行的轨迹，而最
早进行天文观察和记录的就是古埃及人；古代的祭司们记录
下了天体的运行和他们认为天象对地上生命所造成的影响，
并由此划分出了黄道十二星座。迪皮伊那反映了共济会和流
行的反教权思想的著作《所有宗教的起源》（*Origine de tous
les Cultes，ou la Religion Universelle*）在 1871 年首度问世时
引起了轰动。一百多年后，弗雷泽（Frazer）① 的著作《金
枝》（*Golden Bough*）同样引起了类似的古怪的轰动，而这
种轰动也持续了相当长的时间。"埃及那些最古老、最有智
慧的祭司，"迪皮伊观察后认为，"和普林尼（Pliny）② 一
样认为……真正的神明唯有太阳、月亮、行星和黄道十二星
座中的星辰。"迪皮伊的翻译写道："他（迪皮伊）将理性
和历史的火炬插在了圣彼得大教堂穹顶的中央。"

　　拿破仑的学者们惊喜地发现，古埃及人在许多陵墓和神

---

① 即詹姆斯·弗雷泽（1854~1941），苏格兰社会人类学家、民俗学家，
　代表作《金枝》。
② 指老普林尼（23/24~79），古罗马作家、自然学家，著有《博物志》。

庙中放置了硕大而灿烂的黄道图和星图。傅里叶还在埃及时就意识到，如果迪皮伊的理论成立的话，运用现代天文学计算方式对这些古老的星图进行分析就可以推算出这些星图被画成的年份。古埃及的历法一直沿用到罗马人到来之时，因此这些古代星图为我们提供了精确测量日期的可能性，这样就可以为法老时代埃及日历上的每一天都找到现代历法中与之对应的日期。

因此，学者们小心翼翼地将在陵墓和神庙发现的一些星图和黄道图复刻下来。他们认为这项工作不仅有助于证明迪皮伊的宗教理论，还能让人们看清楚原本渺不可知的过去。 26
傅里叶在他回到法国的那天激动地给一位友人写信道：

> 到目前为止，人类的历史，以及科学和艺术都不是确定的，第欧根尼·拉尔修（Diogenes Laertes）① 所写的是奥古斯都之前 4000 年的事情，而牛顿写的是公元前 1000 年的事情……现在发现了天文遗迹……我们知道，现在我们所用的黄道十二宫划分是古埃及人早在公元前 15000 年确立起来的……这完美地证明了 C. 迪皮伊的猜想……而且还能确定这些遗迹的具体建造时间……美丽的丹德拉（Dendera）神庙可能是所有神庙中时代最晚的，它大约建成于特洛伊围城战发生之前 1000 年。

---

① 第欧根尼·拉尔修（活跃于公元 3 世纪），古罗马哲学家、史学家，为多位古希腊哲学家撰写了传记。

商博良的《给达西尔先生的信》付印时，傅里叶和其他一些学者已经对《埃及记述》中古埃及的天文学和黄道星座发表了许多详尽的评论，并且还在利用同样的材料为这一主题撰写另外三篇论文和一份法老时代历史的详尽年表。同时，若马尔说服法国政府斥巨资从当时统治埃及的穆罕默德·阿里帕夏（Mohammed Ali Pasha）那里购买了上埃及丹德拉神庙中的两块巨大的天花板，其上绘制着古埃及最好的黄道星图之一。两位英雄般的工程师将丹德拉星图运回法国，此后它便被放在卢浮宫展览，成千上万的人宁可排几个小时的队也要前来参观。这些参观者中的很多人认为，这星图浮雕为迪皮伊所宣称的黄道星座划分出现的年代"比摩西的年代还要古老两倍"的理论提供了坚实而公开的证据。黄道星座成为巴黎沙龙里的热门话题，同时，迪皮伊的出版商又帮若马尔出版了《埃及记述》的第二版，若马尔已经在等着被提升为卢浮宫博物馆的馆长了。

不幸的是，商博良和其他有志于破译圣书文字的人最早成功破译出的文字是所谓的"王名圈"（一种法老时代的铭文中的常见元素）中的文字。法国人给王名圈起名叫"cartouche"，意思是子弹，因为它的形状很像法军当时在埃及所使用的子弹。就像许多有志于破译圣书文字的人曾经猜测的那样，王名圈中的内容通常是一串用来表示国王或女王名字发音的圣书文字。在丹德拉星图还留在原位时，拿破仑军队中的一位学者将其画了下来，商博良破译出了黄道带外圈铭文中一个王名圈的内容。他将这个王名圈中的文字译为"皇帝"（autokrator），是希腊罗马时期的一个经典头衔。在这个古怪的翻译之下，还有许多黄道带旁的装饰性文字，也被学者画了下来。这些文字翻译出来是几位罗马皇帝的名字，神庙的其他装饰图案中还出现了他们打扮成法老的画像。最后商博良高兴地向巴黎科学院成员们宣布了这样的事实：这些画，乃至神庙本身都并不比摩西古老。

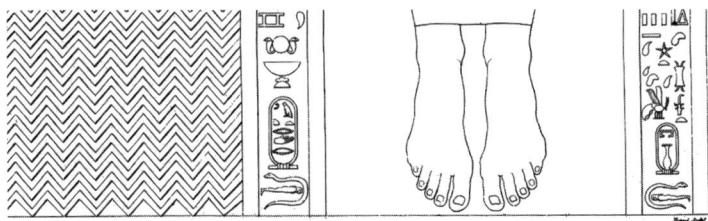

拿破仑时代的《埃及记述》中丹德拉星图边框的细节部分。商博良认为天空女神脚右边的王名圈中的圣书文字是"皇帝"这个词，而不是某位法老的名字

　　像傅里叶这样的大人物很快就想明白了，不再对商博良怀恨在心，而是去做更有意义的事情了。但也有很多人，包括若马尔和其他一些巴黎人，却并没有这样做。商博良的解读工作不但让他们数十年来的研究工作变成了白费功夫，还挑战了他们对古埃及的基本观念，因此他们才会有这么大的反应。有些学者认为圣书文字根本是无关紧要的东西，不过是后来对希腊语和拉丁语字母表的转写而已，商博良的破译工作也完全不重要。他们认为，商博良在那篇据称破译了圣书文字的论文《给达西尔先生的信》中，破译的不也仅仅是希腊罗马法老的 28

名字吗？就像商博良自己说的，这些只是被笨拙地用圣书文字写出来的希腊语和拉丁语名字而已。那声名远播的罗塞塔石碑上圣书文字和希腊文双语①的铭文，不也是希腊时代写成的东西吗？他们由此展开了一场漫长的针对黄道星座和圣书文字的争论，其他许多有志于破译圣书文字的人也参与其中，他们为商博良在破译工作中扮演的角色争论不休。在这样的争论中，还时常有坏脾气的民族主义者发挥作用。

商博良有着天生的智慧，眼光敏锐，自信满满，可以轻易地驳倒他的敌人们。但在当时的法国，埃及学研究被这些拿破仑的学者掌控，而本就收入微薄的商博良当时又因参与政治活动而丢掉了自己在格勒诺布尔大学的职位。尽管有许多支持者和崇拜者，但商博良依然很难确保自己在巴黎能获得足够的政府资助以继续研究。后来他说，从那时起，他就将古埃及视为自己的祖国了。

这就是破译圣书文字的背景故事，在这个年代里，欧洲各国国家财富的增长超越了前人的想象，爱国者也不再像约翰逊博士（Dr Johnson）②所定义的那样，是"不安分的、给政府添乱的人"，而是世界上最早的国家军队中勇武的士兵。当路易十六被推上断头台时，商博良不满三岁，而在拿破仑于滑铁卢战败时，他也还不满十五岁。他所生活的年代

---

① 原文如此。准确地说是三语文献，分别为圣书体象形文字、世俗体埃及语和古代希腊语。

② 即塞缪尔·约翰逊（1709~1784），英国诗人、散文家、文学评论家、传记作家。

中充满了有关社会、经济、种族和民族文化等新奇的抽象概念的对话，有时甚至是事关生死的对话。乔治·斯坦纳（George Steiner）[1] 这样描述道：

> 在这一时期的欧洲，价值观和观念发生了巨大的变化，个人和社会的情感变化比我们拥有可靠记录的任何其他历史时段都要更加敏锐。黑格尔可以用严密的逻辑论证，历史本身进入了新的阶段，古代已经到此为止了。

与此同时，地球上所有王国中最古老的一个在现代史学中第一次被绘制地图、翻译文本并分门别类。

---

[1] 乔治·斯坦纳（1929~2020），美籍法裔文学批评家、散文家、哲学家、小说家、教育家。

29

《给达西尔先生的信》中的圣书文字字母表：商博良在这一页最下方的王名圈中拼出的是他自己的名字的圣书文字写法

5　通往孟斐斯的路

商博良在都灵

法国人有一个特点，就是喜欢兴奋地盯着任何新 30
东西。

——里发阿·塔哈塔维

（Rifa'a el-Tahtawi）①

（写于 1826~1831 年在巴黎居住之后）

众所周知，拿破仑远征埃及为整个欧洲带去了一场
"埃及热"。结果，一支由恶棍、公使、士兵和冒险者组成
的大军无情地洗劫了这个国家的古老建筑。在商博良破译圣
书文字的同时，满载着一箱箱文物的船只正从亚历山大驶向
欧洲的港口。在那里，这些东西拥有着不断壮大的市场。

这些货物中第一批，也是最好的一批被古董收藏家贝尔

---

① 即里发阿·拉斐阿·塔哈塔维（1801~1873），近代埃及启蒙思想家。

纳迪诺·德霍维提（Bernardino Drovetti）收集了起来。此人曾在拿破仑远征埃及时随军出征，并且最初打算将自己的收藏卖给法国。然而，当时巴黎政府已经为丹德拉黄道星图付出了一大笔钱，于是拒绝了购买德霍维提的藏品，结果这些藏品就被撒丁国王、萨伏依公爵卡洛·费利切（Charles Felix）买下了。卡洛国王计划将这些全新的珍宝在都灵一座巴洛克式宫殿当中展出。

31　　德霍维提那 3000 余件文物的买卖一成交，都灵宫廷中的官员们就安排商博良，这位全世界唯一的圣书文字专家对数量庞大的文物进行分类。这些文物被装在箱子里，用牛拉的炮架从热那亚（Genoa）的港口穿过利古里亚阿尔卑斯山（Ligurian Alps），一路送到卡洛·费利切所在的首都。1824年 6 月 7 日，商博良也穿过阿尔卑斯山到达了意大利，他在那里度过了接下来两年中的大多数时光。"通往孟斐斯的路，"他后来写道，"要穿过都灵。"事实的确如此。这座城市拥有全世界第一座展出埃及文物的博物馆，而且直到现在，那里展出的古埃及文物都属于埃及文物中最好的一批。

　　因此我们可以说，现代埃及学的研究方法正是在商博良的推敲之下诞生的。与当时的其他破译者不同，他所感兴趣的东西远不止语言学。实际上，商博良从小时候第一次看到学者们画的画时起，就对古埃及着迷了。在《给达西尔先生的信》写成十年前，即商博良二十出头时，他就已经出版了三册关于这个古老王国的地理和历史的书，其中所用的信息是从古代的希腊和罗马的资料，以及更近代的旅行者的作品和回忆录中甄选挖掘出来的，他本人和这些旅行者中的许多人都有过直接的交流。

这对当时而言是一个非常大的资料库，而他可以随时使用其中的资料——这为埃及学的核心研究内容，如天文和木乃伊等提供了充足的书面文字信息，时至今日人们对这些东西的理解仍是围绕着这些信息。商博良在都灵分类整理一位欧洲国王的藏品时，也以这些承载着古老信息的文物为基础，拓展了古典时代和传统上对古埃及及其历史、宗教和社会生活的印象。

商博良选择为这一套古董分类编目而不是直接航行到他自幼向往的土地，这显示出了他着手构建古埃及时的谨慎小心。但同时这也提醒我们，商博良所构建的这个古埃及是在欧洲打造的，使用的材料则是世界上第一座古埃及博物馆中那些用传统的欧洲雕塑画廊的展览方式展出的文物。

一种观点

虽然我的方法并不完美，但我认为从心理上来讲它 32
是自然的。

——康斯坦丁·斯坦尼斯拉夫斯基
（Konstantin Stanislavsky）[1]

商博良到达都灵后，便立刻被古埃及雕塑的美震撼了。

---

[1] 康斯坦丁·斯坦尼斯拉夫斯基（1863~1938），俄国戏剧和表演理论家，代表作有《演员的自我修养》等。

他在给哥哥的信中说，古埃及雕塑的艺术可与古典时代希腊罗马的艺术精品相媲美。就像五十年前古希腊罗马的艺术找到了约翰·约阿希姆·温克尔曼（Johann Joachim Winckelmann）那样，古埃及艺术如今找到了商博良。商博良于都灵整理古埃及历史和文物时，也受到了诸多来自温克尔曼所发展出来的原则和历史叙事方法的指导。

温克尔曼是出生于德意志地区北部的学者，他一生中绝大多数时间都在为罗马枢机主教工作。温克尔曼是公元前 5 世纪古希腊雕塑与绘画艺术的狂热崇拜者，或者至少可以说，他狂热地崇拜着他想象中属于那个时代的雕塑和绘画，毕竟他从未亲身参观自己在作品中满怀着热情描绘的阿卡迪亚风光，也从未亲眼见过任何来自这个他所崇拜的年代的作品原件，他的研究全部是基于古典文学中的证据和罗马时期的复制品。

温克尔曼影响深远的作品《古代艺术史》（*History of the Art of Antiquity*）是他二十年研究的缩影，这本书首次出版于 1763 年，它极富创意地将充满智慧的学术研究和充满热情的散文结合在一起，从而将古典艺术在传统的欧洲人心中的地位提升到了无与伦比的境界。五年后，他在的里雅斯特（Trieste）遭到谋杀，他的形象也因此又蒙上了一层浪漫主义英雄的光辉。他的作品在欧洲影响力极大，歌德宣称这个时代是"温克尔曼世纪"。

自然而然，那些作品也通过多种多样的方式影响了商博良。例如，"艺术"这个词过去指的是工匠和乐师的技艺，是温克尔曼在作品中对这个词的使用让它的含义渐渐变成了它今天的样子。对温克尔曼来说，"纯艺术"指的是人工作品中符合以下描述的那一部分：它们能在观赏者心中激起强烈的情绪反应。当人们想象古希腊雕塑那纯粹的美时，人们便能生动地感受到这种情绪。他认为，这种反应是一种本能，在所有受过教育的欧洲人身上普遍存在，或至少普遍潜伏着。 33

温克尔曼认为，在所有这些艺术当中，希腊人物雕塑是其中最好的。因为在这些光滑而洁白的雕塑中，他找到了他称之为"高贵的朴素、宁静的庄严"（edle Einfalt und stille Größe）的东西。他认为，这些品质绝非仅仅来源于精湛的工艺。古典时代的艺术家们并不是在复制人的形象，而是改变现实，使其变得崇高。因此，他们的作品中体现着作品所属社会的雄心壮志。就像同时代的文学所彰显出来的那样，这个社会中的人们自由地辩论着有关道德和自由的话题，他们寻找并发现了使人类走向完善的道路。简单来说，这就是启蒙的光辉。在之前的年代中，古典文学研究仅仅被当作《圣经》和神学研究的附属。但在温克尔曼之后，它开始研究抽象的道德，成为个人自我完善的指南。这就是温克尔曼在 19 世纪带来的影响，文献学和古典文学批判性分析这样的学科成为欧洲教育的关键组成部分。反过来，这又对埃及学的本质和发展产生了深远影响。

如同温克尔曼所描述的，古典文化有着悲剧性的历史，他在《古代艺术史》中以微妙的风格分析将其划分为四个阶段，至今我们仍在使用这种划分方法。按照这种方法划分，时代较早的希腊艺术比起后来的罗马帝国时期的艺术是更好的，地位也更高，因为后者所在的年代道德水平更低下，个人自由也更少。温克尔曼相信，这些道德品质可以直接从艺术作品中吸收，并且这也是人们对艺术之美所做出的反应的一部分。在商博良所生活的年代，这还是一个全新的概念，它为整个欧洲带来了一场古典和新古典艺术潮流，并使得拿破仑掠夺走那些欧洲的"纯艺术品"，放在卢浮宫内展览，并将之用于法国的教育。

34　　但是，温克尔曼对于艺术的道德价值的热情并没有拓展到古埃及的遗迹上来。他在罗马见到了许多古埃及的雕塑，却没有被其所感动，他还在自己的作品中将法老的王国描述成停滞不前且了无生气的地方。反过来，商博良则凝视着都灵这些雕像的脸庞，感受到了温克尔曼在古希腊艺术中所发现的高贵品质。他认为这些雕塑并非暴君的形象复刻，而是高贵的国王们和光辉的宫廷历史的遗物。

然而，在商博良刚到达都灵时，除了希腊罗马人的作品之外他找不到任何能用来歌颂这些遗物的书面历史文献。当然，拿破仑的《埃及记述》和都灵的藏品都为古埃及的故事提供了精彩的配图，但这些英俊的君王的名字和事迹却仍然不为人知。

方式与方法——知识的纯真

在德霍维提的一百余件精美雕塑被放进博物馆阳光普照的庭院和落满阴影的一层展厅中展出后，商博良发现，他在都灵找到的最有意思的东西并不是藏品中大量的木乃伊和石棺,而是莎草纸卷,按记录共有 170 卷,大部分是德霍维提从上埃及的底比斯古城买到的。莎草纸卷重量很轻,便于运输,因此当时有大量古老的莎草纸卷文件进入欧洲。实际上,这是世界历史上发现莎草纸卷数量最多的年代。商博良给他在格勒诺布尔的哥哥的信中写道,不要买有图画的莎草纸卷,那些上面的文字是描述葬礼仪式的。他又说,最好的莎草纸卷是上面只有文字的那些,那些记载的才是真正的历史。

在都灵,这些莎草纸卷被收集在一个房间内,一卷卷地堆放在桌子上。商博良第一次检查它们时发现的最重要的事是,他几乎是本能地理解了莎草纸卷上文字的要点。因为这些莎草纸卷上的文字并不是建筑物上那些正规的圣书文字(碑铭体或正规体),而是手写体的,是法老的书吏们从圣书文字诞生的第一天起就在书写的象形符号的变体,它们优雅而便于书写。商博良按照一位早期的基督教主教的说法,将这种草书命名为"僧侣体"(hieratic)。他将这些底比斯的古代祭司们卷起来的莎草纸卷一卷卷地拿起来,让它们在都灵的阳光之下再一次展开。其中有著名的都灵金矿地图①;还有都灵情色莎草纸卷,上面画着吹笛子的动物和用梯子爬树的牛,以及各种情色幻想,商博良认为这卷莎草纸在它诞生时可能被删改过了,但它仍然很有趣。

有一份莎草纸卷尤其打动了商博良,尽管它当时残留下

35

———————

① 都灵金矿地图是一张古埃及的地图,被认为是全世界现存最早的地质学地图。

来的只是原本的一部分。它如今只有三英尺长，上面画的是一座陵墓的规划图。商博良写道，这份莎草纸卷上的线条"很细，描得很好看，有着美丽的浅颜色，就像是用铅笔芯画成的"。他注意到，这座陵墓的设计和帝王谷中的一座陵墓十分相似，那座陵墓的地图在拿破仑远征期间被画了下来，并且随着《埃及记述》一起出版了。这张莎草纸规划图的中央画了一口石棺，"是粉色的花岗岩制成的，制作非常精美"。这使商博良又想起了几年前从帝王谷中被带走后在剑桥展出的一口花岗岩石棺，当时一位英国学者就是从剑桥寄给了商博良这口石棺的设计和文字复制图。因此他认为，这份莎草纸卷上画的正是底比斯王家墓葬群中一座陵墓的设计图。在接下来的一个世纪中，艾伦·加德纳和霍华德·卡特（Howard Carter）[1] 等埃及学家对此又进行了相当细致的研究，结果证明商博良的观点是正确的。商博良从各种论文、书籍和信件中收集到了清楚的信息，又明智地将其加以比较，最终开创了埃及学学术研究的基本方法。

历数国王——都灵王表

1824 年 11 月初的一个晚上，在放置莎草纸卷的房间里，商博良正要结束对这些文献的第一次检查时，他忽然发现这座豪华的王宫之中还有一个较小的房间。这个房间位于上一层，是一间被弃置已久的僧侣休息室，里面堆放着更多的莎草纸残卷。它们都在运往欧洲的过程中破碎了，被堆放

36

---

[1]　霍华德·卡特（1874~1939），英国考古学家，图坦卡蒙陵墓的发现者。

在这里等待最后的评估——本质上来说，就是人们打算在丢弃这些破碎的文献之前把其中的插图部分提取出来。

尽管遭到了对外国学者向来不大友好的博物馆工作人员令人尴尬的反对，几天后商博良还是进入了这个后来被他称作"历史的骨灰龛"的房间。这小小的房间中央有一张餐桌，上面堆满了覆盖着灰尘的莎草纸残卷。有些残卷太小太轻，若是开门时速度太快，带起来的气流便足以将它们吹得支离破碎。

"一开始，"他写道，"我感到不寒而栗……谁能不为此落泪呢！［Quis talia fando temperet a lacrymis! ——维吉尔（Virgil）］"他在这里看到的是几百部不同文献留下来的残篇。之后，在他"鼓起勇气看了看那些较大的残卷后……我意识到我手中这片残页的历史可以追溯到阿美诺菲斯-门农（Amenophis-Memnon）① 法老在位的第 24 年"。

尽管商博良所使用的王名有些混乱，但他还是极富先见之明地意识到了他手中所拿的是古代一份国王列表的残页。这份列表按顺序排列出了每一位国王的名字和这位国王的统治年限。这是一份国王年表，是比古典时代的历史学家们记载的年代还要早的、渺不可知的年代的历史框架。因此，他立刻就下定了决心，要"检查这张孤零零的桌子上所有的残片……即使这样的工作速度会更慢，也没那么有趣，就像我们国家的农夫们在秋天的夜晚处理坚果的工作一样"。

---

① 阿美诺菲斯即古埃及法老阿孟霍特普三世名字的希腊语翻译，门农则是《荷马史诗》中的埃塞俄比亚王。古埃及历史学家曼涅托认为阿美诺菲斯和门农是同一人。

商博良后来告诉他哥哥，最先被找到的这片莎草纸上有王名表的基础顺序，他后来按照他一贯有条不紊的方式开始在这一堆破碎的文献中寻找相似的残片。

> 我该怎么描述我在研究这伟大历史留下来的碎片时的感受呢……哲学家们并不能——亚里士多德和柏拉图的作品也没有这一堆莎草纸卷那样意味深长……我在我手中看到了失落已久的历史年代中的名字和年份，那些已经享受了十五个世纪供奉的诸神的名字。我几乎不敢呼吸，我怕把它吹得粉碎。我找到了一小片莎草纸，那是一位生前或许比巨大的卡纳克宫殿还要高大的国王留在世间的最后也是唯一的痕迹！

37

这便是在整个 19 世纪不断发展的某种魅力的开端，而现代的学术研究正是建立在这股激情之上。

一周后的 1824 年 11 月 15 日，商博良对哥哥说他"已完成挑出核桃的工作……（而且）很幸运地找到了其他许多残片……但只有下半部分留存下来，暗示着这份莎草纸文献原本的长度和它原本所保存的历史记录，要不是那些野蛮人将它撕成了碎片……"。他事后又继续写道，自己"在一堆用黑墨水写的名字中找到了一些用红墨水写的王室成员的名字，我猜这些就是王朝领袖们的名字"。

实际上，这里标记的是法老居所的地点变化。商博良所提到的王朝，指的是埃及祭司学者曼涅托（Manetho）在公元前 3 世纪编写法老时代历史时将古埃及历代国王划分出来的三十个时段。在商博良离开巴黎去往都灵之前，商博良就曾对比古典时代描述古埃及历史的现存片段和一些旅行者从古埃及建筑上复刻下来的圣书文字中王室成员的名字，他将圣书文字中的王名大致对应到了曼涅托记录的三十个王朝中的国王们身上。但是，他制作的这份王表只涵盖了曼涅托历史的后半部分，即从第十三到第十八王朝的部分。如今商博良在都灵又发现了一百多份相关莎草纸残卷，这为他提供了全新的有关时代更早的国王们的信息。

　　商博良发现并部分修复的珍贵的王表残片是一份匆忙写就的抄本（相比于精心准备的原本），它写在一份课税记录的背面，现在一般认为是在曼涅托所划分出的第十九王朝年间，即公元前 13 世纪时写成的。由于这份莎草纸残卷原本有大约一英尺四英寸高，五英尺半长，它应该可以轻松容纳 38
下三百多位国王的名字，每个名字后面都记录着他们的在位年数。所有的国王都按统治年代顺序排好，并且进一步按统治所在地分组。莎草纸卷王名表和曼涅托提供的古典时代年表在部分上是紧密对应的，这进一步增强了它们的准确度。商博良在给哥哥的信中写道：

　　　　说清楚一点就是，我收集的这份王名表的残片是真正的用僧侣体写就的曼涅托王表……这项发掘工作最令人惊异的成果是，毫无疑问，它证明了这些信息是古埃及人在极其久远的年代获得的……因为在这些残片中，没有一个王名圈是与第十七、第十八及之后王朝的国王们相似的。

尽管商博良之前只认识这份新发现的王名表中很少一部分国王的名字，但他依然认为表中列出的都是真正的古代国王。他又意识到，若事实如此，那么曼涅托所写的有关已然失落在时间长河中且人们并不相信其存在的王朝和时代的历史，实际上是有关古代法老世系传承的独一无二的记录。商博良得以瞥见人类历史中那些不为人知的岁月，回溯到法老时代历史的开端。

如今被称为都灵王表的莎草纸残卷尽管已经支离破碎，但仍然带来了许多有关其在古代的作用和意义的问题。商博良发现，既然这份莎草纸卷本身相当古老，其上列出的国王和一千年后曼涅托所编纂的历史中的国王又颇为相似，那这两份文献肯定都是根据某个更为古老、如今已失落的文本写成的。而且，现存至今的其他王表都只记载了部分受尊敬的王室祖先，很多君王被省略了，或许是因为这些君王被认为不太相干或者不适合被记录进去。只有都灵王表的残卷几乎包含了古埃及法老时代所有有实权的统治者，其中有一些名字并未被写进王名圈里。特别的是，这份王表还记下了每一位统治者统治的年限。实际上，它更像是一份现代意义上的列王年表，其上承载的信息尽管不为古代的年表作者所重视，但对于重新构建古埃及的历史却相当重要。尽管都灵王表破损严重，但它却是一份独一无二的、记载了法老时代前十五个世纪的埃及法老的古代王表，也是任何现代埃及学家都要参考的一手史料：

……都灵王表中国王们统治的年限和顺序被不加议论地接受了，这份文献为新王国之前（即第十八王朝之前）古埃及历史总体的朝代次序提供了基础。（Nigel Strudwick，1985）

计算时间——进入未知的过去

公爵殿下，我很荣幸能够在下一封信中向您介绍其他与法老或国王有关的历史遗迹……它们似乎非常接近人类诞生初期、时间刚刚开始的时代。

——让-弗朗索瓦·商博良，1824

商博良有关埃及法老年表的记录最早是以一系列书信的形式发表的，这一次，信是写给王室首席总管（Premier Gentilhomme de la Chambre du Roi）布拉卡斯·德·奥尔普斯公爵（Duc de Blacas d'Aulps）的。布拉卡斯公爵是一位古文物收藏家及考古学家，也是商博良的忠实拥护者之一。

商博良的对手的作品大多充满了混杂的观点且错误连篇，相比之下，商博良的这几封信令人惊讶地超越了时代。他满怀着明智与自信深入探索古代法老们生活的未知国度。由于作品采用的是写给赞助人的书信的形式，为了使其目标读者便于理解，他必须使用浅显直白的语言来创作。不管怎么说，40 商博良的《给布拉卡斯·德·奥尔普斯公爵的信》（Lettres a M. le Duc de Blacas d'Aulps，以下简称《给公爵的信》）

短小、清晰、简洁，继承了法国启蒙运动时期的优良传统，用词既优美，又精确。

当然，他对古代文本也存在着许多误读，而且使用了现在久已过时的人名拼写方式——例如，商博良称为"娜美塔丽"（Name-Atari）的，我们现在通常拼写成"奈菲尔塔丽"（Nefertari）。但令人惊讶的是，商博良竟然完全理解了这些文本。就像他之前解读圣书文字时一样，商博良在《给公爵的信》中也一步步为古埃及早期的历史和古代的国王们编写了井然有序的年表。如同他在之前的作品《给达西尔先生的信》中所说的那样，商博良证明了"表音文字在埃及已经存在了很久"，从而使若马尔对埃及圣书文字年代那些吹毛求疵的质疑不攻自破。

商博良以他所用材料的列表作为他记录的开篇。跟今天我们所拥有的材料比起来，他当时所拥有的材料实在是太匮乏了，只包含德霍维提的都灵藏品所提供的部分文本，一些旅行者从现存建筑物上抄下来的较短的王表，《埃及记述》中的大量记录，以及其他一些诸如罗马方尖碑的碑文拓本和商博良与众多通信对象传抄下来的古董残片一类的材料。

商博良在探索法老时代历史时首先做的事是，证明了就像之前很多有志于破译圣书文字的人所猜想的那样，王名圈中的内容一般是国王或女王的名字。他之后又发现，许多国王有两个常常一同出现的王名圈，这两个王名圈不仅顺序从来不变，而且每个王名圈前面通常还会出现固定的一组圣书文字。商博良将这两个王名圈中的前一个称为 prénom，翻译为"首名"或"登基名"，将后一个称为 nom propre，翻译为"出生名"。不过，古代书吏们通常会用首名来指代某一位君主，但商博良却选择用出生名来称呼每个国王，同时为了区分出生名相同的国王们，他又以罗马数字来为他们标记序号——如阿蒙霍特普（Amenhotep）一世、二世、三世——这种称呼方法借用了欧洲称呼君王的方式，至今我们仍在使用这种方式称呼法老们。 41

与此同时，商博良也已经辨识出了一些通常与王室成员的名字一同出现，作为"头衔"的圣书文字词组，并将它们翻译了出来，比如"太阳之子"和"阿蒙神所爱的"，这后一个头衔当年商博良的翻译是"chéri d'Amon"。尽管今天我们仍然用翻译后的头衔来指代这些圣书文字词组，但就和其他很多圣书文字词组一样，它们在古代真正的用法和含义至今仍然含混不清，而且其中大部分未经探明。

之后，商博良开始编写一套严谨的年表，将名字在都灵藏品中频繁出现的法老，即那些名字被刻在德霍维提从底比斯买来的漂亮雕像上的法老的统治时间确定下来。他首先研究的是藏品中以所谓的世俗体（Demotic script）写成的大量文本。世俗体是晚期出现的一种圣书文字形式，最初用于非官方文件，但后来——就像罗塞塔石碑上的碑文所显示的那样——它也被用于正式的朝廷文件。商博良在处理这些时代较晚的铭文时，经常用自己翻译的文本和当时人用世俗体写成的文本互相参照，以便验证自己的解读，同时也确认自己是否正确辨识了国王名字的圣书文字写法。

不过，当商博良开始回溯更古老的，还没有使用世俗体的时代之时，他所能用的历史资料也变得远比之前的材料更支离破碎。都灵藏品中雕像上的不少王名圈里的名字都属于第十八、第十九王朝的君主——这些名字早就被古希腊的历史学家记载过了，如阿蒙霍特普、图特摩斯（Tuthmosis）、拉美西斯（Ramesses）等，而这些名字背后的历史故事也一并被他们记录下来。同时，商博良也发现，许多雕像的形体乃至面容都十分相似，仿佛是一家人。他以曼涅托的王表和都灵王表残片为指导，将这些国王的名字和形象放到一起，并且把都灵王表和古代资料中列明的他们统治的年代加在一起。这样，他推算出阿蒙霍特普和拉美西斯的王朝开始于公元前 1822 年之前，这一数字和今天史学界的估算结果只差三个世纪。

但比起这个日期更重要的是，商博良第一次在现代史学中为埃及国王们构建出了大致连续的年表。他将古希腊罗马时期的法老们和更早的埃及王朝的法老们的年表连起来，证明了圣书文字本身毫无疑问拥有悠久的历史，即便学者们不断地否认这一点。

商博良也在王表中列出了那些属于曼涅托王表后半部分，即第十八到第三十王朝的国王，尽管给他们计算的时间并不正确，但至少证明了他们并不仅仅存在于神话传说中。实际上，商博良的数据可以证明曼涅托王表和都灵王表的真实性，虽然他并没有将这一点加进这个跃入遥远过去的研究之中。这反过来能够为较早王朝中的国王们提供具体的统治时间，将法老年表往前推至公元前 3000 年。

在 19 世纪 20 年代，提出这样的论点就等于质疑了人类有记载历史的时间范围，而这被认为是不明智的做法。因为这样等于质疑了欧洲研究早期历史的传统方法，质疑了所谓的圣经年代学中神学学者们长久以来给人类历史划分出的四个阶段（就像温克尔曼给古典文化也划分出了四个阶段那样）。第一阶段，即亚当时代，开始于《创世记》中神造万物；之后是第二阶段，开始于大洪水和诺亚方舟；之后是第三阶段，开始于先知亚伯拉罕的游历，结束于基督降生；自那之后开始了第四阶段，也是现在所属的阶段。尽管启蒙时代许多名人早已质疑过这种划分历史的方法，但真正公开抛弃圣经年代学中的划分方法的人——就算在 19 世纪 20 年代，也没有可以直接反驳其可靠性的历史资料——是迪皮伊这些革命家和反教会者，他们乐于羞辱王室和教会。然而，在 19 世纪 20 年代，《拿破仑法典》禁止侮辱神职人员，再加上后来法国王室复辟，这些过去的反教会者只能闭口不言。

43

　　同样，商博良也不能承受疏远他那些虔诚的赞助人的代价。尽管如此，只要我们读一读来自都灵的大量印刷品，就会很清楚地发现他正在为那些年代远早于任何一位圣经人物的法老编写年表。因此，一名商博良的批评者宣称圣书文字是魔鬼的造物，是用来维护曼涅托编造的历史的，还有一人怀疑商博良是敌基督，是"格勒诺布尔的罗伯斯庇尔①"。商博良不愿意公开回应这些批评，实际上也没有回应过若马尔持续不断的嘲讽。他将自己新制作的王表——也是世界上

----

① 即马克西米连·罗伯斯庇尔（1758~1794），法国大革命时期政治家，雅各宾派领导人。

唯一一份——放进一本口袋书中，并在 1826 年春季游览了意大利所在的亚平宁半岛。

商博良《给布拉卡斯·德·奥尔普斯公爵的信》中历史古迹部分扉页上的印花

商博良的胜利

商博良奇迹般的成就不只在于最初的发现工作，更重要的是他对其的惊人运用。

——艾伦·加德纳爵士，1961

在法国，形势变得对商博良有利了。政府官员意识到，由于被若马尔说服花费巨资购买了"该死的丹德拉星图"，他们失去了为卢浮宫购买都灵藏品的机会。而就像商博良所说的，这些藏品中含有之前未知的历史，能为国家带来相当大的声望。于是，拿破仑的学者们风光不再，商博良则被委派去购买一些仍在不断从埃及流出的其他古董。

商博良拜访了意大利众多公国的宫廷，并惊讶地发现他破译圣书文字的消息到得比他本人更早。他在佛罗伦萨见到了莱奥波尔多二世（Leopold Ⅱ）的家人，这位雄心勃勃的托斯卡纳大公当时已经雇了比萨大学的东方语言学教授伊波利托·罗塞里尼（Ippolito Rosellini）在其宫廷中教授商博良的破译系统。两位学者又一起游历至托斯卡纳的自由港里窝那（Livorno），在那里仔细研究古董商人仓库中的埃及文物，并将其中最好的买下，以供卢浮宫展出。

在罗马，商博良令人惊讶地大声读出了罗马城中埃及方尖碑上的铭文，这可是两千年来的头一遭。他在这里发现"圣书文字非常受尊重"。他本人也是，不但受邀给使节和贵族教授有关破译的短课，甚至还和教皇的秘书私下会过面。

与在托斯卡纳宫廷中不同的是，这样的邀请并未引起教皇对圣书文字的兴趣。就像两个世纪前伽利略的研究一样，迪皮伊渎神的理论质疑了《圣经》中记载的历史，这使圣座大为光火。商博良私下猜测，或许埃及星座之所以被创造出来，就是为了"让主教们夜不能寐"。但在罗马，他却被严肃地告知，他之前对丹德拉星图正确年代所做的有些欠考虑的评论"是为教会做了一件大好事"，法国公使将会为此劝说国王赐予他"圣经年代学的拯救者"的荣誉。深受启蒙运动影响的商博良私下认为神职人员都是迷信的守卫者，所以此刻他一定十分困惑。同年 5 月，被处决的路易十六的弟弟，"受人喜爱的"国王查理十世在卢浮宫内建立了埃及文物博物馆，并任命商博良为馆长。

两年后的 1828 年 11 月，商博良和罗塞里尼来到埃及，
共同领导一次法国和托斯卡纳联合远征。当时，罗塞里尼师
从商博良在卢浮宫学习埃及学，是该专业的第一个学生。罗
塞里尼是个颇具魅力又十分谦逊的人，长期以来一直是大公
的门客。他在比萨接受过传统神学教育，并将所学的知识满
怀热情地用于研究圣经语言学，于是大公又派他去博洛尼亚
师从精通多种语言的枢机主教梅佐凡蒂（Mezzofanti）①。他
就是在那里第一次读到了商博良有关破译的论文，并对此着
了迷。这两位好友代表了后来埃及学主流研究及参与者：那
些对古埃及感兴趣、想要研究古埃及学的人，以及那些通过
研究《圣经》而接触到古埃及的人。

这对埃及学师徒在布拉卡斯·德·奥尔普斯公爵的斡旋
之下，共同领导一支由两位建筑家和七名制图员组成的小队
前往埃及。尽管这次行动得到了大公和法国政府的共同资
助，但其主要目的并不是收集文物，而是研究现存的建筑，
在商博良破译成果的指导下对法老时代埃及的历史、社会和
宗教进行调查研究。联合远征队沿尼罗河下游航行，一路画
下建筑的外形及其上的铭文，这些画后来参照拿破仑时代装
帧精美的《埃及记述》的形式出版了。

这次，商博良才终于亲眼见到了丹德拉神庙。他写信给
哥哥说，他们的船深夜停靠在河岸边，大家一起下船走向坐

①　即朱塞佩·卡斯帕·梅佐凡蒂（1774~1849），枢机主教，语言大师，
　　精通三十多种语言。

落在月光照耀下的原野彼方的传奇建筑。一小时后，他们终于穿过了神庙庄严的大门，感到万分惊讶。他写道："那座神庙是优雅和庄严的化身……学者们要测绘它很容易，但他们却无法将其描述出来……接下来的两小时我们都欣喜若狂，手里拿着小小的火把跑过高大的厅堂，试图借着月光读出刻在外面的铭文。"第二天日出时分他们返回时，"出现在月光之下的东西现在在日光之下变得更为壮观，因为日光将其细节清晰地雕凿了出来……"

46

丹德拉神庙在商博良生活的时代的样子，来自维万·德农（Vivant Denon）的画作

商博良发现，"神庙中最古老的部分是末端的外墙，那里有克里奥佩特拉和她儿子托勒密王朝的恺撒的巨大雕像。上方的浅浮雕是奥古斯都时期的"。他激动不已而又十分精确地描述着，直到一行人来到丹德拉星图被搬走后留下来的洞那里。看到那里的景象后，商博良不禁露出了带着些讽刺意味的微笑，因为他发现巴黎工程师们把星图边框上的部分铭文留在了原地，而八年前商博良从学者们的画作中破译出"皇帝"一词的部分也在那里。实际上，在埃及酷烈日光之下的丹德拉神庙中，画中本该出现那个泄露一切秘密的词的地方只有一片空白。根据商博良的描述，那里只有一个空的

王名圈，其中"没有一点凿子刻过的痕迹"。看来，那位画画的学者实际上是把其他王名圈里的圣书文字给填到这里来了！商博良被这位糟糕的绘图者给欺骗了。

他继续写道："但我的敌人们还不能再次开始自鸣得意。"因为商博良在检查了神庙中其他的王名圈后，证明了神庙内部的所有装饰，包括被搬走的星图，时代都不早于罗马皇帝图拉真（Trajan）和安东尼·庇护（Antonius Pius）。商博良又给了那些把神庙的浮雕描述得非常古老、非常美丽的学者最后一击，他发现虽然神庙的建筑结构堪称杰作，"其上的浮雕却很难看，它们并不适合装饰献给伊西丝（如若马尔在《埃及记述》的题注中所说）的神庙，而是给哈索尔（Hathor）① 女神的，其上千千万万零碎的奉献辞已经说明了这一点"。

47　　这是西方埃及学和古老建筑的一次会面。两千年以来，这些矗立的古埃及建筑首次被仔细研究勘察，从阅读其上的文字，到商博良的美学评判，一切都得到了审视。

从埃及回来之后，虽然商博良依旧遭到了很多人持续的反对，但他还是得到了法兰西学院中的职位，成为名副其实的全世界第一位埃及史教授。但第二年，商博良四十二岁时就因为中风去世了，这个职位也只能暂时空置。在一幅于商博良死后完成的画像上，我们看到他穿着朴素的拜伦式衣领，系着白领巾，黑色的头发剪成短短的巴黎式发型，身材瘦小，有着蜡黄色的圆脸和法国南部人特有的目光锐利的棕

---

① 哈索尔，古埃及牛首女神，司掌爱与美、幸福、音乐、舞蹈等。

色双瞳。他去世的时候正在研究埃及之行中收集到的文本，罗塞里尼和商博良忠诚的兄长以及其他一些学者在接下来的半个世纪中陆续出版了这些材料。同时，商博良本人也成为传奇的科学英雄：

让-弗朗索瓦·商博良（1790~1832）。埃及学的建立者和"埃及学之父"，圣书文字的破译者。为了与他的哥哥区分开来，通常被称为"小商博良"……在他去世后，法兰西学院为他在门廊中立起了一座雕像……［《埃及学名人录》（*Who Was Who in Egyptology*），2012］

6 余波

三个王国——骑士本生

　　有这样一个人，他被商博良穿着白色长袜在罗马大街上阔步行走并时不时停下来记录城中埃及方尖碑上刻着的圣书文字的样子所吸引。克里斯蒂安·卡尔·约西亚·冯·本生（Christian Karl Josias von Bunsen）男爵是一位饱学之士，也是虔诚的新教徒，还是普鲁士驻罗马大使的秘书。他读过商博良有关破译圣书文字的论文后，就兴奋地给大使、伟大的古典学者卡斯滕·尼布尔（Carsten Niebuhr）写信道："您对商博良的《圣书文字体系概论》（*Précis du Système Hiéroglyphique*）有什么看法？……它让我感到迟疑，因为要理解它，必须掌握科普特语相关的知识：这符号系统看起来有些武断和牵强。"

　　尽管男爵一开始有些疑虑，但他还是完全被吸引住了。由此，他开始了一项他余生都将专注于此的研究。这项研究在 1844 年终于有了成果，他出版了五卷本的《埃及在普遍史中的地位》（*Egypt's Place in Universal History*）一书。本生

6　余波

在序中写道：

> 自我被商博良的演讲和作品所吸引开始，至今已经过去了二十个年头。我本人研究罗马的埃及建筑，尤其是方尖碑也已有这么长的时间了。我由此确信，圣书文字系统这一伟大发现是人类古代史中最重要的事……出现了三个问题。埃及的年表，如同曼涅托所划分的王朝所体现的那样，是能够被复原的吗……？我们有希望……为人类历史带来比今天所拥有的更加确凿、更加可靠的基础吗……？埃及的语言能够帮助我们确立埃及远古历史中的国家地位，以及埃及与阿拉姆语和印度-日耳曼语系部落之间的联系吗？

49

当时达尔文还未提出进化论，但在时代精神的影响下，本生已经意识到了人类历史的进步从最初开始就在被一种潜在的进化过程引导着。为了发现其中的基本规则，他在五卷本著述中试图将古希腊和罗马、印度、中国、俄罗斯、日本，以及商博良为古埃及新编写的年表放进圣经年代学的四个时代当中：亚当时代、后洪水时代、亚伯拉罕时代和最后的基督时代。

认为近期的人类历史不是人类智慧和努力的产物，而是种族、民族和语言自然进化的一部分的观点，现在已经被恰当地认为是西方 19 世纪思想的遗物了，而且也被认为具有危险性。本生的理论和同时代其他一些人的理论一样，是欧洲 20 世纪灾难的前兆，尽管其本身是无辜的。例如，他的普遍史的主角是语族，而语族又被他和其他许多同时代学者转化为了想象出来的部落和民族。其中有雅利安人的历史，他从喜马拉雅追寻到被温克尔曼理想化了的古希腊，再到现代德国，而闪米特人则被广泛认为是雅利安人的历史陪衬，是欧洲犹太人的祖先。

尽管如此，本生这套奇怪的著作还是对埃及学产生了根本性的影响。虽然他的种族理论是错的，但他从古埃及现存的记录中发现了一种模式，促使他将商博良长长的王表分成三个阶段，并分别将之命名为古帝国、中帝国和新帝国。"帝国"这个词是那个法语成为全欧洲学术语言的时代的遗物，因此它后来被换成了"王国"，而我们今天仍然在使用古王国、中王国与新王国的划分方式。

这种概括方法既有优点也有缺点。本生的划分大部分依照了曼涅托的王朝划分，并且也得到了广泛的实地考古证实：尤其是新王国，范围直到今天仍然是第十八王朝到第二十王朝。但是，本生的中王国却仅包含曼涅托的第十二王朝，今天我们把它拓展到了两个半王朝，即从第十一王朝中期到第十三王朝结束，并且包含了两个不同地点的政府，即底比斯和孟斐斯。因此，我们现在划分的中王国和本生定义的不同，和都灵王表的基础结构也不同，因为都灵王表是依照政府所在地划分的。

不过，本生清楚地看到了一点：曼涅托划分的三十个王朝中，有许多只是文学创作。例如，其中一些被对称地划分为了两组，每组九个国王。还有曼涅托的第七王朝，包含了"七十位孟斐斯的统治者，每人统治了七十天"。本生认为，这些像冒险小说一样被建构出来的王朝所掩盖的是无法保存下宫廷记录的时代，也就是混乱的时代和遭到入侵的时代，就像古希腊罗马的历史学家简短描述过的那样。

　　自然而然，绝大多数传统的历史学家将其研究的重心放在了本生划分的三个伟大王国所涵盖的时代上——这些时代有着翔实的记录，并以伟大的建筑和著名的君主为代表——且趋向于将混乱的中间期描述为政府崩溃的时代。但到了20世纪20年代，由于出现了更多的证据，本生研究得较多的三个王国中间那两个模糊不清的时期得到了命名，被称作第一中间期和第二中间期。到了20世纪60年代，本生的新王国和公元前6世纪之间同样支离破碎的时代——商博良为这一时代编写年表时遇到了许多困难——被命名为第三中间期。

　　如今我们积累了更多的证据，发现法老时代的埃及实际上有着比本生男爵的三个伟大王国所包含的历史更加生动的历史。就像商博良凭借个人经历就能得知的一样——他年轻时亲身参与了法国当时激烈的政治斗争——在这种社会秩序被打乱的时期中，国家的政府和文化通常会被仔细审视并重新定义。因此今天，本生三大王国之间的年代的历史，为大众眼中的古埃及——那个三度兴起的单一政权王国——提供了生动而又吸引人的替代品。 51

古迹——莱普修斯教授

　　　　要想获得哲学，就要建立一些认知的纪念碑，这样

我们才能还原过去的想法，并按照其自身顺序记录下每一个。

——托马斯·霍布斯，1656

本生的三段体系很快就被采纳，并且使用了很长时间，其中的原因主要有两个。原因之一，曼涅托的历史和都灵王表中都有许多含混不清和疏漏的地方，因此对于第一位法老的统治年限，甚至一些最著名的法老的统治时间和纪念建筑，历史学家们都未能达成确定的统一意见。本生的术语则方便地定义了史学界研究最多的部分，人们不必再参与到对各种年表准确性的持续不断的辩论中去了。

本生的划分被很快采纳的第二个原因是，它被柏林大学的理查德·莱普修斯（Richard Lepsius）教授采用了。莱普修斯是本生的门徒，也是另一套有关埃及建筑的作品的主创和编辑。这套作品中包含了 1842 年冬至 1845 年的一次由莱普修斯本人领导的普鲁士对尼罗河的远征考察留下来的记录。

在柏林政府和普鲁士国王腓特烈·威廉四世（Friedrich Wilhelm Ⅳ）的资助下，莱普修斯的著作《埃及和埃塞俄比亚的古迹》［*Denkmäler aus Aegypten und Aethiopien*（Berlin，1849-59），以下简称《古迹》］的大小和重量超过了拿破仑远征和法国-托斯卡纳联合远征所出版的作品，其中绘画的精确程度也远较之前的高。直到今天，《古迹》一书仍然是世界上最大的印刷书籍之一。在其所处的年代，它是一群富有冒险精神而又古怪的欧洲学者旅行家直接复刻下古迹并

经过半个世纪的热切研究后的典范成果，目的则如艾伦·加
德纳所说的，是为了"满足对更多材料和更好的复刻本的
迫切需要"。但是，这些学者的非凡图册大部分没有再版。
在莱普修斯的《古迹》的平装本和钢板雕刻本于 1859 年出
版后，绝大部分埃及现存古迹的铭文才得以在欧洲的图书馆
中被研究和翻译。《古迹》也第一次为古孟斐斯的铭文，尤
其是吉萨和塞加拉陵墓中的那些提供了翔实的记录。这些建
筑在商博良和罗塞里尼进行埃及远征考察时被刻意避开了，
以免其与托斯卡纳大公一家坚决支持的圣经年代学相冲突。

　　莱普修斯辉煌的著作重现了吉萨大金字塔内部涂鸦上胡
夫的名字，这些真正来自当时的证据表明，这座宏伟的建筑
是为这样一位古老的国王所建造的，他尽管出现在了都灵王
表和曼涅托第四王朝的君主名单中，之前却几乎没有得到古
希腊罗马旅行者的故事之外任何文献的记载。除了时代相近
的墓葬祈祷室中大量绘画和浮雕的建筑设计图，莱普修斯还
列出了所有属于古王国（Altes Reich）时期的古迹：它们与
同样在远征考察行动中被测量绘制下来，并被标记为建造于
新王国（Neues Reich）时期的建筑截然不同。就这样，本
生发明的术语一直被保留至今。

　　莱普修斯第一次见到本生是在 19 世纪 30 年代，彼时他
正在当时欧洲的语言学中心巴黎学习外语。数年后，本生邀
请这位年轻人去罗马新成立的普鲁士考古学院担任他的秘
书。毫无疑问，莱普修斯卓越的语言能力对本生男爵完成他
的"普遍史"大有帮助。同时，在本生的推荐下，莱普修
斯开始向正在比萨大学教授商博良的破译系统的罗塞里尼学

习圣书文字。莱普修斯后来告诉他的传记作者，当时他想要成为"德意志的商博良"。

53　　　这个雄心壮志可以说是十分有头脑。在商博良于 1832 年去世后，针对他的论文产生了许多法律诉讼和大量恶毒的流言，圣书文字研究工作也被短暂搁置了。1837 年，莱普修斯以商博良死后出版的《埃及语语法》（*Egyptian Grammar*）为基础，对有关破译工作的各种批评和理论进行了学术上的再调查，并将他的研究结果发表在了《致罗塞里尼教授的信……关于圣书文字》（Lettre à M. le Professeur Rosellini... sur l'alphabet hiéroglyphique，以下简称《信》）中。这篇论文有力地论证了商博良系统的基本准确性，同时也对其做出了一些修正，因为这个法国人和他的意大利朋友都没有意识到大部分被他们假定为单一音值的圣书文字——表示单音节辅音的符号——实际上代表的是一整个音节，即由多个音值组成的发音。

在莱普修斯的《信》发表后，除了少数顽固的人之外，几乎所有人都接受了商博良的翻译系统是继续研究圣书文字的唯一可靠工具的事实，这也是第一次一小部分英国、法国和德意志的爱好者——律师、传教士、督学、酒商和博物馆馆长——着手进行理解圣书文字语法、翻译整个句子和文本的工作。

就像之前的商博良一样，莱普修斯也为古埃及的国王们编写了一份年表。如以前一样，这份王表也是以古典时代的作品和一些埃及文本为基础的，他又根据自己在埃及的发现进行了扩充。它是所有之前版本的改进版，时至今日仍是埃及法老年表的基础。然而，一个多世纪以来，人们一直在许多王朝的存续时间和国王的具体在位时间上存在分歧，各个学派的埃及学家各自选择采用两种不同版本中的一种——一位陷入困境的同时代学者分别将其形容为德意志版和古埃及版。

如今，经过了两个世纪的铭文学研究和发掘，在碳－14年代测定法以及其他科学年代测算方法的帮助下，学界为本生划分的王国和大部分曼涅托划分的王朝找到了相对确切的年份，并取得了广泛的共识。现在看来，本生的古王国持续了大约四百五十年的时间，结束于公元前 2200 年前后曼涅托的第六王朝终结时。现代史观下的中王国开始于持续了两百年的中间期后，延续大约三个半世纪，在公元前 1650 年前后结束。

莱普修斯的《信》常常被认为是圣书文字破译上的最终决议。在本生和普鲁士宫廷中其他杰出人物的帮助下，莱普修斯被任命为国家远征埃及考察行动的领导人。这一次远征回来之后，他真正成为德意志的商博良。他编纂了《古迹》的主要部分，成为柏林大学埃及学首席教授，并被任命为柏林各大博物馆中埃及藏品的总管、枢密院官员、王室图书馆馆长和在外国建立的一些普鲁士考古学院——后成为德国考古学院——的顾问。同时，在 19 世纪 40 年代和 80 年代之间，"埃及学"这个词和"埃及学家"这个职业诞生了。商博良为这一切打下了基础。通过想象，通过用他那个时代的秩序和理性对抗早先的有关失落已久的年代的印象，他造就了欧洲对"古埃及"的新传统印象的基础。

遗产——商博良的古埃及

> 帕夏的水上游乐即将结束。我会把你这位聪明的建筑师介绍给他。
>
> ——莫扎特谱曲的《后宫诱逃》
>
> (*The Abduction from the Seraglio*)①

查看商博良现存的论文后我们可以发现，他认为法老的生活及其廷臣与奥斯曼帝国统治者的颇为相似。他在埃及旅行时，曾和奥斯曼帝国的埃及总督穆罕默德·阿里帕夏进行过活跃的通信。对埃及学来说幸运的是，这种对古代东方的印象更接近于莫扎特而不是威尔第（Verdi）。商博良眼中的古埃及人并没有穿着层层叠叠的天鹅绒，也没有像《埃及记述》中再现古代生活的图画所描绘的神庙祭司那样，穿着新古典时代的托加长袍。商博良的古埃及是愉快的洛可可式的。毕竟，《后宫诱逃》是罗塞里尼的赞助人托斯卡纳大公的表兄②委托创作的。

在这样一个世界中，人类社会中最根本的区别不是民族或国家，而是不同阶层的贵族和最下层的农民之间"天

---

① 莫扎特创作的三幕歌剧，讲述了西班牙贵族贝尔蒙特在仆人佩德利奥的帮助下，前往土耳其塞利姆帕夏的后宫营救被海盗掳走的爱人康斯坦斯和女仆布隆黛的故事。

② 原文为 uncle，疑误。《后宫诱逃》的资助方为神圣罗马皇帝约瑟夫二世，他的母亲和托斯卡纳大公莱奥波尔多二世的母亲是姐妹，应为表兄。

然"存在的区别。法国和托斯卡纳对埃及进行联合远征考察时绘制的一组肖像表明，远征队大部分成员穿着奥斯曼帝国中层官员所穿的丝绸和棉布长袍，这与他们在欧洲宫廷中的地位相匹配。但在商博良和莱普修斯的远征之后，到了19世纪60年代，当"埃及学家"这个词诞生后，西方对非西方文明的态度发生了转变，学者旅行家们改穿欧洲的服装了。

在这些穿着丝绸的冒险家开始自己的工作之前，有关"古埃及"的信息主要来自古典时代历史学家们的作品。自然而然，当商博良开始编写他的古埃及年表时，他也需要用曼涅托的王表作为总体指导，并使用这位希腊历史学家的划分方法，将长长的君王列表切分成三十个不同的王朝。

如今"王朝"这个词在古典文学和《圣经》译本中被广泛使用。在最早使用这个词的作品，即赫西俄德（Hesiod）和荷马（Homer）的作品中，这个词指的是一群有能力的人。虽然在后来的几个世纪中，它又获得了领导和统治的含义，但直到罗马时期，它的含义才变得与今日一样，指同一家族中代代继承的一系列国王或王子。因此毫不意外，像其他许多埃及学中常见的术语一样，"王朝"这个词在圣书文字中是没有对应词语的。但在商博良那个时代，欧洲的文化和教育充满着古典意象，"王朝"对于历史学科而言更加熟悉。因此自然而然，在接下来的数十年中，随着越来越长的圣书文字文本得到翻译，古埃及的历史被认为是由一连串统治家族组成的，法老们也被简单地假想成统治着 56

与欧洲类似的宫廷，就像莎士比亚笔下的克里奥佩特拉那样。

但是，我们并未证明古代法老统治的方式和后来那些王朝的国王一样，实际上也不知道他们是否遵从同样的继承规则，当然也不知道他们是否有欧洲那样的血统观念——不管是像卡斯蒂利亚的"蓝血"（sangre azul）贵族那样，还是像日耳曼人的"血和土"（Blut und Boden）那样。欧洲各王国的王朝因血统而分别，但这也给臣民们带来动荡。

尽管如此，商博良及其后继者对他们所建构的古埃及的认知还是有根据的，他们对这个古老文明的许多方面实际上都非常熟悉。尽管欧洲没有沙漠也没有尼罗河，但商博良像拉美西斯一样，生活在建立于中东青铜时代技术基础上的小规模小麦经济社会中。一般来讲，两人所处经济社会的物质元素——切割石材、熔炼金属、饲养牲畜、农业种植，以及家庭日常技术，如纺织、制陶、烘焙、酿造、制作奶酪等——大体相似。因此，商博良作为那个时代的人，作为一个来自法国南部灌溉充足的小农社会中的资产阶级，他看到画中战车上的拉美西斯时，能够以这位古代战车驭手的视角观察奔腾的骏马，对他们所用的挽具和缰绳也有着实际的了解，就像许多法老时代墓室墙壁上装饰着的"日常生活"图景对商博良所处时代的人们来说也是日常一样。他就像那些法老一样走过马厩和打谷场。他所住的房子里也有等级森严的仆从们，仆从们所做的工作与古迹壁画中法老的廷臣们所做的事相差无几。同样，商博良自己在欧洲的宫廷和政府中也从事着某种类似廷臣的工作。实际上，他一生的工作都取决于贵族和政府的赞助。为了维持这些赞助，他也不得不限制自己的个人信仰。

因此毫不意外，商博良及其后继者假定古埃及社会与传 57 统西欧社会有着相似的组成部分：二者都由农民、有地贵族、士兵、水手和神职人员组成。这反过来促使他们使用了"国王""王子""农民""士兵""祭司"这样的词，使得人们也认为古埃及有着类似于欧洲早期政府的机构，尽管没有证据表明当时的社会拥有这样的结构。

虽然商博良及其后继者采用了这些词去描述法老时代社会中的元素，它们所隐含的传统的生活方式还是走到了尽头。各种革命带来了封建社会的消亡和工业国家的兴起，重新定义了欧洲社会的方方面面，乃至包括一年每个月份的名称。同时，"国家""艺术""经济""奴隶"这样的词获得了新的现代含义。当然，如今早期埃及学家所描述的法老时代的国家只存在于童书和历史衍生作品中了。实际上，这正是为什么对"古埃及"的传统印象看起来这么熟悉。尽管它包含了许多现代术语，但其中的传统词语依然植根于过去的欧洲，并将古代世界描述成了过去欧洲的某种带有异国色彩的镜像版本。

那么，我们是否该用全新且不同的词来替代传统的"国王""廷臣""祭司"这样的词呢？使用较为陌生的词是不是就相对不太容易扭曲古埃及给人的印象，能够使我们对这个已失落的社会的印象变得更客观一些呢？比如说，用"精英阶层"代替"贵族"。但经验告诉我们，这种将一个术语替换为另一个不同学科中的术语的把戏，只会在独一无二的法老文化中加入另一套外来概念。最好还是依照埃及自身的历史，选择一些熟悉的旧术语翻译并描述那些古老的遗迹——但同时也要明白，它们背负着这两个世纪以来欧洲的包袱，而且法老文化中的"国王"就像是从一种规则几乎不为人知、无人理解的古老棋盘游戏中拿出来的棋子一样，这古老文明的遗迹也因此充满着未知的可能性。

尽管我们今日称哈杰德夫为王子，但他和丹麦王子或是威尔士亲王截然不同。因为哈杰德夫并不是一位欧洲的王子，法老宫廷中的生活也未见得就是王朝斗争和政治野心的温床。或者，如果我们认为这位法老时代的"王子"的陵墓和头衔体现出他是胡夫家族中颇受喜爱的一位，那么这个词的古今异义所造成的摩擦就可以激发我们对这古老的所谓"宫廷"的运作方式产生不同的看法。

不管拉美西斯雕像中的战马看起来有多熟悉，我们都不应该假定画中战斗的法老与带领着军队保家卫国或开疆拓土的欧洲君主是类似的。古代尼罗河下游的居民们对地域、国家和民族有着与 19 世纪的欧洲人截然不同的感觉。法老国家的疆界并非由地图上的虚线界定，而是从中心开始向外延展出去的，也就是说，是从砖墙搭建成的王宫——"per'a"，法老（pharaoh）这个词也源出于此——开始的，而不是以模糊不清的边界为限，即使传统的历史学家为不同时期的法老王国设定了各不相同的帝国边界。

这些受到约束的重新表述也不仅仅局限于地理和政治领

域。商博良作为众多伟大藏品的管理者，他的首要任务之一便是辨识出那些数不清的神像的地位和身份。他为此制作了一本漂亮的图录《埃及诸神》（*Le Panthéon Égyptien*），在书中描述了古代神明们的特性和形象并为其配图，就像介绍基督教的圣徒那样。商博良笔下的这些埃及神明就像钉在盒子里的蝴蝶标本一样以独特的方式被展示出来，商博良对待它们的态度就和他私下对他那个时代的宗教的态度一样——它们不过是符号与迷信的混杂。他又在解释性的评论中描述了法老时代诸神所登场的古典神话。这是当时特有的对宗教的态度，同时代的歌德也曾将基督教描述为"谬论与暴力的大杂烩"。同时，这种态度也否认了尼罗河下游的古老文化拥有虔心和使命感，甚至否定了它拥有自己特有的智慧。讽刺的是，后来许多信奉基督教的、通过研究《圣经》而接触到古埃及的埃及学家也抱有同样的态度，因为他们坚信自己的信仰是世界上唯一真正的宗教。

在这个层面上，若马尔对商博良的疑虑是有充分理由 59
的。因为他替换了欧洲人传统印象中那个充满了深不可测的智慧的古埃及文明，那个被人发自内心尊敬着的古埃及，将那些法老时代书吏和工匠留下的意义深远的隐喻——被商博良的后继者称为"象征"的事物——替换成了 W. H. 奥登所说的"虚假而无趣的寓言"。当这样的解读迎来注定的失败时，古老的奥秘就会被解读为东方的不可知论或远古的原始主义。

尽管如此，商博良的作品还是为这样一个框架奠定了基础：通过这个框架，一堆未知时代的、曾经无法被人理解的遗迹和废墟转变成了一个千年古文明的纪念物。但是，这个框架本身并不属于法老时代。这个框架不是指图书馆的藏品，而是图书馆里的书架、编号和目录：简而言之，是将现存的、混杂的、数千年来的法老时代遗迹整理成现代人完全能够理解的东西的外来方法。因此，尽管这个系统时常被表现为对古代的尼罗河河谷下游的情感和历史的真实描绘，但显然它实际上不是如此。在图书馆的界限之外，还有丰富多彩的古代生活、尚未听闻的好消息和尚未得见的美好事物。

那么，我们该如何开始呢？这段历史有一个特殊的优势，那就是它开始于哈杰德夫和吉萨诸王的时代。虽然学者们创作了诸多目录、年表和平面图，但传统的历史学家仍然认为那个时代是高深莫测的，就像蹲坐在吉萨高原上三座巨大的金字塔旁边的斯芬克斯雕像一样，是一个谜团。于是，我们在这里面临着选择：是接受历史学家对所有国家的本质以及原始的、东方的政府的传统假设，并基于这些有限的参数构建出那个已失落的社会的另一部历史呢，还是从头开始，心怀感激地接受商博良及其后继者耐心收集的数据，带着它们再次走上吉萨高原，同时思考那些古人究竟认为他们自己在做什么呢？

60

N

胡夫

斯芬克斯

哈夫拉

采石场

肯特卡维斯的
马斯塔巴

哈夫拉的
河谷神庙

门卡乌拉

门卡乌拉的
河谷神庙

采石场

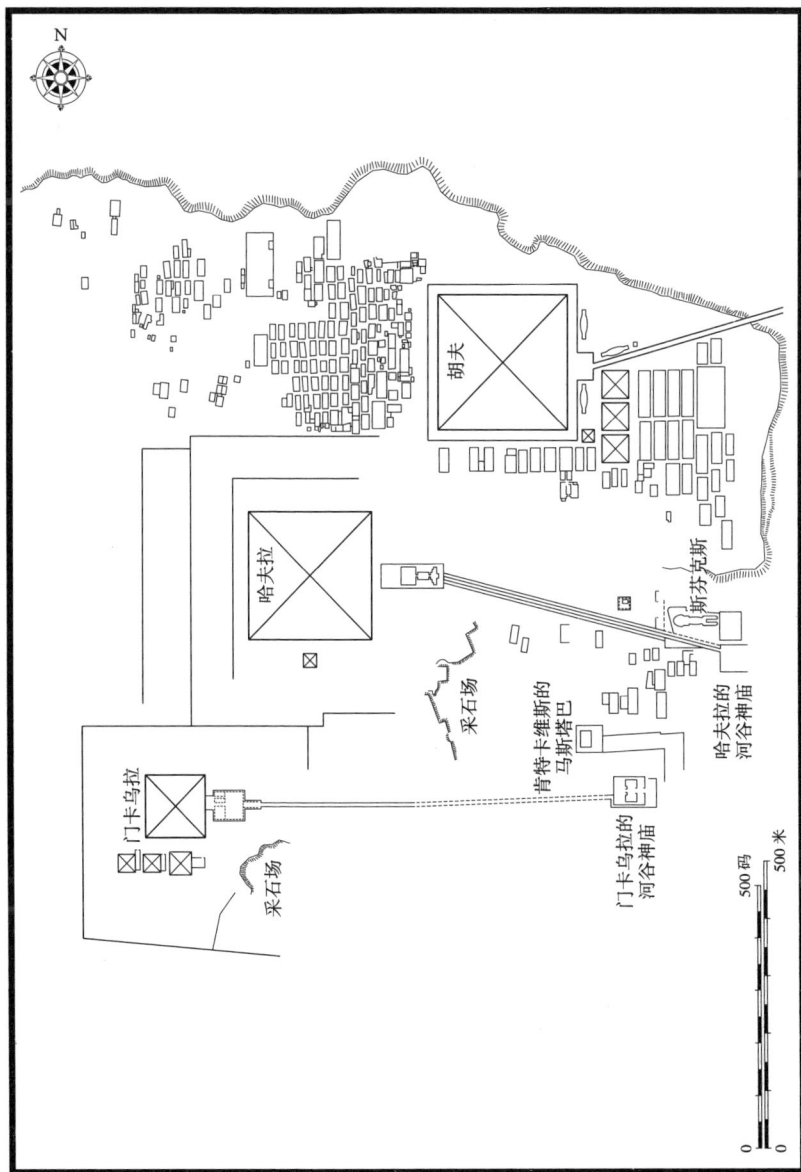

吉萨高原上的主要古迹

500 码
500 米

0
0

第三部分

古王国：

吉萨诸王

（公元前 2625~前 2500 年）

7 能说会道的雕像

吉萨的斯芬克斯——石头与历史

> "从前"究竟是什么样子，我想甚至是斯芬克斯也 63
> 说不清楚……
>
> ——菲利普·西德尼（Philip Sidney）爵士，1581

斯芬克斯身上充满了谜团。当游客们走在吉萨的黄沙上时，他们便常常为此困惑不已。他们问道，为什么要对这座灰尘满布的小土丘如此大惊小怪？实际上许多埃及学家也是这么想的，因为我们知道矗立在吉萨高原上的三座巨大的金字塔是法老的陵墓，但相比之下，斯芬克斯像却没有已知的用途。

在它建成的年代里，卧着的人头雄狮是强大的象征。古人曾向吉萨的斯芬克斯和它身旁的神庙祈祷。它的姿态、建造工艺、眼睛和耳朵的形状、面部的比例、头饰的花纹，都在接下来的数千年中成了许多较小的斯芬克斯像参考的对象。在法老、皇帝和国王的命令下，这座巨大的雕像被从流沙中解救出来，被侵蚀的石头也得到了修复。它的轮廓也——这种情况很少见——被画在了供奉石碑上，周围被装饰了圣书文字：这是一只二百四十英尺长的大猫，是古代雕塑中最大的一件，它端坐在胡夫和哈夫拉的金字塔围出的沙漠边缘，由一群祭司照管。之后又过了几千年，这只大猫改换了大小和性别，长出了翅膀，通过新古典时期的维也纳和温克尔曼的古希腊飞到了西格蒙德·弗洛伊德在汉普斯特德（Hampstead）的桌子上。

王子、廷臣和书吏及其家人供奉给吉萨大斯芬克斯像旁边的神庙中的数百个小石碑中的四个。用上好的白色石灰岩雕刻而成，其中最大的大约两英尺高

传统的历史学家们有关斯芬克斯所能说的就只有它是按法老的形象建造的，它的下巴、耳朵和脸颊的形状与比例证明它完全是在第四王朝，即公元前 2550 年前后建成的，当时吉萨的三座巨型金字塔也在建造当中。斯芬克斯两只巨大的脚爪中间有后来建造的一座磨损严重的花岗岩石碑，根据其上的描述，这座雕像是于哈夫拉在位期间建造的。但是，斯芬克斯像看起来并非哈夫拉金字塔附属建筑的一部分。哈夫拉的石匠们在斯芬克斯附近建造了壮观的花岗岩神庙，并且铺了一条从神庙到上方的王家金字塔的堤道，神庙和堤道的角度都经过特殊设计，以便适应斯芬克斯像。由此我们可以假设，斯芬克斯像比这两处建筑要更早建成。所以，吉萨斯芬克斯像的建造工作很可能是在哈夫拉即位前就开始了，也就是说，它是在胡夫或他那位几乎不为人知的王位继承者杰德夫拉（Djedefre）的时代开始建造的。但对于该建筑的建造目的，从怪人到教授提出的众多现代理论却几乎都基于推测和后世的文学作品。

因此，大斯芬克斯是第四王朝的一件无名作品，它来自一个不以文字为核心的时代，那个时代的金字塔就像斯芬克斯一样，体现着对加工石材的极度痴迷。实际上，斯芬克斯是用金字塔建筑采石场中的一块独立的石头雕刻而成的。当然，这尊雕像是之前一千年中那些体积较小的雕像的集大成者，尼罗河畔的工匠们将沙漠中黑夜里咆哮的狮子的活力和慵懒以最美的方式塑造了出来。在第四王朝时期，在尘土飞扬的吉萨港口的码头周边，青铜时代最伟大的工程正在上方的高原上进行，雕刻家们放大了之前的雕像，并将法老的头放在了巨大的狮身之上。

斯芬克斯像刚被建造完成时，尼罗河畔的沼泽和淤泥中有一条长长的运河，原本要用于建造上方高原上的金字塔的巨大建筑石材正顺着这条运河被驳船拖运到吉萨港口。人们驶入港口，看着繁忙的驳船和搬运石材的众人的同时，斯芬克斯像那完美的人首也冷静地从高处俯视着喧闹的码头，明亮的蓝天之下，它优雅的面容被周围的步道照亮，如同被从深海发出的微光照亮一般。

从一开始，尼罗河下游的古代居民们就用光辉灿烂的形象来描绘他们的宫廷文化。我们可以确定，吉萨的斯芬克斯是一个复杂的视觉系统的一部分，这个系统中的图画和建筑都十分古老，并且被精心分层，因此今天我们试图用语言对其加以解释时，会发现很难理解其复杂性。这就是为何这金色的、有着千疮百孔的双眼和被侵蚀了一半笑容的斯芬克斯能成为古埃及的完美象征。

哈夫拉与金鹰

> 在吉萨大斯芬克斯的东南方，有一座花岗岩和雪花石膏建成的建筑……这座神庙中一个房间内有一口井……我们从这个深坑的底部挪走了哈夫拉和鹰的雕塑，它是在某个未知的时间被塞在那里的。
>
> ——奥古斯特·马里耶特（Auguste Mariette），1869

66　　鹰是一种坚定的鸟。时时刻刻，日复一日，它总栖息在高高的杆子或树上，监视着是否有可能入侵巢穴的猎食动物。圣书文字中的鹰也同样挺起胸膛，握紧双爪，从一开始就守护着埃及国王们的名字。这有着同样轮廓的形象栖息在各种各样的地方，既象征着西方的地平线，也象征着法老时代的许多神明，其中最著名的是荷鲁斯（Horus）[1]。在巨型金字塔建成之前的数十年中，他成了第一位拥有人形的神明：

---

① 荷鲁斯，古埃及王权与天空之神，形象为鹰隼或鹰首人身。

这张展示权威的图画中有已知最早的以人形出现的荷鲁斯，他在这里被称作"王宫的荷鲁斯"，并且拥抱着一位除此之外别无记载的、名叫卡赫杰特（Qahedjet）的法老。这位法老通常被认为是斯尼夫鲁的前任胡尼（Huni）。这座石灰岩石碑高二十英寸

67 他有着鹰的头和人的身体。

这只代表凶猛和守护的鸟儿也同样出现在一尊久负盛名的哈夫拉法老雕塑的头部后方。19世纪50年代初，"杰出考古学家"（archéologue extraordinaire）奥古斯特·马里耶特的一队工作组在斯芬克斯旁一座花岗岩神庙里的一个坑中挖出了这尊雕像。这只石头雄鹰栖息在王座最高点，保护着这位约于公元前2540年开始统治尼罗河下游地区的国王（在位时长约为二十五年）的雕像。

它是立体设计中的杰作。从上方看去，国王的半个头被雄鹰翅膀形成的夹角轻轻环抱住。从旁边看去，翅膀形成的夹角则与雕像脸部相匹配，一起组成了一系列从头饰垂片部分以生动的角度射出的尖锐的辐射状线条。这种头饰即所谓的"王巾"（nemes），实际生活中通常由带条纹且打褶的亚麻布制成。但从前面看去时，这强大的鸟儿及其所有雕刻细节则全部被法老的脸和头饰挡住了，它的存在感完全被国王的坐像吸收了。

雕像看起来似乎在颤动，就好像这位温和微笑着的君王即将从他的狮首王座上站起来，挥舞他石头做的拳头一样。在这座雕像闪耀的基座上刻着两行较短的铭文，其中有他名字的圣书文字："哈夫拉，金荷鲁斯"。

虽然看上去比真人大，但其实哈夫拉的黑岩雕像是按真人大小雕塑的，是它的一些部位的比例使它看起来大。雕像的脚、头和肢体巨大而沉重，躯干很平，腰部较细，脸部非常大。和同时代的其他雕像一样，这尊雕像也称得上奇形怪状。由于石头受到了一些原因不明的损伤——王座后背少了两个部件，国王的一只胳膊和一条腿也有损坏——这种奇怪比例所造成的冲击感有所减弱，以现代人的想象将其补全时，我们通常会把雕像丢失的肢体想象得更细一些，并想象他的肩膀是向前倾的，就像哈夫拉正要站起身来。

从雕像被发现的第一天起，这一形象似乎就成了那个古老国家权力与秩序的缩影。因此，在整个法老时代的历史中，这种对帝王形象的塑造不断地用类似的不言而喻的清晰方式定义着法老时代的国家元首。

尼罗河下游地区的雕塑家们经过上千年才终于习得了雕塑像哈夫拉与雄鹰这样复杂而耐久的作品所需的技艺。就像吉萨的斯芬克斯一样，它建造于那个雕塑传统发生了许多变化的时代，工匠们用更多的现实主义取代了古老的形式主义和抽象的雕塑，他们开始在姿态、形式和比例早已确定好的人体框架上雕刻人体皮肤和肌肉的细节。

工匠们用古老的方式雕刻，先在岩石上慢慢敲打出雕塑的外形，然后用石头和研磨粉抛磨粗略造就的形状，使得哈夫拉王雕像表面的纹理近似于人类的皮肤。以这样的方式打造出来的作品用现代的工具也是很难复刻的，它还存在一些戏剧性的例外，如眼睛和嘴巴周围细小而锋利的线条。对于使用铜制工具的工匠们来说，他们一定花了不少工夫才能用扁平的小凿子巧妙地一下下敲击出优美而锋利的边缘。同样，国王的面容也被很好地保存了下来，这在如此古老的雕塑中是很罕见的。你可以清楚地看到他颧骨的角度和凸出的下巴的比例同斯芬克斯像的十分相似。但和斯芬克斯像上那受损严重且遭到侵蚀的石灰岩不同，这尊雕像十分完美，其暗淡的石块本身也因此变得生动了起来。

哈夫拉的雕像是用暗绿色的斑驳的片麻岩雕刻出来的，这种石头只在撒哈拉沙漠的一小部分地区出产。如今在该地的石矿中，它被称作"哈夫拉闪长岩"（Chephren diorite），是以哈夫拉名字的希腊文形式命名的。这些石头在沙漠的日光下会发出淡淡的蓝光，尽管在博物馆的人工灯光下这种光效会消失，但那些古代的勘探者和石匠第一次驻足于芥黄色的沙漠中，仔细打量那近乎乌黑的岩石露头时，一定能够看到这种光芒。于是，他们将这种神秘的变质岩沿着一条特别建造的路送往尼罗河畔，用船运到向北六百英里外的吉萨，最后将其打造为包括哈夫拉王这无与伦比的雕像在内的众多作品。

69　　开采并加工这些坚硬奇异的哈夫拉闪长岩所需的资源与建造金字塔的相当，或许这两者都是由国王宫廷中的工作人员负责的。缓慢地切削出哈夫拉雕像的过程一定花费了相当多的时间和物力，因为这个过程需要不断捶打、切割以及用磨具抛光其表面。对于那些有着敏锐判断力的人而言，这个缓慢的过程可以使得雕像极其精确，人们甚至可以把这个创造的过程视为一个冥想沉思的过程。

坚硬的历史——雕像的谱系

读者不应该期待他们在接下来的这个对古埃及历史的简短概括中读到太多东西：我们所掌握的知识很大

程度上仅限于国王们的名字和他们的即位顺序，甚至在有几个时段内，连这些信息我们都无法确定。实际上，我们在铭文中很少能找到事实，因为大部分铭文满是对君王荣光的愚蠢夸耀。有一百篇文本会告诉我们法老是"众神的朋友"，或者说他"推翻了所有的野蛮人"……

——阿道夫·埃尔曼，约 1895

到目前为止，传统的历史学家对四座巨型金字塔所属的国王都所知甚少。尽管他们留下的古迹仍旧主宰着孟斐斯的天际线，又有哈杰德夫这样的人物在后来的文学作品中声名远播，但现在来看，他们所统治的时代却是有文字记录之前的时代。我们现在所知的与这些国王同时代的、关于他们生平和所处时代的记录，就只有金字塔和雕塑、他们被书写下来的名字，以及一些相关的圣书文字词组。

但像大斯芬克斯和哈夫拉与鹰这样的雕塑，却能给我们提供有关当时宫廷生活的真实一瞥。同时代金字塔、陵墓和神庙建筑的变化也展现出了创新和变革的生动过程。

不幸的是，记录十分有限。例如，第一座巨型金字塔的主人斯尼夫鲁现存的雕像侵蚀严重，且看起来像是较晚时代的人对早期的古老传统的复刻。没有一尊宫廷雕像可被确凿无疑地判断为属于斯尼夫鲁王位继承者、吉萨大金字塔的主人胡夫的时代。有些无名的头像可能属于这位君王，还有一些吉萨出土的精美残片，其中有部分属于头后面有鹰的国王的真人大小雪花石膏雕像，这可能也是在他活着时雕塑的。

70

但迄今为止，只有一尊小小的象牙小雕像上写了胡夫的名字。

损失相当巨大。在这个时代里，千年来的法老形象日趋成熟，宫廷中的雕塑家们手艺精湛：残存下来的珍贵的浮雕碎片质量极佳。幸运的是，用于这些浮雕的软石灰岩也同样被用来雕塑一系列放置于胡夫廷臣们的墓葬甬道中的无名头像和胸像。尽管它们刻画的并非法老的形象，但其雕刻者和雕刻其他现存的法老时代埃及雕塑的工匠一样手艺精湛。

这些雕像大部分和那座光辉的哈夫拉与鹰的雕塑大小相当，且是在那座雕像的后一世代中完成的。和那尊雕像一样，这些石灰岩制成的头像和胸像也展现了从拟古主义（archaism）到现实主义的转变。有些雕像的工匠还使用了细磨石膏作为微介质，将其厚涂在已完成的雕像的表面，之后用细研磨料轻柔地进行重新加工，打磨出人脸表面最细微的那些地方。首先，工匠们用古老且更为合乎常规的方法来加工软白石灰岩，之后，就像魔法一样，他们在雕像表面加上一层真实感，让头像变得栩栩如生。

实际上，很多这样的头像和胸像似乎都很注重复制具体的个体——大概是胡夫的几位廷臣——的特征，因此这些精心雕刻的雕像的部分面容特征，在雕像最终完成之后又被唐突地用几下迅捷的凿子敲击修改了。这体现出了胡夫宫廷中工匠们的技艺，以及他们的敏感性、工艺的精确性和观察能力，后来时代的工匠们继承了这些技能，因此才能打造出哈夫拉与鹰那样的雕塑。

这些石灰岩头像和哈夫拉的硬石雕像之间的缺失环节，

71

7 能说会道的雕像

在 20 世纪 20 年代被法国考古学家在发掘杰德夫拉——胡夫之后、哈夫拉之前在位的国王，统治了约十年——金字塔的废墟时发现了。尽管可能杰德夫拉才是最早开始建造吉萨斯芬克斯的国王，但他简陋的金字塔却并未建在吉萨高原上，而是建在北方七英里外的一座孤山顶上。在他金字塔旁的泥砖神庙的废墟中，出土了二十多件精美的杰德夫拉雕像。

这些破碎的雕像里保存最好的一批中就有杰德夫拉登基时的雕像。尽管只有头和脖子的部分保存下来，鼻子还被打破了，但它仍然是一件绝妙的作品。雕像是真人大小，头戴王巾，面部用凿子打造出的眼睛、耳朵和嘴显然是凭借着之前胡夫廷臣们的石灰岩雕塑所用的技术实现的。不过，这件雕塑是用红色石英岩制成的。这是一种坚硬的晶体材料，开采于杰德夫拉的金字塔向东几英里外，尼罗河对岸艾哈迈尔山丘（Gebel Ahmar）的采石场中。这闪亮的桃粉色石头经过磨光，成品质感看起来更接近皮肤。这是对之前简单的石灰岩雕像的美化和拓展，因此在现代人看来，它颇具纪念意义。和吉萨的斯芬克斯像一样，这座雕像的额头正中也有一条眼镜蛇，它仰起的头和头两侧的皮褶被慵懒地蜷曲着的身体固定住，盘踞在国王的头上。这便是所谓的"蛇标"（uraeus），喷火的蛇后来就成为法老形象的传统标志之一。

继承了杰德夫拉王位的哈夫拉王可能是胡夫王的孙子：我们并不知道在那个遥远的年代是否真的存在继承权这个概念，从现代的角度来看，现存的墓葬文本中描述家庭关系的简朴术语也模棱两可。但古迹显示出来的却是，在杰德夫拉的统治结束后，宫廷中的石匠们回到了吉萨，开始负责哈夫拉王的巨型金字塔及其将近七百码长的堤道和两个附属神庙的建造。

72

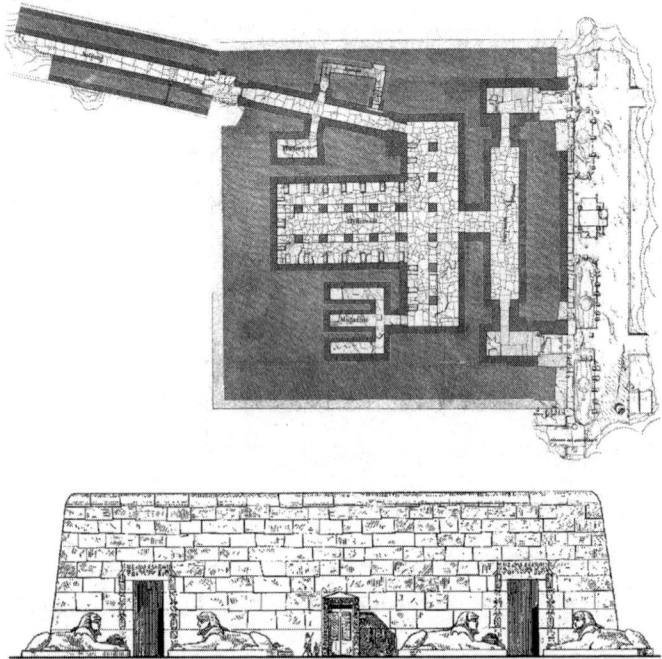

赫尔舍对哈夫拉的山谷神庙的建筑规划和其正面外观的复原图。这座建筑面积约一百五十平方英尺，墙壁和柱子用阿斯旺花岗岩石块建成。其门廊两侧摆着四座巨大的斯芬克斯

　　在吉萨的两座大神庙下方，马里耶特等人发现了那尊辉煌的哈夫拉与鹰的雕像。这座雕像并不孤单。1909 年与 1910 年之交的冬天，德国建筑家乌沃·赫尔舍（Uvo Hölscher）对这座神庙进行了重新发掘和规划，并发现了上百块其他国王雕像的残片。这些残片都可追溯至哈夫拉在位

期间。

这座神庙里到处都是雕像。两个宏伟的入口门廊外蹲坐着四尊硬岩雕刻成的斯芬克斯，神庙内部有更多雕像，包括近二十个同马里耶特等人从坑中发掘出来的哈夫拉与鹰的雕像相似的雕像。看起来，这些雕像被排列在开放的中心庭院的四周。半明半暗中的闪长岩雕像立在闪耀的奶油色雪花石膏基座上，周围是巨大的方形横梁和暗红色花岗岩切割成的柱子。　73

赫尔舍等人似乎漏掉了一些哈夫拉雕像的小部件，主要是各种大小和材质的头部和脸部，当然它们也可能是在他的发掘工作开始之前就已经被从黄沙覆盖的神庙中带走了。这些流失的文物大部分被卖到了国际市场上，但其中一座辉煌的哈夫拉闪长岩制成的真人大小哈夫拉坐像的下半部分，却立在开罗老城哈顿集市（Hatoun's Bazaar）后面的小巷中。此外，在发掘工作结束时，赫尔舍还将一些和哈夫拉与鹰的雕塑同样精美的雕塑部件送到了解放广场（Tahrir Square）的博物馆。手里缺少杰作的馆长们很乐意骄傲地将这些优美的躯干和无头的人像放到他们的公共展厅中展出。

摆放法老——中心人物

尽管哈夫拉与鹰的雕像也属于建造了四座巨型金字塔的年代，但除了那些宏伟的古迹之外，我们对王座之上的人一无所知，也不知道他究竟在自己的国家中扮演了什么样的角色。也许是那些巨大的金字塔和认为法老的雕像拥有"遥远而神圣的完美"的判断结合起来，产生了现在广泛流传的印象，即哈夫拉这样的法老被视为活着的神明，就像埃尔南·科尔特斯（Hernán Cortés）和詹姆斯·库克船长（Captain James Cook）那样。但法老的神性就像环绕着科尔特斯和库克的现代神话那样，是未经证实的，完全是相信它们的人用自以为高人一等的眼光审视异国文化所造成的。

当然，从表面上看确实存在一些相同点。就像一些欧洲的君王和他们的臣民虔诚地相信君权神授那样，王座上的法老和以法老名义办事的王国官员自然也是如此。但就像法老在自己国家中扮演的角色可能和那些欧洲国王截然不同一样，"神性"的概念可能也是截然不同的。现代人所认为的自然与超自然、俗世与神性之间的区别在当时可能根本就不存在。埃及学家朗希尔德·B. 芬内斯塔德（Ragnhild B. Finnestad）评论道："在一些宗教中……至高存在与地上世界是一致的。"

在这种情况下，全世界也只有这个世界才能够存在。在这样一个世界中，现代人定义的神圣权力和世俗权力之间的区别，神与人之间的区别，看得见和看不见之间的区别，生者与死者之间的区别，只是一个单一的生活系统中不同状态之间的区别罢了。若在古代的尼罗河谷地情况确实如此，那么法老们的埃及就可以被认为是一个完备的独立世界。在这个世界内，一切生命，从尼罗河的泛滥到日月星辰的移动，从王座上的君主到发芽的种子，从盘旋的雄鹰到蹲踞的狮子，都拥有一种看不见却能使其生机勃勃的能量，触碰着哈夫拉头部两边的翅膀也拥有这种能量。在这样一个生机勃勃的世界中，斯芬克斯之谜并不是圣诞节时的解谜游戏：它的答案是，这宏伟的狮子、蛇与在世国王肖像的结合表现出了一些有关王家职能的未被发现的方面。

这种世界观可以解释为什么现存最古老的王表中有些名字是神的名字，因为神和人被认为是不同的实体，可见的或不可见的，但都居住在同一个世界之内。它同样也能解释为什么尼罗河下游的人们在农耕时代刚刚开始时便如此重视死者。尽管人们看到死者的灵魂离开了肉体，但死者作为存在，不管是可见的还是不可见的，仍然生活在这个生机勃勃的河谷中。

具体而言，一些已知最早的有关法老的画像中，法老手中紧握着战锤，正在进行杀戮。同样的古代法老们也曾在图画中端坐于宫廷中央，监督着呈上来的赋税贡品，以用它们满足王室成员和廷臣们在食物和其他方面的需求。在这样的宫廷中，人和动物都可以被宰杀。不管是挥舞战锤，还是坐在宫廷中检视贡品，早期法老的形象都被描绘为国家中看得见和看不见的方面之间活跃而又持续存在的联系。

有了以法老名义运行的高效的课税和供养系统，尼罗河河谷广阔且肥沃的土地给这个国家带来了巨大的财政盈余，四个世纪之后的政府因此能建造出四座巨大的金字塔及其附属神庙。这些金字塔的附属神庙中央是供奉设施，相同的古老的供奉仪式将在这里进行。这些神庙的小室中存放了一些古代国王所用的礼服和装饰。

这些放置着斯尼夫鲁和哈夫拉雕像的神庙的墙壁上刻着浮雕，其现存部分展现了一排排背着贡品的人们，贡品产自王家庄园，他们将这些贡品带去供奉已逝的国王们。国王的

法老登（Den）的统治时期比哈夫拉王早两个世纪，他的形象被刻画在了同时期的两块象牙饰板上。其中一幅画里他以经典的击打敌人的形象出现，而另一幅画中他则仪式性地端坐在开放的宫廷之中。这两块象牙饰板都不足两英寸高

尸身被精心保存在神庙后的金字塔中。这些图像是国家供应系统的缩影，正是这个系统使得陵墓祈祷室和神庙得以建造出来，死去的国王们能得到贡品，王宫也能保证供给。同样的贡品曾被奉献给古代宫廷中的国王们。与此同时，前几代人与现在的人之间的联系也通过金字塔的附属建筑得以维系。在这里，死去的廷臣也得到了专门任命的官员以国王的名义奉献的常规贡品。除建造陵墓和神庙外，这些全年进行的井井有条的活动也是这个国家活生生的写照。

法老是这个国家的焦点所在，是这个供养、服务着所有宫廷成员家庭生前死后的系统的支点。因此在现代术语中，对这个处于系统中央的人——哈夫拉王和他的鹰，以及他的祖先和后继者们——的核心职能，最恰当的描述应当是祭司式的，此人生前死后的职能渗透着又同时激发着古代尼罗河下游所蕴含的能量，并将其用于服务他的人民。

8 寻找门卡乌拉

乔治·安德鲁·赖斯纳的发掘工作，1906~1910

金字塔神庙

> 它们就蠢立在那里，远远望去美丽而庄严——那些
> 古老而又庄严、神秘而又熟识的建筑物。
>
> ——威廉·萨克雷，吉萨，1844 年 10 月

吉萨著名的古迹之线是由三座巨型金字塔组成的。对其中第三座也是最小的一座的发掘工作开始于 1906 年圣诞节，当时乔治·安德鲁·赖斯纳（George Andrew Reisner）手下的人修筑了一条小型铁路，以便将表面的沙子和碎石装载起来运到附近的倾倒场去。之后，这位哈佛出身的伟大考古学家下令让六十人组成的发掘小队深挖金字塔东边的神庙废墟。

金字塔及其附属神庙是为了安葬继承哈夫拉王位的门卡乌拉（Menkaura），并为其进行葬礼祭祀而建的。后世希腊

旅行者将门卡乌拉描述成这样一位国王：他听预言说他将会英年早逝，于是在黑夜点亮火把照亮世界，就这样使得自己在地上生活的时间加倍了，从而战胜了预言。这可能是为了解释法老的午休是如何将一天变为两天的。

门卡乌拉在世时，他的工匠们也进行了类似的不寻常的安排，将他的金字塔直接放在了高度是其两倍的他父亲的金字塔后面，并且用粗糙的红色花岗岩包裹了其外表的大部分。因此，尽管门卡乌拉金字塔之后古埃及人再也没有建造过大小与其相当的金字塔了，今天的我们仍然会认为这座金字塔精致而袖珍，是著名的三座巨型金字塔中最小的一座，在墓区后方独自矗立于寂静的沙漠之中。

赖斯纳的考古队从周遭黄沙与碎石中最早解救出来的部分神庙墙壁中有几块法老时代的石匠们用过的最大石块，这就像是要为金字塔较小的规模做出补偿。这些石块有两百多吨重，被从下方的石灰石采石场沿着陡坡一路拖拽上来，放到金字塔东面的位置上。赖斯纳的考古队找到了许多有关这非凡壮举的证据：一些巨大的石块还放置在用来将其移动到指定位置的花岗岩滚石上，神庙里有不少红色的测量标记，堤道里还有许多小而规整的石头，它们记录下了门卡乌拉的石匠和建筑工人在建造过程中确立的众多水平线。

发掘工作继续进行到 1907 年 3 月中旬，这时赖斯纳才发现，这座金字塔神庙从未完工过。它有许多墙壁是半成品，有许多房间里堆满了建筑碎石。一块现存的小石碑残件上的文字为我们讲述了有关神庙建造的故事。赖斯纳翻译道：

8 寻找门卡乌拉

> 上下埃及之王，舍普赛斯卡夫（Shepseskaf），荷鲁
> 斯，在第一次普查大小牛群［数牲］的那一年，他建造
> 了它，以献给他父亲，上下埃及之王［门卡乌拉］。

按当时的习俗，王位继承者需要完成去世国王的墓葬设
施和祭葬仪式。负责完成门卡乌拉墓葬建筑的宫廷建筑师们
使用的是泥砖而非石灰岩。因此随着赖斯纳的考古队继续挖
掘到那些被风吹来的、填满了神庙走廊和房间的沙子深处，
他们发现了许多砖已经变黑且有裂缝，那是因为沙漠中的雨
水溶解掉了部分泥砖。

一座石柱构成的狭窄厅堂还被神庙天花板的石头部分保
护着，工人们在其中发现了一片小型的罗马时期的墓地，其
中大约有二十具来自公元 1 世纪的尸体，它们都被精心处理
过，带着咒文和护身符。这座建筑里还到处散落着中世纪阿
拉伯的金币，因此赖斯纳推测，可能是寻宝者或石匠拿走了
神庙所用的部分石料。

在那之下，神庙的一些储藏室里还放着最初进行王家供 79
奉的用具：一些非常古老的硬石碗的碎片、一些家用陶器，
以及用旧了的燧石屠宰刀。这些东西从一开始就是为宫廷的
需要制造的，后来也一直被用在这里。这里还有从遗失已久
的盒子和莎草纸卷上拿下来的泥封，其中许多上面带着列位
国王的标志，从舍普赛斯卡夫到古王国最后几位君王都有，
这是因为在数个世纪的时间内，这座神庙都被用来为门卡乌
拉献上供品。赖斯纳发现在这段时间内，后来时代的执事祭
司们重建并改建了这座伟大神庙的一部分，还在附近的采石

场为他们自己及家人建造了墓穴和陵墓祈祷室。

赖斯纳的考古队挖掘到神庙地板所用的石板时，找到了许多雪花石膏雕像的残片。这些残片有大有小。后来这些碎片中的几片被重新拼起来，证明了它们原本属于一尊比真人还大的、庄严的门卡乌拉王端坐于王座之上的雪花石膏雕像。赖斯纳认为，这座雕像原本是放在一间能看到神庙开放庭院的小房间里的，并且是后世祭司供奉去世国王时主要供奉的对象。

如今这座雕像被放在马萨诸塞州波士顿的一家博物馆内，这是赖斯纳曾经工作生活的城市。和哈夫拉与鹰的雕像不同，这座雕像没有那么出名，但仍旧超凡出众。国王头戴条纹图案的三角形王巾，有着大眼睛和堪称和蔼的面容，这些都被精美地雕刻下来。铜凿子留下的鲜明痕迹显示出工匠是用看似十分现代的手段直接在奶油色的石头上雕刻的，只有眉毛和胡须是用几笔黑色快速勾勒出来的。但是，这和蔼面容之下的躯干和双肩却宽得失真，使得国王看起来就好像橄榄球运动员：或许这是继哈夫拉的雕像和斯芬克斯像之后，一种展现王座上那个人的特殊价值的全新方法。不过，就像我们现在会觉得这尊雕像有点奇怪那样，这种更改标准法老塑像身体部位大小的尝试后来很少出现。

河谷神庙

80　　　　1906~1907 年，在 C. M. 弗思（C. M. Firth）先生的帮助下，我完成了第三金字塔东面神庙的清理工作……1908 年夏天，河谷神庙的发掘工作开始了，由奥里克·贝茨（Oric Bates）先生担任场地主管。到 1909~1910 年时，我和 C. S. 费希尔（C. S. Fisher）先生一起完成了这项工作。

——乔治·安德鲁·赖斯纳，1931

赖斯纳决定于 1908 年 6 月开始第二次发掘，时值炎夏。在完成了门卡乌拉金字塔神庙的发掘工作之后，他打算发掘下一座神庙。这座神庙之前已经被定位于堤道另一端。堤道的痕迹从金字塔神庙的入口向西一路延伸，直到下方的尼罗河河谷当中。但这堤道的下半部分已经消失在黄沙之中。寻宝活动就这样开始：在石灰岩高原上，探险队的测量员们每隔一百码插一根铁棒，沿石头上留下的痕迹，从金字塔神庙一路向下，以标出几近消失的堤道的位置。过了一周，在放置了六根这样的铁棒之后，考古队终于在三座巨型金字塔东面黄沙满布的河谷中发现了泥砖墙壁的上半部分。这里距离哈夫拉辉煌的河谷神庙和吉萨斯芬克斯有大约三百码远，距离法老时代港口的码头较近，在此他们发现了门卡乌拉久已失落的河谷神庙的部分废墟。这座神庙深埋于平静的水平地层之下，而这一地层是被古王国时代末期从沙漠中奔涌而出的洪水冲积而成的。

发掘工作一开始，赖斯纳就发现，这座神庙和上方的金字塔神庙一样停过工，他推测是在门卡乌拉去世时。但与金字塔神庙不同的是，河谷神庙的建造当时才刚刚开始，而且这一次又是被舍普赛斯卡夫完成的。他为他父王的葬仪祭祀

81 建起了规模宏大的建筑，它有着厚厚的泥砖墙壁以及建在石板地面上的木质柱子和门廊。

赖斯纳的考古队从他们发掘出的第一段泥砖墙壁开始清理工作，这段墙壁后来被证明是建在神庙开放庭院的后方。神庙中看似走廊的房间有十英尺高，保存完好，里面填满了风吹来的细软黄沙，其中掺杂着破败的泥砖上落下来的微尘。发掘工作开始十天之后，考古队在尘土深处与尼罗河地下水位相近的潮湿的室内挖掘出了雕像。这些歪歪斜斜的雕像一个接一个堆在一起，都是用灰绿色砂泥岩制成的，每一个上都有两三个雕刻精美的、四五英尺高的人物。

据赖斯纳记载，1908 年 7 月 10 日下午 3 点 30 分，他们在被标记为 3 号房间的狭窄房间中发现了第一个三人雕像。一个半小时后他们发现了第二个，之后的半小时里又发现了另两个。在之后的几个月里，考古队发掘出了整座神庙，并发现了更多精美的雕像和上千块雕像碎片。他们通过雕像上的铭文发现，这些雕像中有的年代早于门卡乌拉在位的年代，有的则要晚于该年代。考古队还在同一区域内发现了十二个未完成的雕像，其完成情况各不相同。工匠们还把自己所用的工具和未完成的雕像放在了一起：有用于在硬质岩石上打出大致外形的石杵，也有用于最终加工和勾勒细节的小铜凿子。总的来说，这是目前发现的古王国时代最大也最完整的王家雕塑群，细软的黄沙和溶解的泥砖储藏室将这些雕塑中的大部分保存得近乎完美。

将这些雕塑从沙子和淤泥中解救出来之后，赖斯纳手下的工作组边唱着歌边将其中最精美的那些用垫木索具搬运到附近的营地当中。到了发掘工作的收尾阶段，在当时控制埃及的各个殖民政府机构进行了相当多的协商之后，这些雕像被开罗博物馆和波士顿美术博物馆瓜分。

赖斯纳之后又花了五个月时间继续清理这座神庙，从1909年冬天一直工作到第二年春天。在另一间狭窄的储藏室里，他们再次发现了被压实的淤泥掩埋的大量神庙祭司用品，这些东西在王室供奉停止后便几乎再无人动过。他们还找到了许多石头瓶子，这些瓶子是卓越的典范，许多早在门卡乌拉和舍普赛斯卡夫的年代就已经是几百年的古董了，其中一些甚至刻着最早的几位法老的名字。

随着赖斯纳手下的人继续发掘这座沙漠中的"时间胶囊"，更多奇迹出现在人们眼前。在上方门卡乌拉金字塔旁边的神庙中，他们发掘出一座位于中央的开放庭院，庭院中铺路的石头已经因数百年来进行的仪式活动而被磨平，一代代的祭司曾在那里向王室奉献供品。但在下方的神庙中，同样的祭司们却在中央的开放庭院中建造了许多房屋：小小的有高墙的住宅杂乱地建在精美的石灰岩地面上，小巷交错纵横如迷宫一般。整个庭院呈长方形，长47码、宽20码，地面铺砌了石板。这座庭院被各种各样日常所需的建筑包围，其中有卧室和接待室，有烘焙室，有牲畜围栏，有陶艺工坊，有许多圆形谷仓，放在一起像是一排排泥做的蚕茧。就像一块被发掘出来的小石碑上写的那样，这是"门卡乌拉的金字塔居所"，曾兴旺繁荣达数个世纪之久。

这个开放庭院中的小社会解释了附近神庙中所谓的储藏室里存放的精美雕像的来源。赫尔舍对附近哈夫拉王神庙的发掘结果表明，这些雕像原本应该是摆放在中心庭院的四周的。因此，在门卡乌拉的河谷神庙的开放庭院转变为祭司们的居所后，其中的雕像便被小心地收集起来，存放到开放庭院后面的小房间里去了。

这些对王室供奉建筑的实质性改建，并不意味着宫廷方面从此不再使用这座神庙。赖斯纳发现，在古王国时期最后的数十年中，这座当时已经有三百多年历史的神庙又被改建了。尽管庭院中的小型住宅区没有被动过，但神庙周围又被用泥砖围出了一个巨大的长方形，还建了一座全新的大门。在住宅区的房子后面又建了一座小型供奉厅，其中有一排四根巨大的木质立柱和两对真人大小的雪花石膏门卡乌拉王坐像。赖斯纳找到了这四个雕像的绝大部分，尽管它们受损严重，但仍然矗立在古代的建筑工放置它们的地方。这些雕像显然是从附近的雕像储藏室里拿出来的，因此它们在被挪到这个位置上时就已经是古董了，不过它们仍然美丽无比。

9 王室家族

国王与王后

第四王朝是古埃及文明历史上最具创造力的时代之
一。大量有关这个王朝的艺术、工艺和文化的证据被保
存在吉萨王家大墓地当中。

——乔治·安德鲁·赖斯纳，1931

赖斯纳计算道："哈佛-波士顿远征队在门卡乌拉的神
庙中发现了十七尊与已知属于第四王朝的十三尊雕像保存程
度相当的雕像，还有其他十五尊小雕像⋯⋯十七尊雕像中有
五尊保存得相当完美，两尊几近完整。雕像中有七张脸属于
门卡乌拉，一张属于王后，还有八张属于哈索尔和各诺姆
（nome）① 的神明。"这是迄今为止发现的规模最大的一批
古王国王家雕像。

———————————

① 诺姆，古埃及行政区划，相当于"州"。

赖斯纳所说的"王后"指的是一尊保存完整但没有铭文的雕像上两个比真人小的人像之一，这尊雕像上一名女性站在一位头戴王巾的国王身边，而这位国王通过与其他雕像对比面容可以确认就是门卡乌拉。赖斯纳所说的"各诺姆的神明"则指的是雕塑中一些戴着华丽头饰的男性或女性形象，这些头饰的形状正是古埃及一些地理区划（即"诺姆"）名称的圣书文字写法。所有这些精美的雕像都在国王形象下方的底座上写了门卡乌拉的名字，国王两边分别放着一位诺姆神明和女神哈索尔。哈索尔是荷鲁斯神之母①，因此是一位与在位的统治者有紧密联系的女神。

这些三人雕像中有四尊出土时保存状态几近完美，同时还出土了其他一些雕像的碎片。然而早在赖斯纳的发掘工作开始之前，类似的碎片就已经出现在古董市场上了。因此我们可以推测，这组雕像最初共有八尊，每一尊都属于一个在后来的时代里会和哈索尔产生特殊联系的地区。还有一种可能性是，这一组雕像原本有四十多尊，每一个诺姆都有一尊。不管怎么说，留存下来的这些雕像可谓非凡而稀有，并且是目前已知这种形式的雕塑的最早案例。

赖斯纳还在神庙中发现了其他样式的雕像，这些雕像大部分雕刻的是国王的形象。雕像所用的材料有象牙，也有红色花岗岩或雪花石膏、还有闪长岩和斑岩。填满神庙的黄沙中还发现了水晶制成的用于镶嵌的雕像眼睛，以及一条木质

---

① 在一些神话中哈索尔是荷鲁斯之妻，但她的形象常与伊西丝混同，因此有时也会成为荷鲁斯之母。

手臂，这暗示我们那些已然丢失的雕塑作品中可能有一些是用更脆弱的材料制成的。门卡乌拉现存雕像中较好的一部分，用的是来自东部沙漠采石场里的平滑而纹理细腻的粉砂岩。早在门卡乌拉之前三千年，工匠们就已经开始从那里开采岩石了，直到罗马时代该采石场也仍在使用。

只要力道足够，凿子打磨得锋利，即便使用铜质工具也可以加工这些粉砂岩。这种岩石也可以被铜锯锯开，只要在铜锯的锯齿上加入磨成粉的碳化合金或刚玉即可。赖斯纳发现锯刃留下的亮绿色氧化铜痕迹还残留在雕像基座上的锯口当中。有了这些打磨工具，粉砂岩可以被高度抛光，达到平滑的程度，门卡乌拉手下的工匠便是用这样的技术着重表现了雕像的面容和上半身，使雕像的细节能闪耀夺目，引人注意。

现存的碎片表明上百位工匠曾为几位拥有巨型金字塔的国王们打造了无数雕像。就像建造金字塔的劳力一样，王家雕塑工坊所需的工匠及其家人的日常消耗、制造工具用的铜、雕塑所用的从沙漠中开采出来的大块岩石等，一定也是完全由国家供给的。 86

我们并不知道这样的雕塑工坊或工匠家庭聚居点到底在哪里。尽管赖斯纳发现了十五尊完成情况各不相同的未完成雕像，但没有发现制造过程中产生的灰尘或碎屑，这表明这些雕像是从王家工坊中被搬到河谷神庙里来的，或许是因为国王去世之后，与他相关的工程项目便停工了。这些工坊最有可能位于吉萨港口附近，与王家居所和为金字塔建筑工人提供给养及住所的大型聚居处在一起，后者此时正处在挖掘过程当中。一代代雕刻雕像的工匠和他们的家人可能跟着金字塔建筑工人和王室成员一起沿着尼罗河西岸向上游或下游迁移，从一座大型金字塔的建造地点迁移到另一个地点。

支持这种猜想的是现存王家雕像的一致性和质量，尽管它们距离同时代的金字塔有二十英里远，但它们都是同一个延续上百年的雕塑传统的产物，拥有同一套独特的技术和美术特点，以及同一套不断改进的王家肖像和专属于王室成员姿态的范式。然而，这个雕塑传统绝不是西方人印象中的雕塑传统。它并不是一个向着模仿所谓"自然主义"发展的过程，并不是每一代工匠都在努力使雕像比之前的"看起来更真实"。

尽管如此，在这段时间内发生的一些变化似乎仍是基于审美选择的。比如说，早期的古代工匠与晚期的工匠相比，通常在雕刻人像时会将头部雕刻得比较大（相较于身体其他部分）。在这方面，斯尼夫鲁王及其后继者们的工匠为人像雕刻带来了一套较新的、更为"写实主义"的标准。门卡乌拉的雪花石膏巨像肩膀上有个比之前的国王们都小的头部。同样，门卡乌拉王一些雕像的头部在现代人看来也不像之前的雕像，如哈夫拉与鹰的雕像的头部那么抽象和形式化。他的头部被雕刻得十分写实，甚至能从雕像中看出这雕刻的是国王年轻时还是中年时的样子。但胡夫时代一些精美的石灰岩雕像头部细节更为精妙，尽管时间上要早了半个世纪。因此，这种所谓的"写实主义"说的并不是西方人印象中的一种进程，而是一种选择，是法老时代的雕刻家持续不断地用他们的技艺给坚硬的石头注入生命的努力。这是一

87

个雕塑流派留下来的遗物，它对一系列古典形式进行了拓展、探索和重塑，开启了传承千年的精良传统，这种传统一直繁荣到了法老时代的末期。

王后与女神

>……用语言描述我们所见的一切是徒劳的，我们所看见的并不存在于我们所说的当中。
>
> ——米歇尔·福柯（Michel Foucault），2002

在门卡乌拉粉砂岩雕塑的黑暗世界中，雕像组中的女性形象——女神、诺姆神和完美的双人雕像中的无名女子——比男性形象更坚定地展示着古老的传统，她们每一个都明确展示着直接传承自史前时代已知最早的女性小雕像的下身三角形。这些女性形象有着高高挺起的圆润双乳，身着紧贴皮肤的裙子，这些形式上的元素与相对精细的造型一起给雕刻平滑的女性形象一种奇妙的、催人入眠般的感觉。

赖斯纳写道，工匠们将门卡乌拉的形象放在了众多女神中间，尽管这些女神的面部特征与国王不同，但她们之间看起来相差无几。就像她们身边的门卡乌拉的形象一样，她们每一个也都是独立存在的。这些群组雕像中大部分形象大小不同：有真人一半大的，也有几乎和真人一样大的。这些形象并排站在一起，给人一种奇怪的分离感。而很多形象的头微微转开，就好像正在远离彼此一样，更是强化了这一点。因此，尽管雕刻家把他们并排雕刻在同一块石头上，在现代

88

人看来每一个人物形象仍是各自占据一块空间。进一步加强这种分离感的是，所有这些人像都被安放在一条从其中心穿过的轴线上，这种石雕技术为绝大多数古埃及雕像带来了深刻的对称美和静止感。

由此，当这些分离的女性形象的胳膊被雕刻成伸出来拥抱着国王的样子时，我们会对她们的姿态感到震惊。这些独立且不成比例的人物形象以人类的姿势在石头中间相连。就像哈夫拉那只鹰的羽翼一样，冰冷的岩石中体现出来的温柔触碰与抚慰是如此明显。在雕刻家超现实主义的表现手法下，出自本能的姿态超越了时间，超越了模糊与混乱。这些国王身边的女性形象就像在家庭聚会中展示孩子的骄傲母亲一样充满力量。

俗世与不朽

> 他的家庭成员包括他自己、他的妻子和女儿们、两名女仆和一名男仆。
>
> ——星室法庭（Star Chamber）开庭记录，1631~1632

吉萨金字塔旁大墓地中的铭文表明，这些光辉的纪念建筑并不只是为哈杰德夫这样的男性廷臣建造的，也有为女性，如所谓的王后、公主和太后建造的。令人困惑的是，有些女性的名字被一代代传承下去，但对她们头衔和称号的翻译却不像翻译出的字面意义所显示的那样精确。因此单用名字无法定位到具体的个人，而被翻译为"国王之妻"或

"国王之母"的修饰词也不能直接按照它们的通常意思去理解，这使《柏克氏贵族系谱》（*Burke's Peerage*）或《哥达年鉴》（*Almanach de Gotha*）的编纂者这样的系谱学家颇感震惊。

这些头衔所代表的并不是血缘关系或现代意义上的婚姻 关系，它们通常的用法在其他社会，包括我们现在的社会中也时常出现，比如我们会用"妈妈"和"儿子"来称呼婆婆、朋友或者指代其他的人。但同时，墓地里出现的这些头衔、对国王名字的不断提及以及墓地的位置表明，埋葬在这里并接受供奉的男男女女都是同一个家族的成员，而这个家族就是国王的家族。

王室家族延续了很长时间。留存下来的记录表明，从斯尼夫鲁和最早的巨型金字塔的时代到古王国结束的四个世纪中，王位曾在同一家族的不同分支之间传承。

我们对这个家族内部的结构一无所知。传统的历史学家将王室女性成员按纪念建筑的大小以及"国王的妻子和/或母亲"，或"小妻"——人们想象中的"妾室"、后宫成员乃至"平妻"——等铭文来分级，她们的数量应该比男性更多。无论如何，那些留下了姓名，被葬在王家墓地中的人的数量和关系表明，王室家族并不像门卡乌拉的河谷神庙庭院内的家族居所中住着的那些家庭一样，是个单一的家庭。实际上，它看起来与同时代廷臣的家族也不一样。

众多为王室女性建造的纪念建筑上并未出现王室男性成员或是男性廷臣陵墓中出现过的那些头衔，因此看起来她们在宫廷事务或政府行政事务中并没有扮演任何明确的角色。尽管如此，胡夫时代的吉萨大墓地中她们的名字却比王子们出现得更为频繁，所谓的"王后陵墓"占据的也是王家金字塔旁最好的位置。有三位按传统被称为"大王后"（great queens）的女性似乎被葬在了三座排成一排的小型金字塔中，每座金字塔都有附属的小型神庙，矗立在胡夫王的大型纪念建筑旁。门卡乌拉的金字塔旁也出现了样式相同的建筑。吉萨这些壮观的陵墓和附属神庙中的仪式性供奉彰显了一些王室女性成员持续享有的权力和存在感。或许，这些女性在王家墓地中强烈的存在感并不仅仅缘于她们与在世国王之间的个人关系，还因为宫廷雕刻家们一直在着重表现的生命之力与社会本身的力量是两性共同创造的重要产物。

无论如何，那些认为法老像欧洲国王一样统治并且拥有封闭后宫的传统猜想是基于传统的翻译产生的，这样的翻译又来自 19 世纪的宫廷礼仪和商博良的世俗观念。最好摒弃这样的欧洲中心主义概念，也不要认为国王的"家庭"拥有着代代相传的天赋，家族成员中尽是高贵的工匠、建筑师和工程师，天生拥有建造起巨大的金字塔并创造出世界上最伟大的雕塑的能力。最好把古王国时期的宫廷构想成一个客观环境，一些围绕着统治家族的廷臣家庭可以在此培养出这样的人才。

在这个罕见的社会之中，唯一的权力中心就是法老。法老维系着生者和死者，法老联结着众神的家族和世人的家族。因此毫不意外，与廷臣的家族不同，目前没有证据表明王位更替存在明确的直系亲属继承制度。

10 吉萨之后

标记时间

古王国时代末期，矗立在尼罗河谷地尽头西方地平线上
的金字塔已经排成了一条二十英里长的线。从最早的阶梯金
字塔到巨大且光滑闪耀的斯尼夫鲁、胡夫和哈夫拉金字塔，
再到后来那些国王的较小的金字塔，每一座都是属于一位不
同国王的独立建筑，是漫长时间里一系列事件的产物。这些
金字塔标志着古代尼罗河下游河谷迎来了崭新的时代，它们
鲜活地表现着此地从史前时代的聚落逐渐演变而来的过程。
在那个年代里，时间以日月星辰的运行，一年一度河水的泛
滥与干涸，以及作物的播种、生长和丰收来计算。

那些建造了金字塔的国王的雕像也拥有这种新时代的气
息。史前时代中一代代的雕刻家创造了千年以来几乎未曾改
变的通用形象，而古王国时期的宫廷雕刻家却为每一位国王
打造了不同的形象。不过，古代的书吏似乎并没有为国王们
书写个人的历史。他们也没有记下国王们的直系子孙，现存
的记录只记载了每个人统治的年份。至少在某种程度上，法

老时代国家中的国王王后与诸神仍然保持着史前时代尼罗河下游地区的生活节奏：对于法老的概念和身份来说，延续性至关重要，而其根本性的表达方式便是王家金字塔。

92　　　同时，史官书吏们又相当认真地编写了记录每一位法老姓名的列表。后来商博良在都灵发现的王表也是这样的一份列表。从最初几位法老的时代起，类似的记录就已经开始编写了。在四座大型金字塔落成后的数个世纪中，这些早期记录中的一些信息以及部分有关宫廷活动的简短记录变成了刻在石板上的长长的列表。

巴勒莫石碑和其他年鉴

巴勒莫石碑，现存最大的古王国时期王家年鉴残片。这块黑岩石板高十七英寸、厚二点五英寸，两面都有文字

古代王表——所谓的王家年鉴——中最著名的是一块不
规则的闪长岩石板，被称作巴勒莫石碑（Palermo Stone），　93
得名于它所在的博物馆地处的西西里城市巴勒莫。这块石
碑十七英寸高、一英尺宽，来自古典学者安东尼奥·萨林
纳斯（Antonio Salinas）的收藏。萨林纳斯曾在 19 世纪下
半叶参与过这座芳香之岛上的几次发掘工作。他得到这些
宝藏的方法和过程并未留下记录。这块石碑最早矗立于何
处？萨林纳斯是在发掘过程中发现它的，还是它曾是某条
古老的船的压舱石，后来被某个渔夫的网捞起来并卖给了
当地的教授呢？

20 世纪初，开罗古董市场上出现了一些比巴勒莫石碑
小的石碑碎片，上面刻着与之相似的内容。它们或许是同一
份年鉴的碎片，又或许是其他某些未知王表的碎片。有传闻
称，它们中的一些曾经被砌进中世纪开罗的城墙里，这表明
它们来自古孟斐斯地区。古孟斐斯就位于尼罗河西岸，在现
代埃及首都开罗向南仅有几英里远的地方。

20 世纪 90 年代，被称为南塞加拉石碑（South Saqqara
Stone）的另一套不同的古王国时期年鉴出现在人们眼前。
该石碑出土于孟斐斯南部的大墓地，是一块八英尺长的长方
形玄武岩石板，其上杂乱地刻着铭文，经过重新抛光后被当
成了某位古王国晚期王后的棺材盖使用。尽管它于 20 世纪
30 年代时就出土了，但由于重新抛光，其上的铭文大部分
已经磨灭，导致出土数十年后这块石碑才被确认为一份王家
年鉴。

若是这些不同的铭文残片都是在古王国晚期雕刻成的

（这种情况的可能性最大），那它们就是世界上最古老的历史记录汇编。这些年鉴中每一个的条目都是用同样的特殊格式编写的，简短叙述了从第一位法老的时代开始的各个事件。早期的年鉴被铭刻在了小小的长方形乌木或象牙板上，而后期的年鉴则把所有信息统合在了一起，铭刻在分格的长方形石板上，就像同时代的书吏在莎草纸卷上记录货物和人名那样。

94　　　　首先，每一列的最顶端写下的是某位国王的名字，国王名字按照其统治的顺序排列。在国王们的名字下面是几行横线，将这一列分成许多大小相等的长方格，每一格代表这位国王统治期间的一年，分别记载了这段时间内发生在宫廷中的事。在每一格本年大事记下面还有更简短的记录，记载的是本年度尼罗河洪水水位的高度。对于这片几乎没有雨水的土地而言，尼罗河洪水水位情况是唯一可以用来预测本年度丰收情况，以及宫廷将得到多少可用于分配的资源的信息。

对这份古老文献的翻译解读差异很大，而且存留下来的原文又是残句断章。巴勒莫石碑上罕见的一段近乎完整的文字记载了斯尼夫鲁统治之下的某一年，大致信息翻译如下：

斯尼夫鲁［王］［第 14 年？］

建了 35 个有人居住的庄园和 122 个养牛场。

造了一条雪松木大船，［名为］"崇拜两地"，长 100 腕尺［约 170 英尺］，还有两条长 100 腕尺的梅鲁（meru）木的船。

第七次数牲［普查牛的数量］。

［尼罗河水位］5 腕尺，1 掌宽，1 指［8 英尺 10
又 4/5 英寸］。

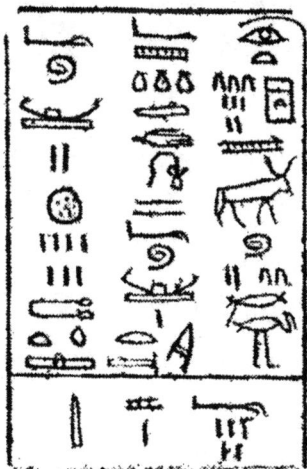

巴勒莫石碑上某一年的记录——可能是斯尼
夫鲁在位第 14 年。上文给出了大致翻译

若巴勒莫石碑上的年鉴原本记下了前五个王朝所有国王　95
的名字，那么根据石碑上正反两面存留下来的稍有偏移的网
格线我们可以推断出，最初的年鉴长七英尺有余。南塞加拉
石碑以同样的方式提供了有关第六王朝的君王们的记载，其
上的记录似乎截止到公元前 2150 年前后，大约在佩皮二世
（Pepi Ⅱ）统治中期。这位法老被认为是古王国时期最后一
位重要的君主。

令人高兴的是，石碑上存留下来的为数不多的年份记载

与一千余年后才编纂成的都灵王表的残片是吻合的。这些信息和其他一些存留下来的时代较晚的建筑上刻下或写下的较短王表上的记载也是吻合的，同时也和曼涅托的史书中绝大多数存留下来的记录吻合（虽然不是特别精确的吻合）。但现在石碑已经严重受损，为我们提供的信息也只剩下了大部分名字不为人知的国王统治期间零星几年里发生的大致历史事件。

这些破碎的年鉴向我们清晰地展现了古王国的宫廷希望保存下来的信息类型，即有关其部分活动的逐年记录，比如雕刻了一尊神像，征服了一片土地，建造了一座神庙，进行了一次数牲。建造金字塔和其他宫廷成员陵墓这样的大工程从未被记载过，所记载的只有宫廷成员进行的那些较小的活动，除此之外就是每年洪水水位高度这样的重要信息。

但即便把所有的这些年鉴和王表放在一起，其提供的资料也不足以让我们将法老时代的历史编成完整的时间线。就算是都灵王表的残片，这份用来对照其他所有记录的标杆，其保存下来的君主姓名也还不及古王国时期建筑物上记录下来的一半多。从商博良和莱普修斯的时代开始，传统埃及学研究的最大成就之一便是寻找文献和铭文，以增补破碎的王表中提供的资料。这主要指的是陵墓和金字塔的石块上留下来的建筑工人的涂鸦，以及类似的、出于各种目的而记载了某位国王统治的年份、季节与月日的短篇文献。

96　　　　这些有价值的文献当中，有关古王国的有大约两百份，其中有陶罐和莎草纸卷上的僧侣体手写字，也有金字塔码头的石灰岩上用代赭石写下的采石工人们凌乱的工作记录。

1999年在撒哈拉沙漠中发现的石头上的涂鸦提供了有关胡夫在位第24年的一份独一无二的记录，从而修正了之前都灵王表中其在位时间为二十三年的记载。

现在的时间与过去的时间

> 托马辛（Thomasin）的头发……是按日历编起来的：那一天越重要，当天头上辫子的数目就越多。
>
> ——托马斯·哈代（Thomas Hardy），1878

一代代的学者不断努力，为古埃及编写精确的年表，他们不得不与傅里叶和迪皮伊遗留下来的一个棘手的难题做斗争。就像这两位18世纪的学者一样，古埃及人也是专业的占星师，从最早的时代起便开始记录某位国王统治时期内的具体年份、季节、月、日中发生了什么特定的天文现象。法老时代的许多建筑物也精确地对应某些特定的天文现象，其中有许多刻上了其建造时在位国王的名字。所有这一切对于历史学家而言都意味着为法老们构建一部有科学依据的年表的可能性，因为我们可以通过现代数学重新计算出古代这些天文现象发生的日期。

古埃及人对观星的狂热深不可测且代代相传。从狩猎采集的时代开始，人们便记录下了对天文现象的观察，以标记人类时间的间隔。国王统治的时代来临后，人们用这些观察的结果来设计建筑，以日月星辰的运行来规划宫廷生活和神庙中的祭典。如同太阳的运行区分了白天与黑夜，月亮的圆 97

缺标志着月份的变化，升起的星辰记录着一年的时光，这许多日月星辰组成的天象也被用来以相当高的准确性定位金字塔的基线，并为许多陵墓和神庙确定轴线。

古埃及人并不像大多数古代民族一样直接使用阴历，在大型金字塔建成的年代，日历是以所谓的回归年来确定的，也就是说，以夏至和冬至来测量一年的时间。在尼罗河下游谷地的特殊环境中，河流的南北轴线与之有着切实相关的一致性。一个回归年就这样被划分为十二个月，每月三十天，同时又在每年开始时加上额外的五天——这五天有时会被称为"一年之外的五天"——以便让共计三百六十天的日历与自然年相匹配。后来罗马人也采用了这种日历，但他们每隔四年加一个闰日，以进一步调整其与自然年之间的差异。如同一位权威人士所说，它是"人类历史上仅有的智能日历"，今日所用的公历也是在其基础上微调而成的。

在这个无雨的国度中，尼罗河一年一度的泛滥预示着耕种与收获的季节，再之后便是持续数月的酷热天气，因此每年被分为了三个季节——泛滥季（Akhet）、生长季（Peret）和收获季（Shemu）——对这三个季节的翻译自商博良的时代开始便一直存在争议，但我们可以大致认为其分别指代的是"泛滥"或"秋季"、"生长"或"冬季"、"收获"或"夏季"。① 但是，古埃及的历法不像罗马历一样有闰年，因此这一年三百六十五天的历法不可避免地与自然年错开了，

---

① 在古埃及，庄稼在秋季播种，冬季生长，早春之后开始收获，每个季节分为四个 30 天的月份，理论上分别近似于我们现在的 7 月中旬至 11 月，11 月中旬至次年 3 月，以及 3 月中旬至 7 月。

虽然按照错位的速度来看，需要几十年时间这种错位才会明显到被人们发觉。在很长一段时间里，历法和自然年都是不一致的，农民们会发现自己正在"收获季"进行耕种。当然，所有农民都知道该在何时耕种，何时收获，绝不会因人造历法中的季节名称而混淆。同时使用两种不同历法（宫廷历和农耕历）也不一定会造成困扰。例如，圣诞节是一个阳历节日，因此其具体日期是周几是不确定的。反过来，复活节是基督教世界中传统的开始种植的节日，它的具体时间由月相决定，因此时间范围固定为某一周末尾的三天。

尼罗河下游地区的农耕年也是以其他天文现象为标志的。例如，最明亮的天狼星的升起只能在每年特定一天的黎明看到，很快它就会在晨曦的日光之中消隐不见。这一著名天文现象发生的时间与尼罗河每年开始泛滥的时间相同——人们发现了这种关联，于是称天狼星为"一年的开始"。如今我们称这种天文现象为天狼星伴日升起，金字塔上的铭文记载了该现象，认为天狼星的升起和尼罗河每年的泛滥都是已故君主经历的生死之间无尽变化的各个方面。天狼星升起在历法中的具体月日经常被记载下来，神庙中的日历、水钟和莎草纸卷上的涂鸦中都有此类记载，旁边还会写下该天文现象发生时在世国王的名字及其统治的年份。

但天狼星伴日升起这一天文现象，并非每次都能准确预示尼罗河泛滥的到来。在南部的阿斯旺，洪水到来的日期比今日开罗附近的孟斐斯要早十天。在这从南向北的遥远路途当中，洪水抵达的时间可能会提早或推迟数周之久。此外，天狼星每年升起的时间会根据观测者所在的纬度而变化，因此相距五百英里的阿斯旺和古孟斐斯之间会有两三天的差异。就像复活节一样，对这些天文现象的观察使埃及人在感觉上，而不是科学上，适应了宇宙运行的节奏。不是牛顿，而是尼罗河。

用肉眼观察天文现象时，存在许多不准确的因素。星星的可见度和位置，尤其是那些低到地平线以下的星星，由于受到气候变化的影响，其发出的光芒会发生偏折。如此一来，人们几乎不可能对重复出现的天文现象做出精准的观测。即便是月相，在不同的观测者眼中也会有所不同，有时周期是二十八天，有时又是三十天。

99　　这些不准确和模棱两可之处大多看起来微不足道。然而，现代研究埃及的历史学家所要计算的时间范围实在是太广了，一点点差异就可能导致他们算错一整个世代。例如，由于埃及历法中没有闰年多加的那一天，只有三百六十五天的古埃及年会与标准的年份错开，每一千四百六十年才能再重新吻合——直到 20 世纪 40 年代，这一事实都使得历史学家在计算日期时多算了一个周期。他们计算出来的最早的金字塔的建造日期，比现在重新确定的时间早了约一千五百年。

由于这些差异，要准确计算出古人记录下来的天文现象对应的现代历法中的时间，我们仍要将古代的天文数据和传统的王名表对照检查。显然，这有违傅里叶最初的目的。

尽管如此，两个世纪以来的观星和历法计算成果还是为古代尼罗河下游的人们如何测算时间，以及最终国家是怎样掌控时间的测算提供了相当多的证据。巴勒莫石碑上最早几位国王的年鉴并不是按照后来的历法记载的，而是按尼罗河的泛滥来计算一年的，月份则以对月相变化的观察来测算。也就是说，古时候一年的开始在不同的地方可能是不一样的，这些地方可能会各自有十一、十二甚至十三个阴历月份，具体取决于当地的人们各自在尼罗河开始泛滥那一天，或者观测到天狼星升起的那一天看到的月相。

这样直观的历法会为农业社会中的农民带来规划周密的生活。然而，河流沿岸的每一处聚落都拥有稍有差别的历法，这样的设定对需要通过协调合作，从尼罗河下游谷地中所有聚落收取补给和食物的朝廷而言是很难让人满意的。不幸的是，巴勒莫石碑上残缺不全的记录并没有显示出三百六十天加五天的太阳历是在什么时候开始使用的，我们只知道门卡乌拉在位时已经在使用这种历法了。最可能的情况是，100 在建造大型金字塔时就已经采用这种历法了，因为让整个国家使用统一的历法会带来巨大的好处。还有一个能确认其启用时间的证据藏在斯尼夫鲁在位时以及在此之前尼罗河下游建造的许多小型非丧葬用金字塔的平面图中。近期的测量显示，这些小型建筑的方位选择可能是为了组成一个单一的太阳观测系统，以便整个国家使用统一的太阳历。

无论如何，在后来的历史中太阳历和星辰历两种历法都被法老的宫廷采用，即位仪式上就有发誓要让一年的次序不作变更的环节。因此，在即位时法老不但接管了整片土地和其所有出产的资源——古埃及人概念中的空间，还接管了时间。早在四座大型金字塔和建成它们的材料从这近乎完美的宇宙中诞生，从整个尼罗河下游河谷中搬过来之前，法老们便庄严地宣告了这样的事实。

时间与历史

> 小丑、弄臣和滑稽戏演员们在哪里？
>
> 他们不能提供更好的娱乐吗？
>
> ——文森特·艾尔索普（Vincent Alsop）①，1696

当然，年表和日历并不是历史本身，只是用来搭建历史的框架而已。近两个世纪以来的研究大体上完成了这个框架的搭建。然而就法老时代的历史而言，其本身是严重缺乏史料的，因此传统的历史学家们不得不做出微调，用非常随机和偶然的资料来构建他们的叙事。譬如，一块石头上留下的字迹，别国境内河床上留下的有铭文的斧头，一系列建筑物的建造次序，还有从正式、公式化而又大量重复的文本中推断出来的东西。结果就是，这样得出的历史像是一场派对游戏，不同的人在叠好的纸上写下以"然后"结尾的句子，然后再收集到一起并打开念出来，假装这真的是一个按顺序讲述的故事。

当然，大部分历史学家会根据因果关系和发展与衰退的进程来讲故事——这便是"然后"的叙事方式。以此方式构建的传统古埃及历史叙事便给人打造了一种古埃及的历史进程也是以类似的方式展开的印象。将法老时代的历史设定在公元年份之中更加深了这种诱人的、关于不断推进的叙事

---

① 文森特·艾尔索普（1630~1703），英国教士。

的错觉，甚至可以确立其与更加现代的历史之间的直接关系。很多人仍然相信这就是真实的历史，是鸟瞰式的，是抱着进化观念总览的。然而就法老时代的埃及而言，这样的历史并不能反映现存遗迹中保存下来的那个讲述宫廷文化的故事，只是把存留证据中那些零散的碎片当成一个单一故事的组成部分，历史的叙述由此成为简单的陈词滥调，所有的世代都被压缩在了一起。

它们是狭隘眼界的产物。就像传统的西式绘画中，三维物体会被画成二维的，但我们仍然认为这样的图画十分"逼真"乃至"科学"一样——我们之所以认为它们科学，是因为这些古老绘画中的图片和相机照出来的单目图像十分相似——传统西方史学中的古埃及也给人以同样的错觉。但一位非西方背景的制图员无论技艺有多高超，都会觉得这样的图画是奇怪而又矛盾的，他们需要重新训练才能学会用西方传统的方式绘画。当然，无论是哈杰德夫还是与他同时代的雕刻家都不可能见过照片，也不可能以鸟瞰的角度观察过考古学重建出的建筑。他们和他们所制造的东西存在于与我们不同的时空之中，那是个全然不同的世界。

古代的书史和雕刻家常常描绘游行或神庙祭典的场景，但并不将其视作发生在具体时间的事件。这并不是构建于牛顿时空观之上的世界，时间并不等同于穿越空间的过程。反过来，法老时代的叙事通过并排的各个主角的画像来展现一个事件的不同方面。这些图画并不像连环画一样是按叙事顺序构建的。这样的叙事中没有先来后到，没有前因后果，也没有逐渐发展的情节。就像那些描述死者命运的文献一样，

102

121

这些图画描绘的事并不发生于过去，也不发生于未来，而是发生于当下，在此时此地。

　　和人类所有共同的经历，炉灶与家，生、死与繁衍一样，尼罗河下游地区的宫廷文化产生于这样一个环境中：在这里国王与众神、看得见的与看不见的、生者与死者共同存在于这个生机勃勃的世界中。这一观念立足于尼罗河下游富饶的土地，存在为古埃及提供真实叙事的可能性。若将其存留下来的遗迹以艺术史家乔治·库伯勒（George Kubler）曾描述为拥抱"所有人造物范围内的东西，包括所有的工具和书写，以及……世界上美丽而又诗意的东西"的方式看待，那它就能为我们带来通过古人所造的东西与古人产生直接联系的机会。随着我们追溯这些人造物的历史，我们看到了丰饶的时期与贫瘠的时期，看到古埃及历史像是一系列壮观的冒险，在其中，世世代代的人们坚定地怀有对永恒存在的单一愿景。

第四部分

古王国：

阿布西尔及此后时代

（公元前 2500~前 2200 年）

11 阿布西尔与塞加拉

博尔夏特在阿布西尔

假如你在一个天气晴好的日子里站在孟斐斯沙漠大墓地
中微风拂过的山脊上，便可清晰地将埃及金字塔的美景尽收
眼底，从南方达舒尔平原上斯尼夫鲁的巨型金字塔，到那被
三个暗色三角装点的著名的吉萨地平线。这些金字塔绝大多
数是在公元前 26 世纪建造的，在那之后又开启了长达三百
年的小金字塔时代，在这段时间中，巨型金字塔之间建起了
一排较小的金字塔：其中至少有十一座王家古迹，或许还有
更多尚未发现的建筑。它们有自己的附属神庙，以及不计其
数的附属坟墓群。

尽管这些后期的金字塔远比之前的小，建造得也不那么
精确，工艺相对粗糙，石块组建不佳，但就其本身而言仍是
十分重要的纪念建筑。因此尽管其附属神庙和堤道均已在建
造后的数个世纪里遭到弃用，深埋于黄沙之下，这些金字塔
大部分却并未隐没不见。19 世纪上半叶，欧洲冒险家和建
筑师们将这些金字塔中最好的部分仔细调查了一番，这些人

大多对王家陵寝和其中可能藏着的宝藏十分有兴趣。但是，几乎没有人触及过它们旁边的祭葬神庙。

要对被沙子封堵的大型神庙进行考古，必须启动大规模的挖掘工作，还需要获得长期充足的资金支持。在大多数情况下，这对神庙本身而言是一件幸运的事：一连串的法国的考古学家和埃及的文物局（Service des Antiquités）于上个世纪最好的那段时间投身于塞加拉大墓地，将这项工作一直进行到了今天。大规模发掘金字塔是在第一次世界大战之前的数十年，这是奠定后来发展步调的年代，其间的考古活动主要是在乔治·赖斯纳的带领下于吉萨展开的，此外柏林考古学家路德维希·博尔夏特（Ludwig Borchardt）也在吉萨高原以南七英里的塞加拉山脊上发掘了众多的金字塔和神庙。

在博尔夏特那个时代，金字塔和神庙所在沙漠的景观与今天颇为不同。如今你走过阿布西尔（这些金字塔在现代的名字正得名于此）的农舍和乡村别墅，走向金字塔时，会经过抹了泥的墙壁和棕榈树林投射下的阴影，踏上那陡峭而明亮的沙漠坡地，再向上走才能看见沙漠中众多金字塔那被磨钝的顶端。但在博尔夏特的时代，以及遥远的过去，这些金字塔曾经直面尼罗河河谷和两岸宽阔的田地，看起来颇为孤单，且比吉萨高原上相似的景观要小得多。此外，沙漠边缘上生满了一排尖尖的骆驼草，标记出地下水位，同时围住下方的庄稼。

酷热的夏季中土地干裂，庄稼无法生长，但在天狼星升起，尼罗河开始泛滥之后，阿布西尔的金字塔和神庙便靠到了暴涨的河水旁边，其倒影映在覆盖了两岸田地的洪水中。

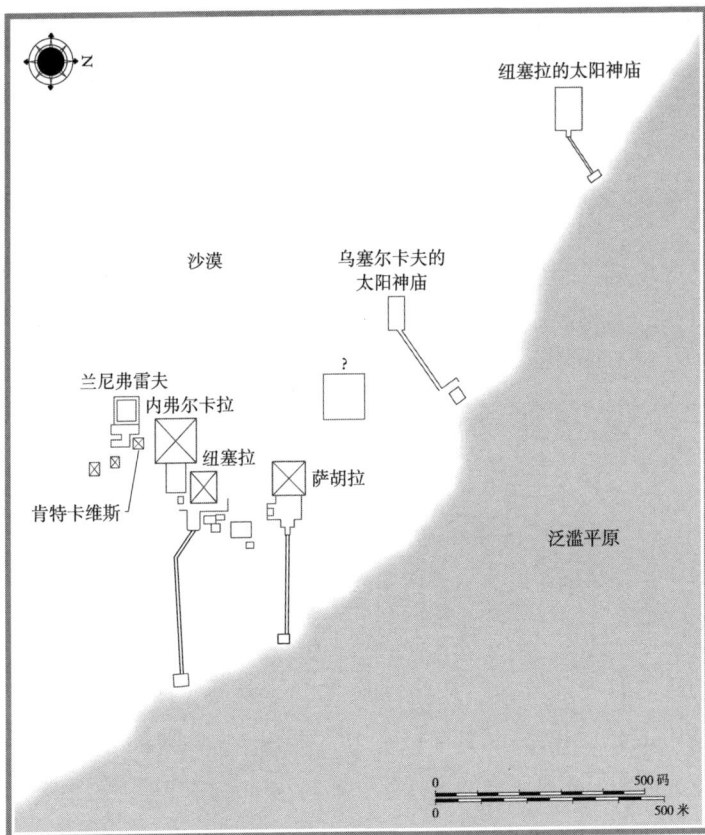

阿布西尔主要的金字塔和神庙

就像博尔夏特的照片里所显示的那样，随着河水水位渐渐回落，淤泥中留下了许多牛轭湖和闪闪发光的水泊，这或许就是古代的港口和运河留下来的痕迹吧。然而到 20 世纪 60 年代之后，阿斯旺大坝建起来了，尼罗河一年一度的泛滥也就此消失，人们开始使用拖拉机、水泵和灌溉系统来耕作，农田变得更大，金字塔旁的沙漠也被墓地和别墅带来的混凝土洪流淹没。金字塔旁的古老生活开始消失，景观也不复往昔，而这些古建筑曾是其中重要的组成元素。因此，这些早期的发掘者留下来的记录——如赖斯纳在吉萨的记录和博尔夏特在阿布西尔的记录，他们也是最早使用相片记录发掘工作的一批人——展示的金字塔更接近其在四千年前的状态：被风吹起的黄沙之浪掩盖了神庙和堤道，金字塔的塔尖装点着广阔的绿色原野的边缘。

除了门卡乌拉神庙之外，赖斯纳主要发掘的是廷臣的坟墓，与赖斯纳在吉萨的发掘工作不同，博尔夏特在阿布西尔发掘的大部分是王家建筑。他清理了八座已知的金字塔及其附属神庙中的一部分，包括此地最大的建筑物，即属于萨胡拉（Sahure）、纽塞拉（Niuserre）和内弗尔卡拉（Neferirkare）的那些。在这些最主要的建筑中，他找到了他所有发现中最重要的一项。尽管这些金字塔与吉萨的金字塔相比规模较小，建造工艺也没那么精美，但博尔夏特却在金字塔旁倾覆的神庙中发现了更为复杂的建筑结构和对沙漠石材更为多样化的使用。这些神庙的建筑元素，如已成废墟的金字塔旁的支柱、门框侧柱和门楣如同项链一般半掩在黄沙之中，它们体现出来的美感展现了阿布西尔的国王手下的雕刻师和石匠拥有的，与之前的吉萨诸王的工匠相同的技艺和情感。

　　博尔夏特在这些神庙的废墟中发现了奇迹。花岗岩柱子被雕刻成了一束束捆扎好的纸莎草的完美形状。光滑的圆柱上题写着国王们的名字，柱顶雕刻精美、形同棕榈叶，就算在博物馆里，这花岗岩柱子也仿佛在埃及夜晚的轻风中摇动一般。就算是神庙房间以及走廊、坡道和楼梯中那些巨大石块雕刻出来的大型单一元素，也有着轻盈新鲜的优美感。就像博尔夏特的照片中体现出来的那样，他之前作为王室建筑官（Königlicher Regierungsbauführer）——普鲁士国王手下的建筑大师——的经历，在他手下的工作组努力用手和绳子重建那些危险的、已经倒塌的废墟时显现出了价值。

　　博尔夏特在 1905 年之后的数十年中出版了一系列精美的书籍和论文，其中包含他对阿布西尔主要古建筑的描述和他对其刚刚建成时样子的复原。他与众不同的画作用黑白色块描绘出轮廓锐利的建筑，并以鸟瞰或近地面消失点的视角观察，这些作品影响了后来所有的对于埃及金字塔的描绘。 109

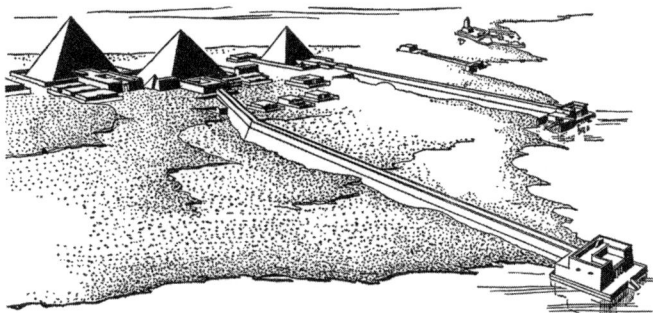

阿布西尔鸟瞰图，路德维希·博尔夏特绘制

金字塔中的历史

那些将金字塔矗立在阿布西尔的国王是建造了吉萨金字塔的诸位国王的后继者。阿布西尔的这些王家金字塔和吉萨的金字塔一样聚集成组，按一定的顺序排列。和吉萨一样，法老们在阿布西尔建了六十年金字塔之后，再一次将建筑团队向南移动，沿着沙漠的山脊回到了古老的塞加拉大墓地，并于接下来的两百年中在那里建造了更多的墓地和金字塔，直到古王国时期结束。

我们对建造了金字塔的长盛不衰的王室之开端几乎一无所知。建造了四座巨大的金字塔中前两座的斯尼夫鲁法老很可能是那位资料甚少的前代法老胡尼的家臣。胡尼在曼涅托的王表上被记载为第三王朝最后一位法老，但他的陵墓尚未被发现，他的纪念碑也小而简洁。当然，从斯尼夫鲁到吉萨诸王中最后一位的门卡乌拉，留存下来的证据显示王位在这期间是在同一家族的几代人之内传承的，三座大型金字塔旁边较小的与之同时代的金字塔和坟墓则属于王室成员和廷臣家族中的显赫成员。

在门卡乌拉于公元前 2515 年前后逝世之后的十年中，没有建造任何金字塔，只建造了两座相当于所谓马斯塔巴变体的长而矮的长方形石头建筑，它们标记着两个巨大的深埋沙漠中的花岗岩墓穴。这至少证明了法老的工匠们建造金字塔是出于自主选择，而不是盲目地跟随传统。

这些不同寻常的建筑中有一座是为门卡乌拉的后继者舍普赛斯卡夫建造的，位于塞加拉沙漠中，在门卡乌拉的金字塔向南大约十英里远的地方。另一座建筑物更小一些，却也更精致一些，它建在吉萨的采石场中。其上的铭文显示它属于一位名叫肯特卡维斯（Khent-kawes）的女性，此人拥有"两位国王之母"的头衔，这座建筑的花岗岩门上有此人的画像，令历史学家十分惊讶的是，画像中的她戴着假胡子，而这本是只有国王的画像中才会出现的象征之物。

传统上有关吉萨大型金字塔建成后十年的历史，因维斯特卡莎草纸卷上的故事中与哈杰德夫一同出现的老法师的预言而变得十分生动。莎草纸卷上最后一个故事讲述了占卜者杰蒂预言说一位地方祭司的妻子，名叫雷杰戴特（Redjedet），将产下三胞胎，而这三个孩子将来都会成为埃及的王。她的三个孩子中有两人的名字与两位阿布西尔的国王的名字十分相似，因此人们认为雷杰戴特夫人就是那位戴假胡子的王后肯特卡维斯，她与这两位被提到名字的国王共治天下。

但同时，阿布西尔也有一座金字塔是属于一位同样名为肯特卡维斯的女性宫廷成员的。一个世代之后，又找到了一座属于一位（或许是同一位？）名叫肯特卡维斯的王后的坟墓。和以前一样，缺乏足够的资料来精准地重建族谱。然而，这个名字在吉萨和阿布西尔一再出现。其他名字，如赫特普赫里斯（Hetep-heres）和梅雷斯安卡（Meres-ankh）等，也拥有类似的传统头衔，如国王之母、国王之女或国王之妻，111这表明吉萨诸王和阿布西尔诸王之间是有紧密联系的，王位是在同一家族内通过精心安排来传递的。至于维斯特卡莎草纸卷上的预言，最好还是抵抗住让这一段奇妙的故事在金字塔尖起舞的诱惑。

塞加拉的特提（Teti）王的统治时期在阿布西尔诸王之后一个世纪，他的金字塔周边的坟墓中也有一座属于一位肯特卡维斯，我们通常称她为肯特卡维斯三世王后，还有一座属于一位名叫伊普特（Iput）的王后。同样，翻译了与这些王室女性有关的铭文后，我们发现她们是国王的妻子、母亲和女儿。伊普特王后的陵墓最初是一座马斯塔巴，后来于佩皮一世在位后期被改建为金字塔，这证明她在王室家族中保持了很长时间的影响力，尽管国王改建他母后的陵墓来提升其地位的理论显然是消费时代的产物。

值得一提的是，伊普特的陵寝几乎未遭到任何破坏。她是位中年女性，有着棕色的长发，躺在石棺中的松木棺材里，周围摆了许多破碎的陶罐，以及其他宫廷墓葬所用的随葬品。就像古埃及留存下来的大多数文物一样，它们也是一位谜团中的神秘人物的私人物品。

在伊普特那个时代，王室家族的统治已经持续了很久，可谓长治久安。王朝后来的两位法老，即佩皮一世和佩皮二世加在一起统治了将近一个半世纪之久。这一时期建造了各种石头建筑，如对国王墓葬群的改建和完善，王家墓地中不断建起的小型金字塔、陵墓和神庙。时至今日，这些建筑仍处在不断发掘的过程。但在公元前 2200 年前后，建筑工程突然停止了。由于那之后的时代缺乏纪念建筑和铭文，这个在被本生男爵称为"古王国"的时期里长久统治的家族就这样从人们的视野中消失了。

分解

> 这座石灰窑宽十英尺、高二十英尺，两边是斜坡，　112
> 顶端宽三英尺……小心地让火焰持续燃烧，别让它在晚
> 上或任何时候熄灭。
>
> ——马尔库斯·加图（Marcus Cato）[①]，公元前 2 世纪

与赖斯纳在吉萨地区的发掘成果不同的是，博尔夏特在阿布西尔发现了大量的石灰岩碎片，其中就有大半损毁的王家神庙的墙壁残片，以及在法老的纪念建筑上开采石块和建筑灰泥原材料的工作产生的碎石。希腊化时代的建筑师和工程师于公元前几个世纪中将石灰砂浆引入了埃及，这种建筑材料很快便取代了法老时代使用的较为柔软、韧性不足的石膏灰泥。在阿布西尔，用来将神庙中的石头变成熟石灰的窑炉一直使用了几个世纪之久。博尔夏特在一些神庙的残片上发现了涂鸦，它们属于公元 4~6 世纪。从其绘制角度来看，当时神庙的墙壁还是竖立着的，也就是说还在原位置。

饥饿的石灰窑吞噬了大量古典时代的建筑和雕塑，这场缓慢进行的悲剧一直持续到 15 世纪，旅行商人安科纳的西里亚科（Cyriaco d'Ancona）[②] 悲伤地描述道，在整个东地中

[①]　即马尔库斯·波尔基乌斯·加图（前 234~前 149），通称老加图，古罗马政治家、历史学家，代表作《创始记》《农业志》。

[②]　安科纳的西里亚科（1391~1453/1455），意大利人文主义者、古董收藏家，被称作"考古学之父"。

海地区，古典时代的大理石不断被送进各地的窑炉。古孟斐斯及其周边墓地的毁坏也要归咎于此。早在欧洲收藏家到来之前，许多建筑上装饰着的精美的石灰岩就已经被拆下来烧掉了。

对于石灰制造者来说，阿布西尔和其他孟斐斯墓地最大的吸引力就在于其使用的高质量进口石灰岩，许多坟墓祈祷室和神庙都是用它们来覆盖表面的。这是一种柔软、洁白而又平滑的石材，为法老时代的雕刻家们提供了完美的基石。它被运用到了各种各样的地方，从金字塔的表面到简朴的坟墓祈祷室的门侧柱。这些石材大部分是从塞加拉对岸图拉的悬崖上的小块岩石中开采出来的。用凿子敲裂石块，再将碎石放在简单的直焰窑中烧至红热后，这些石块便可以被轻松制成熟石灰。

在塞加拉，耶利米修道院（Apa Jeremiah）的僧侣们在这场大戏中扮演了主要角色。修道院建于塞加拉沙漠大墓地中，是一片泥砖建筑群，周围还有几座华美的教堂，如今教堂倾倒的罗马式立柱在风沙吹拂的沙漠中犹如横在路中间的树干。5世纪时，先知耶利米在一些法老时代陵墓祈祷室的位置上建起了这座修道院，在修道院存续的三个世纪中，僧侣住满了整片孟斐斯大墓地，拆毁了不少建筑，用以制造熟石灰，还把许多优质的白色石灰岩用到了自己的修道院中。一位主教的石棺是用一块刻满了古埃及后期圣书文字的门楣做成的，修道院橄榄储藏室的门槛又是一根优雅地刻着萨胡拉王名字的横梁的再利用。这根横梁或许来自阿布西尔的某处属于这位国王的建筑，而僧侣们将该地神庙的储藏室改成

113

了小祈祷室。其他用类似方法获得的石灰岩石材很快就被重新刻成了带有卷须和莨苔叶装饰的拜占庭式柱头，或是被改造成了具有彼时当地基督石刻风格的、刻着锯齿形几何图案和螺旋图案的粗短支柱。当时，埃及的许多修道院在以同样的热情抢夺并重新利用古建筑上的石材，它们这么做并非出于恶意，甚至可能还怀有一点恐惧，因为许多早期的神父认为古代的陵墓和神庙中盘踞着恶灵。

　　博尔夏特在阿布西尔很快便发现焚烧石灰岩的人和石匠拆毁了整座神庙及其附属的堤道。但当他和发掘者把地基上的流沙清理干净之后，他们找到了一万块左右装饰着浮雕的墙壁碎片，还有零星一些仍带有部分精美浮雕的石块，神庙高高的白墙上满是对于宏大场面的描绘。石灰烧制者破坏了整体的画面，但余下的残片许多都十分优质，大小便于运输，是古董收藏家和商人们最想获得的东西。国王与诸神还有他们凡间仆从的破碎画像，描绘狩猎、航运或供奉场景的零散碎片，组成了一幅法老世界的残破图景，可被认为是一部古老的《埃及记述》的残片——博尔夏特估计存留至今的只有原本的百分之一。

复原

　　就博尔夏特在阿布西尔找到的大部分浮雕碎片来说，有关其原本所在位置——它们曾经装饰的墙壁、庭院与神庙——的证据十分有限。由于浮雕设计者相当保守，大部分碎片可以被放入一小组场景中，如屠宰与狩猎、钓鱼和划船、节庆、供奉之类。早在阿布西尔诸王的时代之前一个多

114

世纪，这样的场景就已经被雕刻或绘制在了其他神庙墙壁上或坟墓祈祷室中，在之后的一千年里它们继续被用在各种建筑物装饰上。当博尔夏特的团队开始把这些巨大的拼图碎片重新拼到一起时，他们有大量类似的图画和场景可以作为参照，这些图画和场景中有许多是完整的。如此一来，就可以确定许多早已消失的墙壁的碎片原本所在的位置，从而复原出整个场景。对于现代人对法老文化的理解来说，这是前进了一大步，尤其是因为在那之后的一千年里，这些场景中的一部分成为此类画面的典范：例如，萨胡拉金字塔神庙墙壁上的一些破碎石块上仍然残留着复刻时绘制的辅助网格线，这是十八个世纪之后的另一位法老的宫廷雕塑家画下的。

115

三位丰饶之神，各持三个分别代表生命、王权与富足的安卡（ankh）、乌瑟尔（user）和赫特普（hetep）的圣书文字符号，将其送到王室祭祀所用的供奉桌上。这是博尔夏特在阿布西尔发现的许多相似的浮雕之一。这些人物形象上的网格似乎是很多个世纪之后才被画上去的，作用是帮助另一位法老宫廷中的雕刻师对其进行复刻

11　阿布西尔与塞加拉

博尔夏特将其杰出的绘画以精致优雅的对开本的形式出版，他在绘画中复原了许多萨胡拉王神庙中的浮雕，这座神庙留存下来的部分比其他神庙要多。画作证明了阿布西尔宫廷中的雕刻大师们设计的浮雕可以跻身法老时代最精美的墙壁装饰之列，这些作品有的甚至有五十多英尺长。同时，浮雕碎片还表明这些伟大场景的每一处都与早前年代的作品一样精美。在这众多光辉的廷臣与国王的形象当中，还能看到许多小细节，它们会让人禁不住喊道："哇，快看这里！"时至今日，它们仍被当作古埃及艺术的典范广泛传播：有和小男孩玩耍的猴子，有爬上弯折的纸莎草秆的猫鼬，有试图把猎人射的箭从眼睛里拔出来的鬣狗。这些生动的细节来源于对生活的直接观察，它们在接下来的一千年中也将和那些神明、廷臣以及国王的形象一起被一再复刻，且拥有同样的生机活力。

考虑到这一形式上宏伟的艺术与对日常生活微小细节的生动描绘的结合，我们很容易便会得出阿布西尔的浮雕是许多年代较晚的墙壁装饰之原型的结论，更何况石灰窑吞噬了116大部分早期的浮雕，只留下一些微小的碎片。但是，对于这些标准的场景是在何时、是怎样被创造出来的，却缺乏可靠的证据，我们也不知道它们是为王家建筑还是为廷臣坟墓的祈祷室设计的。

当然，一些典型的法老时代神庙与坟墓祈祷室装饰的主题也出现在了阿布西尔——如狩猎、钓鱼和捕鸟、舞蹈、划船和供奉——这些场面此前就已被广泛使用。例如，狩猎河马就是一项从萨胡拉这样的埃及君王到罗马时期的法老都会让自己在画中参与的活动，这个场面曾出现在史前时代的陶罐上，也曾出现在遥远年代的那些研磨化妆品用的石板上。但在萨胡拉的神庙中，这一场面是被放在宫廷仪式的背景之下的。

此外，阿布西尔的其他浮雕则展现了王家专属的活动和图像，它们在该政权统治初期便存在且形式多样。有的画面中国王定下了伟大建筑的地基位置，有的画面表现的是"赛德节"（Heb Sed festival）①，还有的画面中法老会以标准的手持战锤击打俘虏的形象出现。但其他很多场景则是奢侈而复杂的宫廷庆典，有些画面中萨胡拉和神明在一起，而这些画面很少有先例。不管是否有先例，这些王家图画中的不少都会在后来的一千年中被不断复刻，成为那些最伟大的古埃及神庙墙壁上巨型浮雕的主题。

那么，这些精美的画面出现在阿布西尔的神庙中是出于什么样的原因和目的呢？这些画面被一代又一代地复刻在一个又一个神庙当中，证明它们并不是只属于某位统治者的个人传记。不管阿布西尔浮雕中的这些场面原本是否体现了某位君主对于狩猎、划船和其他事务的喜好，它都已经被包含在了展现君主统治之合理秩序的场面之中。不管原本是否还有其他目的，这些关于游行、典礼和王家狩猎的宏大画面在表现各种各样活动的同时，也展现了法老时代宫廷的结构和高等礼仪。而在室内的庆典和神庙中的仪式里，这样的秩序

---

① 赛德节，古埃及的一种节日，目的是庆祝法老统治长久，通常法老在位满三十年时首次举办。

则被简化到了只剩下最基本的部分。同样，这些视觉装饰旁
的文字提供了更多经验和更多指导，告诉我们事情应该怎 117
样做。

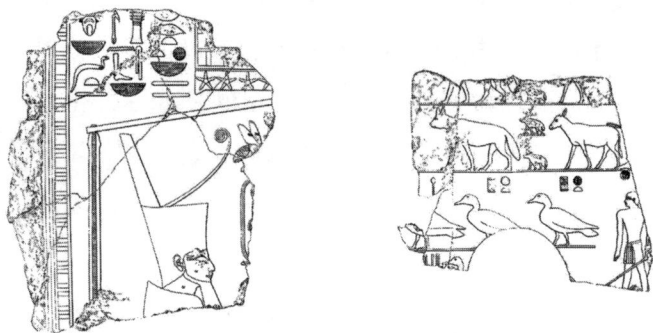

这是博尔夏特在远征中重新拼起来的一些场景碎片。左边的六块是一幅有关节日庆典的宏大画面的一小部分，表现了萨胡拉王怎样登基。右边的三块组成的画面是有关大量祭品被拿到法老崇拜仪式上的。其中一块碎片上出现了圆弧形的切割痕迹，说明摧毁它的人是想重新利用这块石灰岩，但在石匠完成工作之前，石板便碎掉了

与罕有存留至今的来自更早时代的同样画面对比后，我们发现阿布西尔的神庙浮雕之精美证明了确凿无疑的历史发展进程。在这里，早期浮雕的主题被转换为一系列复杂的，展示了国王、他的家族和廷臣的优越地位的图画。在这样的图画中，政府官员——其中有些被记下了姓名——被展示为拥有各自的等级，执行着自己收到的各种各样的任务。因此在阿布西尔，这些画面是定义国家的持续性过程的一部分。这是对一个从吉萨的金字塔开始建造的时候起便日渐复杂、日趋庞大的宫廷政府的形式化，吉萨金字塔时代的统治还基于一群来自相关家族的人之间的面对面接触。但在阿布西

118 尔，我们看到一排又一排的廷臣、仆从、水手和农夫向国王鞠躬致礼的画面，这样的画面体现了一种趋势，我们在同时代的坟墓祈祷室中也可发现这一点：在萨胡拉统治时期之后，廷臣的头衔前所未有地变得越来越多，越来越复杂。

同样，塞加拉的神庙中一些时代较晚的王家浮雕显示出，阿布西尔的神庙中的场景变得越来越形式化了。例如，在佩皮二世的金字塔附属神庙中，之前有关王家狩猎的生动画面变成了展现在仪式上宰杀沙漠羚羊的场景。但是，这些画面上的改动并没有阻止后来的雕刻家们将这样的活动还原到其本来的场景中。它们在王家神庙中出现过之后，使得坟墓祈祷室中那些贵族在沙漠中狩猎或是在尼罗河沼泽中钓鱼这样简单的场面也变得富有含义了，反映的不再仅仅是日常生活，尽管它们的确忠实地描绘了日常生活的图景。

博尔夏特小心而又敏锐地将许多修复后的浮雕放回到了损毁的神庙的建筑结构当中。他发现神庙大门上常常装饰着国王被神明拥抱乃至哺乳的场面，这说明这座建筑是通往神庙仪式中心的路线上的一个高潮点，王室的神灵将在此得到定时且持续不断的供奉。在门廊之后是神庙的走廊和房间，其中有满是生动而精致细节的巨型浮雕。在神庙中心供奉桌的位置附近有一些较小也较简单的有关仪式与供奉的画面，描绘的是每天都会在同一区域进行的各种活动。

对于这些浮雕的目标观众是谁，我们没有找到相关证据。它们大部分被刻在了非常高的墙壁上，由于封闭空间内光线昏暗，只有用梯子爬上去打着灯才能看清楚那些浮雕。这表明它们并非用来彰显王权或者进行传统意义上的宣传的，即便神庙中的这些地方允许那些能够读懂文字和图画的廷臣进入。从这些浮雕的质量和主题来看，它们的目的是进行持续的定义，是进行创造这些复杂场面所涉及的对话，是进一步营造法老时代宫廷的气氛和再现其举行的活动。

12 肉类、面包与石头

供奉的经济

赫利奥波利斯

赫利奥波利斯（Heliopolis）这个地方在某方面十分特殊。几乎所有伟大且著名的城市在罗马时代都有大量人口定居，因此在较古老的地层中我们可以发现大量希腊罗马时代的遗物。然而在赫利奥波利斯，我们找不到一片属于罗马时代的陶片。

——W. M. 弗林德斯·皮特里
（W. M. Flinders Petrie）[①]，1915

与阿布西尔的金字塔相隔不远的尼罗河东岸坐落着传

[①] 全名为威廉·马修·弗林德斯·皮特里（1853~1942），英国著名埃及学家和考古学家，提倡用科学方法进行田野发掘，奠定了考古学中人工制品分析的基础，被誉为"埃及考古学之父"。

说中的古赫利奥波利斯，即"太阳之城"，如今身在纽约和伦敦的方尖碑便曾矗立于此。今天的赫利奥波利斯被困在密布如网的柏油路和开罗北部的郊区之下，它的存在只剩下一个名字，而其原本的建筑物也已然消失不见，只留下一座孤零零耸立着的方尖碑、一些被重建起来的支柱以及一些石块。就连拿破仑的学者们曾经绘制下来的巨大的泥砖围墙大部分也消失殆尽，与其一同消失的还有一条两侧摆满斯芬克斯的步道，它当年曾令早期的欧洲旅行者们大为赞叹。

就像河对岸的孟斐斯那样，两个世纪以来毫无条理且常常具有掠夺性的发掘使赫利奥波利斯也出土了年代跨度达一千年的、各种各样的文物。直到今日，在此地为新的别墅或公寓楼打地基时还是会挖出祭司的坟墓、古代房屋的泥砖墙壁或零散到令人困惑的小件文物，从史前的陶器到来自最后一位本土法老统治时期的物品都有。然而，我们没能找到有关赫利奥波利斯最著名建筑的任何痕迹，而该建筑是这座城市在一千年中天下闻名的缘由。那时的城市名为优努（Iunu），许多提及它的古代文献都说城中有法老时代最伟大的圣所之一。文献中还提到在城市中心处有一座神秘的建筑，是太阳神拉（Re）的崇拜中心。那个地方名为本本（Benben），其对应的圣书文字像是一座较为粗短的方尖碑。据说，这座方尖碑上覆满了金箔。

如今要弄清楚拉神的起源是十分困难的事，和寻找拉神在赫利奥波利斯的神庙建筑的踪迹一样困难。拉神在法老国度中的地位在后期得到了极大提升，传统的历史学家

120

19 世纪 40 年代的赫利奥波利斯。原本包围着神庙的损坏的泥砖墙壁矗立在空荡荡的平原上

常常把这位神明在后来所享有的巨大的复杂性追溯至它刚刚出现的时候。然而，有关这一点的实际证据却十分缺乏。

像其他几位法老时代的神明一样，与拉神有关的几个圣书文字符号在史前时代便已出现。不过，这位神明最初以人形出现，形象是一个鹰首男子，和其他神明一样是围绕着在世国王的诸神中的一员。在四座大型金字塔的年代中，拉神与法老、神明与人类之间的亲近关系体现在王家头衔中。根据商博良的翻译，法老常常会有一个"拉之子"的头衔。在之后的数个世纪中，在阿布西尔和塞加拉的金字塔神庙的装饰里，日轮，即表示拉神名字的简单的圣书文字符号，被添上了雄鹰的翅膀。雄鹰这翱翔于高空的鸟儿的形象作为王权象征的历史比日轮还要久远。因此，拉作为日神、作为国王的父亲的形象就这样与哈拉克提（Horakhty）——地平线上的荷鲁斯——的形象结合，产生了伟大的国家之神拉-哈

121

拉克提。

后世的书吏将作为太阳神的拉描述为众生的创造者和维持者，他每天在天穹上行进的过程使他成为时间的测量者。因此，在世的国王作为拉神的儿子也同样被认为是国家的创造者和维持者，就如同太阳神一般，国王也可以掌管人类的时间。若没有拉神和他在尘世的儿子，王室宫廷赖以存在的秩序和时间就会消失，尼罗河下游谷地就无法再维持法老文化中的秩序。毫不意外，古王国时期的高级廷臣中出现了这样的头衔：赫利奥波利斯的拉神圣坛首席总管。这个头衔通常被翻译成"首席观测师"（chief of seers），其对应的圣书文字从字面上证明这个中心有着神秘本本石的封闭建筑正是宫廷成员观测二至点的地方，因此王国每年的日历也是在这里被规划好的。被后世书吏称为原初之丘的巨大土堆——传闻中创世之时水面减退后露出的第一块陆地——据说就在赫利奥波利斯中心，现在人们推测其为最早进行太阳观测时使用的古老平台。

但是，所有这些描述都来源于后来时代的文献。在赫利奥波利斯似乎也没有与早期金字塔建造者同时代的伟大的石头建筑。左塞尔（Djoser）王——拥有第一座金字塔的法老——在位时期建造的一座简朴石灰岩神庙的数块碎片在赫利奥波利斯的一个垃圾坑中被人发现，证明当时此地可能建造过王家建筑。虽然这座神庙不一定是献给拉神的，毕竟目前已知的拉神第一次以人形出现是在那之后一个世纪。然而，一些祭司的坟墓、一些来自另一座神庙的碎片和一座简朴的石灰石方尖碑——目前已知最早的方尖

122 碑——的顶端却为我们提供了更多有关古王国时期赫利奥波利斯的国家建筑工程的证据。尽管这些碎片上都没有拉神的名字，但这座破碎的方尖碑却强烈地暗示了这位神明的在场。与本本石一样，方尖碑与太阳神之间也有着紧密的联系。

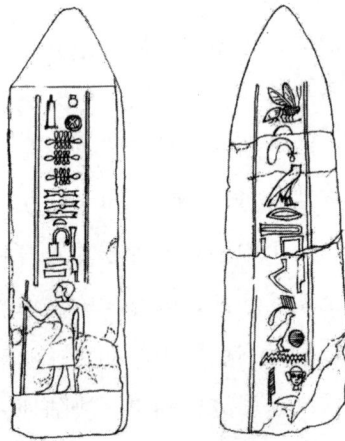

两座来自赫利奥波利斯的古王国时期的方尖碑。其上的铭文提到了"赫利奥波利斯的王家书吏赛斯（Sheshi）"（左）和"庄园总管奈赫里（Neheri）"（右）。它们分别高三十英寸和二十三英寸，两块都是由石灰岩切割而成的

古王国时代的太阳神之城赫利奥波利斯的幻影在近期又变得生动起来，我们发现尼罗河畔的一些金字塔所面向的方向或许正是赫利奥波利斯的拉神圣坛所在的方向。例如，吉萨的那一排著名的金字塔据说就和距其大约十五英里远的、位于沼地河谷对岸的本本石处在同一条直线上。然而，阿布西尔的金字塔和所有塞加拉的金字塔被老开罗城后穆盖塔姆山（Gebel Muqattam）高耸的悬崖挡住了视线，无法直接看到赫利奥波利斯。但是，在阿布西尔的金字塔向北一百多码的地方却能够直接看到赫利奥波利斯，刚好不会被穆盖塔姆山的悬崖挡住，文献告诉我们有多位阿布西尔的国王以自己的名义在此建造了神庙，每一座神庙中央都有一座粗短的方尖碑。这些便是所谓的"太阳神庙"，名曰"拉神的田野"、"拉神诞生之地"、"拉之地平线"、"拉之供奉桌"以及"拉的心之所在"。

123

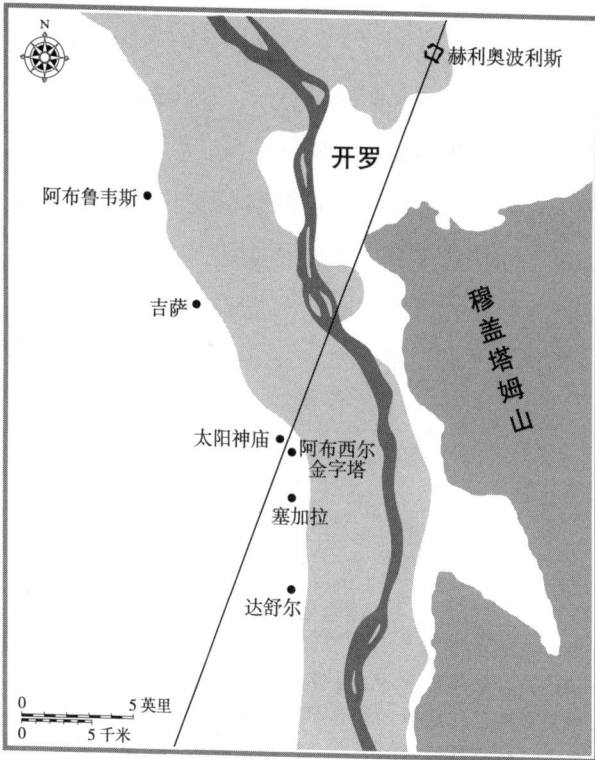

这张地图标明了太阳神庙和赫利奥波利斯之间的关系。在穆盖塔姆山的石灰岩山脊因采石而被挖走之前，赫利奥波利斯是无法从阿布西尔、塞加拉或达舒尔看到的

我们只找到并发掘了其中两座神庙。这两座神庙最初都是泥砖建成的，之后又用更加耐久的材料改造重建了。它们建造时的重点在于模仿代表赫利奥波利斯的本本石的圣书文字符号，与附近的金字塔相比，神庙中粗短的方尖碑尺寸不大。但是，在进行了大量改造和扩建，神庙建筑工程进行到尾声时，神庙已经拥有与附近的金字塔建筑群相似尺寸和精细程度的建筑结构。每座神庙都有两个附属神庙，位置较高的那个连接着一条长长的堤道，堤道通向位置较低的神庙。至少有一座位置较高的神庙的石灰石墙壁上雕刻着一系列非凡的浮雕，其残存下来的碎片显示，这些浮雕与附近阿布西尔王家神庙中浮雕的大小和质量相当。位置较高的神庙的庭院中曾设有大型供奉桌，就在赫利奥波利斯式方尖碑前面，并且是露天的。站在祭坛边上望向原野对面的黄色沙漠、闪耀的河流与明亮的绿色沼地时，神庙中的祭司能够望见赫利奥波利斯的本本石，望见其黄金的顶端正在日光之下熠熠生辉。

124

左边的符号是当时表示"金字塔"的圣书文字符号。中间的符号是目前已知最早的表示"太阳神庙"的圣书文字符号，是一个顶端有鹰栖木的土堆。右边的则是博尔夏特绘制的一座新建成的太阳神庙的轮廓复原图

就这些极富创意的神庙的建筑目的而言，在阿布西尔找到的稀少的莎草纸碎片证明其在当时的课税、供奉和分配体系中扮演了至关重要的角色，而正是这个体系定义并维系了这个国家、诸神、祭司家庭和一代又一代的国王以及廷臣们。

阿布西尔莎草纸卷

埃及的经济活动很大一部分都只是对日用品的管理和分配……

——赫拉奇·帕帕辛（Hratch Papazian），2005

神圣之人手中的什一奉献和祭物……

——英国议会议事录，1451

从古王国时期存留至今的莎草纸卷十分稀少。纸莎草是 125
一种在尼罗河两岸淤泥地上大量生长的莎草科开花植物，而莎草纸则是由纸莎草茎干上提取出来的黏性条状纤维制成。莎草纸通常会被做成卷轴（莎草纸卷）保存。尽管新鲜的莎草纸比现代的纸要硬一些，但保存至今的莎草纸卷已经变得极为脆弱，很容易便会四分五裂。因此，尽管我们可以想象建造王家金字塔时产生了多少相关的账目记录，更不用说遍及整个国家的各个供给网中的官员们进行书面交流时产生的文本，流传至今的莎草纸文件却只有珍贵的极少数。然而，阿布西尔的黄沙之中出土了从三座不同的神庙储存的档案中存留下来的莎草纸卷碎片。其中第一份出土于博尔夏特到达埃及之前十年的非法发掘活动，或许正是这个发现激发了博尔夏特对此地的兴趣。这些莎草纸卷破损不堪，被分成零碎的小块卖给了开罗、伦敦、柏林和巴黎的博物馆，法国埃及学家波勒·波瑟内-克里格（Paule Posener-Kriéger）穷尽毕生精力进行研究，终于还原了其中的内容。另外两份档案是由捷克的考古学家们复原的，在博尔夏特对阿布西尔进行发掘之后的 20 世纪 70 年代里，这些考古学家继续对该地进行了发掘，且发掘工作至今仍在进行。

出土于阿布西尔的兰尼弗雷夫的金字塔附属神庙中的莎草纸卷残片，这份文献记录了后世的神庙工作人员的一些活动

这些文献出土于两位国王——内弗尔卡拉及其子兰尼弗雷夫（Raneferef）——以及一位肯特卡维斯王后的金字塔附属神庙中。文献保存较为完好的部分记录了一些在这些建筑的主人统治时代结束很久之后发生在神庙中的活动。我们可以从中瞥见阿布西尔诸王以及后来时代中法老国度的日常安排和生活节奏——这个时期从约公元前 2500 年开始，延续

126

了一个多世纪。

　　这份文献记载的内容主要有四类。首先，他们会列明神庙中的物品和各类家具，以及其使用和损坏的情况。其次，他们会记下参与该神庙中庆典或其他活动的相关人员的姓名。再次，他们会记下一些在金字塔神庙、太阳神庙和王家储藏室之间运输的产品和原料。最后，他们会记下许多规范神庙中活动的王家政令。古埃及能够组织起大量的劳力，花费相当长的时间建造起巨大而又惊人精准的金字塔，无怪他们留下的记录也是如此谨慎而又翔实了。

　　物品清单与差不多同时代的巴勒莫石碑上的表格一样，是竖着排列的，有两个、三个甚至是四个小标题。例如，一把刀可能会在材料这个子分类下作为燧石制品被列明，同时又在另一列里作为此类物品中的唯一一个被记录，此外还有一列会详细描绘其状态，记录其有破损缺口，刀柄经过修复处理。另外两把燧石刀被描述为"曾经摔过，有裂口"。还有一个碗被放在了材料子分类中，记录其为埃及雪花石膏所制，此外它又被放在"白色"分类中，同时在对应的状态列表中记录了它的碗口、边和底都经过修复。

　　这些记录除了证明神庙中的用品——它们中留存至今的被放在我们的博物馆中当作古代的珍宝展出——在当时也价值极高外，对其使用状态的描绘还强调了这类清单是在神庙落成、物品被使用了数十年之后才被编纂出来的。另一份形式相似的清单是有关其中一座神庙中建筑的，它详细记录了其中一座泥砖门廊有受损情况，同时还记载了木头和泥砖被运输到这一座神庙中的事，显然记录的正是修复门廊所需的材料数量。

127　　考古学研究证明，这些神庙在很长一段时间后仍然被善加使用。莎草纸卷中对发生在神庙里的仪式和庆典活动的详细描述表明，曾有三百余名工作人员在此日复一日、月复一月、年复一年地工作。参与这些活动的人可以分为两类。其中一类是永久性的职员，包括祭司、书吏、执事等，而另一类则是十名监管人员。值得注意的是，后者是轮班制的，就像今日负责看守这些神庙的废墟的守卫一样。

在阿布西尔诸王的时代里，莎草纸卷记录道：神庙的长期职员们在仪式活动上对神庙开放庭院中数不清的雕像——记录列明其中一些雕像有黄金首饰或其他珍贵的配饰——进行了熏香供养和净化；而另外，那些轮班的工作人员则完成了较为复杂的仪式，将神庙供奉桌后暗室中神龛内国王的雕像在日出时分拿到日光之下，将其净化并装扮起来，献上贡品，之后在日落时分又将其再次送回神龛中封好。这样，在世国王及先王们的雕像就可以每天以尊贵的王家姿态加入生者的世界。

太阳神庙与屠宰场

泛滥季第 4 个月，第 6 天

国王的母亲，肯特卡维斯	后腿
祭司检查员，梅尔内特-奈苏特（Merneter-nesut）	后腿
祭司监督者，威卡（Werka）	前腿
宫廷美发师，乌塞尔卡夫-安卡（Userkaef-ankh）	前腿股骨

12　肉类、面包与石头

宫廷官员们	前腿股骨
供应补给总管，尼安克拉（Niankh-ra）	[……]
宫廷医生，尼舍普赛斯-奈苏特（Nishepses-nesut）	后腿
讲师，瓦斯卡（Washka）	胰脏［?］
运河挖掘者，提伊（Tiy）	前腿上部
会计检察员，索普戴霍特普（Sopedhotep）	同上
管理香油的宫廷官员，普塔霍特普（Ptahhotep）	同上
图书馆监察员，卡凯-安卡（Kakai-ankh）	同上
廷臣，贝比卜（Bebib）	同上
主管［?］，梅赫特普特-卡凯（Menheteput-kakai）	同上
运河官员	同上

128

——供奉给崇拜对象和宫廷成员所用的贡品列表，
来自内弗尔卡拉王的神庙档案

　　阿布西尔莎草纸卷中最引人注目的部分是有关神庙日常
事务的，其中列明了运送到神庙中的布料、建材和（最重
要的）分配给神庙工作人员及其家庭成员的日常供给品，
它们也会被分配给其他祭司、官员和王宫中的成员。

　　这些古老的记录证明，在阿布西尔诸王的时代，太阳神
庙是处理和分配从整个尼罗河下游地区收集上来的日常供给
品的中心。似乎太阳神庙中的工作人员还要处理其中一些供
给品，用于酿酒作坊和烘焙作坊，现存的一些莎草纸卷中描
述道，做好的食物每日都会被送往附近的金字塔神庙中。考
古学研究也部分证实了这样的猜想。对两座太阳神庙的发掘
结果显示，这两座神庙中有大量仓库和储藏室，并且它们在

建成很久之后还进行了明显的扩建。因此，太阳神庙在向国家权力中心提供食物和日常补给品的系统中是一个主要的且影响力不断扩大的元素。

其中一份莎草纸卷记载了一条法令，规定了从阿布西尔神庙运往一些廷臣坟墓的祈祷室中进行崇拜所用的日常供给品的数量。这些供给品也用来为祭司提供补给，他们负责吉萨和塞加拉大墓地中越来越多的祈祷室里的供奉活动。铭文中写道，这些坟墓祈祷室的主人，即廷臣们，生前为国家机器工作，生产国家所需要的材料，管控材料的储存和各种设施的运行。其中许多坟墓祈祷室中确实有表现墓主人在监管这些活动的浮雕。因此，那时宫廷中每天运转的供给系统是高度结构化的，它既服务于生者，也服务于死者。

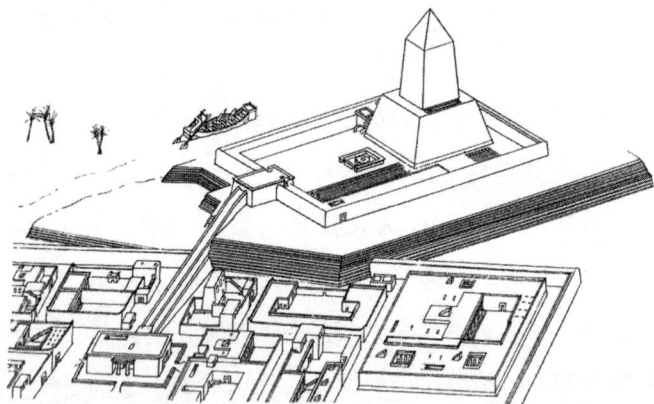

博尔夏特绘制的纽塞拉王太阳神庙的复原图。神庙庭院中靠近读者的这边有许多工坊、储藏室和屠宰场，对面的那一边则有一座供奉神庙，其上的浮雕展现了农耕和狩猎等活动，以及将农产品和猎物用于王家崇拜的场景。博尔夏特在神庙场地外发掘出一艘独一无二的真实大小的泥砖制船只模型，它似乎与许多王家金字塔旁埋葬的真正的船只作用相同。河谷神庙平台下的居住区一般被推测为神庙工作人员的居所

12 肉类、面包与石头

尽管太阳神庙的布局与王家金字塔建筑群相同，都有两座神庙，一上一下，以堤道相连，但它们的建筑规模却要小一些。不过，两座太阳神庙中的下层神庙和堤道与王家金字塔神庙中相对应的那一部分比起来，却要大许多，上层神庙中间有本本石的开放庭院也是如此。莎草纸卷中的记录显示，这些调整是出于实际需要，记录表明有大量 牛在这里被饲养并屠宰。实际上，这两座已知的太阳神庙中仍然留存着为方便进行这种大规模活动而建造的设施：有精密的排水设施的遗迹，还有一排排优雅又结实的雪花石膏盆。尽管这些雪花石膏盆如今在淡黄色的沙漠中反射出骨白色的光彩，但它们当年一定被屠宰时流出的鲜血染成赤红。

这两座被发掘的神庙中的建筑部分如今已经所剩无几。博尔夏特及其后继者们仅仅是确定了其原本的形式，便足以被称为考古学上的伟大壮举。然而在 20 世纪 70 年代，米洛斯拉夫·维尔纳（Miroslav Verner）又发掘了一座较小的屠宰场，它建在兰尼弗雷夫金字塔旁边，与金字塔一同被发掘出来。它在古代被称作"刀之屋"，是一座又大又粗糙的长方形泥砖建筑，其中有一个二十英尺宽、三十英尺长的屠宰间，地上嵌有三块用来拴链子的石头，中间有一块砧板。这间屋子是露天的。这座建筑中还有大约十五个封闭的房间是用来进行规模较小的肉类处理工作的，剩下的房间从被烧红的砖上便可看出是用作厨房的。有一个较小的房间拥有通往屋顶的楼梯，根据坟墓祈祷室中的画面推测，屋顶是用来将一条条肉挂起来在太阳下晒成肉干的。屠宰场的废墟中仍然残存着血迹和生火烹饪留下的痕迹，同样，粉刷的墙壁上也留下了用水清洗过的痕迹。其中一座神庙所存档案里的一块莎草纸卷残片上说，这里每天会处理十三只牲畜。

其中一座太阳神庙——它上层的庭院的规模是"刀之屋"的十多倍——的中心供奉桌是五块巨大的雪花石膏组成的，它们经过精准地切割，其上半透明的纹理被优美地拼接在一起，组合成精美的几何图形。它中间是代表日轮的圆形圣书文字符号，由质地如蜜的圆柱形雪花石膏组成，大约三英尺高，四边由四个巨大的"霍特普"圣书文字符号包围，用的也是同样精良的材料，大小也差不多：这是代表席131 子上有面包的符号，每一个都有大约十二英尺长。这规模宏大、近乎抽象的画面目前是独一无二的：拉的日盘被四个巨大的圣书文字符号环绕着，象征着"供奉"或"满意"，立在古老的石灰石铺面上。

对于国王和廷臣的葬仪而言，供奉肉类都是重要的环节之一，如同莎草纸卷中所记载的，供奉肉类也是神庙中以国王名义进行的日常供奉仪式的重要环节之一。因此，屠宰的场景在整个法老时代埃及历史中各个时期的坟墓祈祷室和神庙中都十分常见。实际上，屠宰被看作与狩猎类似的活动，二者都与仪式紧密相关，尽管国王本人很少参与神庙中的屠宰活动。在阿布西尔的浮雕中，有君王以弓箭猎杀被困在人造围场中的沙漠动物的场景，塞加拉神庙中也有一幅时代较晚且比较罕见的浮雕，表现的是国王在献祭活动中割开了一只野生沙漠羚羊的喉咙。

现存的证据表明，仅这两座已知的太阳神庙每天便可以向国家的各个机构提供两百多只宰杀好的动物。这些大规模的屠宰设施向我们提出了有关供给的重要问题。就像采石、挖矿和建造石头建筑这样的活动一样，大规模饲养牛群需要的供给比简单的农业聚落所能提供的要多得多，一般村庄中农民所饲养的动物多为猪或家禽，如此规模的家畜繁育工作只有在国家的支持之下才能有效完成。因此毫不意外，就像其他的古代文明一样，大规模宰牛的活动是发生在定义了此类古老国家的宫廷祭祀仪式的框架之中的。

　　因此，依照记录，太阳神庙庭院中屠宰的大量动物的象征物——依照传统为动物的前腿、头和心脏——会被作为供品放在本本石前面的雪花石膏桌子上。莎草纸卷的记载表明，当时的人们会按格式记录下每一块肉和内脏，并将其按等级分配给隶属于宫廷的家庭和其他组织，如葬礼祭司团的成员。后来的一些文献将吃肉描述为一件特别令人愉悦的事——毕竟不管怎么说，肉类本身是稀有而昂贵的食材，又是在国王的赞助下举办的仪式的产物。其中一份著名的文献描述了国王与众神一起屠宰、烹饪和享用一头牛的过程，由于描写得太过生动，直到近些时候，这些极品美食家一直都被人构想成食人者的样子！ 132

　　从第一位法老的时代开始，甚至从更早一些的时候起，便已经有大量的牛和肉制品被运输到最早的法老宫廷所在地了。当时宫廷还位于孟斐斯狭窄的粉砂岩平原上，因此土地不足以支撑宫廷所需补给的生产。尼罗河谷地旁的灌木丛林地中有大量牧群，其中有些会在干旱季节被沿着尼罗河运往下游的三角洲地区，以便给平原和沼地施肥。宽阔的三角洲湿地也从古代诸王的时代起便支持了庞大而完善的殖民庄园的运转。这些庄园专注于肉类生产，近期的考古学发现和巴勒莫石碑都证明了阿布西尔诸王也在此拥有庄园。

　　就像马阿迪（Maadi）和莫林达（Merimda）这种在之前的一千年中于尼罗河谷地和三角洲之间担任交通枢纽的聚落，拥有拉神圣殿的赫利奥波利斯也位于尼罗河的关键连接点上，从这里开始，尼罗河河谷的石灰岩峭壁渐渐消失，三角洲的粉砂岩平原不断扩大，一直延伸到地中海。正是这一点——赫利奥波利斯的位置——以及它的本本石和其他建筑之间的位置关系，强调了赫利奥波利斯的拉神圣殿和阿布西尔的太阳神庙之间的联系。

　　尽管在阿布西尔诸王的时代，有大量的肉被送到了太阳神庙中，神庙里的屠宰设施也十分完备，但我们却没有找到任何饲养从庄园运送至此的大量牛群所必需的牲畜围栏留下的痕迹。赫利奥波利斯的神庙远比太阳神庙大，这里的早期国王们统治时期就已建起来的巨型泥砖房间或许也曾被用作仓库。实际上，同样的国家运输和供给系统也是从那样古老的时代起便开始运转了，不少泥砖神庙旁埋着船只，这也能让人想起阿布西尔的太阳神庙旁出土的泥砖制船只模型。

　　同一时代的王家文献继续了这一潜在主题，将赫利奥波利斯描述为诸神的居所，说这些神庙就像草地上的公牛和哺育滋养着国王的母牛（代指女神）一样。同时，国王的一个常见称号便是"伟大的公牛"。在这样生动的风景之中，东部的赫利奥波利斯和西部的太阳神庙之间的连接线，银色的尼罗河上川流不息的船只，神庙中血腥的祭祀仪式，都体现着法老的权力和威严，体现着这一幅每天都在进行的，法老和太阳一起从本本石上的日出到金字塔所在地平线上的日落的旅程图景。

事物的价值

在第一个以及之后每一个节日时，为赫利奥波利斯的众神灵献上的神圣的贡品，直到永远。

4252 单位的面包和啤酒

40 头公牛，4 ［?］头野山羊

132 只大雁，1 ［?］只鸭子

——巴勒莫石碑，乌塞尔卡夫王统治

第一年的记录，约公元前 2450 年

陵墓和神庙中存留下来的文本早已告诉我们，国家范围内的资源是以法老的名义进行管控的，阿布西尔莎草纸卷中的细节又进一步强调了这一点。法老的政令监督了金字塔的建造，批准王宫和国家工坊的物资供给，管理尼罗河三角洲及尼罗河谷地中的庄园，维护了国家范围内庞大的交通运输网络，控制着补给品和各种所需物资的生产、加工和贮藏。

但考古记录显示，在世的国王居住在简朴的泥砖建筑中，国家官员们似乎是通过直接的、个人层面的控制来运转 134 一个简单的管理系统。对现代人来说，这似乎是自相矛盾的。这个古老王国的管理体系难道不是将数百万吨的石材切割下来，并以无与伦比的速度建成了精确到超乎寻常的金字塔吗？这个国家中的工坊难道不是在数百年的时光中生产出了大量绝美的物品吗？然而这一切，竟然不能反过来证明它拥有一个复杂的政府结构？

实际上，古王国时期的埃及人可以被分为两类。第一类包括农民和工人，以及在他们之间进行贸易的人，尼罗河下游地区大部分人口属于这一类，根据估算，当时他们的总人数接近一百万人。第二类中包含的是那些并不直接参与食物生产的人：国家官员及其家庭成员，祭司、书吏、宫中的仆人、石匠、雕刻家、珠宝制作者、商贩、船长、建筑师和国家上下各个机构中负责监管运输到王宫中的补给品，以及其他一切相关活动的人员。在吉萨诸王的时代，这些构成了古埃及真实的宫廷文化的宫廷成员，可能总计只有一万名成年人，尽管需要进行挖矿、采石或建造金字塔和神庙这样的劳动密集型活动时，他们会召集农民和工人以及商人等参与活动，以满足所需。在阿布西尔诸王的时代，尽管坟墓祈祷室和留下姓名的廷臣数量都有所增加，但国家机器的核心仍是掌握在一小部分人手中的，大约只有一百五十人。国王很可能直接认识这些人。他们除了要以法老名义管理尼罗河下游地区之外，可能还要负责管理农业庄园。

最后，就如同神庙和坟墓祈祷室中的图画和浮雕展示出来的那样，国家中的一切都是以农民们的劳动为基础的。在现代以前，人类社会总是在繁荣与灭亡之间取得微妙的平衡，很少有统治者或廷臣会愚蠢到屠杀农民，或是让他们离开土地。就如同一份文献中所写的那样，农民"创造了一切"。

从定义上来看，自给自足的农民不会创造大量的额外产 135
品，因此如果建造了金字塔的政府向自给自足的农民课税，
那他们是很难收集到足以满足需要的物资的。传统的埃及学
家假定古埃及的情况和 19 世纪的埃及政府一样残酷，坟墓
祈祷室中的壁画里又有狡猾的农民在遭到鞭打后被迫交出部
分收成的场景。但是，更加客观的分析却揭示了法老宫廷之
繁荣的真正秘密。从一开始，他们就为尼罗河下游地区的农
民们提供了足够的资源，包括标准化的农业生产工具，有组
织的劳动系统，以便修筑和维护运河及灌溉盆地，由此保证
远远超过农民及其家人所需的大量食物的生产。

古王国的宫廷也在不断对尼罗河下游地区未开发的泛滥
平原进行拓殖，这一政策似乎从第一位法老的时代便开始
了。许多新建立的聚落和王家庄园为坟墓祈祷室中的供奉桌
提供供品，也为早期孟斐斯的宫廷聚居点提供补给。

这是一项持续千年的过程中的一部分。从其开端到结
束，法老时代的农业史可以被称作一部内部殖民史，充满了
在国王和宫廷的支持下对尼罗河下游地区土地的进一步开发
和扩张可耕种面积的活动。从一开始，这一进程便进展得相
当成功，这片世界上最肥沃的泛滥平原物产极为丰富，在国
家建立后的第一个世纪中，古代诸王便开始建造大量的坟
墓，并在其中放入许多宫廷随葬品，它们出产自宫廷中为数
众多的工坊。这样，农业生产剩余不断增加，使得斯尼夫
鲁、胡夫、哈夫拉以及接下来几个世纪中的阿布西尔和塞加
拉诸王拥有了建造金字塔的可能性。

在金字塔刚开始建造的年代中，金字塔地基十分宽大，容易进入，这样的大型金字塔需要四五万名劳力。因此，单是这些金字塔本身便已经是国家的农业系统取得成功的明确证据了。粮食是国家的基础，对古王国时期宫廷所在地的考古学调查和坟墓祈祷室中大量粮仓的壁画都强调了这一事实。尽管在吉萨诸王的时代之后国家的重点转移了，阿布西尔的圣坛中又有大量的牛群被宰杀，国家经济的关键所在仍然是粮食，而不是饲养牛群这种相对花费高昂的活动。

法老的宫廷拥有足够的粮食补给和人力资源，可以维持各个部门的运转，建造巨石建筑，这一情况直到希腊人到来之前都未曾改变，那之后主动灌溉系统和新品种的小麦才被引入埃及。在那之前，所有的一切都取决于政府效率以及尼罗河一年一度泛滥的时间和水量是否规律。当时并不存在现代意义上的经济发展，也没有现代经济所必需的"天堂吹来的风暴"。正是这一事实在现代人的体验与法老王国的实际情况之间划下了一道巨大的鸿沟，特别是在对"经济"这个词的使用上，毕竟这个词拥有其现代含义还不足一百年。因此，现代意义上的经济不是法老时代的政府所能理解的，任何古文献中自然也就不可能出现与之等同的抽象概念。

为了更好地用现代方式描述这个古老国家的情况，我们最好还是换一个词。这个词应该能够模糊灵俗两界之间的区别，即模糊仪式上的供奉和供养国家机器之间的区别。例如，它应该能够描述法老时代的政府从尼罗河下游的土地上获取资源的这一"课税"过程，而且又不同于更常用的

"税收"这样的词。因为"课税"这样的词更能够描述古代社会的供给体系，而不同于现代社会中与之对应的，用"税收"来描述的过程——当我们说"税收"时，描述的是给政府缴钱用来维持其存在——用这样的词会让人误以为古埃及也有货币体系。货币是一种用来衡量货物、劳动和服务价值的抽象概念，在当时的尼罗河下游谷地还没有被使用。它直到古埃及历史行将结束时才刚刚出现，而当时古代近东的文化已经遭到了希腊化文化的横扫。

就像现代人很难想象一个成功的国家为什么可以没有书面文字写成的秩序、历史、宗教体系和法典一样，我们也很 137 难想象这样一个人数众多的宫廷是怎么在没有货币的情况下正常运转的——包括土地和财产价值、商品价格、薪水、奴隶和仆从在内的一切都没有一种可用以衡量的精确而抽象的标准，它们又是如何得到评估和管控的呢？因此，传统的历史学家会想象这样的社会一定拥有自己构建出来的虚假的货币系统，于是就有了法老时代的经济是基于粮食单位或标准大小的黄金或黄铜戒指之类的猜想。

这样的猜想充满了令人困惑的地方。例如，人们构想的古埃及社会中奴隶的概念就纯粹是货币化法老时代的产物，它是建立在现代社会中私人财产、人身自由以及抽象的个人财富的概念之上的。然而，这些概念直到公元前 1000 年，才和金属冲压铸币法一起被引入尼罗河下游地区。在法老时代的埃及，就如同东地中海地区的其他文明一样，希腊化时代的到来改变了古代中东世界中人们的认知。因此在货币开始流通的时代中十分活跃的哲学家赫拉克利特（Heraclitus）

认为，物质是由抽象的能量单位组成的，就像货币一样，可以像"用钱买货物，卖货物得钱"一样完成转换——亚里士多德后来将这句话中的"货物"定义为"价值可以用货币来衡量的东西"。

就像阿里斯托芬（Aristophanes）戏剧中的一个角色抒发他对村庄的渴望时所说的一样，"从来不说'买木炭吧！''买酒吧！''买油吧！'，因为村里人不知'买'为何物，大家只生产自己所需的东西，不需要购买"。同理，古埃及人也并没有为"买"和"卖"分别创造不同的词。古埃及人没有亚里士多德定义出来的抽象的"货物"这个概念，他们只知道牛与砖块、船只与王座、活人和死人、粮食、金字塔和供奉桌、法老与诸神。

这是今日我们很难进入那个阿布西尔神庙的浮雕残片和其他来自古老宫廷的物件中展现出来的世界的原因之一。就像这个世界中不存在温克尔曼定义下的"艺术"一样，这个世界中也不存在亚里士多德定义下的"货物"。例如，尽管大多数古代浮雕中被描绘的动作和对象似乎在永无休止地重复，但实际上几乎在每一幅画面中，你都能找到一种感觉：古代的雕塑家为我们展示的并非货物或人群，而是他们的世界中每个元素独特的个性。从植物到牛、国王、神明，雕刻师描绘的画面，包括其上的圣书文字符号，大都是基于现实存在的事物的形态的，他们小心地描绘出了这些事物在生活中的特质。然而，现代人由于生活在一个批量生产的环境之下，对这些东西的原创性的感受相对迟钝，当我们看着留存至今的这些物品的残骸时，很容易把它们当成古怪的艺术品。

12 肉类、面包与石头

在王家神庙和贵族坟墓祈祷室长长的墙壁上无所不在的拿着罐子和篮子的供奉者的画面中，我们也可以找到这种个性化的特质。这样的画面看起来是在永无休止地重复，似乎毫无进步，在现代人看来其重复形式和对各种元素多种多样的表现形式之间似乎存在着矛盾：一个农民、另一个农民、三位贵族、一群牛、两条船、一位国王、一位神明、一棵植物。每一个都是不同的。

同样，阿布西尔莎草纸卷中用大量的细节描绘了每一件单独的物品，而不仅仅是记录了神庙所拥有的总资产。就像巴勒莫石碑上的信息提到的一样，斯尼夫鲁法老从南部抓获的俘虏比这片贫瘠的土地所能支撑的人口还要多，阿布西尔莎草纸卷中的清单也并没有逐条列出抽象的"国民经济"的组成部分。布匹、啤酒、面包、砖块、洋葱和用来进行日常供奉的各种好东西都被小心地记录下来，以书面形式证明国家完成了供养法老的政府和诸神，供养活着的和死去的宫廷成员及其家属的义务，这一切都按照规定好的恰当方式进行。

这是书吏和雕刻家们小心而又热情地绘制并雕刻神庙和坟墓祈祷室中那些熟悉的画面、场景和供品列表时所关心的东西，他们手下作品中几乎每个人都拥有闪耀的眼眸和生动的肢体动作。当他们刻画出一条鲶鱼的皮肤或一只蝴蝶的翅膀的准确质地时，当他们小心地区别尼罗河下游地区不同种类的飞禽与游鱼时，当他们在狩猎、宰杀与繁育的场面中描绘野生的与家养的动物，描绘人们以更为冷静的方式工作、交谈、进食或参与庆典时，每一个元素都无比生动，鲜活地生活在尼罗河下游地区这个丰富多彩的世界之内，拥有属于

139

自己的恰当位置。古代的雕刻家们并不会被一套死板的设计或需求局限，不断重复设定好的形式。他们既不麻木，也不守旧，宫廷艺术风格的封闭形式反而使得每一位雕刻师都有时间专注于最本质的东西：他们所画下的每一幅画，每一个圣书文字符号都充满着生机。

当然，这是因为埃及人痴迷于为石头、油彩或木头注入生命力。在法老时代的埃及，这对葬礼和供奉仪式至关重要，因为在这样的仪式中，死者可以重新获得生命。所有这些行动都来源于这样的信念：关照、雕刻和重复进行的供奉活动，都是为了将宫廷文化放在这个王国富饶的土地上所展现出来的每一年的生活节奏的正中心。

在现代人看来，执迷于这种观念的宫廷文化可能有些令人无法理解。然而，持续不断的、动态的供奉和雕刻的过程一方面能够确保法老政府的权威，另一方面，通过供奉与课税的仪式，王室与宫廷成员能得到物质层面的供养。虽然宫廷及其书吏和雕刻家在接下来的千年时光中不断向更成熟的方向发展，但其本质从未改变过。

13　生者的宫廷

王宫

除了神庙、金字塔和坟墓祈祷室之外，阿布西尔莎草纸
卷中所描绘的那个世界几乎没有在地上留下任何其他确凿的
痕迹。巴勒莫石碑上一些残破而杂乱的文字，还有一些罕见
的莎草纸卷文献和信件表明金字塔和神庙附近确实有在世国
王居住的宫殿，那里是国家的中心所在。尽管一些文献记录
了部分宫殿的名字，但考古学家却未能找到任何它们存在过
的痕迹。

在阿布西尔，金字塔所在的位置比之前的金字塔距离沙
漠边缘更近，因此很可能和尼罗河下游地区大部分古代聚落
一样，王宫也建在了河边的淤泥地上，且如今已然被埋到了
田地下方约十五英尺的地方，远低于今日的地下水位线。通
过对一些金字塔周边位置较低的神庙的定位，我们或许还可
寻找到它们存在过的痕迹。这些神庙的角度经过调整，似乎
是为了配合曾经矗立于它们身边的某些早已消失的建筑。

要建造金字塔，需要全国级别的行政管理，而这又需要

建造聚落、仓库和围墙，才能维持整个体系。考古学发现和少量文字记录都表明，这些设施中有的是建在沙漠大墓地中，位于金字塔附近的。在逐渐建成的金字塔的阴影之下，仓库、工人居住处和王宫之间，聚集了大量的建筑。

141 　　已知最早的有关金字塔旁同时代聚落的证据是一些窑炉及其附属工坊的简陋遗迹，位于达舒尔沙漠高原上斯尼夫鲁的两座大型金字塔附近。很可能斯尼夫鲁本人的居所，即在巴勒莫石碑上有所描述的那一座王宫，就位于这附近。在田野下方达舒尔的村庄边，考古学家们如今正在考察金字塔古时候所用的港口的部分遗迹，因此在接下来的数年中，我们有望确定斯尼夫鲁的王宫遗址的位置。然而如今，已知最早的法老时代金字塔建筑工聚落的案例位于吉萨高原脚下吉萨古港口南部的沙漠平原中。

　　吉萨高原缓坡上有一道长长的向西延伸的高墙，其所用的巨石来自附近的采石场。它将这片古老而巨大的泥砖建筑群与港口、金字塔、河谷神庙和斯芬克斯像分隔了开来。两道巨大的过梁横跨过高约二十二英尺的、从港口到这些聚落中间唯一的入口大门，聚落依靠着巨大的墙壁而建。因此很可能，吉萨诸王的居所也位于城墙的同一侧，而这些建筑便是一些坟墓祈祷室墙壁上的文字中所载的胡夫宫殿附属的"北部聚落"（northern settlement）。

　　这片长四百码、宽三百码的地区如今四周围满了现代的墓地和村庄房屋，目前人们正在发掘这个古代聚落的一部分。发掘工作早在 1988 年便开始了，由马克·莱纳（Mark Lehner）带领的埃及和美国考古学家组成的小队发现了一

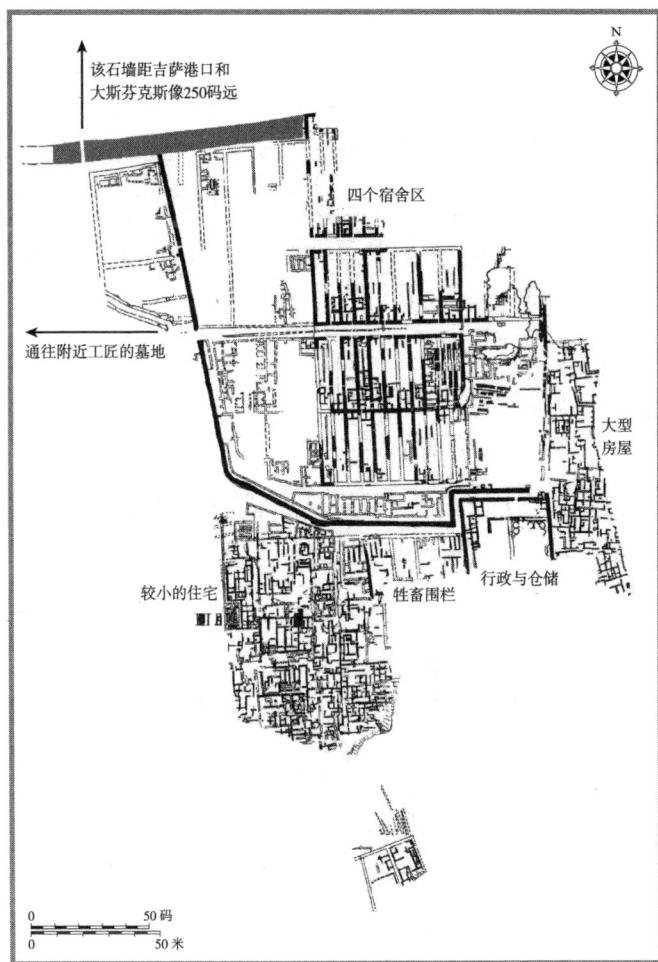

该石墙距吉萨港口和
大斯芬克斯像250码远

四个宿舍区

通往附近工匠的墓地

大型
房屋

较小的住宅

牲畜围栏

行政与仓储

142

门卡乌拉统治时期吉萨工匠聚落的一部分。城墙包围的大型建筑群中间四处有门房和厨房的屋子似乎是宿舍，而邻近的建筑则是为金字塔建筑工人提供补给和生产经营场所的设施：制陶工坊、烘焙坊、酿酒厂、炼铜工坊等。规划好的中央区域之外延伸出来的建筑可以按作用和特点被分为两类：东边较大的建筑群是书吏和行政管理人员及其家属的居所，而西边则是聚落自身需要的工人及其家人所居住的地方。聚落北边的石头墙也出现在了页边码第 **9** 页的插图上组紧密排列的、规划有序的长方形封闭围场，旁边还有两组看起来像是随机增加的建筑。在哈夫拉和门卡乌拉统治时期有大量人口在此定居生活。在大约五十年的时间里，此地被反复重建。这些封闭围场中有一部分为泥砖建筑，包含大约三十间宿舍，每个围场可以为大约二十人提供住宿，并且都有自带的小警卫室。附近其他规划有序、由粗石和泥灰浆筑成的矮墙包围的定居点中则是仓库、制陶工坊和烘焙坊。

143 　　发掘过程中出土的兽骨的数量，以及磨砺传统屠宰刀时产生的小块燧石片表明，有大量的猪、羊和牛在这里被屠宰。然而，遗迹内没有发现花粉，也没有其他植物残留，这表明就像晚些时期的太阳神庙，这些家畜被带到这里后不久就被屠宰了，没有被饲养在这里。

　　如今已然消失的莎草纸卷残留的泥封碎片和在中心聚居区较大的房间内发现的大量兽骨都表明宫廷官员曾在这一建筑群内工作过，他们的家人或许也居住于此。聚落内部也有精确的划分，仓库和生活区的不同建筑元素以警卫室、坚固的高墙和周围长长的走廊为分界线。这些兵营一样的宿舍似乎是临时的住所，聚落东边官员及其家属所住的地方有较大的房子，而西边较小的居住区出土的证据则显示住在此处的人吃的食物较为粗陋，他们可能是在制陶工坊和烘焙坊中工作的人及其家属。

　　在聚落西边的沙漠中一道岩石嶙峋的山脊边，埃及考古学家扎希·哈瓦斯（Zahi Hawass）所带领的考古队发掘出一片规模相当大的墓地。根据坟墓祈祷室中的文字和浮雕，最大的坟墓属于面包师傅和官员们。另外还有大约六百座较

小的坟墓，其结构由简单的竖井和地上建筑组成。从遗骨可
见被埋葬在这里的人从事的是更为艰苦的劳动，还因此受了
不同程度的伤，表明这里埋葬的是金字塔建筑工人。这些小
型坟墓有许多顶部为泥砖建成的偏心结构。有些形状像是蜂
巢，还有些像是微型金字塔。有些坟墓上镶嵌着红色花岗岩
碎片，是工坊中从阿斯旺运到吉萨的、作为王家丧葬建筑所
用建材的大块岩石上敲下来的。

这些吉萨高原上近期的考古发现让我们窥见金字塔建筑
工人的世界，还可了解一些国家行政管理官员的生活。那个
时代的坟墓祈祷室中文字资料十分稀少，其中大部分是宫廷
贵族的头衔和称号，这表明吉萨诸王时代的王家行政管理工
作是掌握在王室成员手中的。近期又发现了一份船长的莎草
纸卷，其上记录了巨石被送往大金字塔建筑工地的事，这份
文献也强调了上述结论。

在这些遗迹之中体现出来的，是那个失落已久的世界里
日复一日发生着的现实。随着国家开始建造巨型金字塔，与
早期相比，行政体系中某些部分的规模也开始扩大得不成比
例。对这些聚居区，尤其是其向东延伸，如今位于现代村庄
房屋之下的部分，以及南边位于马厩和足球场下方的部分进
行进一步的调查，或许能带来全新的奇迹，甚至有发现王宫
的可能。

在这些文献和遗迹中，孟斐斯——这座在古代历史学家
笔下拥有白墙的传奇城市，这座被传统的历史学家认为是古
埃及首都的城市——又在哪里呢？显然，在法老时代的埃
及，并不存在现代意义上的城市。就像阿里斯托芬笔下的角

144

色所叹惋的那样，这样的城市需要依赖市场中的货币经济。至少在这种意义上，法老时代的埃及是不存在什么"城镇人口"的，但金字塔建筑工人的聚居区和覆盖整个尼罗河地区的各个补给供应机构组成的网络除外。因此，古王国时期的孟斐斯是由各种各样的宫廷定居点、仓库、工坊和船坞聚合而成的，这些地点配合着在世法老选定的各个金字塔的位置，分布在尼罗河西岸二十英里长的地区内。今日的孟斐斯是吸引众多游客的一处遗迹，它只不过是后世的产物罢了。早期的孟斐斯根本不是一座城市，而是一片地区。

这些聚落的临时性质并不会给金字塔建筑工人群体带来太多问题。泥砖很快便可以用尼罗河畔的淤泥制作出来，粗石也可以便捷地从尼罗河畔淤泥地外的小型沙漠和悬崖上得到。因此，宫廷定居点很快便能建立起来。从一开始，法老便是在不断巡游中进行统治的，王室成员会组建小型船队沿河巡游尼罗河下游地区，建立临时的可供居住的宫廷。同样，吉萨的聚落似乎也是很快建成的，并且能轻易调整或扩建，在金字塔建筑工人搬迁到其他地方之后，还能迅速拆走其所用的木头和石头。从这个角度来看，金字塔——那些地平线上高大的石头帐篷——与这个国家的真实生活正好相反。

恒久与改变

在停止建造大型金字塔后，国家秩序将发生第一个意义深远的变化的最初征兆出现于公元前 2500 年前后，我们在法老乌塞尔卡夫（Userkaf）的金字塔中可以找到相关证据。

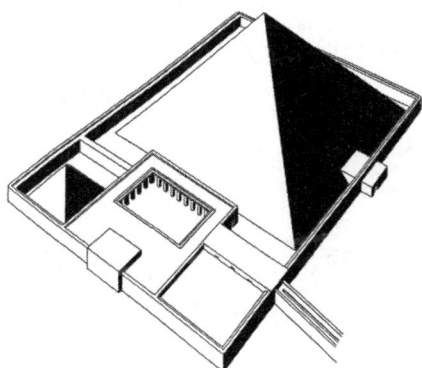

乌塞尔卡夫的金字塔建筑群复原图。这座建筑谨慎地融合了传统与创新

这位法老是舍普赛斯卡夫的接替者，而舍普赛斯卡夫便是那位抛弃了传统的金字塔样式的王家陵墓，给自己建造了一座巨大的石质马斯塔巴的法老。

就像是要强调自己回归了正统一样，乌塞尔卡夫将金字塔建在了老塞加拉大墓地的中央，与左塞尔王的阶梯金字塔——所有金字塔中最古老的一座——的围墙很近。乌塞尔卡夫尚未发掘完毕的祭葬建筑群如今已经成了看不出形状的、危险的废墟，它曾经拥有坚固的长方形围墙，将王家金字塔以及小巧而充满创造性的神庙和附属金字塔——所谓的"王后"金字塔——包围在其中。这座王家金字塔体积大约为大型金字塔的三分之一，它标志着王家建筑在建筑规模上的明显转变，后来的孟斐斯诸王也采用了这种形式，只进行了一些较小的改动。

这场变革既是戏剧性的，也是历史性的。当乌塞尔卡夫的金字塔设立好基线时，距离四座大型金字塔建造完成仅过

146

去了三十年而已。然而，在那个史诗般的世纪中建立起来的规模庞大的供给系统已然衰退了。航运船和驳船组成的船队、大量的铜矿工人和采石工人、负责搬运石头的大量工人、前所未有之大规模的劳力的定居点，它们中的大部分都已经成为过去。

朝廷也不再将注意力主要集中在建造金字塔上了，他们改变建筑重点之后，自身的属性也随之发生变化。到了乌塞尔卡夫后继者们的时代，阿布西尔的建筑工人们开始建造大小与乌塞尔卡夫金字塔差不多的金字塔，同时廷臣的坟墓数量及种类也明显增多，其中记录的姓名和头衔列表也越来越长，这体现了朝廷之中发生的变化。这反过来表明法老时代的行政体系比之前支撑了更多的廷臣家庭，同时也支撑了对数量不断增加的已故宫廷成员的供奉，记录表明负责祭祀死者的祭司家族成员数量不断增加，这些祭司和王家神庙中的祭司采用大体相同的轮班制度。

在相同的时期，祭司们不仅数量增加了，正如他们的坟墓祈祷室中的铭文显示的，他们在宫廷中扮演的角色也得到了更为精确的定义。我们今天所说的"祭司"一词实际上指的是一系列廷臣头衔，按字面意义翻译的话，包括"神的仆人""纯洁者""神之父"，或简单的"老者"。由于不同的人在宫廷中分别占据不同的职位，到了阿布西尔诸王的时代，这些不同的头衔也逐渐分化开来。在那之前，这些头衔不过是坟墓祈祷室中含义模糊的各种头衔中的一部分罢了。

在国家资源不再大部分被用于建造大型金字塔后，它

们被转用来以石质建筑的形式装饰和纪念从吉萨诸王那里
继承下来的大体上无名且无记载的各个政府机构。从这个
角度来讲，阿布西尔的太阳神庙，那些具有创新性却昙花
一现的建筑结构，标志着支撑了四座巨型金字塔建造工程
的庞大的供给和供奉系统逐渐正式化和复杂化的开端。随
着王家行政体系变得愈发复杂，王室成员之外的政府官员
数量也不断增加。

　　尽管这些新官员的家属的开销可能也来自私人庄园，正
式行政系统看起来相当迅速的扩张和对去世官员祭祀的增加
也可以轻易由富余出来的国家资源来供养，毕竟当时已经不
再建造巨型金字塔了。国家资源分配上的迅速转变或许也是
阿布西尔的太阳神庙突然出现的原因，这些神庙成为主要
的、新出现的分配渠道，其中最早的建于乌塞尔卡夫统治期
间。两座已经发掘出来的太阳神庙在其使用期间内经历了大
量且持续不断的扩建，这可能进一步反映出了国家资源分配
方式上的变革。

　　在这个处于变化中的国家内，宫廷生活便是仪式和庆典
的循环。现存的供奉设施和档案都表明在阿布西尔诸王的时
代，宫廷中所进行的日常仪式仍然来自更古老时代所举行的
那些仪式，君王会在整个尼罗河下游地区各个宫廷中举办的
露面仪式①和供奉仪式上穿着典礼服装。在阿布西尔，在世
的君王会以雕像的形式被供奉在金字塔神庙或太阳神庙中，

---

　①　露面仪式，指古埃及法老会举办的一种强调其权力和身份的活动，在仪
　　式中法老会身着王服展示在民众面前。在法老登基时以及他统治期间，
　　这种仪式会多次举办。

而一个世纪后的文献告诉我们，在王宫里也会举行类似的日常仪式，其时间会依照太阳在空中移动的过程确定，并且是围绕着在世国王本人进行的。这些日常仪式时不时会被在特定的公历或农历日期举办的节日庆典相关的活动所打断，还有一些如赛德节等庆祝某一位法老统治达到特定年份的传统节日。

148　　　阿布西尔莎草纸卷上的名册中提到有名字相同的人在王家神庙、太阳神庙和王宫之间移动，我们推测这些人在这几个地方进行的是相同的仪式，其表明在这三种宫廷建筑中进行的日常仪式本质上是相同的。同样的莎草纸卷上提到了在太阳神庙中工作的人，而这些人的坟墓祈祷室的铭文也提到他们与在世国王关系密切，在管理体系中担任职务，这表明轮流负责仪式和供奉的人员与可以被现代人称作世俗政府的机构是紧密结合在一起的。

头衔显示，这些人中有一些属于在圣书文字中被称作 z'a 的群体，我们如今通常将其翻译成"宗族"（phyle），这个词来源于古希腊，指的是家族或者类似于部落的团体。这些宗族的起源似乎可以追溯到最早的法老们的时代，一些宗族的名字曾经出现在年代最早的王家陵墓中随葬的罐子和瓶子上。这些宗族的名字源自罗经点和船只部件，也曾经出现在参与建造四座巨型金字塔的工作组的涂鸦之中。同样在阿布西尔，一个出现在神庙中的宗族似乎也参加了为王家金字塔采石及搬运石材的工作。

尽管证据较少，但这些宗族似乎是一个基础广泛的效忠体系，宗族成员可能有廷臣，也可能有来自同一家族的工人，甚或包括出生地相同的人。无论如何，在对阿布西尔诸王的供奉崇拜当中，这些传统的群组以十个月为期限进行轮班。这一体系也体现在阿布西尔的金字塔和太阳神庙的建筑结构中，因为考古学家在这两种建筑中都发现了每个宗族专属的仓库。

建立宇宙模型

就像众多宗族早已在生者的国度和神庙建筑中确立了属于自己的位置一样，从纸莎草造型的立柱到天花板上画着的繁星，神庙设计也是取材于王国中的具体形象和秩序的。墙壁所用的石灰岩是从尼罗河畔的悬崖上开采的，而建造神庙的小径、立柱和门廊所用的闪闪发光的硬石以及石匠凿子所需要的铜则是从遥远的王国边境地区运来的。若说太阳神庙祭坛上的肉大部分来自三角洲地区，那么尼罗河谷地则提供了大部分粮食，供奉用的大量面包和啤酒都是用这些粮食做出来的。

这些持续不断地征集和调配王国中物资以建造神庙及进行供奉仪式的行动，在神庙工作人员的分组中也有体现。神庙工作人员被分为南北两组，就像宗族，这体现了他们在日常仪式中扮演的角色，也体现了——就像坟墓祈祷室里的铭文所体现的那样——他们在王国各地区的行政管理中的作用。就像那些展示了宫廷秩序与活动的神庙浮雕一样，国家最基础的元素和秩序也体现在了神庙建筑当中。尽管王宫和聚落由脆弱的泥砖建造而成，宫廷墓地和神庙却由能长久保存的石头建造，这一差异最重要原因似乎正在于此：国家的

149

177

形式和秩序是需要恒久保持的。

一开始，尼罗河下游地区史前聚落的墓地与生者居住的泥砖房屋距离很近，死者下葬时会用当时的文化所能提供的最好物品随葬，食物祭品也会留在坟墓旁。在这个简单的系统中，生者和死者都参与了维系聚落身份认同和秩序的活动。在后来时代的王国中，秩序也是通过同样的系统得到了强调。就像早期的农民们会去聚落旁的墓地中宰杀动物，在墓地进行节日庆典一样，法老的祭司、屠夫和各种各样的官员也会在王家陵墓旁边为此特殊目的而建造的大型神庙中烹制食物、酿造啤酒、为已故的国王们献上日常供奉。就像一个现代人可能会认为没有信仰，生命就不再有意义和目的那样，若是没有这些依照义务持续不断进行的活动，没有修建陵墓和神庙建筑的工程项目，没有对祖先、诸神以及宫廷中活着的人的日常供养，这古老的文化一定会分崩离析。

这种独特文化的效力在每一位法老统治开始时都会得到重申并且通过课税、征募和供给体系表现出来，因为这时国家机器会开始建造一座新的金字塔。金字塔建筑群的建筑形式用质地上好的坚硬石材来展现国家的运转体系，使得金字塔建造成为可能的课税和供给机制并在法老去世后仍然持续运作着，只不过是通过供奉仪式的形式。就像早期农业聚落的居民一样，在阿布西尔，国家体系也是在这古老的生者与死者的舞台上运转的。

这便是能解释所有存留至今的展现尼罗河下游地区法老国度的文物的基本原则。这个系统并不复杂。尽管在现代人

150

看来，其存留下来的奢华且精致乃至神秘的文物也许会让人乍一看以为来自某个拥有复杂宗教体系的近乎现代的国家，但实际上其所拥有的只是在千年时光中被不断重复的，优雅、连贯而简洁的一套仪式——露面仪式和供奉仪式，而整个国家正是建立在这套仪式之上的。

14　生者的世界

铜与国王

151　　在吉萨诸王的时代之后，王家金字塔明显出现了规模缩减和质量下降，这改变了整个法老时代的文化。有关这一巨变的一个实际例子便源自原材料供需关系的改善，原材料包括打造了四座巨型金字塔的锯子和凿子所需要的铜，以及运输了大部分石材的巨大货船所需要的木材。

在四座巨型金字塔建成之前，工匠们的工坊和哪怕是统治时间最长的法老所需要的建筑工程，最多也只需要约七十吨红铜。但是，到了巨型金字塔开始建造的那一年，单单一年就消耗了大致同等数量的铜，而这座金字塔本身又用了十四年才建成。总的来说，在四座巨型金字塔建成的那个世纪当中，一共有大约950吨铜被开采、熔炼并运输到孟斐斯，以便制造宫廷中的石匠和造船工所需的工具。这种大规模生产的背后所需要的，也是十倍的人员、食物供应和其他补给物资——包括食物和水、工具和燃料，这样才能支持铜矿工人在西奈半岛环境恶劣的沙漠中工作。

这些迅速出现而又急剧增长的需求反过来推动了王国中交通运输网络的大规模升级。拿铜来说，近期的考古发掘和最近发现的莎草纸卷都表明这种需求促进了通往西奈铜矿的新道路的建设。这些道路跨越了埃及东部的沙漠，使得人们可以到红海岸边新建立的港口，再通过海路穿过这片狭窄的水道去往风暴频繁的北边，到达西奈半岛铜矿附近的港口和中转站。

152

反过来，乌塞尔卡夫及后来列位国王的规模较小的金字塔所需要的材料只不过是建造巨型金字塔所需材料的三十分之一。因此，即便是早些年代中建立的最好的采矿营地和造船厂都被迅速关闭了，在一个并非被货币驱动，而是被持续性的活动以及规律性的供给所驱动的国家机器之中，也会堆积起大量的铜、石膏、木材和沙漠硬石等材料。毫不意外的是，除了那些用大量美丽的花岗岩、石英岩和玄武岩建造起来的王家建筑，阿布西尔建成的第一座神庙还拥有三百三十码长的坚固的铜质排水管穿过沙漠通往耕地。根据博尔夏特的报告，此外还有用巨大的螺栓、链条和钩子固定的木质大门，这些东西都美丽无比，做工精巧，并且需要消耗大量的铜才能制成。

同时，铜在宫廷活动之外的使用也明显增加了。在巨型金字塔建造期间，这些材料大部分仅用于金字塔本身及其附属陵墓建筑，在孟斐斯地区之外也极少有琢石建筑。但是，在四座巨型金字塔的时代之后，尼罗河下游河谷地区各处经过挖掘、建造和装饰的坟墓祈祷室数量明显增加，其中各个元素——如建筑结构、铭文与浮雕——都是用铜质工具凿刻而成的。这些建筑不断增多的现象表明，铜这种原本只属于宫廷的金属的应用正在慢慢扩散开来，与孟斐斯的宫廷文化一起传播到尼罗河下游河谷中的各个地方。

提那的奈基-安卡

已知最早的孟斐斯地区之外大规模运用铜质工具的例子是一座大型石头坟墓，年代比乌塞尔卡夫要早，属于门卡乌拉统治时期。墓主名叫奈基-安卡（Neki-Ankh），是"王宫管家，新聚落的管理者"。他的纪念建筑坐落在塞加拉以南一百英里的尼罗河畔的悬崖上，与今日的提那村（Tihna）距离不远，属于我们今日称之为中埃及的地区。奈基-安卡的墓是这座悬崖上一排相似建筑中的第一个，其他建筑则属于他家族中的后辈。尽管建筑本身受损严重，其中留存下来的铭文还是足以表明奈基-安卡给后辈们留下了由国王封赏给他的大片土地。这段铭文也出现在他的继承人，一个与他同名，或许是其长子的人的坟墓铭文里。

同一时期还有类似的文本描述了其他的王室赠予土地的案例，但这些文本大部分损毁严重。时代更早的孟斐斯坟墓祈祷室中的一些罕见但模棱两可的铭文表明，王室赠予的土地也可以作为廷臣开发农田的奖赏。但是，和赐予奈基-安卡的土地不同，这些早期拓殖者获得的土地并非世袭财产，并且用管理工作进行了进一步的交换。总的来说，这些王室赐予土地的现代意义上的"所有权"，通常并不会被一并赐予廷臣。

从根本上说，泛滥平原以及周围沙漠中的采石场和矿场仍处于古王国法老们的统领之下，创造出了宫廷文化产品的大量劳动力也是以古王国法老们的名义组织的。例如，大量的坟墓祈祷室铭文描述了阿布西尔诸王及其后继者是如何为廷臣们提供用来建造其坟墓祈祷室的上好石材，以及用来打造石棺的沙漠硬石的。有时，他们甚至会给宫廷中的作坊提供进口的木材和其他原材料，以为廷臣们制造葬礼所需的各种物品。

由此看来，尼罗河下游的土地是由法老支配的，而法老又通过宫廷中的各个部门来推动养牛和耕种的进一步发展。一些来自阿布西尔诸王时代的铭文记录了法老个人对开凿运河计划和水利工程的兴趣，而一些地方官员坟墓祈祷室中的文本则描述了建立新聚落、管理大片土地的过程。国王手下各个部门的作用在许多所谓的"新聚落"使用君王姓名的过程中得到了进一步强调，事实上，不少地方早已存在使用其他名字的聚落，他们改名是为了对法老不断革新和促进农业生产的努力表示支持。 154

传统的历史学家们假设古代的国家和现代的类似，因此他们将孟斐斯的廷臣搬迁到地方省份的行为视为中心化的王权逐渐解体、国家分崩离析的开端，以及古王国终将灭亡的前兆。但是，留存至今的建筑显示出了这种变化的另一个方面。朝廷将大量的资源用到了建造巨型金字塔之外的事上，将注意力转到了巩固和维持之前建立并拓展的补给系统上。这反过来促进了阿布西尔宫廷文化在实体层面的扩张，使得它的建筑物和仪式遍及整个尼罗河下游地区。

拜访坟墓

对大部分西方人而言，盛大的埃及之旅开始于 19 世纪 70 年代，当时"托马斯·库克与其子"（Thomas Cook & Sons）公司①从伊斯梅尔帕夏（Khedive Ismail）②那里获得了在尼罗河上使用汽船和达哈比亚（dahabiyya）——豪华的三角帆客船——并于开罗到阿斯旺及努比亚北部之间进行航运的特权。库克公司的游客们身处宁静而宽广的大河之上时，可以近距离看到上埃及农村地区的核心区域。随着船轻柔地在水面漂荡，这些享受着特权的游客还能够看到古老的石砌坟墓祈祷室的门，看到河边田地边缘上那些被阳光镀上金色的悬崖高处，有一排排长方形的阴影矗立在亮白色的石灰岩碎石堆上。

对库克公司的旅客们而言，悬崖上的坟墓意味着乘坐驴拉的车子，沿着泥泞的田野开始一场颠簸而又刺激的旅途。他们走进石灰岩悬崖下方炎热的小沙漠，登上松垮的碎石堆间的道路，进入凉爽而幽暗的坟墓祈祷室中，观看那些污渍满满、破损严重的墙壁上画满了的农业活动场景，那样的场景与他们在游轮上漫步时观察到的现实生活场景十分相似。对考古学家来说，这些坟墓祈祷室意味着此地存在过稳固的古代聚落。聚落中必须有足够的铜匠，才有可能建造这些宫廷建筑，制造足够的随葬品。这些随葬品可能还深埋在坟墓

---

① 托马斯·库克与其子公司是家英国旅游公司，1841 年由托马斯·库克建立。

② 伊斯梅尔帕夏（1830～1895），于 1863～1879 年担任奥斯曼帝国治下埃及和苏丹的赫迪夫（总督）。

祈祷室下面，在石头砌成的立柱底部，未曾被人打扰过。

已知的从古王国留存至今的有装饰的坟墓祈祷室超过了一千处，其中大约有六百处依旧屹立着。这六百处中又约有三分之一是地方官员的坟墓，并且是在尼罗河畔悬崖上的石灰岩中挖掘出来的。虽然宫廷中的工匠们会用那些优雅的宫廷生活场景装点阿布西尔的神庙，一些同时代的廷臣却已经开始将目光转向乡村风景，那是他们在孟斐斯过着宫廷生活的祖先们早已抛弃的东西。

在胡夫和哈夫拉的时代中，除了孟斐斯大墓地的中心地带，其他地方几乎没有墓葬建筑，绝大多数坟墓位于上埃及阿拜多斯古老的王家埋葬地附近。但到了阿布西尔诸王的时代，孟斐斯以南的尼罗河谷地中目前已知至少建起了十座石窟墓（rock-cut tomb），在接下来的一百五十年中，又建造了一百多座这样的建筑。这些石窟墓大多聚集于孟斐斯和阿斯旺之间的二十多处地点，如今这些地方均以附近村庄或小镇的阿拉伯名字命名，如：迪沙沙（Dishasha）、哈加沙（Hagarsa）、那伽德尔（Naga el-Deir）、卡凯比尔（Qaw el-Kebir）、希德曼特（Sidmant）、梅尔（Meir）、艾德福（Edfu）、基尔加（Girga），等等。在当时，这看起来一定就像是朝廷在进行对尼罗河下游地区的殖民一样。因为在那个时代，尼罗河河谷及三角洲地区仍有大块未经开发的土地。

这些地方性建筑与之前孟斐斯的那些同类建筑有所不同。在三角洲地区，考古学证据相对贫乏，这里仍然有按传统方式建造的马斯塔巴，从河谷中的采石场采掘出来的大块石灰岩也常常被运往此地，以辅助其建造。但是，大部分位

156

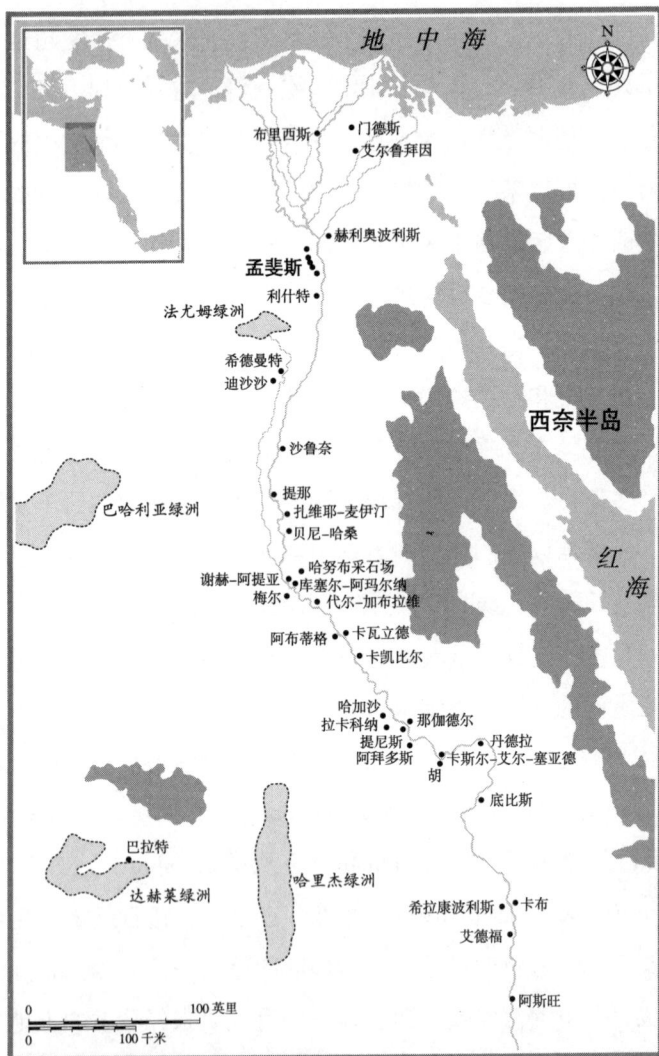

古王国时期坟墓祈祷室的位置图，现存古王国时期的坟墓祈祷室中有九成是在古王国时期的最后一个世纪中建造的。这张地图标出了那些可能与孟斐斯中心文化联系紧密的聚落，展示了朝廷对尼罗河下游地区的拓殖过程

于尼罗河谷地的地方性坟墓却没有延续这种古老传统，而是从河谷边缘的悬崖上挖掘出来的，这种建造方式最早出现在吉萨大墓地中。在那里，年代较早的石质马斯塔巴之间的距离太近，因此没有地方建造供奉设施，或者埋葬后来的那些宫廷成员的家族成员。

为了解决吉萨大墓地中愈发严重的空间不足问题，当时的人们很快便提出一种影响深远的解决办法，那就是在一座属于胡夫王后们的大型石质马斯塔巴的地基下面进行挖掘，建造出一座通往两个石砌墓室的门廊：其中一个墓室是供奉用的祈祷室，另一个则是丧葬用的竖井。在接下来的数十年中，这一简单的方法得到了拓展，其他形似该马斯塔巴供奉祈祷室的门廊也被建在了附近采石场的墙壁上，形式相同的另外两个墓室则在外部的岩石上挖掘而出。这是古埃及已知最早的在石头上挖掘出来的坟墓（石窟墓），后来的地方官员仿照了这种设计，因此他们坟墓门廊的轮廓——挖掘坟墓的过程中产生的白色碎石堆上方的长方形阴影——切割了这个狭窄空间内的景色。一开始，这些地方性坟墓由与吉萨的坟墓相同的两个墓室结构组成：第一个是拥有与早期马斯塔巴坟墓相似装饰的供奉用的祈祷室，第二个墓室中则有一个深深的竖井，最下面放着石棺。然而较为有新意的是，工匠们在这些基本的单位上迅速做出了一系列改变，因而后来的地方性石砌坟墓采用了各种不同的形式。

沿着河谷

古王国时期大部分地方性石砌坟墓祈祷室坐落在远离聚

落的高高的悬崖上，对于后来生活在尼罗河谷地中的农民来说，它们几乎没有任何实际用途，因此一直到最近，这些坟墓祈祷室中的大部分都处于被打开后便弃置了的状态中。这些坟墓祈祷室的墙壁被黄蜂的巢和蝙蝠的粪便弄得脏乱不堪，其上的画面也难以辨识，许多祈祷室的天花板也因为古代发生的地震而坍塌，将房间中的装饰掩埋了起来，最黑暗的房间中则有从地板直通下方的危险的竖井墓室。然而更让人失望的是，留存下来的坟墓祈祷室装饰常常被古董商人的凿子挖得伤痕累累，因为他们会将值得博物馆收藏的大块装饰切割下来。他们会先在墙壁上深深地切割出一个长方形框架，框出他们需要的部分，然后用磨损的钢丝绳——它们能以惊人的效率切割较软的白色石灰岩——把这块浮雕割下来。现在许多坟墓祈祷室都已经被修复回了原本美丽的样子，成为旅游线路上声名远播的必去景点。但是，一些更加荒凉、远离人烟的坟墓祈祷室至今仍没有被仔细检查过，而且毫无疑问，河谷两岸悬崖上的碎石堆下肯定还埋藏着更多坟墓，甚至可能有整片的大墓地。

这些地方性的坟墓祈祷室代表了法老时代宫廷文化中的全新方向，且很快便发展出了属于自己的生动特色。有明确证据表明在最开始的时候，孟斐斯工匠会在尼罗河谷地上下迁移进行工作，因为地方性坟墓祈祷室中有的画面来源于国王们的神庙中的浮雕。不过，其他一些画面则复刻自孟斐斯的坟墓祈祷室中的浮雕，而这些浮雕是由两类不同的工匠一起雕刻而成的。

在阿布西尔诸王的时代，大部分廷臣把石砌的墓葬建筑修建成古老的马斯塔巴形式，选择将其建在传统的吉萨高原上三座大型金字塔旁，或建在塞加拉沙漠中的墓地里，位于古老的左塞尔王金字塔附近。在当时，这些地方似乎也是负责管理这些古老的大墓地的官员居住的地方。

19 世纪 90 年代，在保护着塞加拉的许多坟墓祈祷室的流沙被清理掉之后，这些坟墓祈祷室遭到了沙漠中狂风的风化侵蚀。还有一些则消失了，被追随着早期考古学家脚步的古董商人一块块地搬走了，搬下来的带着精美浮雕的整块墙壁，甚至是整个坟墓祈祷室被送进了欧洲和美国的博物馆。但是，留存下来的那些——比如有着栩栩如生的装饰的，被称作"两兄弟之墓"的坟墓，以及普塔霍特普、提伊和梅雷卢卡的马斯塔巴等著名建筑——表明古王国晚期在塞加拉工作的工匠们有着高度创新的风格流派，他们对早期的坟墓祈祷室装饰进行了极大的丰富和拓展，有时甚至运用了绘画而不仅仅是雕刻的手法，使得他们创作的画面变得更加生动自由。

然而在吉萨，另一个流派的工匠采用的风格则与高原上的巨大建筑更为一致，他们保留了一种与塞加拉那些生动的画面相比更为正式、更为保守的坟墓祈祷室装饰风格。

这两个来自孟斐斯的流派都可以在尼罗河下游河谷沿岸的地方性坟墓中发现。例如，提那的坟墓祈祷室中的装饰就与吉萨大墓地中年代较早的坟墓装饰有直接关系，同时来自一些塞加拉坟墓的画面被直接复刻到了中埃及许多石砌坟墓祈祷室的墙壁上。有人猜想工匠们是先使用亚麻布或莎草纸作为媒介将孟斐斯的原件复制下来，然后将复刻件运到地方

159

的坟墓祈祷室中，接着根据它们来重新绘制和雕刻的。同时，孟斐斯工坊中雕像生意也十分兴隆，从上埃及各个地方发掘出了高级宫廷风格作品以及许多地方性仿制品。

这些地方性石砌坟墓中浮雕的高质量以及风格或表现手法上的特质表明，它们出自从塞加拉大墓地而来的工匠之手。然而，一些时代较晚的坟墓则是由完全不同的工匠打造出来的：来自地方的工匠在多个坟墓中忙碌地工作，将一些传统的孟斐斯画面转换为更新鲜、更生动的画面。这当中有些坟墓祈祷室表现出了对样式化图案的不同寻常的兴趣，并且提供了对地方生活的第一手观察资料。这种观察随着时间的变迁，在一代又一代的法老之后将早期古板保守的装饰转变为充满活力乃至具有民间风味的装饰，在保留最具代表性的画面的同时，着重刻画展现当地风情的细节，而且添加了讽刺漫画式的表现手法：有看着农民收割粮食的鹌鹑，模仿舞者动作的猴子，还有坐在主人椅子下面、正吞吃着大肥鹅的狗。

160　　对所有这些坟墓祈祷室中的画面及其相关文本的一种传统解读是，刻画它们仅仅是为了保护墓主人的灵魂，因为这些画面具有魔力，这些刻在石头上的食物可以成为墓主人永久性的饮食来源。但是，对于孟斐斯和地方性坟墓祈祷室中的装饰来说，它们最终所描绘的是墓主人在国家结构当中所扮演的角色。

在吉萨、塞加拉和其他地方省份中，墓主人的形象通常会被放在入口门廊的任一边上，旁边写着这位廷臣的称号和头衔。墓主人的形象还会在整个建筑中不断出现，有时是坐着的，不过更多的时候是站着的。就像神庙中国王们的形象一样，墓主人也会被刻画在供奉桌旁，在木质大门的复制品——所谓的"假门"——上也有墓主的浮雕全身像，去世的贵族由此可以每天穿过假门，重回阳世。墓室中装饰着的每一根线条、每一个形象都试图将观看者的目光引导向假门。供品则被放在了下方的低矮圣坛上。

墓主人的形象永远是坟墓中图画的最主要的主题，墓主人通常会被刻画为观看着这些活动的监督者。这些一笔一笔刻画出来的人物——墓主人、他的妻子和孩子、他的管家和仆从们——都按照等级确定大小，其中最大的那个就是坟墓建筑的所有者。他的亲属和家庭成员会被刻画成小一号的，庄园中的工作人员则更小，并且会被刻画在工坊中、河岸边或是田地和谷仓中。尽管这些画面比之前的同类画面构成更为复杂，细节更为丰富，但其主题却从未改变过，甚至画面中人物的姿态也完全没有变化，依旧是沼泽和沙漠中的狩猎场景，制造和准备宫廷生活所需物品和食物的仆人，以及从事各种类型的工作以维系这种生活的工作者：有建造船只的，有种地的，有饲养牲畜的，还有制作陶罐、雕像、瓶子和珠宝首饰的。通过这些画面，我们可以看到严格的等级制度。在这些属于个人的坟墓祈祷室中，从未出现过神明或国王的形象，当然也没有出现过任何有关王家仪式的画面。在贵族的坟墓祈祷室中，廷臣是以国王的姿态出现的，统治着属于他们的领地范围内的一切。

来自生活的场景

地方性坟墓祈祷室中一个常见且十分适合其所属时空的

161

画面是各种不同颜色的公牛和母牛，有纯色的，也有带斑点的，有黑色的，也有白色的，有成群的牛，有正在互斗的牛，有产下小牛的母牛，有拉着犁的牛，也有正在被屠夫用专业的手法屠宰的牛。因此看起来，就像三角洲地区那些建立已久的为阿布西尔的神庙繁殖和养育牛群的农场一样，尼罗河河谷中部分地方官员的庄园也会为阿布西尔和塞加拉的宫廷提供这些富含蛋白质的货物。许多这种图画旁的配文表明墓主人为饲育出了这些美丽的牲畜而感到骄傲。

这么大数量的牲畜通常不是自给自足的农民能拥有的财产。然而，作为卓越的供品和受宫廷成员喜爱的食物，它们从国家初兴时起便在农业中扮演了重要角色。早期国王们的年鉴确实列出了每位国王治下牛的数量，而且还经常以牛的数量而不是君主的统治年限来标记其统治时期的长度。

因此，这些刻画在地方性坟墓祈祷室的墙壁上的牛证明了墓主人在宫廷文化中持续不断发挥的作用。部分饲育牛群的贵族在远离孟斐斯的省份建立了家庭，这强调了在阿布西尔诸王的时代中，就算是离得最远的臣子也会为宫廷提供补给的事实。

宽广的大河是交通主干道，也是数个世纪以来大量的补给品、人力和建筑用石材得以轻松在王国内部运输的渠道，它将尼罗河下游地区大大小小所有的聚落与孟斐斯和国家管理体系联结在一起。在这条最美丽的航路上旅行迅捷而又便162 利：森内杰米布-英提（Senedjemib Inti）[1] 的石棺，根据他

---

[1] 森内杰米布-英提，第五王朝杰德卡拉国王的维齐尔。

儿子留在他坟墓祈祷室中的文本，是用船从王国最南端的采石场运输到孟斐斯的，路上只花了不到一星期的时间。此外，其他在全国各地拥有庄园的廷臣会把自己的孩子送到孟斐斯，到王宫中去接受教育。简单来说，河运范围覆盖全国，水流速度稳定，风向与水流方向相逆，这些决定性因素从一开始就使得王国的富饶和繁荣成为可能。

因此，这个王国根本就不需要市镇，根本没有它们存在的位置，王国中没有任何比法老金字塔附近的聚落更大的聚居点。如唐纳德·雷德福（Donald Redford）所说，"存在于亚洲西部和地中海地区的，供那些通过多个社会阶层与其赖以生存的农业基础区分开来的精英们生活的大都市，在尼罗河两岸根本找不到能与之对应的东西"。

但是，许多早期的埃及学家假定那些著名的地点，如阿斯旺、艾德福、希拉康波利斯（Hierakonpolis）、孟斐斯、布托（Buto）和布巴斯蒂斯（Bubastis）等曾是古代的城市所在地。他们认为"白墙之城"孟斐斯——希腊罗马的旅行者眼中和19世纪人想象中的孟斐斯——是通过市场和货币经济来维持的，却不知古王国的生活和这些古典或现代概念中的城市生活相去甚远。绝大多数古代王国最基础的性质是农业文明。孟斐斯和地方省份之间的区别并没有一般人一开始想象的那么大。就算是王宫也会被建在运河和田地边上。无疑，众多廷臣的坟墓祈祷室中描绘的宫廷的生活方式总是被展现为乡村生活，从未出现在类似城市的范围之内。

就像现代之前地球上的大多数居民一样，法老时代的人们也生活在乡村中。三角洲地区广阔的淤泥平原一直延伸到地平线，聚落和农场则位于不断变换位置的支流之间。在从孟斐斯到阿斯旺之间狭窄的河谷中，农场和聚落——据估计，在古王国时期它们的数量不超过两千个——则位于宽广的尼罗河两岸的淤泥带上。

163　　对于这些尼罗河河谷中的农业聚落的实际情况，我们几乎一无所知。除了发掘出一些不寻常的社区——如吉萨高原上精心设计的、为金字塔建筑工提供住所的建筑群，阿斯旺由政府资助的岛上聚落，一些沙漠里的宅邸，还有一些古老的土墩上的房子——之外，我们什么都不了解。

　　同样令人失望的是，尽管考古学家发现了尼罗河三角洲地区的古王国时期农业聚落，但它们中大部分的规划和典型的国家规划是一致的：是与吉萨金字塔旁的聚落相似的大型正交网格规划建筑群。这些聚落不像是本土的农场或村庄，更像是有目的地建造的国家殖民点，可能是神庙和坟墓中那些供品记录中提到名字的庄园的遗址，因此它们并不能被视为对农民生活的典型反映。

　　在史前时代，尼罗河下游地区的人们生活在至多由几百人的居所组成、建在河边淤泥平原上的聚落中，聚落边上则是他们用来耕种的农田。在尼罗河谷地中，人口最密集的地区便是淤泥平原上最狭窄、最容易灌溉的地区，也就是南方阿斯旺到阿拜多斯之间的地区和沿河而上到达孟斐斯之前一百英里的地区，在这片区域内，淤泥平原不断变宽，最终变为尼罗河三角洲。随着天气转凉，一年一度的泛滥季将近，农民们会带着粮食和牲畜撤退到高地上去。在尼罗河三角洲地区，这些高地上的避难所被称作龟甲或防洪堤，是沙尘暴和流速缓慢的水流打造而成的。而在河谷地区，这些高地通常位于淤泥平原和岸边悬崖之外的小型沙漠的边缘。

对存在了数千年的尼罗河谷地农业聚落进行现代分析后我们发现，这些早期的农民搬迁得离河岸的沼泽越来越近，这一趋势可能直到孟斐斯诸王的时代仍然存在，因为当时尼罗河下游仍有大片未耕种的土地。对考古学家而言，一个特殊的不利之处是尼罗河的河道在几千年的时间里于黑色的淤泥平原上来回改动，导致该地区内所有非石头构成的有关古代生活的考古学证据都会被销毁。无论如何，尼罗河谷地中目前为止没有发现任何古王国时期的农场或小村庄。

164

但是，这失落的农村生活却在廷臣坟墓祈祷室内的画面中得到了反映，在农具中也有所暗示。一些坟墓中出土了农具，其木质把手因常年使用而被磨得发亮。这两种材料都显示农民使用的耕种技术直到最近才真正有所改变。尽管在之后的一千年里，尼罗河谷地中所有的淤泥平原都被开垦了，早期农民创造的优美环境却直到现代之前都未曾改变过。实际上，拿破仑手下的制图师们在入侵埃及期间将它们画了下来。

毫不意外，古王国时期留存下来的工具和炊具表明人和日用品都在进行大规模且持续性的流动，这一过程因那些建造金字塔的国王们而加快了，同时它也巩固了全国范围内的标准化进程。当陶工所用的脚蹬陶轮——这个设备加快了生产速度，也节约了所需的陶土原材料——于阿布西尔诸王的时代中被发明出来之后，全国上下很快便都采用了这一工具。从用来衡量收获的度量衡，到木雕和纺织、酿酒和烘焙、裁衣和制陶所用工具的风格及形状，我们都可以看到其中体现着一种全国上下统一的文化，这与其他大部分古代社会都截然不同。实际上，这种古老生活方式中的许多形式和技术一直延续到了最近，在此期间从未更改过。例如，一些古墓中出土的条形面包无论是大小还是制作方法都和今日上埃及地区村庄中制作的部分面包颇为相似。

小麦作为全国范围内面包和啤酒所用的唯一原料，也在很大程度上被标准化了。但与今天不同的是，在古代书吏们眼中，尼罗河谷地和三角洲地区生产的粮食的味道截然不同。不过，在尼罗河河谷和三角洲地区的家族之中，啤酒和面包都是一起制作的，因为酿造和烘焙都需要用到陶罐和模具，因此磨石、炉子和烤箱附近常常有陶艺工坊和烧陶器的
165　窑。这些日常生活所需的活动被添加了标题和标签，一幅接一幅地和其他有关廷臣家庭日常生活的图画一起展示在许多廷臣的坟墓祈祷室中。

许多这样的场景旁还有一些简短的感叹性文字，这些文字就和它们旁边的画面一样生动。牵着牛送去屠宰的人可能会对同伴说："用力点拉，朋友！"这样的句子后面通常会有预兆性的："去吧，去做吧，快点！"收割小麦准备运往打谷场的人则会对同伴说"看，驴子来了！""把袋子系好！""把筐放稳！"之类的话。小船上正在把牛运到鳄鱼盘踞的河流对岸的牧人可能会让他的伙伴"划船，伙计！慢点！"尼罗河上的水手则可能会大喊"小心绳子！"或者"向右舷转，这样才能平安通过！"

尼罗河两岸的淤泥形成了草木茂盛的沼泽地，其中满是

摇曳起伏的莎草、芦苇和纸莎草。这些湿润的草地宁静、封闭而又美丽至极，许多小型哺乳动物、青蛙、水蛇在此栖息，有时还有鳄鱼和河马，在特定的季节还会有大群的候鸟，如鹈鹕和针尾鸭等，它们渴求着河边的绿地，饥饿驱使它们寻找其中潜藏的食物。渔夫缓缓地将小船滑进芦苇丛生、大小不断变化、根据季节水位变化而时高时低的小岛之间，在此撒网。同样，在这些狭窄而封闭的水道中，猎人和廷臣会捕捉鱼和水鸟。他们捉水鸟时会使用巧妙排列的诱饵和木棍，设下陷阱与捕鸟网。在廷臣的坟墓祈祷室中，这一切都被欢快地展现了出来。

沼泽之外的两片冲积平原上的耕地平坦而又极其肥沃，它们被按照农场通常的模式分割成了一些较小的条状土地。田地间交错着狭窄、尘土飞扬、略微高出地面的小径，其上长满了杂草。这些小块田地是通过沿着这些小径挖掘出来的小型水渠来灌溉的，水渠中流淌的河水的水位经过仔细测量，当一年一度的洪水退去时，河水会被保存在宽而浅的人工池塘中，那便是灌溉水渠的水源。农民们在保持田地水位上颇为精通，而且当地几乎从不下雨。除非进行持续的人工灌溉，或是让植物的根系向下生长，触及地下水位，否则任何粮食作物都无法在尼罗河下游地区生长。深蓝色天空下生长得硕大而甘美的谷物变成丰厚的供品，被刻画在神庙和坟墓里那些美丽的画面当中。

在灌溉水渠边的小径两旁，还生长着小片小片的树林。除了高高的、弯曲的椰枣树之外，大多是低矮而杂乱的柽柳和金合欢，后者是一种根系较浅、树干多瘤、树枝弯曲的本

166

土硬木树，其出产的棕色硬木适用于造船和建造泥砖建筑。这些树木长成了一片片小树林，也能成为农民们拾柴的好去处。由于几乎没有降水，淤泥和沙子会在树叶上越积越厚，让它们染上一层干燥的青绿色，将原本生机勃勃的树叶变成一片模糊的绿色，其中盛开的小小花朵则像是树林的阴影之中闪耀的星星。

除了最为干燥的沙漠外，柽柳和金合欢可以在任何地方生长，同时它们也能轻易地在尼罗河一年一度的泛滥中存活下来。由于它们小小的叶子上常常覆盖着一层盐，它们和其他一些坚韧的矮灌木一样能成为山羊和绵羊喜欢的可口食物，且羊懂得如何躲开树木上潜藏着的大量尖刺。生长在这狭窄河谷中的一切植物都被善加利用，并且得到人们的赞赏。宫廷珠宝匠人用沙漠中闪耀的红色或黄色石头模仿这些植物上娇小而明亮的花朵，将农民们在有围墙的果园和菜园中种植的花朵和果实，如葡萄、石榴、角豆荚、无花果、茉莉的颜色与形状复刻下来。

留存下来的不多的图画表明，传统的农舍通常是泥砖建成的两层楼建筑，周围有高高的泥砖围墙，由庭院中的树木遮蔽。在围墙之内除了住所——通常由一系列散乱分布的房间组成，会按照该家庭的具体需要建造和扩建——之外，还可能有牛棚和猪圈、家禽窝、打谷场、谷仓、藤架和花园，所有这些构成了甘甜的河水所赠予的乡村乐土，和金字塔及附属神庙旁令人目眩的浩瀚沙漠形成鲜明对比。

167　　此外，小麦则是在狭窄而开放的田地上种植的，农民们通过在平坦的淤泥地上建造古朴而低矮的堤坝困住一年一度

泛滥后退落的河水。矮堤和从矮堤上引出来的水渠都是基础
灌溉系统的一部分，需要集体劳动和具有一定程度变通性的
土地所有权概念才能建成。实际上，这样的系统在商博良时
代的尼罗河谷地中仍在运行。在当时的地主和乡绅的控制之
下，整个村庄的人都要参与维护堤坝、灌溉水渠以及挖掘和
清理运河的工作。

**拿破仑入侵埃及期间准备的一份埃及地图集的细节部分，其上展示
了尼罗河泛滥平原上恒久存在的村庄与田地。图上这片地区在今中
埃及艾斯尤特（Asyut）以南几英里处**

　　因此，这个古老国度和其他任何古国都不尽相同。这个
王国中有植被茂盛的河岸风景，农业和人类居所、廷臣与农
民都直接在这个环境中存在发展，紧密地联系在一起。尽管
大部分人口并未在地球上留下他们曾经存在的痕迹，上埃及
戈伯伦（Gebelein）一处聚落出土的稀少却重要的莎草纸卷
却为我们提供了一份残缺的名单，其上记载了阿布西尔诸王
的时代中该地部分人的名字和工作：有烘焙师傅、酿酒师 168

傅、制陶工、金匠和牧人，还有一些被称作"王的人民"的农场工作者。一份坟墓铭文显示，"王的人民"这个头衔属于在国王赐予廷臣的土地上工作的人。和造船工、水手、书吏和统计收获与课税的文书官一样，从事这些职业的人也占古埃及人口中很大的一部分。同一份莎草纸卷表明，男性和女性都会被官员征召，为国家工作。

贵族坟墓祈祷室中的场景在接下来的一千年中被后人在坟墓祈祷室里极其忠于原貌地不断复制着。就像现代的结婚照一样，这些坟墓祈祷室设计者的目的是展示社会的和谐与持续性——一些后世的文献会将这种社会契约作为社会存在的支柱而加以颂扬。同样，这些后世的坟墓祈祷室中的文献会骄傲地宣称墓主人在困难时期为当地人民提供了福利。这表明当时的人们已经意识到鼓励仁政和社会繁荣所带来的好处，这一点在古王国时期廷臣们的坟墓祈祷室中也一次又一次地体现出来。

15　崇拜与王国

关于宫廷崇拜

就在许多廷臣于孟斐斯之外的地方建立家庭时，王家崇
拜所用的神庙也在地方修建了起来。

这本身并不是一种新现象。根据巴勒莫石碑的记载，斯
尼夫鲁时代就有六尊国王的雕像是为各个不同地方的神庙打
造的，在同时期沿着尼罗河下游谷地修建起来的一排小金字
塔中也有为王家供奉而建造的场所，至少有一座地方性建筑
中有王家雕塑和配套的供奉桌，还有一座与负责国家补给的
书吏们所用的办公室相邻。

这些微小的安排表明在巨型金字塔的时代里，这些地方
性崇拜场所也同样是为金字塔建造和孟斐斯的朝廷征集的补
给和原材料的集中地，就像同时代留存下来的稀少的浮雕表
明的那样，大量的地方性庄园与孟斐斯的神庙一样保有王家
崇拜设施。

但是，在阿布西尔和塞加拉诸王时代建造的地方性圣坛
和神庙则遵从着不同的秩序。这些圣坛和神庙既是为王家崇

拜而设的，也是为一些地方性神明而设的。它们由王家政令精心维护在其所在地，这样全国上下的圣坛和神庙中便都可以持续进行王家崇拜：

170　　　　一份王家政令……

[有关] 科普托斯（Coptos）[今上埃及吉夫特（Qift）镇] 的敏神①（Min）祭司的监督者和检查者…… [以及] 所有敏神地产上的附属人员和财产，敏神的所有公职人员、随从和日常服务者，受雇于此敏神神庙中的工人和建筑工。

陛下不让他们从事王家的工作，也不让他们放牧牛、驴子或其他动物，不让他们管理守卫，不让他们[负责] 任何 [其他] 王家庄园上的责任或课税，直到永远。

他们 [在这些工作上] 的豁免权今日根据奈弗尔卡拉 [佩皮二世] 的命令更新……任何首领或重要人物…… [要是] 让他们工作的话，视同谋逆！

河谷与三角洲之王奈弗尔卡拉万岁，陛下下令将此诏令成文归档，刻于科普特地区科普托斯的敏神神庙大门的硬石上，这样此地的公职人员就能看到 [它]，不会把祭司们带走，让他们去做工……

……在陛下亲自见证下盖章。

---

① 敏神，古埃及代表富饶和生殖力的神明。

这些新的地方性建筑的地基中有许多建在上古时代、前法老时代的圣坛所在的位置上。例如在科普托斯，有不少王家政令被以刻在石头上的铭文的形式保存了下来，这里就有一座非常古老的敏神圣坛。同样，在远至第一瀑布的岛屿或北方三角洲地区的各种发掘结果也表明，其他上古时代的圣坛——那些曾经只放置了一些陶质供奉桌、燧石刀具、小型的人像和动物画像的圣所——经历了重建和扩建，能够放下来自孟斐斯宫廷文化的一些巨大而闪耀的物品：精致的仪式用具，上面刻着王室成员的名字；法杖、权杖和精美的半透明雪花石膏花瓶，硬石所造的王家雕像，有时还有一些记录了具体的王家节日庆典过程的物品。

这些新发现的圣坛平均长十五码到十八码，周围有泥砖建成的厚厚的长方形围墙，其内部与阿布西尔和塞加拉的金字塔神庙的中心部分颇为相似，被分成了一系列狭窄的长方形房间。与较早的那些小且不规范的圣坛相比，这些建筑及其令人印象深刻的内部结构彰显了中央政府的作用和国家控制的规范性。

无论如何，这些新圣坛的数量都肯定比如今留存下来的遗址数量要多。证据十分稀少，这部分是由于许多这样的建筑在建成之后的千年中被过度改建和重建，导致其所在位置上如今矗立着埃及最著名的一些神庙。有时候，这些神庙中的铭文会告诉你该神庙始建于神秘的前法老时代，曾经有多么平凡朴素。

171

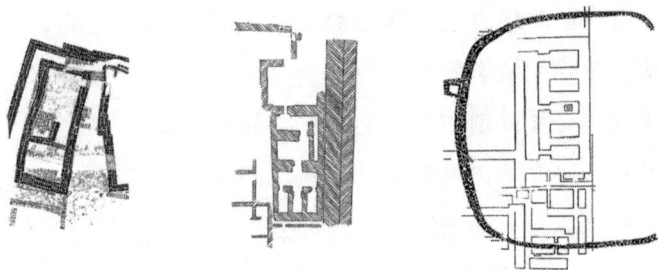

三座古王国时代晚期的地方性神庙的平面图，分别由其不同的发掘者绘制。从左到右的神庙分别位于尼罗河三角洲东部的泰勒-易卜拉欣-阿瓦德（Tell Ibrahim Awad）、上埃及的阿拜多斯和上埃及的希拉康波利斯，后两座神庙拥有三座大小相同、并排而立的圣坛。三座圣坛都是泥砖建成的，建在史前时代的圣坛之上——希拉康波利斯的圣坛上画的那个"C"代表的就是这座神庙建造时所依靠的一道古老的护坡。尽管三角洲地区的圣坛比另外两个要小一些，但这三座神庙周围的地区都出土了大量制作精美的手工艺品，其中希拉康波利斯的神庙的中心圣坛处出土了一只光辉灿烂的金鹰（头部）

172　　　然而，希拉康波利斯作为尼罗河下游谷地最早的定居中心之一，并不被时代较晚的国王们钟爱，大量杂乱的古代文物堆积在成群建起的圣坛中，其中也有如著名的纳尔迈（Narmer）调色板这样精美的文物。在古王国时期后来的诸位君王建造并装饰史前时代围栏中的一座地方性圣坛时，这些文物被小心地重新埋入其中，于是这些独一无二的上古时代珍宝就这样被保存下来了，直到19世纪90年代末才重新被人发现。考古学家还在遗迹中发现了一座精美的四方形祭坛，属于古王国时代晚期。在这座圣坛的中间，他们发现了一尊真实大小的金鹰的头部，它曾被放在一座木质的崇拜用偶像上。它当时仍位于它原本在的狭窄的泥砖圣坛之中，红玉髓制成的、闪着光的深邃双眼使这只金鹰栩栩如生。在这个圣坛附近，发掘者又发现了两尊精致的用捶打而成的铜片做成的等身雕像，其中一座根据其铭文是国王佩皮一世的雕像，另一座没有留下名字，但根据其形象应当是一个王室出身的孩子。这些王室成员的雕像肯定是日常仪式中供奉的对象，就和孟斐斯神庙中的雕像，或在世国王宫殿中他自己的雕像一样。这两座雕像是全世界已知最早的等身大小金属雕像，如今已被认为是法老时代艺术中的杰作。它们保留了那个时代法老的鲜活形象。

就像早期的发掘者们看到的那样，这些光辉灿烂的文物在泥砖建筑废墟的尘埃之下熠熠生辉。在接下来的几十年中，一些偏远的地方进行的非法发掘活动又出土了更多这样的珍宝，这些文物被卖到国际古董市场上。于是，很多重要文物最初的发现地点就这样遗失了，我们根本无法得知这些文物原本所在的环境，因此也就无法获知它们在日常的王家供奉仪式中所发挥的作用。这实在是令人遗憾，因为孟斐斯的神庙中几乎没有出土过这样非凡的王家崇拜所用的物品。它们如今虽然成了博物馆中闪耀的珍品，但其清晰的铭文和精湛的工艺依旧证明了古王国时代晚期，在尼罗河下游地区这个古老的王国中，王室在每一个地方省份里的存在感都十分强大。

诸神的历史

就像我们可以认为王家崇拜沿着尼罗河下游扩散到全国　173
的过程，从一开始就是在巩固和维系孟斐斯宫廷的课税和供养体系一样，在门卡乌拉的三联雕像中国王与神明并肩而立的景象，也体现了国王与诸神在王家崇拜中所扮演的角色长久以来就是互相交融在一起的。实际上，从一开始，我们熟悉的古埃及神明就是作为法老家庭的成员而出现的。和王室家庭中的其他成员一样，他们也被包含在了课税、供奉和维系的系统当中。

如今，这些神明的起源已不为我们所知。当然，许多神明名字的圣书文字写法和他们的标志性符号或形象都是史前时代便已经诞生了的，但这一事实本身不足以证明同样的神明在那遥远的时代便已经存在了。就像在其他许多信仰中一样，这些古老的符号也可以被加到新诞生的神明头上，成为该神明的特征属性。

例如，雄鹰就的确是一个非常古老的王家象征，许多图画已经证明了这一点。实际上，第一位法老的名字就被放到了其上有一只金鹰的王宫的图案当中。后来在巨型金字塔时期产生的这种名字的一个变体，即所谓的"金名"，也同样是放在这样的符号下面的。此外，荷鲁斯神——他正式的名字在圣书文字中的符号同样是一只鹰——目前已知最早作为神明被记载是在斯尼夫鲁的前代法老胡尼在位期间，一位宫廷雕刻家最早刻画了人的身体上生有鹰头的形象；在接下来的一个世纪中，宫廷雕刻家们巧妙地将这种表现手段颠倒了过来，把人的头放到了动物的身体之上，创造了斯芬克斯的形象。

荷鲁斯第一次以人形出现时，旁边的铭文里称其为"王宫的荷鲁斯"，强调了他与法老和法老居所之间的紧密联系。这位新诞生的神明与胡尼并肩而立，他们的双眼——

人的眼睛和鹰的眼睛——闪耀着同样神秘超凡的光芒，同时荷鲁斯的手臂温柔地环抱着国王的躯干，就像那尊著名的雕像中雄鹰的翅膀从后面环抱着哈夫拉的头一样。

不管这些神明最早诞生于何时，他们都无一例外地得到了关注，在孟斐斯的工坊中被赋予了人类的形态。就和法老文化的其他部分——如供奉桌、贵族的坟墓祈祷室、金字塔、法老的象征物和王座，以及执行王家仪式的部门所在的建筑等——一样，这些拥有人形的神明也是字面意义上的孟斐斯雕塑工坊的产物。当然，没有证据表明当时存在抽象意义上的神学，即主持牧师胡克（Hooker）① 所谓的"有关神圣事物的研究"，神明自然也不是在神学的促进作用之下诞生的。标志着他们诞生的没有其他，只有那些优雅的半人半兽的图画形象。实际上，也没有证据表明这些新诞生的神明在古王国时期便得到了尼罗河下游地区人们的崇拜。

现代人在了解这些古代神明的特性时遇到的一个特别的困难便是，人们容易假定他们和我们今天所理解的神明具有相似的文学上的个性：他们就像温克尔曼的奥林匹斯诸神一样活泼欢闹，或者是维多利亚时期的人类学家所谓的"原始"宗教中的元素。然而，我们并不能把法老时代的诸神当成神话里这样或那样的角色形象，也不能当成生或死、生长的小麦、太阳或月亮的标志。尽管在后来的法老时代的历史中，这些神明里有许多体现出了活着的人们所遇到的复杂

---

① 指理查德·胡克（1554～1600），英国神学家，其著作《教会组织法》成为英国圣公会的基石。

的矛盾，从而拥有了个性，但他们并不是弗洛伊德式的人类意识中某一方面的化身，也不是被创造来解释世界运行规律的拟人化的科学元素。

简而言之，这些早期的宫廷神明并不是一个商博良或现代世界中的人们所认识的统一宗教的组成部分。他们和西方的神明完全不一样。现存的所有文物都表明，在这些神明的圣坛和神庙中进行的仪式是以法老和王室成员的生活以及王家祭葬神庙中的仪式为原型的，它们也同样是由日复一日进行的给养和供奉来维持的。因此，晚些时代的文本中以现在时描述这些"神明"，就像已故的宫廷成员会被描述为仍活在生者的世界中一样。他们今日与太阳一同升起，他们现在与风一同前行，与棕榈树和无花果树一同摇摆，与日月星辰一样拥有行进的节奏，与王家节日和日常崇拜活动一样拥有周期。但与宫廷中属于俗世的成员不同的是，这些看不见的王室成员若是得到了供奉，就能和其他死者以及国家一样永世长存。

看得见的与看不见的

神之中包含了父、王与主。

——托马斯·霍布斯，1651

看得见的与看不见的这两个互补的世界在法老的王国中一起存在着，这一点传承自史前时代。被发掘的属于这些遥远时代的坟墓证明，早期尼罗河下游的农业社区同样认为人在生命离开身体的那一刻并不是完全死去了，生命中看不到、摸不到的那一部分在死亡时会离开身体，但并没有离开生者的世界，他们仍然是群体身份中重要且持续存在的一部分。因此，为了这些看不见的存在，活着的人们要通过精心举办葬礼给他们提供给养，并通过在墓地供奉和举办筵席来养育这些恒久存在的死者。就像现代的考古学家会通过主要出土自坟墓的材料来描述和定义这些早期文化一样，在史前时代，若早期的农民们不曾持续地在死者身上耗费大量精力，生者的聚落就会和他们的祖先失去联系，群体身份也会因此失去持续性。

除了精心举办的葬礼仪式之外，持续进行的供奉活动也是法老时代国家中的关键活动，需要消耗最好的资源，促进了纪念性建筑的建造以及对活着的宫廷成员和已故的贵族的 176 供养，它定义了过去的和现在的国家。供奉仪式、王宫中日常进行的庆典、王家葬礼与登基仪式、整个尼罗河下游地区无数阴影中的圣坛上举行的仪式，都持续不断地维护着凡尘俗世与神秘世界、看得见的与看不见的之间的重要联系。

建造金字塔和举办神庙中的仪式的活动对现代人而言是难以理解的，因为它们无法被划归到"艺术"、"宗教"或"经济"这样的术语当中。这反过来影响了我们对法老所扮演的角色和法老时代的历史叙事的理解。

若是像许多历史学家假定的那样，这些国王确实曾经像现代早期欧洲的国王那样以君权神授的方式统治，或以人们想象中《旧约》里的国王或罗马皇帝那样以残暴的方式统治，甚或是像现代的独裁者那样统治，那么四座巨型金字塔建成之后的年代，即阿布西尔和塞加拉诸王的时代就只能被描述为是危机与分裂的时代了，因为在金字塔建造规模的急剧缩减，只能象征着法老权力的衰弱和迷信导致的地方权力的兴起。

然而，现存的文物表明实际上是国家的属性改变了。曾经监督了巨型金字塔建造的宫廷系统变得更加复杂且固化，古代宫廷世界中看不见的那一部分也同样被系统化了，荷鲁斯、哈索尔、拉这样的神明曾经只是十分模糊的存在，但现在他们变得更加清晰了，而其他一些神明——如奥西里斯（Osiris）[1]——也在这时首次登场。

在阿布西尔的神庙中，有巨大的狮首女神用双乳哺育国王的画面。这些画面被以浅浮雕的形式雕刻在神庙入口大门处的巨大石柱上，这样亲昵的行为被宫廷雕刻家们表现得无比宏伟，国王的头离冷酷无情的大型猫科动物这么近，不禁让人战栗起来。就像门卡乌拉的群组雕像中的哈索尔一样，这样的画面有力地展示了身处众神之中的法老的形象。

同样，提那坟墓祈祷室中的铭文描述称地方贵族既是庄园管理者，也是祭司，服务于一座如今已然消失的名为"哈索尔之屋"（house of Hathor）的神庙——哈索尔是一位与在世法老关系紧密的充满母性的神明，她名字的含义就是"荷鲁斯之屋"（House of Horus）。这些祈祷室中的其他铭文记录称王室捐赠了大约四十英亩的土地，专门用来支持世代进行的哈索尔崇拜活动。就像在孟斐斯的神庙中一样，供奉

177

---

[1]　奥西里斯，古埃及神话中冥界的统治者，也是植物与丰饶之神。

是以王室的名义进行的，祭司们每天都会把女神的偶像装扮起来，用与王家崇拜仪式相同的方式向她献上供品。

这些坟墓祈祷室中的廷臣的头衔用现代术语可以翻译成"祭司的监管者"和"地方贵族"，这两个头衔看起来似乎区分了他们在世俗和宗教上的角色。当然在实际上，它们只是单一社会秩序的不同方面罢了。从这个意义上来讲，古埃及的神明更为实际一些，不像商博良和他许多后继者想象的那样容易解释。法老端坐于错综复杂的仪式之网的中央，也身处于涵盖了尼罗河下游地区宫廷中有关生与死的方方面面的关系之网的正中。法老正是因此获得了超自然的神圣身份，直到今天，世界上一小部分地方的政府首脑仍然被这种身份所围绕着。

第五部分

古王国：

古老的记录，古老的生活

16 从莎草纸到石头

国王的信

大部分游客在到达吉萨高原脚下之后，都会沿着柏油路
向上走，来到大金字塔那里。他们在沿着这条烈日照耀下的
当风的路走向三座大型金字塔那片壮观的景象时，常常会看
到大金字塔西北角上方的岩石山脊上有一对小型立柱门廊。
这对门廊建在胡夫手下贵族们的马斯塔巴坟墓中，当时距离
这几列笨重的石墓被建造出来已经过去了两个世纪，如今现
代人又将其复原了。这对门廊是两个坟墓祈祷室的入口，是
一个在阿布西尔诸王的时代之后繁荣兴旺的贵族家族的小型
墓地的一部分。

这对经过修复的门廊通往这一小群坟墓中最大也是建造
时间最早的坟墓祈祷室，它们属于家族的奠基者，廷臣森内
杰米布-英提，坟墓祈祷室的铭文中提到的人则是他的儿子
和继承者森内杰米布-梅西（Senedjemib Mehi）。虽然石头
质量很差，导致浮雕风化严重，画面已经难以辨认，但参观
英提和梅西的坟墓祈祷室带给人们的感觉仍然和参观其他塞

加拉和吉萨大墓地中平均水平的建筑一样。然而，让这两座坟墓祈祷室变得格外重要的，是简述英提一生、描述他在宫廷中所做工作的一系列铭文。铭文中提到这些文字是英提和梅西自己编写的，其中有三段文字的开头可以被翻译成"国王诏曰"，不过从现代意义上来讲，也可以称其为书信。

182 这三封国王的信是有关王宫内进行的一些建造工作的，由长寿的国王伊塞西（Isesi）——他的统治时期在公元前 2400 年前后——的官员交给英提。

> 国王诏曰：致首席法官及维齐尔、国王所有工作的监管者、王家文件书吏的监管者森内杰米布，我已经看过了你交给朝廷审阅的，为伊塞西的庆典宫殿的宽广庭院设计的平面图："你对我说，你把它设计成了长 1000 腕尺［573 码］、宽 440 腕尺［252 码］有余的……"

> 国王诏曰：致首席法官及维齐尔、王家文件书吏的监管者、国王所有工作的监管者森内杰米布，我阅读了你的来信，看到了你在信中报告的你为宫殿院中伊塞西的哈索尔祈祷室起草装饰方案时所做的一切……

书写又一次改变了一切。这里记录的似乎是法老的原话，法老的语气在信的前半部分看起来十分冷漠，但在结尾处却充满了鼓励之辞。

> 我知道你比这片土地上任何其他工作监管者都更有能力……你无数次取得了与众不同［?］的成就，你将

继续担任国王所有工作的监管者……你是那个传说中这片土地上最受伊塞西喜爱的公职人员。

　　……你完成了数不清的工作，因此［国王］很喜欢你，你也很清楚我喜欢你……

伊塞西王似乎写了很多信，英提坟墓中另一段铭文称他"用两个手指书写，以便赞扬我所做的一切"。伊塞西似乎确实在当时的宫廷社会中掀起了书写的风潮，他给另一位廷臣写的一封信——这封信的内容也被这位廷臣刻在了坟墓院墙上——主要是关于这位廷臣所写的文本的质量：

　　国王诏曰：致首席法官及维齐尔、王家文件书吏的监管者拉-舍普赛斯（Ra-shepses），我在宫廷中读了你在这美好的一天送出的非常美好的信……对我来说，没有什么比读到你的信更让人期待的事情了，因为你知道该如何表达出我最喜欢的东西，你的措辞比任何东西都更能令我感到愉悦……就像伊塞西必然享有永生那样，你今天应当立刻写一封信，表达出你心中任何的愿望，这样我就可以立刻实现它。

这两封信都被刻在坟墓祈祷室墙壁的石头上，或以最初的莎草纸卷的形式被保存至今，但这样的书信整体上是十分稀少的，如今大部分也损毁了。在古王国长达四百多年的时间里，如今已知的信件只剩下不超过五十封，其中大部分是私人通信的残片，有三十封信是最近在一处遥远的绿洲发现的，还有更多出土于一处海港。其他一些信件则是写给死者的，内容有关死者遗留给生者的一些家庭问题。这些信件能否为我们提供一瞥生者的王国的机会？还是说，翻译这些信件时所用的措辞和现代人对写信者与收信者所处境况的理解会不可避免地导致对其表达方式和内容的误读呢？

第 11 年，第三季度第一个月，23 日

　　工作组的监管者说：维齐尔的信被送到了我，您谦卑的仆人手里，信中大意是把图拉采石场的工作人员带到西部围场，在他面前穿上合适的衣服。但是，您谦卑的仆人我并不同意去这种偏僻的地方，因为您本来就要乘船来到图拉，然而您谦卑的仆人我却需要在王宫里花六天时间才能给工作组准备好衣服。这样会妨碍您谦卑的仆人我的工作，因为原本只需花一天时间就可以给工作组准备好衣服。您谦卑的仆人我把这件事告诉您。

这封古王国时期的信 20 世纪 20 年代出土于阶梯金字塔的围墙内，和其他法老时代的信件相比，其措辞显得十分生硬，也没有信件中常用的修辞。或许这封信的措辞体现出的是王国的石匠工作组长期以来从事的工作所造就的急性子。例如，在另一个工作组留下的涂鸦中，他们祈祷能获得一阵好风，以便让运送石材的驳船行进得更快一些。这封独一无二的信被发现时已经被撕成了两半——一名这封信的翻译者推测，这可能是收信人在愤怒之中把信撕破了！

184

词汇与书写

> 我在这里用朴实的语言汇报的，是曾以优雅的文辞
> 被讲述的东西。
> ——《兰厄姆的信》（*The Laneham Letter*），约 1575

尽管对这些古老信件的现代翻译似乎表现了其语言形式，但我们不能假定它体现的就是当时人们所用的口语。法老时代王国中不同的地区，甚至不同的群体可能都是用不一样的方言来交流的，后世的书吏也提到了各种不同口音的存在。同时，书写在法老时代社会中所占据的地位和今日也大不相同。尼罗河下游地区的人口中只有极少一部分能理解仍然在被书吏们不断创造的语法，而这种语法大概率是以宫廷中使用的正式口语为基础的。因此，这种新诞生的书面语言是一个漫长过程的产物。在这个过程中，古代产生的用来列明宫廷生活中不同部分——名字、头衔、称号、年份、日期，以及补给和工艺品的质量和类别——的一千个圣书文字符号被精简为大约三百个符号，同时这些被保留下来的符号的功能又得到了扩充，以便它们能够以线性序列——书面句子——的方式传达信息，而不是仅仅作为列表和标签上的孤立元素。

根据目前最好的估算，古王国时期每一名拥有坟墓祈祷室的廷臣可以支配十个左右的书吏，当时王国内任何一个特定时间点上都有大约十个这样的坟墓祈祷室处在建造过程当

185　　中。这样的数字表明在古王国宫廷的行政管理过程中有数千份文件被不断传阅，如今留存下来的极小一部分只是这座已消失的文字之山的残迹——如今这座山的残影仍留在雕塑、绘画和浮雕上书吏、祭司和廷臣们手中的卷轴里。因此，对参与到持续数百年之久的用成组的圣书文字符号表达句子，或更确切地说，再现口头表达模式的过程中的书吏而言，这一定是个充满超凡创造力的时期。

　　从这些稀少的留存下来的文本的措辞和结构可见，国王写给廷臣的信往往真诚且亲切，体现了他们之间纯朴而又直率的关系，但同时又恰当地符合礼节的要求。这些信件在体现国王与臣民之间的关系上起到了与阿布西尔的浮雕一样的作用，这是一种正式而又直接得惊人的联系，这种特殊的关系被埃及学家约翰·贝恩斯归类为一种"礼仪"（decorum），它将宫廷氛围的产物渗透到整个社会当中，直到其终结的那一刻为止。

　　除了这些稀少的文学表达之外，几乎没有任何有关法老时代政府日常实际工作的证据。当然，人们可以想象——实际上这也正是今天的人们普遍拥有的对这个古老国家的印象——法老时代朝廷中的官员们管理尼罗河下游谷地的方式和现代专制国家是一样的：朝廷是通过恐惧和宣传来控制民众，并用残忍的手段和军队的力量为自己攫取财富的。这种印象会使得法老在文字中表现出来的温暖看起来像是鳄鱼的眼泪。然而，无论是有关古王国时期的考古发现还是后世的文学作品，都不支持这样的猜想。人们还有可能想象法老的臣民们生活在商博良时代那个莫扎特式的东方世界，或者是一个依照哈布斯堡王朝式继承顺位，以神明的旨意统治的封建帝国之中。但从我们当前拥有的知识来看，这种假设是不明智的，因为并没有确凿的证据表明法老时代的埃及是在这些高度发展的政府形式之下运作的。

因此，我们最好只从其字面意义上来理解这些古老的词句，但同时也要明白不能期待现代的翻译能够还原其当时含有的感情。我们也无法体会到单个的圣书文字——尽管其是展现古代宫廷生活片段的古老图画——能让解读同一份文本的古代人产生什么样的共鸣。尽管如此，一些留存下来的文本，还是能让我们一瞥四座巨型金字塔建成之后数个世纪中的宫廷生活。

186

短暂的生命——回味宫廷之过去

> 为记录他个人的回忆，以及让他的继承人知晓前面的政府的崇高计划……
>
> ——马修·普赖尔（Matthew Prior）[1]，1700

廷臣德贝尼（Debehni）的石砌坟墓和坟墓祈祷室位于上到吉萨高原的半路中，在斯芬克斯背后流沙中摇摇欲坠的采石场深处，它是在吉萨金字塔建成后至阿布西尔诸王的时代中短暂的中间期——公元前 2500 年前后，门卡乌拉和萨胡拉统治时期之间——建成的。这座建筑不同寻常而又十分

---

① 马修·普赖尔（1664~1721），英国诗人，外交官。

有趣，德贝尼的雕刻家们在墓室中刻满了具有创新性的铭文和浮雕，其中不乏对德贝尼葬礼过程的生动而令人意外的描绘。这反过来吸引了从莱普修斯直到今日的一系列学者前来参观这间黑暗又遭到烟熏的墓室。这间墓室直到最近都被用来进行赞念（zikrs）——一种集体进行的苏菲派催眠式诵经仪式——以纪念当地的圣徒西迪·哈曼德·艾斯-赛曼（Sidi Hammed es-Semman），据说他曾生活在德贝尼坟墓中的柱廊大厅内。

这座坟墓体现了圣书文字历史中的两个重要创新。第一个是坟墓祈祷室西墙上德贝尼的葬礼图画旁的铭文，其中列出了一系列供品。这是已知最早的列出了约九十种补给品和服饰配饰的清单之一，通过国王和廷臣们葬礼上的仪式，它们都可以变成真实存在的物品，这种习俗一直持续到古埃及终结之时。

德贝尼坟墓祈祷室中第二个文字书写上的创新，是刻在墓主人一系列石刻雕像上方墙面上的现已残缺不全的文本。这份文本诞生于门卡乌拉统治时期，吉萨金字塔中最后一座也是最小的一座也是在这时建成的。它是现存最早的可以被称为"传记"的文学作品之一。德贝尼坟墓中这份残损的文本写道：

　　　　至于这座坟墓，是国王……在去往金字塔高原，检查名为"神圣的门卡乌拉"的金字塔的建造工作的路上将此地赠予我的……五十名工匠［被派遣来］每天在此工作……陛下又下令说，要把此地的垃圾清理

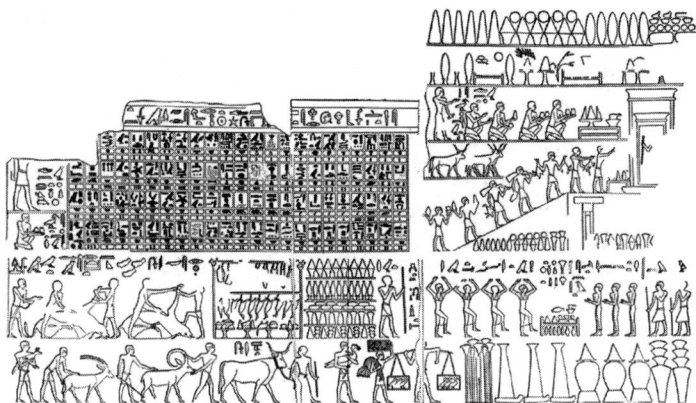

吉萨的德贝尼坟墓祈祷室墙壁上部分葬礼场面的浮雕。左边展示的是供品的列表。列表下方是兽类和鸟类的画面，有野生的，也有已被驯养的，它们正被牵着走向坟墓祈祷室，同时新鲜和风干的肉也已经准备好，可以用于崇拜仪式。右边这些画面展示的是其中一些产品和其他存储在罐子里的东西被放在坟墓祈祷室中德贝尼的站立雕像前的场景，可惜这尊雕像如今已经大部分损毁。画面中还有女人拍手歌唱的场景

掉……下令从图拉运来石材，用来包住祈祷室……工作　188
组中的主管和工匠中的两位指挥者，还有国王的石匠和木匠，为这座坟墓造了两道门，还为我造了一尊非常生动的雕像……石匠们造的坟墓长 100 腕尺（86 码），宽50 腕尺（29 码），［高］……腕尺……［后面的文字列出了国王送给德贝尼的其他礼物。］

　　德贝尼坟墓祈祷室中的图画和文本都富有创造力且十分生动，它们展现出了与吉萨的建筑物中的文本完全不同的语调，不再像早期坟墓以及胡夫和哈杰德夫王子那个年代的巨型石头建筑物那样形式主义。至于所谓的德贝尼传记文本，

这类对王家赠礼和国王与廷臣各种各样的会面的生动描写，则会在接下来的几个世纪中不断被创作出来。

在德贝尼去世约十年之后，廷臣尼安科赛克美特（Niankhsekhmet）——他的头衔表明他在宫廷中担任治疗师——坟墓祈祷室的一段铭文记录了他那位于塞加拉的用当地粗石所制成的小型马斯塔巴是怎样在萨胡拉法老的命令下修筑假门的。尼安科赛克美特的坟墓假门是用一块质地极其精良的石灰岩制成的，石材来自尼罗河对岸图拉的采石场，有十英尺半高。它是古王国时期保存至今的最大的坟墓假门之一，和相对简朴的坟墓比起来，这座假门简直大得不成比例。假门的门柱上雕刻着精美的圣书文字，以及这位治疗师及其妻子和孩子的形象，这段长长的铭文中有一部分讲述了这样一座令人印象深刻的假门是怎样被放置在如此普通的坟墓中的。

> ……尼安科赛克美特对他的王说："被拉所爱的王啊，请下令给我在大墓地中的坟墓一座石质假门。"于是陛下就下令从图拉运来两座石质假门，放在"萨胡拉闪耀的王冠"宫的谒见厅内，两位孟斐斯的大祭司和工匠们……被派遣而来，他们要在国王面前完成工作。石匠的工作日复一日地进行，陛下每天都会检查他们完成的工作，还为它们涂上蓝色。
>
> 陛下对首席治疗师尼安科赛克美特说："因为我的鼻孔［即'我'］享受着健康，因为诸神爱着我，愿你在受人敬重、年老高寿时走进坟墓……"从陛下口

189

中说出的话立刻就实现了……他比任何神明都更令人
敬畏。

这份文本又一次描述了国王个人对国家核心事务，即建造和
装饰石头建筑的兴趣，而且这一次廷臣的假门是在王宫中，
在国王每日的监督之下被雕刻出来的。在这样的情况下，这
段铭文并非以墓主人的口吻叙述也就是自然而然的事了，就
像德贝尼的自传那样，它是书吏写下来的——而且尽管书吏
在文本中表示建造了两座假门，但坟墓里的空间却只够放得
下一座！

几乎同时代的廷臣瓦什普塔（Washptah）的坟墓与这
位宫廷治疗师的马斯塔巴离得不远。在19世纪50年代，马
里耶特在这个宽广的沙漠平原上发掘出了大量这样的建筑，
这只是其中两座。在尼安科赛克美特光辉灿烂的假门出土，
被送往开罗的总督博物馆时，这些建筑也一并被发掘出来。
然而，瓦什普塔的马斯塔巴和几座附近的坟墓祈祷室的石灰
岩墙壁却在被马里耶特发掘出来之后就被拆卸下来，古董商
人收集走了其上的石块，送到欧洲和美国的博物馆中，作为
古王国时期的雕塑精品展出。在这之前，古董商人们对古王
国时期的文物并没有多少兴趣。

瓦什普塔坟墓祈祷室中的石块如今分别保存在阿伯丁、
开罗、哥本哈根和伦敦，其上雕刻着与他那位曾经的邻居相
似的铭文。这些铭文如今已经严重受损，它描述了瓦什普塔
生命中最后的那些充满戏剧性的日子。就像吉萨的英提坟墓
中的部分铭文那样，根据这份铭文的开头，我们可以知道它

是依照家主继承人的命令编写成的："他进入坟墓后，他的长子代他行事……"

190　　这份残破的文本继续讲述道，萨胡拉王的接替者内弗尔卡拉在瓦什普塔的陪同下检查他位于阿布西尔的金字塔的建造工作，就在这时这位年事已高的廷臣忽然倒下了。瓦什普塔被用绷带包扎好，送到王宫中，国王焦急地想要找到办法治疗这位昏迷不醒的廷臣。"陛下让人把一箱莎草纸卷带给他……有关治疗痉挛的……之后他们跟陛下说他处在昏迷当中。陛下歌颂拉神……"然而这一切都没有用，残破的文本继续记载了国王怎样下令为瓦什普塔举办豪华的葬礼，"为他装满了八个雪花石膏罐子，放进了乌木匣子中"，铭文宣称自古以来，还从未有人享受过这样的待遇，"国王在他的鼻子下面放了一个能带来生命的护符"，下令给尸体涂油膏，准备下葬。

　　法老又一次被表现为对他亲密的伙伴充满了关怀与同情——在其他支离破碎的铭文中，这种关怀也被表现得很明显，其中有一篇铭文描述的是国王怎样下令为生病的廷臣送去搬运椅。同时，瓦什普塔铭文中对国王悲痛之情的直接描写，也给一直被西方传统观点断言为"如神一般的"法老注入了确凿的现实主义色彩。尽管国王用尽办法帮助这位濒死的廷臣，尽管他直接向"他的父亲拉"恳求，书吏们却还是只能仔细地记录下法老在面对瓦什普塔濒死之时脸上表现出的悲伤与无助之情。

　　更多有关当时人是如何看待他们的法老的线索在另一段传记文字中有所体现，该文本记载了一位廷臣遇到这位极力照料瓦什普塔的内弗尔卡拉王时的情形。这一次，铭文记载的是名叫拉维尔（Ra-wer）的廷臣的冒险，他是王家仪式的直接参与者，其坟墓位于吉萨采石场中，与德贝尼的坟墓相隔不远。拉维尔见到国王是在水上节日庆典的过程当中：

河谷与三角洲之王内弗尔卡拉在拉动神之船的船头纤绳的那一天，以三角洲之王的姿态登场。拉维尔正跟随着陛下的脚步走向司仪祭司和服装配饰管理员的办公室时，国王手中的权杖拦住了司仪祭司拉维尔的脚步。 191
陛下说："祝你健康！他［拉维尔］是被我所爱的，他非常好，绝不会挨打。看啊，他对于国王来说比任何［其他］人都更为珍贵。"国王下令要让这些话写在他位于大墓地中的坟墓里……要照原话写下来。

拉维尔的铭文常常被用来说明法老本人所谓的神圣性。它证明了即便是国王手中的权杖也拥有神圣性，若是有廷臣用脚碰触了权杖，那么只有法老的干预才能使此人免于挨打。但更可能的是，就像瓦什普塔墓中铭文的作者承认法老没有能力使他的廷臣免于死亡一样，文中的描述并不是在说拉维尔踢了神圣的权杖，而是说他影响了世俗中国家大事的进程。

拉维尔的马斯塔巴规模很大，周围凌乱地环绕着其他属于他家庭成员的简陋坟墓，就像其他许多廷臣的坟墓祈祷室一样。最值得注意的是，在这巨大的石头建筑之下，埋藏着二十五个以上的专门用于存放雕塑的封闭墓室。我们如今将

192 这种墓室称为狭室（serdab）。这些存放雕像的狭室没有门，仅在墙上留下了狭窄的缝隙，以便随葬在墓穴中的雕像的眼睛朝外看，这样负责拉维尔坟墓的祭司们就可以直接向这些雕像奉上供品了。与拉维尔同时期的廷臣们的墓穴中通常有一到两个这样的狭室，每个狭室里面都放有少量雕像。然而，拉维尔的坟墓祈祷室的狭室中却总计放了一百多尊雕像，其中大部分被放在一个位于中央的立柱大厅的周围。尽管这座马斯塔巴的大部分已被烧毁在石灰窑炉中，考古学家赛利姆·哈桑（Selim Hassan）在 20 世纪 30 年代发掘其遗迹时，还是找到了许多精美的雪花石膏、石灰岩及花岗岩雕塑的碎片，以及一些美丽的墙壁浮雕。这里体现出的似乎是一种个人偏好，除了坟墓建筑结构中保存下来的书面文字之外，我们又得以从另一方面了解这位廷臣。一些拉维尔坟墓中的狭室前面拥有台阶，位于墙壁高处的缝隙可以照亮黑暗

的狭室内部，这应该是坟墓设计者出于实际需要设置的——
或许也是拉维尔本人的意思——这样，活着的人们就能看到
坟墓中众多的雕像了。

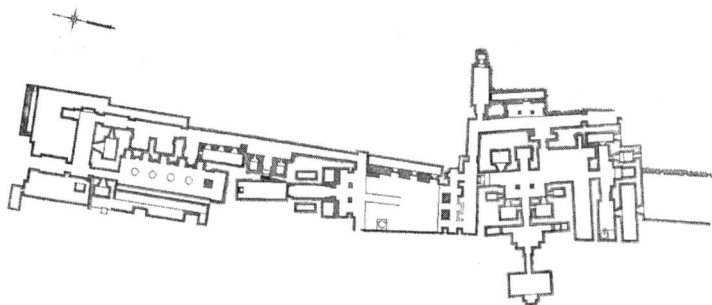

拉维尔精美的坟墓祈祷室和雕像长廊的平面图，最初为一座传统的
长方形马斯塔巴，在接下来数位国王统治期间，它被扩建了三百英
尺，充分利用了周围的马斯塔巴之间留下来的不规则空间。建筑结
构中无数的壁龛表明这里原本存在窥视槽，墓室中拉维尔雕像的眼
睛可以通过窥视槽望向坟墓的参观者。廷臣及其家人似乎是被埋葬
在附近的许多墓葬竖井中的

但是，与拉维尔这些光辉灿烂的雕像不同，所谓的传记 193
文本很少能为它们所在坟墓的主人提供一个丰满全面的形
象。尽管在拉维尔或德贝尼的坟墓中传记文本就在墓主人的
雕像旁边——雕刻着拉维尔铭文的石块就躺在坟墓中一间狭
室内——它们起到的作用也仅仅是坟墓祈祷室中图画的补注，
就像浮雕中表现的许多活动也有助于描绘它的文字标题一样。
如同阿布西尔神庙中雕刻的那些有关当时宫廷生活的画面，
这些后来的"传记"文本所必须描述的东西也是能够表现墓
主人与时任君主之间关系，能体现墓主人与王座上的那个人
之间私人感情的具体的一个或一系列事件。

对我们而言最幸运的是，若这些生动的记录没有被保留至今，那么这个古老的世界就将彻底消失于历史长河。与那些对阿布西尔诸王宫廷中生活和信仰的传统解读相比，它们提供了一个不一样的视角，宫廷中的为人处事方式将不会再简单地被解读成轻信而残酷的。实际上，留存下来的文本、文物和建筑展现出来的是法老的臣民们十分敏锐，有着惊人的评估这些被考古学家加纳纳斯·奥贝赛科拉（Gananath Obeyesekere）称为"实用理性"，即做出相应的理性判断的能力。就像世界上的其他人一样，孟斐斯王国中的人们也受到人类共同拥有的生物遗传基因的限制，但同时他们的文化又是自成一体且自我建构出来的，是其所处的独一无二的环境的产物。因此，这种区别在于理解方式上的区别，因为在这个文化当中，存在的基本原理和方式与任何现代世界中的社会都有所不同。

17　金字塔中的书写

阿布西尔之后——金字塔中的历史

公元前 2400 年前后，为王室工作的人从阿布西尔再次 194
向南迁移，来到了古老的坟墓所在地塞加拉。他们在这片沙
漠里为多位国王修建了金字塔和神庙，而且根据推测也在下
方的平原上建立了新的王宫和聚落。

给廷臣写信的法老伊塞西是第一位搬迁至此的法老。他
坟墓的遗迹如今被称作哈拉姆·沙瓦夫（Haram el-
Shawwaf），意为"守望者的金字塔"，位于阿布西尔向南三
英里远的沙漠中一处石灰岩山口上，与舍普赛斯卡夫的巨型
马斯塔巴离得不远，该地被统称为"南塞加拉"。两位后来
的国王乌纳斯（Wenis）和特提则将金字塔建在了稍微靠北
一些的位置，位于乌塞尔卡夫金字塔附近的古塞加拉大墓地
的中央，离古老的阶梯金字塔的长方形围墙不远。

尽管位置不同，这些时代较晚的金字塔的外部结构和规
模大小仍然与阿布西尔的金字塔相同。不过，这些金字塔的
内部房间变得更为标准化，伊塞西金字塔的内部房间规划甚

195

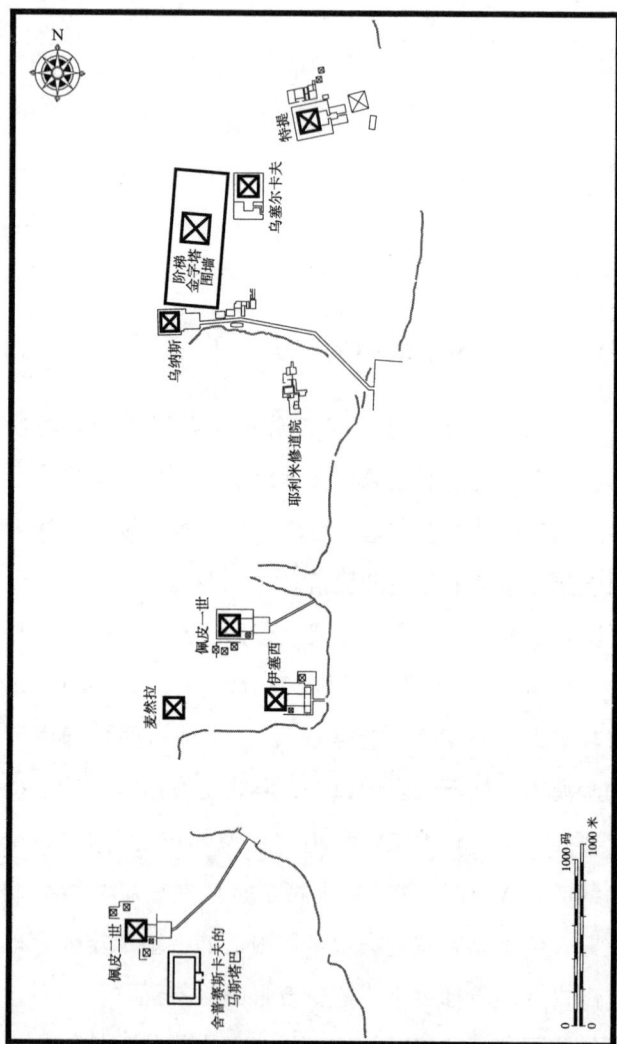

塞加拉中部和南部的主要金字塔。该地区内有许多埋在地下的建筑结构和被沙子掩埋的建筑尚未发掘，因此也没有标在地图上

至被后来古王国时期所有主要的金字塔沿用。在伊塞西之后，故去君王走向黑暗墓室的旅途便一律开始于金字塔北面有阳光照射的通道。这里会建造一个正方形的门廊，让通道以陡峭的角度穿过岩石，通往金字塔顶尖正下方的一个点上。在伊塞西的金字塔中，走廊仅一码高，用磨光的阿斯旺花岗岩石块筑成，直通下方一百英尺深的地方，然后水平向前，通向一间狭窄的墓室。在经过了有三座巨大的花岗岩吊门的第二间墓室之后，走廊又通向了一间有人字形屋顶的正方形墓室。这类墓室是用最洁白的巨大石灰岩块造成的，称作"前厅"。

从入口处直通至此的通道在这里向两个方向分开了。朝右转向东边的走廊通往三个较小的石头墓室，其比例与早期金字塔中的墓室相似，与王家圣坛和神庙中心圣坛附近的小房间也很相似。因此，这些墓室很可能原本也是用于存放雕像和仪式用具或供品的。

另一边通往西面的走廊则一路穿过了其他通往别的墓室的低矮石头门廊。在这些狭窄墓室的尽头，在华美的人字形屋顶下方，放着国王的石棺。它由沙漠硬石切割而成，尺寸极大，因此当时只能是先把石棺放到指定位置，然后再将每个墓室屋顶上的十几块巨石滑动到指定位置。这里就是负责葬礼的团队——由于实际环境的限制，该团队绝不可能拥有一般人想象中的那种巴洛克式的规模——最终结束国王葬礼仪式的地方，之后他们会爬回狭小的走廊入口处，走回阳光之下，并通过关闭三座吊门的方式来封住身后的通路，最后再把开放庭院中的入口堵死。

196

这狭窄、压抑、炎热而又沉闷无声的地下环境成为后世所有王陵建筑结构的灵感来源。这一事实的历史意义原本可能十分有限，然而实际上，伊塞西之后法老们的金字塔——乌纳斯与特提、佩皮一世、麦然拉（Merenre）与佩皮二世的金字塔，还有一些属于王后们的较小的金字塔——内部有着刻满了一列列圣书文字铭文的石灰岩墙壁。如今，我们将这些各种各样的文本统称为《金字塔铭文》。在当时，它们是书面文字被重现为建筑铭文的历史变革的一部分。被重现的文本有坟墓祈祷室墙壁上伊塞西王的信件，也有德贝尼或瓦什普塔这样的贵族的所谓传记文本，使用的是宫廷圣书文字。然而，相比廷臣建筑中的文本，金字塔中的文本有着不一样的排列方式，它们在法老的王国之内和之外的影响力也更为长久和深远。

197

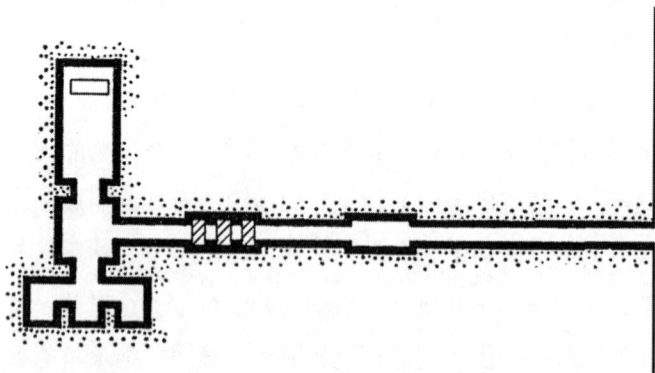

古王国时代晚期所有王家金字塔内部基础平面图：狭窄的入口走廊穿过两个前厅后分别通往两个方向，向东通往三个小型的圣坛式样的墓室，向西通往王家墓葬室和石棺

目前已知最早的《金字塔铭文》是中塞加拉地区乌纳斯金字塔墓葬室和前厅墙壁上刻着的铭文。时代更晚的金字塔中刻的铭文则更多，内容也往往与时代较早的金字塔中的不同。它们在金字塔中所覆盖的面积也不断扩大，直到金字塔内部墓室和走廊的绝大部分都被刻上了铭文。《金字塔铭文》由九百多篇不同的文本组成，其中至少有三百三十篇在之后尼罗河下游地区的墓葬中也一直被使用，直到法老文化终结之时。这些铭文被雕刻得清晰且精巧，尽管内容古老而又时常令人费解，但它们仍旧是所有时代更晚的法老时代描述葬礼和死者命运的文本的基础。

如今已知内部刻有《金字塔铭文》的金字塔共十座。其中八座——包括佩皮一世、麦然拉和佩皮二世的——金字塔在南塞加拉伊塞西王的金字塔附近，而且已被毁坏。许多金字塔所用的石材被拿走，导致金字塔中数间墓室变成了露天的。南塞加拉还有四座较小、结构较简单的属于王后的阶梯金字塔，尽管它们同样遭到了破坏，但其中也发现了《金字塔铭文》。附近另一座同样被破坏了的金字塔中也有，它建于古王国时代结束后，属于不出名的法老伊比（Ibi）。

塞加拉南部的金字塔群坐落于起伏的银色棕榈海上方小沙谷两侧的基岩上，与塞加拉大墓地中其他的建筑分离开来。就像舍普赛斯卡夫国王那奇怪的马斯塔巴（页边码第110页）那样，南塞加拉也有王家金字塔附属的神庙，其建筑结构和墙壁上的浮雕与阿布西尔的基本相同，只是较为简朴。南塞加拉的金字塔群中还有数量未知的廷臣坟墓，以及属于他们家庭成员的较小的坟墓，只是像阿布西尔的建筑一

198

样，这些建筑中的大部分所用的石材都进了石灰窑炉，用来建造耶利米修道院和其他时代更晚的建筑了。尽管如此，如今这片狂风吹拂的沙海和其中被毁损的建筑群仍然是古埃及时代最大的墓地之一，半掩埋着的墙壁上凌乱的字行和流沙之下大量精美的雪白石灰岩中仍然饱含其未来将拥有的价值。2000年时，人们在南塞加拉发现了一座此前未知的王后金字塔，其墓葬室的墙壁上铭刻着另一组《金字塔铭文》。

尽管南塞加拉那些刻着《金字塔铭文》的石灰岩石块大部分已经支离破碎，但存留至今的碎片往往受到了金字塔上的碎石和黄沙的保护，因此状态还算良好。从它们被发现的第一天起，其破碎的状态、不同金字塔中出土的同一文段的不同版本，以及纯粹的文学上的模糊性便给学界制造了完美的谜题。

走进地下墓穴

199　　　　你的这座地穴是奥西里斯宽广的大殿，佩皮国王啊，它带来风，[引导着]北风。它让你像奥西里斯一样升起，佩皮国王啊……那些看见尼罗河波涛翻涌的人颤抖。沼泽大笑，河岸被淹没，神的恩赐降下，众人歌颂，诸神内心充满喜悦。

　　　　　　　　　　　　——《金字塔铭文》1551～1554，

詹姆斯·亨利·布雷斯特德（James Henry Breasted）

1912年前翻译

17 金字塔中的书写

现代发掘出的最早的《金字塔铭文》碎片出土于南塞加拉一些金字塔的废墟，它们毁损严重，以至于马里耶特将其当成遭到掠夺的马斯塔巴中的浮雕碎片。然而到了第二年，即 1881 年乌纳斯的金字塔开放之后，其未被破坏的内部墙壁上满布着的九百行精美的圣书文字让人们确认了在阿布西尔之后，古王国时期的金字塔里开始铭刻文字了。

乌纳斯简朴的金字塔中的铭文十分完美，看起来像是凭空诞生的一样，因为时代更早的金字塔的墙壁上从未留下过任何一点铭文的痕迹。不过，这种做法确实是有先例的。那些在乌纳斯之前的时代中为数位廷臣修造了坟墓的工匠们已经打破了之前的所有传统，在墙壁上刻下了简短的文本。例如，森内杰米布-英提——就是收到伊塞西王写来的信的那位廷臣——的墓室前厅中有用较宽的刷子沾上水性黑浆在特制的白色石膏面板上写成的供品列表。就像那些时代更早的坟墓文本一样，这些列表与上述坟墓祈祷室中的文本十分相似。然而，在这些黑暗的墓室当中，绘图者的技艺却变得更加自由，更加生动。

赖斯纳带领的发掘者于 1913 年 11 月最早进入森内杰米布-英提那遭到破坏的墓室时，他们发现这位廷臣本人仍然躺在一座巨大的灰色花岗岩石棺中，石棺上装饰着他的名字。它已经遭到过掠夺，而且从一开始就算不上奢华，反而十分简朴。这位老人的遗体被小心地制作成木乃伊放在石棺中，随葬的有装着进口油膏的罐子和一根光辉灿烂的手杖，这或许是森内杰米布-英提在宫廷中扮演的角色

200

的见证。

这些地下墓穴通常是在质量较差、处处是裂痕的沙漠岩石上切割出来的，比粗略挖出的洞穴好不了多少。因此要在里面刻上铭文，就需要对石头进行特殊处理。在后来的时代中，将石头的表面磨光或者用泥砖或石头建起整面墙壁成为常用的做法，这样才能在墓室中添加装饰。乌纳斯金字塔内的文本和宫廷中流行的这些趋势十分吻合，不过有了整个国家机器提供的资源作为支撑，它们与之前的墓室铭文相比规模更大，也更复杂。

就像与伊塞西王几乎同时代的金字塔的入口一样，深入森内杰米布-英提墓葬室的长廊笔直地向下进入天然岩石中，这条通道本身充满了创新性，因为大部分时代更早的廷臣坟墓中的墓葬室都是建在竖井底部的。地下的供品列表被写在一座小型前厅的墙壁上，走廊穿过这里，向下通往地下墓穴。这份供品列表呈方形，按阿布西尔账目莎草纸卷的格式分成四栏。这种列表十分常见，德贝尼坟墓祈祷室的墙壁上就已经出现了部分相同的供品条目，那些时代更早也更短的供品列表是目前已知最早的圣书文字文本的形式之一。

英提的墓葬室中受损的供品列表记录了所有宫廷成员所需的生活用品，从衣服、水到药膏，还有眼影和数量惊人的食物：有十八种种子和面粉，白面包和烤过的面包，一份长长的精心分类过的家养和野生鸟类清单，各种各样生的和烹饪过的肉，以及大量洋葱——现代同一片土地上销售洋葱的商人称这种洋葱像蜂蜜一样甜。有装满了酒和水果的、在冥

界生活所需的食盒，《金字塔铭文》中也多次出现其变体，
从其首次出现于乌纳斯王的墓室中，一直持续到古王国结
束时。

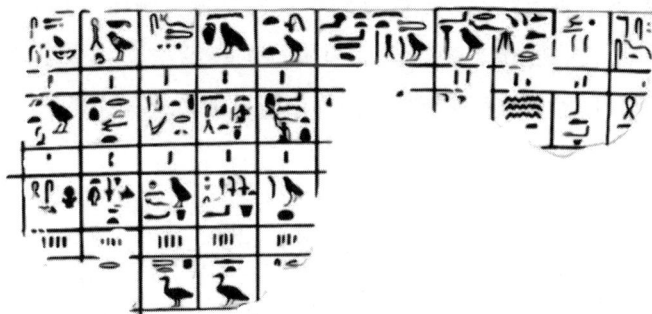

森内杰米布-英提墓室墙壁上浅浅地刻着的供品列表的一部分

这样的供品列表出现在廷臣们坟墓祈祷室的墙壁上已
经有很久了，同样的列表的部分内容也被写在了阿布西尔
以及后来南塞加拉的王家神庙的墙壁上，不过是作为献给
在世国王的供品列表而被记下的。因此可以说，献给生者
和献给死者的供品是一样的。但在神庙中，这些列表旁往
往有主持仪式的祭司手持莎草纸卷的图画。就像廷臣坟墓
中的书信一样，这些建筑上的清单似乎也是从莎草纸卷上
抄录下来的。但在这种情况下，莎草纸卷上写的不是书信
或传记中的词句，而是祭司需要在供奉仪式上念出的内
容，《金字塔铭文》中有很多篇文本，包括供品列表，其
开头和结尾部分都是"朗诵语"或"结束语"这样的专
用短语。

就像在乌纳斯王的金字塔建成之前数十年，墓室中就已

经开始出现装饰了一样，莎草纸卷上的手写文字也是在固定成形后，才拥有了其刻在建筑上的圣书文字版本的。例如，英提坟墓祈祷室墙壁上刻下的书信——它们是乌纳斯的前代法老伊塞西王写的——被雕刻在了他坟墓祈祷室的门廊中，信以长长的竖排文字写就，与后来金字塔中的铭文形式相似。德贝尼、拉维尔和拉-舍普赛斯坟墓祈祷室中的传记也同样是竖排书写的。

祭司们会在宫廷成员进餐仪式前和坟墓祈祷室中进献供品时的庆典仪式上手持莎草纸卷并念诵。塞加拉的廷臣卡加姆尼（Kagemni）坟墓祈祷室中的这块浮雕表现了与咒语念诵同时进行的洗手的动作，同时咒语通过有节奏地击打胸腔而形象生动

因此到了乌纳斯即位时，他的金字塔中忽然出现的数百列竖排文字实际上也是有先例的，我们可以用实际的例子来解释这一典型的法老时代风潮的出现。乌纳斯的金字塔是古王国时期最小的王家金字塔，它被建在了十分拥挤的大墓地中央——实际上，金字塔附属神庙的铺路石板就是铺在一座更古老的国王坟墓的地下建筑之上的。由于太过狭窄，金字塔及其附属神庙建成之后周围便几乎没有空间再修筑额外的建筑了。然而乌纳斯却似乎统治了数十年之久，就像其他统治了很长时间的君王那样，宫廷机器因此获得了充分的机会，得以在持续不断地进行供奉和生产之余，不断改进和扩大其对王家建筑最初的构想。

乌纳斯金字塔的堤道长约半英里，几乎和大金字塔的堤道一样长，它穿过大墓地通往沙漠的边缘，中间有一系列建得高高的路堤，通往几处古代的采石场，并横跨于许多时代更早的坟墓之上。这些坟墓被堤道掩埋，一直以其最初的状态保存着，直到 20 世纪 60 年代被发掘出土。在堤道墙壁大部分毁于石灰窑炉之前，其上曾满是精美的浮雕，浮雕内容也充满了创新性。留存下来的一幅画面中呈现的是王家金字塔的顶石被放好之后的庆典仪式，这表明它是在乌纳斯的其他建筑建好后才添加上的。

同样，堤道两边的石头上还凿出了两条狭窄的沟渠，这样的沟渠在之前数代中都未被建造过。沟渠的大小和形式与吉萨大金字塔的堤道沟渠很相似，在举办王家葬礼时，从胡夫的船上拆下来的船板曾被放在这里。在这条长长堤道的另一头有同样奢华的神庙，只是现今已毁损严重。这座神庙经历了持续不断的改建和完善，其最终建成的样子可以说与阿布西尔的任何一座神庙一样宏伟。这座河谷神庙位于沙漠边缘的一条古代运河附近，或许乌纳斯的王宫及其附属建筑也曾矗立于它周边的地区。

此处的王家墓葬建筑是在经济更为拮据的情况下于数十年中修建起来的，王家墓葬建筑历经数个世纪的发展，至此走向成熟。但在所有的这些改进和创新之中，在现代人看来最重要的仍是乌纳斯金字塔墙壁上竖排铭刻着的那些文本。

203

金字塔中的声音

噢，西岸啊，巴提（Bati）在哪里？

巴提［一位神明］和鱼一起待在水里，

他对鲶鱼说话，与俄克喜林库斯（Oxyrhynchus）
的鱼交谈。

噢，西岸啊，巴提在哪里？

巴提专注于西岸。

——牧人之歌，约公元前 2440 年，

提伊坟墓祈祷室中的铭文

204

佩皮的父亲啊，带走佩皮吧
带到你的母亲努特（Nut）① 那里！

让天之门为佩皮打开，
让通往凉水的门为佩皮打开，

佩皮来找你了，这样你才能让他活着！
因为你下令让这位佩皮坐在你身边，
坐在黎明升起之人的肩上！

——《金字塔铭文》573

---

① 努特，古埃及神话中的天空女神。

《金字塔铭文》常常被认为是充满了夸张修辞的文本，它们是用现在时写成的，语调生动而又充满权威。这种文体本身并不是什么创新。它们第一次在乌纳斯的金字塔中出现时，其中的命令、感叹乃至短歌中的词句被铭刻在许多坟墓祈祷室和神庙墙壁上的壁画旁已经是很久之前的事了。

和大部分演讲词一样，《金字塔铭文》的九百篇文本均多不过数百字长度，大部分甚至更短。但是，这些文本均未提供任何阐释、教义或者信条。同样，它们也不是一整篇连贯的叙事文本的组成部分。

对现代人来说，这些文本看起来缺乏目的性，而且常常令人费解，似乎是故意写得十分晦涩模糊，甚至是充满神秘感的。然而在当时的情况下这并不稀奇，因为尼罗河下游古文明的核心从来就不在书写出的文字当中。这个社会在离这些文字出现还有几百年时就已经建起了巨型金字塔和神庙，廷臣和书吏们用自己的技艺及力量建起了这些巨大的建筑，没有使用任何书面的阐释。直到法老时代结束时，埃及的秩序都是由视觉信息确定的，其影响最深远、最典型的表达方式也是通过制造和移动物体来完成的。

然而，现代西方文明是建立在书面文字的基础上的，现代西方人对古埃及的看法又是建立在商博良的文字研究上的，因此对他们而言，金字塔内突然出现的文字代表了启示的来临。这些文字不但可能以书面形式阐释了那些规 **205** 划并建造了埃及金字塔的人的信仰，还可能为这个起源远远早于那些金字塔、可以追溯到史前时代的文化提供文字形式的谱系。

因此毫不意外，在《金字塔铭文》于 19 世纪 80 年代突然被发现后，对其的研究便成为埃及学中最大型的持续进行的项目之一。《金字塔铭文》提供了，并且将继续提供理解古埃及语法的渠道，让我们对古代文本的理解和翻译更深入、更准确。然而，就像商博良及其后继者的工作一样，这在解读古埃及历史的过程中出现的第二个至关重要的阶段，也受到了现代欧洲的深刻影响。

18　生者与死者

处理过去

1880 年——《金字塔铭文》 被发现

就像其他许多考古发现一样，近代最先发掘出的《金 206
字塔铭文》是在为了满足博物馆对展品的需要而进行的发
掘工作中出土的，这一次是开罗的总督文物博物馆
（Khedival Museum of Antiquities）。1880 年发现了第一处
《金字塔铭文》时，博物馆创立者、设计者和总监马里耶特
帕夏已经在尼罗河下游进行了二十五年发掘工作。他强迫了
数千名农民将这个国家中最伟大的坟墓和神庙从掩埋它们的
黄沙和建筑之中解救出来，书写了法老文化发现过程中的光
辉一页，只是苦了那些被迫从事这项工作的倒霉的农民。在
这项工程进行时，马里耶特发现了许多最为著名的古埃及文
物：到 1880 年时，他已经迫不及待地想要将这些珍宝按照
法老时代的历史顺序展示在新的博物馆中了。

然而，资金十分短缺。埃及的统治者伊斯梅尔总督想要
实现现代化，于是向欧洲的银行申请了巨额贷款。到马里耶特

进行发掘的时候，偿还贷款的压力榨干了征收上来的税款，农民们因此陷入饥荒，埃及只好在 1875 年将苏伊士运河的股份卖给了英国政府，这导致了所谓的欧洲部（European Ministry）的设立，由英国和法国官员在开罗负责运作。

1880 年初，马里耶特想要通过进一步发掘填补他的收藏品中空缺的几个历史时段，但无奈只能将发掘工作集中在两个地点：他派四十名工人去吉萨斯芬克斯旁的神庙处工作，他刚开始在埃及工作时就在那里找到了著名的哈夫拉雕像。他又派二十名成年男子和男孩一起到南塞加拉平缓的山丘上进行挖掘。他手下的工作组早些年间短暂地接触过这里，但那布满乱石的黄沙之下总是潜藏着更多宝藏。

1880 年 2 月底，马里耶特前来考察南塞加拉发掘现场，此地的发掘工作当时正由雷斯（Reis，即"工头"或"头领"）鲁比·哈姆扎维（Rubi Hamzawy）领头，马里耶特从刚来到埃及时起便与他在一起工作了。鲁比的发掘工作中有些地方需要深挖黄沙和松散的石块堆成的小丘，工作组由此发现了精美的白色石灰岩石板，上面竖排刻着涂成蓝色的圣书文字，其中有佩皮二世的王名圈。马里耶特很清楚古王国时期的长段铭文是十分罕见的，因此用纸"压拓"下了这些石头上的铭文。这样做会对文物造成很大破坏，因为这个过程需要将沉重的手工制作的纸张浸泡在水中，然后按在有铭文的石头上，之后用点彩画刷重重地按压泡水的纸，这样铭文原稿就能被拓印到纸干掉之后形成的硬纸板上——这类拓本上常常会留下被粘下来的古代颜料的痕迹。

同年暮春时分，开罗天气转暖，逐渐进入酷热的夏季。

马里耶特常年苦于糖尿病的折磨，身体状况愈发糟糕，于是启程前往法国。到巴黎后，他将自己在南塞加拉取得的拓本展示给他曾经的学生加斯顿·马斯佩罗（Gaston Maspero），那时马斯佩罗已经是法兰西学院年轻却杰出的埃及语文学教授了，并且刚刚著成了一部有开创性的古代近东历史专著。后来马斯佩罗表示，他当时立刻就意识到马里耶特拓下来的文字来自一座王家金字塔的墓室。但是，马里耶特认为这些铭文来自一位廷臣的坟墓祈祷室，因为他曾在坟墓祈祷室中找到过许多含有王名圈的文字，却从未在王家金字塔的墙壁上找到过哪怕一个圣书文字。

马里耶特在巴黎与马斯佩罗会面后，便去往法国中部的一家小型山地温泉疗养场所休养，但他的健康状况并未因此好转，他也变得愈发消沉。与此同时在开罗，由四个欧洲国家组成的国际清算委员会强迫埃及政府交出国家财政的控制权，以便偿还埃及欠外国银行的债务。埃弗林·巴林（Evelyn Baring），即后来的克罗默勋爵（Lord Cromer）当时是委员会中的英国代表，他出身显赫的德国银行家家族，曾在印度工作。当月他进行了一系列残酷的改革，缩减了教育、军事和行政开支，却不减免任何税收，尽管高额的税收已经在过去几年中导致了饥荒和骚乱。 208

到了 10 月，马里耶特在回到故乡布洛涅之后，又决定返回埃及，因为他感到自己已经时日无多。他写信给自己的老朋友、德国考古学家海因里希·布鲁格施，希望对方再来埃及一次。布鲁格施是杰出而卓越的学者，从马里耶特的发掘工作刚开始时便与其共事了。马里耶特航行一个月之后到达了亚历山大，当时他体内严重出血。他刚一到达开罗，海因里希的弟弟，博物馆馆长埃米尔·布鲁格施（Émile Brugsch）便在自己家庭公寓的外面、博物馆的公共走廊上给马里耶特搭了张长沙发。

马里耶特病危的消息传回了巴黎。那么，谁将继承他在埃及文化事务中的核心地位呢？这一位置从拿破仑远征东方时起便一直由法国占据。

> 马里耶特去世后，布拉克博物馆会怎样呢？没有什么能做的，也没有什么可期盼的了。考虑到事态紧急，我们应当立刻行动起来。不要让都灵再次以我们为代价变得富裕起来！……若是你，这位热爱祖国的法国人，若你有能力做到，那对你而言将是多么光荣的事！

这封动员信中所提到的人是马斯佩罗教授，信的作者则是马斯佩罗的朋友，法国政府官员亚瑟·罗纳（Arthur Rhone），当时马里耶特去世后的继任问题已经在法国政府中被讨论了很久。法国驻埃及总领事林格男爵（Baron de Ring）提议，马里耶特为自己打造出的这个埃及文物管理机构——负责收集和保护文物的组织——中的独特职位应当由控制埃及的欧洲人确立下来，还应开罗建立一所法国的学院，就像本生男爵在罗马和雅典建立了普鲁士的考古学院那样。

马斯佩罗立刻直面这一挑战。1880 年 11 月 13 日，林格男爵提议由他领导法国在埃及的一项考古任务，并正式请他在开罗建立一所东方考古学院。就在马斯佩罗准备启程前往埃及时，法国政府颁布政令，批准了林格男爵的提案，并提供资金支持。

与此同时，布鲁格施贝伊放弃了哥廷根大学埃及古物学的职位，来到开罗与他那时日无多的朋友会面。他们一同坐在博物馆的木质长廊中时，马里耶特让布鲁格施贝伊仔细查看南塞加拉的发掘成果。鲁比在那里又发掘出了两组文本，与马里耶特拓印下来并在埃及展示给马斯佩罗看过的那一份很相似。鲁比对马里耶特说，这些文本都是在损毁的金字塔中间发现的。布鲁格施贝伊和他弟弟一起坐火车前往孟斐斯，又骑驴来到南塞加拉的沙丘，发现吉萨的考古队也加入了马里耶特在这里安排的工作组，两队人马开始一同工作。布鲁格施兄弟俩发现正如鲁比所说，这里至少有三座王家金字塔的废墟，由于它们被盗走了太多石材，其内部结构暴露于外，有些部分甚至直接露天。布鲁格施从铭文中的王名圈辨认出这里是佩皮一世、佩皮二世和他们俩之间的国王麦然拉的墓室。然而，这些文本当时所处的位置却十分危险：入口处的长廊已经坍塌了一部分，在清理掉填埋于其中的黄沙和碎石之后，一些墓室破碎屋顶上的巨石就失去了支撑物。如同许多沙漠地区发掘出来的遗址一样，这里也存在柔软的流沙忽然将遗址掩埋起来的风险。

"尽管如此，金字塔里有文字这种事，我还是难以相信！（Il y a donc, malgré tout, des pyramides écrites, je ne l'aurais jamais cru！）"据说马里耶特在听到布鲁格施汇报的当晚这样说道。

第二天，布鲁格施兄弟俩回到南塞加拉，再次穿过金字

210 塔的废墟检查他们头一天制作的铭文拓本。他们从麦然拉墓室的废墟中挖出了一具已经去除内脏、经过防腐、用上好亚麻布包裹的年轻男子的木乃伊，"皮肤保存得很好，面部的轮廓十分清晰，双眼闭着，鼻子塌了下来"。这具木乃伊很可能就是国王本人，不过是后来才打开墓室下葬的。兄弟俩立刻决定将这个古怪的包裹送到马里耶特的病床前，以便让他临终前看一眼法老的面容。在将这易碎的干尸运下金字塔并带到当地火车站后，他们遇到了马斯佩罗教授的美国学生查理·威尔伯（Charles Wilbour）。这位活跃的日记作者当时正要去南塞加拉参观马里耶特的发掘成果，据他描述，当时的布鲁格施兄弟俩满身灰尘，裤子上撕得全是口子，膝盖沾着鲜血，一人端着木乃伊的头，一人端着脚。后来布鲁格施回忆称，在这次前往开罗的旅程中木乃伊断成了两截。他还表示，马里耶特看到这灰尘满满的礼物后并不觉得开心。这是他与他朋友之间最后一次清晰连贯的对话。

两天后的 1881 年 1 月 7 日，马斯佩罗带着三名学生、一名制图员和一名宣传员来到了开罗，第二天开罗的国际新闻社——当时，这座长久被称为"尼罗河畔的克朗代克"的城市拥有十万余名欧洲居民，因此也有几家外语新闻报社——便报道称，一座新的法国学院在埃及建立。威尔伯前去探望了他曾经的老师，当时马斯佩罗正在监督自己藏书和家用品的开箱工作。马斯佩罗告诉威尔伯，自己对被派到开罗一事感到十分意外，他本以为马里耶特还能活好几年。之后，马斯佩罗紧张地向这位美国人询问了布鲁格施的行动。与此同时，从那些在他浩大的发掘场地工作过的工人、水手和雷斯，到埃及政府的官员、林格男爵以及大量的执政官和大使，正排着队在探望弥留之际的马里耶特。

此时的埃及自身也处在巨大的困境之中。两年前，尼罗河水位过低和高额税收带来的饥荒造成了大约七十万农村人口死亡。据说在上埃及丹德拉，一艘库克旅游公司的游船厨房中烤出来的面包喂饱了一千名饥民。在开罗和亚历山大，一些民族主义团体希望埃及能够摆脱外国统治者的支配。其中自由国家党（el-Hizb el-Watani el Hurr）受到埃及军方的支持，是这些运动中最重要的一个。其领导人陆军上校艾哈迈德·奥拉比（Ahmad Arabi）差点遭到逮捕，还受到了处决和暗杀的威胁，后来他被任命为陆军大臣。伦敦和巴黎对不断发展的事态都保持高度警惕，因为它会威胁到埃及的债务偿还问题和苏伊士运河的控制权，而苏伊士运河是通往英属印度和远东地区的航路所在。

211

1881 年 1 月 12 日，马斯佩罗到达开罗才刚刚几日，英国和法国政府便向埃及政府发送了联合通告，表示支持总督，并威胁称一旦国家局势受到威胁，将进行军事干预。木已成舟，不到两年后英国舰队便对亚历山大发起了毁灭性的攻击，艾哈迈德·奥拉比战败，之后又遭到流放，此后建立起的所谓"保护国"制度使得英国成了埃及实际上的统治者，直到 20 世纪 50 年代。

联合通告被发往埃及议会后六天，马里耶特在他的博物馆中去世，他的葬礼于次日举行。马斯佩罗的一名陪同学生，二十二岁的维克多·洛雷（Victor Loret）在日记中描述了当时还位于尼罗河畔开罗郊区的布拉克——此地如今已是市中心的一部分了。他写道：

> 他的助手们在博物馆集合：送葬队伍计划于下午三点到达。马里耶特的花园和博物馆之间的格子窗是开着的，埃及风格的红皮扶手椅和椅子散乱地放在庭院中……美国梧桐木做成的埃及风格的棺材样式十分简单，以红蜡封住，正展示在博物馆的主厅中……庭中满是哀悼者、士兵、戴红色土耳其毡帽的人和方济会修士，还有法老们和埃及的斯芬克斯们，古孟斐斯和罗马的坟墓，高高的绿色基座中间则是冷冰冰的哈夫拉［与鹰］的雕塑，其下方看起来就是马里耶特先生坟墓的所在地！

最终，马里耶特还是被恰当地放到了一尊欧洲制造的法老风格的花岗岩石棺中，葬在了今日开罗博物馆的花园里，虽然他本人没有看到，但他的努力促成了欧洲之外第一座全国性古文物博物馆的建成。

马里耶特希望布鲁格施能继任他埃及文物局局长的职位，并且为此特别将其叫到了开罗。然而这时的埃及与他和他朋友最初在塞加拉开始发掘工作时的埃及相比已截然不同，林格男爵在国际委员会和总督政府的各部门间行动迅速，确保了接管埃及文物相关事宜的是马斯佩罗。在马里耶特的葬礼上，布鲁格施孤单而失落地跟在棺材后面，并未与其他外国人走在一起。几天后，法国政府为仍在进行的南塞加拉的发掘工作提供了资金支持，马里耶特的论文和藏书也被法国买下来，他的债务得到清算（他从来就算不上富有），他两个身无分文地流落在开罗的女儿也得到了足以返回巴黎生活的旅费。这些安排执行得非常匆忙，以致马里耶特在新总督博物馆中的文物收藏被错误地运到了法国，只能再运回来。

与此同时，奥拉比进军开罗，洗劫了法庭和一些政府部门。在总督依英国特派员巴林的命令提出抗议后，支持奥拉比的反抗政府的林格男爵被召回法国，之后又被派到君士坦丁堡，在奥斯曼帝国宫廷中担任大臣。同时，再度得到法国和库克旅游公司资金支持的南塞加拉的发掘场地进一步扩大，将中塞加拉的金字塔遗址也包含在内。1881 年 2 月 28 日，乌纳斯金字塔的内部和其中几近完美的《金字塔铭文》第一次展现在了现代人面前。一个月后，附近一座属于乌纳斯的接替者特提的金字塔被打开，在其墙壁上也发现了类似的文字。

就在曾为马里耶特效力的鲁比打开特提的金字塔废墟时，马斯佩罗带妻子、雇员和几名法国政府代理人乘坐着马里耶特的老蒸汽轮船"曼琪"号（*Menchiéh*）沿着尼罗河开始了一场巡查之旅。他这场胜利之旅最主要的目标之一便是找到一座或几座十多年来为西方世界的博物馆提供了精美的莎草纸卷和其他精美随葬品的坟墓的位置。两年前在卢克索，镇上一些孩子靠每天从游船上偷牛奶来维生，警察逮捕了带头的兄弟三人，他们来自本地的一个大户人家。阿布德·艾尔·拉苏勒（Abd er-Rassul）在几个月的折磨和威胁后招供出了一处藏有木乃伊的地点，其中许多具木乃伊属于

213

乌纳斯金字塔的入口，当时它刚被马斯佩罗手下的工人们打开

PYRAMIDE DU ROI OUNAS

乌纳斯金字塔内部结构的一部分，出自马斯佩罗编辑的《金字塔铭文》

久负盛名的埃及法老们。但当时马斯佩罗已经返回法国，因此这项任务被交给了埃米尔·布鲁格施和艾哈迈德·卡马尔（Ahmed Kamal）贝伊。卡马尔是当时为数不多经过专业培训的来自埃及本土的埃及学家，在新博物馆担任秘书，他和布鲁格施负责清理那些最重要的墓室。《金字塔铭文》和法老的木乃伊是所有非凡的发现当中最受欧洲报社欢迎的，它们被认为是马斯佩罗教授和他引领的新时期的壮举。

在埃及的英国统治者的帮助下，和蔼可亲的巴黎教授马斯佩罗在埃及文物事宜中取得了决定性的控制地位。到1909年，他又得到了英国女王赐予的荣誉骑士头衔。他在博物馆的办公室中监管着有关国家收藏品的政府公告，并在全新的国家博物馆中筹划这些藏品的展出方式。与此同时，作为文物局局长，马斯佩罗负责发放在埃及进行发掘的许可，并且监管出土文物在其发掘者——大部分是由外国雇用的——和国家博物馆之间的分配工作。文物局的理事会一直掌握在马斯佩罗及后辈法国学者的手中，直到1956年埃及革命为止。因此这七十年的时间贯穿了整个为古埃及的发掘和解读工作打下基础的时期，在这期间复原法老时代建筑和文物的进程是由当时的欧洲学界和国际博物馆的需求及社会态度，由外国的民族主义和大量资金引导的，其造成的影响在古埃及的历史上落下了巨大的阴影，直至今日。

从石头到纸张——从塞加拉到柏林

当马斯佩罗第一次乘坐着"曼琪"号沿尼罗河旅行时，

215　一名研究大金字塔的英国年轻人也特意留出了一天时间，穿过沙漠来到南塞加拉的发掘场地。在大英博物馆的伯奇（Birch）① 博士的要求下，他爬下佩皮一世墓室破碎的房顶，复刻下了一些布鲁格施兄弟俩一周前复刻过的文字。这位年轻人便是威廉·马修·弗林德斯·皮特里，是当时最有天分的考古学家之一，他第一次去往埃及便写就了一篇署名为"匿名通信者"的文章，发表在《雅典娜神殿》（Athenaeum）杂志 4 月刊上。这篇文章最早宣布了发现《金字塔铭文》的消息。

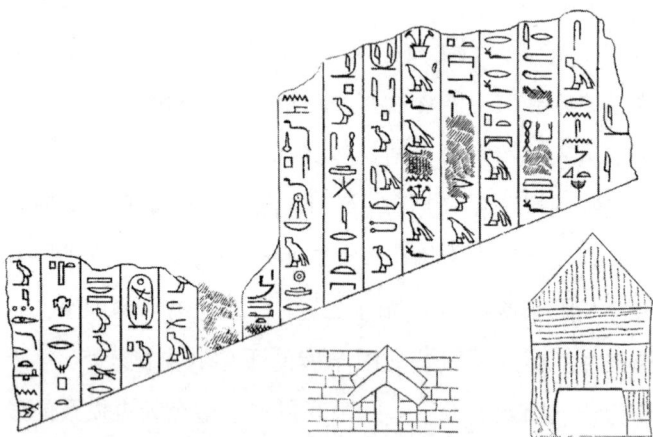

这是世人第一次看到《金字塔铭文》：皮特里发表的两幅建筑环境草图，以及由海因里希·布鲁格施手绘的部分铭文

　　两个月后，伯奇和布鲁格施联合创作的一篇包含了同一份文本及其译文的文章发表于《圣经考古学会学报》

---

① 指萨缪尔·伯奇（1813~1885），英国埃及学家、古文物研究者。

（*Proceedings of the Society for Biblical Archaeology*）。该学报是当时引领业界的埃及学学术期刊，马斯佩罗教授也在其上发表过多篇作品。尽管作者宣称其过程"充满了困难"，但他们还是认为这些埃及金字塔中最古老的文本将为人类的历史和宗教启示书写全新的篇章，在世界上最古老的宗教文献与《旧约》之间建立联系一事也前景可期。

这两篇英国人发表的文章让法国当权者深感不快。早些时候，发表的先后顺序在写作文章的绅士们之间是礼节问题，而到了现在，这些问题则牵扯到了政治和学术专业领域。尽管这些文章影响力微不足道又含有不准确之处，但它们抢走了世界上最早的宗教文献首次向世人露面的时刻，马斯佩罗只能在接下来的十年中陆续发表当时已知的四千行左右的《金字塔铭文》，直到 1894 年他才终于出版了完整的《塞加拉金字塔的铭文》（*Les inscriptions des pyramides de Saqqarah*）。

马斯佩罗从年轻时起便是多产而有活力的作家，他于 1875 年首次出版的有关古代东方历史的著名作品成为历史学和圣经学著作的范本，也为他第一次吸引了林格男爵的注意。尽管对于之前已经将商博良、本生、莱普修斯以及其他许多人吸引到巴黎这座富有活力的城市来的著名的巴黎语言学学者圈子而言，马斯佩罗是后来者，但其实当时他已经是法兰西学院中的名人了。因此毫不意外地，在埃及工作六年之后，他便把埃及的各项工作交给自己的学生，回到了巴黎的法兰西学院。1895 年，他第一次遇到少年老成的艾伦·加德纳，后者当时年仅十六岁，刚刚离开卡尔特修道院。加德纳的父亲是个丝绸商人兼金融城的银行家，他在儿子的请求下将其送到巴黎，进入法兰西学院学习。加德纳后来回忆道："作为一名即将结束学生时代的少年……我十分渴望成为埃及学家。"

巴黎的某个晴朗的早晨，加德纳熬过了马斯佩罗用繁复的法语教授的一堂有关一段《金字塔铭文》的课，他在课后询问这位刚刚出版了这些晦涩文献的合集的教授，这段铭文究竟是什么意思。"你知道，我有很多想法！"马斯佩罗回答道，"我想我刚刚给你的解释已经很好了，但我向你保证，我还能给你二十种一样好的解释！"年轻的加德纳总是力求清晰准确，觉得马斯佩罗是个"满是谬误的语法学家"，因此对他而言这种高卢式的自信完全是毫无根据的。他后来就不再继续上这位伟大学者的课了。

217　　然而后来，加入英国有史以来最伟大的埃及学家之列后，艾伦·加德纳爵士却只能不情愿地在古埃及宗教文本的解读上给出类似的结论：

> 这些词语中大部分的意思是已知的或者可以通过与其他例子对比得出的：但我们却无法知晓词语含义之间精确的细微差别，只能推断出词义的类别、大致的方向、近似的情感特质……［因此］这些纯教导性质的文本，由于缺乏具体的、能让这种或那种翻译准确无误的背景，将带来超乎寻常的困难。

它强调了这样的事实：从《金字塔铭文》被发现时起，它便是所有古埃及文献中最晦涩也最古老的，并且给埃及学家们带来了极大的解读困难。但就在马斯佩罗于巴黎教书的时候，又出现了一群来自柏林的语言学家。他们中有一部分人来自一所有百年历史的研究机构——这所学校的一个著名毕业生曾形容其为"用学术征服古代世界"，并决心在古埃及及其文字、宗教和历史研究领域掀起革命。

1902 年，从牛津大学毕业一年后，加德纳来到柏林，留在这里进行了长达十二年的研究，他买了一所房子，建立了一所图书馆，并在这里成家。同时，他也开始了编纂圣书文字大词典的工作，他决心将所有已知的圣书文字文本中出现过的所有已知的单词都纳入这本词典。

这项工作让加德纳开始与阿道夫·埃尔曼教授日常来往，埃尔曼是埃及学柏林学派及其圣书文字词典的创建者。埃尔曼与马斯佩罗是同一代人，他的父亲和祖父都是杰出的柏林学者，他们又是 17 世纪和 18 世纪之交在柏林建立了大学，并使其成为全世界最有影响力的学术中心的人文主义者和知识分子的后代。相比让-弗朗索瓦·商博良的作品，这所大学中不断进行的研究对现代人对古埃及的看法有着更大的影响。

"语文学学生"——征服过去

在现代人对古埃及的理解当中，最根本性的变革诞生于 218 柏林南部漂亮的小镇哥廷根。英国国王乔治二世（George II）也是不伦瑞克公爵和汉诺威选帝侯，他在这里建立了一所大学。1777 年，一个名叫弗雷德里希·奥古斯特·沃尔夫（Friedrich August Wolf）的学生被录取后来此入学读书，成为所谓的"语文学学生"（Studiosus Philologiae），当时在西方世界，"语文学"这个大学专业还并不存在。

当然，对异域文献和古代书面文字记录的研究本身并不是新诞生的。作为一种能够更好地解读《圣经》和法律的方法，这种研究在文艺复兴前的欧洲法庭和修道院中普遍又深入。然而，温克尔曼认为古希腊文化是人类社会缩影的观点改变了传统学者的关注点，就像当时大多数受过教育的欧洲人一样，沃尔夫作为温克尔曼的传记作者，同样是温克尔曼观点的支持者。因此，在哥廷根这座 18 世纪最为自由主义的大学中，沃尔夫运用起了传统的语文学工具，但这一次不是为了更进一步地帮助理解教会文献，而是为了尝试揭开信仰多神教的古希腊文化中某些已失落的事实。

在调查研究开始时，沃尔夫分析了他认为是所有希腊语文献中最高贵也是最古老的文本——《伊利亚特》和《奥德赛》——所用的语言，他从这一研究中得出了在当时具有革命性的结论，即这两部珍贵的史诗并非同一位诗人的作品，而是由许多不同作者的作品汇编而成的。在当时，这些古老的文本一直被当成古代历史的首要史料。但是，沃尔夫开创性的语文学分析却表明，古典文学本身就能够揭示人们之前闻所未闻的历史，即有关思想文化的历史，并且提供了审视过去的全新角度。当然，要对其进行复原很明显是一项浩大的工程，因为若是要对所有的古典文学作品进行这样细致的分析，需要一整个学院的经过特殊训练的语文学家。这反过来使得沃尔夫重新设计出了研讨会——研讨会原本是起源于中世纪的一种学习方式，学生们在会上聚到一起，在教授的指导下完成自己原创的研究。

在整个 19 世纪，语言学和文本批评学都是在德国的大学中发展的，古典学和圣经学学者们就此走上了与之前完全不同的道路，这条道路在学术上造就了超凡的影响，也为欧洲的教会带来了巨大的分裂和争端。

这场变革还给学界带来了另一个更为深远的影响，那就是它使得哥廷根大学成为全新的语言研究以及《圣经》、梵文和古典文学研究的中心。1867 年，在布鲁格施被叫到开罗管理存在时间不长的总督埃及学学院（Khedival school of egyptology）前，他刚刚在这所大学取得了埃及学相关的新职位。19 世纪 70 年代，莱比锡、柏林和巴黎的大学也纷纷设置了埃及学相关职位，而这种学术研究本身——对古埃及语言的研究——也逐渐找到了专业的学术基础。

同时，对历史本身属性的修正也正在进行，语文学研究的发展和随之而来的对原始文献（而不是那些被不断重复使用的古老的历史评论）作用的重新评估促进了这次修正。同时，研讨会被越来越多地作为学习工具使用，这催生了许多全新的学科，如社会学、人类学、人种学、语言学以及艺术史。在众多新建立的学科不断发展的同时，自然科学也在欧洲的大学中建立起来，这使得学者们开始采用通用的学术研究专用语言。例如，历史学研究拥有了许多新的工具和方法，而古代学（Altertumswissenschaft）——沃尔夫最初在他的语文学研究中描述的"历史的科学"——则成为许多大学系院的常见研究项目；而乌尔里希·冯·维拉莫维茨-默伦多夫（Ulrich von Wilamowitz-Moellendorff）后来将其称为"用学术征服过去"。

220　　在哥廷根之后，柏林的大学——今柏林洪堡大学——成为把新的研究领域划分为不同学科这一惊人进程的主要推动者。柏林大学原本是普鲁士顶尖的大学，后来又成了德意志王国最好的大学，建成于19世纪初，是颇具远见的亚历山大·冯·洪堡（Alexander von Humboldt）构想的面向全体普鲁士人民的教育系统的巅峰，该系统按英才教育制度运行，旨在将这个高度结构化、高度专制的国家的价值观传授给人民。柏林大学坐落于宽阔而秩序井然的大道之中，其所在的城市在19世纪90年代曾让马克·吐温忆起了芝加哥。柏林大学直接由国家资助——埃尔曼的词典编纂等项目是由特别指派的国家委员会来提供资金支持的。这所大学中不少教授在议会和宫廷中也是举足轻重的存在。他们都坚守着同样严苛的职业道德，对人类文明社会中的基本秩序有着强烈的意识，坚信科学、语文学和历史学拥有逻辑且必将进步，忠于他们所属的学科和大学，且终生如此。简单来说，这是一种独特的学术文化，其中的分级制度和学习方法催生了一种对研究的僧侣式的奉献精神，在当时就被称为文化清教主义（Kulturprotestantismus）。

语法与词典

阿道夫·埃尔曼教授生于1854年，在德国学术机制建成的过程中很晚才发挥作用，但是他改变了现代人对古埃及的认知。埃尔曼本身就是这种高等学术文化出身，对他而言埃及学上的变革十分有必要，因为埃及学虽然深受大众关注，却并未从在其他古代语言研究中迅速发展的语文学研究里获得什么益处。因此，埃尔曼在其职业生涯的开始便发现，其他学者认为他选择的课题缺乏完整的学术严谨性，对古埃及文本的翻译和对法老时代历史的记叙在某种意义上是想象出来的。

埃尔曼改变了这一切。19 世纪 70 年代，时年二十余岁的埃尔曼正担任着莱普修斯的助理——柏林大学拒绝给予莱普修斯教职，因为他们认为埃及学不是必需的学科——他运用了古典语文学的研究方法和不断进步的语言学科学来分析圣书文字文本中的语法，并发表了一系列此主题下的优秀的技术性文章。他后来回忆道，这时古埃及语研究与其他古代语言研究之间还是相对孤立的，这对他而言是好事，因为他可以完全基于法老时代的文献和古典语文学的句法规则构建个人的研究方法。

221

在埃尔曼改变当代西方人对古埃及的看法的过程背后，有一种根本性的认知，他从自己的工作刚开始时就采纳了这种认知。圣书文字已经被使用数千年之久，其最终形成的表达方式则被以科普特希腊语的方式书写下来，因此理解圣书文字语言的关键在于将其中各种各样的，在时间长河中慢慢发展出来的词组进行切分、对比和描述。埃尔曼先是把这一语言的发展历史分成几个阶段，就像其他学者很久之前曾以同样的方式给其他语言划分阶段那样。一般来讲，埃尔曼划分的语言史上的两个阶段与本生划分的法老时代历史的三个阶段是相互对应的：埃尔曼的"早期埃及语"指的是本生划分的古王国和中王国时期的书面语言，"晚期埃及语"则出现于新王国较晚的时期。

1880 年，埃尔曼——时年二十六岁，是个衣着整洁，戴着眼镜的青年人——出版了作品《新埃及语语法》（*Neuägyptische Grammatik*），这是一部实用的讲解晚期埃及语语法的作品。九年后，他对这种古老语言的发展历程和古代书吏们的书法掌握到了惊人的地步，帮助他写成了《维斯特卡莎草纸卷的语言》（*Die Sprache des Papyrus Westcar*）。在该作品中，他对这份莎草纸卷中有关哈杰德夫、魔法师杰蒂和生下了国王的祭司之妻的"童话故事"（埃尔曼这样称呼它们）进行了语法分析。埃尔曼发现，这份独一无二的莎草纸卷虽然已经被展开，却从未被发布在莱普修斯的论文中，因为早期的学者们都没有对其进行翻译。几年后的 1894 年，埃尔曼出版了一本更为全面的语法书《埃及语语法》（*Aegyptische Grammatik*）。他在这本书中援引法老时代许多不同时期的文本作为案例，说明了书面语言中的语法是怎样随时间而发展的。对于"早期埃及语"，他主要参考的便是《金字塔铭文》——埃尔曼为《金字塔铭文》提供了清晰明了的翻译，而此时距离布鲁格施最初举步维艰地尝试复刻并解读《金字塔铭文》仅仅过去十年而已。

埃尔曼的研究使得过去所有的语法书都变得过时了。从他将圣书文字转写为拉丁字母的方法——这种方法是他从当时的闪米特语研究中发展出来的——到他描述的具体语法元素，埃尔曼的作品都体现出了相当的创新性，以至于其作品的美版译者不得不为他使用的一些专业术语发明出对应的英文词。他几乎是以一己之力打下了现代埃及学的根基，使得柏林成为全世界埃及学研究的中心。

据说在创作《埃及语语法》的过程中，埃尔曼联系了马斯佩罗，希望能取得马里耶特压拓下来的、现存于巴黎的《金字塔铭文》拓本的复制品。"真是可惜啊，"据说埃尔曼从他的巴黎同事那里得到了修正后的文本后这样说道，"从这么早的时候起，埃及人就不会正确书写啦！""真是可惜啊，"据说听闻埃尔曼的评价后，马斯佩罗这样回复道，"古王国时期的埃及人不曾阅读过埃尔曼先生的语法书！"

后来加德纳发现，使用了柏林学派研究方法的埃及学家和当时其他许多埃及学家——主要是法国和英国的大学和博物馆中的埃及学家——产生分歧的原因并非傲慢。只不过，柏林人"除了自己学派的作品之外，完全无视其他作品"，而这种态度又是柏林学派严格的研究方法导致的，这种方法取代了时代更早的翻译者们所用的个人化的、具有偶然性的直觉。在柏林，埃及学被认为是一门科学，埃及学研究也是清晰明确的项目，需要由一代代的研究者将其一步一步地推进，这样才能用符合逻辑的方式表现出大量基于文本的知识，并详细记录有关这个古老文明的方方面面。

到了1897年，这一非凡事业的核心活动便是埃尔曼的圣书文字词典的编纂工作，其中包含了对埃及现存建筑上和世界各地博物馆中保存的圣书文字词语和词组的复刻、翻译及编排。这项工作精细度极高又极其耗费时间，但幸运的是有一群有志于此且专业的人士来完成它。在埃尔曼的语法书出版之后，加德纳等埃及学家便纷纷从欧洲其他国家和美国来到德国柏林学习。作为当时最优秀的年轻人才，他们从学

223

科创建者本人那里学习新生的埃及学，并且也着手参与"词典"（Wörterbuch）——柏林的圣书文字词典得到了这样的爱称——的编纂。

大体上来说，一群德国和奥地利的学者开始复刻埃及和英国保存的古埃及文献，埃尔曼最亲密的学术伙伴，也是他曾经的学生库尔特·泽特（Kurt Sethe）则开始研究《金字塔铭文》，颇有天分的美国学生詹姆斯·亨利·布雷斯特德——他曾经在埃尔曼的《埃及语语法》德文版出版的同年出版了其英译本——也旅行到欧洲的各个博物馆，抄录收藏在这些博物馆中的文本。在布雷斯特德加入词典编纂工作后几年，加德纳也加入了。他从未做过埃尔曼的学生，在柏林学术界的严格术语中，他也只能被称作"初级助理"。加德纳在莱顿和都灵的博物馆中花了不少时间，转录了一个世纪之前商博良打开的许多莎草纸卷，将这些手写的文字抄录成一行行字迹整洁的圣书文字。这是继埃尔曼翻译维斯特卡莎草纸卷后的又一开创性举动，加德纳通过这些莎草纸卷拓宽了词典的涵盖范围，将许多古代的手写文献包含进来，而不是仅收录他的大部分同事在抄录的刻在建筑中木头或石头上的铭文。

这规模巨大的词典编纂事业得到了来自德国其他大学的许多研究员的帮助，最终成品有 120 万条，每一条都含有 30 个左右的圣书文字，其中大部分经过了处于埃尔曼和其他一些资深编辑挑剔眼光之下的分析和翻译。每一条中的每一个词都被收入了浩瀚的目录中并编号，还注明了参照项，使得其在圣书文字文本中已知的每一次出现都被列出，并可

以通过索引找到。柏林词典的基础就是这样打造而成的，这
部词典以《牛津英语词典》的形式用引语定义了每一个词，　224
并追溯了其在三千年的历史当中的发展变化。这部作品从
20 世纪 20 年代初起以各种形式发行，尽管其中的许多研究
成果是学者们在远早于第一次世界大战的时候就发表了的，
但它仍是一项重要的成就。然而与此同时，它也运用了语文
学中强调科学之精确性的原则性美德，悄无声息地将柏林学
派的态度和看法，尤其是埃尔曼教授和当时的德国学者们的
看法带入了现代人对古埃及的印象之中。人们可以想到，这
也是他们所处的时间和地点的产物：这些态度和看法结合了
过去温克尔曼和洪堡的构想以及 19 世纪晚期德国的政治潮
流，由埃尔曼于 1886 年完美地放在了他为《古埃及生活》
（*Life in Ancient Egypt*）写的序言当中，这本书影响广泛，
它将柏林研讨会上新创造的古埃及形象介绍给了整个西方
世界：

> 将年轻而充满欢乐的希腊艺术与冷静严肃的古埃及
> 艺术相比时，我们必须明白后者是在尼罗河谷地艰苦的
> 土壤之上的生活中诞生的，在这里，每个人都必须艰苦
> 劳作……
>
> 现实的逻辑告诉我们，要想控制调节灌溉的水利设
> 施，必然需要专制政府。实际上，我们最早了解到的关
> 于古埃及人们生活状态的信息便向我们展示了严格的政
> 治管理和土地关系。在这个国家当中，个人是无关
> 紧要的……

他们的语言、宗教和政府是以与后来其他国家相似的方式发展的……这些统治着他们的、恒久存在的规律仍然有效……古王国也是在战争中建立的，就和那些导致了现代国家建立的战争一样……

古代的记录，现代的历史

尽管加德纳不喜欢柏林学派的排外性，其强大的价值观和非凡的职业道德还是强烈地引起了年轻而勤奋的美国人詹姆斯·亨利·布雷斯特德的共鸣，后者的美国中西部公理宗出身对此极有助益。这些严格的原则，再加上毫无疑问大量参考了普鲁士的美国公共教育系统使得柏林大学这座学术秩序的至高殿堂在这个年轻人眼中拥有了特殊的光辉，并把他引向了埃尔曼教授的研讨会。

作为一名在柏林的学生，布雷斯特德转录了大量圣书文字铭文，以便将它们收录到词典当中。十年后，有了更多的在埃及和欧洲博物馆中实地考察的经验后，他又将同样的材料应用到了其作品《埃及的古老记录》（*Ancient Records of Egypt*）中。这部重要的五卷本巨著中包含了时间跨度达到两千五百年的法老时代文献的翻译，其中大部分到了 20 世纪仍被作为古埃及历史文本的标准英文版使用。同时，在他成为美国第一位埃及学教授之后，布雷斯特德又将这些文本用在了他于 1906 年首版的杰出作品《埃及史》（*A History of Egypt*）中。与他的《埃及的古老记录》一样，这部作品也被一代又一代的历史学家当作标准版的古埃及通史来使用。

225

这部作品生动且权威，其对政治和经济的关注，以及有意识或无意识进行的评判和特性总结使得大部分现代历史学家依旧跟从于布雷斯特德令人印象深刻的叙述。

十年后，布雷斯特德出版了他在古埃及宗教发展史方面的头两部著作，这两部作品的初始观点都是柏林研讨会在第一次世界大战之前就已经讨论过的。实际上，这些作品中第一本也是最具影响力的一本——《宗教和思想在古埃及的发展》（*The Development of Religion and Thought in Ancient Egypt*）正是献给埃尔曼教授的，以表达布雷斯特德的感激和敬仰之情。一位与埃尔曼同时代的杰出学者曾说，埃尔曼是"第一位以历史角度展现埃及宗教"的人。

布雷斯特德有关古埃及宗教的第一卷著作被认为是经典的学术丰碑，在现代人对古埃及的印象上产生了和他的历史学作品一样巨大的影响。它们拥有同样的主题，都将古埃及的历史以道德和物质进步的过程来叙述。例如，他在宗教方面的第二卷著作中描述了数千年来从蛮荒原始到衰落消亡的过程——对布雷斯特德以及类似于埃尔曼这样的生活在欧洲北部的人来说，这个过程呼应的是悲观主义的古代宗教史，即古代宗教的发展历程是原始异教到高等教会的堕落的过程，若不是基督新教的诞生拯救了这一切，最终它一定会不可避免地走向腐朽和消亡。

就像埃尔曼早些时候出版的广受欢迎的作品将古埃及介绍给了一代代德语读者一样，布雷斯特德的作品比其他任何人的作品都更能将柏林学派对古埃及文化和历史的态度传达给英语世界，布雷斯特德的资助者约翰·D. 洛克菲勒

226

（John D. Rockefeller）慷慨地承认了这一点。第一次世界大战之后，柏林经历了贫困的十年，在这期间正是洛克菲勒资助了埃尔曼的词典的出版。

同样，加德纳的《埃及语语法》（*Egyptian Grammar*）于 1927 年首次出版之后，也成为后来一代又一代的埃及学学生的入门课本，这本书在结构乃至排版上都致敬了之前埃尔曼那本较短的语法书。像埃尔曼一样，这本被爱称为"加德纳的语法书"的书也将对圣书文字书写的研究严格地放进了经典的语法书中，它让那些学习古代文明的学生相信自己可以"通过学术征服过去"。就像弗雷德里希·奥古斯特·沃尔夫一个世纪前在哥廷根打下基础，埃尔曼和泽特在柏林教授的那样，过去和古代历史的进程可以通过遵循传统古典语文学那些诱人的规则和方法来揭示——加德纳在他1961 年的传记文章中也重申了这一点：

　　……作为一名即将结束学生时代的少年……我十分渴望成为埃及学家，而我对学科本身和研究方法萌生出的兴趣几乎和我对等待发现的那些东西的兴趣一样多。

19　解读金字塔

库尔特·泽特与《金字塔铭文》

这是国王给予的供品！这是阿努比斯（Anubis）[①]给予的供品！你在高地上成千的小羚羊，它们低着头来到你面前。这是国王给予的供品！这是阿努比斯给予的供品！你那成千的面包啊！你那成千的啤酒啊！你那成千的香料，是从王宫大殿里来的！你那成千的令人愉悦的东西！你那成千的牛！你那成千的美食，你想要的都已摆好！

詹姆斯·亨利·布雷斯特德译，1912

除了柏林词典相关的工作之外，泽特对埃及学的另一项重大贡献是出版了一部合集，其中包含了所有已知的铭刻在

[①]　阿努比斯，古埃及死者守护神，形象为胡狼。

金字塔中的圣书文字文本的手抄版及其翻译和评论，这项工作占据了他一生中的大部分时光。这部作品的第一部分于1908年出版，最后一部分则是在加德纳的帮助下，于泽特去世后的1962年出版的。泽特的这部合集成为所有关于金字塔中铭文的讨论的基础：实际上，正是泽特最早将这些文本统称为"金字塔铭文"（Pyramidentexten）的。

在马斯佩罗的《塞加拉金字塔的铭文》中，每一段铭文后面都附有翻译和马斯佩罗基于对后世墓葬文本的理解做出的含义方面的解释，因为这些最早的文献没有其他可以用来对比的东西。由于这些铭文原本就十分晦涩，这项工作十分精细，但就像马斯佩罗自己承认的那样，它大部分取决于建立在长期沉浸于有关古埃及及其宗教的现代研究中所产生的直觉。

马斯佩罗在作品中将长长的竖排雕刻的圣书文字转为冷硬的凸版印刷的圣书文字字体，并且放弃了其最初的竖排格式（泽特后来保留了这种格式），将其改为自左向右横排书写，以符合西方的书写形式。同样，尽管这些古老的文本当中并没有任何有关固定阅读方向的暗示，但马斯佩罗和泽特出版他们有关金字塔中的铭文的作品时却都从金字塔墓室北面墙上刻的供品列表开始，然后向外移动到金字塔入口的方向，按照走廊和墓室的次序来排列这些文本。泽特也和马斯佩罗一样，将乌纳斯金字塔中的铭文作为作品的基础。时至今日，乌纳斯金字塔铭文仍然是所有《金字塔铭文》中已知最早的，也是保存得最好的。虽然它只覆盖了金字塔内部结构的一部分，但它似乎是后来的金字塔中那些更长文本的最初版本（editio princeps）。

但是，这两个版本之间的相似之处也就到此为止了，因为泽特用来分析解释《金字塔铭文》的方法是基于19世纪德国人对古典文学和《圣经》的分析方法——他通过化用术语"箴言"（Sprüche）作为铭文不同文段的标题巧妙地强调了这种借用。泽特还用数字给这些文段按照他排列的次序标了序号，从墓室到门廊。这个系统最初是由柏林研讨会中的另一位埃及学合作者汉斯·沙克-沙肯堡（Hans Schack-Schackenburg）伯爵设计的，至今仍在广泛使用。泽特按照哥廷根古典研讨会的方式，以通过分析同一段文本的不同的乃至常常是受损的版本构建出更早的、理论上存在却已经丢失的最初版本为目标，将当时已知的所有金字塔里的铭文中各个文段的不同版本一个个地按序列排好，并将新发现的文段编上新加的序号放在列表最后。直到今日，学者们 229 仍在按同样的方式排列新发掘出来的金字塔中的几百个新文段以及已知文段的新版本。

有了柏林研讨会上实现的对于古代语言理解上的飞跃，泽特对《金字塔铭文》研究的准确性和语言学层面的认知使得他的抄本、翻译和评论的连贯程度达到了前所未有的高度。实际上，正是这种成就使得一直到1968年，单独一座金字塔的铭文——这次还是乌纳斯金字塔的铭文——才作为一个独立的实体被出版和翻译。

然而，从金字塔墙壁上暗淡的竖排铭文到欧洲研讨会上有秩序的过程的转变却给现代人对它们的理解带来了深远的影响。这些文本有索引、可以互相参照，并被前所未有地一

CHAMBRE DE L'OUEST (A).

(Parois a—c.)

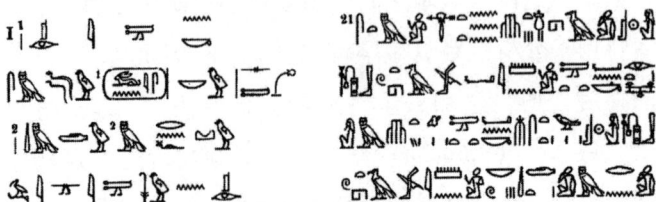

Spruch 23 (Schack Kap. 16).

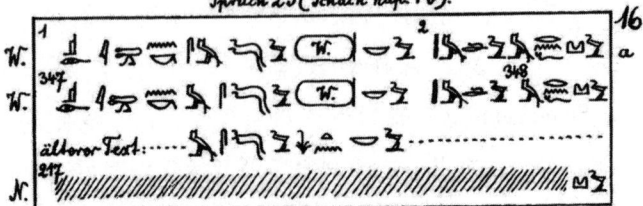

马斯佩罗和泽特的不同版本《金字塔铭文》中收录的几行圣书文字。马斯佩罗按照乌纳斯金字塔的参观者见到这些文段的顺序排列并给这些文段标了序号。而泽特作为古典传统出身的语文学家，则为马斯佩罗的 1 号文段提供了五个不同版本

行行分析和排序。泽特的《金字塔铭文》产生的直接影响便是，现代的人们可以像阅读一本书中的章节那样阅读这些古老的文段了。这带来的一个影响是，它鼓励人们在这些标了序号的文段中寻找一些互相关联的叙述。另一个影响是，《金字塔铭文》成为一本深奥的百科全书，其浩瀚的行列中精华的部分可以被萃取出来，用于解释古埃及的一切，从蚱蜢的神圣性到彩色石头在神庙建筑中的运用。还有一个影响是，在运用古典文学和圣经研究的方式方法分析金字塔中的铭文时，它们常常会被认为是充满了"暗喻"和"象征"的。但是，它们跟真正的暗喻和象征不同。真正的暗喻和象

征的意图往往是不确定的，含义也往往是不断变化的，而铭文中的图像则是由一组组暗语组成的，目的是传达简单且直截了当的信念。例如，布雷斯特德认为被选中的短文可成为理解西方道德起源的向导，而其他人相信这些文本包含了解释宇宙的起源和构成的神话，另一些则提出它们是对王家葬礼上的仪式的描述，形式就类似于公祷书（Book of Common Prayer）①。在进行了一个多世纪的研究后，这些见解都获得了足够的学术传承和属于自己的语言。

适时的反思

作为巴塞尔大学的古典语文学教授，弗里德里希·尼采在埃尔曼和布雷斯特德的工作开始前数十年就明白了使用他们的方法研究古代文献的危险之处。19 世纪 70 年代，在一起激烈的争议事件后，尼采从职位上卸任，之后他就该主题写了许多作品，其中充满了对今日被称为"我们语文学家"的引人注意的羞辱和审视，这成了他献给 19 世纪德国学术界的慷慨激昂的告别演说。

和同时代的许多欧洲人一样，尼采对古代文物怀着巨大的愿景，这来自温克尔曼和歌德，来自那个留下了众多伟大成就的时代。但是，尼采对古希腊的设想与同时代的其他人并不相同，其他人认为温克尔曼的古希腊中的社会和谐和艺术成就可以在强大的政府和古典教育的帮助之下复兴，使得   231

---

① 公祷书，英国圣公会祈祷用书，主要讲述圣公会进行崇拜时所用的统一仪式，以协助信徒理解《圣经》。

工业时代的欧洲，尤其是德意志民族，重新达到古典时代有过的完美水准。尼采的看法则是，古希腊的城市文化完全是当代欧洲社会的对立面。"国家组织得越好，"他望着柏林这座刚刚成为新建立的德意志帝国首善之都的城市这样说道，"人类就会变得越迟钝。"因此，尼采认为语文学的教授们作为古典时代的守门人，大大地误解了古代的文献，并且要对给现代社会带来有关古典时代的错误印象、让现代人产生危险的愿景负责。

反过来，尼采的古典时代是极其自由的，永远不可能被他曾经的同事们完全理解。他发现这些学者对研究和学术生涯更有兴趣，而非过去的实际情况。他们对古代历史的看法受到了"浅薄的理性主义"和"胆小的服从"的影响，这对那些由国家出资支持的教授来说是很典型的！

尽管尼采观点中的历史细节已经过时，但他在谴责中抛出的基础性问题时至今日仍然成立。应该怎样看待过去？语文学真的拥有理解过去所需的真正的科学法门吗？语文学和历史学算得上科学吗？19世纪时将古代社会分为铭文、经济、文化、宗教和政治等组成部分的做法，是帮助还是阻碍了我们对古老过去的理解？这样的方法能够解释为什么要在阿布西尔的沙尘中聚集起来一排排耐心地等待被宰杀的牛吗？他们能把这宏大而又生动的场面，那些站在烈日下、缭绕的香气以及血液与粪便的恶臭中的动物与供奉和给养行为，制造燧石屠宰刀，建造神庙和精美的雕塑，金字塔和河上的驳船，以及法老的神化和他成为自己母亲的公牛的观念联系起来吗？

　　尼采特别批评了他那个时代其他学者常用的一种方法，他们会将古代社会中特定的元素分离出来，赋予其基督教意义上的"宗教"之名。商博良和柏林学派都支持这种方法。　232
尼采发现，这样的猜想无论如何都是没有证据的，它假定了对神的意识和对崇拜的内在需要在整个人类历史上都持续存在。他提出，若是"……道德并非基于宗教……不存在什么宗教的祭司，没有祭司团体，没有古代的圣经，只有崇拜具体神明的祭司呢?"

地狱之犬的骨头在颤抖——尚古主义与柏林研讨会

　　　　乌云黯淡了天空，

　　　　群星如雨坠落，

　　　　长弓座摇摇欲坠，

　　　　地狱之犬的骨头在颤抖，

　　　　[搬运工] 沉默着，

　　　　他们看到乌纳斯王的灵魂苏醒，

　　　　成为以他父辈为食的神明，

　　　　用他的母辈充饥……

　　　　乌纳斯王吞食人类，吞食众神，

　　　　使者之主，传来了他的消息;

　　　　是住在基修的"额发抓握者"，

　　　　为乌纳斯王束住了他们。

　　　　是"所有恶行的惩戒者"，

为乌纳斯王刺穿了他们。

他掏出他们的内脏……

舍斯穆在他夜晚的壶中，

为乌纳斯王切开他们，

将他们的一部分烹调给他。

乌纳斯王吃掉他们的魔力，

吞噬他们的荣光。

他们中大的是他早上的食物，

他们中中等的是他晚上的食物，

他们中小的是他夜里的食物。

233　他们中年长的男人和女人被用于点燃熏香。

是"北方天穹的伟大者"，

为他给装着他们的壶生火，

用他们中年长男人的腿（做燃料）。

乌纳斯王在天上再度苏醒，

像地平线之主一样发光。

——泽特抄录的《金字塔铭文》393～414，

布雷斯特德 1915 年译本

　　泽特编号为 393～414 的铭文在 20 世纪初期被称作"食人者的赞美诗"，它是描述法老死后到重生期间发生的各种各样事件的文本中的一篇。和其他许多节一样，这几节讲述的也是死去的国王成为看不见的世界中的一员的旅程。看不见的世界在这里被以尼罗河下游地区的夜空指代，并最终以法老成为和其他神明一样"像地平线之主一样发光"的星星结束。

这个化身为群星的过程是通过"食人者的赞美诗"中屠杀、烹饪和吞食数位神明来表现的，这在已知的金字塔铭文中是独一无二的。古代的书吏们也并不特别偏爱它，在它出现在乌纳斯金字塔的墙壁铭文中之后，就只再出现过一次，是在接替他的法老特提的金字塔中。布雷斯特德认为这种不寻常的想象中的暴力场面是一幅"怪诞的食人画面……诸神像野牛一样遭到猎杀，被套住，捆起来，最后屠宰掉"。布雷斯特德解释道，在其他用更加虔诚或礼拜性的语调描述同一过程的文本中，这篇文本"是从遥远的史前时代存留下来的，我们可以看到野蛮的法老残忍地猎杀诸神，就像热带丛林中嗜血的猎手一样"。

不过，现代人对"食人者的赞美诗"的解读却认为，其残酷的想象是基于屠宰、烹饪并食用祭祀上作为牺牲的牛的记录做出的。其中一节将乌纳斯描写为"天空上的公牛"——就是说，死去的国王化身为公牛，来到看不见的世界中——这就将仪式上的屠宰与国王的死亡，以及最终与国王的重生联系在一起。这反过来表明这几节文本是整个法老时代历史中所有时期的葬仪文本中最核心的循环叙事的变体，它解决的是法老时代的世界中不断发生的，与每年自然变化的节奏相匹配的，从生到死、从死到生的自然重生过程中产生的别扭的物理层面的问题。

234

近当代对同一主题的另一种看法认为，阿布西尔神庙中宰杀牛和其他活祭品的过程体现了看不见的世界与可见的生者世界之间强大的物理接触：以国王名义进行的行为超越了可见的生者世界的边界，同时滋养了生者和亡者。这个循环主题后来产生了一个变体，描述法老通过自慰完成重生的过程，还有一处描述法老成为"他母亲的公牛"，后面这个常见的乱伦概念是自我生殖的一种表现方法，《金字塔铭文》中叙述各个国家守护神家族中类似的行为时也对其做过简短描述。

对"食人者的赞美诗"的多层次重新解读的关键在于乌纳斯王的"天空上的公牛"的身份，这出现在一段布雷斯特德认为太过晦涩而没有翻译的文本当中。布雷斯特德是重要的语文学家，所以问题自然不在于他对这门古代语言的掌握程度上。像加德纳在对一篇同样晦涩的文本所做的近当代研究中评论的一样，问题在于这位译者对文本本身的态度："当对语法和词典的迫切需要被满足，并且留下了很大的分歧时，我们选择某种翻译而不是另一种翻译的根本原因只能是译者对古代作者思想倾向的最直观感受。"因此，将注意力集中于食人行为后，布雷斯特德能从这段文本中辨识出来的就只有它"包含了重要的表述，说国王'以每一位神明的存在为生，吃下使他们充满魔力的肚腹中的内脏'"。

为什么是食人呢？就像他在柏林研讨会中的同事一样，布雷斯特德认为古王国时期的人们比较原始，并且猜想后来时代的古埃及人也继承了他们野蛮的行事方式。正如埃尔曼

1904 年在柏林帝国博物馆的古埃及宗教手册的简介中所   235
写的：

> 若有人认为下面对埃及思想做出的解释太过简单，
> 那他们就应该想想，它本来就主要是由一群赤身裸体
> 的、半开化的农民组成的民族孕育出来的。这些思想是
> 历史上的埃及人传承下来的，他们是基奥普斯、阿蒙涅
> 姆哈特和拉美西斯的臣民，他们将其保存下来传到了我
> 们手中。

埃尔曼的评判是基于当时的语文学基础做出的，那时除了
《金字塔铭文》外，几乎没有别的古王国时期的文本得到了
翻译，人们对那时的艺术和建筑也几乎一无所知。结果就
是，这个漫长而又复杂的时代被认为是半文盲的，是个原始
的、几乎没有历史记载的时代。实际上，人们对古王国有着
半文盲的、非常原始的文化的印象还拓展到了中王国上，直
到 19 世纪 90 年代，埃尔曼发表了对维斯特卡莎草纸卷和其
中哈杰德夫王子与两兄弟国王的故事的先驱性译文——人们
认为这份重要的莎草纸卷是在中王国时期创作的。

相比之下，新王国时期的文本在 19 世纪时便很丰富，
人们可以方便地在曾是商博良的狩猎场的欧洲博物馆与埃及
底比斯的坟墓和神庙中研究它们。因此，在一本出版于
1894 年的埃及简史作品中，埃尔曼把法老时代历史中较早
的那些年代用几页纸涵盖过去了，却为拥有足够多文字材料
的新王国时期按在位时间顺序记叙了诸位法老的情况，他主

要用 19 世纪那些有关战争和征服的术语来进行叙述。因此毫不意外，他认为新王国时期是繁荣而灿烂的年代，是"从黑暗中升起来的"。

布雷斯特德不幸产生的野蛮法老的印象也诞生于对"原始"的类似理解中，当时的西方人在所谓的瓜分非洲的过程中产生的有关撒哈拉沙漠以南文化的描述更加深了这种理解。殖民者们所见到的非洲人的仪式和礼制与他们之前见过的大不相同，因此他们猜想这些祭司应当是非理性的、残暴的，分不清现实与魔法和迷信之间的区别。这些传教士宣称这是一片原始的地区，其社会中所拥有的社会和道德秩序相当贫乏。对那个时代的许多学者而言，这些文化是现实中早期法老时代文化的活案例。

布雷斯特德在追溯了泽特的《金字塔铭文》中道德元素的演变后，在他的评论中将柏林学派一贯的态度转变得更乐观了一些。但是，有着像埃尔曼和泽特这样背景的人就相对不那么容易改变看法了。埃尔曼在 1886 年写道，古埃及人生活在艰苦而单调的环境之中，这样的环境孕育出了乏味的民众和苍白无形的神明，他们与希腊人截然不同。希腊人有着积雪盖顶的高山，有泛着大海气息的风，有开满花朵的草坪，因此他们有欢乐而充满青春气息的奥林匹斯诸神。

温克尔曼晚期浪漫主义的构想也将欧洲人对过去的印象分割成了两半，一半是完美的古典时代之前兴旺繁荣的那些文化，另一半是之后诞生的文化。对于之前诞生的那些文化，温克尔曼早就下了结论，认为波斯、腓尼基和埃及的文化是比希腊文化更低等的，是文明程度较低、更为原始的。

温克尔曼发现，就连他们的身体也没有希腊人那么精致而高贵，他们的法律、习俗和宗教自然也是如此。

这是早些时候的西方人对原始世界的印象，在那样的世界里，人类与动植物尚能和谐相处，没有基督教文明中的那些限制或禁忌。随着启蒙主义的兴起，以及后来进化论的出现——达尔文本人就认为早期的人类会像大猩猩一样生活混乱——将原始社会视为黎明，视为人类的幼年时期，视为人类发展中普遍存在的一个阶段的看法，给欧洲的帝国主义野心提供了方便的基本原理，他们从此可以宣称自己是在引导"低等种族"走向光明。后来这种看法又解释了第一次世界大战等欧洲灾难的原因。这些灾难被认为是一种退化，就像是从进化的梯子上跌落下去，回到了暂时的原始状态之中。

19 世纪时，人类发展中的较低级、原始的阶段的概念得到了拓展，实际上将所有并非源于欧洲的文明都涵盖了进去。这些所谓的原始文化，不管是古代的还是现代的，都在一系列新产生的学术科目中得到了科学分类和分析。这些学科常常认为自己的研究对象是与欧洲的成就相关的亚种，从它们多种多样的形态特征到语言，再到宗教和艺术、社会结构、历史和民族划分。 237

许多这样的研究都是由知名学者进行的，他们被认为是现代社会科学之父。在 20 世纪 20 年代到 30 年代，这种印象被扭曲和政治化，变得夸张，为那些在柏林大学庭院中烧毁"非德国的"书籍的学生、赶走埃尔曼的犹太裔学生的人、新上任的埃及学教授，以及所有柏林研讨会的产物提供了科学根据，那些教授当时身着纳粹制服在哥廷根和莱比锡授课。

就现代人创造出来的古埃及而言，埃尔曼有关原始的法老时代社会的看法从 19 世纪 90 年代起便渗透进了有关埃及文化其他领域的研究之中，他的许多同事和学生都从纯语文学拓展开来，在古埃及年代学、艺术史和建筑学方面进行了一系列先驱性的研究。例如，赖斯纳和博尔夏特都曾经和埃尔曼一起研究过，他们和他们的追随者们用魔法和所谓原始宗教方面的术语讨论过吉萨、阿布西尔以及其他古埃及古迹中庄严的建筑，还根据需要从早期对印度和非洲殖民地文化的人类学研究中提取术语来使用。

同样，金字塔中的文本是人类文明之黎明时分的原始宗教产物的猜想，使得刻满圣书文字的暗色立柱和将它们刻上去的那个鲜活的世界被割裂开来。就像《金字塔铭文》最敏锐的评论者之一哈罗德·海斯（Harold Hays）最近发现的那样："作为中介的人和事件都被抹去了，然而没有他们，就没有人类历史。"

因此，为历史起见，我们最好把《金字塔铭文》放到它们被刻到金字塔墙壁上的那个时刻里来考虑，它们当时仍是供奉、雕刻和建筑等宫廷活动的一部分。并没有证据表明它们的目的是记录一种国家宗教或神学，它们甚至也不是祈祷书。在金字塔内狭窄而黑暗的墓室中雕刻的行为又一次包含了别的意义。

在黑暗中阅读

如今，你若是想要阅读金字塔内立柱上的文字，需要梯 238
子和火把才行。当你从一个墓室走到另一个墓室，从一条走
廊走向另一条走廊，会看到这些铭文的顺序支离破碎，完全
取决于文段的位置、光照情况以及每个人自己在墓室和走廊
行进路线上的选择。这些文本也不是按照预先设定好的顺序
被刻在一座又一座的金字塔中的。因此，没有一种解读是最
权威的，它们的排列顺序也不是符合逻辑、连续不断或协调
一致的。那么，我们该怎么理解它们呢？

雕刻师的凿子留下的痕迹和书吏画下的修正参考线表明
文本中有许多修正、涂改和错误。这个简单的事实和书吏偶
尔会在文本中添加的注记，暗示了抄写这些文段时所用的范
本恐怕要么是受损的，要么是不完整的。这表明书吏和雕刻
家们是以卷轴上手写的范本为原型，将其转换为立柱上精美
正式的圣书文字的，当时的坟墓祈祷室和神庙墙壁上的画面
中的祭司手里就经常拿着这样的卷轴。

最近的文本分析更是表明，与马斯佩罗和泽特当年的猜
想相反，乌纳斯金字塔中的文段并非时代更晚的铭文的范
本，这已知最早的《金字塔铭文》并不是时代更晚的金字
塔墙壁上铭文的简单版或受损较少的版本。这反过来表明每
座单独的金字塔中的文本都是从精心制作的、早已失落的档
案中提取出来的；这些档案被写在卷轴里带进金字塔，并在
那里被改写成竖排的、正式的圣书文字。

与同时代的王家书信不同，虽然王家书信也是重新抄录

到贵族坟墓祈祷室的墙壁上的，但讲述的是具体的事件，而金字塔中的铭文则并不讲述事件，也不含有单一的线性叙事。尽管文本中充满了灵动的修辞，但它们也并不是法老葬礼仪式的脚本。这些喧闹的文本是在没有一点指导、指示或解释的情况下写下来的。它们来自一个遥远而鲜活的世界的形态和秩序，但其中的连贯性如今已大部分丧失了。

当然，就像许多古埃及文物那样，金字塔中的铭文也是约束乃至定义了这个鲜活的国家的行动所留下来的东西。就像宫廷雕塑中仔细复现的那些代表亲情的姿态，就像金字塔和坟墓的形式一样，它们包含了各种各样自发的、仪式化的反应，回应的是死亡这一行为、身体和灵魂的分离，以及死者从生者的房屋出发，跨过尼罗河，穿过芦苇之岸，来到西岸的沙漠中，最终来到鲜活的宇宙之中这一旅程中的命运。它们暗示着凡尘之外的世界，就像音乐、献祭仪式和燃烧熏香一样，其目的在于融入充满了尼罗河下游河谷的赐予生命的能量之中。

《金字塔铭文》中有一些文段表达的是纯粹的悲伤，贵族坟墓祈祷室中的一些文本和墙壁上的浮雕也是如此。其他一些文本，尤其是时代较晚的金字塔中出现的那些，则表明了像同时代国家官僚体系的发展秩序一样，拉或奥西里斯等神明的作用也被扩大了，并变得更为详细。还有一些包含了有关供奉和葬礼的正式词句——从这种意义上讲，它们与马斯佩罗和泽特曾经的猜想是相吻合的。然而，这些文本合起来之后的时间跨度和地理范围却远大于此：它包含了用古代尼罗河下游地区的节律和能量进行的，对法老的死亡和重生的描述。它存在于月亮和太阳的运动之中，存在于生殖之中，存在于牛群、诸神、沙漠狮子、升起的天狼星和宽广的大河中，存在于田地与淤泥、发芽的种子、侵蚀一切的沙子中，存在于蚱蜢、鱼和飞鸟之中。

　　就像阿布西尔的屠夫和宫廷中的雕刻家与建筑师一样，那些在金字塔墙壁上画下并刻出这些符号和文段的人穿越了在宫廷文化中早已建立起来的看得见的与看不见的世界之间的边界。在这样的文化中，生者和亡者，法老、他的臣民和诸神都是通过全国范围内起圣化作用的供奉与建造行为来维持自身存在并获得生命的。

20 看看我们！

遇见廷臣们

形象与表现

　　大约有一千座有关孟斐斯诸王廷臣的独立雕像存留到了今日，还有几千座雕像只剩下了碎片——三个世纪以来，来自这些愉快而热情的面孔的目光穿越了坟墓祈祷室中数千年的黑暗，如今正在世界各地的博物馆的聚光灯下向我们问好。这些面容来自一个几乎没有镜子，没有照相机，也没有多少文字的时代。那时，他人和自己的画像与今天相比截然不同。那时，人们生活在个人交往的气泡之中。那时有流言却没有新闻，尼罗河下游地区的大部分人口都在那条宽广大河两岸的农业聚落中生活工作。

　　阿布西尔与塞加拉诸王时代廷臣坟墓祈祷室中浮雕与铭文数量的激增，以及大部分质量卓越的雕像的出现都要得益于铜产量的提升。而且，与大部分吉萨诸王时代的雕塑和浮雕不同的是，这些时代较晚的作品中有许多是由与法老并无密切关系的人赞助的。一位 20 世纪的评论者发现："在其他任何历史时期中，都不曾有过如此质量超凡的有关中层社会的雕像。"八十年前，发掘出了大量此类贵族雕像的马里耶特曾认为这些贵族和当时的巴黎人一样优雅时髦。

　　这些以一群喧闹的书吏、侏儒、廷臣与王子、妻子和女儿为原型的雕塑是吉萨诸王时期的作品，其中大部分刷上了用沙漠中出产的热赭石制成的颜料，基座上有一行行圣书文字刻成的名字和头衔。它们不仅拥有极好的质量，也拥有极高的存在感和风度。 241

　　例如，最早发现的所谓"书吏坐像"，也就是一名男性盘腿坐着，腿上放着一张打开的莎草纸的雕塑，根据许多碎片可知雕刻的是一位年长的男性王室成员。现今已知最古老的这类雕像上刻着胡夫的王名圈，还有王子卡瓦布（Kawab）的名字，出土于这位王子位于大金字塔东部大墓地的马斯塔巴中，与哈杰德夫的墓相去不远。这些作品似乎告诉我们，这些王子在圣书文字书写方面造诣极高，就像哈杰德夫在传说中拥有的名声那样。这些早期书吏石雕碎片的质量也和国王们的雕像一样高，它们很明显是王家工坊的产物。

　　在接下来的几代人中，原本用各种各样的沙漠硬石雕刻的"端坐的书吏"形象又出现了质地较软的白色石灰岩版本，大部分廷臣雕像都使用了这种材料。就像之前王家工坊的作品一样，一些书吏雕像的眼睛是用闪耀的石头镶嵌而成的：比如用铜固定的白色雪花石膏，深深安进干燥的涂了红色颜料的石灰岩中，这样眼睛便能显得湿润而又栩栩如生。有时，眼角膜大小的洞会被一直打到雪花石膏的中心，然后将高度抛光的清澈的圆筒形水晶嵌入其中，其后方的铜圈代表虹膜，中心位置还会打一个小洞，用来代表瞳孔，效果逼真得惊人。雕像头部高高抬起，呈现出古老的王家姿态，嘴唇上浮现出自信的微笑。无论你在房间的何处，这些雕像亮闪闪的眼睛似乎都在专注地看着你，就好像这名书吏正泰然自若地等着写下你要说的话一样。雕刻家为了增强这种效果，将两只明亮的眼睛的位置稍稍做了偏移，更让人们觉得它们是在不断转动。

乍看上去，这样的把戏似乎更适合蜡像而不是石像。然而在这里，它们是古代工匠想要给作品赋予生命力的执念的合理延伸，清澈明亮的双眼使得石像处在生与死之间，处在过去与现在之间。这些雕像如此成功，以至于马里耶特在塞加拉的工人们最初打开廷臣卡帕尔（Ka-apar）的泥砖马斯塔巴，发现这尊如今十分著名的中年男子立像时，嵌着宝石眼睛、几近真人大小的木质雕像看起来如此庄严而又直观，让他们以为这是一位村长——他们称之为"Sheik el-Beled"。卡帕尔的这尊雕像时至今日仍然被称为村长像。

大部分廷臣雕像戴着黑色假发，身着白色亚麻布衣服，身体强健而匀称，其中有些情感充沛，有些冰冷而严肃，仿佛在展示理想的人体结构，但所有的雕像都抬着头，自信地望向前方，每一尊雕像都富有生机。有时就像廷臣拉维尔的坟墓祈祷室地穴中的大量雕像一样，雕刻师可能会将两个乃至三个同一人的形象并排雕刻在同一块石头上，如拉维尔的二联或三联立像或坐像。有时，他们也会用雕像展现被雕刻对象生命中的不同阶段，从童年到中年。大部分雕像是穿着衣服的，但也有一些裸体的。女性则统一被刻画得很年轻，身着薄如蝉翼的亚麻衣服，通常出现在夫妻雕像中。尽管在夫妻雕像中男性的雕像通常比他们妻子的大得多，夫妻二人还是会以门卡乌拉雕像中的姿态，怀着温柔的情感互相触碰。

有时，雕刻家会做出一些令人惊讶的变化。例如，慈爱的侏儒森涅布（Seneb）的雕像中，他短小的双腿像书吏的腿一样盘坐在标准的石块上。在这种小型雕像中，这种石块一般代表椅子。在森涅布面前，两个孩子一边一个地站好，而孩子所站的位置在其他雕塑中通常是用来放置雕像健壮的双腿的。森涅布满面微笑地坐在妻子身边，而他的妻子就像门卡乌拉的砂泥岩雕塑中环抱着国王的女神一样，骄傲地环抱着她的丈夫。另一尊绝妙的真人大小深色木雕以完全不同的方式表现了森内杰米布-梅西的形象，雕像中的他有一种今天的高官们所拥有的冷酷的领导者气场，尽管雕像原本镶嵌着的两只眼睛都被野蛮地抠了出来，但雕像本身仍保持着这种气质。

贵族的随葬品中最壮美的那些，比如尼安科赛克美特的巨大假门以及森内杰米布-英提的花岗岩石棺，是在宫廷工坊中按国王的指示做出来的，而大部分贵族雕像都是负责建造和装饰廷臣坟墓的工匠的作品。就像许多坟墓祈祷室墙壁上的协议所显示的那样，定制这些作品的廷臣家属会负责给这些雕刻家提供支持。独立工匠的工坊或许就是许多雕像的姿态有微小不同的原因所在，形象之间的不同以及雕刻贵族手部、头部和脸部细节时所用的不同方法也是由此而来。另 243

外，一些特有的风格可能是雕刻师和被雕刻的人沟通对话的结果，这个持续不断的探索过程带来的结果不见得和现代概念中的个性或肖像的逼真程度相关，但依然可能反映了卡瓦布、森涅布和森内杰米布–梅西等贵族希望自己被表现成的样子。

反过来，贵族们的雕像有时似乎也会影响王家工坊的作品。吉萨诸王的雕像成为许多早期贵族雕像的范本，它们由大块的硬石打造，这大大限制了它们所能选择的姿势。而贵族的雕像有些是用木头或质地较软的白色石灰岩雕成的，比如卡帕尔的木质雕像的肢体就更加自由舒展，因为它是用好几块分开雕刻的木块钉在一起组合而成的。看起来正是这些生动的形象将后来的王家雕像从受硬石限制的刻板姿态中解放出来，一些时代较晚的王家雕像中体现出了这个变化。尽管南塞加拉诸王的雕像仍像之前一样以端坐在王座上的姿态出现，但人物的肢体和其他形态却摆脱了石头的限制，显得更加自由。

在较晚的时代中，早期那些雕像的简朴特点被转化为一种特殊习惯，巨大的吉萨工坊雕塑的完整形态被简化，雕塑的腰身夹紧，眼睛变得更宽更大。同时——这种倾向在地方出品的作品中尤其普遍——廷臣和王家雕塑的表面都采用了244　新的处理方式，全新的瘦长体型的人像披上了一层现实主义，拥有着自然且有弹性的皮肤。后来，王家的雕刻师放弃了在沙漠硬石上雕刻，转而使用更轻更软的材料，如雪花石膏和铜片，因为这样的材料可以很容易地打造出顺滑的表面。

在这一传统随着一代代人缓慢发展的同时，国王与廷臣的雕塑师们只采用一小部分雕像姿态，遵循着严格的绘画和比例规则，工匠们则有意识且小心翼翼地与这些人的工作方式保持着紧密联系，使得整个系统不至于变得混乱或被改动。这很显然是宫廷文化的视觉语言的一部分，在这种宫廷文化之中，把日常生活的图景转化为看不见的世界中生活的方方面面比什么都重要。这些廷臣坟墓祈祷室中的众多雕塑的主人们知道，自己死后，雕像便会永远离开人们的视野，就像死去的自己一样。但他们也相信，尽管别人已经看不到自己了，自己仍旧存在于这个世界之中。

等级和头衔

> 若陛下让你成为公爵或伯爵……英格兰听说他们要回到那洋葱与大蒜的王国埃及时，将会感到震惊。
>
> ——亚瑟·哈瑟尔里格（Arthur Haselrig）爵士，
> 圆颅党①议员，1657

> 世袭的亲王和真正的伯爵，国王所有工程的监管者，国王每一道命令的秘密的掌握者，不管身在何处都是国王最喜爱的人，河谷与三角洲之王乌纳斯所尊敬的，伟大之神的荣誉保有者……森内杰米布-梅西。
>
> ——雕像基座上的铭文

---

① 圆颅党，英国1642~1651年内战期间支持议会、反对国王的党派，因成员多为剃短发的清教徒而得名。

245

> 国王的同伴，伟大家族的朋友，被主人喜爱的，王宫中织布工作的监管者，带着椅子的伟大者，王家船只的监管者，神明的掌玺大臣……森涅布。
>
> ——孟斐斯坟墓祈祷室内铭文

> 三角洲之王的掌玺大臣，独一无二的伙伴，助理祭司，阿比斯圣牛的职员，捕鸟网的控制者，祭司们的指挥者，新入会者，伟大之神所尊敬的……帖提基（Tjetji）。
>
> ——雕像基座上的铭文

> **约曼（yeoman）** 服务于王室或贵族家族的扈从或随从，通常地位较高，在军士与侍从或护卫与侍者之间。
>
> ——《牛津英语词典》

这几条引文里的最后一条概括了这些廷臣坟墓祈祷室中与雕像上铭刻的无穷无尽的头衔和称号传统上是如何被看待的：他们定义了一个高度结构化的官僚体系中的元素。从商博良的时代开始，大部分埃及学家就假定从国王到农民，法老治下的人们拥有与传统欧洲人所理解的一样的社会等级，于是也用对应的词语来翻译廷臣的头衔，认为它们代表了社会阶梯上的不同层级，表现了法老时代的社会秩序。加德纳认为，既然法老治下的社会能建起巨大的金字塔，那么它肯定是"世界上曾出现过的组织程度最高的文明之一"，因此很容易假定这些头衔和称号描述的确实是指派给这个卓越组织中较高阶层的任务。

　　尽管众多铭文用平直而简单的语言描绘了许多平凡的职业，如水手、制陶工、农场工人和金匠等，但廷臣的称号和头衔却数量极多，含义又模棱两可，导致其中大部分无法定义任何它们试图指代的法老时代社会阶层中的角色。

　　今天，我们几乎不可能辨识出大部分廷臣的头衔和称号的实际目的了，这部分是由于它们所描述的国家秩序经历了 246 许多重大变革。例如，一开始，在最早的法老们的时代中，被记录下来的极少数头衔是与法老在王国中的巡游相关的，最亲近的随从会与国王一同旅行，在尼罗河下游沿岸不同的地点建立课税宫廷。三千年后，同样的头衔也会被国王最亲近的随从团的人员持有。但是，在巨型金字塔的时代中，这种古老的征税方式却被颠倒过来，下尼罗河的产出被用船运到孟斐斯，被记录的宫廷称号和头衔也增加了不少，其中大部分仍旧由与王室家族亲近的人员持有，他们的坟墓时至今日仍然一排排地矗立在吉萨高原之上。

　　就算是在这些头衔和称号发展的初期，就像它们不能精确描述它们的持有者与国王本人之间的人身关系一样，它们也不涵盖与政府的重大任务——建造巨型建筑——相关的职业。最近发现的一份莎草纸卷提到一位名叫安卡夫（Ankhhaf）的王子，他担任一个部门的总监，该部门负责统筹送到吉萨高原的建筑用石材的运输。除了此人之外，建造吉萨金字塔这样的浩大工程只能被描述为一项由身份未知的官员带着不知其名的工人们完成的工程。

　　在阿布西尔和塞加拉诸王的时代中，宫廷供给和政府管理都发生了重大变革，廷臣头衔和称号的数量从不到一百个飞涨到两千余个。金字塔规模开始缩小，有装饰的坟墓祈祷室数量不断增加，一些廷臣开始把家族搬到孟斐斯之外的地方，到地方行省中去，这些因素也促进了头衔和称号数量的倍增。宫廷官员发展为地方官员后，这些官员就不再与王室成员进行每日的会面交流了，这或许促使简单的面对面的交流系统转变为书面的命令执行链。

无论如何，铭文显示一些早期世代的廷臣持有的极少数头衔指代的角色，在一代又一代、一个世纪又一个世纪中，与其他大量的头衔和称号指代的角色发生了重复。这当中有一些起源于十分古老的词组，可能原本指代的是法老家族中的角色和附属人员，而其他的则是敬称或赏赐追赠死者的称号。还有一些描述的可能确实是此人在法老时代的政府中发挥的真实功能，或他成功完成的某一项任务。

247

在过去的半个世纪，所有这些称号和头衔都被许多人仔细地分析过。但研究结果十分不确定，我们仍然不可能知道其中大部分实际上指代的是什么。就像艾伦·加德纳爵士在计算机时代前的最后时段中发现的那样，"人们做出了勇敢尝试，想要将生命与现实注入遍及坟墓的这些头衔之中，但我们必须承认其结果具有高度的不确定性"。

因此，我们想象中的由拥有可被翻译为"王家文件/工程/国库/粮仓的总监"头衔的人指挥的，宏伟的东方式官僚体系实际上不过是海市蜃楼。例如，"王家文件的总监"是不是图书管理员或档案管理员呢？还是说他们要参与日常事务？"工程的总监"是负责设计和监督建造金字塔的，还是监督工匠们的工坊和/或王国中的农业及运河的？"粮仓的总监"掌管的是对收获的课税和/或存粮的谷仓吗？"国库的总监"负责的是分配征收上来的财富还是仅仅负责计算课税？当然，许多这样的可以直接翻译的称号的含义，比如"将军"或"祭司"，在数千年的时间中是有所变化的，就像上议院中的"黑杖传令官"（Gentleman Usher of the Black Rod）① 的职责一样，这个职位现在由军人出任，他是中将、圣米迦勒和圣乔治骑士团的成员、大英帝国勋章持有者，曾担任国家儿童乐团的主席，还是欧盟理事会军事部的部长。

同样，廷臣坟墓祈祷室中的铭文表明他们也会承担不同职责，在不同的时间他们可能会担任宫廷的外交官、祭司、民兵队长、矿井总监、水手、会计、建筑工或是石材收集者，有需要时还会进入王家工坊工作或在神庙担任乐手，而不是像在更现代化的政府中一样，任务会被分配到特定的职位或部门。 248

但是，这艰难的分析过程也揭示了孟斐斯宫廷中一些更为永久性的结构。例如，在众多的头衔与称号之中，三百年间已知共有八十余位廷臣获得了"shee'ati"的称号，这个称号传统上会被翻译成"维齐尔"——这个词来源于土耳其语，指的是 19 世纪时奥斯曼帝国内负责君士坦

---

① 黑杖传令官，起源于英国上议院的职位，负责掌控英国上议院及其辖区的访问并维持秩序，以及管理区域内的仪式活动。文中提到的这位黑杖传令官是前任黑杖传令官大卫·李基（David Leakey）中将。2018 年后，该职务已经转由莎拉·克拉克（Sarah Clark）女士担任。

丁堡最高朴特（Sublime Porte，亦作"高门"）的官员。这些法老的"维齐尔"们也不可避免地拥有其他的头衔，如"iry pet"。这个头衔是第一位法老的文物中出现的少数几个头衔之一，在接下来的千年中都是由与法老本人关系密切的人持有的。

但是，维齐尔一职最早出现于巨型金字塔的时代，该职位当时只能被同时拥有"国王之子"头衔的王室家族中的长者担任，不过"国王之子"这个头衔并不表示其持有者实际上一定是国王的后代。在当时，维齐尔这个头衔往往会与描述性称号一起出现，如"窗帘边的他"或"门边的他"，暗示其指代的是某种王家朝会上的管家一样的存在。然而在晚一些的时代中，维齐尔是由森内杰米布-英提这样的官员出任的，他直接负责王家建筑工程，似乎也与国王关系紧密，但并非王室成员，而且很可能连续侍奉了好几代国王。反过来，这些维齐尔的家族中有时也会出现不止一位服务于王家宫廷的维齐尔。更让人困惑的是，这些维齐尔也会获得传统上翻译为"世袭亲王"、"足科医生"或"管家"之类的头衔。

因此，矗立在阿布西尔的金字塔旁的维齐尔普塔舍普赛斯（Ptah-shepses）宏大的马斯塔巴中的文本告诉我们，他出任王家足科医生、理发师以及地方官的职位，他迎娶了国王的女儿，连续侍奉了六位君王，担任过各种不同的职务，从"王冠看管者"到"秘密和神圣的诸神的言辞"的管理人。很显然，维齐尔普塔舍普赛斯在阿布西尔诸王的宫廷中长时间保有深远的影响力，而且是一位高级廷臣，就像维齐尔这

249

个头衔所暗示的那样。然而，他坟墓祈祷室中的头衔和称号却杂乱而模糊不清，几乎不能传达任何有关他本人或那个时代的历史的信息。

例如，一些传统的历史学家猜想普塔赛斯卡夫爬上了成功的阶梯、取得维齐尔这样辉煌的地位是因为他和法老的私人关系，因为他给法老理发、修脚指甲。这种想法的根源是把法老时代的埃及当成了童话故事里的现代国家，在这样的国家中，玛格丽特·撒切尔（Margaret Thatcher）被任命为首相是因为她为女王修好了白金汉宫的屋顶。法老时代的社会很可能并没有这么激进，而是比很多现代人最初想象的要协调得多。

管理王国——土地与社会

我们现在可能会觉得旧秩序之中的法国贵族是一个阶级，但实际上这种想象是直到很晚才诞生的。对于"谁是 X 伯爵？"这个问题，通常的回答并不是"贵族的一员"，而是"X 地的主人"、"Y 男爵的叔叔"或者"Z 公爵的封臣"。

——本尼迪克特·安德森（Benedict Anderson），1991

尼罗河下游这片受庇护的"温室"之中的生活，可能是青铜时代全世界最安逸的生活之一。这里本质上是农业文化，是小规模的、面对面的社会。在这个世界中，书吏和廷臣直接处理每天遇到的各种细枝末节的事情——做错事的仆人、材料和货物的运输，以及金字塔建筑工人的服装配给延迟到货导致损失了一天工作时间等。

250 　同样的做事风格也一样体现在对四座巨型金字塔建筑所用石块的装饰和放置上。就像一些涂鸦中所显示的，生产石块的责任属于石匠和工匠小组中的个人。最终，吉萨大金字塔成为大量这种小型工作组共同劳动的结果，他们完整地切割下石头，笔直精准地摆放它们，就像建造尼罗河畔田地中的灌溉沟渠那样。

但是，这些小型工作组是在国家层面进行协调配合的，并且是在持续且专业的指挥下工作的。因此，虽然他们本质上是农民劳工——这体现在了他们所铺设下的每一块石头的质量上——但法老时代行政体系的稳固和精妙却也同样能在大金字塔长年的建筑工程保持的令人惊讶的精确性和一致性中体现出来。也就是说，这个国家的文化并不是建立在暴力或国家边境线的概念之上，这个国家的国民身份认同延伸到了王宫之外，超越了宫廷仪式、建筑庭院和工匠们的工坊。

这个国家最基础的秩序就在大大小小的家族之中。就像王宫是孟斐斯的廷臣家族所围绕运转的核心一样，这些廷臣家族也是工匠家族、书吏家族、仆人家族和农民家族围绕的核心，廷臣的坟墓祈祷室中有时会出现这些人的名字和画像，他们在这里往往被表现成受人喜爱的样子。

在当时，这些地方廷臣的家族是模仿他们所服务的宫廷建立起来的，他们的坟墓祈祷室旁大都有较为简陋的墓穴——大部分是竖井深坑结构——组成的大墓地，位于河谷悬崖下方的小沙漠中，模仿孟斐斯大墓地的形式而建。这些墓穴看上去属于较小家族的领袖，他们大部分是农民，有些扮演了类似于村长的角色，这个职位在古王国时代晚期是被正式承认为朝廷官员的。

就像生者的宫廷中的必要秩序被保存到了墓地里一样，在尼罗河畔小型沙漠的低矮斜坡上的田地之外，农民们较小的墓地当中也体现出了墓主的生活秩序。就像当时国王和廷臣的坟墓祈祷室一样，从吉萨诸王的时代到阿布西尔和塞加拉诸王的时代，这些农民的坟墓里的内容也随着时间发生了改变。

251

最能展现这种变化过程的考古发掘点被乔治·赖斯纳在20世纪初发掘出来，同时他也参与了吉萨高原上的大墓地和神庙的发掘工作。此发掘点距离阿拜多斯大约十二英里远，位于现代尼罗河东岸的那伽德尔村附近。这些乡村墓地是在不同时代中持续使用的一片墓地的一部分，长约几英里，沿着宽广的淤泥平原的边缘延展开来。这里盛产小麦、大麦、扁豆、豆子和小米，时至今日仍是尼罗河河谷中最富饶的地区之一。

在四座巨型金字塔的时代里，那伽德尔的大部分坟墓还只是简陋的地穴，其上有沙土和石头堆成的小丘，或做工粗糙的泥砖墙壁。它们的布局与吉萨廷臣们的坟墓相呼应，一堆堆这样的墓穴聚集在一排小型泥砖制成的马斯塔巴周围。这些坟墓中都没有出现墓主的姓名，也几乎没有什么装饰，尽管其中一座马斯塔巴的墓葬室内放了一只由宫廷工匠打造的漂亮的闪长岩石碗，上面刻着斯尼夫鲁的名字。赖斯纳推测，这是国王送给村长的礼物。这些坟墓的布局可能反映了死者居住过的村镇的管理模式，即一个家族中的每一代人都在国王的支持之下管理着当地的农民。

较晚时代中被埋葬在那伽德尔的这些墓地中的物品反映了法老时代社会中的变化，这些变化产生于国家不再建造巨型金字塔之后。早期的坟墓之中几乎没有什么随葬品，大部分是直接从生者的家族中拿来的，但晚期的坟墓中随葬品明显增多，质量也变得更好，有些甚至装饰着珠宝和特别为随葬品制作的图章。同时，简陋的墓地中也开始出现含有死者姓名的铭文。与名字一同出现的往往有对此人简单的描述，如"牧群总管"，表明墓主人可能在为太阳神庙提供牛群一事上发挥了某些作用。

到塞加拉诸王的时代，这些小型墓地的坟墓中出现了刻着或画着地方官员和祭司姓名和头衔的石灰岩石板。尽管它 252 们不是以宫廷所用的圣书文字写成，而是用更近似于官员们日常所用的书法形式写成的，但就像同时代廷臣的坟墓祈祷室一样，这些平凡的文本依旧见证了国家秩序变得越来越清晰的过程。在后来的时代中，那伽德尔的人们的坟墓中的装饰变得更为丰富，赖斯纳分类列出了放置在这些坟墓中的将近五百枚护身符。因此看起来，在阿布西尔和塞加拉诸王的时代，打造了那伽德尔墓地的家族拥有的收成和牧群不但足以维持宫廷及其众多建筑工程，同时还能支持他们自己那不断变得更加庞大繁荣的社区（不管是生者的还是死者的）。因此，孟斐斯的朝廷缩小金字塔规模的决定不仅改变了宫廷自身的节奏、范围和文化，还为这些维系宫廷存在的社区带来了更好的生活。

就像廷臣和国王的墓葬一样，那伽德尔的坟墓也明显展现出了对死者的福祉和持续性维护的关注。从农民们的坟墓到国王们的陵寝，埃及的每一处墓葬都体现出共同的文化脉络，法老和他的臣民们拥有共同的命运前景。因此看起来，宫廷文化的效力和纯粹的权力在整个国家的资源被朝廷开发利用的过程中得到了确认，大量原材料和补给品从全国上下被运往孟斐斯，成千上万的农民也随之一起前来参与王家金字塔的建造。对于一般民众而言，建造技能对于维持农业生产而言既不是典型的技能，也不是必备的技能，国家给尼罗河下游地区的人们展示了一种秩序，一种与农业家族和农业社群截然不同的秩序。

然而，金字塔建造过程中众多劳动力相互合作的情况对于尼罗河下游地区的人们来说却也并非全然陌生。从史前时代开始，他们便一起挖掘运河、维护灌溉系统，这样的劳动一定巩固了农业聚落中的人对社群所拥有的力量和价值的认识。至少在这种意义上，建造金字塔将这些社群性的活动拓展到了国家层面，将他们聚集到了孟斐斯的宫廷之中。 253

传统上通常将建造金字塔描述为一种"苦役工作"，认为其所用的是与中世纪相似的劳力系统，农民们在地方贵族的田地上劳作时得不到分文报酬，或者就像后来的法国宫廷那样，将农民征召来参与修路工作。19世纪欧洲人在埃及正是野蛮地采用了这样的系统来建造苏伊士运河。但是，并没有证据表明古王国时期发生的也是这样残忍的事，这些建筑自身极高的精确度和建造过程中所必需的较高组织程度也表明，当时没有运用这样的系统。建造金字塔和神庙需要大量技术人员集中在一起，连续且专注地工作数十年，这些高质量建筑并非强制劳动或威胁逼迫的产物。

尽管廷臣坟墓祈祷室中的画面使我们得以一瞥那个时代的掠影，但我们对宫廷和宫廷之外人们之间的社交仍旧近乎一无所知。较晚的时代中，（至少）廷臣应当遵守一系列严格定义的行为准则的概念被归于吉萨和阿布西尔的孟斐斯诸王时期，许多长文本也详细地描述了这些准则。尽管"哈杰德夫的教谕"这部被古代书吏们认为是教谕文本中最早作品之一的文献如今已大部分佚失，同时代仍有其他许多作品留存至今。加德纳描述了这些所谓的"教谕文本"中列明的首要美德，发现它们主要包括了对父亲和上级的遵从，在各种情况下保持沉默的能力，在社交中运用机智和礼仪的能力，忠实地传递信息的能力，以及近乎谄媚的谦卑。维齐尔普塔霍特普据说是最长教谕文本之一的编纂者，就像他对他的儿子说的那样，"［拥有这些美德的］你会像鳄鱼一样去征服"，年长的艾伦·加德纳爵士对此十分赞同！

在孟斐斯宫廷范围之外，也存在一种共同的行为准则，这一套共同的价值观存在于大大小小的家族之中，被为数约一百万的人民信奉。当然，尼罗河下游地区各个家族的规模大不相同，有拥有庄园和农业殖民地的国王和廷臣的家族，也有那些从那伽德尔的小墓地中就能看出其规模有多小的家族。然而，就像我们对各种各样的庄园和大大小小的家族之间的交流几乎一无所知一样，我们对被记录下来的土地所有权的情况也一无所知，并且还不知道"租赁"、"永久产权"、"租期"以及其他一些概念在法老时代的国家中是否

254

实际存在。

测绘与土地测量，即在平坦的淤泥平原上标出属于不同农场的地盘等活动从最早的年代开始便一直是坟墓和神庙中壁画的主题之一，并且其最终控制权始终属于法老和诸神。这并不令人意外，因为每年泛滥的洪水很可能会让土地的边界变得模糊。然而在孟斐斯诸王的时代，大部分泛滥平原都还未经耕种，这意味着法老时代的测绘的目的并不是像现代测绘那样确认具体某一块土地的所有权，而是更关注农作物和灌溉系统的布局，或许还能帮助确定个人收成的预计规模。

当然最后，就像文本中坚决要求的那样，所有的一切都要交给法老，尽管就像在封建体制下一样，开发利用土地的权利会在同一家族中代代相传。极少数留存至今的文献记录了证人见证下达成的交易，如土地使用权的出让或将部分墓葬用地转让给另一名死者。

这些留存下来的文本也一如既往地支离破碎，而且通常十分模棱两可。但是，它们展现了法老时代的社会是在得到广泛遵守的社会义务准则下运作的，有时也会需要某种形式的国家仲裁或是惩罚。这种体制基础深厚，甚至在《金字塔铭文》的一些文段中也能找到对其的描述，这些文段坚称已故的国王无须经历这样的过程。

> 佩皮是从前诞生于赫利奥波利斯的伟大者之一，
> 他们不会因国王的命令而被处决，
> 他们不会被带到官员面前，

255　　　　他们不会被指控，

他们不会被定罪。

这就是真实的佩皮，

他不会受苦，

他不会因国王的命令而被处决，

他不会被带到官员面前，

佩皮的敌人不会取得胜利。

佩皮不会挨饿，

他的指甲不会长长，

他身体里的骨头都不会折断。

〔《金字塔铭文》486〕

写给某位永恒存在的死者的信件充满了在漫长的争议中缓慢燃烧起来的怒火，展现了社会行为准则存在的基础——个人誓言、家族荣誉、优先权与财产的作用：

　　这是一位寡妇写给她（已故的）配偶的……

　　我提醒你这样的事实……你说过……若有人的儿子被禁止使用他家中的家具，那就愿承载我的床的木头腐烂。

　　现在实际上，女人瓦布特（Wabut）和伊泽兹（Izezi）一起来了，他们毁了你的家。为了让伊泽兹变得富裕，让你的儿子贫穷，她把所有东西都拿走了……你还会对此保持冷静吗？我宁愿你来把我带到你身边去，这样我就可以在你身边，而不是看到你的儿子要依靠伊泽兹过活。

　　醒来吧，你的父亲艾依（Iy）！……起来与他们对抗。你，你的父辈们，你的兄弟们和你的亲族们……

还有一篇：

　　这是舍普西（Shepsi）写给他的母亲艾依的……

　　我提醒你这样的事实，你曾对你的儿子，也就是我说："给我拿些鹌鹑来，我要吃。"所以我给你拿来了七只鹌鹑，你便吃了它们……

　　希望你能在我和索贝克霍特普（Sobekhotep），也就是那个我从别的聚落带回来，给他包上裹尸布之后与他的同伴埋葬在一起的人之间做出抉择。他为什么可以在我什么都没有说，也什么都没有做的情况下，这么过分地伤害你的儿子我？恶行必然使诸神不悦！

异邦宫廷

　　存留下来的文献里没有任何记录表明在孟斐斯法老的时代中，国家曾处于和平之外的状态。在这个时代，国家将富余的资源花在了建造金字塔、坟墓和神庙上，并且从未出现过任何敌人。当然，坟墓祈祷室或神庙中也未出现过任何条约，没有任何考古学记录表明宫廷或王国里有任何家族中出现过军事阶级或尚武文化。 256

　　这种表面被动的结果是，古埃及常常被描述为一个孤立存在的文化。当然，按现代的标准，这毫无疑问是事实。然而，古代世界是一个相对空旷的地方。除了幼发拉底河和底格里斯河河畔的城邦之外，位于当今巴勒斯坦、叙利亚和安纳托利亚的黎凡特地区的人口规模与法老国度中的比起来显得相当小，他们的宫廷规模太小，人数太少，通常十分好斗，而且往往十分短命。

尽管如此，还是存在许多证据表明这些不断变化的文化与孟斐斯的宫廷之间存在交流，这样的互动直接传承自年代难以追溯的史前时期的货物运输，如青金石、琥珀和黑曜石的运输，它们将巴尔干和阿富汗、美索不达米亚和苏丹这样距离遥远的地区联系在一起。因此毫不令人意外，一些吉萨和塞加拉的贵族马斯塔巴的墓室中不但有来自这些遥远地区的新奇事物的碎片，还有大量黎凡特陶器，里面装着葡萄干、酒和油。尽管出产这些东西的作物只生长在更靠北的那些气候更温和的地区，但它们从一开始就成为尼罗河下游地区宫廷文化的重要组成部分。

同样，许多法老时代的家具和船只所用的木材——雪松、杜松、紫杉、黄杨、柏树和角树——也是从北方进口的。尤其是雪松木，是直接从黎巴嫩古老的森林中以大段树干的形式运过来的，它是法老时代船只和驳船的主要构件。同时，雪松木也被用于坟墓和神庙的建造，是许多国家建筑的构成元素——如门廊和立柱——的原材料。铜是创造法老文化的唯一不可或缺的材料，它长久以来都进口自南约旦的矿井和窑炉。铜会沿着一路穿过铜矿区的"国王大道"，被送到红海东北岸的亚喀巴（Aqaba）港，再从这里通过船只

257

或货运队运往孟斐斯。此外，还有一座古老的陆桥连接着黎凡特和尼罗河下游地区，这便是所谓的"荷鲁斯之路"，它沿着黎巴嫩海岸，从地中海东部向下通往尼罗河三角洲。这段五百英里长的路程并不太适合运输木材这样的重型货物，因此大部分木材的运输还是沿着与海岸平行的航道进行的。这条航道从黎凡特的港口延伸到尼罗河三角洲中，航程大约一星期。在航运最繁忙的季节中，由于缺乏导航手段的帮助，船只只能在白天航行，晚上停留在港口或岸边过夜。

这便是两条传统上尼罗河下游地区从黎凡特和更北的地区进口青金石、白银和琥珀等货物的固定路线。在古代诸王的时代中，很可能是由于这些地区的战乱，最古老的交通路线都中断了。这些传统的进口贸易重新出现于考古记录中是在吉萨诸王的时代，并且在后来的时代中再次变得频繁，阿布西尔一些神庙的浮雕中甚至出现了来自外国的船只将独特的进口商品带到国王面前的场景。形状经过特殊设计、以便能被存放在木船弯曲船体中的大型油罐，来自叙利亚的活体棕熊和大量兽皮，以及水果和其他脆弱而又难于保存的货物，这些都在高加索和黎凡特地区被广泛交易，却没有给今天的考古学家留下什么相关痕迹。

这持续千年的交通路线中的一个主要枢纽便是比布鲁斯（Byblos）的古老港口，位于现代黎巴嫩境内。法国考古学家在这里找到了许多仓库，里面贮存着当地出产的经过特殊设计、适合于航运的橄榄油罐子。吉萨的马斯塔巴和赫特普赫里斯王后（她与斯尼夫鲁和胡夫是同时代的人）辉煌的坟墓祈祷室中也出土了众多完全相同的罐子。在较晚一些的

258 时代中，随着廷臣的家族迁移到了地方，同样的外国储存罐的碎片和一份宫廷文献证明，他们所拥有的进口货物也被运输到了地方府衙之中：

> 我在我主麦然拉法老的命令下前往比布鲁斯。我带回了三条比布鲁斯的船……我带回了天青石、锡［或者是铅?］、白银、安全油［一种有香味的药膏?］和他想要的一切货物。我因此在朝廷中被表彰，还得到了赏赐的黄金……以前从未有过任何被神［即国王］派遣的远征领袖做过同样的事。在西岸伟大的神之主面前受到尊崇，是两艘大船中的神的唯一朋友、助理祭司和掌玺大臣的人，正是将产自外国土地的货物带给了他的神的，廷臣伊尼（Ini）。

到公元前 2300 年，这篇文本被刻在伊尼在塞加拉的坟墓祈祷室时，旅行经验丰富的贵族伊尼亲切描述的这条比布鲁斯和孟斐斯宫廷之间的宫廷交通路线已经完全建立起来。但是，他的这份文本仍属孤证。除了这篇最近发现的文字记录之外，这条交通路线留存下来的就只有一些分布在各地的实物残余了。我们没找到任何有关使用贸易或易物系统的证据。为了换取这些进口商品，法老的朝廷似乎将宫廷所用的货物和补给品送到了北方的地方宫廷中。它们或许是如今已无迹可寻的大量小麦和精良织物，以及孟斐斯工坊中出产的一些更为耐用的物品。

　　例如，在比布鲁斯出土了精美的石罐和圆形的供奉石桌，上面写着胡夫、赫特普赫里斯和一些时代更晚的国王的名字。这些物件出土于港口中最大神庙的辖区内以及周边地区，这座神庙的部分建筑结构有着独特的埃及式风格，并且是用埃及腕尺为单位进行测量和设计布局的。这座神庙供奉的是当地神明巴拉特-格巴尔（Ba'alat Gabal）①，神庙中一些来自孟斐斯的物品将神庙称为"比布鲁斯夫人"，表明这些做工精良的物品是作为王家礼物被送往国外，献给一位被认为等同于哈索尔的女神的，就像神庙中来自古埃及的封印所显示的那样。类似的宫廷物件，如沙漠硬石制成的容器、黄金以及闪耀的雪花石膏也在整个东地中海及黎凡特地区的各个聚落中出土过：从美丽的叙利亚海岸边、如今的拉塔基亚（Latakia）附近的古乌加里特（Ugarit），到克里特（Crete）、巴勒斯坦和埃勃拉（Ebla）——这是一座位于幼发拉底河流域边缘的大型城市；还有安纳托利亚的各地，20世纪 50 年代的一次非法发掘在这里发现了刻着法老萨胡拉名字的金条，它们似乎是装在一个箱子或轿厢上的，从阿布西尔的工坊中出产，之后被送给了某个未知宫廷中的统治者。但是，与传统描述不同的是，并没有任何证据表明在这些遥远地方发现的孟斐斯工坊的产品与法老时代的"外交政策"有关。它们似乎是贯穿整个中东地区各个宫廷的一条永恒的、充满了欢乐与秘密的交通路线的一部分，是古代交易系统中王室之间尊重与义务的象征。

259

---

① 古腓尼基比布鲁斯地方所崇拜的女神，常与闪米特地区的女神阿斯塔特混同，因此又被认为等同于希腊神话中的阿佛洛狄忒或狄俄涅，以及埃及神话中的哈索尔。

沙漠、船只与驴子——伟大的探险者

除了从约旦、巴勒斯坦以及更靠北的地方的矿井中进口铜锭之外，孟斐斯的宫廷还拥有许多属于自己的铜矿。西奈半岛西南部深红色的岩石上刻着长长的一系列铭文和浮雕，它们证明了千年以来法老的铜矿工人们曾在这个与世隔绝的地方劳作；除了在工作地附近熔炼大量的铜矿石之外，他们也开采当地质量极佳的蓝色绿松石。

尼罗河河谷东岸和西岸的沙漠都被勘探过了，工人们并不只是在此零星地开采黄金和铜矿石，还开采稀有的石头。哈夫拉与鹰的伟大雕像便是用努比亚沙漠中运来的斑驳的片麻岩雕刻而成，大部分门卡乌拉的雕像则是用东部沙漠深处开采出来的石头制成，而绝大多数王家工坊中使用的雪花石膏是从哈特努布（Hatnub）的沙漠采石场中开采的，此地如今就在尼罗河畔的小镇马拉维（Mallawi）附近。在这大规模的交通运输中，驴子、船只和驳船发挥了关键作用，成为重要资产。神庙和坟墓祈祷室中也经常出现驴群、航海用船只和大型驳船将大块的花岗岩柱子卸到港口中的画面。

260　　这些不断拓展的运输网络存留至今的元素中最值得注意的，或许也是孟斐斯诸法老时代留存下来的最稀有的浮雕，是于 2008 年在现代苏伊士港向南约九十英里处荒凉的红海西岸，如今被称为加尔夫干河谷（Wadi el-Jarf）的地方发现的。这里有一座胡夫时代的古老港口留下的大量遗

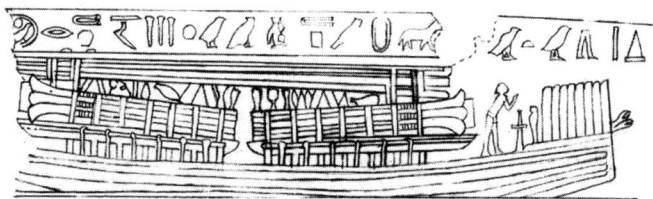

一艘运送柱子的驳船。该图绘自乌纳斯金字塔堤道上的浮雕

迹，它拥有人造的港湾，以及一百二十码长的 L 形防波堤，从海滩直通向大海。皮埃尔·塔莱（Pierre Tallet）及其考古团队在海滩附近发掘并定位了两座粗石建成的杂物仓库，其构造与吉萨的仓库相似。然而在这里，它们内部却堆了许多航海船只所用的长满了藤壶的石锚。法国考古学家们又在朝内陆方向三英里远的地方打开了三十个长长的山洞，它们深入沿着海岸线延伸的低矮的石灰岩山脊，曾被当作这古老港口的仓库。在这几乎能保存一切的沙漠的干燥气候中，山洞里留存下了船用木材和绳索的残余，还有巨量的球形水罐。这些发现毫无疑问地证实，古埃及和其北方的那些邻居一样，也曾让自己的船只航向大海——尽管之前人们否认这一点。

仓库旁边曾经有三个制陶工坊，它们都是用来生产这些独特的水罐的。它们的用途似乎是盛装来自一口孤零零的泉中的水，如今这个泉眼仍旧在仓库向内陆几英里远的孤单的圣保罗修道院旁冒着泉水。在这贫瘠干旱的海滩上，珍贵的水资源肯定是港口位置的决定性因素，它能支持大约三百人在此生活工作。从聚落两边和港口浅水中发现的陶瓷碎片的

261

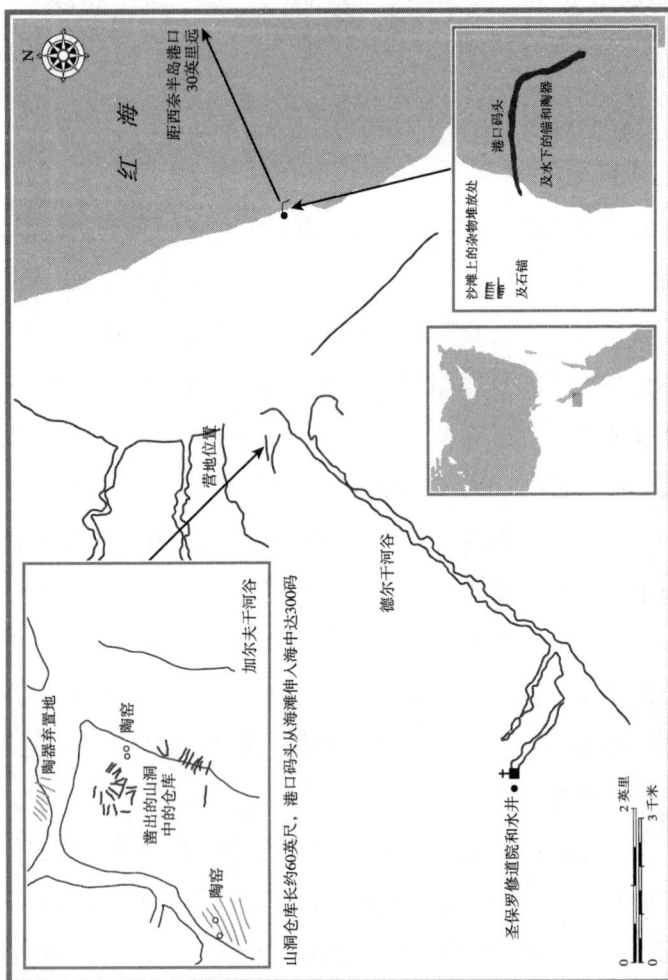

红海

N

距西奈半岛港口
30埃里远

港口码头

及水下的储和陶器

沙滩上的杂物堆放处

沙石轴

营地位置

加尔夫干河谷

陶器弃置地

陶瓷

凿出的山洞
中的仓库

陶瓷

山洞仓库长约60英尺，港口码头从海滩伸入海中达300码

德尔干河谷

圣保罗修道院和水井

2英里

3千米

0

0

胡夫在位期间已投入使用的加尔夫干河谷的港口及其支持设施

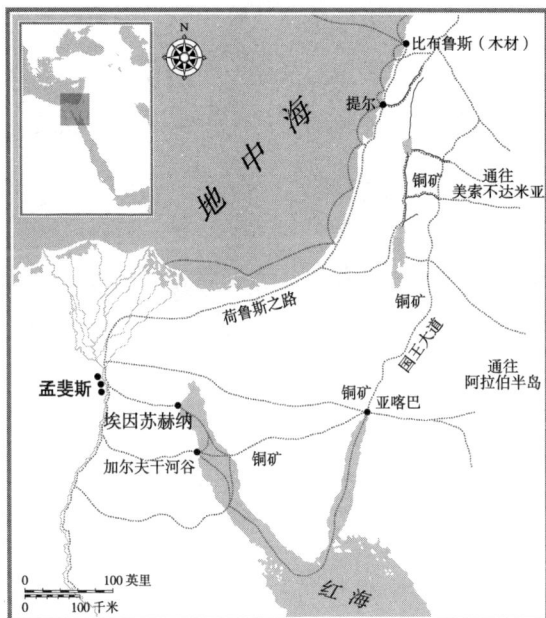

古王国时期通往黎凡特的主要线路展现出最近发现的两个红海港口在为孟斐斯宫廷的金字塔和工坊获取铜方面发挥的作用

数量来看,来自同一泉眼的水也会沿着红海被运到三十英里外,送到西奈半岛上的另一处沙漠聚落中去。这是一座一百四十四英尺宽的圆形石头建筑,建在可以清晰地看到加尔夫干河谷的地方,有着当时独一无二的建筑结构。它位于玛尔卡(el-Markha)平原沙滩上最北端上方的沙丘中,而玛尔卡平原则是阿布鲁代斯(Abu Rodeis)的油田北部五英里长的一块由沙子和碎石组成的冲积平原。

美国考古学家在这座坚固的建筑中发掘出了绿松石碎片和小块的铜,表明这里曾是一个中转站和加工站,负责处理从部分沙滩背后沙漠的山中开采出来的铜矿石和绿松石原石。同时，围墙之内可能也是从黎凡特的铜矿经西奈半岛荒原运输铜锭的货运队所用的经停地和休息场所，尽管加尔夫干河谷新发现的港口表明黎凡特的铜也同样可以通过海路直接从亚喀巴湾运到红海西岸。

263

塔莱在加尔夫干河谷的仓库中发现了写有文字的莎草纸卷及其碎片，表明这座港口是为吉萨大金字塔的建造提供支持保障的供给系统的一部分。这些文献出自熟练的书吏之手，版面布局与阿布西尔的神庙中发现的时代较晚的莎草纸卷相同，部分文献内列有从尼罗河三角洲运来的产品和补给品清单，它们或许是运往孟斐斯的。令人惊讶的是，其他莎草纸卷是一个叫梅勒（Merer）的人的日记，此人是胡夫王宫廷中的官员，管着大约两百人。在长达几个月的时间中，他负责监管将精美的白色石灰岩石块运输到大金字塔那里，当时正处于大金字塔建造工作的最后阶段。除了罗列各种从图拉矿场出发，沿着尼罗河前往吉萨工地的货物和船只外，梅勒还在日记中记下了在维齐尔安卡夫的码头办公室检查抵达此处的货物的事情。这位维齐尔也是出身王室家族的王子，和哈杰德夫一样，后来都被葬在了吉萨一处辉煌的马斯塔巴当中。这些日记更多描述的是吉萨的工作和补给情况，而不是发现它们的加尔夫干河谷港口，这表明梅勒及其同时代的人在整个国家供给系统中都发挥着作用，而且法老时代的运输系统是高度综合、互相协调的。

这些独特的文献是从古埃及时代留存至今的已知最早的有文字的莎草纸卷，它们保存下来的是除了建筑本身之外，如今已知的有关庞大的供给系统的唯一证据，而正是这样的系统使巨型金字塔的建造成为可能。加尔夫干河谷带来的另一个重大惊喜是，古代的工作组用巨大的石块封住了港口仓库——其中有些石块上的工作组名字和胡夫的工作组名字相同——他们在泥泞的页岩斜坡和雪松木板上滑动巨石，用来堵住仓库开放的门廊。这是有关大金字塔石工用来搬运巨型石块时所用方法的唯一确凿证据。

加尔夫干河谷的重要发现的意义将会在许多年内不断回响。更何况这项工作仍未完成。但我们已经弄清楚的是，用 264 来制造建造大金字塔的石匠们所用凿子的大量铜，是和需要运到宫廷工匠们那里去的绿松石一起，由货运队从西奈半岛山间的矿井中运到玛尔卡平原的圆形仓库中，然后再从那里运到加尔夫干河谷的港口的。用驴子运货的货运队会带着铜和绿松石再从这里出发，沿着一条穿过东部沙漠中群山的道路，花费一个月的时间从阿拉伯谷（Wadi Arabah）走向尼罗河河谷，然后再在那里将货物装载上船，沿着尼罗河前往下游的吉萨和王家工坊。

时间对王家金字塔的建造而言至关重要，不管是在劳力补给方面还是在国王去世前及时完成金字塔方面皆如此。事实上，接替胡夫的法老迅速放弃了加尔夫干河谷的港口，并在沿海岸向上大约六十英里处建造了另一个港口，这更凸显了时间的重要性。尽管这个新地点使得原本航向玛尔卡平原的圆形货运队客店的短途航程距离增加了一倍，但原本从加尔夫干河谷穿过东部群山到达尼罗河河谷的长达一个月的旅程却因此节省了一半时间，使得运输铜和绿松石的货运队可以更短的路线前往孟斐斯，沿着如今的开罗—苏伊士公路，

加尔夫干河谷发现的一张皱了的莎草纸卷，此处展示的是其被发现时的样子，它当时位于一个港口山洞仓库的入口处

走在较为平坦的土地上，将货物直接送到王家工坊和金字塔建造地。

265　　就像胡夫的港口一样，这个新码头和聚落也位于淡水水源附近，而这里的水源是如今位于滨海疗养地埃因苏赫纳（Ain Sukhna）旁的温泉。此地可追溯到哈夫拉时代或稍晚些时代的岩石雕刻表明，这个新港口也拥有自己的制陶工坊，还有精致的铜矿石冶炼设施，在接下来的七个世纪中，它一直是国家支持网络中至关重要的部分，一直提供着宫廷工匠、石匠及造船工所用的铜和绿松石。

在另一组从山洞中凿出的仓库里，除了发现古代的绳索、船材、船桨和船帆的碎片仍留在其被储存进去时的位置之外，人们还找到了来自较晚些时代的证据，表明古王国时期主要由黎凡特雪松木制造的红海航船是先在尼罗河畔的船坞中造出来，再被拆分并一块块地运输到埃因苏赫纳，最后在这里的海滩上重新组装起来的。就像在加尔夫干河谷一样，这些船也会携带着采集自附近泉眼的水航向大海，还要带上食物补给和从尼罗河下游河谷带来的、用于建造同它们一样的船的船材。

这些航海用船只被孟斐斯的书吏称为"比布鲁斯之船"（Byblos boats），后来一些有关它们独特设计的图像表明它们的形式在接下来的一千年中几乎未曾有过变化。与法老时代运送石材的驳船不同——驳船通常建造得非常大，吨位也很大——比布鲁斯之船的图像以及留存下来的船材却表明，这种船的船体形状优美，大约七十英尺长，只能承载十五吨货物。

就像其名称表明的那样，比布鲁斯之船也会航向地中海，萨胡拉神庙的浮雕碎片中便纪念了这样的航程。碎片画面中这种优美的船停靠在三角洲地区港口的一个码头边，船帆卷起，桅杆也放了下来。就像将黎凡特的产物送到孟斐斯，或从西奈半岛运输铜和绿松石那样，比布鲁斯之船也会往返于红海南岸，在深秋时节出发，以便利用当地冬季风向。阿布西尔的神庙中记载了两次这样的航行，这两次航行的目的地都是异邦国度"蓬特之地"（Land of Punt），它有时也会被称作"神之地"。伊塞西和萨胡拉时代的神庙浮雕表现了一些无与伦比的来自蓬特的南方产物被送到法老宫廷中的场景，这些产物包括黄金、象牙、乳香、没药、异邦的皮草，以及可以种在尼罗河下游神庙花园中的香料树树苗。

法老无畏的水手们很早之前就已经航行到尼罗河上游地区了。尽管阿斯旺大瀑布妨碍了他们继续向南——尤其是在

266

一艘萨胡拉的海运船上的船员在返回港口后向国王致意

泛滥季，花岗岩峡谷中会出现一股白浪激流——但水手们挖出了滑道，以绕过瀑布，这样此路线便能全年通航了。古代水手便这样航行到了努比亚采石场以南的地区，哈夫拉那尊著名的雕像正是用来自努比亚的石头雕刻出来的。

在大坝建成之前，阿斯旺向南两百英里处的努比亚村子图马斯（Tumas）、图斯卡（Tuska）和阿布辛拜勒（Abu Simbel）旁宽广大河上方的岩石上可以看到许多孟斐斯书吏及廷臣的名字和头衔。再沿河向上游两百英里远到布亨（Buhen）之后，河边会有金矿和储量丰富的铜矿，吉萨诸王的时代中这里有一个小型矿业聚落，负责熔炼铜矿石。再向上游走到达卡（el-Dakka）附近，阿拉吉干河（Wadi Allaqi）的河口处后，会发现储量丰富的金矿，还有更多的涂鸦记录了两位来自南塞加拉宫廷的官员曾经到这里勘探贵金属，同样的南部地区的其他涂鸦则记录了更多深入东部沙漠的远征活动。

法老时代的货运队也曾旅行至西部沙漠，这样的路线极其漫长，其完整范围我们至今未能确定。从 20 世纪 70 年代

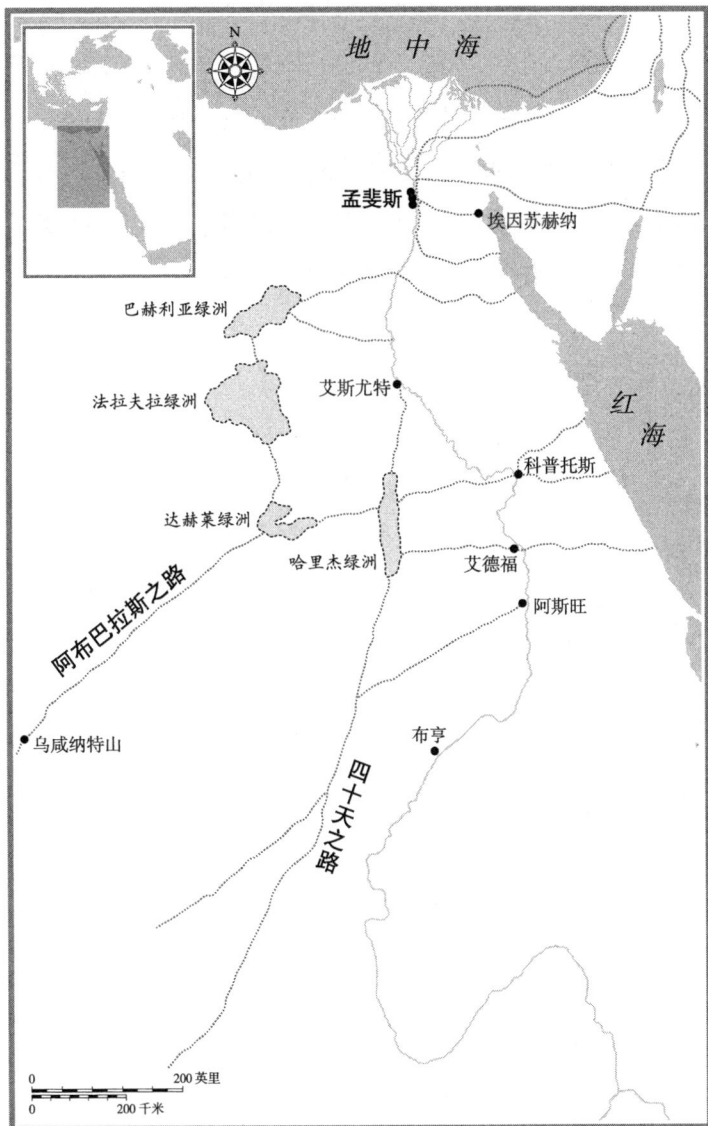

古王国时期往来于尼罗河下游谷地的主要西部交通路线。阿布巴拉斯之路和四十天之路的古老目的地如今已不为人知，其整体走势表明大约在乍得北部和苏丹中部的达尔富尔

268　起，沙漠考古学家便开始重走这些以石堆界标、一堆堆丢弃的水罐和驴蹄子留下的独有凹痕标出的古老道路。法老时代的货运工人们会在这里遇到沙漠中的居民——所谓的谢赫穆夫塔（Sheik Muftah）文化的居民——他们是新石器时代猎手们的后代。在更早些时候，气候更温和时，他们曾在此放牧牛群，并用撒哈拉的野生谷物烘焙面包。

　　撒哈拉沙漠中留下的法老时代的道路从三个绿洲，即巴赫利亚（Bahriya）、达赫莱（Dakhla）和哈里杰（Kharga）向南方和西方延伸。这三个绿洲的排列位置与尼罗河河谷平行，在其西方一百英里远的地方。它们通过沙漠中的道路与彼此以及尼罗河河谷相连。在南塞加拉诸王甚至是更早的时代里，哈里杰绿洲——其名意为"外面的"，它也确实是距离尼罗河河谷最远的绿洲——中有许多法老时代的聚落；聚落中的权贵生前住在坚固的、有围墙的房子里，死后则埋葬在大型的泥砖建成的马斯塔巴之中。留存下来的记录表明这些聚落中的官员会谨慎地对待沙漠中的居民并且关注他们的行踪。令人困惑的是，这些沙漠居民传统上通常被翻译成"利比亚人"（Libyans）。

　　就像在西奈半岛上进行的采矿远征一样，从这些绿洲向南进入撒哈拉沙漠的旅行也是项了不起的事业，需要计划、经验和技巧。在公元前1000年骆驼被引入撒哈拉地区之前，驴子是河谷和沙漠地区的主要驮畜，从尼罗河下游地区出现第一个农业聚落时，它们就已经被驯养了。尽管负重能力不如骆驼，但驴子完全可以和骆驼一样适应沙漠环境，成年并且状态良好的驴子可以背负重达两百磅的货物，同时仅遭受百分之三十的脱水，因此在沙漠旅程中，这些耐性很好的牲畜可以在不喝水的情况下行走三天而不会渴死。在这样极端的条件之下，货运工人需要精心照料驴子，精确放置货物并小心调整平衡——大部分货物是整张羊皮制成的软水袋，当大陶罐中装的其他补给品耗尽后，可以将袋中的水倒进罐子里。

在这样的远征中，驴子反过来也需要依靠人对沙漠的认识、对可用水源和草料的了解以及对必须携带的食物的计算，这样才能保证人和牲畜都安全到家。因此，人要保证驴子的蹄子不会因为炽热的沙子而裂开，而且夏季的白天酷热难耐，人和驴子就只能晚上行进，通过星星和对沿途风景的大致记忆来导航。在这种情况下，法老的货运队能以人行走的速度每天前进十二个小时左右。就像古代水手的经验一样，成功完成这样的旅途——一小群人赶着一大群温和的牲畜，就像如今苏丹和西非沙漠中的骑驴人那样——所需要的知识如今已大部分湮没于时间了。

撒哈拉平原上有许多像哨兵一样屹立的巨石，其中一块上面留存着罕见的铭文，告诉我们在胡夫的时代中，有一支沙漠远征队出发采集稀有的沙漠赭石，以便宫廷工匠用来制作颜料。在这高高的石柱的阴影中，有一名货运工人在沙漠中架起火炉，做了一锅蝗虫。许多这样的古代宿营地都是在巨石旁搭建的，如今仍可通过它们半掩在沙漠中的烧成褐色的蛋壳形储存罐辨识出来，就像它们前方的道路也可由石堆界标、立起的石头、避风所和瞭望塔来辨认一样。

这条路如今被称作"阿布巴拉斯之路"（Abu Ballas Trail），

即"水罐之父之路"。它从达赫莱绿洲向西南延伸二百五十英里，向西穿过撒哈拉，到达大沙漠和大吉勒夫（Gilf Kebir）高原的边缘。从这里开始引出另一条漫长的沙漠之路，穿过满布沙丘和岩石的荒凉地区通往另一处绿洲，下努比亚乃至今日乍得所在地区都在其辐射范围之内。

从 20 世纪 80 年代起，德国考古学家们沿着发现了这失落已久的穿越撒哈拉路线的沙漠旅行者卡洛·博格曼（Carlo Bergmann）的足迹，标注出了阿布巴拉斯之路上的二十余个古老站点，每一处补给站之间都有两三天的路程，而且每一处都散落着成堆的古代陶器和陶片，这些陶器是在塞加拉诸王的年代于达赫莱绿洲或尼罗河河谷中制造出来的。有些中转站设在岩石露头旁，以提供荫蔽处，这样它们就可以作为微型的人造绿洲使用。有些中转站甚至还储有陶质水罐，总计能盛装约七十加仑的水，足以为八十头驴子组成的货运队提供补给。在沙漠旅游于近期兴起之前，有许多这类与众不同的容器被完好无损地放在沙漠之中。此外，其他道路上的中转站则拥有能烘焙出几千条面包的设施，干燥的沙漠也同样保存了驴子用过的挽具和篮子，以及数不清的各种各样的绳索和绳结。古代的驴子就像法老的航海水手那样，必须配备这些用具。

这样的沙漠之路在千年之中起到了各种不同的作用。从阿布巴拉斯之路上灿烂的新石器时代岩画来看，古老的牧牛人会沿着这条路将牛群向北迁徙，到当时气候更温和的热带稀树草原上去，以便牛群在埃及的绿洲饮水。然而，在塞加拉诸王的时代，一些坟墓祈祷室中的铭文却表明深入沙漠的旅程是向更南以及更西走的，一直走到乌威纳特山（Gebel Uweinat）的范围内，如今这里是利比亚、埃及和苏丹的边境线交会之处。法老的驴子货运队会从这个遥远的绿洲继续向南走，进入在坟墓祈祷室铭文中被称作"亚姆之地"（Land of Yam）的地方。贵族哈尔库夫（Harkhuf）在阿斯旺的坟墓祈祷室中的一段铭文这样描述道：

> 我主麦然拉王让我和我的父亲……艾侬到亚姆去开辟通往这异邦之地的道路。七个月后我到了那里……回来时我带着三百头驴子，满载熏香、乌木、油、香料、豹皮、象牙雕刻、飞镖和其他的上好货物。

尽管哈尔库夫在描述他的南方之旅时提到的许多地名我们都无法辨识出来，但似乎这位来自阿斯旺的伟大探险家到达过亚姆之地，并且走的是一条比阿布巴拉斯之路这样的沙漠之路更靠近尼罗河的路，如今这条路仍有人使用。它被称作达布阿尔巴林（Darb el-Arba'in），意为"四十天之路"。尽管沙漠环境对于人类来说非常不舒适，但四十天之路这样的路线比穿过尼罗河河谷中的聚落的路线要近得多，而且由于这条路上几乎没有人类居住，行经此路的人便更能避人耳目。因此到了20世纪70年代，穿着白色沙漠长袍、手持大银柄鞭子的努比亚骆驼骑手仍然会跟着小步快跑的牧群一同穿越这些沙漠，来到开罗的市场上。

中世纪时，数千头骆驼和大量奴隶组成的货运队曾通行于四十天之路，他们携带着的货物与和善的亚姆统治者

271

曾在三千年前给予廷臣哈尔库夫的货物相同。在当时，四十天之路似乎是从中埃及地区的艾斯尤特开始的，穿过哈里杰绿洲，下到亚姆和苏丹西部。但是，哈尔库夫可能是沿着他家乡阿斯旺附近一条沙漠干河中的老路来到这条路上开始他的远征的。这里的岩石上的涂鸦留下了数千年中许许多多类似的沙漠旅行者来往此地的记录。实际上，阿斯旺的象岛（Elephantine Island）在古代的名字更可能来源于"象牙之路"这个词，也就是将阿斯旺和四十天之路连起来的那条路，而不是像现代人通常想的那样来源于其上形似大象的花岗岩巨石。

阿斯旺城外高高的悬崖上有一个聚落，居住于此的一直不是农民，而是采石工人和旅行者。这里的砂岩露头上嵌有一系列长方形阴影，哈尔库夫的坟墓祈祷室那阴影中的门廊便是其中之一。这些坟墓祈祷室中除了众多的祷词和供品列表之外，还有一些铭文描述了某些阿斯旺居民所进行的史诗般远征，他们以朝廷官员的身份穿过沙漠或是从埃因苏赫纳以及尼罗河三角洲地区的其他港口跨海前往比布鲁斯以及其他黎凡特港口。这样的旅程十分危险，阿斯旺一座坟墓祈祷室中的铭文记录了一位冒险者是如何在父亲死于这样一场旅行之后找回其遗体，以便将其安葬在法老的土地上的。然而，这些远征并非军事性的，旅者只会携带少量护卫，尽量避开敌对或不怀好意的群体，并给友善的外国领导人带去礼物和来自法老朝廷的问候。反过来，除了木材和铜之外，这些旅者也会将乌木、象牙、熏香和宫廷祭司所穿的豹皮带回法老的王国。

272

由于廷臣旅者的故事受到高度赞赏，这些生动的文本甚至形成了一种专门描述此种旅程的文体，叙述从国王的命令开始，到与其他群体订立契约，再描述胜利回归以及带回的大量珍贵货物，还有法老因此赐予这位旅者的荣誉和奖赏。每一段文本都会强调其所描述的这场旅行的独特性、探险者和国王的亲密关系，以及他们在回归时收到的礼物。以哈尔库夫为例，他的铭文中记载他得到了"装满枣酒、蛋糕、面包和啤酒的驳船"，在饥渴的货运队开始向下游的孟斐斯航行时，这些船便从王宫出发了。

关于法老在收到这些异国物产后的喜悦心情，有一个记载在年轻的佩皮二世写给哈尔库夫的王家信件上的著名例子。此信写于公元前 2380 年前后，后来又被刻在了哈尔库夫的坟墓祈祷室中。这封信"由国王在统治的第 2 年，第一季，第三个月第 15 天亲自封印"。这封王家公函中说，哈尔库夫已经告知陛下，除了通常的来自南方的珍宝之外，他的远征队还为国王带来了一个会跳舞的侏儒，他"来自地平线上的居民之地"。从最早的几位国王的时代起，王宫中便有侏儒居住，有的担任廷臣和家丁，有的作为"神之舞者"提供娱乐服务。因此佩皮王在信中让哈尔库夫"立刻航向北方，到王宫来！"他又说，你要将他强壮健康地带到我的面前，"他和你一起上船后，要派遣有能力的人守在他周围，不要让他从甲板上掉到水里。他晚上睡觉时，要派遣有能力的人睡在他的帐篷边上，十次以上地检查他的情况，因为朕比起西奈半岛或是蓬特的产物，更想看到这个侏儒"。信中还保证，若是这个会跳舞的侏儒能够活着、健康地到达宫廷，年轻的国王将会赐予哈尔库夫足以被数个世代的人铭记的奖赏。

富有的和更富有的——阿拜多斯的维尼

273 　　尽管存留至今的文本大部分是重复的，而其他的资料都只能提供对孟斐斯宫廷生活的短暂一瞥，但书吏和工匠还是塑造出了几位廷臣的形象，如哈杰德夫、森涅布和哈尔库夫等。在现代人看来，他们的形象甚至比他们所侍奉的任何一位国王都更饱满。

　　然而，侏儒森涅布的形象和讲述哈尔库夫这样的远征领导者的生动文字并非常态，大部分廷臣的文本充满了套话和重复的内容，因此，就像他们所侍奉的国王那样，他们除了名字外就没有什么特别之处了。但是，作为廷臣以及国王密友，维齐尔维尼（Weni）的人生却鹤立鸡群，这主要是由于他在阿拜多斯的坟墓祈祷室中规模庞大的铭文。这篇铭文描述了他在王室家族和政府中漫长的职业生涯里所经历的事件和展开的冒险。

　　这篇铭文被刻在了巨大的图拉石灰岩上，整体优美。岩石有将近两英尺厚，大约十英尺长，五英尺高。铭文内容由五十一列圣书文字组成，像同时代的《金字塔铭文》一样雕刻精美，布雷斯特德称其为"古王国时期最长的叙事性描述，也是最重要的历史文献"。加德纳的评判通常不像他的老朋友们一样乐观，但他也认为这份文本"从历史的角度来看，是古王国时期众多充满了琐事的所谓自传体铭文中的一个例外"。

实际上，这些刻在精美的白色石头上的铭文描述了维尼在特提、佩皮一世和麦然拉统治期间的六十年廷臣生涯。尽管文本中也充满了当时其他所谓的自传体铭文中常用的套话，但它还是描绘出了维尼充满意外事件和冒险的人生，使得加德纳也对这个人的精力感到惊奇。故事开始于维尼年轻时，就像其他地方长官家的孩子一样，他离开了自己在阿拜多斯的家，去到了孟斐斯的特提王的宫廷里。他在这里和其他年轻贵族一起从地位相对低微的角色开始，展开了自己为朝廷服务的生涯。他为在世国王执行各种各样的任务，就像当时王家神庙中也有与他地位相当的人每天为国王的雕像进行清洗、着衣和准备食物等工作一样。

维尼是在宫廷中、在与法老家族最亲密的圈子里，而不是在负责国家行政管理的官员们之中长大的。铭文写道，他在国王眼中能达到什么地位，实际上取决于接替特提王的佩皮一世交给他的一项需要谨慎进行的秘密调查工作，他需要"独自完成，不能有其他维齐尔或国家官员参与"。这项工作有关一位不知名的，或许是做错了事并受到了惩罚的王后，但任务的细节没有在铭文中得到描述，也不知道其是否与宫廷中其他的是非与麻烦有关。埃及学家们发现有些廷臣坟墓祈祷室中墓主人的名字被抹去了，这是一种国家级的惩罚措施，他们据此发现并还原出了许多宫廷内发生的事件。

铭文告诉我们，在这次内部调查之后，维尼便担任了某种类似于军事指挥官的职务。在佩皮一世长达半个世纪的统治接近尾声时，他要求维尼从国内和南方土地上征募一批

274

人，向黎凡特南部进行了至少六次远征活动。铭文记叙到这里时，这块大石碑上的圣书文字忽然变成了诗行：

> 这支军队安全返回，掠夺了沙漠居民的土地。
> 这支军队安全返回，毁灭了沙漠居民的土地。
> 这支军队安全返回，推倒了它有城墙保护的聚落。
> 这支军队安全返回，砍倒了它的无花果树和葡萄藤。
> 这支军队安全返回，点燃了它所有人民的谷物。
> 这支军队安全返回，砍杀了它成千上万的军队。
> 这支军队安全返回，带来了许多战俘。
> 国王为此特别夸奖了我。

尽管翻译中充满了豪言壮语，但它并非在描述某一场战争。就像大部分古埃及记录中前往采石场、矿场和尼罗河下游之外地区的远征一样，这首诗也强调了这项事业的危险性及其参与者的安全回归，同时，在杀伤和俘虏的人数、造成的伤害上则按照这些铭文的惯例加以相当程度的夸张。在那个世界中，人类这一存在远比今日脆弱，想要烧毁全部农田、杀光当地的农民是不现实的。因此我们可以想象，维尼带领着人和驴子组成的远征队，携带着大量补给进入西奈半岛北部和黎凡特南部的沙漠，在那里追赶并严苛对待了部分土著居民。其他冒险者描述称，这些居民试图阻挡他们继续前进。之后，远征队似乎是继续向北行进，来到了不受中央政府控制，自然也没有标准意义上的军队的地方。他们沿着行进路线劫掠了农田，夺走了他们的无花果树和葡萄藤，摧

275

毁了一些有城墙保护的聚落。

公元前 2310 年前后，年老的佩皮一世被埋葬进他的金字塔，铭文表示新王麦然拉赐予维尼一个管理国家的职位，将这位中年的廷臣和其他一些与他同时代的人派回了他们出生的南方诸省。

这些人中有一位名叫卡尔（Qar），他似乎负责在尼罗河下游河谷地区征收粮食。维尼则被指派了一个新设立的负责管理从阿斯旺到孟斐斯之间地区的职位，他告诉我们在这个职位上他完成了许多与麦然拉的纪念建筑建造相关的任务。在努比亚，他监管沙漠中的采石工作，麦然拉的石棺和金字塔的顶石就是用这里的石材做成的，他还监管用来运输石材的货船的建造工作。在阿斯旺，他负责监管花岗岩开采工作，这些花岗岩会被用来建造王家神庙。他还负责监管五条滑道的挖掘工作，这些滑道是用来帮助船只安全通过瀑布的。在王国中心地区的哈特努布，他监管从采石场中采集大块雪花石膏的工作，它们被用来打造大量的供奉桌。他在这里还要参与一百英尺长的驳船的建造，这艘船是用来运输那些巨石的。

维尼的铭文告诉我们，这样的任务呼应着特提一世时代里，他在侍奉王室家族时向国王求取的一个恩惠：依照国王的命令——与其他许多时代更早的廷臣在铭文中描述的方式相同——他可以用图拉采石场开采出来的最精美的石灰岩为自己打造一口石棺和坟墓祈祷室中的一些精选元素，这些东西可以交由王家工坊来设计并雕刻。在他被指派为尼罗河河谷的长官之后，确实有许多精美的白色岩石被运输到阿拜多斯

276

的大平原上，其中就有刻着维尼的长篇铭文的那一块岩石。它们被装到了他那由泥砖建成的巨大的马斯塔巴中，这座马斯塔巴距离他父亲的纪念建筑不远，都在田地之外的宽广沙漠中。

维尼似乎还在阿拜多斯为他的家族建造了一座壮观的居所。就像他的长篇铭文描述的一样，他在宫廷之外的新职位似乎是晚期的一场国家秩序变动中的一部分。在这场变革中，由一群从地方长官家族中选出来、与王室家族有着极密切个人关系的人组成的平行管理机构似乎和维齐尔的行政管理机构一起办事，并且控制了送往孟斐斯宫廷的补给品和材料供应。

维尼去世于公元前 2290 年前后，当时他年事已高，也正是佩皮二世在位初期，国家繁荣兴旺，人口不断增长。

至于他本人，他那洋洋洒洒的坟墓铭文以此类文本惯用的方式塑造了他的形象，把他写成了一位完美的廷臣，终其一生无私奉献，侍奉了三位国王。然而，维尼同时也是一个出身相对低微，最后却控制了尼罗河下游河谷出产的大部分资源的人。他还用个人手段在阿拜多斯平原的沙漠中为自己建造了一座奢华的坟墓，那座坟墓与最早的几位法老的埋葬之地相距不远。对于他的职业，也许最恰当的描述是，他是一位不知疲倦的组织者，负责管理从全国各地以及国外征募上来的各种服务王家的劳动力、沙漠货运队和工作组，并负责进行远征，监管沙漠采石场中的工作，还组织将从采石场开采出来的石块送往孟斐斯和他自己在阿拜多斯的坟墓的事务。

但实际上，我们很难确定维尼是否真的亲自参与了他组织的多次黎凡特之行，甚至也很难确定他是否亲自监管了铭文中描述的其他任何一项事务。尽管这篇铭文很长，里面充满了各种赞扬和地名，但它也包含了许多晦涩的、套路化的 277 表达，而且由于现代人缺乏对当时法老朝廷中的秩序和功能的了解，我们很难把这位官员漫长的一生编写入现代的史话中。也许我们最好还是引用这篇伟大的墓葬文本最后的几句话，让他本人来描述自己吧：

我被父亲宠爱，被母亲赞扬，被兄弟们喜爱。高级廷臣、南方土地真正的监管者，在奥西里斯面前受到尊敬的维尼。

第六部分

中间期

（公元前 2200~前 2140 年）

21　突然的中断

没有金字塔的历史

公元前2200年前后，在建造了将近五百年的纪念建筑 281
后，朝廷突然停止了建造工作。与此同时，以自己的名义建
造了这些建筑的王室家族也完全消失了。在接下来的一个半
世纪之中，没有任何一位国王或任何一个朝廷利用王国中的
资源，如尼罗河、铜和小麦来建造大型石头建筑。在西奈半
岛南部，纪念朝廷为获取所需铜矿石而发起的远征的一行又
一行王家铭文也突然中断了。传统的历史在佩皮二世统治时
期结束后便开始变得进展缓慢，直至停滞不前，这次中断宣
告了古王国的终结，那之后的中间期的长度只能由最近刚推
断出的，在中间期开始前或结束后建造了纪念建筑的诸位国
王的统治日期确定。

在这个空白期内，大部分孟斐斯的金字塔被打开，石棺
的盖子被打碎或移走，王室成员的遗体被取出并剥光。大部
分贵族的坟墓遭到部分毁损，墓葬竖井被打开，丢给了猫头
鹰和蝙蝠照管。神庙和贵族坟墓祈祷室中的雕塑也遭到袭

337

击。由于王家神庙遭到的袭击太过突然，其中数量惊人的原有物件，如装饰华美的仪式用品、珍贵的铜制品，甚至是书吏们留下的易碎的莎草纸卷都直接被埋在神庙的碎石堆下，直到今日被发掘出来之前都无人触碰。同样，尽管乌纳斯的埋骨之所遭到劫掠，但他的《金字塔铭文》仍然保存得十分完美，因为金字塔的入口被深深地埋进了碎石堆之中。

282   这些暴力事件在孟斐斯这一地名中回响，这个名字是古典时代的历史学家们赋予这座塞加拉高原之下的城市的。它来源于孟斐斯最后建造的金字塔之一，这座金字塔名为"孟尼弗佩皮"（Men-nefer-pepi），意思是"佩皮的美停驻于此"，这个名字一直被沿用，最终成了附近城镇的名字，这表明该金字塔是残酷的毁灭时代来临之前孟斐斯建造的最后一批王家建筑之一。

传统上通常认为，孟斐斯的建筑所遭受的严重破坏是石灰窑的工人、掠夺石材的石匠和现代头几个世纪中对异教建筑进行系统性破坏的基督徒共同造成的。到了更近的时代，由于缺乏能移动整个大型艺术品的设备，收藏家和盗贼们将神庙中的石块取下或是锯开，并且将雕塑打碎，拿走它们的头部。

然而，考古学家却常常发现被打碎雕塑的每一块碎片都仍然留在其所有者的坟墓祈祷室的地穴中，而吉萨诸王的许多等身大小的雕塑则被打碎成了极小的碎片。由于许多这类雕塑是用法老时代的工匠们雕刻过的最坚硬的石头做成，要将它们打碎成这么小的碎片，需要进行大量且密集的工作。吉萨也没有发现任何哪怕是最微小的证据，能表明这些精美艺术品所用的石材被重新利用，打造成了更小的雕像、碗或是瓶子。因此，人们可以想象，哈夫拉与鹰的闪长岩雕像是在绝望中被扔进了神庙的井中，那时与其相似的众多国王雕像已经被费力地打碎成了微小的碎片。

这次突袭进行得十分彻底，因此除了赖斯纳一个多世纪前在门卡乌拉的河谷神庙中找到的那些之外，就几乎没有多少留存下来的王家雕像了。河谷神庙在孟斐斯王国结束之时逃过一劫，并未遭到严重破坏。另外，在这位国王的金字塔神庙中，赖斯纳和他手下的工人发现了一尊被打成碎片的巨型门卡乌拉雪花石膏雕像。这尊雕像曾是在这里进行的王家崇拜的核心，如今它的碎片却散落在这座建筑的房间和走廊中。晚期孟斐斯诸王的雕像几乎都遭遇了同样的灾难，只有极少数几个例外。大部分已经发现的留存至今的雕像是在王国的偏隅地区找到的，这说明这些圣坛和神庙并未像孟斐斯的纪念建筑那样遭到猛烈的第一波攻击。

后来的古埃及文献对这一宫廷文化中断期的处理方法明显地体现了后来的法老朝廷和书吏们是怎样看待当时的国家体制和历史的，因为在所有存留至今的年表中都没有标注出这段空隙。坟墓祈祷室和神庙墙壁上记录的长长的王名表中没有任何中断。就算是所有已知的古代记录中最准确的都灵王表中留存下来的部分都是将统治者一个接一个连续列出的，没有留下任何有关这段不再建造新的大型建筑、孟斐斯诸王的墓葬崇拜建筑也遭到劫掠和破坏的漫长时段的线索。实际上，都灵王表似乎是将开始于公元前3000年前后的法老时代的第一个千年都放在同一个标题之下。

283

尽管古代的编年史作者不愿意承认这个中断期的存在，但古老的历史记录中的空缺还是让他们改变了自己通常的工作方式。一些古典时代的文本不再一个接一个地列出每一位国王的名字，而是直接标出接下来的四个王朝持续的总计年数。法老时代的书吏列出了其他地方都没有记载的统治者的名字，并且使用了一个通常被翻译成"空隙"的词，用于指代他们抄录的记录中出现的空缺部分。曼涅托的历史的各种现存版本中都出现了对这个历史空白时期的一种迷人的，乃至于诗化的表现方式，反映了它给人们带来的困惑。其中一个版本将佩皮二世列为第六王朝的最后一位国王，之后的第七王朝则是被"七十位国王统治了七十年"。另一个版本中，第七王朝共有五位国王，他们统治了七十五天。还有一个版本则说有五位国王统治了七十五年。有关这个中间期的记载除了这些之外就只有第九王朝安克西奥斯（Achthoes）王的一篇传记，据说这位国王比他之前的所有国王都要残忍，后来他发了疯，被鳄鱼吃掉了。

有一个明显的标志表明，古典时代的历史学家认为这古284 怪的时段是法老王位不稳、国家分裂崩溃的结果：他们中的一些人宣称，孟斐斯王国的最后一位法老是女性，即尼托克丽丝（Nitocris）女王。在曼涅托的历史的一个版本中，她被描述为"所有女人中最美丽的，有着雪白的皮肤和红润的脸颊"，她的统治时期在佩皮二世之后，尽管希腊历史学家希罗多德认为尼托克丽丝的统治时期很短，她在一次晚宴上淹死满怀阴谋诡计的廷臣们后，便离奇地自杀身亡了。与之类似，一个写成于佩皮二世统治时期结束约两个世纪后的法老时代故事的片段讲述了佩皮二世如何在夜间秘密造访一个男性廷臣的家，以此来证明这最后一位建造金字塔的孟斐斯时期法老的朝廷像尼托克丽丝法老的朝廷一样，在性方面十分矛盾，同时也暗示了这些古典时代的历史学家讲述的民间故事可能是深深植根于过去的。

哀歌与箴言

啊，金字塔的建造者们成了农民……如今已经没有人再北航至比布鲁斯了。我们该对我们的木乃伊所用的雪松做什么呢？祭司们和这些产品一起下葬，廷臣们用这些油膏防腐……

啊，但象岛和河谷中的提尼斯（Thinis）由于战乱而不能课税……没了收入，国库何以成为国库呢？当真正的课税被收缴上来，献给国王时，国王心中一定充满了喜悦吧！异邦人宣称："这是我们的水！这是我们的谷子！"我们能做些什么呢？一切都陷入毁灭！

——节选自《一位埃及书吏的箴言》

在法老的国家崩溃，公民秩序也随之荡然无存后，文学作品中出现了许多意味深长的、有关尼罗河下游地区的生与死的沉思。这些作品如今被称作哀歌、箴言和争论，是一种全新的文学类别，由孟斐斯王国消失两个世纪之后重新建立、重新统一起来的法老王国中的宫廷书吏们创造。

这些文献中生动地描述了法老时代秩序的崩溃。没有了这种秩序，便只剩下混乱。文献中将这种混乱描述为罪孽丛生和异邦入侵，社会中角色混乱，坟墓和金字塔遭到劫掠，人们和动物行为异常，甚至那在法老时代的生活中处于核心位置的宽广大河也变得不正常了。文献中坚持把法老和宫廷文化的作用描述为维持尼罗河下游地区自然和社会的平衡。似乎这一中间期给孟斐斯朝廷原本拥有的巨大确定性带来了挑战，并且永久性地改变了法老时代社会的观念模式。

历史学家常常用这些全新的文献来描述中间期的状况。然而20世纪初期，在这些重要文献之一的初版序言里，加德纳就已经指出，把这些文献描述的状况放在特定的历史时间中和确定这些文献的创作年代一样，都是十分困难的。尽管如此，他却充满智慧地用他那个时代的方式评论道："除非他们的理论得到事实上的支持，否则让埃及的作家们凭空想象埃及陷入了无政府状态，或者遭到了异邦的入侵，就像让英国的小说家想象英格兰成了土耳其人的附庸一样，都是十分困难的。"

所以，不管这些文献是对真实事件的报道性记录——从其描述的规模和诗化程度来看，此类报道显然缺乏真实性——还是仅仅在对优良治理模式的崩溃进行文学性思考，就像其他许多文化中类似的思考一样，它们都确凿无疑地——而且是在法老时代的历史中第一次——展示了对前人创立的朝廷秩序的珍贵价值和脆弱性的敏锐意识。

在加德纳写下对《一位埃及书吏的箴言》的评论的那十年中，历史学家发明了"intermediate period"（中间期）

这个术语，用来描述这一法老时代宫廷历史中重要的中断时期。这个混乱的时期挑战了现代人将"古埃及"当成单一稳固的存在的普遍认识。人们曾经以为古埃及的风格和想法就像金字塔本身一样，是穿越千年恒久存在的。加德纳最早使用中间期这个术语时，并未将其首字母大写，但后来在埃及学家亨利·法兰克福（Henri Frankfort）的一篇论文中，它变成了专有名词，然后获得了自己的特性。这篇论文出版于 1926 年，题为《第一中间期的埃及与叙利亚》。

286

目前存留下来的唯一一份记载了所谓的《一位埃及书吏的箴言》的莎草纸卷中的一页。这份文本有七英寸高

与法兰克福写下这篇开创性的论文时相比，如今我们对这个时期的了解增加了许多。但是，从传统意义上来说，这段历史仍然大部分失落于时间的洪流中，就连对当时的统治者和所发生事件的最简短叙述也所剩无几。它的不确定性一方面是由于从根本上缺乏考古证据，另一方面古代历史学家

记载的王名表又互相冲突，而且国王和贵族们又常常重复使用有限的一系列名字，使得我们常常无法分清楚具体是哪一个人。

因此，尽管这个时代留下了足够丰富的文物，但它们却是一个杂乱无章的时代的产物。不过它们也保存下了一种生动的反常现象，由此在无意之中为先辈们的壮观文化提供了重要的对比以及绝妙的评论。

孟斐斯、赫拉克里奥波利斯和底比斯

287 　传统的历史学家基于古典时代的历史学家所讲述的大部分故事和精心挑选过的一部分法老时代文本，认为在佩皮二世的统治结束之后古老的法老王国中建立起了数个独立的小国，它们一个接一个地建立，其统治家族所在的位置则与曼涅托划分的属于中间期的四个王朝对应，即第七到第十王朝。与之不同的是，考古学发现表明有些文化中心是同时繁荣起来的，而且事实上，某些在曼涅托的王表中被记载为以一个接一个的王朝形式统治的君王实际上是在同一时期进行统治的邻居。

塞加拉大墓地中来自这些时代的简朴建筑展现出零星的与较早时代建筑的相似之处。例如，一座小型金字塔开始建造时是建在塞加拉南部那些时代更早的金字塔附近，并且其入口处的走廊和墓室也刻满了《金字塔铭文》。这座金字塔是为名叫伊比的国王建造的，除了这座建筑之外，我们对此人一无所知。在附近的塞加拉中部地区，近期发掘出一些坟墓祈祷室，里面刻着几乎不为人知的国王们的王名圈。

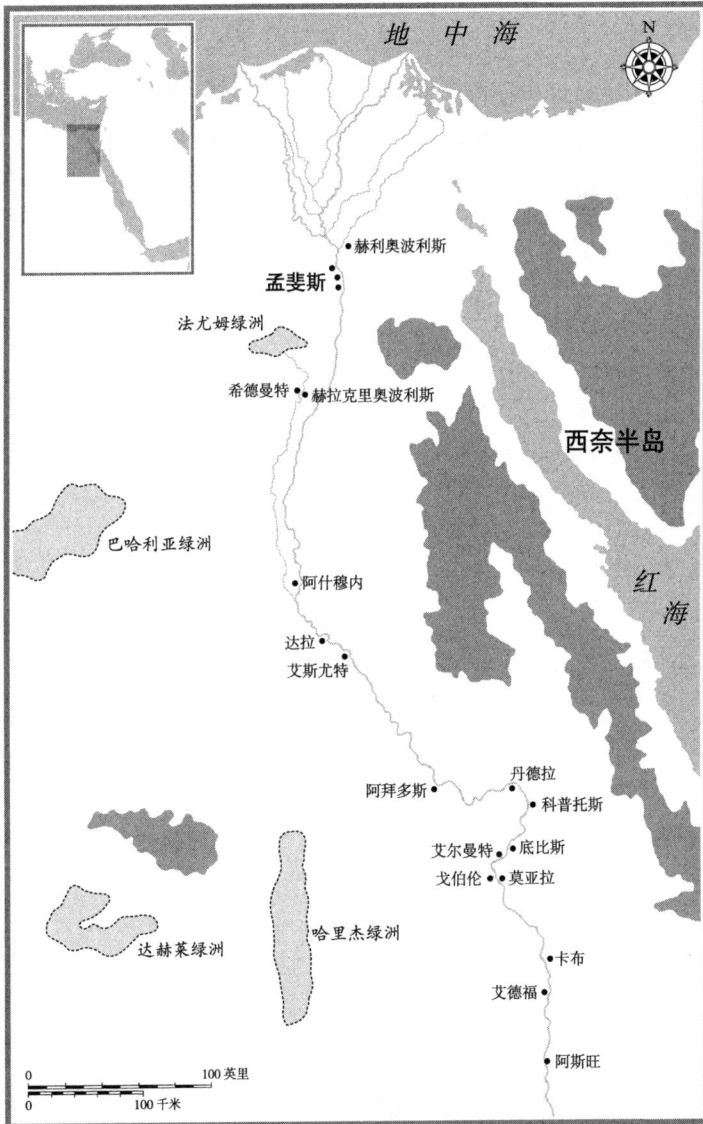

第一中间期中所有已知的墓地和聚落，其中一些地方似乎成了新的基础

这些国王的名字与之前的孟斐斯诸王的名字十分相似，他们的建筑也像伊比王的金字塔一样宣称了一种统治上的延续性，甚至是与晚期孟斐斯诸王之间直接的亲缘关系。

另一处中间期时代的墓地建在赫拉克里奥波利斯（Herakleopolis）宽广的淤泥平原上，此地位于塞加拉南方约五十英里处。这是一座巨大的已成废墟的古代遗迹，积满了尘埃、石块和骆驼草，如今被现代城镇伊赫纳斯耶麦地那（Ihnasya el-Medina）包围。它似乎是为曼涅托的第九和第十王朝的国王们的廷臣建造的。根据曼涅托的说法，这些国王在赫拉克里奥波利斯进行统治。这些坟墓中有许多元素复刻自时代更早、规模更大的塞加拉建筑，只不过是其微缩版，甚至有的还引用了一些《金字塔铭文》。这些建筑中的工艺和古文字与塞加拉南部那些时代更早的建筑之间的相似性表明，建造了它们的工匠与那些时代更早的宫廷中的工匠之间有直接的联系。但是，这些坟墓祈祷室遭到了破坏，因此对它们的发掘并不完整，建造了它们的那个朝廷的历史也无法确定。而且，曼涅托的赫拉克里奥波利斯诸王的坟墓目前也并未被发现，或许它们仍躺在塞加拉的黄沙之下。不过，它们也可能建在了再向上游走九十英里的现代村庄代尔伯莎（Deir el-Bersha）下面，这里最近发现了相同几位国王的维齐尔们的坟墓祈祷室的痕迹。

同一时期，尼罗河下游地区的一些地区长官仿照孟斐斯诸王的地方廷臣的方式给自己建造了坟墓和坟墓祈祷室，其中有些建在尼罗河畔的悬崖上，如今俯瞰着河谷中各式各样的现代城镇。它们的样式和其中的古文字，以及充满了独有特点的文本都明显表明，它们中最好的那部分已经很不幸地遭到了严重损坏。

许多这样的坟墓祈祷室中的铭文都宣告了墓主人对赫拉克里奥波利斯诸王的忠诚。似乎这些国王的领地至少沿尼罗河向上游扩张到了现代村庄莫亚拉（Mo'alla）所在的地方，它位于古代的底比斯和现代的卢克索以南大约三十英里处。这里有一座重要的悬崖坟墓，它属于安赫梯菲（Ankhtif），位于一个低矮的沙漠小丘中央，令人想起被黄沙包围的孟斐斯金字塔。墓主人据其描述是伟大的聚落艾德福和希拉康波利斯的主人。墓中还有一位名叫奈弗尔卡拉（Neferkare）的国王的王名圈，赫拉克里奥波利斯诸王中有好几位都叫这个名字，而且这个名字表明他们宣称自己与之前的孟斐斯诸王之间存在联系，因为奈弗尔卡拉也是佩皮二世的名字。

他们的建筑和铭文都表明，将孟斐斯时代的王国统一在中央治理之下的那个朝廷就是底比斯地方领主的朝廷，其影响力似乎在一个又一个封地上、一代又一代人身上发挥了作用，从溯河而上的安赫梯菲的莫亚拉，到阿斯旺的花岗岩瀑布，再到下游的赫拉克里奥波利斯、孟斐斯和尼罗河三角洲。就像孟斐斯诸王的朝廷在全国性建筑的建造停止时消失了一样，以巨石建筑的恢复、全国性建造工程的回归为象征，法老时代国家的一切——其工艺、指挥调度尼罗河下游地区资源的能力——都得到了恢复。

为什么中心无法维持

290 　　传统的历史学家以商博良的想象和 19 世纪的欧洲为基础，将佩皮二世统治结束后持续几个世纪的王朝混乱时期描述为一个富裕强大的国家的解体。就像加德纳曾说的那样，建造金字塔的只能是"强大且高度组织化的行政体系"，因此这样一个国家的解体只能是中央政府的失败导致的。如同布雷斯特德 1909 年在他的著作《古埃及史》（*History of Ancient Egypt*）中所说，古王国的灭亡是领导力缺失所导致的。"一千年来，这片土地上充满着无穷无尽的生命力，"他写道，"……在各个方面，我们都能看到全国性的永不枯竭的精神与活力的产物。这个统一在单一领导者之下的国家平息了国内纷争，将一个伟大民族的力量联合起来，指引其为和谐而努力……"

　　这种事究竟是怎么发生的？为何权力会慢慢从法老手中溜走？有些人推测，因为最后三位孟斐斯时代的国王加起来统治了至少一百五十年，所以政府其实只是僵化了！长时段分析表明在吉萨诸王的时代之后，大部分宫廷头衔就不再为王室家族成员所有了，这暗示王室家族失去了对政府的掌控。与此同时，贵族坟墓祈祷室中的头衔也大量增加，表明官僚基础更加广泛，中心化程度降低，尤其是一些廷臣从孟斐斯搬迁到了各个行省之后。这种观点认为，尽管王国终结得十分迅速，但王国的最终崩溃实际上是漫长而系统性的过程导致的，是数代孱弱的国王和相互争斗的、野心勃勃的廷臣带来的。就像布雷斯特德所说，在那之后"古老政权的敌人向那些代表并支持着这个政权的人复仇了"。或者如同另一位评论家在一个世纪之前发现的，"国家在将近一千年的时间里都是繁荣与安全的保证。服务于国家符合每一个人的利益。突然间，个人的利益不但被鼓励，也被允许了……道德观念……再也没有实际用途"。

因此，尼罗河下游的古老王国变成了一群呈带状排列 291
的、互相争战的公国。自然而然，这种状况又被武力改变，其中一个小国的领袖获得了足够的军事力量，将灭亡的孟斐斯王国的全部疆域置于自己的直接控制之下。毫不意外，亲眼见证了德意志帝国是怎样通过统一许多小国而建立，自己也同时身为普鲁士和埃及总督的廷臣以及外交官的海因里希·布鲁格施，将这个古王国结束之后的晦暗不明的时代称为黑暗时代。实际上，埃尔曼和泽特在柏林研讨会上也是用类似的方式描述这个时期的，从而为加德纳和布雷斯特德，以及后世的学者们抄录并翻译的哀歌、箴言和争论所属的时代染上了背景色。他们看到了玫瑰中的蛀虫。一种普遍的看法认为，建造了孟斐斯金字塔的强大王国有着和维多利亚时代的人们设想的罗马帝国一样的命运：是政府衰弱、道德败坏使其最终陷入无政府状态。

但实际上，几乎没有证据表明法老控制着一个与现代国家类似的高度结构化的官僚体系，现代考古学发现和依然屹立着的那些建筑也讲述了一个完全不同的故事：例如，持续四百年的巨石建筑建造活动结束的部分原因是环境变化。在这段漫长的时间中，欧亚大陆逐渐变得干燥，埃及沙漠中的植被群发生了变化，导致大象、犀牛及其他食草动物渐渐消失。同时在西奈半岛上，那些长久以来耕作于沙漠农田的聚落也恢复了放牧生活。在吉萨也一样，金字塔建筑工居住的聚落在废弃后不久就被流沙深深地掩埋到了地下，国王将王宫搬迁到了其他地方。达舒尔、阿布西尔和阿布鲁韦斯的情况类似，马斯塔巴和金字塔上堆起了沙丘，附近的一些农田遭到吞没。到了南塞加拉诸王的时代，许多古老的孟斐斯建筑已经深埋于黄沙之下。

292　　　　然而，缓慢的沙漠化进程本身并不足以造成大面积饥荒，当然也不会直接导致政府控制的消失。从安纳托利亚到信德（Sind）的地区都发生了类似的气候变化，居住在这个地区中的众多民族并没有费太大力气就逐渐适应了新的环境。同样，在法老的王国中，尽管流沙移动到了距王国更近的地方，但国王和廷臣们广泛的崇拜活动仍在进行，还建造了更多的金字塔，支持建造所必需的劳役和大量的课税也同样没有中断。但同时，尼罗河下游地区也出现了另一种不相关的自然现象，这是埃塞俄比亚高原上的季风造成的，并对尼罗河本身造成了根本性的影响。从巨型金字塔建造之初起，每年洪泛的水位便以十年为单位逐渐降低，这个趋势反过来导致每年收获的粮食以及法老的课税逐渐减少。

　　可惜的是，有关古王国时代晚期每年洪泛水位高度的记载并不一致。但在阿斯旺，也就是尼罗河的洪流每年最先跨过花岗岩瀑布的大门进入法老国度的地方，河中两座小岛上建立已久的聚落的建筑线在孟斐斯诸王的时代降低了大约五英尺。实际上，这种降低是为了用淤泥填平两座岛之间的空隙，将它们变成一个岛，这个岛就是我们今日所说的象岛。

在这新造的淤泥河岸上，有着建于第一中间期的建筑。由此，阿斯旺的民宅建造证明了尼罗河每年洪泛水位在建造了金字塔的诸位国王的时代中每一百年下降大约一又三分之一英尺，在这个时代结束时，下降情况缓慢逆转。

这个数字本身可能看起来很小。然而，年度洪泛水位仅仅升高两英尺，便足以让原本只是收成不佳的年头遭遇洪灾，其后果已经在《圣经》描写的埃及遭到的瘟疫中生动地表现出来。因此，洪泛水位逐渐降低造成的影响本身很小，但会导致孟斐斯金字塔建造的时段内收成和课税持续降低。这种情况在最近对阿布西尔古湖的干湖底的挖掘中得到生动的证明，此地曾是石材运往阿布西尔以及塞加拉的金字塔、神庙和大墓地路途中的重要港口。在湖的边缘，捷克考古学家发现了一座吉萨诸王时代的大型泥砖建筑的部分结构。它是一条通往上方大墓地的堤道，就像其他塞加拉的建筑一样，它先是被风吹来的流沙所掩埋，然后又被富含尼罗河黑色淤泥的冲积物覆盖。这个覆盖层较薄，是典型的人工灌溉的产物，因此应当产生于此地区发展出人工灌溉之后。该地区发现的动物和昆虫的尸骸也证明，由于尼罗河水位下降，孟斐斯大墓地的生态在建造了金字塔的诸位国王的时代中一直在发生变化。

293

由于法老的王国能够开采出来的建筑用石灰岩的数量最终取决于其能够为工人们提供的食物数量，而食物数量又取决于每年洪泛的水平，孟斐斯诸王的时代中建筑规模缩小和质量下降或许也反映了当时农业收成的变化。首先，这些王家金字塔的规模远小于吉萨诸王的巨型金字塔。此后，在从阿布西尔搬迁到塞加拉之后，王家金字塔旁的神庙的大小和质量也有所下降，同时代廷臣的坟墓祈祷室中也出现了这种明显的规模和质量都下降的现象。在卓越的全盛时期之后，这些坟墓也同样缩减规模了，因此到南塞加拉金字塔的时期，许多廷臣被葬在了较小的泥砖马斯塔巴中，有些王后被葬进了金字塔附属神庙的储藏室里，放置其遗体的石棺是用从过去的建筑上回收利用的石材做成的。王家雕塑工坊的产量似乎同样下降了，因为再也没有人为时代较晚的诸位国王塑造等身大小的雕像，只有一些较小的雕像，且大部分是雪花石膏或石灰岩所造，很少再有早期时代所用的沙漠硬石造的雕像了。

294 　　每年农业收成规模的逐渐缩小或许也促使一些孟斐斯廷臣将所在的家族搬迁到地方行省，甚或还反映了廷臣们越来越多地直接参与监管课税与供奉、粮食和肉类向孟斐斯的运输。

　　因此到了南塞加拉诸王的时代，许多王室家族的高级成员，以及出身地方官员家族的，如卡尔和维尼这样的廷臣，都回到了自己出生的行省，如同他们坟墓祈祷室中的铭文告诉我们的那样，他们在那里着手重建农耕与课税系统。例如，廷臣卡尔回到了他童年所在的聚落——埃及南部的艾德福，后来这里发掘出了许多时代较晚的圆形谷仓，与吉萨的王家聚落中的一些谷仓大小、类别相似。

　　　……麦然拉王让我向上游走，去往艾德福，担任南部的粮食总监和祭司总监……我来到了我的聚落，担任整个南方的领主……我让这个行省的公牛在牛棚中与母牛同住……（而且）由于我十分警觉，我有效地管理了王家住所……我给饥饿的人面包，给裸身的人衣服……我计算了尼罗河河谷出产的粮食产量……

同样，维尼也回到了他在阿拜多斯的家族中，此地位于提尼斯行省。他返回的理由或许也和对之前基本未被耕种的河谷地区进行垦殖的计划有关，因为维尼是一位十分重要的国家计划组织者，而阿拜多斯又位于沼泽和宽广的淤泥平原地区的中央，当时这些地方还相对蛮荒。

因此，尽管法老时代传统的课税与供奉系统在较早的年代中运行良好，但似乎到了卡尔和维尼生活的时代，由于收成持续减少，朝廷对粮食生产的直接控制拓展到了孟斐斯、神庙以及孟斐斯廷臣们的家族之外。但同时，由于一个又一个世纪中每一位王室祖先都拥有一个坟墓祈祷室、供奉圣坛和相关的祭司家族，孟斐斯大墓地及其众多崇拜活动所用的建筑，从北方阿布鲁韦斯和吉萨的金字塔到南塞加拉和美杜姆的金字塔，已经在沙漠周围延伸了一英里又一英里。因此，到晚期时，孟斐斯王国似乎失去了收成、课税与供奉之间的平衡，宫廷的繁荣到达了临界点，所以一切金字塔建造工程都停止了。

但是，没有证据表明这种情形导致了战争或饥荒等国家级的灾难。实际上，不如说是恰恰相反。最近贯穿整个古埃及历史时段和地理范围的发掘表明，与后来的朝廷书吏们在哀歌与箴言中所说的不同，在所谓的第一中间期，聚落里的

295

生活相比之前要更加繁荣兴旺，墓地数量更多，坟墓中的物品更加丰富，墓主人的骸骨也没有像早些时代中的骸骨那样显示出营养不良、受压或残缺的表现。

这也并不令人感到意外。在中央课税系统和国家建筑计划崩溃之后，尼罗河下游的聚落能自己支配的资源将会较以往增加，尤其是孟斐斯诸王时代开始的尼罗河每年洪泛的长期性衰减似乎在中间期停止了，在这个时期内，洪泛水位甚至开始缓慢上升。

例如在象岛，政府的仓库和工坊早已在此建立，岛上的聚落也在佩皮二世的统治期结束后持续存在，当地政府似乎一如既往地繁忙。德国考古学家也在这里发现了第一中间期时新产生的崇拜供奉的痕迹，供奉的对象是该聚落中一些时代更早的廷臣的灵魂，如哈尔库夫这样从阿斯旺到南方去贸易并且守卫了法老王国大门的人。同时，阿斯旺一些高级地方官员老宅的设施也得到了相当规模的扩建，在它们旁边建起了一座有着高大的立柱大厅的烘焙坊，它在接下来的几个世纪中持续服务于这个聚落。

同样，在阿拜多斯的沙漠边缘，离维尼的坟墓不到一英里，离这位廷臣的住所也不远的地方，一座大型聚落在第一中间期内发展起来，并变得繁荣兴旺。这里与时代更早的吉萨的聚落不同：居住在吉萨的廷臣和工人被小心地划归在不同区域中，这里的住宅区却是由各种不同的、大大小小的建筑组成，每一所住宅都有自己的谷仓，且都与邻居离得很近，分布于杂乱且扭曲的小巷之间。考古学家发现，这些房子中有许多来自尼罗河下游其他地方的物件，这表明阿斯旺

296

与之前王国范围内其他地区的交通和贸易并未中断。在这里，除了厨房和烘焙坊、牲畜栏和工坊之外，考古学家还发现了一座生产彩陶（faience）制小物件的工坊的遗迹。这种高温烧制的陶器有灿烂的蓝色釉彩，就像埃及夏日的天空。在古埃及历史之后的所有时期内，它们都在此地大量生产。对这种非必需但在法老文化中始终备受喜爱的东西的生产并未在政治去中心化的时代中停止，这本身就表明了在这晦暗不明的时代里，当地人的生活质量并未下降，秩序也没有混乱。

从对其他聚落的发掘中，我们也得出了类似的有关中间期生活状况的观察结果。例如，最近的考古发现表明控制绿洲地区的廷臣，也就是在佩皮二世统治时期统治着这些西部沙漠中孤立的小王国并被葬在壮观的大墓地中的那些人，他们的家族在孟斐斯王国消失后的无政府时期中并未遭到掠夺。此外，在达赫莱绿洲，地方长官的住所在第一中间期内持续兴旺，在之后的时期也是如此。三角洲地区也是一样的，农业聚落似乎仍然未受干扰，尽管这一地区被法老文化的人民居住和控制的程度仍没有定论：箴言中的一些话传统上被翻译成对外国入侵尼罗河三角洲地区的记录，但或许它记载的是第一中间期时本来就居住在此地区的属于黎凡特文化的人口的增长。

简而言之，尽管洪泛水位的持续下降最终导致无法再继续建造更多金字塔，但尼罗河下游地区在中间期似乎并未遭到饥荒和战争的侵袭：就像以往一样，古老的农田和聚落依旧繁荣兴旺。只不过现在，尼罗河下游的人们八百年来头一 297

次不必再效忠于孟斐斯的法老，而是要效忠于自己所生活的行省或地区的长官。

因此老话中所说的"对通用汽车有好处的就是对美国有好处的"并非普遍真理。就像汽车一样，金字塔在繁荣程度上只是有限的表征。就法老的埃及而言，国家建筑计划所需的大规模石材开采活动的停止，似乎是喂养建造这些建筑的工人们所必需的资源供应——国家盈余——的短缺导致的。

存在的毁灭

> 矛盾的是，影响了休谟、马尔萨斯、马克思和李嘉图以及斯密的同一时代对古代历史的理解，仍存在于"经济规律"之中。
>
> ——大卫·瓦伯顿（David Warburton），2010

古埃及历史学家们大都同意"iwn"这个词便是法老时代的"课税"的古老名称之一，这个词的词根是"带来"。或许并不令人意外的是，iwn 也常常被经济史学家描述为非货币性的税收。然而，这一定义也遭到过反对，因为经济学本身也是一门新产生的学科。它是欧洲启蒙时代的产物，是欧洲学者和政府为自己创造的抽象概念。经济学就和大部分用来描述外国或古代的学科合成词一样，在法老时代的埃及找不到现实中的对应。就像其他现代抽象概念，如艺术、政治和宗教的历史一样，要编写法老王国中课税和粮食配给的经济史，我们要从古老的环境中提取出最微小的证据，然后加以全面的重新排列。

不过，这些现代学科有巨大的优势，它们使得人们可以用同一套准则分析世界上所有的文化和社会，从而得出普遍的教训。但是，其劣势便是个体的文化，比如法老时代的埃及会失去其全部的新鲜感和独创性，被放进人工合成的世界历史当中，古代的人们就像僵尸一样，经历一系列相似的情况，与更加现代的人们共享同样的思考方式和目标。将马尔萨斯、亚当·斯密和马克思的世俗观点放到商博良的法老朝廷以及埃尔曼的词典中的术语上，法老的朝廷便可以被轻易地描述为众多现代"精英"文化中的一个，以宗教和魔法的形式使得容易上当的百姓感到敬畏并接受宣传，人们穿着精美的服饰、戴着进口的珠宝，精通兵法，当然也擅长建造巨大的建筑。

没有任何时代比第一中间期更能明显地暴露出这样的叙事中存在的基础性问题了，因为在这个时代里，巨石建筑的建造完全停止了。现代考古学发现已经明确表明，尼罗河下游地区和该地区的人们并没有在最后一座孟斐斯时代的金字塔建成后陷入无政府和不道德的状态之中。真正发生的仅仅是不再建造纪念建筑，也不再进行供奉而已。朝廷的课税与供奉的活动、巨石建筑的建造，以及诸如此类的众多定义了这个国家的活动，这狭长王国中的物质与非物质、生者与死者之间的界限都消失了。结果，孟斐斯的朝廷就失去其存在目的了。

这便是金字塔附属神庙、王家墓葬与雕塑以及孟斐斯朝

298

廷的大部分纪念建筑在国家活动停止后遭到了物理破坏的原因。这些建筑并不是被无政府的野蛮人、盗贼或者心怀嫉妒的廷臣们摧毁的，而是被人民摧毁的。就像他们自己的简朴建筑的遗迹明确表明的，他们和自己的先辈们拥有着同样的世界观和同样的宫廷文化，但他们再也不希望尼罗河下游地区被祖先们和祖先们的形象占据了，因为后者属于一个已经不再发挥功能的世界。

他们袭击的对象不限于孟斐斯的建筑。在希拉康波利斯，一些王家雕塑、瓶子和大量仪式用品被小心翼翼地遮蔽起来，以免遭到这次大范围破坏的波及。这样的行动真切地拯救了许多早期的国王，使其免于被彻底遗忘的命运。在考古学家们最终找回了与他们相关的宫廷文物后，他们的存在得以为人知晓。反过来，在阿拜多斯，最早的法老们留下的巨大地下坟墓遭到破坏和焚烧，木结构的墓室被凶残的火焰吞噬，其巨大的褐色泥砖所建成的墙壁被烧成了可怕的陶红色。同时，维尼的坟墓，还有这宽广的沙漠平原上其他大部分建筑也遭到了破坏。这位廷臣的木乃伊从巨大的石棺中被拉了出来，他华美的墓室被泼了油，然后被点燃，因此千年之后考古学家重新进入这里时，他们发现墓室已经被熏黑，中间放着一尊悲惨的、空的破损石棺。用现代术语来讲（若古代没有这个词的话），孟斐斯文化是美的事业，在其核心图像和物品被摧毁之后，它也遭受了美的终结。

全新的时代——莫亚拉的安赫梯菲

在卢克索到阿斯旺之间狭窄的河谷边缘，有一连串漂亮的村庄。这里阳光明媚，尼罗河水浅但宽广，谷物在农田中金光闪闪，远处小型的沙漠和悬崖在釉蓝的天空之下如同金色的帘幕。在这片充满魅力的地区中，古老的西岸村落戈伯伦的对面，坐落着赫法特（Hefat）。第一中间期时，一位名叫安赫梯菲的地方长官曾在这里生活并统治过。

一条古老的殖民地时期的铁道——它那小小的、半木结构的萨里风格火车站仍旧十分完整——从河谷中的道路旁经过，将沙漠与田地分隔开来。跨过沥青和铁轨，走进与安赫梯菲的古老行省的中心最为接近的村子莫亚拉后，你将进入一个友好的、有着坚固的泥砖房屋的世界。这些房子的表面涂着"穆纳"（mouna），一种由淤泥和切碎的麦秆混合而成的古老材料，其中的酶能让手工制造的材料表面变得像蛋壳一样坚硬。在村子之外，远离商铺、村民和孩子们的地方，你脚下沙子和谷糠混合物中夹杂着陶器碎片。它们可能是新铺设的水管上的辅料，也可能是史前时代坟墓中的陶器碎片。这个地区的人民从史前时代和法老时代开始便将村庄后面的小沙漠用作墓地了，后来的希腊人和罗马人、基督徒和穆斯林也都葬在这里。这里还有古代努比亚人的墓地，他们居住在埃及南部，当年法老曾雇他们来埃及做护卫。他们的坟墓也是根据他们民族的习俗建造的。

安赫梯菲的坟墓祈祷室如今是一排显眼的长方形阴影中的一个，这些坟墓位于一座坡度较缓的、形似天然金字塔的山丘中央。尽管这一排中的其他坟墓似乎与安赫梯菲的坟墓年代相近，但其中大部分铭文和装饰已荡然无存。然而，安赫梯菲的坟墓祈祷室却成了所有已知的第一中间期时代的建

300

筑中保存得最完好的一座，从其于 20 世纪 20 年代被发现开始，其中的铭文和图画便对现代人有关第一中间期的特点和特质的看法产生了极大影响。

当现代的尼罗河河谷还处在形成过程中时，这座后来会成为安赫梯菲坟墓所在地的金字塔状山丘在上古时代的雨水中松动并沿坡滑下，从悬崖上高高的阶地顶端滑到了河谷底部。高阶地上精美的硬质石灰岩比地势较低地区的岩石质量更好，这对安赫梯菲的工匠们来说是个优势，因为从悬崖上滑下来的岩石经受了极大的压力，巨大的白色三角形岩石停稳之后其上布满了裂缝和破损的痕迹。这反过来使其在之后的多个时代中都成为石匠可以轻易开采的资源，精美的白色石灰岩上布满了方便的小裂缝，因此切割和搬运都变得相对轻松。实际上，金字塔南端现在还能看到一些古代作业留下的痕迹。

当你走向安赫梯菲建筑的门廊时，你会穿过一座大型开放式方形庭院。这座庭院中堆着一些古代的砖，堆着它们的部分还没有被发掘过。但其外围布局表明设计者遵循了孟斐斯金字塔神庙的基本布局，在黑暗的柱廊大厅前设了一个宽广而阳光明媚的庭院。

走在安赫梯菲的坟墓祈祷室的门廊中时，你将进入这重301 新创造出来的、属于古老神庙的幽暗中。当地采石工人发现这座被损毁的祈祷室之后，它被安上了木质的屋顶，门廊便位于屋顶的阴影之下。对我们——或者安赫梯菲的墓葬崇拜设施——来说幸运的是，坟墓祈祷室原本的屋顶在装饰完成不久后便坍塌了，将其墙壁和立柱都埋进了山坡上的碎石堆中，于是其最好的部分得以保存，而没有像当时大部分坟墓一样遭到毁灭。实际上，安赫梯菲似乎也安然无恙地在他的坟墓里躺了相当长的时间，因为就目前所知，来自他坟墓中的精美墓葬用品的碎片，是在埃及学家第一次到达他的坟墓之前不久才出现在附近莫亚拉的古董市场上的。

坟墓祈祷室大门左侧和右侧浮雕旁刻着的文字以传统的方式表明了其曾经的所有者：安赫梯菲，贵族男性，希拉康波利斯和艾德福的长官，祭司长，人与土地的管理者和指挥者。穿过这笔直的、切割细腻的门廊后，你将面对的是法老时代最奇怪的坟墓祈祷室之一，这里有林立的扭曲立柱，向左右两边各延伸了三十多英尺。这座建筑中的每一个元素都挤在一小片狭窄的空间里，摇摇欲坠的墙壁和扭曲的立柱皆是如此，其扭曲的角度与这座山丘形成的天然金字塔上弯折和破损的地方相吻合。

和常见的贵族的坟墓祈祷室一样，这里也有危险而幽深的墓葬竖井，位于幽暗之中，距离阳光明媚的门廊入口大约八英尺远。粗糙的竖井的墙壁上有一块简朴的供奉石碑，其上按传统方式雕刻着安赫梯菲及其妻子奈比（Nebi）的画像，画中的他们坐在供奉桌前。至于那三十根倾斜而不规则的立柱留下的墩子，则有的圆、有的方，如同石笋般散落在周围。在更远处的黑暗之中，墓室墙壁上的图画闪着微光，仿佛孟斐斯王国留下的遥远幻影。

坟墓祈祷室涂抹着"穆纳"灰泥的墙壁上有个小小的王名圈，颜色是不寻常的荧光绿色，王名圈中是奈弗尔卡拉王的名字。他是赫拉克里奥波利斯的国王之一，安赫梯菲效忠于他。一段坟墓祈祷室中的铭文说，荷鲁斯神以他的名义送来了完美的、能带来丰收的洪水。

302   安赫梯菲的工匠们顺应了岩石上自然生成但并不规则的裂纹，而不是按孟斐斯的方式将建筑元素对称整齐地排列，这表明安赫梯菲能用的铜数量较少。这种建筑方式需要的铜质工具非常少。20世纪70年代，有两名男子只花了两天时间就用撬棍在类似的有裂纹的岩石上撬出了一间能放下一辆路虎的车库。铜以及其他一些孟斐斯廷臣丧葬所需的物品在安赫梯菲的时代十分稀有，我们从祈祷室立柱上的一篇铭文中也能推断出这一点。

> ……我用我自己的铜打造了我的棺材和其他我的这座坟墓所需要的东西，因为我的这座坟墓中没有来自其他地方的门，没有来自其他地方的立柱……我用来做我的棺材的木板来自科普托斯［在下游约五十英里处］地方的树木。没有别人能说这么多，因为我是无与伦比的英雄……

在祈祷室长长的墙壁以及诸多立柱的表面上，有许多地方没有刻铭文，而是刻着孟斐斯的坟墓祈祷室中常见的画面：安赫梯菲和他的家人一同在沼泽里狩猎，监管农业收获情况，美丽的公牛和母牛被送去屠宰，以及这位长官的家人们坐在精美的家具上，用他们庄园中丰富的物资举办盛宴。但是，所有这些场景都没有被放在与孟斐斯的坟墓祈祷室中对应的位置上。

1. 令智慧女神与艺术女神，以及永远都吹着响亮号角的名誉女神感到喜悦的是，1824年，在撒丁国王、萨伏依公爵卡洛·费利切的命令下，全世界第一批伟大的古埃及藏品被带到了都灵城中。可惜的是，平版印刷先驱弗朗切斯科·戈宁（Francesco Gonin）对新购入的这些珍宝一无所知，因此他画出的缓缓走向科学学院宫的游行队伍带着的是一头斯芬克斯和一口古典式石棺

2. 胡夫与鹰，这是胡夫的吉萨神庙中众多同类雕塑之一

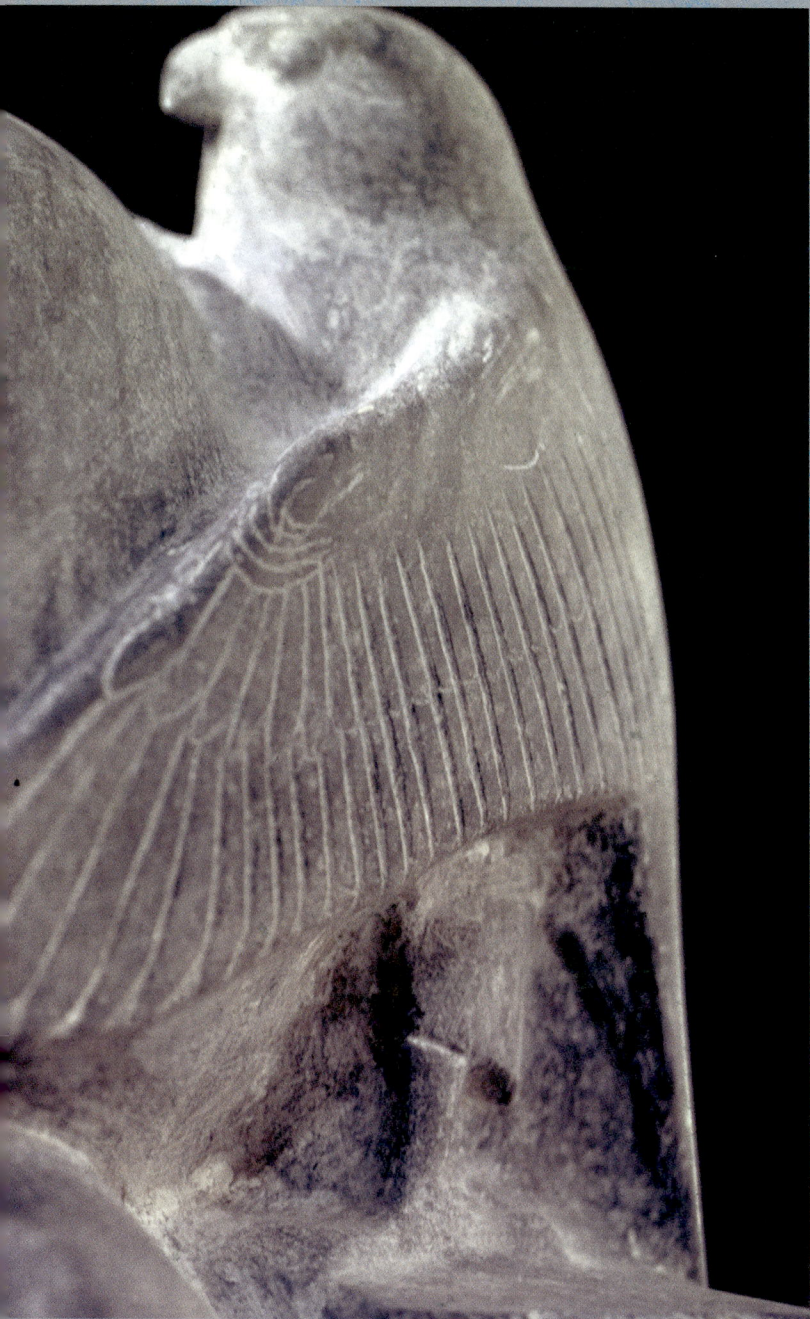

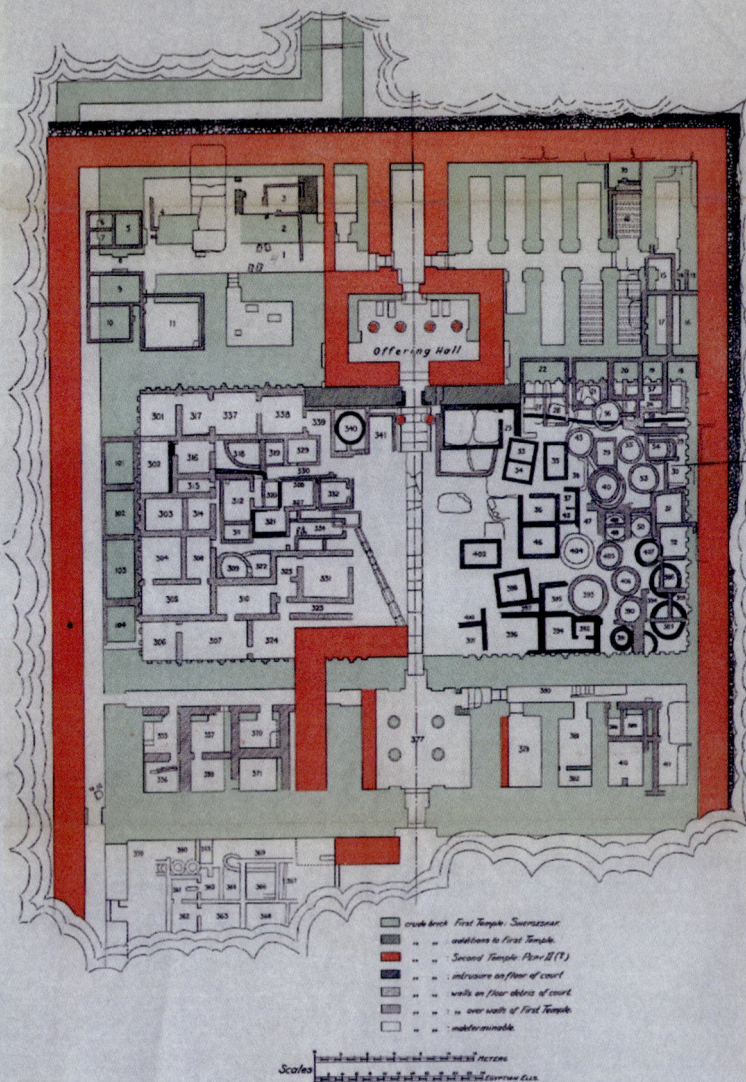

THE VALLEY TEMPLE OF KING MYCERINUS

3. 乔治·安德鲁·赖斯纳绘制的门卡乌拉河谷神庙平面图，他仔细地记录下了这座神庙在一战之前的数年中的发掘情况

4. 四尊所谓的门卡乌拉三联雕像之一，是赖斯纳在这位国王的河谷神庙中发掘出来的。雕像中门卡乌拉右边被哈索尔女神扶着，铭文表明哈索尔女神深爱着国王；左边则是一个地方神明，她将永远为国王提供来自南方土地的供品。这尊雕像用灰色的片岩打造而成，只有三英尺高

5. 阿布西尔的萨胡拉王的金字塔和堤道

6.1907 年 12 月，路德维希·博尔夏特手下的工人正在重新堆起一些从萨胡拉的河谷神庙上掉落的石块

7. 尼罗河年度泛滥后几个月中，处于发掘期间的萨胡拉河谷神庙。渐渐退去的洪水所留下的池塘中的水，也会流进堤道下方通往河谷神庙的运河里

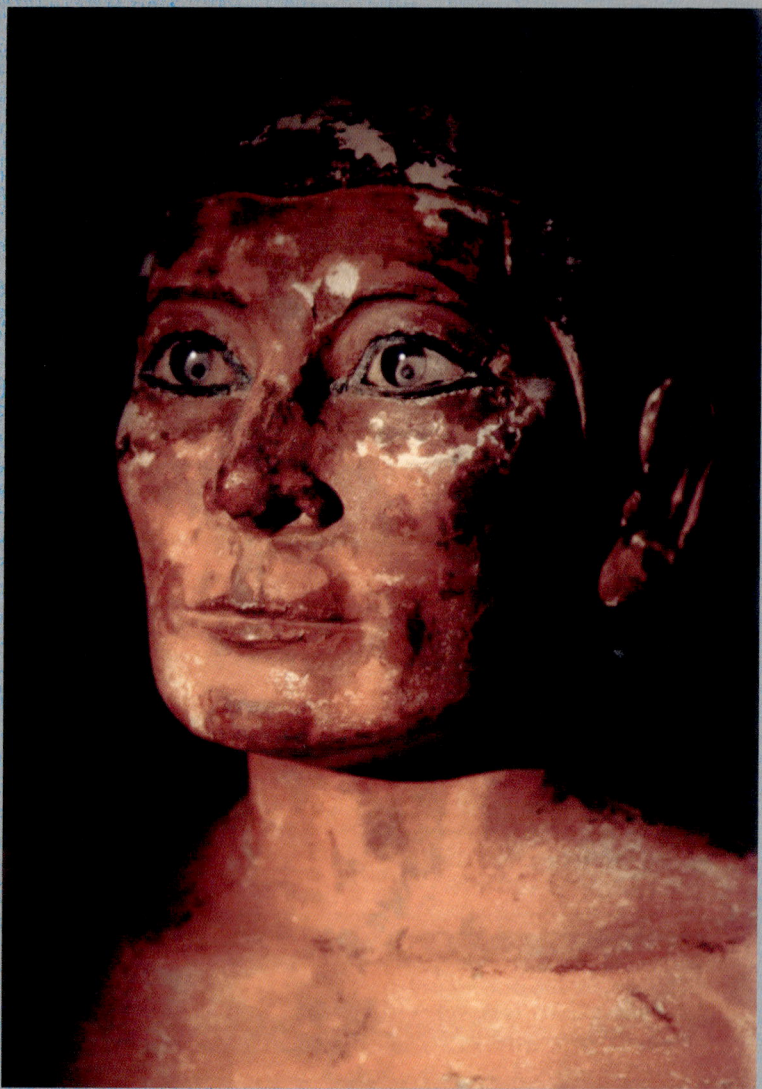

8. 所谓的"卢浮书吏"的头部，这是一尊真人大小的无名雕像，雕刻的是一名盘腿坐着的男子，手中握着笔和打开的莎草纸。他的眼白部分是用打磨过的菱镁矿石做成的，上面有漂亮的红色纹理，瞳孔则以水晶做成

9. 莫亚拉的安赫梯菲坟墓祈祷室西半区的一部分。最前方是两根有铭文的立柱，后方的墙壁上则是一幅安赫梯菲的赛船大会壁画的残存部分

10. 安赫梯菲的赛船大会壁画的一部分，画面中有两条船，船员正在奋力划桨。墙壁表面经泥浆与麦秆的混合物处理，其底色粗糙而又暗沉，使画面显得格外活泼，画师所用的较浅的颜色也拥有了不寻常的亮度

11. 门图霍特普二世身着节日盛装的坐像的头部。该雕像是他位于代尔拜赫里的神庙内一系列类似但尺寸较小的砂岩雕像中最大的，被发现时它单独放置在祭葬神庙地下深处的一间黑暗墓室里

12. 代尔拜赫里的门图霍特普二世神庙王陵在 20 世纪初被发掘并修复后的样子。这座神庙中的树木和其他植物留下的坑标示出了庭院的位置，远处的山丘上则满是时代相近的贵族坟墓所留下的阶梯状沟槽

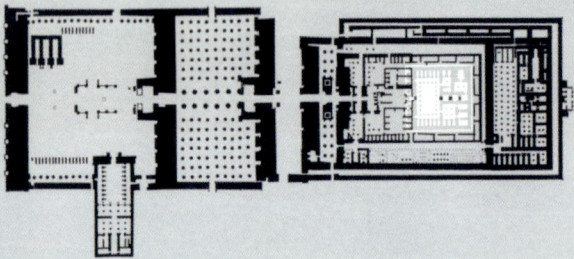

13. 让·劳弗雷（Jean Lauffray）在 1977 年与 1978 年之交的冬季发掘出的中王国时期卡纳克神庙的废墟

14. 今日卡纳克神庙的东西主轴线。平面图上的高亮部分是大小约 45 平方码的开放庭院，其与对森沃斯雷特一世那已然消失的神庙尝试性复原的平面图重叠了。高亮部分内的三个黑色方块所在便是这处在古代便已崩解的纪念建筑仅存的部分，实物可在上方的照片中见到

15. 卡纳克的森沃斯雷特一世神庙前方立着的石灰岩巨像之一，后来它被重新利用，埋在了此地后来建造的建筑下面

16. 森沃斯雷特一世的圣坛，可能放置过用于底比斯节庆游行的阿蒙圣船。它完全是用埋在后来建造的神庙的一座巨型高塔下的石块重建起来的

17. 重建后的森沃斯雷特一世圣坛墙壁上众多精美的礼拜场景之一。画面中国王在神明阿图姆的指引下被带到了阿蒙－拉神面前，并获得了象征着生命的安卡圣书文字符号

18. 一座比真人稍大的、国王身穿祭司长袍的花岗岩雕像.根据与其他雕像的对比，它通常被认为雕刻的是老年的阿蒙涅姆哈特三世。但从服装和形态来看，这座精致的雕像让人想起其他年代更早的雕像

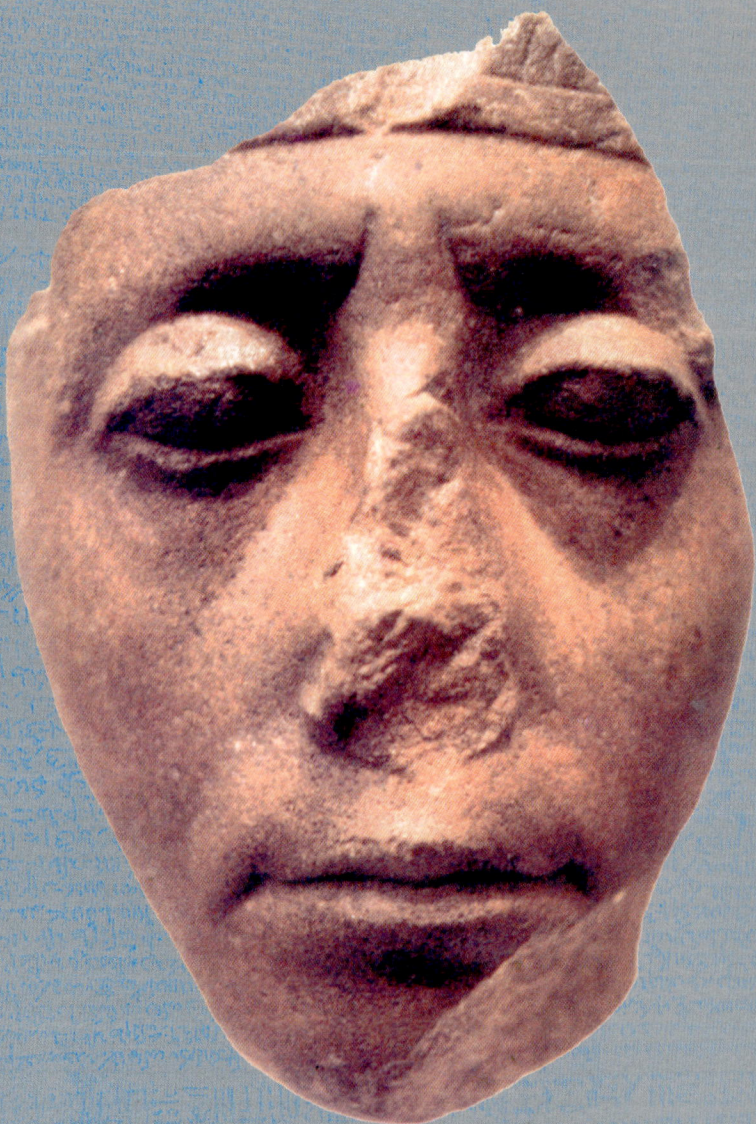

19. 这块六英寸高的石英岩碎片精细的表面似乎表现出了人类皮肤的厚度和纹理。它通常被认为是森沃斯雷特三世的雕像

有七根立柱用圣书文字洋洋洒洒地讲述了安赫梯菲独特的个人传记，墙壁上则用欢庆与冲突的画面展示了同样的主题。生动的弓箭手排成排缓步前进。还有一幅战斗画面的残余，描绘的是一个中箭的人。另一幅是安赫梯菲、他妻子、他宠爱的女儿们、他的四个儿子和他们家养的狗在监管为当地神明举办的节庆。其他的画面展示了粮食丰收之后的庆典，收获的粮食被储存在了十个据安赫梯菲所说是由他来掌控的大谷仓中。

安赫梯菲的坟墓祈祷室与时代更早的坟墓祈祷室相比装饰得有些过分华丽，他将传统的生活中的欢庆场景放到了与 303 之不同的时代当中。然而，这些画面往往令人困惑，场景中的片段常常会从墙上延伸到立柱上，又从立柱上回到墙上，乃至其中一些画面的主题只能通过与更早也更严肃的、有关同一活动的画面对比而被辨识出来。

反过来，这座坟墓祈祷室中的长篇铭文，或者说这座建立在歪斜立柱上的"图书馆"则是已知第一中间期留存至今的文本中最长的，因此是独一无二的。从其被发现的第一天起，对这生动的——也许在现代人看来颇有些自负的——文章的翻译，便是有关安赫梯菲生活并统治过的那个时代的主要信息（以及误解）的来源。

诺姆与诺姆长

那么，这旋转木马一般的建筑又是因何成为其所属时代最具标志性的、最受关注的和最有争议的文物的呢？一开始，安赫梯菲被以传统的方式看待，被认为是个地方军阀，他的坟墓祈祷室中的铭文和绘画表现的是他为北方的国王们进行过的战斗。这些文本的行文方式和装饰的风格成为他那个时代地位低下的例证。

其他人则把安赫梯菲的坟墓祈祷室看作某种自由的象征。他们虽然承认其文本和图画从根本上说是源自时代较早的坟墓祈祷室中的铭文和壁画，但认为安赫梯菲的书吏和绘图师将活力与欢愉注入了旧的固定模式之中。显然，安赫梯菲的建筑的形式和其他同时代的建筑一样，其文本和图画对后来的宫廷建筑产生了相当大的影响。

但无论如何，对安赫梯菲坟墓祈祷室的解读都是建立在其长篇文本和对文本的各种翻译以及译本解读上的。例如，有些人说安赫梯菲为简朴的棺材提供了木板，还有些人则说他为石棺提供了巨大的木板。更重要的是——在这里，翻译直接影响了我们对这个人和他所处的时代的看法——安赫梯菲的部分头衔翻译不一，有时翻译成王家将军，有时又翻译成社区治安力量的指挥官。

与之类似，头衔"ha-ati"的字面意义是"职位中最高的"，它被翻译成了"长官"、"男爵"或"市长"。它也可以被翻译成"诺姆长"（nomarch），也就是古典时期对"诺姆"的长官的称谓。这里的"诺姆"指的是很久之后埃及才划分的不同区域。后来南方一些诺姆的名字正好可以与安赫梯菲宣称为自己所掌控的地区的名字相对应。然而，安赫梯菲控制之下的聚落的名字和更古老的权力中心的名字也是一样的，因此或许最好仅仅把安赫梯菲当成一个长官，一个地方领主，管理着之前属于孟斐斯王国最南端的三个中心地区，即象岛、艾德福和赫法特（最后这个聚落在别的地方几乎没有提及）。另一处有关安赫梯菲在新世界中的地位的暗示是，他坟墓中的一些头衔说他在他所控制的地区中主管祭祀事务，这项职责之前通常是由孟斐斯法老的官员们承担的。

无论如何，不管他的头衔是否暗示了许多纷繁复杂之事，在现代人看来安赫梯菲很明显是上埃及南部的地方领袖。他也是个土生土长、白手起家的领袖，尽管他在坟墓中小心翼翼地体现出了自己对一位赫拉克里奥波利斯王的效忠，但墓中的铭文和场景却表明他并没有依靠来自北方朝廷的工匠或设计师。实际上，安赫梯菲坟墓祈祷室的建筑风格和质量与时代更早的孟斐斯建筑，如阿拜多斯的维尼墓以及阿斯旺那些负责货运的官员的墓都有所不同。

就像铭文中一直不断告诉我们的那样，安赫梯菲用属于自己的资源为自己打造了这个坟墓祈祷室。当北方的朝廷不再拥有足以建造大型建筑的资源储备，过去的地方廷臣的家族也和他们侍奉的王室家族一同消失时，安赫梯菲这样的新家族兴起了。尽管他们的建筑中保留了一些来自孟斐斯朝廷的形式和头衔，它们描述的却是另一个世界。

从南部的阿斯旺和戈伯伦到中埃及的艾斯尤特、梅尔和卡凯比尔，再到孟斐斯以及更远的地方，所有第一中间期建 305 成的坟墓祈祷室中都体现出了同样的改变与调整。尽管如今它们受损严重，但其中保存下来的碎片却表明在孟斐斯王国解体之后，建造了这些建筑的当地长官曾和安赫梯菲一样宣称他们保持了行省内的秩序，增进了人民的福祉，他们就像在乎自己的家人那样在乎自己治下的土地和人民。

当然，这样的声明呼应着时代更早的廷臣们的声明，就像安赫梯菲坟墓祈祷室中的图画里的姿态也与时代更早的图画十分相似一样。从这种意义上来讲，他们仍属于尼罗河下游地区持久存在的共同文化中的一部分：从宏伟的孟斐斯聚落到地方的赫法特，古埃及社会秩序的基本单位仍是法老时代的家族。

然而，安赫梯菲的文本中还含有一种全新的自豪感、一种个人责任感，它们显然展现了安赫梯菲所拥有的比之前任何一位廷臣都大的行动自主权。不过，这些文本也并不能告诉我们更多有关他所处的时代的具体情况。除了尼罗河泛滥水位变化的微妙暗示，以及坟墓祈祷室中有关节庆和丰收的场面之外，我们对安赫梯菲所生活的时代中大地上究竟发生了什么几乎一无所知。

和平与战争

若安赫梯菲和破碎王国中各地区的长官们如传统解读中设想的那样，是统治着自己的小王国的野心勃勃的王公，那么就如《马太福音》24：7 中所说的，同时也是 19 世纪的欧洲人普遍相信的那样，战争将成为不可避免之事，因为"民要攻打民，国要攻打国"。牧师詹姆斯·莫兹利（James Mozley）于 1871 年在一次布道中语重心长地传达了这样的信息，后来在 1915 年，这场布道又"鉴于目前的情况"被重印了。这位牧师断言，战争是王国固有的权利，"因为在人类被分成不同民族之后，这就是一件必需的事"。

若安赫梯菲的头衔是在这种情感的影响下被翻译出来的，那么他自然就成了军队指挥，手下有分成不同部队的近战步兵（Nahkampftruppen）和精英长弓兵（Elite-Langbogen Männer），他的坟墓中也能找到这些兵种的小型样本。若安赫梯菲对他进行过的治安护卫工作的生动描写并不被视为一位长官在自己的行省内创造与维持和平稳定的举动，而是被视为像欧洲的领主们一样在互相攻伐，那么我们就可以很容易地从安赫梯菲的铭文这样的文本中构建出大规模的战役，第一中间期的历史也就很容易被构建成由一系列不断扩张的军事战役组成的。

因此，传统的历史学家进一步丰富了布鲁格施之前有关第一中间期是混乱的黑暗时代的想象，将其视为内战的时代，就像现代早期的欧洲所经历的那样。从留存至今的来自那个时代的文献碎片和后来的故事看，安赫梯菲的军队据说与底比斯的领主交战过，因为对方试图退出自己与赫拉克里奥波利斯诸王缔结的军事同盟。底比斯和科普托斯联军围困了底比斯附近的艾尔曼特（Armant）要塞，而安赫梯菲的军队代表赫拉克里奥波利斯王以布吕歇尔式的方法破坏了这一行动，之后他又一直追逐底比斯人到了南方。但故事还在继续，底比斯的领主不知怎么忽然扭转了战局，先是控制了安赫梯菲的领地，然后（如后来的法老时代建筑所宣称的那样）又夺取了古孟斐斯王国境内的全部土地。

然而，当时其他任何记录中都完全没有记载这个故事，事实上那些记录并没有提及战争，也几乎没有任何坟墓祈祷室的铭文歌颂了军功。实际上，艾尔曼特没有出土过任何第一中间期时代的军事设施，埃及其他地方也没有出土过，没有发现聚落被劫掠后的灰烬，也没有发现战争中死难者的尸体。并且，字面意义上来讲，我们也很难从哀歌、箴言与争论的文本中总结出南方诸王建立的王朝取得了全面军事胜利的论点，因为它们诞生于赫拉克里奥波利斯诸王的朝廷中，而这些法老的形象颇为正面，并非遭到贬损的、被击败的敌人。在最近的数十年中，由于我们得到了更多有关中间期的信息，我们已经可以很明显地看到当时文本描述的诸多军事对抗是不能放到一起组成一部战役史的，实际上我们也无法确定这些事件的具体顺序或规模。

307　　这些战斗是两军激战，还是小规模的市民骚动？安赫梯菲坟墓的东墙上分三部分展示了四十六名弓箭手的光辉形象，其中有些人通过手持的武器和头戴的发带来看是努比亚人。这些人或许住在与安赫梯菲的赫法特隔河相对的戈伯伦的聚落中，因为那里出土了许多属于该时期的坟墓和石碑，其中有一些刻着描绘努比亚家族的妙趣横生的法老时代的图画。

　　实际上，安赫梯菲坟墓祈祷室中的小部队可能就代表了他拥有的所谓"军队"的全部。其他同时代的坟墓的壁画中出现的也是类似数量的战士，梅塞提（Mesehty）的坟墓中更是出土了两组著名的军队木雕。此人是与安赫梯菲时代相近的艾斯尤特的长官，效忠于赫拉克里奥波利斯的朝廷。这两组木雕都由四十名相似的士兵组成，排成四列，每列十人。在现代人看来，这些著名的雕塑给人的感觉是一群士兵正在一名军士长的命令下行军。但实际上，这些弓箭手和长矛兵组成的小团体是沿着沙漠货运队所走的相互平行且等间距的道路前进的，就像如今那些与他们人数相近的沙漠货运队那样。

实际上，这一时期的沙漠涂鸦记录了这样的民兵组织以各个地方长官的名义巡逻以及维护沙漠中的道路的情景。因此，这些图画和文字表现的并不是将军指挥着军队在尼罗河谷地上下进行征服，而更可能是记录了小规模的当地民兵组织在尼罗河下游各个地区巡逻，在缺乏中央政府控制的情况下为当地人维持古老的、被法老时代视作美德的良好秩序的功绩。考虑到安赫梯菲能够支配的资源，他可能是在坟墓祈祷室中纪念自己供养了这样的一支军队。就像沙漠中的涂鸦所表明的，被传统的历史学家当成在描写"战斗"的文本实际上可能写的是在全新的情况下，许多地区性政权对临近其控制范围的土地的争夺。

当然，莫兹利牧师后来在牛津布道时所强调的战争、民族国家和主权之间令人恐惧的联系在这时还没有形成。实际上，这些概念在遥远的过去中都并不存在。在安赫梯菲坟墓祈祷室的墙壁上画着的驴子和士兵一样多，在其他坟墓祈祷室中也是如此，精美的食物、百姓的福利以及美好的生活作为墓主人的志向和成就被展现出来。

饥荒与丰饶

竖着耳朵、睁着大大的眼睛的一排排浅灰色长耳朵驴，每一头的背上都紧紧地拴着小麦袋子，它们在安赫梯菲坟墓祈祷室的底部一路小跑，奔向葬礼盛宴的场景。在那里，这

308

位伟大的人物和他"挚爱的妻子"奈比，以及他"挚爱的女儿"坐在一起，后两人似乎都在他之前就去世了。在这样生动而亲密的场面中，一群较小的人围绕着核心人物，为他们献上食物和饮品。一名竖琴师正在演奏，一头牛正在被屠宰，野兔、沼泽野鸭与甘美而肥腻的鱼类（它们身上的鳞片被涂上了荧光绿色）正被送到筵席上来。简单来说，对这个场景的文字描述完全可以用来描述孟斐斯的坟墓祈祷室中出现的类似场景。

然而在莫亚拉，这些画面中却充满了对尼罗河下游河谷中人们生活的敏锐观察，它们的创作者没有使用常用的校正准线，因此画中每一个形象都拥有自己的空间。这一切都被表现在了一面墙大小的绘卷之中，人物的肤色是冷漠的赭色，绘图师又坚持使用尖锐的、棱角分明的形态，传承自从晚期孟斐斯宫廷中发展出来的、有着大大的眼睛和纤细的肢体的、生动而细长的绘画风格。

有关安赫梯菲的葬礼筵席的画面十分精美，其坟墓祈祷室中的铭文也一直在描述他的土地十分富饶，满是粮食和牲畜。他祈祷室的墙壁上还画着十座巨大的圆形谷仓，旁边是丰收的场景，大概还有筛糠和载歌载舞的场面，以及一幅展现有安赫梯菲和手中握着笔的书吏在场的情况下，巨大的谷仓被填满的画面。祈祷室中的铭文表明，这些粮食会被送到其他行省，在有需要的时刻这些谷仓中的储备粮就会被取出，用来喂养饥民。但是，同样的文本也表明在安赫梯菲的时代中百姓拥抱了杀死他们父辈的人，此人在古老的艾德福荒废之后重建了它！这看起来像是一段书吏为地方长官所写

309

的赞美之辞，他列举了这位主公的仁政之举，因此像一些历史学家那样把这些文本记录的内容想象成当时真正发生的饥荒恐怕并不明智，尤其是在考古学发现表明这一时期内尼罗河水位开始上涨之后。

很可能的情况是，将孟斐斯王国的资源用于地方的行为，为尼罗河下游地区的广大人民群众带来了直接的好处。在之前的几个世纪里，王国中的部分庄稼以葬礼捐赠和王家赠礼、殖民地和官员庄园的形式受到朝廷的直接控制。这一系统似乎是为了增加农业收成的盈余，保证朝廷所能获得的供给；在王朝行将结束时，这使得中央政府将卡尔和维尼这样的廷臣派回到他们出生的行省中去。

但在这持续数百年的国家系统解体之后，人们再也不需要为了建造伟大的纪念建筑或为了给王家神庙和廷臣坟墓祈祷室中的供奉桌献上供品而缴税了，收成回到了地方行省中的人民手里，回到了农庄、聚落和安赫梯菲这样的地方长官的家族之中，因此安赫梯菲才能夸耀自己控制并改善了农民土地上的灌溉系统。

孟斐斯的坟墓祈祷室中充满了依靠课税生活的人们的感情，与孟斐斯的坟墓祈祷室不同的是，安赫梯菲以及同时代其他地方长官的坟墓祈祷室却体现出了一种接地气的农民气息，一种农民式的骄傲："我十分富有，是财富的拥有者……是母牛的主人……是山羊的主人……是小麦的主人……是布匹的主人。我所说的话是真实的，不只是为了墓地而说。"

当时的坟墓

第一中间期的小型坟墓比法老时期历史上任何一个更早时段中的小型坟墓数量都多，它们代表着这种宫廷文化的一个全新的、非常不同的方面。这些坟墓位于河谷中的小型沙漠里，在可耕种的淤泥地带之外，其规划通常会仿照孟斐斯墓地的布局，聚集在更大的、从悬崖上凿出来的地方长官及其他官员的坟墓之下。绝大多数这样的坟墓几乎没有任何地上建筑部分，仅仅由在河谷地表以下的石灰岩中切割出来的简陋竖井和装着棺材、石棺以及其他随葬品的粗糙墓室组成，这些种类繁多的墓葬用品通常包含了各种对孟斐斯廷臣墓葬布置的生动而新颖的改造。例如，艾斯尤特官员梅塞提相对精美的坟墓中有一系列木质雕像，表现了各种各样的活动，包括当兵、烘焙、酿造、制陶和缝纫，这些活动在之前也曾被画在或雕刻在坟墓祈祷室的墙壁上。这并不值得特别注意。从这个时代中留存至今的木雕数量是更早时代的两倍——这些生动的形象从其所处的狭小空间中重见天日，并非像其先辈一样被刻在了墓室的墙壁上。这些三维立体的形象旁有时还会有优雅高贵的、以古老方式为坟墓送来供品的女性雕像。

这也是死者头上第一次被戴上涂着厚厚油彩的面具，这一精巧的下葬方式曾在吉萨的廷臣坟墓中繁荣一时，一些廷臣的木乃伊被整个包裹在石膏模型中，使得他们的遗体看起来就像一尊雕塑，或是一个活着的人。此外，一些曾经被刻在墓室墙壁上的文本被直接写在墓葬用的棺材或石棺上，而

310

这样的棺材则被放进粗糙而未经装饰的墓室中。因此我们可以推测，要么是负责抄写的书吏重新拜访了古老的坟墓，要么就是在君主还拥有统治权的时代中得到抄录的《金字塔铭文》的档案仍在使用。

由于缺乏孟斐斯工匠那样的水平，这些众多且新奇的地方性墓葬设施中的大部分，如安赫梯菲的墓室等，一开始看起来可能像是对早期宫廷作品的充满乡土气息的拙劣模仿。但是，这样一来就选错了对比对象，因为这些墓葬设施数量众多，表明其中的大部分是给那些在更早的时代中很难拥有墓葬的人打造的。现在，墓葬用品第一次在地方工匠手中， 311
凭借着他们对之前的宫廷风格的了解，以及他们从当地的风景中直接观察到的动物、植物和人的形象被大量生产出来。那些建造和维护孟斐斯文化中伟大纪念建筑的人的后辈，如今有足够的资源来建造属于自己的墓葬了。动人的是，他们修造的坟墓表明尽管他们的祖辈辛勤一生，死后却并未得到属于自己的纪念建筑，但他们心中依然怀有与国王和廷臣们一样的、在死后继续存在的愿望。

非常地方化的节庆

在宫廷家族之外，数百年来生活在建造孟斐斯金字塔的时代中的广大人民群众留下的痕迹稀少而珍贵。劳动人口可能确实生活在暴政和贫穷之中，就像希腊罗马的作家们所想象、许多现代历史学家所相信的那样。然而，这些历史学家却又把第一中间期描述为混乱和道德败坏的时代，认为在这个时代中，新达尔文主义的"人性"力量崭露头角，现代概念中的个人发展占据了主导地位，战争与饥荒在大地上蔓延，直到一位王公如雄狮般在南方崛起，通过军事力量重建了属于旧时代的秩序与礼仪。

然而，更现代一些的看法是，第一中间期是一个相对富足的时代。在这个时代中，农业收成被保留在家乡附近；安赫梯菲这样的地方长官会雇用小型民兵组织处理本地的争执，打击抢劫、盗窃和非法入侵其控制范围内领地的行为；更多的人拥有了足够的可支配资源，能够担负起一些以传统宫廷方式进行的葬礼活动。

安赫梯菲坟墓祈祷室中最大的画面展现的是一场划船比赛。这是一场在水边进行的节庆活动，画面中安赫梯菲被画得很大，正倚靠在一根手杖上，他的四个儿子则乘坐着一艘有五根船桨的小艇在河中上下疾驰。安赫梯菲右边是正在拉起装满鱼的渔网的渔民，附近的铭文表示这些渔获是荷鲁斯神为奈弗尔卡拉王创造的丰饶的洪水带来的。在渔民上方的是屠夫，他们正将一头身上有黑斑的母牛的脖子引向屠刀。这头牛的肉可能会用作供品，以及在节庆筵席上供人享用。安赫梯菲左边则是画面的高潮所在，它展现了刺死捕捉到的河马的场面。不过，这一场面只剩下了模糊的轮廓，画面中一只小小的圆形动物正被许多鱼叉刺穿。

许多有三十名桨手的大艇正划过这场水中庆典的中心；其中一艘的船舱上绑了一个牛皮盾，表明其还有别的用途。有了这一队队的桨手，大艇便可以迅速地将安赫梯菲的民兵组织送到尼罗河上下的各个聚落，这比在尼罗河畔的田野里行军或沿着沙漠中货运队走的道路行进要快多了。在这里，安赫梯菲的水上民兵组织在民事中的作用也在庆典的高潮中得到了强调，因为运送河马的场面是战胜秩序之敌的古老象征。

可惜的是，这独一无二的画面已经受损严重，先是一次发生在古代的岩石崩落损伤了它，然后它又在 20 世纪 60 年代遭到笨拙的劫掠。附近的立柱上并没有配合这幅图的铭文，其他地方也没有再提及这位鲜为人知的赫门（Hemen）神（这场庆典是以这位神明的名义举办的），因此我们很难解读出这令人困惑的、支离破碎的场面到底代表了什么。不过，附近一根立柱上的文本提到了赫门神的游行队伍沿着河岸行走，因此这场庆典中很可能有将赫门神的雕像从他在赫法特的神庙中取出，然后进行游行展示的活动。

在坟墓祈祷室中记录此类事件的做法，完全背离了早先时代的习惯。赫门节的活动看起来与古代法老们的游行十分相似，并且也是上埃及以尼罗河为中心的狭窄环境的产物。在后来的时代中，河边游行成了法老宫廷中的一项重要仪式，河马的形象也被用来表现各种邪恶和不稳定的元素，它们潜藏在死后生活的黑暗之中，也被三角洲地区异邦移民的宫廷当作宠物豢养在围栏中。

实际上，第一中间期并不是一般意义上的"中间期"，而是法老时代的历史中一个充满了重要创造的时期，在这一时期中法老文化里诸神与宫廷的作用得到了改变和扩大，之前未被重视的一部分人变成了法老文化的活跃参与者。然 313 而，尽管安赫梯菲充满野性而又令人惊叹的坟墓祈祷室创意十足且表露出了全新的情感，其铭文和图画却仍然处于孟斐斯宫廷在之前的八个世纪里所创造出来的世界之中：

王公、贵族、三角洲地区国王的掌玺大臣、唯一的伙伴、助理祭司、祭司总监、努比亚民兵的指挥、沙漠地区的总监、艾德福及希拉康波利斯行省的大统领、勇敢的安赫梯菲说："我建造了通往苍天的门，它矗立于云间。其天花板是布满了星星的天空，楣梁上的蛇形装饰也十分坚固。支柱用雪松木制成，比棕榈树更高。来自象岛的［花岗岩造的］入口就像一头河马……"

第七部分

中王国：

重建王国

（公元前 2140~前 1780 年）

22 两地之统一者

建造王国

姓名与坟墓——国王编年史

在古王国时期，有将近一百一十五座墓地被积极使用， 其中有一百座位于尼罗河河谷中，其余的位于三角洲地区。这些墓地似乎属于法老时代的主要聚落，或至少是有足量的铜和宫廷所用的其他材料、能够建造精美的坟墓和石头纪念建筑的聚落。

这些墓地中大约有一半是在古王国消失之前的最后一个世纪中建造的，而且是廷臣们向地方行省迁移的结果。艾德福的卡尔和阿拜多斯的维尼等人的铭文称这是孟斐斯朝廷的决定，目的是直接在地方控制为国家提供补给的系统。实际上，在维尼生活的时代，他的故乡阿拜多斯地区出现了许多新建的大墓地。

无论如何，地方性大墓地数量的突然增加代表了宫廷用品分配上的重大改变，这种向地方流动的情况直到第一中间期开始时才停止。在第一中间期，古王国时期大约三分之二的大墓地被弃用了。在之后的数个世纪里，仍在使用的大墓地成为小国王或地方长官们的廷臣的埋骨之所。众多新兴的地方领主也建造了很多新墓地，如安赫梯菲坟墓所在的莫亚拉，以及中埃及的达拉（Dara），这里未经发掘的大墓地中央有许多巨大却完全没有留下墓主姓名的泥砖马斯塔巴。这个混乱的年代没有明确的年表，这些坟墓勾勒出的大致的政治地理学轮廓并不连贯，在葬于各大墓地中的形形色色的人之间，我们几乎没有找到什么联系。当然，各个地方领主之间，以及最终导致了中王国建立的一系列重要事件之间也没有任何已知的联系。

但当时的铭文却表明在中间期的最后数十年中，即公元前2140年前后，底比斯一个地方长官家族的后代开始称王，并且慢慢掌控了古孟斐斯王国的全部土地。之后在公元前1980年前后，他们将朝廷从底比斯搬迁到北方，在古孟斐斯附近建立了王宫，并命名为"阿蒙涅姆哈特-伊提特威"（Amenemhet Itj-towy），即"阿蒙涅姆哈特王掌控了两片土地"。这代表了一个漫长的巩固权力时代的结束，也象征着本生男爵所划分的中王国时代的开端。

就像其孟斐斯前辈一样，这重新建立的朝廷也建造巨大的纪念建筑，为工匠和手工艺人、石匠和熔铜炉提供支持，延续对国王和廷臣的墓葬崇拜，恢复古老的宗族系统，并且向异邦派遣货运队和船只，为朝廷带来传统的进口商品，如油、木材和珍贵的石头。实际上，从一开始在底比斯的时候，这个朝廷便小心且有意识地开始恢复当年孟斐斯王国中最有意义的那些活动。

22　两地之统一者

我们从一系列当时的文本、一些恭敬地记录了王家先祖的姓名和形象的神庙浮雕，以及一些后来的编年史记载的片段中提取出信息，构建了这个全新王国开始于底比斯时的历史。编年史片段中提到后来这些法老的祖上第一位君王名叫门图霍特普（Montuhotep）——"门图"是一位底比斯地方神明的名字，"霍特普"的意思是这位神明对其十分满意。然而，同一份文本也记录其另一个名字叫特皮亚（tepi'a），这个名字可以被翻译成"祖先"，这就使得这一位门图霍特普——我们称之为门图霍特普一世——在某种意义上有些文学塑造的意味了。

然而，同时代对这雄心勃勃的王家世系的记载记录了三位连续的底比斯王公，他们的名字都叫因特夫（Intef）。这 319 三位王公的名字被写在了王名圈中，相应的称号和头衔的形式也与时代相近的坟墓祈祷室中的称号和头衔十分相似，而与孟斐斯时期的有所不同，这令历史学家感到欣慰。因为在这几个简短的词组中，这三位底比斯王公的连续的称号似乎描述了一个共同的志向，那就是重建尼罗河下游地区的王国：因特夫一世的头衔是"seher tawy"，即"控制了两片土地的人"（两片土地指的是尼罗河河谷和三角洲），因特夫二世的头衔是"wah'ankh"，即"永生者"，而因特夫三世的头衔则是"胜利者"。

族谱中的下一位君王是一位真实存在的门图霍特普，现代历史学家称其为门图霍特普二世，他被葬在底比斯一座精美的大墓中，这座墓地一直存留到了今日。值得注意的是，这位长寿的统治者的某些名字被改变了三次以上，他那几位

320

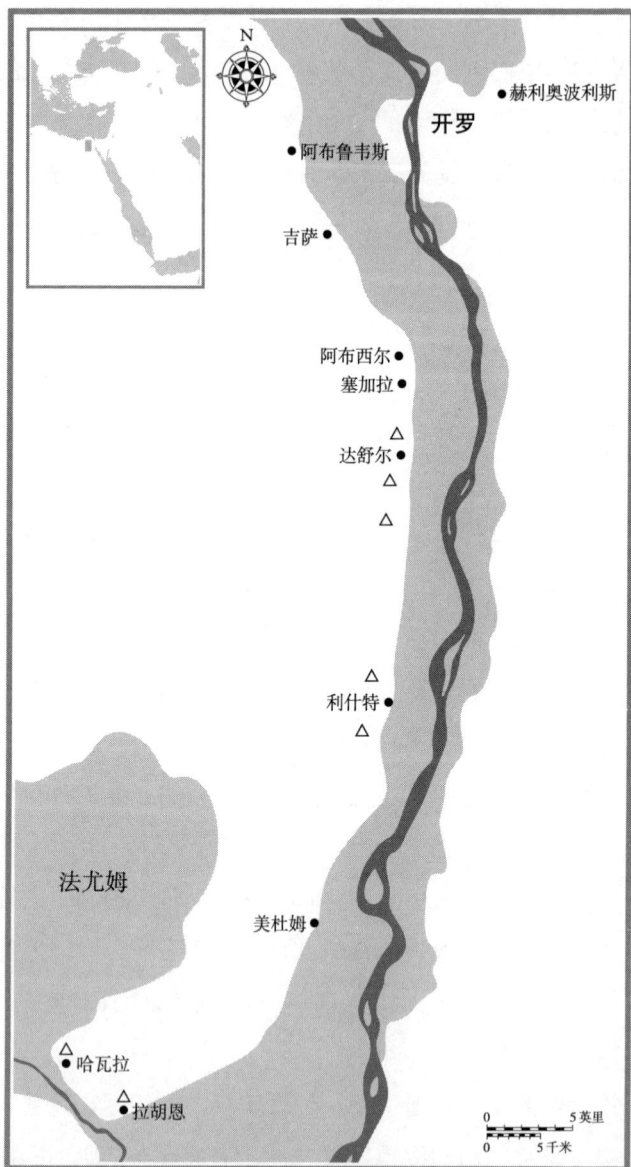

中王国时期主要的金字塔的位置，以三角形标出。该地区内还有
其他许多金字塔的废墟，其中有一些从未完工，还有一些尚未被
发掘出来，其所属者的名字也不得而知

名叫因特夫的祖辈没有使用的一些孟斐斯王室所用称号中的元素也被重新采用了。这些短语还反映了底比斯朝廷逐渐控制孟斐斯王国中所有地区的过程。因此"延续了两地思想的"门图霍特普二世后来成为"戴上了三角洲地区王冠的"门图霍特普二世，最终又成为"统一了两片土地者"。门图霍特普二世拥有多座纪念建筑，在他之后即位的是两位名字相似、记载却少得多的统治者，即"维系了他的两片土地的"门图霍特普三世和"拉神的两片土地的主人"门图霍特普四世。

公元前1980年前后，因特夫们和门图霍特普们的后继者阿蒙涅姆哈特王登基了，他便是北方的王宫"阿蒙涅姆哈特-伊提特威"——古代的书吏将这个名字简称为"伊提特威"——的建立者。反过来，阿蒙涅姆哈特将他头衔中的"统一者"改成了"重生者"——意思是说，在重新统一了河谷与三角洲地区之后，他创造了另一个开端。他的纪念建筑也标志着一种对孟斐斯风格的真正回归。在阿蒙涅姆哈特的时代，王陵的位置从王室家族的故乡底比斯迁移到了河谷与三角洲之间的孟斐斯南部，全新的王宫伊提特威也建在这里。此地还建起了两百年来第一座巨大的王家金字塔，以作为他的安葬地。

阿蒙涅姆哈特的金字塔如今矗立在现代村庄利什特（Lisht）旁，与一名当地谢赫的有着白色小圆顶的坟墓相距不远。这座全新的金字塔比最后几位孟斐斯国王的金字塔要稍微大一些，而那些金字塔就在沙漠平原对面南塞加拉的黄沙深处矗立着，在阿蒙涅姆哈特的金字塔以北大约十四英里远的地方。

321

这种对孟斐斯宫廷礼仪和行事方式的小心翼翼的重建，在阿蒙涅姆哈特之后的法老统治时期仍然继续保持，这位法老修建了一座稍微大些的金字塔，与阿蒙涅姆哈特的金字塔位于同一座平原上，相距一英里多。他是三位名叫森沃斯雷特（Senwosret）——这个名字意为"经历重生之人"——的君王中的第一位，他所处的时代也像这个名字所暗示的那样，是复兴的时代。

八个世纪以后，都灵年表的编纂者会把阿蒙涅姆哈特在伊提特威建立新王宫的事称为法老时代历史上一次决定性的转折，因为在这份残缺不全的王表中，于这个新建成的王宫中进行统治的四位阿蒙涅姆哈特和三位森沃斯雷特被记载为一千年来第一个新的王室家族的成员，都灵年表（VI，3）是这样描述的：

总计：住在伊提特威的国王们：八位国王，一共统治了 213 年 1 个月又 17 天。

国王、王宫与国家——设计新王国

若有人指着一枚棋子说"这是国王"，那并不能让别人知道这枚棋子是做什么用的——它该如何移动，它的重要性为何，等等——除非他已经知道游戏规则是怎样的……

——路德维希·维特根斯坦，1953

22 两地之统一者

尽管因特夫们和门图霍特普们的名字及相应称号似乎在不断地描绘他们拥有统治这个重新统一的国家的雄心壮志，但他们的后继者们最终控制的这个王国却并不是一片拥有确定边界的土地。就像孟斐斯的法老们的王国也无法用现代的地图来定义一样，阿蒙涅姆哈特一世和他的廷臣也不能像我们今天一样，理解抽象概念上的国家，因为这个词不在"柏林词典"之中，其他许多现代政府所明确强调的术语也是如此。实际上，直到古典时代，法老国度中的书吏们才开始将尼罗河下游谷地称作一个民族、一个种族的国家。在更早的时代中，这片河畔的土地只是简单地被称作"凯姆特"（kemet），意为黑土地，指的是淤泥覆盖的地区。只是在浪漫主义时代欧洲的民族国家，即联系紧密的原住民和独特的民族实体的共同家园的概念影响下，传统的历史学家将凯姆特大写为"黑土地"（The Black Land），当成"德意志联邦共和国"或者"美利坚合众国"这样的国名。实际上，凯姆特并不是法老的王国的古代名字，也不是现代人所理解的一种抽象的对颜色的描写，而是用于描绘区别于远方明亮沙漠的尼罗河淤泥的。沙漠被称作杰塞特（djesret），可以被翻译成"红土地"。另外一组类似的相对的词则是用来描述山地与平地的，这一组词对比了环绕着沙漠的峭壁和尼罗河淤泥形成的平原。

因特夫们和门图霍特普们的王国，就像其他属于法老时代宫廷文化时期的王国一样，是通过朝廷的影响力及其各种各样的活动所覆盖的范围来定义的，即通过聚落和农场、畜牧和狩猎场地、矿井和采石场的范围，以及建造、维护和供应各种各样的崇拜设施来定义的。在这片土地上，坟墓、神庙、国王和廷臣的居所以及供给路线上的节点决定了王国的范围和特点。古代的书吏们用来描述他们的王国的词和他们用来描述王宫本身的词是同一个。因此，当你离开或是进入这种宫廷文化的范围时，你便可以说是穿过了一扇门，而这扇门留下的物质证据便是众多存留至今的所谓"界碑"，它们用采掘来的或天然的石头做成，上面刻着在世国王的名字。这些界碑的位置定义的并不是国家的边界，而是法老能控制的范围，这种立碑的行为在不同时期的不同沙漠道路和河岸上不断上演。

323　　古王国时期的文献中并未出现过凯姆特这个词。直到因特夫们和门图霍特普们的时代，随着他们的统一之旅向北方进行，穿过尼罗河谷地中满是淤泥的河岸时，凯姆特和杰塞特，即黑土地和红土地这两个词才第一次被使用，而且它们仅在正式的文本中被使用。例如，在底比斯附近丹德拉的一座坟墓祈祷室的铭文里，墓主人被描述为"黑土地的总管，红土地的总管"。

　　一些更新的用来称呼法老王国的词也在这个重建王国的时代里诞生了，如"Sema Towy"——这个术语的意思是"两地之统一者"——以及常常被按照商博良式的传统翻译成"上下埃及之王"（河谷与三角洲之王）的短语，按照其优雅的圣书文字直译出来便是"莎草之地与蜜蜂之地的王"。这颇具诗意的视觉对立用绿色的芦苇，即灯芯草（juncus maritimus），和又硬又干的黑黄色昆虫，即东方胡蜂（vespa orientalis），来定义王国中的这两片土地，对比了三角洲地区

324

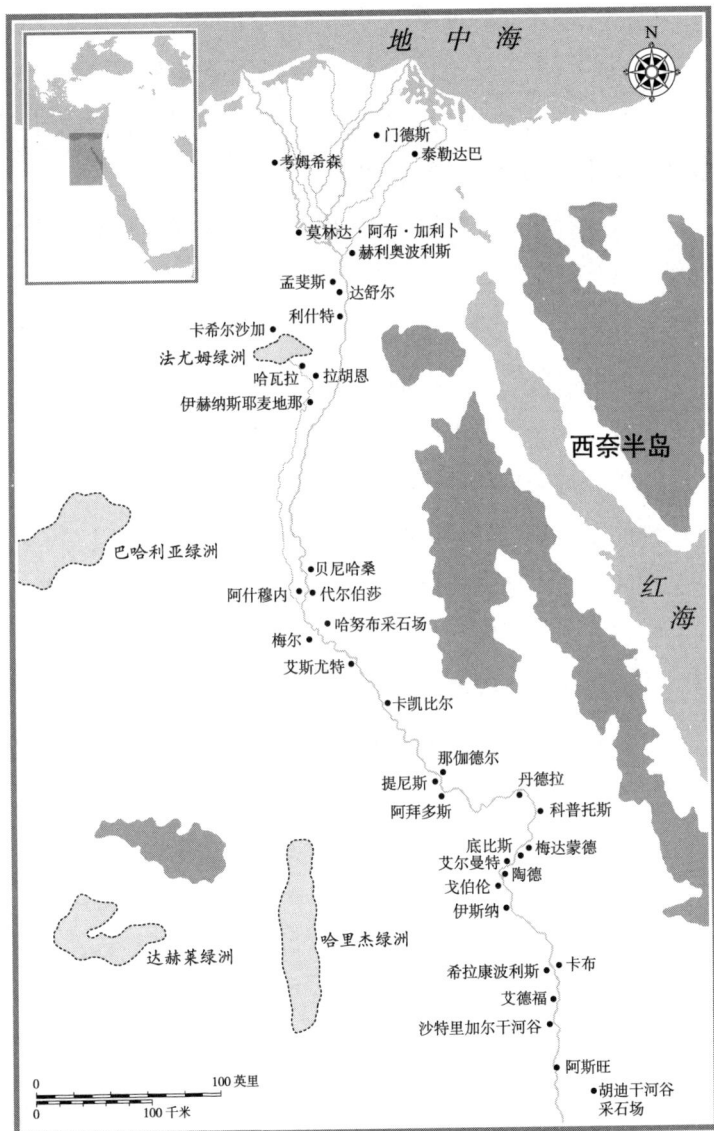

中王国时期主要遗址的位置

长满灯芯草的平原与尼罗河两岸细长带状的黑色淤泥和黄色沙漠组成的河谷。这里古代的书吏们又一次将尼罗河下游地区的自然特征描述为二元对立的，就像新国王们故乡的河谷景观本身也是二元对立的那样。

在伊提特威这座用来控制国家的课税、建筑和供奉网络的新王宫建成之后，"居所"（residence）这个词又成了通常用来描述王国的词。这并非一个在抽象原则上建立起来的王国。其活动既提供了世俗的秩序，也在建造能持久存在的纪念建筑，以及维持供奉崇拜的过程中创造了某种永恒。

除了因特夫们和门图霍特普们的建筑计划之外，再没有什么别的东西能更好地证明他们的雄心壮志，也再没有别的什么东西能更好地表现他们与安赫梯菲等其他的地方长官之间的区别。从一开始，底比斯的宫廷便接手了古老的孟斐斯王国的传统活动，因特夫们新建或重建了圣坛与神庙，它们大部分是泥砖建成的简陋建筑，大门则是用石头制成的，坐落于从阿斯旺到阿拜多斯之间的各个地点。在这些小型建筑中，他们的名字被放在王名圈里，刻在了显著的位置之上。它们代表了对整个尼罗河下游地区完整的法老时代秩序的重建工作的开端。它们也提供了引人入胜的考古学记录，因为后来埃及最著名的一些神庙正是建在这些小型纪念建筑所在的位置上的，故而因特夫们的工作组采掘并装饰出来的这些砂岩石块，尤其是立柱、铺路石和门廊如今被发现时，大部分都已经被重新利用，镶嵌在后来建造的较大纪念建筑的下部了。

在尼罗河第一瀑布附近的象岛上，许多散落的石块表明千年前这里曾有一座古老的神庙。它被一座较小的神庙盖住了，小神庙中有用砂岩石板铺成的道路，屋顶是用许多八角柱支撑起来的，立柱上刻着因特夫二世的名字。在接下来的数十年中，门图霍特普三世的石匠们又在岛上建起了另一座神庙；遗迹显示半个世纪之后，森沃斯雷特一世的工匠们又回来了，将这座因特夫二世的建筑工人们建在古老圣坛之上的小型建筑扩建得更大也更复杂。

对这座位于阿斯旺象岛的古老石头圣坛持续一个世纪的扩建，最初由三位因特夫进行，然后其建筑结构被扩建到了门图霍特普二世建在岩石之上、覆盖了时代更早的圣坛的神庙之中。后来，中央圣坛所用的泥砖被石头覆盖，但其大小几乎未曾改变，仍为近六英尺宽

希拉康波利斯这处巨大而古老的遗址中出土了因特夫们更多的与众不同的砂岩石块，底比斯两侧的梅达蒙德（Medamud）和陶德（Tod）的古老聚落也是如此。在尼罗河西岸陶德附近的艾尔曼特有一座孟斐斯诸王时代的古老的地方性神庙，供奉的是当地神明门图，门图霍特普的王名即来源于这位神明。这座神庙被翻修一新，并用他们的王室先祖的浮雕装饰。

与之类似，在戈伯伦和丹德拉的古老遗址中，门图霍特普二世的石匠们修建了一些灿烂的独立圣坛，尽管后来它们遭到拆除并被挪作他用，但根据其残留下来的碎片，我们可

326

以在纸上重建它们。在阿拜多斯，因特夫们和门图霍特普们也在当地神明肯提阿门提乌（Khentyamentiu）的泥砖建成的神庙围墙内建造了石头做的圣坛和大门。这一建造工程得到了后世国王们的朝廷的继承和拓展，此点可以由森沃斯雷特一世的工匠们建造的、献给前代国王门图霍特普三世的一座巨大的花岗岩供奉圣坛的碎片证明。与此同时，古老的阿拜多斯神庙背后的广大沙漠平原成为墓地，甚或朝圣的目的地，这里每年都会举办与安赫梯菲在世时于赫法特举办的节庆相同的庆典活动，生者会与死者一起游行，穿过多风的沙漠中那些低矮的沙丘，来到古时诸王的地下墓穴。

开端时刻——底比斯东部

> ……沼泽之中的伟大岛屿，诸神与燕子降落于此

> ……创世之丘升起，如同本本石从赫利奥波利斯的城墙之内升起

> ——《金字塔铭文》519 及 600

尼罗河并不总是像如今这样，是一条温和而缓慢流动的长河。在 20 世纪 60 年代大坝控制其水流之前，一年一度的洪泛会让汹涌的棕色湍流猛烈地冲过河谷，将河床向西边推动，并在水流中不断改变、分割和形成淤泥堆积成的岛屿。尽管这对航运而言十分危险——这些岛可能会在相继的洪水中扩大、缩小或是彻底消失——但全新的淤泥滩以及其上生

长迅速的芦苇、灯芯草和郁郁葱葱的绿草却会迅速被当地农民利用起来。动物们被带到这里吃草，小型的农田在这里被开垦出来，粮食得到种植，干燥的苇草、淤泥和麦秆又被拿来建成小屋以庇护农民，夜晚的微风则带着一群群野鸭沿长河向北而去。

新形成的土地如此纯净、青葱，此外还有肥沃的黑色泥土以及拍打着河岸的清澈河水，这些景致一直以来便是世界起源的典范，是广袤无垠的水中最早出现的固态之物。燕子、鹳鸟和鹰栖息在这新出现的岛上，法老王国中的诸神住进农民们的居所，这些居所的尺寸又被记载在后世建造给同样的神明作为居所的神庙的墙壁上。生长在这些岛上的芦苇的图案又出现在了神庙中心诸神的圣坛上，神庙地基则以农民规划田地和灌溉水渠的方式标出，河边的淤泥用收紧的绳索测量，标志其结果的线则用农民们传统的锄形工具划出。之后，新挖成的地基坑会被撒上泡碱，这种沙漠中出产的盐长期被用于制作木乃伊，也被孟斐斯的祭司用在进入神庙和坟墓祈祷室前的净化仪式上。如此，这创世之初新划出的长方形里的土地便能用于建造适合神明居住的居所。

考虑到从古时候开始建造新神庙的仪式便被画在神庙墙壁上，且在接下来的三千年中其基本内容也几乎未曾改变过，因特夫们和门图霍特普们的圣坛及神庙并未遵循这些古老的方式修建一事便显得十分不可思议了。然而，他们所有的纪念建筑，除了一座之外，都是建在时代更早的圣坛附近或墓地附近的，因此在这些地方应当早已进行过类似的仪式。只有一处地基是建在处女地上的，这里曾经是一座河中小岛，在河流向西推进的过程中，这座小岛被更多沉积下的淤泥连接到东边的河岸上。这座小圣坛便是今日被称为卡纳克（Karnak）神庙的庞大神庙群的开端。卡纳克是法老时代神庙群中最大的一处，也是古埃及全国性神明的居所。

328

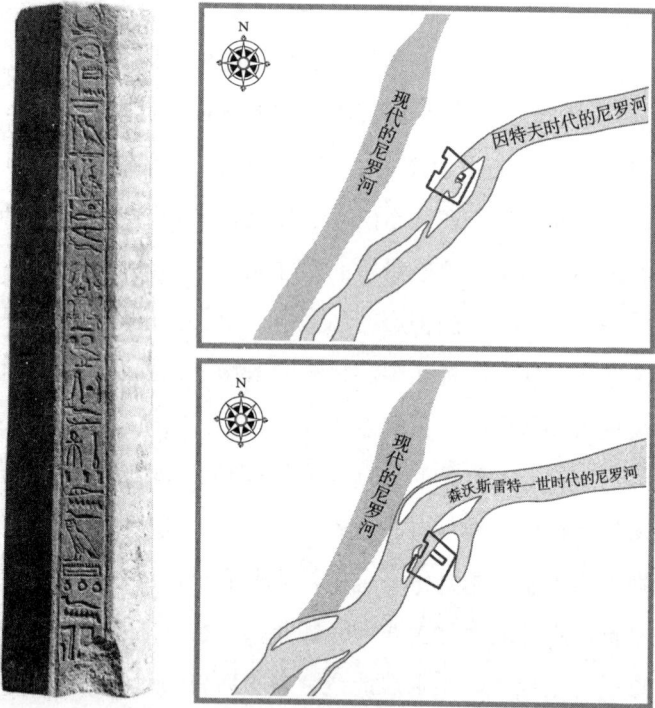

因特夫二世的立柱，来自已知最早的卡纳克神庙。它只有五英尺高。旁边的地图表现了尼罗河河道在神庙建造早期阶段中的变化，因特夫的神庙所在的岛由于河中淤泥的自然沉积，与河流东岸连接在了一起。黑框标示出的是神庙外墙如今的位置，外墙约为三分之一英里长

和因特夫们的其他纪念建筑一样，这座建在卡纳克的小神庙如今只剩下了一些没有铭文却依旧与众不同的砂岩石

板，以及一根用同样材料制成的八角立柱，它是 1985 年从一座时代更晚的建筑的废墟中发掘出来的。它最初不足八英尺高，细长而又有些歪斜，与同一位国王在象岛的神庙以及因特夫们的其他一些纪念建筑中竖立的支柱十分相似，很可能是一座门廊的一部分，该门廊通往一座有三个并排摆放的、每个有十到十二英尺长的圣坛的小型建筑。

在这坚固的立柱表面刻着一行闪耀却已支离破碎的圣书文字，表明了因特夫们代代相传的野心，以及南方的王公们重新统一和复兴法老国度的设想，这个过程需要有与孟斐斯的神明家族完全不同的神明的帮助：　　　　　　　　　　　329

> （这座神庙献给）阿蒙-拉，天空之主，献自地上的大能者，底比斯的胜利之栋梁，被歌颂者，被爱戴者，保护者荷鲁斯，莎草与蜜蜂之王，拉之子，因特夫（二世），伟大者，胜利者，奈弗鲁（Neferu）所生的，他为这位神明建造了这座纪念建筑……

这引人注目的铭文是复合神明阿蒙-拉已知最早被提及的地方之一，对阿蒙-拉的崇拜在接下来的千年之中占据了法老时代神谱中的统治地位。由于对阿蒙-拉的崇拜发展到相当大的规模，其在这个国家的历史中也发挥了核心作用。阿蒙在更早的时代中本是一位记载不多的神明，在《金字塔铭文》中几乎没有被提及，在发现这根立柱之前，也没有已知更早的与底比斯之间的联系。但在这里，因特夫二世的书吏和工匠却将阿蒙的圣书文字符号与赫利奥波利斯的拉神放在了一起，而拉神的名字被孟斐斯诸王中的许多位放进了自己的名字、神庙以及金字塔之中。

将这位伟大的孟斐斯神明的名字与阿蒙神的名字——意为"隐秘者"——连在一起后，一个全新的复合神诞生了，就像为这位全新神明在新形成的土地上建造的居所一样，其神庙所在的小岛也是一座位于因特夫王国中心地带的创始之岛。这么做并不仅仅是为了其象征意义：它是最古老的宫廷思考方式的产物，以圣书文字和图画的形式被刻在了石头上。从其最深远的意义上来讲，它创造了一种新的现实。将北方法老们的最伟大神明和一位之前几乎不为人知的神明联结在一起，并将这全新的复合神明供奉在这个国家最南方的神庙中之后，古老的王国便重获新生。

卡纳克的阿蒙-拉崇拜随着南方王公们的雄心壮志一起不断发展。有一些证据表明从一开始这座小神庙就被增设了花岗岩供奉桌和门框，这是因特夫们和门图霍特普们的诸多工匠共同的作品。后来的证据表明这座神庙中进行的仪式，甚或神职本身，来源于底比斯北方大约二十五英里处的科普托斯的神庙。这些神庙起源于久远的史前时代，它们为孟斐斯诸王所尊崇，在中间期时代兴旺繁荣，但似乎在此后的时代里衰落了，这或许是由于这里的神职人员被迁移到了底比斯。无论如何，将赫利奥波利斯的拉神、隐秘之神阿蒙以及科普托斯敏神神庙中的仪式结合起来之后，因特夫的宫廷创造了一位复合神明，将政治与神学、仪式、习俗和国家地位合而为一。

就像一种新物质的粒子开始存在时一样……在那之前不存在"存在",因此我们称之为创世。

像神庙一样兴起——底比斯西部

我在这座神庙中摆满了盛着供奉用的美酒的华美罐子。这是先祖们未曾做过的事……我(为诸神)建造了神庙,设置了台阶,制作了永久性的门廊,建立了供奉制度……

……你,你这在地上的,你热爱生命与仇恨的消逝,你将走过这座坟墓,说:一千份面包与啤酒、公牛与飞禽、雪花石膏容器和衣服,一千个所有的好东西献给荷鲁斯-瓦安卡,莎草与蜜蜂之王,拉之子:伟大的因特夫。

——摘自因特夫二世一座墓碑上的文字

三位因特夫的坟墓建筑大部分是在天然岩石上切割而成的,它们是令人惊叹的作品,如今却均已遭到损毁。然而,这当中每一座巨大的纪念建筑都曾经拥有一条小小的门道,外面则是长一千多英尺、宽约二百五十英尺的庭院,门道末端还有两排各二十四根巨大的正方形柱子,支撑着阴影中的门廊。门廊后墙中央挖出的短走廊通往小小的、有立柱的崇拜室,以及深深的墓葬竖井,其尺寸可表明如今已不复存在

331

的石棺体积相当之大。这些宽广庭院长长的围墙上还切割出了许多小型坟墓，它们是侍奉这位国王的廷臣们的坟墓，周围还有数百座其他类型的坟墓，是这三座伟大的王家纪念建筑的微缩版本。

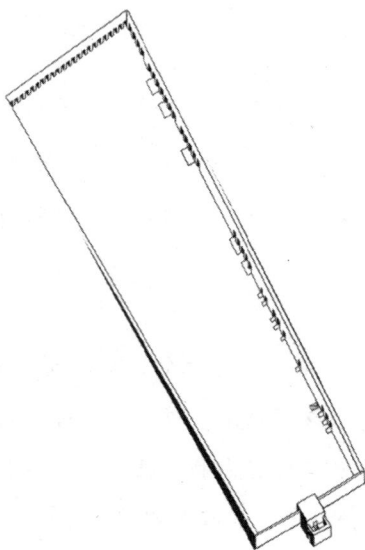

因特夫二世的庭院、供奉祈祷室和坟墓，被称作萨夫基沙西亚（Saff el-Kisasiya）。长约二百五十码，是三座相似且并排而立的纪念建筑中的一座

宽广的大庭院末端有一排排坚固的柱子，供奉祈祷室和墓葬竖井则从后方的岩石中被挖掘出来，这种建筑结构只在底比斯附近的地区出现过，设计相同但规模较小、或许时代也更早一些的建筑如今依旧矗立在戈伯伦附近的地方，它们的立柱由泥砖制成。如今，这样的建筑被称作"萨夫"或"排柱"坟墓，得名于其留存下来的结构中最与众不同的立柱部分。

　　因特夫们的大墓地长一英里有余，坐落在他们于尼罗河东岸新建成的阿蒙–拉神庙对岸的河谷底部，其中的坟墓是在巨大的扇形胶结砾石冲积物上挖掘出来的。在更早的年代中，沙漠中的洪水冲出了这个长而蜿蜒的谷地，其前部如今被称作帝王谷（Wadi Biban el-Moluk）。 332

　　因特夫们辉煌的横向建筑、其立柱和开放庭院曾经令自然景色成了陪衬。但如今，它们却并非游客们眼中的景观。这三座伟大王陵的庭院有一半消失已久，成了农民耕作的田地，或是在 19 世纪因挖掘灌溉运河而逐渐消失，其大部分残存的废墟也被埋在了塔里夫（el-Tarif）城区的混凝土房屋之下。只有第一位因特夫坟墓庭院一端的几根立柱如今仍然矗立于阳光之下。不过在 20 世纪 70 年代，一队德国考古学家进行了逐门逐户的调查，将因特夫们的墓地中所有坟墓的大致布局规划画了出来。如今，王家墓葬所留存下来的东西就只有一些石灰岩或砂岩材质的小块石棺碎片了。一些制作精美的石碑的碎片被嵌进庭院的围墙，上面涂了一层白色的石膏，几乎未经装饰。这三座王陵中壮观的正方形立柱大部分曾立在漆黑如炭的地下，如今它们则被困在许多不规则的地窖之间，周围满是其上方的房子所需要的水管和电缆。

　　塔里夫墓地与其他墓地都不同，因特夫们和他们的廷臣在这里庆祝他们在自己新创造出来的这个世界里扮演的角色。法老时代文化的古老源头就在埃及南部，如今它又回到了故乡，南方的宫廷将全新的生命、全新的力量和全新的形态注入了古老而失落已久的孟斐斯宫廷当中。

333

温洛克地图的改编版，来自他对中王国时期的底比斯的经典研究，展示了因特夫因特夫们的故墓和代尔拜赫里的门图霍特普二世神庙之间的关系。如今，这里标出的属于"门图霍特普三世与四世"的未完成神庙已被确认属于阿蒙涅姆哈特一世因特夫们逝去后，下一位国王门图霍特普二世的工匠和设计师将王陵所在地搬迁到了距离塔里夫的白色宽广山坡两英里远的地方，那里有一座天然的圆形剧场，位于底比斯西岸上方黄褐色的山丘中央。这温暖而宁静的地方成了又一座大型墓地的中心，位于独一无二的景观之中，上方的悬崖将太阳发出的光和热反射到了下方的黄沙与岩石上，将其变得十分干燥，适合于保存一切被人类放进这个广阔舞台上的东西。

就像尼罗河下游河谷周围的大多数悬崖一样，底比斯的 334 山丘最高处约有一千英尺高，由三层石灰岩阶地组成，一层比一层高。其下方是灰绿色的页岩带，这是一个质地软而密实的地层，外表看上去像合起来的书的书页，因而得名。当它被泡进水里后，便可以形成含油的黏土，该地区的制陶工从史前时代起便已经在利用这个巨大的天然优势了。

门图霍特普的工匠们用沉重的金合欢树干制成的六英尺长的撬棒，对底比斯悬崖下方的暗色页岩带进行切割。这样的工具经过火烧处理变硬后，再加以巧妙运用，便足以与较软的页岩相匹敌。他们切掉坡度陡峭的碎石坡及页岩带，这样上方悬崖上的垂直裂缝便能一直通到河谷底部。

如果说因特夫们的纪念建筑的残余也拥有安赫梯菲坟墓祈祷室中那种令人眼花缭乱的气氛，如果说与时代更早的那些孟斐斯工匠所打造的宁静而庄严的作品相比，所有这些南方建筑以及其中的图画看起来仓促而笨拙的话，那么门图霍特普的工匠们在底比斯的悬崖底部建造的神庙陵寝，便可以说是回归了某些时代更早的审美。其石头与砖块筑成的长围墙以一定角度从悬崖底部伸出，建筑的线条完美而笔直，就像孟斐斯的金字塔一样。

围墙围起来的是神庙前页岩碎片所筑的二百码长的人造平地，以及通往门图霍特普原本的墓葬所在地的长廊。就像通往孟斐斯的金字塔中的墓葬室的入口长廊一样，这条长廊深入被精心分区的前院之中。明亮的白色平地上的神庙外观低矮而呈排柱式，由两层优雅的平台及后方悬崖阴影中有立柱的神庙组成。这座全新的建筑与孟斐斯的金字塔不同而与因特夫们的王陵相同的地方是，它在整个景观中并不处于支配地位，而是融入其中。其结构、立柱、斜坡与阶梯的韵律，使得其周围的悬崖仿佛拥有了人造景观的规模和尺寸。

335

温洛克的代尔拜赫里门图霍特普神庙陵墓外观复原图。上层平台中央的大型方台上方加盖了其他结构，但其形态如今已不得而知

门图霍特普神庙的设计师是从因特夫们的排柱王陵的开放外庭着手的，其中有着长长的庭院和末端成排的立柱。当你沿着河边笔直的石头堤道走向阴影中的神庙时，你会穿过一处精心设置的、由树木与花圃组成的花园。无花果树宽大的绿叶投射下充足的荫凉，纤细的金合欢树则完全不能提供任何遮蔽，它们被一排排整齐地种植在从沙漠岩石上挖出来的圆坑中，每一个坑中都填满了园丁拌好的来自下方田地的沙子和淤泥。其树根和树桩如今仍旧留存在这些坑中。

在成排树木之后矗立着的神庙仿佛是对年代更早的金字塔神庙的追忆，它将上埃及的艺术性与孟斐斯的建筑形式结合在一起。这座神庙的正面外观重复着下方平原上的三座伟大的排柱王陵的形态，也是由并排的立柱组成的，每排二十四根。这里矗立着两组这样的排柱，其中一组在另一组上方，下方的排柱中间被一条坡道分开，坡道的高度与立柱相同，可以经由其来到上方的第二道门廊那里。在这个高高的神庙正门后面是一道回廊，这部分建得相当大，由三排共一百四十根水晶般的立柱组成，其中央是一个正方形的稳固的结构，其墙壁上就像神庙正面的门廊一样装饰着王家浮雕。

这几排立柱后面曾经是一个开放的庭院，其中央有一条砂岩步道。这条步道很宽，笔直地延伸了大约二百英尺，通往第二间墓室。这间墓室是令人惊叹的密室，墙壁是由切割精美的雪花石膏筑成的。庭院外右侧、高耸的悬崖之下是一座多柱式的厅堂，一百四十根八角立柱在这里如森林般矗立，每一根立柱都和这座建筑中其他的立柱一样铭刻着门图霍特普的名字和头衔。在这阴影中的大厅末端深棕色的页岩上切割出来的是神庙的圣坛，供奉祭坛以及国王和阿蒙－拉的雕像都在那里。虽然如今这座建筑已成废墟，但其安宁、古典而宏伟的气质仍能让众人倾倒。

这座非凡的建筑从未彻底完工过。在 19 世纪各种冒险者和发掘者进行了种种不恰当的作业之后，美国考古学家赫伯特·温洛克（Herbert Winlock）再次对此地进行了小心翼

336

翼的考察。根据存留下来的建筑结构和被改了三次的门图霍特普的名字，他推断出这里的建筑工程一共可分为三个连续的阶段，三次名字的涂改是依次发生在神庙建造的三个阶段中的。

后来进行的检查确定了这座遗址较为早期的建筑结构，尽管那也可能属于被清理掉的位于此地的时代更早的其他建筑。它或许是个神庙，或者是为祖先修建的纪念建筑。这些如今已然消失的建筑也可以从以门图霍特普神庙为中心向河谷底部辐射开来的精美墙壁的奇怪对称性上看出大概。但是，如今躺在其边缘的风化了的石膏却并非这失落已久的建筑留下来的东西，只是塞西尔·B. 德米尔（Cecil B. DeMille）用过的一个电影布景的残余罢了。

无论如何，这些划分出神庙前院的角度奇怪的外墙、前院建筑结构上的变化、国王的两处墓室，以及门图霍特普家族中三十几名女性的墓葬安排，都展现了建造神庙的数十年中持续性的创意变化以及创新之举。就像阶梯金字塔及其附属建筑、乌纳斯王的金字塔及神庙、卡纳克神庙以及其他所有属于法老时代文化的伟大建筑项目一样，门图霍特普的神庙总是处在尚未完成的建造过程当中。从那种意义上来讲，这独特的建筑结构凝聚了这个古老国度的精华，其本身便是一项永远也不会完工的作品——温洛克在神庙周围的石匠作坊中发现了木槌、铜凿子、锄头及鹤嘴锄等工具，以及五十个用棕榈叶编成的劳工用的篮子，全部整齐排好，里面装着碾碎了的页岩和建筑碎片，这更是以奇妙的方式强调了这一事实。这确实是一件永远也不会完工的建筑作品。

337

尽管如今已成废墟,其中最好的一些浮雕也被拆下来,成了众多博物馆以及英国或爱尔兰爵爷们的乡间别墅墙壁上的装饰品,但门图霍特普神庙依然是其建造者所居住的那个世界的缩影。然而,如今在附近那经过了大规模重建的哈特谢普苏特(Hatshepsut)女王神庙中上下走动的观光客却总是会忽略这座神庙。那里曾经有一座早期的基督教修道院,这个宏伟的石头港湾的现代名字代尔拜赫里(Deir el-Bahari)正是来源于此,意为"北方修道院"。

伊提特威之北——靠近孟斐斯

门图霍特普二世之后的两位法老的坟墓所在如今仍不为人知。但是,从他的神庙向北走一小段路后,便可以看到与代尔拜赫里大小相近的石头港湾中的古老岩屑,表明这里原本也准备建造一座门图霍特普二世神庙那样的纪念建筑。灰绿色的页岩一直被切割到了石灰岩悬崖的底部,河谷底部也留下了一座平台的形状,与门图霍特普的建筑的中心广场大小相似。就像在门图霍特普的神庙陵墓中一样,这个页岩平台上已经被挖掘出了许多很深的王室家族女性成员的墓葬用竖井。此外还有一条斜坡上的长廊从平台中心向下通往一处空着的墓室,这间墓室是用精美的白色石灰岩石块以最优美的方式砌成的。

零星散落的同时代陶器和附近一些廷臣的坟墓祈祷室中的物件表明,这座未完成也没有刻上铭文的建筑是在门图霍特普二世统治结束后的数十年中建造的,因此其建造目的很可能是放置后一位法老阿蒙涅姆哈特一世尸身的陵墓。这实际上正与我们所知甚少的有关那个时代宫廷的历史相吻合，因为阿蒙涅姆哈特一世统治了大约三十年，他改变了三次的称号又告诉我们，他似乎是在王宫继续向北迁移后开启了又

338 一个复兴的时代。因此很可能，这座未完成的底比斯坟墓是在王宫搬迁到古孟斐斯南部的某个地方后被弃置了的。在那里，王家建筑工们凭借着真正的复兴精神为阿蒙涅姆哈特一世建造了一座金字塔。

阿蒙涅姆哈特一世的金字塔及两个附属神庙的建造工作开始于其统治晚期，即公元前 1960 年前后，因此工期十分紧张。刚刚建成时，其精美的石灰岩饰面遮蔽了不合理地混合在一起的当地石材、泥砖以及黄沙。这种组合相当不稳固，很快便因为自身的重量而移动并崩塌。再加上采石工人和烧石灰的工人拿走了石材，这座建筑便缩小到了今天的样子，成为一座尘埃满布、镶嵌着石头的小丘。在其发掘过程中产生了意料之外的发现，那就是阿蒙涅姆哈特的工人们从其他更古老的王家建筑上借来了一些石块。例如，通往国王墓葬室的通道位置在如今的地下水位之下，因此从未有人重新进入过这里。它的出口被用巨大的花岗岩石块塞住，这是传统的孟斐斯金字塔所用的封闭通道的方式。然而在这里，铭文却表明这些坚实的正方形石块是从其北方约二十英里远的吉萨的哈夫拉王神庙中搬来的。金字塔塔身及其附属神庙建筑中都有许多带美丽浮雕的石块，它们是从吉萨和达舒尔的已倾倒的建筑上拿来的。这些稀有而又庄严的文物被搬运至此，是出于尊敬还是出于实际需要，是两者兼有还是二者皆非，如今的我们

已经无法知晓。无论如何，阿蒙涅姆哈特一世匆忙造就的金字塔无意中将许多早已消失的建筑中最大也最精美的部分保存了下来。

在这条线上的下一座金字塔，即森沃斯雷特一世的金字塔旁边有不下十座较小的金字塔，它们皆以孟斐斯金字塔的方式设计，被用作部分王室家族女性成员的坟墓。结合北方不远处的阿蒙涅姆哈特一世金字塔给出的暗示来看，森沃斯雷特一世的石匠们设计出了另一套快速建造系统，他们在建造中的金字塔内筑起一系列平行的墙壁，用粗石、泥砖、沙子和石膏填平其间的空隙，然后同样用精美的白色石灰岩石块铺设表面。这些饰面用的石头上留下的古老裂纹表明，这个系统也并不比其前一位法老的金字塔所用的建造系统更成功。尽管如此，许多软中心金字塔 339 的建造方式还是被后来至少六位国王采用了。因此，由于地面下沉以及石材遭到盗掘，伊提特威诸王——两百年中的列位阿蒙涅姆哈特与森沃斯雷特——的所有金字塔如今都成了散落在四处的废墟，像是纪念碑谷（Monument Valley）的小丘一样矗立在孟斐斯南部的西岸沙漠之中。

赫利奥波利斯与阿拜多斯——拉与奥西里斯

第3年，泛滥季第3个月，第8天，两地之王——科佩尔卡拉（Kheperkare），拉之子——森沃斯雷特[一世]，真言者，愿他永生。

　　头戴双冠的国王在朝觐厅内落座，与他的扈从、宫内廷臣以及内阁官员们共商国是……

　　"看，我正在规划会让世人铭记的作品，我要为未来建造一座建筑……我要在［拉-］哈拉克提的统治范围内建造一座神庙……"

　　……于是（测量）绳松开了，地上画好了线，成了这座广厦（的形状）。

——出自柏林皮革卷，约公元前 1970

　　伊提特威诸王的工作组和石匠们在建造王家金字塔的同时也在建造神庙。尽管这些神庙最好的部分如今已不复存在，其所用的石材要么被烧毁在了石灰窑中，要么被取下来当作后来建筑的地基和填充材料，但这些建筑仍然在后来所有的法老时代历史时期里留下了不可磨灭的痕迹。

　　在赫利奥波利斯那座属于拉-哈拉克提的巨大且古老的圣所中建起了新的神庙，如今这些神庙却只存在于所谓的柏林皮革卷上的文本和刻在一块石头上的规划图之中了，除此之外还剩一座矗立在开罗某公园中的方尖碑，它原本是一对340方尖碑中的一个。在三角洲地区，建筑用的石材必须从河谷地区运输过来，这里属于伊提特威诸王的建筑只剩下了建筑线和一些浮雕的残片。同样，在河谷地区，伊提特威诸王的神庙建造计划直接追随着因特夫们和门图霍特普们的足迹，许多建筑用石块上都有刻在失落已久的神庙墙壁上的部分场景，其中一座神庙的废墟坐落于底比斯附近的现代村落陶德，有一块石头上还留着光荣的先辈们，即因特夫们和门图霍特普们的名字和画像。在底比斯则又兴建起了一座大型神庙，以取代因特夫们为阿蒙-拉建造的小型圣坛，然而这座神庙如今也已荡然无存。

这些失落的神庙代表了一场显著的变化，一次对宫廷之本质的修正和扩展。其中一些神庙只是简单地重建了之前孟斐斯王国晚期所建的较小神庙，但至少有一座神庙给卡纳克的新神阿蒙-拉带来了一处宏伟且全新的居所，而另一座则为一位名叫奥西里斯的孟斐斯神明提供了一座他此前从未拥有的神庙，这座神庙位于阿拜多斯的肯提阿门提乌神宏伟的建筑群之内。奥西里斯的全新居所将阿拜多斯变成了国家级的朝圣目的地。

奥西里斯与拉不同：拉是太阳神，并且可以说是真正拥有非常古老的起源，在古王国时期几乎无所不在，其名也被包含进了众多太阳神庙和孟斐斯国王的名字中，而奥西里斯却是新来者，似乎是凭空出现的。目前已知奥西里斯最早出现的地方是在塞加拉一座阿布西尔诸王时代的私人坟墓祈祷室当中，他当时是一位晦暗不明的神明，被称为三角洲地区城市布西里斯（Busiris）以及底比斯以北的阿拜多斯的神。然而忽然之间，奥西里斯作为一个强大而全面的存在在孟斐斯金字塔的黑暗之中华丽现身了，这就强调了《金字塔铭文》与已经失落的孟斐斯宫廷档案之间的联系，尤其是与赫利奥波利斯的神庙之间的联系，如同这些文本中出现的一些奥西里斯的称号所表明的那样。但奥西里斯最初的起源仍然是个谜团，就和任何神明的起源一样。例如，一部权威的埃及学词典中列出了不下十三个版本的学术猜想，均颇具说服力地阐述了奥西里斯名字的起源，以及据此得出的有关他身份的推断。

341　　新诞生的神明阿蒙-拉和神秘的奥西里斯在伊提特威诸王的时代中都成为强大的全国性神明。同阿蒙-拉一样，奥西里斯也被认为有河谷与三角洲双重的地理起源——因此是全国性神明——就像王家称号会将法老描述为莎草与蜜蜂之王，即河谷与三角洲之王一样。这种确立身份的行为不仅仅是出于虔诚：阿蒙-拉和奥西里斯突然一起取得显著地位表明，伊提特威的宫廷做出了谨慎而有意识的抉择，确定了他们亲身参与建立的这个国家的本质。

和阿蒙-拉一样，奥西里斯在孟斐斯诸王的时代中似乎并没有属于自己的神庙，他在这个王国中所扮演的角色完全是由《金字塔铭文》定义的。铭文会将已故的国王与奥西里斯紧密联系在一起——比如"奥西里斯国王某某"。但是，在这些铭文之外，在金字塔内室之外，国王便总是像坟墓祈祷室中的廷臣那样被用他们生平所担任的角色来称呼。因此，在已故国王的名字前面加上奥西里斯的名字似乎意味着这位神明是个转瞬即逝的存在，是从生到死到重生的转化过程中的代理者，或许也是个强大的角色，但在古王国时期，似乎这一点还未能促使人们为这位神明单独修建一座神庙。

尽管如此，奥西里斯和拉都被赋予了在某些方面与伊提特威诸王自身相似的形态和定义。手中拿着十分醒目的、被称作弯钩与连枷（crook and flail）的工具，头戴代表上埃及的白色高冠，数百个这样的国王雕像以被包裹起来的木乃伊

的姿态——这个姿态被称作奥西里斯形态，因为后来的时代
中它被视为这位神明的特征——站立在数个神庙的立柱上；
它们也在伊提特威诸王的金字塔堤道上成排而立，此时它们
代表的似乎是正处在生命轮回过程中的国王本人的形象，也
就是说在走向自己坟墓的路上，国王就是奥西里斯。同样，
森沃斯雷特一世的石匠们在阿拜多斯为奥西里斯修建了一座
神庙，伊提特威诸王中后来的几位的宫廷又对其进行了持续
不断的修复及扩建工作。

　　一开始，阿拜多斯的奥西里斯神庙就被规划成一座相当
大的建筑，其存留至今的部分表明它的庭院中曾经有数排十
五英尺高的红色花岗岩制成的森沃斯雷特一世以奥西里斯形
态站立的雕像。同时，古代诸王的墓地——位于这座新建成
的神庙以西一英里远的沙漠中的众多巨大的砖砌地下墓室，
在中间期时代遭到了焚毁和劫掠——也被部分修复了，其中
一位生活时代比森沃斯雷特早将近一千年的、名叫杰特
（Djet）的古代国王的坟墓则被当作了奥西里斯的坟墓。

　　后来的国王们在阿拜多斯的奥西里斯坟墓中放置了数座
雕像。其中一座雕像展示的是横卧着的、死去了的奥西里
斯，他的阴茎和身体在轻拍着翅膀的、化身为鹰的奥西里斯
妻子伊西丝女神的帮助下恢复了生机。在奥西里斯复活之
后，伊西丝生下了荷鲁斯。荷鲁斯的古老形象是一只鹰，其
对应的圣书文字也是第一个用来指代法老名字的圣书文字。
因此在中间期之后，之前负责帮助孟斐斯诸王重生的奥西里
斯被提升为强大而神圣的存在，他是无尽的死亡与重生的轮
回的仲裁者，其统御的黑暗国土会随着每日太阳的移动、每

342

在通往利什特的森沃斯雷特一世金字塔的堤道两旁矗立的众多所谓奥西里斯形态的雕像中的两座。它们还完整时有将近八英尺高

月月亮的圆缺以及每年洪水的涨落而被清空并填满。因此在阿拜多斯，这位神明像最初的那些法老，自身也是一位君王，是阿拜多斯的领主，也是死者之国的统治者。

343　　　　人们是以古老的方式确保奥西里斯持续存在于阿拜多斯的，那就是不断进行供奉与诵念，以及生者与死者一同参与一年一度的集体朝圣仪式。尽管如今的我们对这古老秘仪的细节几乎全无了解，但这场朝圣的核心似乎是城外沙漠中奥西里斯古老的坟墓。

这盛大而持续千年的朝圣活动似乎是在伊提特威诸王的廷臣和国家官员于阿拜多斯建起众多墓地后开始的。他们将坟墓和墓葬建筑设置在奥西里斯坟墓及其神庙围墙之间的浅谷北方，这里最早是被门图霍特普时代的坟墓占据，那时这个一年一度的节庆可能还只是个地方特色活动。这些坟墓中的许多都有泥砖制成的地上建筑，里面有雕刻精美的石灰岩石碑，记载了墓主在国家中扮演的角色，以及墓主及其家庭成员的名字与形象。同时，神庙背后的沙漠中也建起了大量拱形的泥砖圣坛以及更多结构简单的坟墓，其中有许多同样拥有精美的石碑，作为那些被葬在其他地方，但死后仍是王国中持续存在的一部分，仍然希望继续参与阿拜多斯一年一度朝圣活动的人的见证。

因此，伊提特威宫廷将奥西里斯变成了一个受全国乃至全体大众敬爱的神明。一块较小的石碑上这样写道："我亲自为阿拜多斯的这个供奉祈祷室放下了砖头。"那些小型圣坛中还有上千块这样的石碑，它们沿着通往奥西里斯坟墓的沙漠道路如同蚁巢一般聚集在一起，延伸了超过半英里远。但是，在过去的二百年中，大部分这样的小圣坛都因为人们破坏性地寻找其中为博物馆和收藏家所珍视的石碑而被损坏了。

在这些古老的坟墓之外，在奥西里斯的坟墓之外，悬崖脚下的黄沙中则完全没有神庙、坟墓或纪念建筑，只有低矮的沙丘和穿过悬崖通往高处沙漠的 U 形谷。这个悬崖间自然生成的地区成为伊提特威宫廷在阿拜多斯打造的强大剧场的一部分，因为这孤独的峡谷中充满了轻柔地歌唱着的沙子，后来书吏们将这种声音描绘为穿过沙漠中的商路去往阿拜多斯参加一年一度朝圣活动的一代代死者的声音。就像代尔拜赫里的门图霍特普神庙陵墓一样，上埃及人对狭窄山谷的景观有着深厚的感情，他们希望与其融为一体，而非主导其形态，让生者与死者能在此保持一种怪异的平衡。

阿蒙－拉的大宅——底比斯的节日

在伊提特威宫廷所有的复兴与创新当中，为法老时代文化的历史带来最深远影响的是为阿蒙－拉建造的一座全新的神庙，它是用来替代之前因特夫们和门图霍特普们建造的简陋建筑的。就像同时代其他所有的建筑一样，这座建筑也已经荡然无存了，然而其影响、外观尺寸、比例与准线却仍然体现在卡纳克最中心处空旷的长方形开放空间之中。

这座伟大的神庙是建在一座由因特夫们的石匠所建的时代更早的简单圣坛之上以及周围的，在后来的世代中又经过改建、扩建和调整，直到森沃斯雷特一世统治期间最终定型。这座神庙是为了成为阿蒙－拉的居所而建的，大约矗立了四个世纪，之后建筑工作组将其墙壁上最好的石灰岩拆了下来，将这些石块用作其他建筑的地基和墙壁的填充物。直到 20 世纪初，在复原这些时代较晚的建筑的过程中，其部分雕刻精美的外墙才得以重见天日。这些石块中最美丽的那部分，以及曾经矗立于现已消失的神庙里的雕像中保存较好的那部分，被放到了各个博物馆中展出。那些不那么吸引人的部分则被放到了重建后的卡纳克神庙周围建造的储藏区域内，其中也包括许多珍贵的雕像和被拆下来的建筑碎片。1998 年，在研究了这些四处散落的碎片，将它们所包含的信息和重新发掘森沃斯雷特神庙所在地后获得的数据结合起来之后，法国考古学家吕克·加博尔德（Luc Gabolde）发表了一篇论文，对这座神庙进行了复原。

伊提特威的设计师们似乎使用了传统的孟斐斯式布局作

345

为森沃斯雷特一世的神庙"阿蒙-拉的大宅"的基础，他们建造了一座低矮的长方形建筑，中间有一道门廊，门廊先是通往一处开放庭院，然后又通向围绕着中心圣坛的一系列小的石头房间。这座神庙依照古老的方式被建在了庞大而敦实的长方形泥砖围墙之内。这处建筑群内还有一个聚落，其房屋、街道和储藏室的布局，严格遵从了源于吉萨时代的典型的由国家建造并维系的社区的标准。

阿蒙-拉的大宅是用孟斐斯附近的图拉采石场中最精美的石灰岩建成的。它大小有一百三十平方英尺，高度将近二十英尺，正面对着尼罗河，并且拥有由一排十二根正方形立柱支撑的阴影中的门廊，类似于因特夫们的排柱陵墓。但在这里，每一根立柱上都附带了一尊森沃斯雷特王的巨大雕像，这十二个伟大的形象皆以奥西里斯姿态站立。这些是在世法老的雕像，法老手中也并没有拿上作为奥西里斯特征之一的弯钩与连枷，而是拿了两个所谓的"安卡"符号，即圣书文字中代表生命的符号。

卡纳克的森沃斯雷特一世神庙正面复原图。据估算其有一百四十英尺宽

走过这辉煌的门廊和高大的粉色花岗岩门框中两扇巨大的雪松木门后，人们会进入明亮的正方形庭院，庭院中有成排的与门廊内的立柱大小相似的立柱，不过这些立柱上并没有国王的立像。在这开放庭院之外半明半暗的区域中还有更多高大的门廊，每一道门廊上都有几扇木门，通往不同的储藏室，里面放着精美的亚麻布、熏香、泡碱、碗、碟子和化妆品，以及祭司所需要的一切供品。祭司会维护并清洁崇拜所用的阿蒙-拉神像，就好像那是一位活着的国王。最后，在神庙后墙上更多的房间与小室之中，有一段由一整块雪花石膏切割出来的光辉的台阶，根据加博尔德的描述，台阶最上方是阿蒙-拉的圣坛。

如今只剩下这座雪花石膏祭坛的残余以及一些崩毁的花岗岩门槛标出了森沃斯雷特一世神庙的中轴线，这条线在后来的时代中决定了卡纳克许多最伟大的建筑物的位置：如方尖碑、高塔以及多柱大厅的方位。这条轴线的方位角是精确的 116°43′，正是伊提特威诸王的时代里冬至时太阳升起的角度，这完美契合了一年中太阳看起来静止不动，即太阳连续两天从地平线上的同一位置升起的两个时刻之一，这就符合了铭文中将卡纳克神庙称为"南方的赫利奥波利斯"——意为第二个国家天文台——的描述。

因此，森沃斯雷特一世神庙似乎是用来重置全国通用的日历的工具之一。日历中的十二个月有六个月都是以底比斯的节日命名的，这更证明了在这个新建立的王国的中心，全国统一的时间已经得到重新确立。无论如何，将冬日初升的太阳发射出的温暖光芒与森沃斯雷特一世神庙的中心对准，这都是底比斯建筑中体现出的对持续探索宇宙之和谐的有力表达，因为在更早的时候，尼罗河西岸的门图霍特普二世神庙陵墓也是用类似的方式来定位的。

　　然而，河对岸门图霍特普二世的神庙陵墓并非底比斯西部唯一一座中轴线与冬至日日出对齐的建筑。他那位鲜为人知的接替者门图霍特普三世的宫廷设计师也用类似的方式将一座更为简陋的建筑的中轴线摆到了同样的方位角上，角度甚至比其还要精确一些。但他们并没有将神庙建在河谷当中，而是建到了地平线之上的高处，在底比斯西部悬崖的顶峰之上。这座神庙的基础建筑结构由泥砖建成，后部按惯例拥有三个小室，而正面则由一对角度独特的高墙和两座所谓的高塔（pylon）组成，这在当时的底比斯是一种建筑创新，其形态来源于最后的孟斐斯金字塔神庙入口处的建筑结构。如今这些已成废墟的塔门之间的空隙仍能在山的轮廓上刻出缺口，标志出古时候冬至时分日出的方位角。

347

　　如今，我们已经很难理解在地上用与之对齐的方式标出这些特定天文现象的最根本的重要性了。在教堂塔楼和城镇中心被装配上钟表之前，欧洲人的生活也同样是由太阳的运行和四季的变化来指引的，而其又是通过观察二至日、二分日以及星辰的移动等天文现象来精确确定的。

　　如今，法老时代的底比斯所在的位置是尼罗河下游河谷中为数不多的河流走向与冬至时节日出方位角呈 90°直角的地方之一。考虑到法老时代的大部分神庙和坟墓，乃至田地和其他日常生活空间的布局都是根据河流流向来设计的，底比斯便成了为数不多的宇宙与人类的地理能够达成统一的地方。与四座巨型金字塔在天文学上的精准性——所有巨型金字塔的帐篷式建筑结构中都有自己的宇宙准线——不同的是，在底比斯，同样的和谐还存在于自然景观之中。因此，当你在底比斯渡过尼罗河，或是从卡纳克神庙的码头走上通往代尔拜赫里的门图霍特普神庙陵墓的栈桥时，你会踏上一段在时间与空间上都非常平衡的完美旅程。

门图霍特普神庙陵墓墙壁上的一幅精美浮雕也记录了一次这样的宇宙之旅，其附带的圣书文字称其为"两地之主阿蒙"的旅行。在这幅画面中，国王驾驶着一条小船，船的甲板上设有王座、王家纹章和封闭的神龛——神龛中放的应该是隐秘之神阿蒙-拉的形象。两个世代之后，森沃斯雷特的卡纳克神庙的一面墙壁上又被刻上了一幅类似的画，画中国王驾驶着一条小船，船上载着同样的东西。这种航行活动在后来变成了法老时代的一个重大节庆，而这些浮雕是已知最早的有关它的图画。这个节庆被人们称作"河谷节"，庆典中包含跨越陆地与水面的旅程，有列队行进的项目，也有赛船项目，阿蒙-拉的神像会在这个过程中离开卡纳克，前去参观尼罗河西岸神庙中放置的那些神像。从一开始，神明游行的活动便具有极其重要的地位，西边悬崖高高的岩架上如今仍留有伊提特威诸王时代的涂鸦，记录了卡纳克神庙中一些祭司的名字，他们爬上悬崖，以便寻找这位卡纳克的神明被送往门图霍特普二世的神庙陵墓过程中游行队伍开始出现的迹象，寻找群集于河中的船只和镀金的神龛发出的光芒：

> 祭司奈弗拉贝德（Neferabed）。赞美阿蒙，在节庆中的众神之主面前亲吻大地……他出现在运送到奈布赫

佩特拉（Nebhepetre，即门图霍特普二世）河谷的
日子。

　　阿蒙祭司奈弗拉贝德（所写）

　　尽管最初的几幅浮雕只表现了国王乘坐一条小船从卡纳
克跨河来到底比斯西部的场景，但很快这一节庆就变得复杂
起来，用到了两条国家级的船。其中一条船用来运送王室扈
从，另一条船则承载着阿蒙-拉的神像。神像被放在黄金神
龛之中，放在一条模型船的甲板上，这条船会被十二名祭司
以两根短杆扛着，像扛巨大的轿子一样在两座神庙之间运
送。这条模型船有十五英尺长、三英尺宽，后来又被挂满了
帷帘和镀了金。它有着装饰丰富的船头，船尾有两根长长的
操舵桨，甲板上还有一些雕塑和王家纹章。黄金神龛将一路
颠簸着穿过底比斯，被亚麻布包裹着，在熏香的云雾缭绕
中，在吵闹而充满生气的游行队伍的环绕下走完这一段象征
着法老时代之宇宙的路程。

　　尽管目前还没有关于这一非凡活动的起源的确凿证据，
但门图霍特普有一个称号是"拥有拉之船操舵桨者"，森沃
斯雷特一世统治时期的一名祭司的墓葬石碑上也描写了这位
祭司将众神之主"扛在我肩膀上"搬运之事，这表明这项
节庆是在这中间的数十年里发展出来的。另一个设计也点明
了这一时间段，森沃斯雷特统治期间建成的一座拥有方形石
柱的小凉亭中有个中心基座，节庆期间搬运阿蒙-拉穿过底
比斯时所用的船就放在这里。基座两侧的两段低矮的台阶让
扛着船的人可以更容易地穿过亭子。据说楼梯中间还有一道

349

417

深深的凹槽，是船被拖拽到这个位置上时船身磨出来的。无论如何，镀金的神龛、隐秘之神、雕像、船桨以及沉重的模型船在埃及的炎炎夏日中都会成为沉重的负担，身着盛装的祭司大概很乐意在此休息一下。

这座小凉亭所用的石材是从较晚的一些建筑的地基中发掘出来的，因此被保存得近乎完美。它是一座所谓的船之圣坛（bark shrine），其和谐的建筑结构中的每一面都被精致地刻上了国王与诸神的圣书文字和形象，它也是留存至今的法老时代建筑中最伟大的作品之一。阿蒙-拉的金色模型船被放在基座中央时，亭子的石灰岩台阶那长而低矮的向上叠加的线条便会勾勒出向上弯曲的船身那镀了金的优雅轮廓，这一定是人类打造过的最超凡卓越的建筑组合之一。

亭子上优雅的铭文说，在森沃斯雷特统治期间举办了所谓"赛德节"的庆典。这个节庆中有一套复杂而古老的仪式，在伊提特威诸王的时代中，这个节日似乎会在国王登基三十年前后庆祝。这又指明了这些宏伟的游行建筑和在其间举办的节庆活动的另一个目的，阿蒙-拉前往门图霍特普神庙陵墓的次数迅速增加，将其他许多行程、节庆与神明都包含在内。除了围绕国王与诸神展开的古老的日常仪式之外，这些伟大的游行活动也成为法老时代文化的主要元素，在接下来的千年之中，不断有关于它们的图画被刻上底比斯神庙的墙壁。

即便是在因特夫们和门图霍特普们的时代中，底比斯神庙和宇宙之间的调和就已被织入了一张更大的网，它通过天文和地理上的紧密联系将其他神庙中的其他神明也包含在其中。

22　两地之统一者

这些神庙中有一座的设计和大小与西方地平线顶端的三重圣坛相同，它被建在了底比斯西岸上，在门图霍特普二世的神庙陵墓以南一英里半的地方，此地如今名为哈布城（Medinet Habu）。这里供奉的似乎是阿蒙神的另一个形态，就像森沃斯雷特的卡纳克神庙以及更早的赫利奥波利斯神庙一样，这座神庙中也有创世之丘。这些成倍增加的神庙相互之间并不会构成矛盾。就像如今的宗教偶像一样，每一座神庙、每一位神明的画像、每一个创世之丘从自身来讲都拥有独一无二的正确性。在接下来的两千年中，这珍宝一般的建筑群被建造得更加复杂而庞大，并且被一座王家墓葬神庙巨大的泥砖墙壁包围了起来，成为全埃及上下同类建筑群中最完美的一座。它是微缩了的卡纳克，中心部分是其中最古老的建筑，在接下来的千年之中又被陆续增添了一系列庭院、立柱和塔门，以便为给这座神庙带来生命与意义的游行提供更大的场地。

在河对岸的哈布城以东三英里远的地方，也是这座小神庙的正对面，有另一座同时代的圣坛，其所在的位置便是如今卢克索神庙之所在。这里还有一些迹象表明，这一时期内人们已经规划出了另一场连接卡纳克神庙与卢克索神庙的陆上游行。

无论如何，卡纳克、代尔拜赫里、卢克索和哈布城这四个地点成为后来底比斯节庆的节点和焦点，这些节日时至今日仍然在纪念当地穆斯林圣徒谢赫阿布·哈加格（Abu el-Haggag）的一年一度的节庆和游行活动中回响。在这个节日中，现代城市卢克索的孩子们会登上卡车或货车上运载着

350

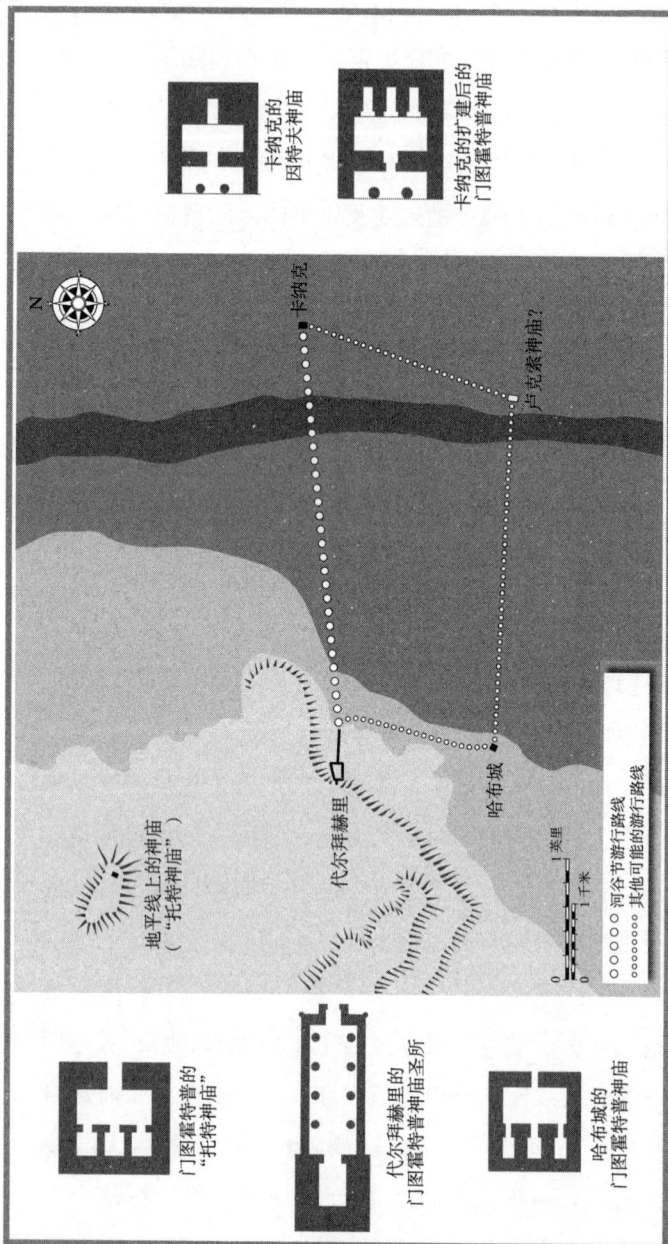

卡纳克的因特夫神庙

卡纳克的扩建后的门图霍特普神庙

地平线上的神庙（"托特神庙"）

代尔拜赫里

卡纳克

卢克索神庙？

哈布城

门图霍特普的"托特神庙"

代尔拜赫里的门图霍特普神庙圣所

哈布城的门图霍特普神庙

○○○○○○ 河谷节游行路线
○○○○○○ 其他可能的游行路线

1英里

1千米

早期底比斯神庙各个中心圣玩的平面复原图，以及能连接起其中大部分神庙的游行路线。图上的尼罗河水道是其现代位置。在古时候，卡纳克神庙或是任何位于现代卢克索的早期神庙可能都是矗立在河岸上的（可比较 392 页地图）。深灰色的区域标出的是现代的耕种地带的三艘小船，围绕古老的神庙游行。

这样的水上庆典似乎是南方特有的，是狭窄的河谷地区的生活的产物，已知最早有记载的此类活动是莫亚拉的安赫梯菲为赫门神举办的，另一个就是阿拜多斯一年一度的朝圣活动。北方地区唯一有记载的孟斐斯诸王时代的水上游行便是法老最后的旅程，即从王宫到王家金字塔中下葬的旅程。但是，早期的底比斯诸王们似乎把水上节庆这一概念带到了北方，一篇阿蒙涅姆哈特二世时期的文本表明，人们曾经扛着一艘船绕着伊提特威的城墙游行。

然而现在，底比斯的风景与神庙中都包含着法老时代历 352
法的运作机制。后来的底比斯建筑中记载了众多盛宴、节庆、赛艇与游行活动：法老的重生节、新王登基仪式、丰收与泛滥的节日，以及往来于不同神明居所之间的旅程。这些神明包括科普托斯的敏、索克（Sokar）①、奈菲尔特姆（Nefertem）②与瑞妮纽泰（Renenutet）③、克奴姆（Khnum）④ 与舍斯穆（Shesmu）⑤、拉与阿蒙、荷鲁斯与哈索尔等。这些神明及其配偶和各种供品在不同的文本、不同的图画中不断变化，也经常组合成各种阿蒙-拉之类的复合神，创造永无止境，命运亦是无穷无限。

传统的学者勤奋地为这些神明构建出族谱，并在这黑暗

---

① 索克，孟斐斯地区的鹰形神明，司掌工艺与农业，因此常与普塔及奥西里斯成为联合神。
② 奈菲尔特姆，莲花与香气之神，普塔与赛克美特之子。
③ 瑞妮纽泰，蛇首女神，司掌丰收、繁荣与养育，鳄鱼神索贝克之妻。
④ 克奴姆，羊首的创造之神，能在陶轮上塑成新生儿。
⑤ 舍斯穆，香料、酒与油膏之神，也司掌节庆与歌舞，形象为狮首。

而稠密的森林中寻找各种各样的象征。然而，这复杂纠缠的宇宙中的谜团、矛盾与冲突之处似乎从未影响令人欢愉的仪式庆典，在整个法老时代的历史中也仅有一次禁止了这种混乱，短暂地代之以单一的教义。生者的国度在很大程度上并非理论或神学的产物，而是仪式、供奉、制造和建造等活动的产物。在伊提特威诸王的时代中，这些活动的中心是古名为瓦塞特（Waset）的聚落，又称"南方的赫利奥波利斯"，后来希腊人将其称作百门之城底比斯。

吉萨神庙中的雕塑已经明确告诉我们，从一开始王家崇拜就位于这个国家的中心。尽管法老的众神家族也发挥了作用，但王家崇拜建筑却远比任何一位神明的崇拜建筑更大、配套设施也更好，在诸神的神庙中进行的工作也主要是由在王宫和进行王家崇拜的神庙中进行的工作决定的。因此，在孟斐斯诸王的时代，国王们凌驾于这个国家中人类的家族与诸神的家族之上。

到中间期，这一情况改变了，地方领主在课税与供奉上扮演了法老的角色。在这个过程中，诸神所扮演的角色也发生了改变，因特夫们作为新王崛起的过程主要由他们在南方各个聚落为众多的神明所修建的神庙的残迹记录下来。而在底比斯，门图霍特普则被表现为正在为阿蒙驾驶航船的形象，他的神庙陵墓旁也为阿蒙和哈索尔女神建起了圣坛。

353

统治者与诸神之间关系的这些根本性改变，在后来的诸位国王的建筑计划中也继续得到反映。巨大的神庙以这些国王的名义为各种各样的神明建起，从卡纳克的阿蒙-拉和阿拜多斯的奥西里斯这样新近得到推崇的神，到较老的三角洲地区布西里斯的贝斯特（Bastet）①、科普托斯的敏，以及阿斯旺的萨提特（Satet）②，等等。

　　古王国时期建造在河谷与三角洲之间地区的金字塔为法老的国度赋予了形式和内涵，但这种文化中的规模和尺度却起源于史前时代的南方地区。南方的宫廷开始重建破碎的古王国时，他们所用的方式与孟斐斯的前辈们不同，是一种适应于狭窄河谷中的生活的方式。因此，直到国家得到重建、王国的祭典中心被重新确立于南方之后，宫廷才向下游搬迁，回到孟斐斯。在南方，是自然本身，是河谷而不是抽象的金字塔及其附属神庙成为完美国家的典范。

　　这就是为什么众多的文本都将底比斯的游行庆典活动描述为重生节，认为这时诸神的家族会赐予在世的君王——国家在大地上的化身——长久的统治。这些游行庆典成了在世国王与诸神达成宇宙与地理上的和谐的最主要场合，生者与死者、太阳、四季、众神与国王的家族都会参加到这一永不止息、循环进行的活动当中。

---

① 贝斯特，猫首女神，神职包括生育、喜悦、养护等。
② 萨提特，阿斯旺与象岛地区崇拜的羚羊女神，司掌尼罗河泛滥、战争、狩猎与繁育等。

23　底比斯朝廷

国王的手下——沙特里加尔干河谷

354　　　　据说，在西尔希拉（Silsileh）山丘附近的沙漠中有一座峡谷，这里的岩石上保存着古代的旅行者刻下的第十一王朝几乎所有国王的名字，用的是来自名为"猎人休息之所"的地方的方言……

——奥古斯特·马里耶特，1879

　　从卢克索向上游航行的话，船会在绕过撒哈拉石灰岩高原上一道山脊的尽头时缓缓转向东方，然后急转弯重新朝向南方，经过陶德、戈伯伦和莫亚拉，在继续航行约四十英里后来到有着桥、船闸与拦河坝的小镇伊斯纳（Esna）。但在那之后，当船只滑过希拉康波利斯的废墟和古老聚落卡布（el-Kab）那暗色的城墙后，四周景色便开始变化。之前将河谷风貌包裹在其中的幕帘一般的悬崖开始渐渐回落到低矮的地平线上，长河穿过深棕色的沙丘覆盖着的砂岩山脊，穿过狭窄的淤泥带上一小条一小条的绿色田野，河岸两旁则长满了一排排的棕榈树和金合欢树。

在原始的尼罗河千年来的冲击下，狭窄田野之外的砂岩地层暴露出来，它是撒哈拉以及从伊斯纳到开罗的河谷沿岸的石灰岩悬崖下部岩层的一部分。宽广的蓝色大河在更往北的地方灌溉着两三英里宽的农田，但在这里，它滋润的农田面积与之相比却小了许多，因为砂岩渗透性较差，硬度远远高出河谷中的石灰岩，其水平地层几乎没有截留住任何河中的淤泥。

在阿斯旺大坝建成之前，旅行者们通常会说努比亚开始于阿斯旺以北约六十英里的地方。在这个充满魅力的行省中，河流两岸的景象从深深的石灰岩框架变成了浅浅的砂岩表面。从这里开始，村庄中使用的口语从阿拉伯语变成了努比亚语，北方地区朴素的暗色泥屋也让位于优雅的白色房屋。这些房屋通常建在像扑克牌一样散落在周围的巨大砂岩石板之间，有时这些石板会拿来当作牛棚和房屋的屋顶使用。

在距离阿斯旺五十英里的地方，河流西岸的淤泥完全消失，砂岩地层被叠入西尔希拉山丘的峡谷中，而峡谷看起来几乎阻断了河流。这里有一处填满了黄沙的干河谷，只有一百五十英尺宽。这条名为沙特里加尔（el- Shatt el- Rigal），即"狮人"或"堤道上的人"的小小的干河谷本身并不起眼——在更早的时代里，气候更加湿润，西岸沙漠边缘有许多类似的峡谷逐渐变干。它蜿蜒了一英里多的距离，然后伸入沙漠之中。风化的砂岩石板从干河谷两边翻滚而下，像一摞半埋在黄沙之中的书一样堆在地上。乍一看，这不过是个又小又空旷的地方罢了。

但让它独一无二的是，这座干河谷笼罩在阴影中的北面有一片古时山崩形成的、近乎垂直的岩面，法老时代的一位工匠将其当成了平滑的暗色画布，在那里雕刻了一幅用作宣传的国王画像。这是门图霍特普二世的画像，比真人更大一些——实际上，它是所有已知的属于建造了代尔拜赫里神庙陵墓的那位法老的画像中最大的一幅。画中的这位法老是两地之统一者，头戴代表河谷与三角洲的双重王冠，还佩戴着尖尖的国王假胡子和狮尾腰带。他左手拿着一根长棍，右手拿着杀敌的战锤，形象十分可怖。国王的旁边还有一名女子，附带的铭文表示她是他的母亲伊雅（I'ah）。她站在自己的儿子背后，就像数千个法老时代早期作品中的女性同伴的形象一样，尺寸要比国王的小一些，姿态也与她们相同。这位伟大的国王面前还站着两名男子，其大小大概是国王的一半。

这幅巨像的画法自信而又豪爽，其形态谨慎地遵守当时的样式，宣示人名和头衔的圣书文字则经过精心设计，十分精美。这些形象被浅浅地刻在岩石表面，工匠凿穿了砂岩自然风化后铁锈色的表面，让下面颜色较浅的新暴露出来的石头组成人像。国王面前的两名男子不安地站在未被校准的基准线上，但与他们不同的是，门图霍特普二世和他的母亲的双脚却站在砂岩的一道水平裂缝之上，再加上法老的绘图员们传统的技艺，这些形象便更好地与画着它们的岩石表面结合在了一起。这幅画像体现出了力量与控制力，填满了这孤独的小山谷。

356

沙特里加尔的门图霍特普二世。国王的画像比真人更大一些，
这一组画像站在离现在的地面大约六英尺高处。如图中的首字
母所示，这幅画是弗林德斯·皮特里和杰出的埃及学家弗朗西
斯·卢埃林·格里菲斯（Francis Llewellyn Griffiths）共同绘
制的

门图霍特普二世面前的两个男子中，离他更近的那个似
乎是另一位国王。此人额前戴着王家蛇标，名字因特夫也写
在了王名圈里，前面还有国王的称号。这可能是门图霍特普
之前的法老因特夫三世，他也是伊雅王后的丈夫，就像同时
代其他一些画面一样，这幅画有着一种纪念家族继承的氛围。
另一个人物则穿着高级廷臣的长裙，右手放在胸前站着，姿
态甚是谦恭。旁边的铭文显示，此人名叫凯提（Khety），拥
有王家掌玺大臣的头衔。

在沙特里加尔干河谷中的岩石上还有另一幅较小的图
像，这幅像中再一次出现了凯提这个人。他在其中又被表现

357 为侍奉国王的样子，这一次他穿的是通常与国王的重生节庆典联系在一起的服装。显然，在门图霍特普王的朝廷中，凯提是重要角色。他在底比斯西部的悬崖上有一座大墓，其他一些属于他的纪念建筑（包括卡纳克神庙中的一座花岗岩祭坛，还有阿斯旺的一处粗糙雕画，记载了一次向南方远征的行动）上也有他的头衔。这些头衔勾勒出了凯提在具有异国风情的朝廷中的形象："银与金、青金石与绿松石的总管"；"封印在整片大地中之物的总管"；"与国王相识之人的指挥者"；"角、蹄、羽毛与鳞片的总管"。

实际上，凯提是个十分常见的人名。这个名字对赫拉克里奥波利斯诸王来说就已经十分常见，都灵王表甚至将他们的宫廷称为"凯提之屋"。因此很可能，凯提和其他几位与国王十分亲近的门图霍特普的廷臣都有北方的渊源。这反过来证明，所谓门图霍特普的王国是通过野蛮的武力征服达成统一的简单想法不过是个谎言。实际上这暗示的是，统治整个尼罗河下游地区的单一王权的重新确立，是通过各个地方政府之间达成的某种联合协议来实现的。这样的想法并不荒谬，因为在早先整个孟斐斯王国的统治范围之内——从阿斯旺的花岗岩采石场到西奈半岛的铜矿——只有朝廷的官员们能够让这个法老的国度，以及其供给、装配和建造如代尔拜赫里的门图霍特普神庙王陵之类的辉煌建筑的系统全面运转起来。

砂岩与石灰岩

下页这些铭文以巨大的八英尺大的圣书文字写成，是沙

祭司、哈特努布的控制者、王宫雕塑师、雕塑师总
管、因特夫之子乌塞尔（User）

——雕画473，沙特里加尔干河谷

特里加尔干河谷岩石上铭刻的最大文本中的一部分。尽管要　358
理解这些头衔和称号对因特夫之子乌塞尔来说意味着什么，
以及他在朝廷中扮演着什么样的角色仍像往常一样困难，但
这些头衔中显然包括与王家雕塑相关的内容，这也就与中埃
及的哈特努布采石场产生了联系，三千年来几乎每一位法老
的建筑工程都会用到的纹路精美的雪花石膏大都是从这里出
产的。

　　为什么众多宫廷画像会出现在这个既不通往红海之畔的
港口，也不与沙漠中的货运道路相连的小小的干河谷中？答
案似乎就在于：乌塞尔是一位专注于石材相关工作的廷臣。
尽管沙特里加尔干河谷并不是一处明显的采石场，调查中也
没有在岩石上发现工匠的凿子留下的痕迹，但这里的岩石刚
被切割下来时颜色比大部分法老时代建筑所用的较为粗糙的
砂岩要浅一些，那些粗糙的砂岩大部分出产于沙特里加尔干
河谷以南数英里处的西尔希拉山丘。此外，因特夫们与门图
霍特普们的神庙中留存至今的砂岩石块都是从同样纹理细
腻、颜色独特的砂岩中切割下来的。它们的颜色有时被描述
为浅粉色，有时甚至是浅紫色，与沙特里加尔干河谷附近地
区找到的砂岩一样。实际上，这种石材是复兴的法老国度中

第一座建筑的无声标志，并且被用到了众多神庙之中，如代尔拜赫里、哈布城、象岛、陶德、艾尔曼特、卡纳克以及阿拜多斯的神庙。

因特夫们和门图霍特普们的建筑工匠并没有像在后来的那些建筑上一样使用巨型砂岩石块。相比之下，这些工匠会切割下相对较小而整洁的建筑元素，如立柱、横梁、门槛、过梁、天花板与步道，这些部分都可以用松散的岩石打造，比如那些如今仍然躺在沙特里加尔干河谷中的石头，或者从有裂缝的悬崖上撬下来的石头——所用的方法与从底比斯的悬崖上撬动页岩所用的方法类似。在那个时代，法老国度中的资源仍处在开发过程当中，沙特里加尔干河谷以及附近的落石使得人们可以方便地获取建筑用石材，且此地离尼罗河不远，尽管他们当年所运输的全部石材如今可能都已经被风吹成的覆盖河谷底部的半月形黄色沙丘掩藏起来了。

南方的砂岩有的精致有的粗糙，它们都很适合法老时代的设计师们用来建造高大且极重的建筑，在沙漠气候中，它们也被保存得相当完好，哪怕开采出来的石头直接被放在潮湿的淤泥之上时也是如此。反过来，法老的石匠们主要使用的另一种建筑媒介——埃及石灰岩比砂岩要更轻，也更软，对采石工人来说会更容易开采，雕塑师也更容易用它来雕刻，并将成品打磨得细腻光滑。然而，就像被古老的尼罗河分开的悬崖如今仍然显示的那样，尼罗河下游河谷地区的石灰岩远比南方坚硬绝壁上的砂岩更容易受到侵蚀作用的影响。石灰岩也更易碎，弹性较差，不那么适合于打造成门楣，因为它太容易碎裂和崩塌。较高的含盐量也导致它容易受到潮湿环境和地下水渗透的影响。

然而，砂岩的晶粒却导致它无法像石灰岩那样被精雕细刻，因此砂岩建筑完工后，其表面通常会被覆盖一层石膏，浮雕画面中较小的细节和圣书文字铭文则会被用浓郁而明亮的色彩画上去，或是像代尔拜赫里的门图霍特普神庙陵墓那样，一排排立柱上浅浅刻着的圣书文字被装饰成了浅蓝色，以便在白色石膏的背景上凸显出来。

在这里发挥作用的是一种实用的智慧。孟斐斯宫廷中的石匠们从未使用过南方的砂岩。但在代尔拜赫里，门图霍特普的建筑工人们却使用沙特里加尔出产的砂岩建造了神庙中的四百余根八角立柱，以及神庙门廊的绝大部分，所有这些建筑元素都是从纹理为垂直走向的石板中切割出来的。神庙中铺路的石头和建造屋顶用的石块是从更薄的岩石层中切割出来的，这些岩石上的纹理为水平走向。但是，神庙墙壁上精美的浮雕是用石灰岩这种传统媒介雕刻而成的，并且也不是底比斯当地的石灰岩，而是从底比斯南方二十英里远的东岸采石场运过来的，是一种精选出来的米灰色石材。尽管这种外地石材光洁度较低，但用铜质工具对其进行雕刻却要容易得多。

人名与头衔

根据最近的调查，沙特里加尔干河谷中有大约八百处涂鸦。这当中有许多是史前时代的动物图画，有大象、鸵鸟和长颈鹿，有些动物的长脖子就在门图霍特普王脚下摇摆。在门图霍特普二世之前以及之后几位国王统治期间，也有一些

360

简短的文字被写在了这里，它们是连续不断地出现在这一地区之中的涂鸦的一部分。尽管大部分文字涂鸦都是匆忙刻在岩石上的，但其中有八个名字，包括乌塞尔和哈特努布被雕刻得十分优雅，就像那幅因特夫、凯提和国王的宏伟画像一样。它们记录的似乎都是门图霍特普朝廷中的高级廷臣，他们的头衔的翻译表明他们拥有维齐尔、财政大臣、掌玺大臣和总管这样的职位，管理着"上天赐予、大地创造之物"。

数百份其他文本为我们提供了更多、更丰富的门图霍特普时期的人名、头衔和称号。它们为这些专名提供了更直截了当的翻译，似乎能为那个时代出现的政府提供一幅详尽的视图。但是，这样的愿望再次落空。实际上，有关这个新成立的王国中的秩序的理论比之前的时代还要多。

不过，也有一些事情十分明确。门图霍特普的廷臣们所拥有的约一千四百个头衔中有许多都与早先孟斐斯诸王的廷臣的头衔不同。在这新成立的朝廷中，出现在廷臣们的铭文里的头衔有一半似乎是新发明的，而且仅被这新建立的王国中的第一代人持有。因此，这些头衔可能更应该被视为称号。其他头衔则似乎来源于安赫梯菲这样的地方长官官衙中官员们的头衔。还有一些头衔，包括那些被认为是表示王国中最高权力的头衔则似乎都是从赫拉克里奥波利斯的地区性官衙中继承而来的，虽然使用它们时很少再考虑其最初用法了，但它们仍与早先孟斐斯朝廷中最高等级的那些头衔相呼应。

361 因此这给人的总体印象是，重建的王国中最早的几位国王是以地方领主的方式进行统治的，就像家长统治一样，他们的一些廷臣来自地方官衙，如底比斯或希拉康波利斯的家族，在王宫中或王宫附近执行各种各样的任务。通常被翻译成"维齐尔"的高贵的孟斐斯头衔只在门图霍特普二世时期的建筑上重新出现过，这更表明国家行政管理的秩序得到了改良，就像传统的课税、供奉和建造这样的国家级活动在整个王国范围内得到了复兴一样。

但是，和孟斐斯朝廷一样，头衔难以与具体的行政职位对应的老问题仍然存在。例如，通常被翻译成"财政大臣"的头衔出现在了各种各样的文本之中，被各种各样的人持有，然而那些文本却将这些人的职责描述为掌控阿拜多斯的建筑工作，以及西奈半岛的采石和铜矿石开采工作，或是监管高地沙漠采石场中宝石和建筑用石材的开采——人们一般不会将这些工作与财政大臣的职位联系起来。与之类似，那些拥有"维齐尔"之类高贵头衔的人，以及负责监管王国中大神庙的活动的人所用的印章也在努比亚贫瘠的聚落中出土了；还有众多持有"王家总管""祭司""王家后宫总管"之类头衔的人被记录为负责管理王家庄园，维持其治安，或者担任王家建筑工程的总监；王国南部阿斯旺的一处涂鸦中还出现了一名头衔为"沼泽地居民总管"的廷臣，该头衔传统上由负责守卫三角洲地区东部和西部的官员持有，而这一次那名官员的工作却似乎是在阿斯旺参与硬石采集！

因此这个全新的、极具创新性的王国中的官僚体系结构仍然含混不清，具体职责包括负责监管采石工作并为其提供补给，建造并安排驳船，开采并熔炼铜矿石，并用其雕琢出

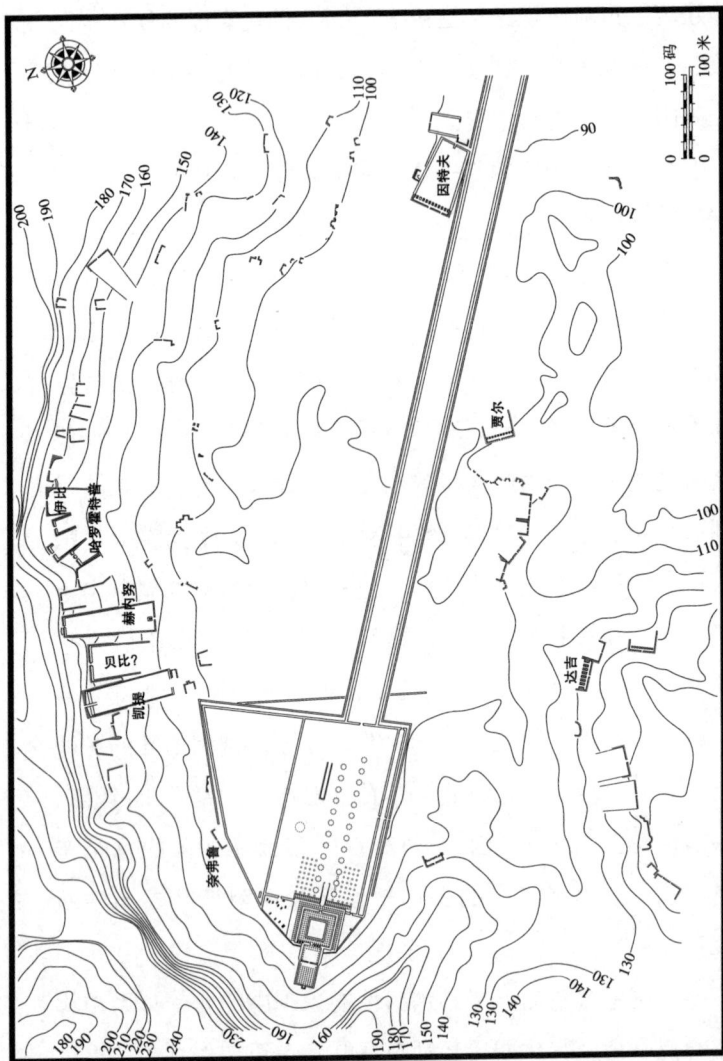

中王国时代早期的代尔拜赫里，图上显示出廷臣坟墓围绕着门图霍特普二世神庙修建的开放庭院与堤道。神庙中以及附近的黑色长方形标出了王室家族女性成员的坟墓，主庭院中虚线围圈则是线绿园圃与植物与树木的苗圃

所有光辉的建筑，等等。或许，只有在前往代尔拜赫里宽阔岩石海湾的最后半英里路上，才能找到某些有关这个朝廷的内部秩序的线索，它们就藏在门图霍特普神庙陵墓周围平原、悬崖和丘陵上的建筑的内容与位置当中。 363

组合成的朝廷——底比斯西部

代尔拜赫里的中王国时期廷臣们的大墓地是在七十年里慢慢建成的，从门图霍特普神庙陵墓建成时开始，到朝廷离开此地迁往伊提特威以及更北方时结束。

这些坟墓祈祷室中最著名的是排成一排的二十座宏伟的建筑，它们被发现于代尔拜赫里北侧高高的悬崖之上。这是一排自下而上布局的排柱式庭院坟墓，每一座都有约三十英尺宽，一百多码长，所有坟墓都俯瞰着下方门图霍特普的神庙陵墓。在明亮的白色悬崖半程高处，陡峭的斜坡上，可以看到这二十座坟墓各自庭院的前端空白无装饰的正门，中间则是阴影之中的门廊。这些门廊每一个都通往宽敞的走廊，通往一处供奉祈祷室和更远处黑暗的墓葬室。

这些大墓中有三座坟墓的庭院直通河谷底部。它们是这一排坟墓中最大的，也是与门图霍特普神庙陵墓前方有围墙的庭院距离最近的。和不少法老时代的建筑一样，这三座大墓中最大的那一座的墓主姓名如今已湮没于历史。它两边的坟墓则分别属于凯提和廷臣赫内努（Henenu）。

从凯提的名字来看，他应该是从赫拉克里奥波利斯加入底比斯朝廷的。实际上，他是目前已知的南方朝廷中第一位持有财政大臣这一高贵的孟斐斯头衔的人。凯提除了在沙特里加尔干河谷的图画中被表现为正在参见门图霍特普王的形象之外，还出现在国王的神庙陵墓的浮雕之中，再加上他本人坟墓的位置和规模，这一切都强调了他与国王之间的亲近关系。

这位廷臣与王室之间的关系又被如下事实所定义：门图霍特普的家族中至少有三位女性被葬在了国王的神庙陵墓周围，写着凯提名字的亚麻布被带到了她们的坟墓之中。这暗示了凯提家族中的女性与王宫中的女性关系较为亲近，尽管当时所有廷臣的家庭都会织出大量精美的亚麻布，用作贵族们奢华的寿衣和包裹木乃伊所用的布条，但其中几乎没有出现在王家陵墓中且写上了名字的。

一块亚麻布的加穗饰边，来自代尔拜赫里的亨赫奈特（Henhenet）夫人的坟墓

与凯提以及其他一些贵族一样，同时代的赫内努拥有"掌玺大臣"的头衔。因为印玺可以用来封住储藏室、谷仓和文件，所以它是常见的官员身份的象征——在一些廷臣的坟墓祈祷室中留存下来的浮雕碎片上，这些官员脖子上挂着简单的滚筒印章。实际上，在20世纪60年代，代尔拜赫里

最后一座大墓被发掘出来之后，一个装着三枚王家滚筒印章
的雪花石膏匣子流入了古董市场。这三枚印章都是由不常见
的铅铜合金铸成的，比起纯铜，这种混合材料能在熔融状态
下更自由地流动，从而保存下门图霍特普二世精美的名字中
的每一个细节。

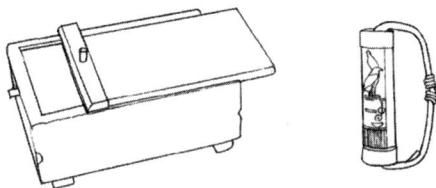

**三个写着门图霍特普二世名字的王家滚筒印章中的一个，
以及保存这些印章的雪花石膏匣子。这枚印章带有黄金
支架**

　　就像凯提那样，赫内努拥有"角、蹄、羽毛与鳞片的　　365
总管"的头衔，还拥有更华丽的"会游水与会飞翔的禽鸟
的总管"和"是与不是的总管"的头衔。但是，他的主头
衔似乎是总管（steward），而且他也是这新建立的王国中目
前已知第一位持有此头衔的人。尽管这个头衔按字面意思应
该翻译成"大房屋的总管"，而且出现在一代又一代的伊提
特威高级廷臣的头衔之中，但其在朝廷中扮演的具体角色
（如果存在的话）却还模糊不清。或许这个头衔与王室家族
及其庄园有关。

　　沙特里加尔干河谷和门图霍特普神庙陵墓中的铭文里也
提到了赫内努的名字，门图霍特普神庙陵墓中一名王室家族
女性成员的坟墓里也发现了一些赫内努家族成员织成的亚麻

布。赫内努在凯提之后去世，侍奉了门图霍特普二世的接替者，也就是这个家族中第三位国王的朝廷，这一时代的铭文中称他带领着货运队走进沙漠，并且航海前往蓬特之地。

财政大臣、总管和维齐尔很可能是由三位高级廷臣组成的行政管理小组，无论在门图霍特普们的时代还是后来的伊提特威诸王的朝廷中都是如此。若是这样，那么凯提和赫内努坟墓中间那一座更大却没留下墓主名字的坟墓就很可能属于维齐尔贝比（Bebi），此人与另外两人生活在同一时代。无论如何，贝比是这个新政权中已知第二位持有这个古老头衔的人，而他前任的坟墓祈祷室却在底比斯以北今代尔伯莎（Deir el-Bersha）附近的一处古老的家族大墓地中，这位维齐尔也是此地的地方长官。因此，贝比应该是一位加入了南方朝廷的来自北方的长官。

与赫内努和凯提一样，贝比的名字也出现在了沙特里加尔干河谷的铭文中，以及门图霍特普神庙陵墓的浮雕上，尽管在这两个地方他所拥有的头衔并不包含维齐尔。这表明贝比就像赫内努一样，也在朝廷中供职了很长一段时间——他坟墓祈祷室中留存下来的浮雕碎片的风格强化了这一印象，这些浮雕是后来的工匠们的作品，展现了更多来自早期孟斐斯工坊雕刻方式的影响，而不像之前的作品一样拥有独特的底比斯风格。

366　　代尔拜赫里这一排庄严的悬崖坟墓中也有一些属于其他廷臣，他们的名字同样出现在了沙特里加尔干河谷，其中包括一些在后来的时代中生活并供职的人。尽管这些时代较晚的坟墓也采用了同样的长斜坡庭院格局和同样的内部建筑结构，但它们拥有额外的墓室。例如，有些会在入口处走廊的地板上凿出一个墓室。这个墓室做工粗糙，用于存放木质雕塑，就像中间期时代中那些用于表现孟斐斯坟墓祈祷室墙壁上雕刻着的场景的木雕一样。其他墓室则是在坟墓长长的庭院边上凿出来的。在这些额外的房间中，有的是用来放廷臣的防腐仪式过程中需要用到的特殊仪器、盐、木屑、葬礼床、香油、布和布条等物品的，其他墓室则被当作小型附属坟墓使用，埋葬的是廷臣手下的管家们，他们的墓葬室是按照早先三位因特夫的坟墓中附属坟墓的方式在庭院中凿出来的。

赫内努在朝廷中的职位的继任者、总管梅克特拉（Mekhet-re）的坟墓庭院的堤道上也凿出了一个小小的墓室，尽管梅克特拉的名字也曾在沙特里加尔干河谷的铭文中出现，但后来他搬迁到了伊提特威的宫廷中。梅克特拉的庄园总管则被葬在底比斯的这座小小的庭院坟墓中，他的名字叫瓦（Wah），他的木乃伊被一千码长的上好白色亚麻布紧紧包裹，并用珠宝装饰。瓦的坟墓是 20 世纪 20 年代初被温洛克发掘出来的，坟墓中精美的宝物如今存放在纽约的大都会艺术博物馆中。

王室家族

代尔拜赫里平原周边以及门图霍特普神庙陵墓堤道边坟墓的建筑结构呼应着时代更早的排柱式陵墓的结构，它们的庭院末端有一排排方形的立柱，宣告了通往更深处坟墓祈祷室和墓葬室的中心走廊的位置。这些坟墓的立柱和走廊是用

367

从周围悬崖下方开采出来的页岩和不稳定的岩石打造而成的，有时也会用泥砖和石膏加固，当地的绘图师们会用相对不成熟的风格直接在上面作画。然而，上方悬崖上的坟墓中的走廊与墓室则通常用最好的石灰岩打造，以当时最优雅的方式精雕细琢。

这些建筑时代跨度很大，新朝廷中的工匠们创作的浮雕和绘画也变得越来越成熟，这体现出了技术和艺术敏锐度的早期发展，并在接下来几个世纪中催生出一些法老时代工艺最好的作品。尽管伟大的碑铭研究家诺曼·德·加里斯·戴维斯（Norman de Garis Davies）曾认为门图霍特普的神庙陵墓及其廷臣的坟墓"只是昔日美丽形象所留下的残骸"，但如今它们的品质几乎只能通过世界各地博物馆中精美的碎片来展现了。

不断成熟的宫廷技艺丰富地展现在了王室家族女性成员的供奉祭坛和石棺上，她们被葬在门图霍特普的神庙中，有许多人的墓葬竖井都被藏在了其上层平台的铺路板下方。它们残留下来的部分十分值得注意，因为几乎没有任何有关廷臣家族中女性墓葬的证据留存下来。

代尔拜赫里墓葬的整体格局在各方面都是对更早时代的王家大墓地的继承，廷臣们的建筑与王室成员的建筑建在一起，同时又与后者隔开一段距离以示尊重。不过，代尔拜赫里王室成员的坟墓中有一种鲜活的家庭与亲情的气息，令人回忆起时代更早的地方性坟墓，但它也拥有精美的宫廷风格更新之初特有的古朴优雅。卡威特（Kawit）、阿莎叶特（Ashayet）、亨赫奈特、凯姆希特（Kemsit）、莎黛（Sadeh）、玛伊特（Mayet）以及其他宫廷女性的纪念建筑就坐落于此。尽管她们的圣坛大部分已然破碎，但有些墓葬被发现时却仍然完好无损。一些石棺上雕刻着美丽的浮雕，表现了盛装的奴仆为王宫中的女性送上食物的场景。浮雕中有为王后们提供牛奶的牛，以及将牛奶倒进浅浅的碗中的男仆，还有站在女主人的椅子后面，为那个时代的精致假发打卷的女性。同时，戴着珠宝、身着最精美亚麻布衣服的美丽的王室家族女性像古代梳着高发髻的女士们那样坐着，手中拿着镜子，王宫中的仆人们则在她们身边走来走去，忙于自己的任务。

368

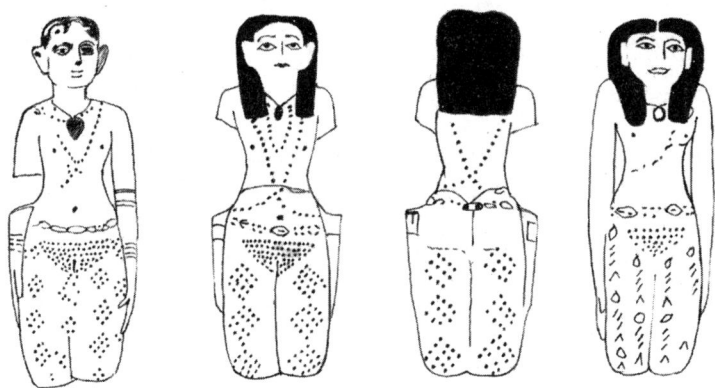

三个同时代的蓝色彩陶制成的娃娃，展示了门图霍特普宫廷中的文身图案，以及用珠子和贝壳制成的项链、护身符和腰带

并不是所有葬在门图霍特普二世神庙陵墓围墙之内的王室家族女性都在宫廷中扮演着相同的角色。有些担任国王的祭司，因为国王有时会被认为等同于阿蒙、敏或其他神明。还有一些女性是国王的女儿或配偶。这些女性有的会染发或

是文身，其中至少有一具存留下来的木乃伊身上有舞女的文身。一些等级较低的家族中的男性成员的墓葬里还发现了亮蓝色彩陶制成的这些人物的模型，它们的耻骨和关节上也文着同样独特的点状图案。但是，所有这些王室女性都拥有传统上被翻译成"国王的妻子与挚爱"的头衔，其中大部分还拥有将她们描述为拥有魅力，有活力、年轻而又芳香，以及可爱的"王家装饰"这一类的称号。这些头衔从未被廷臣家族中的成员持有，他们的坟墓也在王家领域之外，隔开了一段距离。

369 　　如同安赫梯菲的坟墓祈祷室和其他中间期时代的建筑一样，这些女性的墓葬虽然优雅，却也同样充满了家庭氛围。就像凯提、贝比和赫内努以及其他一些廷臣家族墓葬中的亚麻布表明了王宫与一些廷臣家族间的亲密关系那样，这样的印象让我们感觉到法老的朝廷是建立在一些贵族家族之间紧密的同盟关系之上的。在这样的同盟之中，国王是通过非正式但众人心照不宣的拥护，通过互惠关系而不是蛮力或独裁来进行统治的。在温洛克对廷臣们破碎的大墓地进行了彻底的发掘之后，更多有关这种宫廷亲情，以及其根本上的乡村本质的生动证据得以重见天日。

　　在门图霍特普二世长达半个世纪的统治结束之后，代尔拜赫里北部的悬崖上建起了一排庭院坟墓，还有些廷臣在别的地方修建了属于自己的纪念建筑。王家总管梅克特拉巨大的庭院坟墓便修建在代尔拜赫里附近河谷中的悬崖上，俯瞰着接替门图霍特普的国王们未完成的神庙陵墓，朝廷在这些陵墓建成之前便北上前往伊提特威了。而正是在梅克特拉墓，在巨大的入口走廊的地板上凿出的一个小墓室里，温洛克手下的发掘者找到了一组令人惊奇的木雕模型，它们被堆在一起，大部分装在匣子中，和送葬队摆放它们时的样子一样。它们以立体的方式展现了传统的所谓"日常生活"图景，如将供品和随葬品搬到墓中的场面，这些场面曾被刻在或画在几个世纪以来的法老时代坟墓祈祷室的墙壁上。

一些梅克特拉的模型展示了他在自己家时的样子：做工精美的男性形象坐在他房子的门廊中，他儿子坐在他身旁，正看着牧人们赶着身上有黑色、棕色或白色斑点的牛，走过目光锐利的记账书吏身边。在另一个场景中，梅克特拉登上了他华美的摇摇摆摆的船，旁边还有一支由较小的船组成的船队，其中一艘船上有乐手，另一艘船上有厨房，所有的船都将帆卷起，让一排排的桨手划着船逆流而上。其他模型则有一种令人惊奇的简约之美，分别展现了梅克特拉的木匠作坊、渔夫的小艇、家族酿酒坊和裁缝工坊、花园、牛棚和屠宰场。一个相当大的乡村家族中进行的活动以模型的形式互相碰撞，显得如此真实、如此迷人，就好像其中的人们还在呼吸着古底比斯的空气一样。实际上，这些小小的场景模型做工如此精美，以至于温洛克对其细节的描述成为还原法老时代的生活中各式各样的主题时所参考的标准，包括法老时代的房屋、果园和花园、裁缝工坊、船只索具、酿酒厂和面包房、屠宰场和木匠作坊。

温洛克最初发现梅克特拉的模型世界时，四千年前它们被带到这小小的黑暗的安息之所时流汗的手留下的痕迹依然清晰可见。彼时落在其上的灰尘和苍蝇卵表明，它们在有生

370

气的环境中待了数年之后，才终于被埋葬。我们可以假定它们曾经被放在梅克特拉的家里，作为他在古代社会发展中身份地位的切实证据，这表明法老时代的坟墓祈祷室中无数表现相似场景的画面或许在坟墓的最终居住者还活着的时候，也起到了类似的积极作用。

宫廷家族的裁缝工坊

一个农民的档案——赫卡纳赫特莎草纸卷

371　　站在代尔拜赫里的悬崖之上，四周是寂静的亮白色岩石，头顶是釉蓝色的天空，人们很难想象同一片荒芜的景色之中曾经有祭司、搬运供品的人、工匠和石匠在此工作。然而，在温洛克和他庞大的发掘团队对这古代大墓地的残余进行整体发掘之后，那些失落已久的法老时代的庄园在出土的少数有关古老生活的碎片中得到了部分复兴。这些碎片包括一捆捆莎草纸卷、一片片石头和一块块碎陶片上记载的账目、书信及祷文。

在代尔拜赫里北方悬崖上廷臣哈尔霍特普（Harhotep）

纪念建筑的庭院附近"一座小坟墓的缝隙"中，温洛克的
手下发现了三篇残缺的手写文本。第一篇文本是一份不完整
的莎草纸卷，上面有一张清单，列明了分配给一群人的给养
品，还有一段颂歌或祷文的一部分，据推测是用来在附近的
一处坟墓祈祷室中吟诵的。第二篇文本是在莎草纸卷残片上
记录的一份账目日历的一部分，它列明了送到一些朝廷官员
那里去的粮食数量和对应日期。第三篇文本是用木炭笔写在
陶瓷碎片上的，它是一封书信，自称作者是已经去世的哈尔
霍特普，但很可能它只是正式信件的范本，是书吏写出来给
学生们用作参考的：

> 哈尔霍特普对尤达亚（Udja'a）说……
> 你好吗？你还活着、富足并健康吗？……
> 你每一天都得到阿蒙-拉的支持，
> 正直的［即死去的］哈尔霍特普这样说

　　梅克特拉坟墓斜坡庭院中的另一个洞里发现了一组类似
的互不相干的文献。这一次，另一份莎草纸卷上有一张清
单，列明了被分配给一组坟墓建筑工人的面包：总管索贝克
霍特普（Sebekhotep）同矿工与劳工小组的总管们、他们的
助手、一名制图员、四名雕刻师、八名采石工人和五名雕塑
师——雕塑师或许是负责勾勒并雕刻那些用来装饰这位王室
总管坟墓的精美浮雕和雕塑的，如今这些雕塑残留下来的只
剩下极小的碎片了。

　　同一份莎草纸卷上还有另一篇文本，列明了王国中各个

372

地区的农耕用地——或许这些地是特意留出来，给一位葬礼祭司提供生活所需，以及他在坟墓祈祷室中所用的供品的。同一个小墓室中还出土了另一份破碎的莎草纸卷，上面有几行书信，内容是告知收信人大雁和其他禽类的运达。信中提到赫拉克里奥波利斯当地的一位神明，这暗示了这些禽类的原产地，由此也强调了底比斯墓地和伊提特威的新朝廷之间持续不断的联系。实际上，维齐尔梅克特拉似乎就是在朝廷已经迁往北方之后被葬在了他在底比斯的坟墓中的。

不过，这些手稿中最著名的一份是由八张莎草纸组成的一份莎草纸卷，它被疏忽大意地埋进了一座简朴坟墓的碎石地下面。这座坟墓位于代尔拜赫里北坡上一座巨大的廷臣坟墓的庭院边上，大墓属于一位名叫伊比（Ipy）的维齐尔，他与梅克特拉时代相近。

这份莎草纸卷上的文字用乌黑的墨水以竖排形式整齐地写成，所用的莎草纸有十至十一英寸高，其中记载了一些工作日账目以及五封书信，内容有关一个名叫赫卡纳赫特的人的家族和土地。这些信件都已经准备好被送出了：有些已经被紧紧地卷了起来，还有些以折叠地图的方式被折叠起来，看起来就像又小又硬的垫子。实际上，这些莎草纸中有两张在被发现时仍是正准备送出时的样子，被紧紧地密封着，写了地址，用线拴紧，然后用两团小小的黏土封印，黏土上印着椭圆形的印章图案。

在同一片墓室地板下的碎石堆中也发现了其他一些碎片：有一个曾用来装墨块的木匣子的碎片，一张空白的莎草纸和一些纸莎草茎干中提取出的纤维，一团精美的、用来捆

信件的亚麻线，还有一块筛过的封泥。温洛克手下的发掘者
们找到的似乎是一些来自书吏办公室的东西，在这座小坟墓
被收拾出来用于埋葬的时候，它们被扫到一边，并被埋在了
地板下的尘埃与碎石之间。实际上，这样的书吏办公室确实
存在于当时代尔拜赫里的大墓地中，温洛克的工作团队在附 373
近的廷臣哈尔霍特普的坟墓中找到的书信范本确认了这
一点。

**这封出土于代尔拜赫里的信被折好、签名并密封，却从
未被送出去，它是写给赫卡纳赫特的一位邻居的，信的
内容有关他们共同交易的小麦和油**

赫卡纳赫特的八份文献的写成时间都相距不远，大概是
森沃斯雷特一世在位的头十年当中——此时距离朝廷离开底
比斯前往伊提特威已经过去了大约三十年。信中称赫卡纳赫
特是一位葬礼祭司，几份档案又是在维齐尔伊比坟墓附近的
一座小坟墓的地板下发现的，而伊比主要活跃于伊提特威诸

王统治的头十年中，这些都表明赫卡纳赫特可能是在伊比的前一位葬礼祭司去世之后继任这个职位的。实际上，这些文献中有一些记载了赫卡纳赫特管理阿拜多斯附近的土地的事，这里离他家族的农场很远，因此更表明这些土地是从门图霍特普诸王时起便被贵族们授予墓葬祭司们，从此成为祭司们生活中的一部分的。

这八份文献中的僧侣体文本至少是由三个人写成的。字迹短而粗硬、风格更为传统的两封信可能是赫卡纳赫特本人所写，账目中也有一些是他编辑的。但是，有三封信中的一部分——这三封信中有两封是写给庄园管理者的——使用的称呼要比赫卡纳赫特所写的信更正式，似乎是专业的书吏根据口述听写而成。账目列表中则至少又出现了另一人的笔迹。

书吏所写的信件中使用了伊提特威朝廷中所用的称呼方式，但赫卡纳赫特使用的称呼方式却更加古老，类似于之前的孟斐斯朝廷中所用的称呼方式。例如，他在敦促自己的家族表现出信任和忠诚时，使用了"我将面包给予饥民"这类古老的表述，这句话曾在无数时代更早的文本中出现过。他所使用的评论显然也是戏剧性的，"这里人吃人"也只是一种文学表达，无须从字面意义上理解。但是，赫卡纳赫特所写的大部分内容生动而又直截了当，几乎没有专业书吏所用的那些夸张的书信辞令。

尽管赫卡纳赫特的账目与阿布西尔王家神庙中找到的那些莎草纸卷中的账目颇为相似，它所记载的生活却是发生在一个相比之下规模小得多的舞台上的。赫卡纳赫特生活在农村，他的世界诞生于新石器时代的中东地区。他信件中列明的主要货物里只有两种与食物和食物生产没有直接联系——他家族的裁缝室中织成的亚麻布和肯定是从其他地方弄来的铜。他所有的近亲和这些信件和账目中提到名字的其他大部分人都是直接在土地上工作的，有的负责记录田间出产的粮食，有的负责统计牛群。"你应该在那块地里种上北方的大麦。"赫卡纳赫特这样对一位农田管理者说道。实际上，后来的罗马作家以及《农夫皮尔斯》（*Piers Plowman*）① 也采用了同样的表述方式——"不要在那里种植双粒小麦。除非最后尼罗河的水位变得很高，那时你才应该种植双粒小麦。"他继续命令道。这份小小的档案提供了非凡的，实际上也是独一无二的有关现实中尼罗河畔农民生活的一瞥，其中包括规划庄园事务，饲养牛群，以及记录他收获的一袋袋大麦和双粒小麦、一捆捆亚麻和一堆堆木头。这些活动是与传统的法老时代农耕历同步的，而农耕历本身又依照天狼星升起和尼罗河泛滥的日期确定。

赫卡纳赫特的家族和绝大多数法老时代的人一样，每日所需的面包依赖于农田的出产。从译文可见，他的书信中穿插着许多训导之辞，要求人们"用心""勤奋"，还有一些态度专横的短语，如"现在看这边""不要疏忽大意"等。 375 赫卡纳赫特常常因担忧下一次洪泛水位会低于上一年，导致收成不足以喂饱他的家族和依靠他的家族生活的人而烦恼不

① 《农夫皮尔斯》是一首中世纪寓言诗，作者是威廉·朗格兰。诗中通过描述梦境，展示了 14 世纪英国的生活图景，同时宣扬了基督教道德观念。

已。"我们能得到的口粮取决于洪泛水平。忍耐吧……我想办法让你们活到了今天。"显然，这位农民严肃认真地承担起了他作为一家之长、为家庭提供给养的责任。

赫卡纳赫特所用的修辞有时近乎讽刺和挖苦，譬如"勤快点，你可是吃着我的饭"，"非得让我跟你唠叨吗？"或"一定得把女仆扔出去……"这都让他显得像一个脾气暴躁的霸凌者，尽管事实上由于几乎没有其他相似的文件可供参考，我们翻译它时所采用的语气可能会造成一定误导。无论如何，这份小小的档案为我们提供了这样一幅特殊的图景：一位不在场的农民担忧近期可能发生的尼罗河水量减少和口粮短缺的问题，催促人们振作起来，同时也试图控制发生在他家庭之内的厨房闹剧。

尽管赫卡纳赫特所持有土地的名字也被记录在通信之中，我们却无从得知它们当中的许多块土地在现代埃及地图上的具体位置。大部分学者推定，既然信件是在底比斯出土的，那这位农民祭司应该是个南方人，他的家和主要的庄园也在附近。有些信中也提到了北方如孟斐斯或赫拉克里奥波利斯等地崇拜的神明，据推测这可能是因为信是赫卡纳赫特在孟斐斯或伊提特威新建立的朝廷中写成的。但是，这份莎草纸卷的最新一位编辑者詹姆斯·艾伦却在赫卡纳赫特所写的内容中发现了北方方言，并且据此认为他的农庄应该在孟斐斯和伊提特威附近。他认为这些书信和账目是在底比斯写成的，当时赫卡纳赫特是在南方执行他在伊比坟墓那边的任务的同时试图管理家族在北方的事务，他需要每天在维齐尔的崇拜活动中担任祭司，并且确保自己能一直出席底比斯神庙中举行的筵席和庆典。

按法老时代的标准，赫卡纳赫特亲笔写的书信实在很长。大部分存留至今的法老时代书信的译本都只有三百个词左右，有的甚至更少，但赫卡纳赫特的部分信件却长达八百个词，甚至有一封有一千多个词。这些信中最长的一封是写给梅里苏（Merisu）的，此人是他的庄园管理者，或许也是他的儿子，专门在他不在的时候负责赫卡纳赫特的家族事务。这封信首先处理了有关家族农场的事务，然后又处理了家族内部问题。然而，当赫卡纳赫特写信给他的母亲时，他处理的便主要是家族相关事务了。他庞大的家族中有十二位高级成员被提及了名字。除了梅里苏和赫卡纳赫特的母亲伊皮（Ipi）之外，还有现代译者照惯例描述为"姨母""姐妹""兄弟""儿子""女儿"的人。此外还有一名女性，她被翻译者按照个人喜好描述为赫卡纳赫特的"新娘"或"侍妾"。

除了一位牛群饲养者和一位农田管理者之外，他在信中反复提及的名字似乎都是与他亲近的家庭成员，他尤其敬爱自己的母亲——"向我的母亲伊皮问好，一千次的问候，一百万次的问候！"他也十分溺爱并担忧一个名叫斯尼夫鲁的儿子——"没有比他更重要的了"。他还因为许多家庭成员对待他的"新娘（？）"的方式而斥责他们——"这种恶劣的行径是怎么回事？你们做得太过分了。"但是，一次又一次地，他所关心的人的范围超出了现代人定义中属于家庭近亲的范围。"我家族中的所有人，"他写道，"都和我的孩子一样。"我们可以看到，这个家族也将生活在他土地上的佃农们包括了进去。因此，尽管在现代人看来赫卡纳赫特是用雷厉风行的作风和严厉的话语来管理家族的，这些书信却也表明这位农民祭司参与了照顾及管理一个自给自足的农业社区的工作，这个群体之中各种各样的成员都在桌前有一席之地。

这八份莎草纸文献为我们提供了法老国度中生活的极好的写照，而且是来自一个远小于王宫的范围，它们也表明了赫卡纳赫特领地的结构与法老及其廷臣的家族领地的结构是完全相同的。实际上，这位农民的家族中有同样的等级制度，其成员参与的也是同样的日常活动，就和贵族们的坟墓祈祷室壁画中的活动，以及温洛克在梅克特拉坟墓中发现的那些漂亮的模型所展示出来的活动一模一样。

377　　然而，赫卡纳赫特的文件中却没有一份暗示了他在法老的国度中所出任的职位，也没有提及任何一位国王或廷臣。他作为葬礼祭司的职位是继承而来的义务吗？他的家族是众多其他家族当中的一个典型例子吗？尼罗河下游谷地沿岸发现了数百口属于这个时代的沉重的木棺材，大部分棺材上面都没有留下姓名，其中一口会不会就是他的埋骨之所呢？还是说，他被以与同时代那些华丽的地方性坟墓的主人们一样的方式下葬了？这些人的头衔表明他们在法老的行政体系中只出任了微不足道的职位，然而却指挥了能够让他们像法老一样建造精美纪念建筑的资源。在梅克特拉的坟墓旁发现的账目碎片强调建造这些光辉灿烂的建筑所需的劳动力相对较少，所用的时间也相对有限。因此，在这片更为宽广的图景之中，赫卡纳赫特仍旧是一个谜团。

　　就像所有时代的信件一样，寄信者和收信者把他们共同生活的世界视为理所当然的存在，从不认为其需要解释，因此这位农民祭司兴致勃勃地提及的许多人名和地名的背景也仍旧是个谜团。没有任何提示能告诉我们有多少人生活在赫卡纳赫特的家族中，我们也不知道他账目中的货物和配给品是提供给附属家族的，还是提供给个人的。又一次，我们被挡在了古代历史的实际情况之外。赫卡纳赫特那个时代的总人口据估算不到二百万人，他同时代的绝大多数人没有留下任何痕迹，没有出现在任何已经被发掘出来的大墓地或沙漠聚落之中。和农民祭司赫卡纳赫特本人一样，除了这八张脆弱的莎草纸之外，他们完完全全地消失无踪了。

　　但是，赫卡纳赫特小小的档案和其他同时代留存至今的所有文物保留下来的是法老时代文化的基础秩序。就像赫卡纳赫特的家族一样，国王和廷臣的家族也是由一位家长、国王、贵族或地主领导下行事的一群地位关键的高级成员组成的。其他成员与这个核心团体之间并无血缘关系，他们作为书吏或总管，祭司或家臣，牧人、农夫或仆人等，在船坞或工匠的作坊中工作，建造建筑和坟墓。

　　当然，赫卡纳赫特的家族中并没有这么多专业人员。378他家族中有许多成员直接在土地上工作，因此我们可以说他的家族是自给自足的农民家族。不过，国家机器却使得他能够识读写，记录事情，还给予他通信的手段和方法，以及遍布全国的庄园。例如，他所用的铜必然不是个人家庭有能力开采的资源，这表明国家生产的物资已能够在全国范围内流转。赫卡纳赫特的游历范围也和廷臣们一样广大。赫卡纳赫特的账目中提及了大约十四处地名，尽管其中不少地名所指的具体位置如今已不为人知，但学界推测它们所处的位置应该是在底比斯、阿拜多斯或孟斐斯附近。因此，从他对生活中事务的处理到他在代尔拜赫里从事的服务死去的宫廷成员的工作都可以看出，法老王国的秩序和文化支配了这位农民祭司的生活。实际上，他的存在本身都是因这些事才得以实现的。

24 国家的原材料
朝廷的运转

铜——西奈半岛的矿产

许多令法老文化中的核心活动得以举办并且变得神圣的 379
材料都出产于尼罗河下游谷地之外的地方。从一开始，法老
的埃及便需要制作棺材、船只与驳船所用的松木，神庙与死
者所需的进口油膏与香料，来自周遭沙漠地区的黄金、硬
石、宝石与铜，以及来自南方的乌木、象牙和异国皮草。因
此，要恢复古老秩序之精华，新建立的朝廷中的官员需要旅
行到东南西北各处，重新开启尼罗河下游地区之外的矿场和
采石场，再修筑道路，使得宫廷文化所需的其他必备资源可
以再一次被带到王国之中。

这些资源中唯一必不可少的元素是铜。是铜质工具造出
了金字塔，为国家建造了船只与驳船，雕出了吉萨、阿布西
尔、塞加拉坟墓祈祷室和神庙中精美的浮雕，孟斐斯工匠们
其他的作品也离不开它。质量较好的铜产自黎凡特地区，以
及西奈半岛上的矿场与熔炉中。

若说从黎凡特地区进口的铜的规模相当大，那么西奈半岛矿场中产出的铜规模则可谓巨大且将再次变得巨大。仅西奈半岛西南部的纳斯布（Nasb）干河谷中的炉渣，其重量就大约有 10 万吨，沿着谷地边缘绵延了数英里。它们出自大约 3000 个熔炉，这些熔炉是由一排排火箱组成的简陋的毛石建筑，每一个火箱都有 3~4 英尺长、2 英尺高，结构巧妙，因此有了进口的燃料和盛行风的帮助，它们便可以轻易达到所需温度——1250℃，进而将该地区出产的高质量矿石变成炉渣和铜。

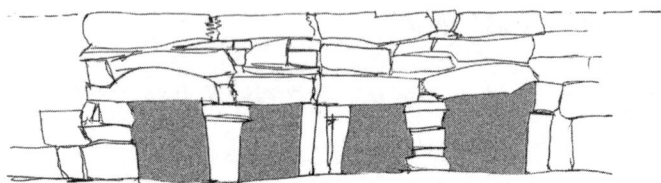

四座法老时代的熔炉。开放的烟道大约有 1 英尺高，干燥的石墙结构则约 4 英尺深

20 世纪 90 年代，考古学家又在红海岸边的现代度假胜地埃因苏赫纳发现了有关门图霍特普时代重新开启西奈半岛矿井，以及之后伊提特威诸王对其进行扩建的戏剧性证据。从哈夫拉时代开始，孟斐斯诸法老的朝廷便在此运作着一个相当大的港口。从这个全新王国的第一代起，孟斐斯时代挖掘出来用作仓库和存放杂物的洞穴便再次被打开，重新投入使用。

此地众多的铭文和涂鸦记录了这样的国家采矿远征活动的回归，其中有几次是由国库总管伊比这类高级官员领导的，此人是梅克特拉的职位的继任者，后来又在伊提特威的朝廷中获得维齐尔的头衔。这些文本中最古老的一篇提到了最后一位门图霍特普，即门图霍特普四世的名字，尽管考虑到在他之前的法老们所修建的诸多建筑，他肯定不是底比斯朝廷中第一位向西奈半岛南部发起采矿远征的法老。但在这里，在统治者的姓名和画像之下，还有一段简短的文字模糊地记录了为他即位后不久发起的一场远征所做的后勤安排。据推测，当时朝廷需要大量的铜来为这位新国王建造墓葬建筑，就像许多沙漠铭文强调的那样：

第 1 年，国王的人到达了。劳动力：3000，负责带回绿松石、铜、青铜（？）和沙漠中出产的其他精良产品。

埃因苏赫纳的港口不但像之前的几个世纪中那样成为前往西奈半岛南部的远征基地，还拥有了属于自己的铜矿开采和熔炼产业。伊提特威诸王后来发起的众多远征无疑进一步扩大并改善了它，因为如今仍然矗立在港口边的属于那个时代的一排排铜矿熔炉比西奈半岛上的铜矿熔炉要大得多，效率也要高得多。 381

在埃因苏赫纳建起旅馆和现代的滨海大道之前，这个孤立的古代遗址——以及其所拥有的杂货堆放处、仓库、熔炉和其他各种设施——一直不为人知，被完整地保存在了风吹来的黄沙之下。和西奈半岛的熔炉一样，埃因苏赫纳的熔炉也是沿着沙漠中的一道小小的干河谷的两边建造的。考古学家能够详细地构建出古人在此工作的方法，甚至可以复现熔炼的过程。首先要把铜矿石分解，第二步则是将得到的矿渣和铜滴的混合物碾碎、分离，并让工人们利用有着陶质尖端的吹管将其在小坩埚中重新加热。这种工艺十分简单，但十分有效，由此得到的液态金属可以被熔铸为小块铜锭，纯度相当高。

除了水和一些或许采自当地的铜矿石之外，事实上埃因苏赫纳的所有补给品和材料都是从尼罗河下游地区运输到这个荒凉之地的。这可是相当浩大的工程。例如，根据计算，要想完成铜分解和精炼，需要消耗四倍于所得铜重量的铜矿石。对现存的埃因苏赫纳沙漠熔炉中的木炭的分析表明，其所消耗的木材是从尼罗河谷地运来的。考古学家还发掘出了面包烤炉、一些屠宰场和两条已被拆解开的航海用船，这两条船仍然躺在从岩石上挖掘出来的仓库之中，船板被捆成一捆，整齐地储存在那里。这里也发现了一个大坑，形状与众不同，周围又有众多高杆留下的坑洞，表明法老的造船者们曾将从尼罗河畔的船坞制造出来的船以零件形式带到此地，并利用此地来准确而方便地完成重新组合工作。在现代人看来，此地向四处蔓延的格局就像考古学家皮埃尔·塔莱所描述的那样，拥有"工业化时代之前"的外观。埃因苏赫纳显然是重建后的王国获取建造纪念建筑所需材料的道路上至关重要的十字路口。它是伊提特威朝廷的转运港，从尼罗河下游地区来的燃料、补给品、工匠、矿工、拆解后的比布鲁斯之船上的船材与从西奈半岛来的铜都会聚于此。在西奈半岛上，采矿效率被恢复到了与孟斐斯诸王时代晚期相近的程度。

西奈半岛上的古老铜矿大部分坐落于西奈半岛中部高原

382

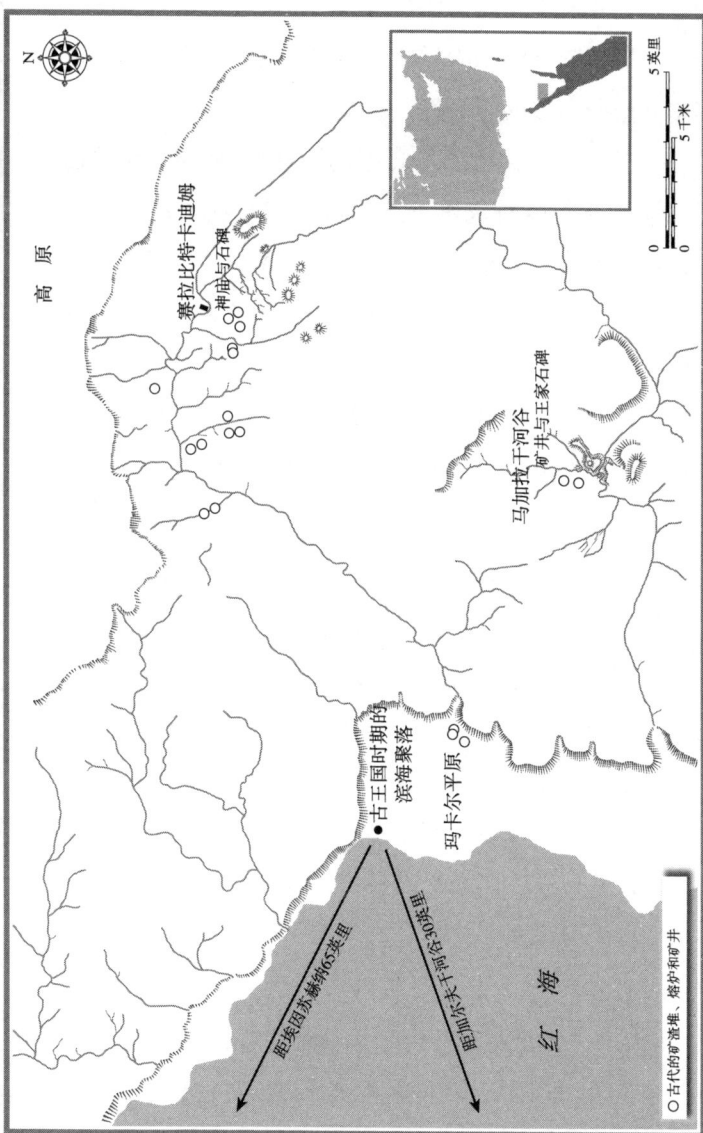

西奈半岛西部法老时代老的矿井。尽管其中有许多处地点也同时开采松石，但铜矿石仍是最主要的开采对象。这里标出了主要矿井的位置，但该地区内的古代采矿活动范围很广，从 19 世纪和 20 世纪之交开始，又有三千余处矿井和熔炉的位置被记录下来

459

和从高原向西通往海边的玛尔卡平原的各道干河谷之间，孟斐斯朝廷曾在玛尔卡平原上建过旅舍和港口。此地有充满断层的侵蚀地貌，高低不平的丘陵与山地，以及从天上看去如同老犀牛的皮肤一般的干河谷。

西奈半岛的铜矿石是在高压之下形成的，同样的压力也造就了尼罗河河谷中石灰岩下方的砂岩和花岗岩地层。后来，西奈半岛西南部的荒原又因为降雨造成的洪积而遭到侵蚀，正如尼罗河河谷是在水流的侵蚀作用下形成的一样。锈红色的铜矿石结晶促成了氧化物条纹的形成，亮绿色的孔雀石让法老的勘探者们得以找到储量最丰富的矿藏。然而，当这些矿石中的铜与其他金属混合时，偶尔会同时产生宝石，西奈半岛上特有的绿松石便是这样诞生的。这种石头十分闪耀，尼罗河下游的工匠们在最初的法老们之前的时代起便开始利用它们了。或许正是由于西奈半岛暗红色砂岩悬崖上出产的这种精美石头，这片出产铜的地区在法老时代被冠以误导人的名字"绿松石阶地"，这种宝石似乎成了法老宫廷对这些荒凉的山地的关注以及其中进行的活动的象征。然而，尽管绿松石是王室用的宝石，追寻着其闪闪发光的矿缝所建的古老矿道也依然可以在西奈半岛找到，但法老的官员们在该地区不断勘探的最主要目标依然是铜。

如今要在这山地之中进行越野旅行仍旧十分困难：20世纪 30 年代，一名学者颇具当时风格地称其为"只有在拥有了相当多的食物补给、骆驼和阿拉伯人的情况下才行得通"。这片土地广大而又难以驾驭，遍布着古代的矿井，其间夹杂着道路和古老聚落的废墟，因此每次对该地区展开新

384

的调查都能发现之前未曾知晓的铭文、屋舍或建筑。

这些持续千年的活动所围绕的中心是马加拉干河谷（Wadi Maghara），即"洞穴之谷"。古代的采矿远征队正是在这里挖出了数量最多的采矿竖井，从巨石最早被用作建筑材料时起，数千年来的宫廷雕刻家便在此地阴森森的悬崖之上雕刻了众多王名圈和复杂且独特的宫廷画面。这里还有种类远超常规的较为简朴的雕刻，文本和图画中记录了远征队人员的名字和头衔，以及咒语和形象，从维齐尔到"负责驱赶蝎子的人"，从矿工到宫廷国库总管，他们中许多人的名字和头衔也出现在了海对面埃因苏赫纳的岩石之上。

在伊提特威诸法老时代中，沿着马加拉干河谷底部建起了许多城墙与小屋，其上方五百英尺乃至更高的地方则是蜿蜒曲折的古老道路。采矿作业区和矿业聚落四周散落着鹤嘴锄、杵、大槌和磨石。伊提特威的陶艺工坊中出产的大量漂亮的球形储存罐也被埋在某些古老居所的地板之下，我们可以想象，它们在期待着矿工们的回归。

香料——撒哈拉高原

> 现在让他们进去，在诸神面前
> 献上他们神圣的祈祷。让那神庙
> 燃起明亮的圣火，让圣坛
> 在圣洁的云雾中赞美四溢的芳香……
>
> ——约翰·弗莱彻（John Fletcher）
> 与威廉·莎士比亚，约 1614

在现代人看来，对于一个有着不断发展的需求的新兴国家而言，与石头和铜这样的基础材料相比，燃烧香料时形成的芳香烟雾似乎太过奢侈了。然而，没有什么比最近在西部沙漠中发现的铭文更能戏剧性地概括这古老的宫廷在获得传统宫廷生活所需的原料上那绝不畏缩的决心了。此地远离所有之前记录在案的古埃及人深入撒哈拉地区活动的地点，在现代地图上也只是一个孤立的点，殖民地时期绘制的虚线在此处会聚，构成了利比亚、埃及和苏丹的现代边界。

英国的测量员们确定了这个地点，之后在 1884～1885 年臭名昭著的柏林西非会议①上，它又再次得到确认。这个偏远的会聚点以乌威纳特（Uweinat）山丘为标志，这是一座直径大约十五英里、覆盖着花岗岩的神秘环形山，砂岩高原从其东侧山坡延伸出来，沙漠中的泉水在山坡上切割出深深的山谷，却也滋润了山体。除了少数边境守卫之外，没有其他人生活在这个与世隔绝的地方。实际上，此地太过偏远，以至于那些壮丽的史前岩画——它们或许是用来纪念新石器时代的季节性迁移放牧的——直到 20 世纪 20 年代才被发现，而有着门图霍特普二世壮观的王名圈的法老时代图画和文字则直到 2008 年才被发现。

这处非凡的铭文以高超的技巧制成，它轻轻地刻在一道多岩石的山坡上一块砂岩巨石的金色表面上，铭文旁还有一幅门图霍特普二世的画像，画中的法老在王家华盖之下端坐

---

① 柏林西非会议，欧洲列强于 1884～1885 年在柏林举行的会议，正式宣告了瓜分非洲狂潮的开始。

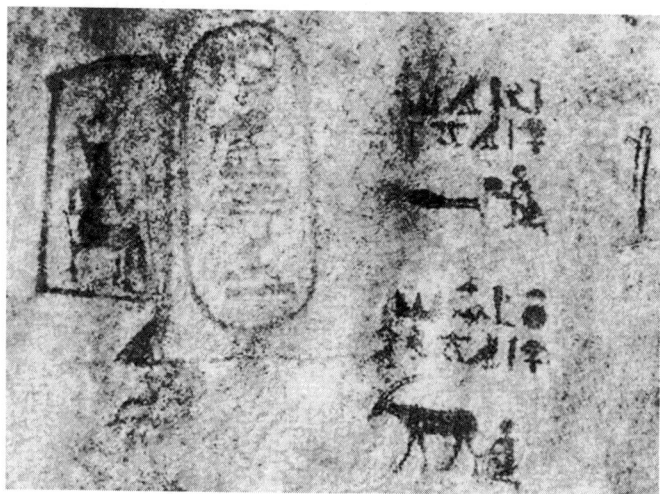

门图霍特普二世的宫廷铭文，铭刻在乌威纳特山丘上的一块巨石上

于宝座上。国王的画像前方有两组精美的圣书文字。上面一 **386**
组文字写的是来自亚姆之地的人民带来了球状的香料，献给
国王；下面一组则写的是泰科贝特（Tekhebet）的居民——
这个词是用形象为一只沙漠大羚羊的圣书文字表示的——给
门图霍特普二世带来了某些名字早已被风沙侵蚀掉了的东
西。在端坐着的国王和两组文字中间有一个巨大的王名圈，
里面用有些简朴的圣书文字拼出了国王的名号，似乎是在刻
意强调法老的宫廷书吏，即这位"拉之子门图霍特普"、代
尔拜赫里大神庙的所有者的宫廷书吏也旅行到了遥远的沙漠
之中。

　　乌威纳特山丘上再未发现其他有关法老时代货运队的证
据，其他那些遥远的地方也是如此。但是，在东北方向四百
英里外的达赫莱绿洲，几个世代之后的铭文中却记录了伊提

特威诸王的一位名叫梅里（Mery）的总管出发"寻找绿洲人民"之事。这些文本似乎是阿布巴拉斯之路上的指示牌，孟斐斯诸法老的货运队沿着这条路修建了粮食和水罐的储存点。因此，在乌威纳特山丘发现的门图霍特普的名字表明阿布巴拉斯之路已经得到了极大的延长。阿布巴拉斯之路附近两个地点出现的吉萨诸王时代雕刻的，如今被称为"水之山"的神秘符号群，或许代表了乌威纳特山丘上的峭壁和小瀑布。事实上，此地的阿拉伯语名字的含义正是"小泉水之山"。

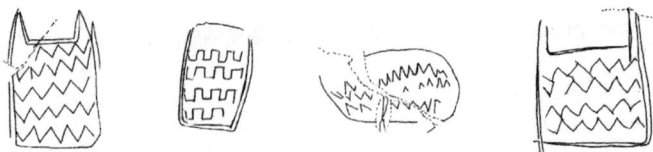

一些刻在撒哈拉东部古老的货运路线旁边岩石上的"水之山"符号

或许这些勇敢的古代旅行者也曾在乌威纳特山丘上遇到来自沙漠的人们。但是，有文字暗示他们或许穿过沙漠旅行到了更南的地方，到了乍得湖那里。这种史诗般的货运队进行的冒险除了为宫廷提供原材料，恐怕还有其他意料之外的功能。这场英雄之旅穿越了撒哈拉，来到比今日之面积还要大上十倍的广阔的沙漠大湖边，见到了遍布沼泽的湖岸、树木、灯芯草与巨蟒、鳄鱼与狒狒、河马，以及数不胜数的鱼类和鸟类。这样的现实或许以某种方式进入了法老王国中的人的认知之中，而这种方式是拥有 GPS 技术和四轮车的现

387

代旅行者很难轻易想象出来的。因为同样的景观似乎形成了生者与死者同居于其中的世界的边界，孟斐斯的金字塔以及伊提特威诸王时代墓葬建筑中的铭文便描述过这样的景观。在后来的时代里，宫廷书吏们全神贯注于创作详尽探索生与死的地理的作品时，这些史诗之旅的记录和同样的景观便被进一步拓展，并加以更详细的描述。

在沙漠高原上安宁的岩石与黄沙之中，你会体会到一种时刻存在的、仿佛真的站在生死边缘的感觉，远处波光闪烁的湖水旁芦苇荡半真半梦的景象似乎在法老时代人们的想象中若隐若现。在王国复兴的时代里，王家货运队和船只再次来到了古老的孟斐斯世界的边缘，以获得国王和他指派的祭司与异界通过仪式交流时所需的传统原料。每一次来到尼罗河下游之外地方的旅行，每一次出海，每一次陆上货运，都会使得这古老世界的边界被再次造访并触碰。由此，这古老世界的复兴便得到了确认。

来自蓬特的美妙事物

19 世纪 30 年代，两位埃及学先驱分别随着骆驼货运队穿越了埃及多山的东部沙漠地区，来到红海岸边，并在一处遥远的古井旁找到了两座石碑。这两座石碑上都刻着伊提特威诸王时代的宫廷图画与圣书文字。其中一座石碑在铭文中对阿蒙涅姆哈特二世献上了赞美，称其为端坐于荷鲁斯的宝座之上，被科普托斯诸神所爱；然后又提及一位名叫肯提威尔（Khentywer）的船长，说他的船在航行至蓬特之后安全地返回了萨乌港（Port of Saww）。在 19 世纪 30 年代时，这

388

两个地点还完全不为人所知。

另一座石碑上的铭文则记录了地方长官之子克奴姆霍特普（Khnumhotep）宫廷生涯的一部分，此人"生长于王宫之中，在国王的指导下成长"，成为"王家觐见室的总管"，从其他资料中我们可以得知，他漫长的宫廷生涯结束时正担任着森沃斯雷特三世的维齐尔。就像肯提威尔船长一样，克奴姆霍特普也与尼罗河下游谷地之外的地方建立了长久的联系。他在很年轻时便出现在了自己父亲位于中埃及贝尼哈桑（Beni Hasan）悬崖墓地中华丽的坟墓祈祷室的墙壁上，画中的他带着许多衣着光鲜的异邦人来到他父亲面前：这画面十分有名，19世纪的教士们错把该场景当成约瑟和他的亲族们来到埃及时的场面，但实际上，这画的是一支黎凡特货运队带着一袋袋眼影粉（kohl）的场面。这种眼影粉被广泛用于画黑色眼影，产自东部沙漠中的方铅矿矿井。

20世纪70年代，一队埃及考古探险队再次来到偏远的红海岸边，来到距离发现肯提威尔和克奴姆霍特普石碑的加瓦西斯（Gawasis）干河谷不远的地方。在这座干河谷的谷口处，有一座俯视着一个小海湾的低矮山脊，阿拉伯人的单桅帆船鲜少航行至此。考古探险队在这里发现了更多有关古萨乌港口的痕迹。在这低矮山脊之上距离大海半英里远的地方，阿卜杜勒·穆奈姆·赛义德（Abdel Monem Sayed）及其团队发掘出了大约四十块有铭文的陶片，其上的文字记录了一次远征所需的补给的一部分——鱼、无花果、枣、肉、谷物和啤酒。这次远征发生于森沃斯雷特三世在位期间，由伊提特威派遣并提供补给品。据文本描述，这次任务由一位名叫奈布卡乌拉（Nebukaure）的朝廷官员领导，此人是一群总管、书吏和祭司的总监，而这群人又掌管着这次远征。

这低矮的山脊上还发现了另外两座精美的石碑，记录了另一场于森沃斯雷特一世在位第 24 年发起的远征，其领导者是当时有颇多记载的维齐尔安特佛克。石碑上描述了此次远征的两个不同阶段。第一个阶段在陆地上，从尼罗河河谷中的准备工作开始，到去往红海岸边的旅程，是由一位名叫阿梅尼（Ameny）的官员主管的，此人也曾出现在有关同时代其他沙漠远征的记录中。第二阶段则是前往蓬特之地的航海旅程，这一阶段的领导者名为安卡霍（Ankhow）。这两座石碑如今仍然矗立在它们原本所在的位置上，面对着大海；两座石碑都有楔形的石块作为边框并提供支撑，赛义德认为这些楔形石块是安卡霍所用船只的船锚。

但是，人们在这附近并没有发现任何有关古代港口的确凿的考古学证据，由于圣书文字含义模棱两可且常常支离破碎，所谓的"船锚石"的真实功能也引起了学界的争论，故而赛义德非凡的发现未能使得传统的学者们相信他找到的就是萨乌港。学者们长久以来都怀疑古埃及人是否敢于穿越红海那波涛汹涌的海面，距离尼罗河足足有一百五十英里远的沙漠海滩又是否足以支撑一座法老时代海港的运转。到 20 世纪 90 年代时，一队潜水员又对该地的海岸线进行了调查，也未能找到任何有关古代港口的近海水下证据，这进一步加强了此观点。尽管如此，赛义德及其考古团队发掘出来的一些古代的木板和横梁还是可以从其形状判断出是法老时代的船只所用的船材。2001 年，波士顿大学和那不勒斯大

389

学联合发起了一次由凯瑟琳·巴德（Kathryn Bard）和鲁道夫·法托维奇（Rodolfo Fattovich）带领的多国考古学家、考古地质学家、古生物学家和地球物理学家组成的团队进行的实地考察，又对此地区进行了一番全面调查。在这次调查中，他们发现了清晰明了的证据，证明伊提特威诸王时期红海之畔加瓦西斯干河谷的谷口处曾有一座港口在运转。

这些引起争论的"船锚石"的真实用途也很快就被揭晓。与其他红海或地中海港口中发现的船锚石类似，这种石头上挖出的两个特征明显的孔洞是用来穿航海用缆绳的：其中一个孔洞中穿过的绳子是用来将锚拉向侧面，将其从柔软的海底淤泥中拉起来的；另一个孔洞中穿过的绳子则是用来把锚放低或沉入水中的。

390　　　之前的旅行者和考古学家之所以未能看到这座古老的港口，是因为一千多年以前东部沙漠中沿着加瓦西斯干河谷吹来的风沙使得它先是为黄沙所堵塞，然后又整个被深埋进沙漠之中。在法老时代，赛义德发现陶片和石碑的沙漠山脊处在一个巨大的被红树林沼泽包围的潟湖的湖口上。古老的港口就位于这已经消失的潟湖之中，距离现代海岸线约有半英里。

尽管稀少的陶器碎片表明这片海滨地区从古王国时代起就已有人烟，大量的贝壳和史前时代的燧石工具又表明在那之前更早的时代便有人居住在此，但大量的铭文和绝大多数存留至今的陶器表明，此地主要是在伊提特威诸王的时代中最为繁忙。

然而，这些港口设施却是临时的，伊提特威朝廷会每隔

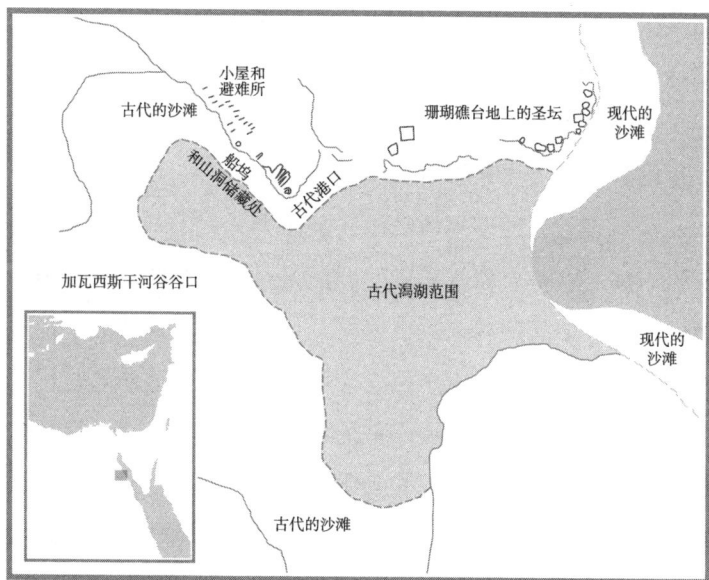

加瓦西斯干河谷中的古代港口。该地几乎没有建过任何永久性的建筑结构，考古学家在此定位并发掘出了简单的圣坛、人造的洞穴和工作及居住所用的区域

五年到十年建设一次探险队所用的食宿设施。考古学家发现古代的水手们曾在如今已位处内陆的一处海滩上扎营，此地在法老时代也是船只所用的滑道的所在地。他们在这里找到了小屋、帐篷和炊火所余不多的残骸，以及一些鱼骨，绝大多数是海鲷和色彩斑斓的红海鹦嘴鱼，它们被古代的远征队从海里捕捞上来，加以烹调食用。这里也发现了驴子的骨头，或许它们是水手们带来的用来负重的牲畜，负责背着补给品穿过沙漠来到这孤悬之地。在海滩上方另一处珊瑚礁台地上，考古学家又发现了类似的轻型建筑结构的痕迹，该建筑大约能为五十人提供住宿。从他们留下的陶器碎片来看，

391

这五十个人应该是努比亚人。就像安赫梯菲时代戈伯伦的部分居民一样，这些人可能也是为远征队效力的警卫和民兵。赛义德的考古队所发现的陶片和安特佛克石碑上的铭文也同样表明努比亚人参与了航海旅程。

在持续进行的发掘活动中，又出土了三十多块较小的石灰岩石碑。这些石碑均是以尼罗河河谷中出产的石灰岩雕刻而成的，其中有些并未刻上铭文，似乎是为了等待成功返航后再在其上铭刻下表示庆贺的文字。和其他描述法老时代远征活动的铭文一样，其中一些石碑上的铭文也是非同寻常，甚至是独一无二的。有一些歌颂了科普托斯——这座尼罗河畔的聚落似乎是其中一些远征的陆路阶段的起点——的敏神，还有一块石碑上有个独一无二的献给阿蒙神的称号"海之阿蒙"。这些海边铭文提及了大部分伊提特威的法老，这表明连续几代法老的朝廷都派遣了从萨乌港出发前往蓬特之地的远征队。

凿刻出来放置这些小石碑的壁龛表明，它们原本是要被放在如今已消失不见的潟湖中的海港旁边下层珊瑚礁台地上的。但其他一些较大的纪念碑，如安卡霍和安特佛克的石碑则矗立于其上方较高的珊瑚礁台地上。在古老的潟湖湖口旁的阶地上、港口设施的上方，水手们以灯塔的形式在海岸线上标记出了他们船籍港所在的位置，并且用当地的石头和珊瑚化石筑成的土丘、步道和圣坛装点了低矮平坦的地平线。这些圣坛中至少有一座拥有红树树枝做成的屋顶。考古学家在这座圣坛里发现了七百枚贝壳——这或许是供奉活动的证据，也可能表明现代红海岸边渔民们的习俗自那时便已有雏形。如今，渔民们仍然会把贝壳镶嵌到他们海边小屋的墙壁上。

　　就像红海岸边其他法老时代的港口一样，萨乌港的人们也在古海滩上方的阶地上凿刻出一系列又长又深的、洞穴般的仓库。其中一个洞穴里还放着成堆的缆绳，它们在地上堆放得整整齐齐：三十卷卷得十分整齐的粗绳子，每一根都有六十到一百英尺长，是用尼罗河中的纸莎草的茎干制成的，就和金字塔建筑工人所用的绳子一样。

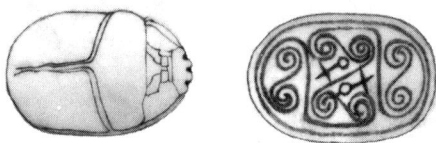

加瓦西斯干河谷中出土的绿釉圣甲虫印章

　　有些仓库里面和附近还有已经变成干燥碎片的无花果、大蒜、蜗牛、螃蟹、小麦、大麦以及其他谷物，还有些象鼻虫的壳，这种虫子会躲在黑暗的山洞中吃掉一部分仓储。附近还放着手推石磨，运输而来的尼罗河小麦会在其上被磨成面粉，之后人们会用烤箱和模具烘焙面包。这里还发现了一摞摞大小相同的、经过特殊设计的碟子，它们似乎是用来盛装水手的定额粮食配给的。这个营地内还找到了更多有铭文的陶片，还有木牌和远征队中的书吏用来封印从书信到陶瓷储存罐再到仓库的各种东西的印章的碎片。有些印章上的图案是人的名字，还有一些是底比斯、伊提特威等地名。有一块精美的绿色印章似乎是被它古时候的所有者给弄丢了，人们找到它的时候，它正躺在古老的海滨上，那大概就是它被遗落的地方。

393 　　海港的滑道边有四座巨大而简单的棚屋，由红树树干和泥砖筑成。从木屑、木头碎片和工具的数量来看，这里似乎曾是造船工人们的工坊所在。航海用船只的船材被以零件的形式从尼罗河带到这里，因此它们需要在这里的工坊中被重新组装，才能航海。同时，这里也出土了许多藤壶的壳，表明造船工人们也对船只进行了修理，就像布满藤壶、满是各种船蛆留下的孔洞的腐烂船板的碎片所生动表现出来的那样，在这里进行维修的船只有的已经在海上长年累月地航行过了。

　　考古学家还在同一地点发掘出了九十多条船的船材，其中除了有少量使用了当地的红树木材之外，其他都是由进口木材制成。其中有些木材是巨大的雪松木龙骨的一部分，它们原本属于法老船只的船脊。这里还有大量形状与众不同的船板，它们来自同一艘船的甲板和船身。这些木材厚重而坚实，因此用它们打造的船只并不需要肋板或是舭横板。

　　这些船材和红海岸边其他杂货堆放处找到的船材一样，是由驴子货运队从尼罗河谷地出发穿过东部沙漠中的山地来到这偏远的海岸边的。货运队还一并带来了一卷卷绳索、船帆、石碑、陶器，以及水手、木匠、民兵、书吏、工头和远征队领导人所需的补给品和装备。

　　伊提特威诸王时代的稀少的莎草纸碎片表明，当时尼罗河畔至少有两个由国家经营的造船厂处于运转当中：一个在科普托斯，另一个在阿拜多斯附近的提尼斯。安特佛克的石碑碑文中有部分文本确认了这一信息：

陛下下令……让安特佛克建造这支来自科普托斯的
船坞的舰队，去往蓬特，然后回到……登记员门图霍特
普之子阿梅尼在海边与众多聚集于此的、来自提尼斯地
方的［人］一起建造这些船。

正如另一块石碑上的铭文所描述的那样，之后安卡霍和 394
他勇敢的小型舰队以及所携带的货物、船员和民兵便从萨乌
港启航，前往蓬特之地。

古老港口中深深的黄沙下出土了两根十四英尺长的舵
桨，这表明被重新组装起来的船至少有六十五英尺长。由谢
丽尔·沃德（Cheryl Ward）带领的小组在近期对这种船进
行了复原，结果表明这种船需要三十名桨手，船帆为设立在
中央的横帆，船身优雅，其排水量可达三十吨，载货量超过
这个重量的一半。复原结果还表明这些比布鲁斯之船完全适
合于航海，尽管其上的现代水手也必须适应对他们来说完全
陌生的航行方式，就像现代人适应古代生活的其他许多方面
一样。2008年与2009年之交的冬天进行的航海试验确认了
比布鲁斯之船能够轻松应对红海岸边高达十英尺的巨浪，且
在合适的情况下航速可以达到九节。那么，这些古老的船到
底是通过哪片海域航向神秘的蓬特之地的呢？

加瓦西斯干河谷中出土了数以千计的陶器碎片——大部
分来自家用物件和大型储存罐，有的是粗糙的当地制品，也
有的是用尼罗河河谷中的黏土精心制作的——考古学家们在
其中也发现了来自当时的克里特岛和亚丁湾、埃塞俄比亚和
厄立特里亚，以及也门和黎凡特的陶器碎片。因此可以说，

萨乌港连接着古代东方世界中的各条核心贸易路线。就像法老的红海舰队主要由东地中海出产的雪松木、橡木和松木建成一样，从萨乌港启航的人中或许也有黎凡特人。就如一些萨乌港出土的陶器和铭文表明的，法老的水手中有努比亚人和埃塞俄比亚人，甚至是来自蓬特之地的人。从这个角度来看，萨乌港似乎是青铜时代更为广阔、更为古老的旅行与贸易路线中的一个节点：它是伊提特威朝廷建起来的一座临时港口，使得其可以重新加入更为古老的网络之中，以便搜寻所需的货物。

法老时代不同年代的文本都描述了从陆路或海路前往蓬特之地的旅程，其中甚至还有漫长的沿着尼罗河向上游航行的旅程。很显然，蓬特之地位于埃及之南，因为法老时代文本中提及的大部分蓬特的特产——芳香树胶、乳香和没药等香料、乌木、象牙、豹皮、狒狒和猴子，甚至还有侏儒，比如哈尔库夫带到年轻的佩皮一世的宫廷的那个——都是典型的热带非洲的事物。

目前已知最早的法老时代前往蓬特的远征走的是海路。这次远征带回的异国货物也被描绘在了阿布西尔神庙的墙壁上，不过这些东西出现在尼罗河下游河谷的历史要更为古老，并且它们从一开始就在法老宫廷中发挥了显著的功用。虽然或许总量不大，但它们在法老时代的交易似乎相当频繁，且实际上双方是互惠的，苏丹东部的卡萨拉（Kassala）、厄立特里亚的巴尔卡（Barka）山谷、阿杜利斯（Adulis）、索马里和肯尼亚都出土了来自法老时代各个年代的小物件。

加瓦西斯干河谷内的一座港口圣坛中发现了四根碳化的

乌木棒，它们或许是作为祭品被烧掉了。乌木是一种深色的珍贵木材，主要用于制造宫廷所用的家具和神庙中的配件，和萨乌港的木匠们偶尔会使用的其他非洲木材一样生长于热带地区。近期对狒狒的木乃伊进行的 DNA 分析进一步深化了这种植物上的联系，分析结果表明，这些从蓬特之地被活着带到法老的埃及的狒狒是从尼罗河上游或尼罗河东边的地区捕捉来的。此外，萨乌港发现的一些陶器碎片与祖拉湾阿杜利斯港生产的陶器颇为相似，而该港口位于沿非洲海岸向南一千英里远的地方。或许，这个港口是通往神秘的蓬特之地的转运港？

　　学者们根据法老时代文本中的描述提出了许多观点，将蓬特之地定位在诸如苏丹东部、埃塞俄比亚内地、苏丹低地以及非洲之角等具体的现代地区中。加瓦西斯干河谷中发现的来自亚丁湾和也门的陶器表明阿拉伯南部也有可能——此地虽然不是来自蓬特的那些异国商品的原产地，却是能够获取这些来自非洲的货物的中转站。当然，红海并非法老时代的埃及与南方进行交流的主要通道。尼罗河上游的沙漠中有着最古老的公路，将埃塞俄比亚-厄立特里亚高原与南北相邻地区连接起来的古老道路会聚于此；苏丹东部的古代坟墓中就出土了大量的海贝。

　　因此，蓬特之地或许并不是某个固定的地点，而是被用作南方来的异国产品原产地的通称，或者其用法在千年之中又以其他的方式发生了改变，因为古代人并不具备现代地图绘制者的思维模式。

　　尽管如此，考古学家还是在使得萨乌港古潟湖消失的深深的黄沙之下找到了四十个几乎一模一样的米黄色木箱，它们被小心翼翼地排列在岩石上凿出的杂物堆放处前方。尽管萨乌港这些比例匀称的箱子与同时代尼罗河谷地聚落里出土的一些箱子很相似，但它们并非家用物品，而是法老的船上所用的储物工具。这对于考古学而言是个少见的时刻，因为这一次来自过去的实物残留与正式的宫廷铭文中的信息直接触碰在一起。其中一个木箱一侧有阿蒙涅姆哈特四世的王名圈，还有一段描述称箱子里装过"来自蓬特的美妙事物"。

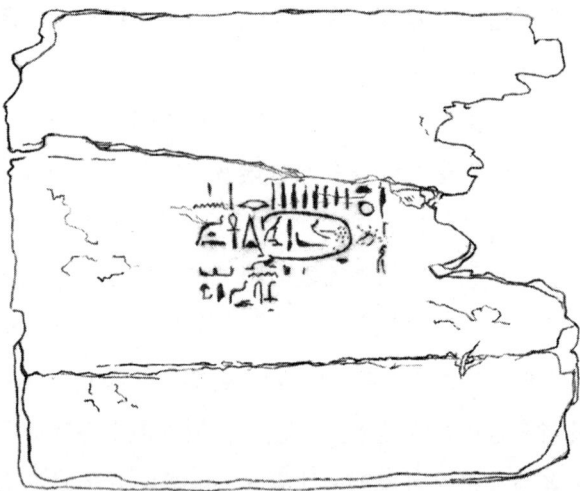

一个刷过米黄色颜料的货运木箱侧面的文字。它是加瓦西斯干河谷的港口仓库中发现的众多箱子之一，文本表示这个箱子装过"来自蓬特的美妙事物"

397　　　从萨乌港到蓬特的航程漫长而又复杂。首先要去往尼罗河及地中海，以获取船只所需的木材。要处理这些木材，需要铜制工具。这些船是在尼罗河畔的船坞中打造的，之后它们被拆解成零件，穿过东部山地和沙漠中的干河谷被送到红

476

海岸边。这样的旅程花费甚大，有时甚至需要在沙漠中新打出水井来补充所需的水。船材到达萨乌港后，众多来自尼罗河畔船坞的木匠会在潟湖边将船重新组装起来。之后小舰队便由此出发，沿着海岸向南航行，船上所用的木板表明为了遇到那些能提供他们需要的珍贵货物的人，这些船进行了大量的航海旅行。如今的盛行风和潮汐仍旧暗示着我们，船队需要沿着阿拉伯海岸航行，然后再航过一段较短的、横跨汹涌红海的航程，才能最终回到萨乌港。船上装货物的箱子会在这里被腾空，其中装着的异国货物会被转移到驴子背上的驮筐中，沿着山中的道路返回到平缓的大河旁，并最终被放到神庙和王宫的储存室中。同时在萨乌港，比布鲁斯之船会被修整一番，以便进行下一次航海，或是被拆解，和蓬特出产的美妙事物一起被运回尼罗河河谷，以便进行其他的旅行，比如沿东地中海的海岸线航行。

这样复杂的远征就像建造石头建筑，会消耗大量的国家补给品和材料。并且，其最终目的和建造建筑也相同。就像每日进行的仪式与供奉一样，与神明和死者定期进行的接触和交流不但需要政府将建造神庙和坟墓祈祷室当作主要工作，还需要从遥远之地获取相应的货物才能进行。香料、香油和净化用的盐，祭司穿的皮草和黄金，乌木和象牙对仪式与供奉来说，同用来给这些交流活动提供场地的石头与铜一样重要。

传统观点认为法老们像现代人一样渴望着精美的商品，并用它们来展示财富与力量，但我们最好还是把古孟斐斯文化的官员们的动机视为要获取宫廷生活所必需的原料。就像 398

他们的建筑和文字所暗示的，这种需求激励着因特夫们、门图霍特普们以及他们在伊提特威的后继者们重新统一这古老的王国，这样尼罗河下游的法老文化才能再次被调动起来，法老以及他治下所有人民，无论是生者还是死者，才能重新获得自己在这有序世界之中的位置，就像一份著名的莎草纸卷中的文本告诉我们的那样：

> 记得要建造圣坛，在黎明焚香敬神，并从罐子里倒酒。
>
> 记得要竖起旗杆，雕刻出供奉桌。祭司们净化圣所。神庙被涂抹得白如牛乳。圣所的香气。献上面包做供品！
>
> 记得要维护规则以及日历中正确的秩序。要将那些执行祭司任务的人中身体不洁净者赶走：因为这是错误的行为，会给心灵带来困扰！
>
> 记住那先于永恒的日子，计数的月份和已知的年头！

红玉髓、 紫水晶与粉砂岩——埃及的沙漠

埃及最古老的岩石，即所谓的"结晶基底"（crystalline basement），深藏于西奈半岛山区和尼罗河下游谷地高高的悬崖之下。它们早在尼罗河尚未流入地中海的年代里便被部分倾覆了过来，在阿斯旺大瀑布和上埃及沙漠的荒原处露出了地表。这沙漠中的珠宝匣子里的一些最灿烂的石头从史前

时代起便为人们所开采收集，到了哈夫拉和门卡乌拉的时代，宫廷珠宝匠又将从这些储量丰富的宝石矿中采掘出来的宝石精雕细琢，雕塑工坊也将这些闪闪发光的石头用到了重要的雕塑作品之上。因此可想而知，伊提特威的这个重建后的王国的宫廷也会重回此地，重新打开这些古老沙漠中的宝石矿，并且重新派人在这里工作。

于是，法老的货运队再一次深入阿斯旺以南的撒哈拉沙漠，沿着孟斐斯诸王时代修建的约五十英里长的沙漠道路来到阿斯尔山（Gebel el-Asr）所谓的"哈夫拉采石场"，建起新的棚屋和仓库。就像更早时代中法老发起的那些前往采石场的远征都只是短期行动一样，伊提特威时代的采石工人们建造的住宿处也只是简单的棚屋，墙壁只用石块搭成而没有使用灰泥。建造棚屋用的这些石块是散落在黄沙之中的硬石碎块，它们原本来自火成岩或变质岩基石，是前人以火和楔子开凿脚下完美的大石块时掉下来的。399

考古学家近来在最大型棚屋中的一座里面发现了排成长排的、漂亮的球形储存罐，它们是在伊提特威诸王的时代中制造的。它们的类型和同一时代朝廷的人员生活工作过的大部分地点出土的容器完全相同。这些容器每一个都能装下一百磅小麦。这里也有烘焙面包用的沙漠烤炉，其所烧的木炭由驴子驮来，所用的面粉在当地的石头上磨成，并和附近水井中取来的、直接采自史前含水层的水混在一起做成面包。

阿斯尔山上规模庞大的石头工程看起来与现代的采石场并不相似。此处的硬石地层被风吹来的黄沙浅浅地埋着，很容易就能发现，因此方圆六英里的范围内有六百多处不同的采掘地点。矿工的棚屋和仓库、辅助运输石材的装运坡道和步道也散布在同一片宽广的地域之内。在工地中央附近有一座写着哈夫拉名字的精美大石碑，碑文中称此地为"王家狩猎场"——这里指的或许是狩猎石材。在石碑旁边，伊提特威诸王的远征队设立了小型的供奉桌，摆了一些小型雕像和三十多块石碑，其中有的刻着诸神和国王们在民间艺术中的形象，这表明它们是矿工们模仿着精美的宫廷工艺技术雕刻出来的。其中一块石碑上直接说，阿蒙涅姆哈特二世曾在统治期间向这个偏僻的地点发起过一次远征，"目的是带回'门泰特'（mentet）石"。

与孟斐斯宫廷中的工坊不同，伊提特威的工坊并没有大量使用阿斯尔山采石场中开采出来的石材，这个时代留存下400来的雕像、碗和瓶子中几乎没用拥有美丽纹理和斑点的麻片岩制成的。但是，在哈夫拉的石碑附近，远征队开采出了一些颜色美丽的宝石（伊提特威宫廷中的珠宝匠和印章雕刻师们广泛利用了这些宝石），还从玉髓矿的缝隙中费力地取出了闪耀的红玉髓。

从很久以前开始学者们便在思考，古埃及人，尤其是中王国时期的人在珠宝中大量使用的美丽的紫水晶究竟是从何处得来……

现在，我们手中终于有了一份有关紫水晶矿的描述，还有去往那里的远征队领导者的名字，我们也确切地知道了这些曾经装饰中王国时期王后与公主们的颈项和手臂的美丽的紫水晶都是从哪里来的。这些珠宝中有些幸运地留存到了今天，如今正被展览在世界各地的博物馆之中。

伊提特威的珠宝匠被矿工们从沙漠中开采出来的精美石头的质量迷住了。他们将这些宝石精巧地放在黄金底座上，做成项链、手镯、冠冕和其他各种各样的饰品，用各种形式和搭配方式展示这些闪闪发亮的水晶、石榴石、碧玉、长石、绿松石、红玉髓，以及他们尤为喜爱的、独特的淡蓝紫色水晶。这种紫水晶只能在阿斯旺向南大约二十英里外东部沙漠中胡迪（el-Hudi）干河谷内的荒地中找到，此地也有与阿斯尔山的硬石采石场相似的分布杂乱的矿井。

胡迪干河谷中的紫水晶矿内有一座石碑，其上的铭文以高贵的宫廷风格刻成，石碑则是用特别进口而来的石头打造的。石碑上描述了森沃斯雷特一世时期由维齐尔霍尔（Hor）领导的一次前往这些矿井的远征。就像前往萨乌港的旅程一样，这些前往矿井的远征也是在朝廷高级官员的直接支持下完成的。另一座石碑上记录了一位官员的姓名，可惜如今只留存下来其中的一部分，这块石碑称"派我来搬走紫水晶"的人正是维齐尔安特佛克本人，这位廷臣在萨乌港也拥有类似的纪念碑，记载了他监管一次前往蓬特之地的航行的事。

在过去七十年中，紫水晶矿内发现了大量涂鸦和小型独立石碑——它们都是为了纪念朝廷派往胡迪干河谷中的远征。这样的远征代代进行，与其他派遣到大海与沙漠中执行的王家任务频率相当。胡迪干河谷中的活动似乎集中在两个大型露天矿场之中，淡紫色的水晶会在矿工的营地中被与基岩分离，如今他们的棚屋周围仍旧放着成堆的无色水晶。紫水晶矿似乎是后来时代的人们开采出来的，但在伊提特威诸王时代中被开采出来的宝石数量一定已经极其巨大，因为时至今日，在历经上千年的掠夺之后，留存下来的属于那个时代的珠宝中仍有数千块精美的紫水晶。矿场停止运行数个世纪之后，这些珠宝又在爱琴海周边及东地中海地区被不断重复利用，这表明这种独特的石头曾经广泛流通。

胡迪干河谷中留存下来的铭文表明，这些矿场在最后一位门图霍特普在位期间便已经启用了，当时在一座大型露天矿场的一处小山顶上建起了一片由简单的棚屋组成的聚落。在后来的时代中，距离此地一英里远的第二座大型露天矿场旁又建起了一座国家规划的方形石头围场，其中又建了更多的仓库与住所。在这片地区中还有一座小型圣坛，其中有两座小型方尖碑，以及数张供奉桌，供奉的神明是哈索尔，她常常被与荒地和沙漠中的矿场联系在一起。就像耶稣的母亲玛利亚在她位于世界各地的众多圣坛中拥有不同名号一样，荷鲁斯的母亲哈索尔在各地的圣坛中也拥有不同的当地特有的称号。

一位名叫萨雷鲁（Sareru）的"国库的守护者"在属于他的石碑上称，他将来自蓬特的芳香的油和树脂带到了紫水晶的女主人哈索尔的神庙中，在神庙为这位女神完成了仪式。同时他还告诉我们，他为在胡迪干河谷中工作的每一个口渴的人送去了水——或许他打开了附近众多古老的水井中的一部分。

萨雷鲁的铭文被刻在一块产自当地的不规则的石头上，402
雕刻得十分粗劣，而且如今我们也已经无从知晓其原本竖
立的位置，因为就像胡迪干河谷中的其他许多铭文一样，
它们在被沙漠中的旅行者发现后就被人挪走了。但看起来，
萨雷鲁的石碑原本矗立于已然失落的哈索尔神庙之中，因
为石碑上的图画中有一尊大概是站在女神面前的萨雷鲁的
雕像。在伊提特威诸王的时代中，许多人都会在圣坛和神
庙的圣所内为自己设立雕像。但是，在这样一个偏远的地
方，萨雷鲁恐怕找不到为自己在哈索尔面前设立坚固的雕
像所需的工匠和石材，因此他只能在画中为自己画一座雕
像出来。

11月的一天早上，我们从卢克索出发。旅行队中
共有二十三峰骆驼，其中九峰给我们四个、我的仆人、
两名警卫、驯驼人的头领以及向导骑，其余十四峰背着
三个帐篷、行李以及水罐。骆驼由十二名驯驼人照料，
他们在旅途中将主要依靠步行前进……

（四天后）我们来到了一座山谷中，如今它曲折而
又狭窄。考古学家称此地为哈马马特（Hammamat）干
河谷，而当地人称其为佛瓦凯（Fowakhieh）干河谷。
两边高耸的山丘黑暗而又充满危险……岩石间回荡着我
们的声音，风又将这声音带到山谷另一头，吹过拐弯之
处，并且在其中加入了它自己无声的低语。我们骑行了
大约半个钟头后，来到了数间棚屋的废墟前，法老时代
的采石工人们曾在这里生活。从这里开始向前大约一英

里距离的路程当中，两侧的岩石上布满了铭文，我们可以从中得知有关这座山谷的一部分历史。这地方充满了低语……

哈马马特干河谷是埃及东部沙漠中网状分布的众多山谷之一，它将尼罗河河谷中的现代城镇吉夫特，也就是古时候的科普托斯连接到红海边的港口库塞尔（Quseir）。从史前时代开始，矿工、采石工人、船只货运队、书吏、测量员、埃及人、希腊人和波斯人、罗马军团、阿拉米人、基督教僧侣和信奉原始宗教的阿拉伯半岛南部来的人在山谷中的岩石与悬崖上留下了各种各样的涂鸦。

403　　在这众多的铭文中，有一个门图霍特普二世的王名圈，其附带的称号也是"拉之子"，与他在撒哈拉沙漠乌威纳特山丘那里使用的称号相同。不远处还有一段较长的铭文，描述了赫内努指挥的一次远征的过程。赫内努华丽的庭院式坟墓就位于代尔拜赫里的门图霍特普二世神庙北面，而他本人则一直在朝廷中任职到门图霍特普二世那位鲜为人知的王位继承者统治的时代。实际上，赫内努在哈马马特干河谷中的铭文描述的是一场除此之外别无记载的，由门图霍特普三世的朝廷派往蓬特的远征。萨乌港没有找到这次远征留下的痕迹，但记录远征的铭文却构成了有关这个晦暗不明的时期的最好的历史记载：

> 我的主上派遣我乘大船前往蓬特，为他带去新鲜的没药……我从科普托斯出发……我带着来自南方的

军队……我打了十二口井……然后我到了海边。我造
了这条船，派遣它带上供奉用的牛和野山羊。在我回
来之后……我完成了陛下所命令的事，并且把我在蓬
特找到的所有礼物都带给了他。我回来时经过哈马马
特干河谷，为他带去了打造神庙中雕像所用的巨
石……

哈马马特干河谷不但是法老时代前往红海以及附近山丘
中众多金矿的主要路线，其陡峭岩壁中的某些部分本身也是
重要的采石场。谷地的切面展示了埃及地质腹地当中著名的
多样化地层的一部分，从花岗岩、硬砂岩和粉砂岩，到附近
山丘中稀有而闪耀的，有着绿色、红色、灰色和黑色斑点的
砾岩，以及五彩斑斓的碧玉、光玉髓和萤石。

粉砂岩被法老时代的书吏们称作贝肯（bekhen），它在
哈马马特干河谷中被大量开采。尽管粉砂岩带通常出现在东
部沙漠里的崎岖山地中，哈马马特干河谷高耸的暗色悬崖却
有很大一部分由这种与众不同的石材组成，而干河谷中地势
平缓，为从此地前往尼罗河河谷提供了较大的便利。从第一
位法老到最后一位法老，哈马马特的粉砂岩一直都是王家工
坊中所用的材料。

哈马马特干河谷底部的路在红海边山间的灰绿色粉砂岩
与泛着金光的红色花岗岩峭壁中曲折蜿蜒，有时穿过狭窄且　　404
被阴影覆盖的山间通道，有时又通向宽广而阳光普照的地
区，四周到处是古代棚屋的石头墙壁和古代采石工人们留下
的痕迹。做了一半的石棺以及粗具雏形却因雕刻过程中产生

了破损和裂痕而被弃置的雕像如今仍旧以奇怪的角度摆在采石场底部的一堆堆碎石上。这片新月形的土地中有许多悬崖和岩石上仍然存留着国王与采矿工人的名字，它们被用质地相同的岩片轻轻地刻在平滑的灰色悬崖与岩石上，其表面由此被嵌入白色的岩石粉末，图画和铭文中的线条得到了强调。

铭文文本众多而又各不相同。有些只是记录了别处均无记载的人的名字，还有一些像总管赫内努的铭文那样，记录了千年以来各种远征的功业。这里宽广的岩石表面也为古代书吏们提供了滔滔不绝的书写所需的空间，因此他们有时会把派遣了远征队的法老的全部头衔与称号、远征队中的参与人员以及沿途发生的一些事件都记录下来。这些信息中有很大一部分是用庄严的圣书文字写成的，就像在宫廷中最精美的石碑上那样，采用了严格遵守规则的书写方式。

或许这里面最为卓越的是四篇长篇铭文，描述了最后一位门图霍特普在位期间进行的，由维齐尔阿蒙涅姆哈特领导的一次采矿远征，许多历史学家认为此人后来接过了王位，成为阿蒙涅姆哈特一世。阿蒙涅姆哈特一世在位期间，王宫从底比斯搬迁到了伊提特威。

> 三角洲与河谷之王，奈布塔维尔（Nebtawyre），拉之子，门图霍特普（四世），
>
> 第 2 年，泛滥季第 2 个月，第 15 日。
>
> 陛下下令在这庄严的山丘之上为他的父亲，高地之主敏竖立这块石碑……愿奈布塔维尔永远像拉一样

活着，他说：我派遣……维齐尔，工作总管，王家顾
问阿蒙涅姆哈特以及一万人组成的远征军从南方的行
省……为我带来一块产自这座山的珍贵而纯粹的石
头，敏神造就了它完美的形态。它将被用来打造一口 405
石棺，作为永恒的纪念……我将获得生命，永远像拉
一样活着。

之后又补充道：

> 第28日。石棺的盖子被拿了下来，这块石头有
> 4 腕尺宽、8 腕尺长、2 腕尺高（ 6.75 英尺×13.75
> 英尺×3.5 英尺）……宰杀小牛，献祭山羊，点燃熏
> 香，来自三角洲行省的三千名水手将它安全地送到了
> 王国中。

在这种纪念碑上，劳力的规模通常被记载为一个整数，
而参与者则会详细列明其从事的工作和持有的朝廷头衔，而
这两者的数量看起来都十分大。若我们假定这古老的清单是
用现代人写资产负债表的方式写成的，那么一场与之类似的
时代较晚的远征则总计有将近 19000 人参与！但这样的数字
可能指的是每个人工作天数的总和，而非参与远征的人员数
量，因为工日计算是当时典型的统计方法，以便朝廷估算一
项具体任务所需的配给品的数量。

尽管如此，这些漂亮的整数还是被一代代的学者当成了
精确的数字，因此这些沙漠之旅被当成了如同金缕地峰会

（Field of the Cloth of Gold)[①] 般的事件，管理这种规模庞大的事件所需的行政系统也因此被极力夸大。然而，就算是最大的石块也并不会需要如此庞大的人群的关注。成千上万的人会阻塞干河谷，阻碍采矿工作，喝干沙漠中稀少的水井，并且消耗几百吨的补给品，毕竟根据记录，矿工们要在沙漠中工作数月之久。实际上，要把开采出来的石块拉回到尼罗河谷地，也并不需要这么多人。因此，不管这个数字记载的是工日总和，还是仅仅在用古代的方式表达"无数"这个概念，我们都应该把这些数字看成和神庙铭文中所说的高高建起、刺破苍穹的立柱一样，是用了夸张的修辞手法。一篇记载了另一场前往哈马马特干河谷的采石远征的文本称，湖泊和人们建立的殖民点遍布沙漠，这显然也是一种夸张。

406 　　众多法老时代的采石场都出土过确凿的考古证据，表明开采和运输石块的工作就像建造金字塔一样，是一项零碎进行的工作，所用的方法充满了创造性，没有那么标准化，与那些夸张的统计数字和长长的参与官员名单给人的感觉并不相同。例如，最近对古代记录的所有采石远征中规模最大的一次的分析得出的结论是，要想有效地完成这次任务，开采并运输文本中描述的石材，需要两百到三百人参与。他们分成二十人一组进行工作，每天移动六到八英里，便能在十天之内把开采出来的石块拖拽出哈马马特干河谷并运回到尼罗河河谷。

---

① 金缕地峰会，指英国国王亨利八世与法国国王弗朗索瓦一世于1520年6月在加来附近进行的一次会面。当时与会人员皆极尽奢华，场面相当气派。

因此，很可能这样的远征并不是定期举行的，而是只要朝廷的建筑工程需要更多石材就会举行，并且每次的参与人员通常远不到一千人。从这方面来讲，采矿远征很像去往蓬特的航程。实际上，赫内努和其他几名朝廷官员据称同时掌管着采石工作和航海远征。

在这些记录采石工作的文本中，几乎一切都被夸大了：书吏们描述的任务是深入沙漠之中，来到生与死之间的地带，为王家雕像和石棺获取石材，这样法老才能获得永生。这项任务本身就已经被极大地夸张了。石匠们在献祭与熏香的气味之中从采石场里挖出坚硬的岩石，在这满溢着诸神与国王们的力量的、充满奇迹的地方工作：

> 这奇迹发生在陛下身上［即发生在他远征队成员身上］。山间的动物来到他面前。一头怀孕的羚羊来到他面前，她面对着众人转着眼睛。但是她来到这高贵的山面前后才转回身，这里正是石棺盖子［所用的］巨石所在的地方。
>
> 她将幼崽产在了那块石头上，在国王的远征队的见证之下。
>
> 之后她的脖子被切开，被作为燔祭献上。
>
> 现在是威严的神明［敏］将牺牲献给他的儿子奈布塔维尔［门图霍特普四世］，愿他永生，这样他的心便会感到欢愉，他就能永远活在王座之上……天所赐予、地所创造、尼罗河所带来的万物的统领……维齐尔阿蒙涅姆哈特。

十天后，他们终于将这块将要成为石棺盖子的巨石采掘了出来：

> 又发生了一个奇迹。命令发出，这位神明［敏］的权力便在众人面前彰显。

> 高地变成了湖泊，水漫过了粗糙的岩石表面。山谷中找到了一口水井，它每边有十八英尺，水漫到了边沿。井水没有被羚羊弄脏过，异邦人和部落民也找不到它。早些时候的远征队和国王们上下旅行时也未曾注意到它。没有一双眼睛曾看到过它，没有人的目光曾落在它之上。它只向陛下一人显现出来。

> 他［神］……在那多山的地方为他的儿子奈布塔维尔［门图霍特普四世］做了一些新的事情，愿他永生！

伊提特威诸王中的大部分人在哈马马特干河谷中留下了姓名，他们似乎都曾向这里的采石场派遣过远征队。但是，这些文本中的大部分只简单地记录了他们的远征活动。只有这重新统一的王国的最初几代人留下的铭文记录了去往远方的旅行的壮观规模——小心翼翼靠近的羚羊，突如其来的洪水的咆哮，神明的显现——在这里，法老时代世界中有形的和超自然的部分结合在一起，融入同一个景观之内。

雪花石膏——尼罗河畔

> 雪花石膏出产于埃及的一座名为阿拉巴斯特姆

（Alabastrum）的城市……它是白色的，中间夹杂着各
种颜色。

——老普林尼，《博物志》

菲尔蒙·霍兰德（Philemon Holland）译，1601

不是所有伊提特威朝廷派遣的远征队都穿越了大海或是 408
沙漠。和大部分金字塔以及神庙所用的石块一样，法老最精
美的白色雪花石膏——地质学家一般称之为"石灰华"
（travertine）——通常也是从尼罗河下游谷地附近的悬崖上
采掘出来的。

在法老的硬石采掘场中，工人们通常会用精心控制的火
烧灼岩石，然后用石头和楔子处理被火烧过的岩石，使得
"被火焰炼就的东西又被火焰粉碎"——哈马马特干河谷中
的一篇铭文如此形象地描写道——从而采掘出石块。反过
来，雪花石膏则可以直接从基岩中用铜锯子和凿子撬出来或
是简单地切割出来。埃及的雪花石膏刚从活岩中被采掘出来
时相对较软，但过一会儿就会变硬，在阳光暴晒下还会变成
眩目的白色。在法老时代，这种石材被认为代表着纯洁，因
此被广泛用于打造宫廷所用的碗、瓶子、护身符、祭坛和防
腐处理所用的桌子，同时也用于雕像和圣坛。著名的哈夫拉
的河谷神庙中的国王雕像就是站在闪着光芒、有少量纹理的
雪花石膏上的，孟斐斯太阳神庙中的屠宰场里巨大的装血的
盆也是用同样的石材打造而成。

目前埃及已知的九处雪花石膏采掘点中最大的一处位于
中埃及的丘陵地带，距尼罗河十英里远，在现代城镇马拉维

向上游走十二英里的地方。这里的采石场在古代的名字叫作哈特努布，意思是"黄金之屋"，它是亡者所居住的一处神异之地。这个名字也被用来描述尽管完全属于凡间，却有着类似的模糊性的地方，比如墓葬室或神庙中的圣坛。森沃斯雷特一世在卡纳克的神庙中放置阿蒙－拉形象的地方就是被这样称呼的。

哈特努布的古采石场坐落于暴露在坡度平缓的石灰岩丘陵的山脊上，由几条宽阔的雪花石膏矿脉上的一系列不规则的露天切口和隧道组成，位于尼罗河东岸离河大约十英里远的地方。尽管显然更早些时候的法老的工匠们就已经使用过哈特努布的雪花石膏，但目前已知最早的从朝廷出发造访这储量最丰富的雪花石膏采石场的记录出自胡夫在位期间，这位法老的名字和形象被刻在了采石场工作面上古老的采石矿道上方的高处——在当时而言这是很罕见的事。后来，其他一些孟斐斯君王以及他们的许多位廷臣的名字也被写在了采石场中。

在古王国分崩离析之后，当地的地方长官开始自行采掘哈特努布的雪花石膏，如他们在采石场中留下的铭文所记载的那样。后来，朝廷得以重建之后，门图霍特普二世的名字也出现了，并且这次还是很罕见地将王家头衔"拉之子"放在了王名圈里面而不是王名圈之外，尽管在记载他的撒哈拉远征的铭文中也出现了这种现象。在国王的名字重新出现之后，许多后来的国王和他们的廷臣的名字也出现在了采石场中。采石场的一块雪花石膏碎片上的僧侣体文字，记录了森沃斯雷特三世在位期间进行的一次看起来规模十分庞大的远征的各项数字。

总的来说，众多的铭文表明哈特努布最古老的法老时代采石区域是一处规模较大的、边缘陡峭的蛋形切面，深度达五十英尺、宽二百英尺，胡夫的名字和形象就镌刻于此。但是，地下或是露天的全新采石工作区则似乎是在门图霍特普时代启用的。老采石场向西一英里远的地方，宽广的新矿道沿山坡而建，连接着一处更大也更古老的堤道。这座堤道横跨宽广而平坦的平原通往河边，将石材运输到等在那里的驳船上。

在伊提特威诸王的时代中，哈特努布采石场是由多位地区长官来控制的，他们的坟墓有着排成一排的祈祷室和美丽而精致的内部建筑结构，位于马拉维对面现代村镇代尔伯莎附近高高的石灰岩悬崖上。长官们的坟墓屹立在他们管理过的群体的大规模墓地上方，实际上该地区似乎从古时候起便人声鼎沸，这里有大量古代雪花石膏工坊的遗迹，以及一座尚未发掘出来的城镇。

描述了森沃斯雷特三世在位期间规模庞大的采石工作的那块雪花石膏碎片上记载的充满野心的计划，可能就是杰胡提霍特普（Djehutihotep）长官的坟墓祈祷室中独一无二的画面所描述的内容。画面中四队人正在将一座坐像牵引到木滑橇上，旁边的铭文称这是在"运输哈特努布石头所造的13腕尺高的雕塑"，也就是说这尊雕像立起来大约有 22 英尺高，约 80 吨重。

这篇长长的坟墓祈祷室铭文，先是讲述了将一块巨大的石块拖出采石场之事。这块石材被描述为"方形的"，也就

410

是说该石材已经被大致打造成法老时代坐像的传统形状。要完成这项任务，需要技艺娴熟的工匠们进行谨慎而专注的工作，以确保成品的姿态和比例可以被完美地包含在这块石材当中。之后，从附近农庄征募来的人沿着采石场中特意建好的滑道牵引这块巨大的石头，将其送到河边的装货码头那里去。

杰胡提霍特普的文本描述道，"拖拽巨石的工作对工人而言十分困难，因为地面很硬"，用于牵引这座未完成的雕像的古老滑道在穿过山脚的路上"上上下下"。实际上，古老的采石矿道的设计者极大地帮助了运输巨石的工作，该地区的矿道以一条直线用最低的自然角度穿过了多石的山丘，并通过一系列规模相当大的路堑和路堤使地势变得更加平缓，就和铁道工程师们所用的方法一样。

根据估算，其中一条古老矿道旁边的古代棚屋的规模便足以为三百人提供住宿，而同时代沙漠货运队的记录显示的也是大致相同的人数。就像古老的运输货物、建造金字塔、打造巨大的雕像等行动一样，这些工作小组的成员之间必须有强大的凝聚力，甚至是兄弟般的友爱之情。据估算，每个人都要拖动约二百磅的重量，这样巨石才能一寸寸地穿过丘陵下到河畔，被装载到驳船上。这是一项危险的工作，进度十分缓慢，道路两旁留下了一系列小型石堆作为路标，沿路还有祈祷与鼓点，或许还有节奏分明的合唱，今日那些未经工业化的社会也常常进行类似的活动。

411　　阿拜多斯维尼墓中的长篇铭文里有一部分描述了一次时代较早的前往哈特努布的远征，在这次远征中，他获得了打造一张大型供奉桌所需的雪花石膏。根据石碑上的记载，采掘石材并将其滑到河畔港口的过程共耗时十七天，工人们在维尼的监督之下建造了一条一百英尺长的运石驳船，以便将雪花石膏石块运输到王宫的工坊里。"我在王家金字塔那里安全地靠岸，"维尼的报告最后这样写道，"这项工作是我职责范围内的事，并且完全符合国王的命令。"

雕刻过程耗时漫长，而且需要技巧，像杰胡提霍特普巨像这样的作品肯定也只能在这位长官的工坊中完成。工坊应该离工匠们的家不远，大概也离它最终需要被放进的当地神庙不远。因此在现代人看来，杰胡提霍特普坟墓祈祷室中独一无二的画面似乎表现的是雕像的最后一程，即从河边的登陆点拖到最终目的地的过程，负责用绳子拖拽雕像的总共有四组工人，每组都由二十一对工人组成。

> 我征募了几组年轻人，让他们和矿工、采石工人、工头和官员们一同行动。工人们说"我们来拿（杰胡提霍特普的雕像）……"

雕像完工并涂好颜料之后被放上了木滑橇，并小心地用牛皮垫好，防止被用捻线棒紧紧地捆在它上面的牵拉用绳磨损。一名念诵咒文的祭司站在雕像的膝盖那里，按照搬运工人们的节奏打着拍子，他头上的圣书文字记下了他所喊的内容："杰胡提霍特普，为国王所爱的人。"还有一个人站在雕像脚边，正在倒水润滑，以便滑橇能够通过此地。一队抬水的人以及一队搬运结实的滚木的人也来帮助搬运雕塑，而整个工程的总监，雕塑大师奈基安卡和他的儿子赛巴（Sepa）则走在这些人旁边。同时，祭司点燃熏香，升腾起缭绕的烟雾以借神力帮助雕像从干燥的沙漠高地上那异界世界的边缘进入生者的国度。

要完成这么浩大的工程所需要的人数被记录得十分明
412 确，但就像在哈马马特干河谷中那样，实际数字与古代文本中列明的数字截然不同。这些文本并不是想要记录现代人概念中的劳力人数，而是和杰胡提霍特普坟墓祈祷室中这辉煌的画面一样，是要强调这项任务的规模，以及参与者的力量和热忱：

> 拉着这巨像的人的心膨胀了，充满了欢乐……看看这座雕像，它是来自山间的巨石，比任何东西都要贵重……强者和弱者都鼓起勇气，他们臂膀中的力量变得如同一千个人一样。

将巨像从雕刻师的工坊拉到神庙的过程实际上也是庆典的时刻：

> 我的孩子们……都穿着漂亮的长袍，和我以及我辖区内的居民们一起大声喊出祷词……我来到了聚落中，聚落中的人们赞美我，这景象十分美妙，比任何事物都好……我心中愉悦，聚落里的人也欢庆着。
>
> 这是一场游行，是地方性的节庆，就像底比斯的全国性庆典一样彰显着国家的繁荣与秩序，以及它与尼罗

河下游谷地中各种看得见的或看不见的力量之间的联系。

野兔区〔（Hare District），古代行政区〕正在进行庆典，人们心中充满欢乐。"货物〔即雕像〕被移动到了切尔提〔（Cherti），也许是聚落的名字？〕，祖先们欢庆着。他的父辈们正在庆祝……在他美丽的纪念建筑前欢庆……西岸正在庆祝，他们看到主人的纪念建筑时心里感到愉快，他还是个孩子时，是父亲房子里的继承人……"年长者和年轻人都生机勃勃。他们的孩子欢快地喊叫，他们看到主人和主人的儿子被国王所重视时，心中也充满节庆的愉快……野兔区的祭司们说："被杰胡提〔即当地神明托特（Thoth）①〕和国王所爱的杰胡提霍特普所爱的，被聚落中的人民所爱的，被诸神称赞的。"

而杰胡提霍特普自己则说："没有一位祖先，没有一位地方长官，没有一位聚落的行政官曾经考虑要完成我所做的事。我建造了将永久存在的祈祷室和供奉祭坛……还有这尊雕像。"讽刺的是，如今杰胡提霍特普的雪花石膏巨像已荡然无存，只剩下了他坟墓祈祷室中的文字和图画。

413

---

① 托特，古埃及智慧与书写之神，崇拜中心在赫尔摩波利斯，代表动物为朱鹭和狒狒。

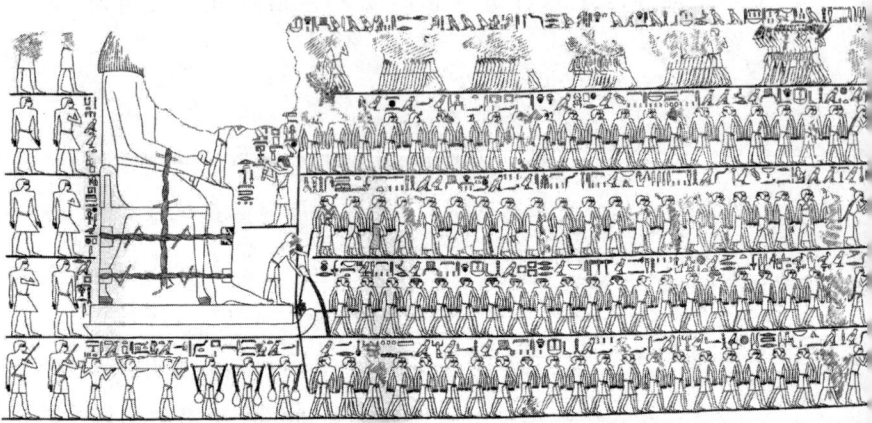

代尔伯莎的廷臣杰胡提霍特普的坟墓祈祷室中独一无二的画面，画的是从哈特努布采石场中牵拉一座巨像的场景。此图由霍华德·卡特于 1892 年绘制

25 黎凡特与努比亚

去往古老之地的旅行者

> 西侧高塔前方放着一块表面已然损坏的花岗岩。这   414
> 块花岗岩上有一篇雕刻精美的长篇铭文，由于其受损严
> 重，只能艰难地复刻下其中的一部分。
>
> ——W. M. 弗林德斯·皮特里，1909

古孟斐斯的遗迹就坐落在能直接看到塞加拉金字塔的耕
地边缘，它经历了几个世纪的发掘。这是被古希腊罗马的旅
行者们认定为法老古都的王宫与神庙之城。如今这里只剩下
了一大片布满尘土的泥砖组成的土堆，四下散落在古老的村
庄房屋、一丛丛棕榈树、石块和一处早期发掘工作留下来的
坑洞形成的池塘之间。这里没有留存下属于伊提特威诸王时
代的孟斐斯的痕迹，实际上也没有留存下属于传说中的第一
位法老美尼斯（Menes）的痕迹。据说他在新征服了这个王
国并定都孟斐斯后，在这里建造了高大的堤坝和堡垒。

　　考古学家们并不愿意发掘这些淤泥之中的废墟，直到1905年，弗林德斯·皮特里到这里来寻找孟斐斯神祇普塔（Ptah）的神庙遗迹。这座神庙是古典时代的作家们宣称与卡纳克一样大，却远比后者更古老的几处孟斐斯圣所之一。但皮特里找到的实际上是拉美西斯二世在位期间建造的一座神庙的废墟，其所用石材是从许多时代更早的坟墓祈祷室和神庙中拆下来的。在古老泥砖的尘埃与拼图般散落的碎石当中，他发现了一块形状不规则的花岗岩石板，上面有一篇长长的圣书文字铭文，描述了阿蒙涅姆哈特二世国王献给神庙、廷臣和王家墓葬崇拜仪式的供品和捐赠品。

415

皮特里发掘孟斐斯的普塔神庙时发现的中王国时期的铭文

　　20世纪90年代，拉美西斯神庙遗址中进行的更多考古工作发掘出了同一块花岗岩石板的另一块更大的碎片，这块石板被回收利用当成了神庙门廊旁一尊巨大雕像的基座。完

整的铭文最初所处的位置已经无人知晓了。它是曾经矗立在
一座已然失落、无人知晓的伊提特威诸王时代的神庙中，还
是从南方数英里外的阿蒙涅姆哈特二世的金字塔神庙中被取
出来的呢？这些碎片的历史意义在于，其上刻着的五十列圣
书文字是伊提特威诸王时代存留至今的最大的正式文献之
一。因此，尽管这些碎片无法拼起来，其表面也已经毁损了
一部分，但残缺的文本中仍旧保存了一些有关伊提特威诸王
时代中最为模糊不清的历史方面的信息，因为有关阿蒙涅姆
哈特二世漫长的统治期，他的家族、他的纪念建筑和任何有
关他统治时期的历史叙事事实上都不为人知。一位权威人士
发现，"尽管这位国王统治了三十多年，却没留下什么属于 416
他那个时代的建筑。他的家族关系我们也并不清楚。一般推
测他是森沃斯雷特一世的儿子，但实际上并没有明确记载此
事的记录"。

　　这两块破碎的花岗岩石板上的文本包含了阿蒙涅姆哈特
二世在位期间的两年中的部分记录。它与时代更早的王家年
鉴格式相似，尽管提供的细节信息更为丰富。这篇铭文似乎
是一篇规模更大的有关当时的历史记载的一部分，朝廷认为
这样的历史记载十分重要，因此用整齐的圣书文字雕刻在了
巨大的花岗岩石板上。

　　皮特里发现的碎片上记录了一张传统的葬礼捐赠品清单
的一部分，国王和廷臣都适用：首先要授予土地，以提供崇
拜活动所需的物资，然后是大量的面包、啤酒、谷物、糕点
和飞禽野味，它们被点明要送到祭坛上，以及负责在先王森
沃斯雷特一世的神庙中进行墓葬崇拜的祭司团体那里。此外

还有其他奉献给国家神庙的供品列表：有给底比斯的阿蒙的，有献给古孟斐斯神明普塔的神庙的，这座神庙中有着花岗岩石碑和雪松木立柱，其上镶嵌着宝石和珍贵的金属。

第二块更大的石板上的文本记载的则是被西方历史学家传统上认为是"正史"的内容，因为除了献给卡纳克、陶德、孟斐斯、艾尔曼特以及赫利奥波利斯的神庙的捐赠品清单，以及分给伊提特威朝廷中的一些廷臣、努比亚使者和"沙漠居民"的赏赐物品记录外，它还记录了一场从尼罗河三角洲前往黎凡特北部数个青铜时代聚落的远征。

不幸的是，有关这段旅程的历史如今已经很难追溯了。我们至今仍未能弄清楚这篇文本中提及的地名究竟是什么地方，许多用来描述这场远征的参与人员的词也仍然未能为人们所理解。不过，这段旅程的大体情况却已足够清晰明了，因为描述它用的词句同那些描述了从红海边的港口开始的航程以及深入东部沙漠的采矿远征的石碑上所用的词句十分相似。然而在这里，文本讲述的并不是前往非洲的神秘地点或撒哈拉沙漠深处的远征，而是一次沿着东地中海最古老的海陆线路前往其他古老的朝廷的旅行。

417　　在法老时代，东地中海上的航程由尼罗河三角洲中的港口开始，穿过西奈半岛北部的海岸，然后继续向北，沿着黎凡特海岸前往叙利亚和西里西亚（Cilicia），这条航线同一条与之对应的古老陆路，即名为"荷鲁斯之路"的货运路线平行。石碑上受损的文本所描述的航程似乎经过了黎凡特海岸上的许多港口和聚落，甚至可能来到了塞浦路斯岛，这段航程原本需要四五天，主要由沿着东地中海的海岸线进行的一系列短途航行组成，只需要再多花一天就可以到达塞浦路斯。这份破损的文本中记录道，在到达黎凡特北部之后，法老船上的船员和民兵与一队之前沿着荷鲁斯之路行进的路上远征队会合，他们一起"砍倒"了两个聚落的城墙。船只和陆上远征队之后似乎都带着俘虏和货物回到了伊提特威，其中有些沿着陆路从西奈半岛被送回，有些则是被装在两条船上送回来的。这场冒险总计耗时七个月。

　　和当今许多思想较为传统的埃及学家一样，商博良和马斯佩罗当然也认为这记录的是一场残忍的劫掠行动，是一场派遣陆军和海军军团掠夺异邦城市的军事战役。唐纳德·雷德福便表达了这样一种传统的看法：

　　　　突然，面纱便可以说是已经揭开了……我们看到了极其富有、强大、高效的宫廷和政府，其意愿不但能在国内被执行，在国境之外也是一样。此外，人们还能感受到它拥有近乎残酷的决心。一年之内，朝廷便派出了有相当规模的远征军夺取西奈半岛和黎巴嫩的资源，发起了两次惩罚性的战役……带回的产物、矿藏和工艺品数量庞大，就连俘虏的人数都很多，尽管武器的数量（从中我们大概可以推测出死在冲突中的敌军的人数）似乎不多……

　　这种解读的问题在于，尽管长长的从黎凡特带回的货物与人员清单记录得十分详细，但描述其取得方式的词句却极其模糊。远征中发生的故事与看起来毫无关联的句子交织在

418

503

一起，甚至就连描述远征军的两个组成部分，即海军和陆军之间关系的文本也不清不楚。参与远征的不同人员分别被用"团体""工作组""军队"等不同方式翻译，取决于翻译者认为他们是平民还是军人。

那么，这场远征是像伊提特威朝廷派往南方的货运队那样，目的是从黎凡特获得作为礼物或贡品的材料和货物，但在过程中经历了一些小规模冲突吗？或者说这是一次由朝廷发起的海上与陆上军事行动，意在用蛮力劫掠货物和人口？有一点可以确认：合理估算出的远征军规模。考虑到这场旅程持续时间很长，再参考其他伊提特威远征的后勤情况就可以得出，这次黎凡特之行的参与人员应该只有数百人，因为远征军一路行经的地区都只有零星的半游牧部落定居，很难支持更多人进行更长时间的旅行。

显然，这样的冒险中也有残忍的行动、洗劫和掠夺，远征队中肯定也有某种形式的民兵，以保护参与人员、补给品和货物。然而，没有任何证据表明中王国时期的埃及拥有常备军，也没有证据表明现代人概念中的军事、商业和外交之间的区别在这最古老的世界中也同样适用。因此，就像没有证据表明存在能威胁伊提特威王国的外国军队一样，伊提特威朝廷派出庞大的军队劫掠黎凡特地区的可能性也微乎其微。恐怕传统印象中的法老大军在劫掠东方后凯旋伊提特威的场面只不过是东方主义式的幻想罢了。

无论如何，不管远征队是通过什么方式获得了想要的东西，是通过交易还是劫掠，是通过上贡、赠礼还是交换，花岗岩上的铭文仔细列举的长长的外国产品清单都可以被看作另一个证明伊提特威朝廷决心获得维持宫廷生活所需的全部材料的例子。这卷材料包括：铜、雪松木、银、珍贵的宝石、铅、孔雀石、神庙花园所需的各种植物、法老的石匠工坊所需的研磨砂，以及化妆品和木乃伊作坊中所需的香油和树脂。　419

谢丽尔·沃德重组出来的比布鲁斯之船表明，此次黎凡特远征所用的两条船每条都能带着大约十五吨货物返回故乡的港口。实际上，花岗岩上的铭文告诉我们它们带回了半吨多的金属，其中大部分是银、铜和青铜，还有几百个大小不一的装着香油和树脂的陶质储存罐，两百袋香料以及足以建造十艘同样大小的船的原木——也可能是大量深色的芳香的雪松木板，它们不易腐坏，足以用来打造一百多口供王室家族和廷臣们安息的棺材。总的来说，这确实是两艘比布鲁斯之船能够装下的货物。

在一个没有货币的社会中，没有什么会被单纯地当作经济范畴或政治范畴的东西，获得这些货物的最主要目的并非现代意义上的赢得威望或是获得财富。就像从沙漠中开采出来的石材和来自蓬特的美妙之物一样，这些来自黎凡特的货物对国家来说是必需品的一部分。20世纪30年代发现了四个结实的铜箱子，里面藏着的珍宝更证明了这一事实。这四个箱子上都有阿蒙涅姆哈特二世的王名圈，法国考古学家们在底比斯上游几英里处的陶德的美丽神庙中的步道下发现了它们。

这四个箱子埋在干净的黄沙之下，每一个都有大约1.5英尺长、0.75英尺宽，里面装满了珍贵之物：安纳托利亚和伊朗的工坊中出品的做工漂亮的印章、宝石原石、青金石、紫水晶、石英石、黑曜石、10 个金锭、黄金首饰、150个设计罕见的银碗、一些银锭，还有大量银和银金矿碎片、珠宝工坊的残片。这四个箱子自重达 280 磅，在其内容物被腐蚀损耗之前，其中共有 15 磅黄金，以及大概两倍于此重量的白银。

最近的分析表明，制造那些设计和工艺都独一无二的银碗所用的白银出产自安纳托利亚或希腊诸岛，铜则来自黎凡特或更靠北的地方。实际上，陶德的许多珍宝都和东地中海地区的古代聚落中发现的同时代物品十分相似，而这些地方的工坊存在着文化上的共通之处。然而在这里，它们并不像考古发现中通常所见的那样已经成了碎片，或者单独一个出土，而是作为一处完整的古代窖藏的一部分出土。

值得注意的是，铜箱子里的许多东西在材料和形式上都与花岗岩石板上的铭文中列出或描述的，阿蒙涅姆哈特二世时期朝廷派出的远征队从黎凡特北部带回的物品十分相似。而且，陶德的门图神庙也被列在了那份文本之中，是王家捐赠品的受赠对象之一，而四个箱子上又都写着阿蒙涅姆哈特二世的名字。

若这些远征行动是军事冒险，那么这份宝藏便应该被视为战利品，或许它们是在时局危险时被藏起来的。若这些货物是用其他手段取得的，那么这四个箱子及其内容物便应该被视为王家捐赠品，但它们却没有被作为战利品或宗教仪式所用的器皿展示出来，也没有被放进宝库中，而是被小心翼翼地埋在神庙步道之下，就像被藏在黑暗的坟墓之中一样。

因此，这些箱子最好被看作从远在国家范围之外的地方带回来，并像种子一样埋在朝廷所供奉的神明的居所之下、埋在可见的世界与不可见的世界的边缘之上的储藏品——这样的行动优雅地表述了一个概念，而这个概念在后世的文本中也得到了清晰的陈述，那就是法老的统治范围包含了一切凡间的事物。

另一份同样残缺不全却能提供更多信息的，有关另一场法老派往黎凡特地区的海陆双线远征的记录表明，这次远征由维齐尔克奴姆霍特普带领，此人也指挥过一次从萨乌港启航、沿海路去往蓬特之地的航海旅程。记录中的这场远征发生在蓬特之行数十年后，由沿着黎凡特海岸、前往黎巴嫩的某些港口进行的航海之旅组成——这是"黎巴嫩"这个地名第一次出现在记载中。

这篇铭文刻在克奴姆霍特普的马斯塔巴中精美的石灰岩墙面上，而这座马斯塔巴则位于达舒尔森沃斯雷特三世的金字塔旁。但是，这座坟墓已经被古代的烧石灰工人给损坏了，留存下来的文本碎片大约有几百块，散落在坟墓各处，最近才被重新组合起来，成为被其小心翼翼的编辑者和翻译者詹姆斯·艾伦描述为"中王国时期最重要的历史文献之一"的铭文。

尽管原本的文本中只有四成留存下来，但这些碎片仍旧为克奴姆霍特普记录的这一场航海行动提供了生动的概要。在这次航行中，国家派出的小型舰队航行到了黎巴嫩北部的乌拉扎（Ullaza）港，以获取雪松木。但是，在到达乌拉扎之前，克奴姆霍特普的舰队先停靠在了比布鲁斯港口，此地

421

的领主长久以来一直为法老的朝廷提供雪松木，此地的古老神庙也存满了法老送来的孟斐斯工坊生产出来的精美礼物。克奴姆霍特普破碎的铭文写道，在这里他造访了当地领主的宫殿，铭文称此人为马利基（Maliki），在当地所讲的闪米特语中，这个词是国王的意思。在适当的问候并送上礼物之后，马利基问克奴姆霍特普他为什么要指挥船队向北航行，去往乌拉扎。这个问题似乎十分尖锐，因为伊提特威诸王似乎并没有维持孟斐斯的法老们与比布鲁斯之间持续千年的来往，而比布鲁斯当时与乌拉扎又处在冲突状态，马利基最近刚派他的儿子带着一百名战士到那个聚落去。

破碎的文本写道，克奴姆霍特普在回答中向马利基提起了早些年法老与比布鲁斯的统治者之间的关系，同时暗示法老的陆军也正沿着荷鲁斯之路向北往黎巴嫩进军。我们无从得知这是意在威胁，还是意在建立同盟。无论如何，这场会面的结果是，法老和比布鲁斯的马利基交换了文书，重新建立了他们之前的领主与附庸的关系。尽管这个故事的结局如今已然失落，但若是克奴姆霍特普没能带着雪松木回来的话，那他应该不会把这件事铭刻在自己的坟墓之中。

同时代还有一篇墓葬石碑上的文本，也能部分证实克奴姆霍特普那支离破碎的记录。这篇文本属于廷臣库索贝克（Khusobek），其中讲述了黎凡特是如何满足了森沃斯雷特三世的意愿。这篇铭文描述了库索贝克在"打倒"一些南方的努比亚人之后，是怎样带着一群人来到黎凡特的："……我打击了北方的异邦人，拿走了他的武器……就像森沃斯雷特为我而活那样。"铭文接着写道："我讲的是真话。

他（森沃斯雷特三世）将一根银金矿（一种贵金属合金）
制成的手杖交到我手中，又给我银金矿制成的匕首和刀　　422
鞘。"尽管与维齐尔克奴姆霍特普坟墓中的铭文相比，这篇
铭文文学性较差，但它似乎描述了民兵组织为了保护法老的
利益而进行干预的事件。

　　说来也奇妙，20世纪20年代发生了一场山崩，使俯瞰
比布鲁斯古港口的壮观的海岸崩落了一部分，结果反而无意
中为这两个故事提供了注脚。岩石崩塌后，一座葬着数位比
布鲁斯领主的大墓地露了出来，其中年代最早的一位领主的
统治时期就在克奴姆霍特普与这座城市的国王马利基会面后
数十年。

　　这座海滨墓地中年代最早的两位墓主人，即阿比-舍姆
（Abi-Shemu）和伊比-舍姆（Ipi-Shemu）都不能再被称作国
王（"马利基"），而是以法老廷臣的礼节葬在两口法老时
代的棺木当中，两侧装饰着法老时代传统的镶嵌物。尽管这
两口大木头箱子已经因为海边的潮湿空气而朽坏，人们仍然
猜得出它们是按照法老时代墓葬的方式，用雪松木打造而成
的。除了一些当地所产的补给储存罐和一柄华丽的黎凡特铜
剑之外，这两位王公身边的随葬品全部来自伊提特威，都是
法老王国做工精美的物品。阿比-舍姆的棺材中有一个精致
的瓶子，是用一块天鹅绒般漆黑的稀有黑曜石切割而成的，
外观漂亮，镶有金边，上面刻着阿蒙涅姆哈特三世的王名
圈，而伊比-舍姆的墓室中则有一个精美的黑曜石与黄金做
成的小匣子，上面也有阿蒙涅姆哈特三世众多名字之一，还
有一个巨大的石头瓶子，上面雕刻着接下来的法老阿蒙涅姆

哈特四世的名字。这些馈赠品——以及其他比布鲁斯出土的、伊提特威珠宝工坊中出品的黄金工艺品——表明这座城市的领主又开始为法老的朝廷提供雪松木了，作为交换他们也得到了法老的恩惠。

比布鲁斯北部丘陵中距离地中海海岸七十英里的地方有一座被高墙环绕的巨大城市，名为埃勃拉，这里的大墓地中同样出土了大量法老王国的货物，如黄金、哈特努布的雪花石膏和胡迪干河谷中的紫水晶等，它们表明伊提特威的朝廷与黎凡特地区更多的往来。但是，埃勃拉与伊提特威的朝廷之间交易的本质仍不为人知，该地区也出土了埃及中王国时期所制的类似但不那么壮观的物品，其原因我们同样无从知晓。它们无法告诉我们，来自法老或黎凡特文化的领主与人民究竟是怀着恐惧还是带着友谊去看待对方的。

与其时代相近的辛努赫（Sinuhe）的冒险故事似乎包含了某些关于这久已失落的真相的信息，就像狄更斯的作品也描绘了维多利亚时代伦敦的方方面面一样。这个故事是古埃及文学中篇幅最长且最著名的，其留存下来的有多个版本。

辛努赫的故事写成于伊提特威诸王的时代，讲述了他如何出于某些并未明说的原因，在法老驾崩后认为自己有危险，故而逃离了尼罗河谷地。在一路向北的旅程中，由于缺乏水源，他认为自己即将死去。就在这时，他听到了牛叫声，然后就被一群牧人救起，而这群人的首领因为之前到访过尼罗河谷地，认出了这位廷臣。喝了水和牛奶之后，辛努赫又继续前往比布鲁斯。但几个月过去，他无力地从一个朝廷来到又一个朝廷，终于见到了一位名叫阿蒙涅什

（Amunesh）的地方领主，此人带着他回到自己在黎凡特北部的故乡，当时已经有几名辛努赫的同胞居住于此了。"你和我在一起会很快乐，"阿蒙涅什对这位逃亡者说，"因为你可以听到来自故国的语言。"辛努赫对这位黎凡特主人谈到了法老驾崩一事，而阿蒙涅什以一篇长长的颂词作为回答，他说：法老是一位举世无双、大步行走的神明，没有人能够躲开他的箭矢；他是一位温和而令人愉快的领主，是一位在胎中征服的国王，生来便注定要打击黎凡特人和沙漠中的居民！阿蒙涅什之后收辛努赫为义子，让他加入自己的家庭，赐予他盛产无花果、葡萄、蜂蜜和大麦，并且有着无数牛群的土地。辛努赫就这样生活在了阿蒙涅什身边，像侍奉法老一样侍奉他。

　　一千多年来，书吏们不断抄写辛努赫冒险的故事，并将其用作学生们参考的范文。尽管其中大部分文本实际上描述的是各种修辞方法以及法老时代宫廷生活的礼仪举止，而不是冒险故事，但现代人的兴趣却主要集中在了讨论这篇文章对语法的运用和其中可能含有的政治历史之多少上。这个故事含有一个毫无争议的事实，那就是法老时代的书吏们将他们的黎凡特邻居描述得十分友善且富有人性，而不是像存留至今的文本中常常呈现的那样，是血腥的二元政治中的角色。424

西奈站——黎凡特综合体

　　　　　我正在西奈半岛做仔细检查……我将这份宝藏

封存在"绿松石阶地的哈索尔"领地的山中……我
按照我主上（国王）的命令前行，做了他所希望的
事。我在黎凡特人自己的国家中抵御了他们，平安
回到了王宫，将异邦土地上最好的东西带给了他
（国王）……

——代尔拜赫里的肯提坟墓祈祷室铭文

尽管西奈半岛上的铜矿距离尼罗河下游谷地十分遥远，
但那里仍有一座古埃及神庙。这座神庙是在伊提特威诸王时
代由王室支持建造的，供奉的是绿松石夫人哈索尔女神，对
她的崇拜、庆祝、供奉也在这里进行，她的祭司、祭司的家
人和助手也住在这里。

西奈半岛的哈索尔神庙位于如今名为赛拉比特卡迪姆
（Serabit el-Khadim）的地方，距海大约三十英里远，如同底
比斯的门图霍特普崖顶神庙一样矗立在一座高丘的顶端。其
中丛集的石碑以及构成横梁和门楣的石材仍旧屹立在天际线
上，如同一排残缺不全的牙齿。这座神庙最开始只有中心处
那个简朴的圣坛，它是位于悬崖顶部的一个小山洞。法老时
代的旅行者所用的许多沙漠道路旁也有类似的结构简单的山
洞圣坛。但是，只有赛拉比特卡迪姆的圣坛是位于尼罗河下
游谷地之外的，它独立于周遭的风景，完全与河流的流向、
星辰和人类的聚落不相干，它独一无二的形状仅仅是由它所
在的砂岩山脊的角度决定的。就像沙漠中的石堆路标通常能
够标记出前方的古老道路一样，崖顶的哈索尔神庙也矗立在
千年来埃及与黎凡特交通的道路上。这条路与穿过现代叙利

425

亚和约旦的荷鲁斯之路平行，如今被以《圣经》中的称呼定名为"国王大道"。

19 世纪 90 年代的赛拉比特卡迪姆，当时此地尚未经历发掘、掠夺和重建

赛拉比特卡迪姆是一个充满魔力的地方。在法老的朝廷建立之前的千年中，尼罗河下游的工匠就已经认识到了铜和绿松石之间的微妙关系，他们用铜做着色剂，以制造出绿松石色的釉料。这些材料来自生者世界与死者世界交界处的超自然地带，又被运输到了尼罗河下游地区，屹立于法老国度的核心之地。赛拉比特卡迪姆的山地活岩中闪耀的绿松石矿脉一直在被古人开采，而法老时代主要的铜矿，包括马加拉干河谷中的铜矿，则位于其两侧东西走向的峡谷之中。由于要想开采出这些材料，必须用到法老朝廷所提供的资源，绿松石便因此被认为是王家的象征，被广泛用于宫廷的珠宝首饰。它在绿松石夫人哈索尔的神庙中也得到了应有的尊崇，而哈索尔反过来又是荷鲁斯的母亲，因此也是法老和国家本身的母亲。

426

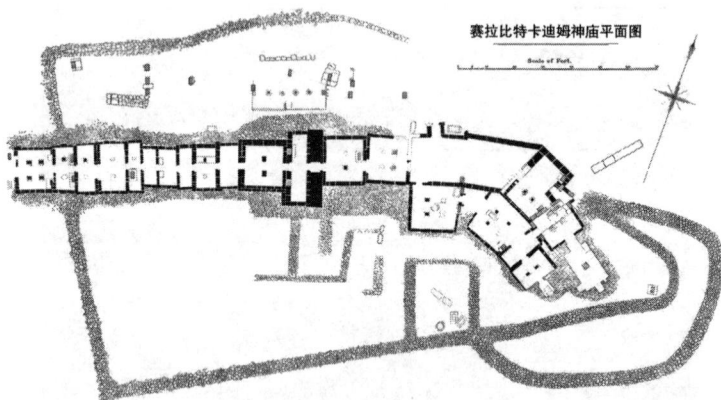

皮特里绘制的赛拉比特卡迪姆神庙平面图。尽管建筑上也出现了一些后来时代的法老的名字，近期的发掘结果表明其在中王国时期便拥有一系列门廊，通往两座同时期的圣坛，最大的那一座位于最东端，即所谓的"哈索尔山洞"

赛拉比特卡迪姆神庙后来在伊提特威诸王时代又被进一步扩建，将一座供奉王室祖先和其他神明的圣坛也包括在其中。工人们将通往小山洞的过道围在一系列长方形的庭院、门厅与供奉厅当中，并且将这整个建筑以干砌石墙围起来，还按照传统的方式在这之中建造了神庙祭司们的居所，以及陶艺工坊、烘焙坊乃至熔炼铜矿石的窑炉。有大量文本描述了这一非凡的建筑是怎样以与铜矿工人们相同的方式获得补给的——补给将直接从伊提特威运来，同时也会有宫廷雕塑师和制陶工随之而来，前者在当地的石头上刻下精美的铭文，后者就地取用当地的黏土制成宫廷风格的餐具。

在伊提特威诸王时代，赛拉比特卡迪姆竖立起大量经过仔细测量、以高雅的宫廷风格切割而成的石碑。其中有五十多块石碑得到了记录，肯定还有更多石碑已然丢失或损坏，或是磨损到无法识别，或是如今正收藏在某座遥远的博物馆中。尽管如此，这些古老的纪念碑对现代参观者而言数量仍然十分庞大，参观者在一路上行前往中心山洞的过程中，仍将穿过一片小小的碑林。 427

这些石碑中的大部分用常规方式展现了当时在位的国王站在圣坛所供奉的女神面前的形象。其他石碑则是为廷臣们刻的，这些廷臣负责监管从伊提特威派发补给品到各种各样的工程，西奈半岛的工程就是其中之一。通往神庙的道路附近的岩石上则直接刻有数百处涂鸦，记录了朝廷远征中身份更为卑微的成员的名字，有时还有画像——包括向导、书吏、工头、牧牛人、捉蝎子的人和采石工人。有些人切割出了较小的石头供奉祭坛和小石碑——它们中有许多都是不具备专业技艺的人制造出来的——献给这灿烂的荒野之中哈索尔的某些同伴：赫利奥波利斯、尼罗河三角洲以及东部沙漠中的诸神。

就像赛拉比特卡迪姆神庙中那一排排屹立着的石碑与比布鲁斯的神庙中和黎凡特其他地方的方尖碑十分相似一样，这座神庙的内部建筑结构与黎凡特的圣坛也有相似之处。实际上，赛拉比特卡迪姆神庙是那些相对简朴的建筑和同时代的法老神庙之间地理和文化双重意义上的折中点。从这个意义上而言，就像辛努赫的故事，它展现了伊提特威朝廷与其北方邻居间共有的一种集体性（communality）。这种集体性是新诞生的，因为之前孟斐斯诸王在西奈半岛岩石上的浮雕展现的是法老用战锤击打北方邻居的形象。

就像努比亚人参与了伊提特威法老向南方派遣的远征一样，同时代法老的北方邻居们也曾在西奈半岛的铜矿中开采过矿石。他们的领袖中也有人造访过法老国度的某些地方，这些地方有用以纪念此事的法老时代的浮雕。年轻的克奴姆霍特普在他父亲位于贝尼哈桑的坟墓祈祷室中刻画了一名骑在长耳朵叙利亚驴子背上的男子带着同样独具特色的武器的形象，表现了墓主人向黎凡特商队致意的场景。最近考古学家在阿拉伯谷中的发现证明了黎凡特人曾经在西奈半岛北部和东部的沙漠中开采并熔炼铜矿石长达数千年，伊提特威诸法老的铜矿工人可能也运用过他们所拥有的专业技术。实际上，赛拉比特卡迪姆的黎凡特人的祖先或许早在孟斐斯诸法老的工匠将这些北方邻居惊惶不安的形象刻画在暗红色的岩石上之前，便开始开采西奈半岛的矿藏了。

在这些沙漠高原上的文化碰撞中诞生的最重要产物是于1904 年与 1905 年之交的冬季对西奈半岛进行的一次开拓性考察中发现的，皮特里在此期间发现并复刻了一些棍状文字组成的篇幅较短的铭文，尽管这些铭文乍看上去不过是拙劣的圣书文字，但后来人们却发现无法破译它们。这些奇怪的文本中有一篇是刻在一座当地所制的斯芬克斯雕像的基座上的，其他一些则被直接刻在了未经加工的法老雕像上。不过，这些铭文中大部分则是刻在采矿竖井入口周围的岩石上的。这些铭文被发现十年之后，伟大的埃及学家艾伦·加德纳发表了一篇后来被他称作他对古代历史最伟大贡献的论文，其题为《闪米特字母表的埃及起源》（"The Egyptian Origins of the Semitic Alphabet"），研究对象正是这些铭文。加德纳宣称，尽管这些涂鸦中的文字与法老时代的圣书文字有关联，但它们实际上是以一种之前未知的文字写成的。他认为其中一些字符拼出的是女神巴拉特的名字，这位女神便是比布鲁斯最大的神庙所供奉的女神，那座神庙中的法老时代的铭文表示她便是哈索尔。加德纳总结道，考虑到这些短篇铭文的年代，它们无疑是目前已知最早的闪米特文字的书写形式，因为巴拉特的名字在这种分布广泛的古代语族——许多现代语言也属于这个语族——中意指"王后"或"夫人"。实际上，千年之后在另一片大陆上，同样的这些棍状字母成了希腊文与拉丁文字母表的主干。

在那之后，学者们又对这些所谓的"原始西奈字母"（Proto-Sinaitic）文本进行了大量研究，尽管如今我们只找到了不到一百五十篇这样的简朴铭文。其中一些是在黎凡特南部找到的，它们被刻在了国王大道附近铜矿边的岩石上，还有一些是在底比斯西部一条古老的货运路线边一处岩石露头上发现的。然而，其中绝大多数是在赛拉比特卡迪姆发现的，最近的分析表明这些字母的形式来源于此地可以见到 429 的那些属于伊提特威诸王时代的圣书文字。因此，法老时代的圣书文字中的某些元素转变为如今人们所用的英文字母的漫长过程，似乎起源于某个远离古老文化中心的地方，起源于一场发生于西奈半岛一座丘陵顶端的重要的古代文化融合。

黎凡特聚落——亚摩利人和泰勒达巴

又有笛曲，又有鼓乐，继此以后，
又听到了哄堂大笑，在这并非多见……

……他知道这就是雄壮的庇瑞克舞，
这种舞步黎凡特人都酷爱。

——拜伦勋爵，1821

在伊提特威诸王时代，黎凡特地区的主要居民从属于一种广泛传播而又十分独特的文化，他们对古埃及的历史产生了重要且持久的影响。这种文化传统上被称作"亚摩利"（Amorite），但不要将这个词与《旧约》中的"亚摩利人"混淆，在《圣经》中，"亚摩利人"指的是一个迦南部族。历史上"亚摩利"的概念是一群18世纪晚期的德国语言学家创造出来的，用来描述一个主要的现代语族的最早形式之一，之前这个语族被称作"东方语族"，但后来这些历史学家又使用了另一个从《圣经》中借来的词，将其命名为"闪米特语族"，这个词来源于诺亚之子闪。

亚摩利语已知最早的痕迹出现在公元前三千纪开始时的美索不达米亚文本当中。不过，没有一篇文本是用亚摩利语写成的，美索不达米亚和黎凡特的书吏们总是使用美索不达米亚传统的书面语言来写作。因此，亚摩利语在这些地区的出现，只能反映在其他语言写成的文本中不断增加的对闪米

特词语的使用，以及全新的人名和神明的名字了。但是，这 430
种罕见的现象却在同时出现的一种独特的物质文化中找到了
可靠的考古学上的证据，这种文化使用非常特殊的青铜武
器，其聚落亦有高墙保护。于是，亚摩利文化同时得到了文
字与物质上的证明，我们可以认为它在接下来的千年里在这
个地区广为传播，这种文化扩散催生了一种未经证实的理
论，即亚摩利人来自中亚地区并入侵了古代东方世界，就像
维多利亚时代的人们所认为的罗马帝国灭亡时发生的蛮族入
侵事件一样。

在伊提特威诸法老的时代，亚摩利文化的人民控制古美
索不达米亚的城邦已经有很长时间了。这些城邦，如幼发拉
底河畔的巴比伦和马里（Mari）等，之前只是简陋的聚落，
此时却已被大大扩建，并被堡垒般的城墙围绕了起来。在亚
摩利文化兴起的黎凡特地区，许多较大的聚落也用类似的方
式建造了泥砖防御工事，以抵御他们易怒的邻居，这一时期
的文献也讲述了不同时期不同城镇间建立的黎凡特聚落同
盟，包括比布鲁斯、阿什凯隆（Ashkelon），以及埃勃拉、
乌加里特和卡特那（Qatna）等考古发现地点。

就像后世的荷马一样，这一时期的宫廷书吏们也会用生
动而正式的、描写暴行与冲突的文字来歌颂其统治者的军事
成就。因此，他们创作的文本会给人留下的印象是，美索不
达米亚地区和黎凡特地区的城市与联盟之间不断发生战争，
它们在这一地区的历史中所扮演的角色也不断改变。然而考
古发现却表明，这些建造了防御工事的联盟也进行过大量的
赠礼和贸易活动；这些高墙围绕的城市也为货运队提供了保

护，使得古代的道路交通网络可以比之前更流畅地运转；这些尚武文化的领主通过对运输的货物征税，也从这种往来中获得了财富。实际上，堡垒的存在本身象征的似乎是这片地区的稳定，而非无穷无尽的小规模战争。

无论如何，新生的黎凡特贸易网络将众多古老文化与传统联结在了一起，从波斯和阿富汗到美索不达米亚的泛滥平原，再到黎凡特海岸边的城市。这里便是他们与伊提特威的朝廷联系的节点所在，如我们所见到的，大量的黎凡特木材、铜、酒和水果、橄榄油和油膏，还有产自更遥远的地方的青金石和铜锭、银和锡行经此地去往伊提特威。反过来，一些伊提特威工坊中所制的最精美的产品也会沿着这些古老的大道送到比布鲁斯、哈措尔（Hazor）、卡特那、马里、乌加里特和埃勃拉的朝廷之中。

因此，尽管书吏们写下了众多充满血腥的文章，这一时期黎凡特地区内战的程度却不应当被过分夸大。实际上，战争可能采取的是让装备华丽的青铜时代战士之间进行仪式性比武的方式。当然，并没有证据表明这片地区发生过激战，考古学家也没有找到足够的证据，表明黎凡特和美索不达亚的数百个古代堡垒中发生过攻城战。在大墓地之外，这些堡垒中只发掘出少量的遗体，这看起来更像小冲突而非大规模袭城造成的结果，我们也很少遇到火焚或破坏活动产生的灰烬或是烧焦的砖块。无论如何，亚摩利文化的兴起并未打断中东地区青铜时代社会的内在节奏。实际上，它还有助于技术与艺术的传播，这个重要的进程随后带来了物质上持续的繁荣发展。

黎凡特的工坊精通熔铸铜矿石的古老工艺，工匠们会在其中掺入少量的锡和砷，这样就可以辅助浇铸过程，或是生产出青铜及其他比纯铜更硬的合金。没有什么比所谓的"战士坟墓"更能体现这种文化在现实中的样子了，这种坟墓广泛存在于黎凡特和美索不达米亚地区，尼罗河三角洲也有发现——在这种坟墓中，男性墓主会拥有各种精美的武器作为随葬品，包括斧头、匕首和矛尖，它们用产自黎凡特、安纳托利亚、塞浦路斯与希腊本土的铜制作而成。这些武器的最终形态是常温锤打而成的，它需要不断对铜合金片进行退火处理，如此那些优雅的新武器才能拥有尤其坚硬的刃。

这些复杂武器当中最与众不同的是所谓的"鸭嘴"斧，它有着弯曲的木质手柄，在大量同时代的绘画中都有展现。例如，在贝尼哈桑的克奴姆霍特普父亲的坟墓祈祷室一幅表现黎凡特商队的画面中，出现了两名用右手巧妙而平衡地持着这种武器的人。这些带着竖琴和纺织线轴、弓箭和回旋镖、驯服的野山羊和载货的驴子的，服装和发型独特的人被称作"来自舒（Shu）的三十七个阿姆（Aamu）"。不过如今，我们通常称他们为"亚细亚人"（Asiatics），这个词在《圣经》中并未出现过，因此也不会让人无意中联想到现代黎凡特地区紧张的政治局面，但它其实和"利比亚人"一样指代不明，就像"利比亚人"这个词可以用于形容居住在古代尼罗河河谷以西的所有古代居民一样。

后来法老时代的工匠们开始用不同的文身、服饰和发型来区分他们北方的邻居们之中不同的亚文化群体，就像区分飞禽走兽的种类那样精确地区分他们。但这些贝尼哈桑坟墓

432

中埃及地区贝尼哈桑的克奴姆霍特普父亲坟墓祈祷室中壁画上的阿姆家族。领头的一群人中有两名男子右手握着鸭嘴斧

祈祷室中的"来自舒的亚摩利人/亚细亚人"究竟来自哪里却仍有争议，因为虽然他们的穿着、武器和姿态清楚地表明法老时代的绘图员认为他们属于黎凡特的物质文化，却没有特别精确地区分出他们。"舒"是一片地区还是一个地点？阿姆人是来自黎凡特南部还是北部，是来自巴勒斯坦、黎巴嫩还是叙利亚？他们是游牧民族，是许多法老时代文本中提到的"沙漠居民"，还是来自黎凡特北部某个有高墙围绕的聚落的使者？

433 　　这个问题在古埃及历史上引起了极大的反响。在来自舒的阿姆被画在贝尼哈桑的坟墓祈祷室中的同时，尼罗河三角洲东部地区存在着规模较大的黎凡特人群体，他们的居所建造在一个建立于门图霍特普时期的农业聚落的废墟上。数个世代之后，其向东半英里的地方又建立了另一个规模更大的黎凡特聚落，同一地区其他龟背地形之上又建立了其他拥有大墓地和神庙的聚落，因此到伊提特威诸王时代晚期，它们已经合在一起形成了一个覆盖大约二十英亩面积的集合聚落（conurbation）。在接下来的千年之中，尼罗河三角洲的众多小支流之一的岸边建起了一座规模相当大的港口，这些聚落也因此成为一个更大的聚集区的核心，其零碎的废墟仍大部分被掩埋在三角洲地区农民们所耕耘的平坦而整齐的农田下方几英尺的深处。埃及学家将这一轰动考古界的发现用当地一座村庄的名字统称为泰勒达巴（Tell el-Dab'a）。从1966年曼弗雷德·毕塔克（Manfred Bietak）带领的奥地利考古队开始，这一地区已经进行过广泛的发掘工作。

与泰勒达巴的门图霍特普时期的聚落不同，门图霍特普时期的聚落是按照朝廷在尼罗河三角洲地区建立殖民地的惯常方式建成的，由网格中模块化又简朴的住处组成，而黎凡特人的居所则通常更大也更阔气，其饱含异国情调的对称性与比例仿佛穿越了时间与空间，直接承袭自黎凡特北部的聚落，在那里类似的聚落既包含居所，也包含神庙，其起源地就在仅一步之遥的美索不达米亚南部。在泰勒达巴已知最早的黎凡特聚落旁的一处墓地中，人们发现了更多能证明这一重要的洲际交流的证据：墓地中有些墓主人拥有鸭嘴斧、铜合金矛尖和其他所谓的亚摩利战士墓葬中配备的东西作为随葬品。实际上，泰勒达巴出土的标志性斧头比整个古代东方任何其他地点都要多。

毕塔克在这里发现一尊比真人还大的男子坐像的碎片，这一重要发现表明，尼罗河三角洲地区的黎凡特聚落并非入侵和殖民的产物，也并非不速之客建造的。这座雕像工艺精 434 湛，是来自埃及宫廷工坊的产品，它被放置在坟墓的附属建筑当中，似乎是用于接受供奉的。这座雕像由一大块产自尼罗河谷地的石灰岩雕刻而成，以法老的姿态端坐着，梳着倒碗状的发型，皮肤涂成黄色，长袍上还刻着条纹和方形图案，与贝尼哈桑的坟墓祈祷室壁画中来自舒的阿姆人拥有相同的特征，画中的人所携带的回旋镖——其形状与一个表示几种"异邦人"的圣书文字相同——像权杖一样被雕刻在了雕像的胸前。因此，这是一尊精美的法老风格的雕像，雕刻的是一个地位尊贵的黎凡特人。

同时代黎凡特北部的大墓地中，也有些大型墓葬室的门廊两侧摆放了类似的雕像。然而，奥地利考古学家在泰勒达巴的洋葱田里发掘出的坟墓却是依照传统的法老王国风格设计的，遗体上方有砖砌拱顶，与阿拜多斯的沙漠大墓地相同。墓葬室中也有按法老王国风格设计的盛装供品的陶器，这尊巨大的石灰岩雕像似乎基座上也用圣书文字雕刻了标准的法老王国供奉准则。不过，这片大墓地中有些死者也有黎凡特战士墓葬中的武器作为随葬品，还有几头殉葬的驴子，而这是同时代黎凡特北部地区典型的墓葬风俗。

泰勒达巴的其他墓葬中则有来自黎凡特人接触过的其他文化的作品。其中一座小型墓葬里的死者被放在典型的法老文化式样的棺材当中，随葬品里有大量产自法老王国的宝石珠子以及从黎凡特北部进口来的餐具，但同时也有一枚米诺斯工匠设计并打造的灿烂的金吊坠，此外还有一些来自同样遥远的文化的彩陶。这些东西很少成为黎凡特地区游牧部落墓葬的随葬品，而是一个高度国际化聚落的墓葬的随葬品，这个聚落中的人保持了自己独特的文化身份，却在尼罗河下游地区繁荣发展，并且吸收了法老文化的许多方面。

在更广阔的历史范围内，这种兼收并蓄的文化融合是尼罗河三角洲地区考古发现的一大特色。尽管法老们一直

泰勒达巴的吊坠

持有"莎草之地与蜜蜂之地的领主"这一头衔，三角洲地区莎草茂密的沼泽地却是狭窄的尼罗河谷地之外一片流动的边缘地区。在这一地区之内，高等法老文化总是会相对减弱，它在尼罗河泛滥期间总是会被洪水淹没，同时又会在尼罗河水位较低时受到地中海的海水渗透的影响。然而，三角洲地区是孟斐斯与伊提特威朝廷的面包篮子和牧场，该地区不断变换位置的河流与淤泥河岸、繁茂的水边草地和放牧地在千年之中不断被法老及其臣民定居、开发和利用。

因此，法老们的三角洲地区的圣坛中供奉的部分神明也在西奈半岛的赛拉比特卡迪姆拥有圣坛，加瓦西斯干河谷中的红海港口制造的石碑上也有献给这些神明的祷词。就像法老的廷臣们将比布鲁斯的当地神明巴拉特与哈索尔混同，这两个名字在赛拉比特卡迪姆的不同文本中并排出现一样，哈索尔的儿子鹰神荷鲁斯在尼罗河三角洲地区的圣坛中也与

"锐利者"鹰神索普度（Sopdu）混同，而索普度同样是异邦土地的神明。

三角洲也是法老通往黎凡特的门户所在。就像库索贝克的陆军从三角洲出发，沿荷鲁斯之路北上一样，维齐尔克奴姆霍特普去往黎巴嫩的远征队也是从泰勒达巴地区的港口那样的三角洲港口启航的。曲折的尼罗河支流沿岸有许多港口，都可以通往开放海域。比布鲁斯之船便在这些码头解开缆绳，开启前往克里特、塞浦路斯和爱琴海的航程。

泰勒达巴的黎凡特人很可能也在这样的国际交易中拥有一席之地。就像黎凡特铜矿工人或许在王国建立之初便向法老的工人们传授了技艺，阿布西尔诸法老的神庙浮雕也展现了黎凡特水手在法老的航海船只上划桨那样，"比布鲁斯之船"的名字或许也表示的是船上海员的出身而非其目的地港口。

根据奥地利考古学家的估计，大约有两百万只黎凡特双耳陶罐——这是一种航海时用于盛装补给的漂亮陶器——被进口到了泰勒达巴。然而，法老的狭窄河谷与开放海域之间的那个聚落却不只是进口货物（如木材、金属、珍贵的油和香料）进入埃及的地点，因为随着这些货物而来的还有对更为广阔的世界，以及其生活方式、工艺品、图画、手工艺技巧和建筑的认识。这为法老文化带来了深远的影响。

努比亚的堡垒

与水源主要依靠降水，景色由杂乱无章的河流、丘陵与平原交织而成的黎凡特地区相比，尼罗河上游的阿斯旺对法老的廷臣们而言更为熟悉，因为努比亚的景色就像是他们故乡的精简版。尽管努比亚东部和西部的沙漠人迹罕至、距离遥远，它们却能给人一种熟悉感，且古埃及人一直以来都在这里开采金属和硬石。法老的采矿远征队征服了这里严酷的环境，他们带足了装水的皮囊，足以将金子从沙漠里的矿脉中洗刷出来。

在阿斯旺以南的尼罗河河谷中，居住着半游牧的牧人与农民部落，他们的小村庄散布在河中淤泥堆积成的小块土地之上。早在孟斐斯廷臣哈尔库夫的远征之前，法老时代的航海者们便已经在相对安全的情况下游遍了这个地区，那之后他们继续向西方和南方走，进入撒哈拉沙漠，也是在相对安全的情况下进行游历的。门图霍特普二世的使者在乌威纳特山丘上的一块孤零零的岩石表面留下的铭文并未表露出在朝廷的交通路线再度恢复时，他们遇到了任何敌人，而只是说亚姆之地的人们为法老带来了礼物或货物。

但同时，努比亚地区尼罗河沿岸的情况似乎有所不同。阿斯旺附近一处岩石上刻着的涂鸦记录了一场门图霍特普的朝廷发起的沿河远征，这次远征从阿斯旺又向南行进二百英里，来到了尼罗河第二瀑布处，一路与当地居民发生了不少冲突。因此，获得"地平线之地"的异国产物的途径，包括通往法老的金矿和铜矿的道路有时似乎会被努比亚北部地区的居民威胁。我们可以在门图霍特普二世一些简朴的神庙中找到有关对这种危险所做的回应的直接表达，经典的宫廷图画中被法老当成国家之敌予以打击的倒霉对象不再具有黎凡特人的特征，而是成了努比亚地区的居民。画中人有着卷曲的头发以及独特的服饰和姿态，他们的肤色也比法老的工匠们用来表现黎凡特人和法老王国中男性居民肤色的黄色和红赭色更暗。

这种不断增长的敌意使得法老的一些远征队避开了河流，选择沿西部沙漠中的商路前进，甚至干脆乘坐比布鲁斯之船从萨乌港航向南方。无论如何，朝廷交通的中断似乎在接下来的数十年中变得更为频繁。在森沃斯雷特一世统治期间，在"进行了二十年的往来之后"，另一处怀着怒气刻下的涂鸦记录了维齐尔安特佛克领导的某次远征中发生的暴力事件：

安特佛克说："我是个勇武之人，一个来自底比斯的令人愉快的人，一个手指灵巧的书吏，一个谦卑的人，爱那个人［指国王］，将衣物［分发］给他的军队……我以胜利者的姿态向上游航行，屠杀河岸上的努比亚人，收割了他们的庄稼，砍倒了他们的树后又返回下游。我点燃了他们的房子，就像对待那些胆敢反叛国王的人一样……"

438

下面又写道：

雷尼卡（Renika）说："我在这里刻下［涂鸦］的
时候，正和……维齐尔……安特佛克在一起，我们在
'大桨'［船的名字］上……书吏雷尼卡，已故的赫卡
特（Hekat）之子。"

同时代对南方的不安定情况做出的另一个回应带来了更
大的成果，那就是在接下来的一个半世纪当中，沿着尼罗河
在努比亚地区一段二百五十英里长的河段修建了由大约十七
个单独要塞组成的防御工事。考古学家威廉·亚当斯
（William Adams）将这个防御工事称为"古代世界中建立的
一连串最强大的防御工事"。

这些令人印象深刻的泥砖防御工事有些是建在伊提特
威诸王的采石场和金矿附近的，可以同时提供加工、储藏
和保护的功能。但是，其中大部分堡垒集中在一段三十英
里长的荒凉地带，此地名为巴特恩哈加尔（Batn el-
Hagar），位于尼罗河第二瀑布处，其名意为"石头肚
子"，在这里，白色的巨浪冲刷着最荒凉也最严酷的沙
漠。这些堡垒中有许多建在河岸边或是此地众多的岩石岛
屿中的几座上，直接处在彼此的视野范围之内。当堡垒之
间无法直接看到彼此时，它们就需要用别的方式保持联
络。数以百计的涂鸦表明，这是通过建在高耸于河流之上
的岩石与悬崖沿线的瞭望塔和观察哨实现的。在更早之前
的历史当中，法老的朝廷从未建造过任何与其有丝毫相似
之处的东西。

439

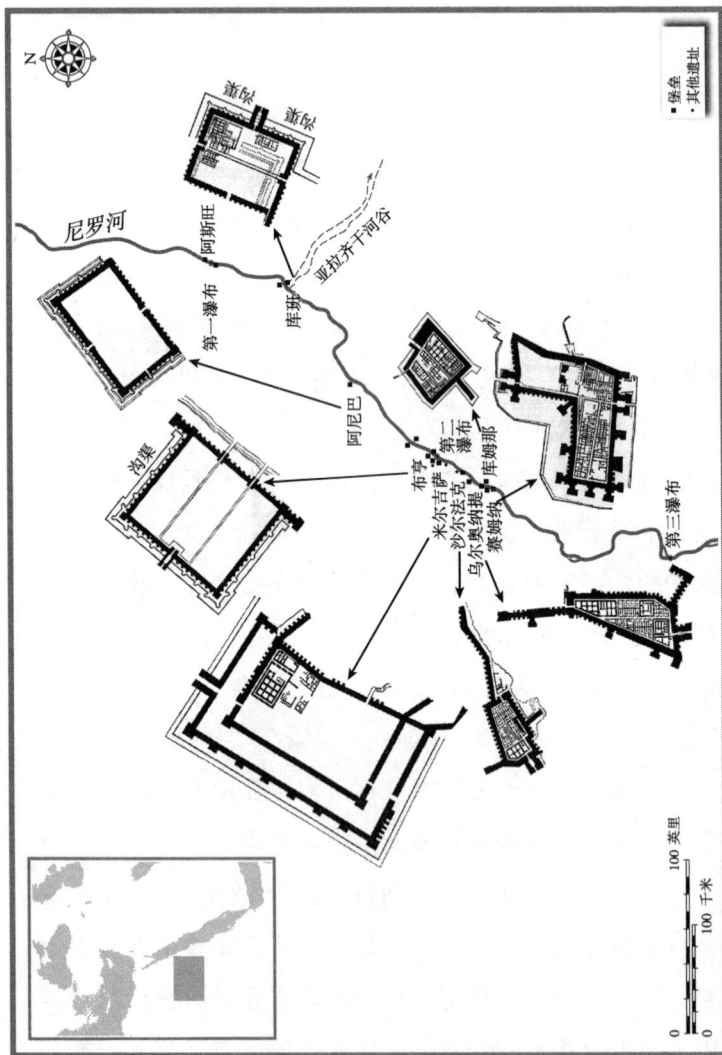

努比亚堡垒的地理位置和部分平面图，其中大部分集中在尼罗河第二瀑布附近岩石嶙峋的地区当中

不幸的是，这卓越防御工事中最好的那部分如今已和努比亚下游的其他地区一起被淹没在了纳赛尔湖中。堡垒巨大的泥砖墙壁已经完全垮塌，后来建造在其庭院中的石灰岩神庙也被拆解成一块块石头，有的被用在附近的建筑中，有的则被保存在埃及或苏丹的博物馆中。但是，在数千年前，强大的堡垒群统治过这孤单沙漠中的谷地，就像阿尔卑斯山上的一系列城堡那样。

尽管由于处在尼罗河畔崎岖不平的地带上，其布局各不 440
相同，这些堡垒的基础设计却是一致的，均由坚固的要塞与围绕着它的外墙构成。每座堡垒都有着典型的长方形形状，其最长边的长度从二百到一千余英尺不等，内部包含三百人的居所、大型仓库和一座小神庙。堡垒的外墙高达三十多英尺，屹立于深深的干护城河上，外墙厚度达到了二三十英尺，其上有精心设计的箭孔，四边和四角还设有大量棱堡。最长边的中间是巨大的门户，既通往沙漠，也通往河岸，还有人造的防御性回廊，保证城防部队可以持续获得水源。至少有一座堡垒被认为拥有吊桥。

简而言之，这些建筑拥有绝大多数会被商博良及其同时代人认为是在大型攻城战中生存下来所必需的基本要素，它们与一系列国王的形象相称，这些国王中的一位名为森沃斯雷特，这个名字后来被赋予了古典神话中伟大的武士法老赛索斯特里（Sesostris），希罗多德对他带领的强大军队有着如下的叙述：

横穿大陆从陆路进军，征服了一路上遇到的每一个民族……就这样，他穿越了整个亚洲大陆，从这里又继续向欧洲前进，成为塞西亚与色雷斯的主人……

直到近期被淹没之前，这些堡垒的一部分都被流沙保存得相当好，它们的围墙和防御塔的状态甚至好过许多欧洲中世纪的堡垒。到 20 世纪五六十年代，因为努比亚下游地区即将被阿斯旺大坝建起后升高的水位淹没，考古学家匆忙对该地区进行抢救性发掘，结果发现了它们。在后续数年，这些威风凛凛的建筑的照片、复原平面图和论文被用于说明它们所属时代的历史，而伊提特威朝廷在努比亚刻下的一些铭文中的字句，为这样一场惊人的建筑入侵提供了清晰的书面的动机。

441 　这些铭文有一篇刻在了所谓的界碑上，铭文说这座界碑标志的是"南方边境，矗立于此，以阻止任何努比亚人通过此地"。靠南的伊提特威堡垒赛姆纳（Semna）又有另一处界碑，上面的铭文也用类似的方式说自己是：

上下埃及之王卡卡雷（Khakare）［赛索斯特里三世］统治的第 8 个年头确立的南方边界，以防止任何努比亚人通过陆路或船运经此地去往下游，努比亚人的牲畜也不得通过此地，来伊肯（Iken）［上游米尔吉萨（Mirgissa）地区的堡垒］做生意的努比亚人，或者执行官方任务的努比亚人除外……

这些文本中最清晰的一篇一式两份刻在一对石碑上，石碑由巨大的阿斯旺粉色花岗岩石块打造而成，大约有五英尺半高，其中一块石碑位于赛姆纳堡垒的一座小神庙里，另一块则在附近的乌尔奥纳提（Uronarti）岛上一座岩石凸起上的堡垒中。下面的引文来自布雷斯特德1906年译文的修订版，对英语世界的历史学家而言，这篇文本在20世纪的绝大部分时间都是标准文本，其令人不快的口吻让人们很容易把这些古代堡垒解读为古代帝国主义的大规模展现：

森沃斯雷特三世的所谓第二赛姆纳石碑。图中
展示的是这篇著名文本首次面世时的样子，出
自莱普修斯的《古迹》（1849）

森沃斯雷特三世统治第16个年头，泛滥季第3个 442
月，陛下设立了南方边界……比他的父辈们更远……

朕乃言出必行的国王，朕心中所想之事必然能够实行……［朕］渴望……攻击人的，就要攻击他，要么对事情保持沉默，要么就按照事实做出回应。因为若有人在被攻击后沉默，那么敌人的心就会因此变得强大起来。

渴望战斗可谓勇武，躲闪逃脱可谓怯懦。在边界上被赶走的，可谓真正的懦夫。尼格罗人（Negro）留心听……嘴里说的。赶走他们就是对他们的回应。当人渴望与他对抗，他就会转过身去，当人逃脱溜走，他就变得渴望战斗。但他们并非强大的民族，他们弱小，内心胆怯。朕看到了他们，这并非虚假。

我俘虏了他们的妇女，我夺走了他们的臣民，我走到他们的井旁击打他们的公牛。我收割了他们的庄稼，又在那里点火。我以我父亲的名义［发誓］，我说的是真话，我的口中没有说出过任何谎言。

从今往后，朕所有的儿子中，若有维护朕设立下的边境的，才是朕的儿子，是朕所养的……从今往后，若有懈怠的，有不愿意为之而战的，他就不是我的儿子，不是我所养的。

从今以后，看着吧，朕要在这边境线上竖立一尊朕的雕像，那是朕所造的。你们将因此兴旺繁荣，你们也将为之而战。

这种强有力的宣言有先例，可追溯到孟斐斯诸王时代早期，西奈半岛的岩石上便刻着法老击打瑟缩着的黎凡特人的图画。它们各自通过文字或是图像展现了不服从法老，破坏或是扰乱法老世界的平衡与秩序的后果。

这些堡垒的特殊建筑结构也有着明确的先例。尽管阿斯旺以北的地区从未建造过这样的建筑，且其建筑结构的细节也完全是前所未闻的，但在黎凡特，许多同时期的青铜时代堡垒都拥有和它们相同的设计。当然，法老的远征队很久以前就造访过这些强大的四方形建筑，自孟斐斯诸王的时代起，神庙和坟墓祈祷室墙壁上的浮雕或壁画中便出现了它们的形象。

443

一些阿布西尔神庙中雕刻的黎凡特堡垒的形象如今已经残破不堪。但是，部分画在廷臣坟墓祈祷室中的堡垒却保存至今，并且展现了法老的民兵小队攻打这些异邦要塞的场面。尽管这些画面十分生动，其细节刻画得仿佛在讲述趣闻轶事一般，但其中的主要场景——攻击者排成的队列，堡垒中居民在被箭雨侵袭、遭受来自脚手架和云梯上的攻击时的姿态——不过是工匠们场景库中的标准画面，无论是画面里还是附带的说明文本中都没有与这些堡垒的大小和所在位置相关的信息。

这类作品存留至今的最精美的一幅是在门图霍特普二世在位期间绘制的，位于代尔拜赫里的一座大型排柱坟墓的一排立柱上。据铭文记载，这座坟墓属于一位名叫因特夫的王家掌玺大臣。它像个守卫一样，矗立在通往上方门图霍特普神庙的巨大而宽广的堤道旁边。在开放庭院后方阴影覆盖的柱廊和常见的表现农耕及王室成员的活动的图画中，有一幅表现的是因特夫和二十三个武装起来的人乘坐在三条船上的场景。下一根立柱上刻画的是同一拨人攻击一座黎凡特堡垒的场景，而其下方则展示的是因特夫在监督从堡垒抓出居住其中的人的工作，这些人包括五个女子、几个孩子，以及十二个男人。他们都身穿有明亮条纹和方格图案的长袍，皮肤则是黄色的，这是当时的工匠在画中表现黎凡特人的方式。

反过来，因特夫手下的民兵则穿着朴素的白色短裙。这种服装用亚麻布制成，不使用颜色鲜艳的天然染料。他的军队有五名黑皮肤的努比亚弓箭手。这些努比亚人脚边放着装满了箭的箭袋，佩戴着独特的流苏和头带，就和他们那些曾在尼罗河下游谷地中担任民兵并出现在安赫梯菲的坟墓祈祷室中的祖先一样。如同其他围攻堡垒的画面展示的，攻击这座堡垒的人也在它的墙壁上搭了木质脚手架，几名守方人员正从这个脚手架上滚落到地上。

1926 年春，温洛克在距离因特夫坟墓只有一百码远的地方发现了能证明这种冲突的危险性的可怕证据。他手下的工人打开了一座简朴坟墓的走廊，发现里面堆放了六十具干尸，这些人都是战死的民兵，有些仍然戴着弓箭手的护腕，身边也有上着弦的弓。温洛克发现这些人都不是在近身交战中受伤的，这并不令人意外，因为没有证据表明在这么遥远的年代也有阵地战。然而，他们伤口的角度与攻打有高墙的堡垒时所受伤害的角度是一致的。医学分析发现这些民兵许多都死于头部受伤，这样的致命一击可能来自高处落下的重物，也可能来自从上方射下的乌木箭，有些尸体上甚至还残留着箭头。这些不幸的战士有许多都被抛弃在战场上好一段时间，因为他们尸体上一部分血肉被鸟从骨头上撕下来吃掉了。但之后就有人赶走了鸟，将这些在未被记录的战斗中牺牲的人的尸体收集起来，由远征队带回法老的王国，葬在代尔拜赫里的宫廷墓地当中。

最近的估算显示这些战士是在公元前 1870 年前后下葬的，当时在位的法老是森沃斯雷特二世。当时，黎凡特堡垒的设计者已经改进了其最初的形式，因特夫坟墓中简单的直边堡垒已经变成了复杂的防御系统，堡垒墙壁下方有着角度陡峭的基座，这似乎是用来防御攻城锤的。这些有角度的墙壁也出现在了同时代贝尼哈桑的坟墓祈祷室里的攻城场景中，努比亚的堡垒中也出现了这样的结构，这表明其建造者已经意识到了最近黎凡特军事建筑方面的发展。

实际上，这种与众不同的军事建筑传承已久，亚伦·伯克（Aaron Burke）最近发现，它起源于亚摩利人的踪迹第一次被记录时的美索不达米亚平原北部，此时更为古老的聚落周围建起了城墙与护城河。到公元前 3000 年中期，美索不达米亚和黎凡特地区的邦国联盟对古老的防御系统进行了极大的强化和改进。在后来的几个世纪中，护城河、壁垒和方形角楼也得到了发展，同时还增设了大型防御性门户。这种纪念性建筑结构中包含由三对石柱支撑的高高的桶形拱顶走廊，这样的革新之后又迅速出现了有角度的墙壁、棱堡和箭孔。

大型的黎凡特邦国会建造成群的这种特殊结构的建筑。它们被设置在古老的贸易线路上，保护着这些小邦国的领袖家族，其中最大的那些保护的是城市中心，如阿勒颇、阿什凯隆和卡特那等，位于战略要地的较小聚落、村落和村庄也

445

拥有类似的防御工事，成为综合性防御体系中的外围元素。这种黎凡特军事建筑整齐划一且分布广泛，看上去就好像它们全都是由四处旅行的专业工匠设计建造的一样。

努比亚的伊提特威堡垒展示出的正是与之一模一样的建筑结构，在规范性、设计细节以及统一的防御系统上都完全相同。它们实在太过相似，即便努比亚的堡垒不是由黎凡特人自己设计的，其设计者也一定完全理解黎凡特堡垒设计和建造的方式。从高效的棱堡和箭孔的布局，到通往尼罗河和沙漠的标志性的三层门户，这些黎凡特堡垒建筑结构中的异邦元素都以法老王国中泥砖建筑的建造方式被打造了出来。努比亚的这些堡垒都是用尺寸一致的大块泥砖砌成的，放置泥砖时所用的古老的法老王国建造方法也考虑到了这些巨大而厚实的、新建成的墙会在较软的泥砖逐渐变硬的过程中有所变化，而这个过程会持续数年之久。

这令人着迷的文化交流在布亨的堡垒中体现得最为明显，其设计者将法老王国高等设计与工艺中的严格对称特质放到了来自另一块大陆的奇异的建筑结构之中。据推测，是伊提特威的朝廷感到自己在努比亚面对的情况与他们在黎凡特见到的情况类似，因此在这里复制了异邦土地上那些为安全和军力而建造的建筑。

然而，努比亚堡垒所处的环境与发展出了其坚固原型的环境截然不同。黎凡特邦国似乎在建造堡垒上花费的资源比任何其他建筑计划都要多，但伊提特威朝廷作为古代东方最大的单一实体，却在同时用巨大的石块建造金字塔和神庙。相比之下，泥砖则普遍得多，使用这种建筑材料仅需要花费国家资源中的一小部分。

此外，许多黎凡特堡垒建造在古老的聚落之上，这些聚落周围的农田一直在为聚落中的居民提供补给，据推测被派去建造新的防御工事的正是这些居民。反过来，努比亚的这些法老王国的堡垒大部分是在处女地上建成的，位于多石的沙漠中的河畔，当地的人口和畜牧群的规模根本不足以支撑这样的建筑工程。稀少的人口也根本不可能谋划结成同盟，入侵北方的王国。同样，尽管法老王国的石碑碑文和涂鸦的译文如此宣称，但实际上这些努比亚堡垒不可能是出于对移民的恐惧而设计建造出来的。就像居住在泰勒达巴的黎凡特人和平而成功地吸收了法老文化一样，许多努比亚人长久以来也一直供职于当地埃及长官的官衙或法老的朝廷。实际上，各种各样的努比亚群体已经在阿斯旺以北五十英里长的河道周围生活了数千年之久。

当然，我们决不能设想古埃及人的生活也像现代国家的生活一样安全。法老王国的历史上各个时期留下的记录都讲述了个人和集体遭到暴力威胁的情况。就像历史中绝大多数人一样，法老国度中的人们在面对各种各样的危险时也十分脆弱，那些将香料、黄金与铜送回到法老宫廷的船只和货运队也一样。当然，努比亚的堡垒是建造在现代军事当中被称为防御要冲的位置上的。它们的诸多古称的定语部分——"控制沙漠的"、"驱赶麦德杰〔（Medjay），即努比亚人〕的"、"征服的"、"镇压的"、"挡住的"——也流露出了类似的不安定感。 447

但实际上，下努比亚地区的生活并非如此。考古中没有

539

出土任何一点能证明这些堡垒遭到了攻击的证据——泥砖墙壁上没有卡着任何箭头，堡垒中也没有找到任何留有暴力痕迹的尸体。考古学家们在堡垒许多房间里发现的少量灰烬层并非劫掠留下的证据，而是在法老的城防卫队离开后房梁烧毁或生火做饭造成的，残留下来的陶器可以证明这发生在几个世纪后此地被当地人占用时。

非常幸运的是，一座底比斯坟墓出土了努比亚堡垒中的城防部队所写书信的碎片，它们与农夫赫卡纳赫特的档案形式相同。这些文件也表明在伊提特威诸王时代晚期，至少在森沃斯雷特三世那词藻浮夸的石碑竖立期间，下努比亚地区的实际生活是截然不同的：

……第3年，泛滥季第3个月最后一天，出发巡逻"驱赶麦德杰"堡垒旁的沙漠边缘地区的边境巡逻队回来了，他们向我报告说："我们找到了三十二个人和三头驴子留下的痕迹……"

……第3年，泛滥季第3个月第27日，两个麦德杰男人、三个麦德杰女人，还有两个婴儿（？）从沙漠中的丘陵上下来了。他们说："我们来是要在宫廷中侍奉，生活繁荣安康。"我们向他们询问了沙漠中的情况……之后您谦卑的仆人我在同一天把他们赶回到了他们的沙漠丘陵中……

……第3年，泛滥季第4个月第7日，[许多]努比亚人[来了]，当时正是晚上，他们想做些贸易。他们交易了带来的货物……第3年，第2季度第4个月第

8 日早上，我们按照习俗给了他们面包和啤酒后，他们乘船向南航行，回到了自己所来自的地方。[附言] 泛滥季第 4 个月第 8 天……又有六个努比亚人来到堡垒……要做些贸易。他们交易了带来的货物。同一天，他们乘船向南航行，返回了自己所来自的地方。 448

这些堡垒既非古埃及的马其诺防线，也不是一个帝国狂妄自大的产物，其夸张的建筑结构实际上保护着粮仓、铜矿石熔炉，以及一些用来从碎矿石中洗出金粒的设备。但最重要的是，这些堡垒是进行贸易的前哨站，是促进与南方来往的气派的商队旅馆。有些堡垒旁挖掘出了运河，以便法老的船只在泛滥季躲开瀑布带来的危险。用黏土和木材建造的结构简单的滑道穿过沙漠绵延数英里，起到的也是相同的作用。在阿斯旺大坝建成之前，这些设施有一部分仍然保持着完整，并且仍然保留着法老船只被沿着滑道拖拽时龙骨留下的磨损痕迹。

因此这"古代世界中建立的一连串最强大的防御工事"并非像传统的历史学家猜想的那样，是展现殖民主义力量的丰功伟绩式的前哨站，而是像大多数古老的堡垒那样，是仓库和用来控制并促进过境交通的设施。

努比亚堡垒在法老时代的历史中是一种独一无二的尝试，是古老的朝廷补给系统中添加的全新元素，从阿蒙涅姆哈特一世在位期间维齐尔安特佛克的时代开始，一直到森沃斯雷特三世在位期间，堡垒建造工作一直在以不变的方式持续进行，它们的创新之处以及它们与伊提特威朝廷行政结构的融合，在建筑结构的统一性和存留至今的城防部队书信记录里的信息当中得到了强调。堡垒中还找到了许多维齐尔和其他政府官员的印信，这暗示了它们是在廷臣们的直接控制之下运作的。这些印信中有一些还表明，堡垒的工作人员来自全国各地：例如，其中一枚印章称其所有者为"沼泽居民总管"，而这个头衔属于尼罗河三角洲的地方官员。

还有一些线索表明这个庞大的建筑工程取得了成功。廷臣们刻在第一瀑布旁的花岗岩上的铭文和涂鸦的数量显著增加，这表明阿斯旺以南的交通出现了明显增长。阿斯旺地区同样出现了繁荣的景象，象岛上建起许多新建筑，附近的悬崖上也建起许多属于当地长官的大墓地，瀑布旁又挖掘了一条河道，进一步增加了全年皆可前往努比亚和遥远的堡垒链的路线。

毫不意外，这些堡垒的运转对当地人产生了极大影响。在法老的国度担任民兵，并按埃及的方式组建了家族的努比亚人长期来一直被称作"麦德杰人"，来自东南部沙漠某个地区的人也被以同样的名字称呼。但到了森沃斯雷特三世在位期间，堡垒的书吏们已经开始用麦德杰来称呼各种各样居住在努比亚的人了——包括沙漠居民、牧牛人以及生活在堡垒旁的农民。反过来，努比亚的不同群体似乎也因这个词而获得了某种类似于共同身份的东西。

这些堡垒的运转也给法老的政府带来了相当程度的影响。在此之前，这种历史悠久的结构从未以如此大的规模为如此遥远的前哨站提供行政管理和补给。实际上，它也从未参与过除运河开凿、金字塔及神庙建造之外的大型建筑工程。在更早些的时代，中央和地方官员都拥有小规模的民兵部队，他们通常是麦德杰人组成的，一般由拥有译为"士兵总管"头衔的人控制。但是，到了森沃斯雷特三世在位期间，对努比亚城防部队的管理和补给使控制结构发展得更加正式也更加复杂，这可以通过朝廷中出现的许多全新的头衔和称号反映出来，一些历史学家在部分头衔和称号中发现了"古埃及军队的诞生"。当时第一次出现了那些如今通常被翻译成"团""长官""指挥官"的词语，而且似乎所有的这些都是由伊提特威的"大指挥官"负责管辖的。伟大的古代军队就此诞生，虽然实际上努比亚城防部队的人数全加在一起可能也只有几千人而已。

在尼罗河第二瀑布附近两座岩石嶙峋的岛上，建起了两座 **450** 巨大的、按传统方式设计的宫廷式大宅，它们展露了当时下努比亚地区的实际生活状况。它们位于各自所处的岛顶头的溪流上方，精确地对准了东西南北四个方向，这样的方位表明就和王家金字塔一样，它们很可能也是供国王本人居住的地方。当然，它们的建筑结构中留下了足够一整个王室家族居住，以及法老日常生活中举行各种仪式所需的场地。但和附近的堡垒不同，这两座大宅墙壁较薄，完全没有任何防御设施。

和努比亚铭文所用的修辞一样，努比亚堡垒也是复杂的文物。不管它们看起来多么具有"现实功能"，它们的建筑结构本质上仍然是从一个遥远而好战的地区引进的，这种对图画和建筑的传统运用也是在尝试着减轻某种特定的焦虑。毕竟，航行到蓬特之地或通过沙漠货运队游历至乌威纳特山丘，为居于世界中心的伊提特威朝廷提供赐予其生命、形式与完整身份的材料补给是一码事，要永久性地控制法老国度秩序世界之外的地区是另一码事。

20世纪60年代，在努比亚地区完全被淹没之前，考古学家对一些堡垒进行了发掘，发现了一些罐子、碟子和模型，上面写满了诅咒。这类物品用途非常特殊，却并不鲜见，从孟斐斯诸法老的时代起便已有制作，是专门用来摔成碎片，以达成祛除诅咒的目的的，与在代表自己憎恨或害怕的人的娃娃上戳针的巫术是同一原理。

法老王国最大规模的梦魇贮存器具——它们体现出来的正是石头建筑中展现的那个自信的古埃及的另一面——被埋在了最大的努比亚堡垒外面，位于米尔吉萨周围那四处散落着岩石与黄沙的景观之中。这里挖出了一个大坑，数以百计破碎的罐子和碟子——许多上面覆满了用颜料写成的文本——被扔在了这里面，还有许多日常生活中的物件的简朴模型——动物、鸟类、船只、被捆起来的俘虏、面包模具、弓箭，以及描绘头、肢体和眼睛的图画，甚至还有微型炼铜坩埚，它们被扔到一起，然后像一场古代葬礼一样，被埋进了地下。不远处又发现了更多物品和更多捆起来的俘虏的模型，其头部受损严重，被一起埋在一个浅坑之中。附近还有其他这样的填埋坑，里面有一层层融化的红蜡——这可能是某种仪式后留下来的残余物——以及一把燧石刀和一个人头，这可能是某个努比亚人的首级，他无头的身体就埋在距这里不远处的一座浅浅的坟墓中。

底比斯和阿斯旺也发现了许多组类似的物品。其中一件保存情况非常好，上面写着的诅咒里有一长串不受欢迎的人

451

的名字，其中有一个似乎是维齐尔安特佛克的儿子。名单中的这些人和他们的母亲都遭到了侮辱谩骂，之后书吏开始了一段包含尼罗河下游周边所有地区的警示之旅，并以如下诅咒结尾：

……对每一个想在这整片土地上发起叛乱的叛徒：

所有的麦德杰人……

所有的努比亚人……

[他们的] 英雄，[他们的] 奔跑者，

所有和他们在一起的人 [指古埃及人]，

所有和他们在一起的亚洲人，

所有和他们在一起的莎草与蜜蜂的家族 [？]

……

所有和他们在一起的异邦人，

所有来自西部丘陵中的邦国的人，

……

他们的英雄和奔跑者

死者安特佛克

萨特索贝克（Satsobek）与安特佛克所生

[还有] 伊马斯（Imas）所生的森沃斯雷特。

还有些类似的文本诅咒了噩梦、恶言恶语、社会冲突，以及所有活着的或已死的，想要通过密谋、战斗或反叛来推翻法老的人。同样的文字还出现在努比亚堡垒附近发现的大量破碎的罐子和碟子上，在捆着的俘虏的小雕像上也有，他们被按照长久以来的传统塑造成了祭品一样跪着的姿态，双手被捆在背后，喉咙暴露在外。

这些奇怪的埋葬物件的方式表明它们是某些漫长而谨慎的做法的残余，其中的文字和形象与后世的某些宗教文献中的十分相似，描述了从死亡到重生的永无止境、日复一日的旅程。由此可见，在下努比亚广袤的荒原之中，许多书吏和民兵依照任务收集了一套古代的禁忌物品，在它们上面用颜料写满诅咒之后，放进了他们的堡垒当中。他们将自己害怕的东西以这种方式转化为有形的具体物件，同一名被捆缚的俘虏一起穿过巨大的石头铺砌的拱形门廊，来到这一片由暗色硬石和流沙组成的令人不安的景色当中。他们脖子上挂着护身符，背靠着高大的堡垒墙壁，在汹涌湍急的河流上方一处低矮的高地上挖了一个浅浅的大坑。然后，他们将写满文字的陶器打碎，烧掉他们敌人的模型，并用燧石屠刀将俘虏斩首。最后，他们将所有代表他们的恐惧的东西扔进坑里，像进行一场葬礼一样把它们掩埋在黄沙之下。

第八部分

中王国：

重建后的国家

（公元前 2000~前 1660 年）

26   故乡的宫廷

伊提特威的王家定居地

> 伊提特威王宫中的诸位国王：八位国王共统治了　　455
> 213 年 1 个月又 17 天。
>
> ——都灵王表，VI，3

有关伊提特威诸王的众多谜团中最大的一个，便是他们王宫的所在地，因为伊提特威已经彻底消失了。

伊提特威诸王的朝廷通常遵从孟斐斯时代传承下来的礼仪和习俗，早期伊提特威国王的王宫似乎与他们的金字塔相距不远，这表明伊提特威就位于开罗以南四十英里处，现代村庄利什特附近，这里离中王国时期最早的两座金字塔——阿蒙涅姆哈特一世和森沃斯雷特一世的金字塔——的废墟不远。

实际上，利什特这个名字似乎就来源于"伊提"加上阿拉伯语不定冠词后组成的"艾尔-伊提"（el-Itj）。而且，最近在村庄背后的沙漠中发掘时出土了一组杂乱排列的房屋的一部分，在阿蒙涅姆哈特们和森沃斯雷特们的时代之后，一系列在位时间短暂、更替频繁的国王统治的数个世纪中此地曾有人居住。如今，一些资料表明伊提特威在当时仍是王宫的所在地，因此出土的一系列房屋墙壁或许代表着更为古老的中心定居点上的增设建筑，而这个更古老的定居点的遗迹还深埋在利什特的果菜园中一排排豆子和洋葱，以及泥水中生长的一团团颜色鲜艳的埃及车轴草之下。

456

法老国度的住宅建筑群一般是以对称形式设计的，如今所知的这些属于伊提特威诸王时代的建筑也显然是以端正的正交形式布局的。用来限定伊提特威这个词的矩形圣书文字符号表明，王宫位于高高的围墙之内，而且可能是按照同样的传统理念建造的。实际上，这个矩形的圣书文字符号带有一个表示泥砖的图案，与孟斐斯王宫已经使用了一千年的图案相同。

但是，这个王家矩形当中究竟含有什么建筑却很难确定。就像当时除了神庙和坟墓祈祷室之外的其他建筑一样，其中的住处肯定是泥砖建成的，有着用石头做成的门框和用棕榈或金合欢木做成的屋顶。它们的各个部分与国家住宅建筑采用的一套标准形式相吻合：圆锥形的谷仓、庭院与比例和谐的长方形房间，其中最大的房间里面有几排用来支撑房顶的立柱。就像其他时代的法老王宫的平面图所显示的那样，这些建筑低矮而宽广，结构较为简朴，不会消耗太多的国家资源。

同时代的书吏们给伊提特威的王宫取了许多名字，包括

"王家房屋"或"领地","国王的围场"或"宫殿",甚至
"神明的神庙",这些名字让我们觉得它的建筑布局中应当
包含圣坛、仓库和王室家族居所。在整个法老时代的历史
上,这是伊提特威王宫的各个部分,乃至王宫的矩形墙壁外
官僚体系的各个部分第一次出现在部分廷臣的头衔中。于
是,廷臣们就成了各个仓库和保险库的"封印人"或"保
安",宫廷所需的补给品就是从这些地方分发的,工匠们也
是从这里拿材料的。但就像之前的头衔和称号一样,我们很
难确定它们所对应的、廷臣们在朝廷中真正的职能到底是不
是固定的,又具体是什么。这也使得我们同样无法确定伊提
特威官僚体系的形态和这个官僚体系所在的建筑的布局。

另外,利什特的大墓地是按照与孟斐斯和底比斯诸王几 457
乎相同的方式,按照严格的优先顺序来布局的。这里有一道
围墙,包围着王家金字塔及其附属的小金字塔,以及埋葬王
室女性的竖井墓葬,大部分朝廷官员的坟墓则在中心围墙外
不远处。这表明伊提特威的生者们的定居之处应该也有同样
的分区,外围是一个环形,其中有王宫所在的矩形区域,还
有其他功能不那么明确的区域,包括国家仓库,以及廷臣、
工匠、书吏、那些与建造建筑和收集分发国家物资等国家级
行动切实相关之人的住处和办公场所。若把吉萨的定居点当
成先例,矩形的王宫与居民区、国家仓库、粮仓、石头院子
和港口之间就应当有更多物理上的分割。

从根本上来说,矩形的王宫这座活着的法老的居所中住
着国王以及王家官员们和他们的家庭成员,包括神明与人类
成员。在这里,国王被称作王宫中的荷鲁斯。因此,就和王

宫还有国家的中央档案机构和法老在人间的家族以及家族中的仆人、书吏、乐师一样，王宫的围墙之内也会进行类似于神庙中每日供奉神明那样的仪式，但这些仪式是以在世的国王为核心的。这里还有一座王家朝觐大厅，在国王没有离宫巡视王国其他地区时，法老会和国家高级官员一起在王宫中召开会议，与会的廷臣便是那些头衔可被译为"朋友"或"心腹"的人，以及拥有维齐尔或总管等头衔的人。王宫或许也是法老时代延续了几千年的节庆活动，如赫布-赛德重生节——伊提特威显然进行过这种节庆活动——之类的活动准备和出发的地点。

伊提特威的高级廷臣的居所或许比法老的居所要小一些，因为他们并不需要用来准备和进行日常王家仪式的地方，他们似乎也没有那么多女眷，但无论是国王还是廷臣的家庭，都需要类似的供生者居住的空间和储存物品的设施。所有这些居所也都拥有一些共同的经过设计的建筑元素，主要包括较大的主门、一些有木质立柱的开放庭院，通常还有矩形的中央水池，以及一些有围墙和更多立柱、能通往一排排较小房间的大厅。伊提特威的王宫和高级廷臣的居所都拥有会客大厅，各个家族的首脑会在这里会见办事人员和访客，并发布被铭文记录下来的命令和戒律。当然，这样的大厅中也会住着书吏，并放着莎草纸档案。

所有这些居所当中必然都有陶器、织机房和烘焙坊、厨房、酿酒厂和屠宰场，或许还有工匠作坊，以及主家族的居住处和仆人、书吏、乐师的家庭居住的较小的房间。实际上，这样的家族中的生活气息仍然能够在维齐尔梅克特拉的随葬模型中感受到。他们所经历的现实的幽影，他们所用立柱的基座和存留下来的厚厚的泥砖墙壁的底部在其他宫廷定居点都有出土——如利什特向南三十英里处的拉胡恩（Lahun）、阿拜多斯、尼罗河三角洲中的几处地点等，在下努比亚的堡垒旁的大宅中也有小规模遗迹出土。按照法老时代的标准，这些地方居所中有些建筑结构大而复杂，有许多开放庭院和大型储藏室，还有大约七十个大小不一的房间。所有的这一切都表明其建造目的是为永久居住在此地的地方官员的家族，以及造访此地的君王的随从们提供住处，因为我们已经知道伊提特威诸王会在全国范围内进行广泛的游历。

因此我们可以想象，伊提特威的矩形王宫也是类似地建在许多较小的廷臣居所之间的。当然，其中各个家族的成员相互之间也联系紧密。许多文件都讲述了高级廷臣的孩子们在王宫中长大的事，许多高级廷臣家族的亚麻织物也被埋葬在了代尔拜赫里的王室家族女性成员的坟墓里。

伊提特威的定居点中还有一些卫星家族、工作室和作坊，它们属于书吏、工匠还有宫廷雕刻师和金字塔建筑工人。这些工坊有的或许建在廷臣们的大房子中，其他的则建在王宫自身的围墙之内。就像孟斐斯文本描述了法老监督王宫中一块石头上的铭文雕刻工作一样，王家金匠、家具制造者、雕塑师和其他工匠这些职业也在众多含义模糊的宫廷称号之中脱颖而出。无论如何，尽管其他由国家支持的工坊都位于塞加拉或阿拜多斯这样的地方，大部分宫廷工匠的家族却显然就住在伊提特威。王家定居点中的手艺人和工匠数量

459

众多，并且得到了充分的补给，相互之间联系紧密，因此在伊提特威建立之后不久就出现了一种全新的宫廷风格。从精致的浮雕和珠宝到家用陶器之中都明显可以辨认出，这种风格正是诞生自王家定居点。

有了这么多的家族，伊提特威的人口可以达到数千之多。这一独特的、有文化的群体包含宫廷祭司、国家政府官员和高级工匠，他们是法老时代文化的鲜活的心脏。贯穿其中的权力架构仍在部分留存至今的文件中可以窥见。例如，一则王家谕令下令让一名伊提特威的廷臣前往阿拜多斯，对奥西里斯崇拜进行改革，重建他的神庙：

> 国王给王子、伯爵、王家掌玺大臣、唯一的同伴、两金屋的总管、两银屋的总管、首席掌玺大臣伊科尔诺夫雷特（Ikhernofret）的诏令……

> 朕命令你去往上游提尼斯地方的阿拜多斯，为朕的父亲奥西里斯，这位最重要的西岸人建造纪念建筑，要用精美的黄金装饰他秘密的形象，这黄金是他让朕自努比亚凯旋时带回来的。

> 你一定会以最好的方式完成这一切，为朕的父亲奥西里斯带来好处……因为你是作为朕的学生长大的。你是朕的养子，是王宫中唯一的学生。当你成为二十六岁的青年人时，朕让你成为朕的同伴。朕之所以这样做，是因为朕认为你品行优良，能言善辩，从一出生起就是

460

一个有智慧的人。

现在朕派你去做这件事，是因为朕知道除了你之外再没有人能完成它了。去吧，做完了朕命令的所有事情之后再回来……

文本接下来描述了伊科尔诺夫雷特怎样重建了这座一个世纪前森沃斯雷特一世在位期间建造的奥西里斯神庙，他怎样将这位神明的圣船和神圣的形象用贵金属、珍贵的木材和宝石装饰，他又怎样改革了祭司们的仪式，在节庆活动中指引他们，让东岸的人和西岸的人心中都感到愉快。伊提特威的廷臣们将这一切记录在三块石碑上，石碑由手艺精湛的宫廷雕刻师们刻画而成，然后被放到在阿拜多斯宽广的平原上建起的一座小型泥砖祈祷室中。

很显然，伊科尔诺夫雷特的文本讲述的是一位王家密友和同伴，一位与国王关系密切的高级廷臣，一位管着由工匠、书吏和仪式执事官组成的一大群人的领导者的故事。阿拜多斯的另一块石碑展示了另一道类似的命令是怎样从伊提特威的朝廷中一级级传下来，从伊科尔诺夫雷特这样的人传到他手下员工手中的：

维齐尔森涅布的儿子提亚蒂（Tjati）的书吏来找我，要我去完成维齐尔发布的任务。我和他一起走了，来到定居点总管、维齐尔安克胡（Ankhu）的办公室。这位官员向我下达了王家谕令，说：

　　"现令你净化阿拜多斯的神庙建筑群。为此，特给你派遣了工匠，以及该行省神庙和祭神供品仓库中的祭司们。"

　　于是我就净化了它，包括上方和下方的建筑，内部和外部的墙壁，绘图员们重新绘制了设计图……

王家朝会

　　法老王国大部分货物，即提供给国家的仓库和粮仓、建筑工地和国库的补给品和材料，都会被送到伊提特威的定居点之中。就像许多文本描述的，朝廷的供给者、货运队领导者、水手、采矿远征队的领导者和努比亚堡垒的指挥官都会在王宫的王座厅内觐见法老。

　　这并不仅仅是一个有关宫廷程序或礼仪的问题。一些神庙建筑工人和在维齐尔安特佛克的命令下负责将小麦运送到王宫的人，需要像主持祭祀的祭司们一样剃头。同样，在王宫中举办朝会时，熏香会像在围绕法老进行日常仪式时一样被点燃——法老下令建造神庙或堡垒、开采打造石棺所需的粉砂岩，或将补给品送往伊提特威时也是如此。那些远征队领导者、建筑工人、水手和工匠会被召集到他们所在的这个世界的中心，就像廷臣辛努赫浪子回头的故事中所描述的那样，他虽然逃亡到了黎凡特，最终却还是回来了，并且在王家朝会上面见了国王。

　　破晓时分，天还很早，他们便来唤我了。来了十个

461

人，又去了十个人，把我送到了王宫。我在斯芬克斯之间磕了个头，而王室的孩子们正站在门廊中等着会见我。

辛努赫所描述的王宫门廊上的斯芬克斯与王家神庙入口的斯芬克斯布置相同，如吉萨的哈夫拉河谷神庙和阿布西尔的神庙等，这些建筑门口都有着类似的狮子形象。就像在神庙中一样，伊提特威王宫的双重大门廊前的斯芬克斯代表的也是从凡间到异界之间的过渡。

其他宫廷居所的平面图和表示"宽广的大厅"——指朝觐大厅——这个词的圣书文字符号都表明，在觐见伊提特威的法老之前，面圣者需要先拐过一系列让人晕头转向的直角转弯。这一段路完全是不对称的，和常见的布局规整的法老时代建筑以及尼罗河河谷的自然景观截然不同。实际上，这种结构除此之外只能在通往王家墓葬室和一些神庙圣坛的通路中找到。

因此我们可以想象，走过了入口门廊处阳光照射下的斯芬克斯，错综复杂、令人困惑的黑暗的入口走廊，以及突然间变得阳光明媚的庭院后，辛努赫将在失去方向感的情况下来到王家朝觐大厅的门口，根据故事中的描述，他当时心中充满了忧惧。王宫有时是危险的地方，不仅对辛努赫这样的请愿者而言是如此，对国王自己来说也是同样的：另一个同时代的故事中，法老一天晚上在王宫里被王室家族的人谋杀了，"那些原本用来保护我的武器却被用来对抗我了"。

和当时其他所有住宅建筑一样，王宫墙壁高处也开了小

462

小的窗口，既用于照明，也用于保持空气流通。就其本身而言，泥砖是一种性能极好的天然隔热材料，法老时代的建筑工人又长于利用盛行风，可以让阴影覆盖下的房屋内部变得凉爽，与屋外令人目眩的阳光形成强烈的对比。从窗口射入的小束明亮的阳光让空气中的尘埃闪耀着金色，但房屋内部却依旧是封闭、阴暗且相对凉爽的。

阳光从一扇接着一扇的天窗中斜射而入，带来了照明，也指引着辛努赫的眼睛越过一排光影斑驳的柱子，看向朝觐厅另一端的一座有阶梯的台子，而国王——这个穿着白色亚麻布衣服，戴着闪耀珠宝的小个子男人——正坐在一把装饰精美、造型古典的黄金椅子上。这种有立柱的大厅与神庙内部颇为相似，或许也对辛努赫这种不习惯于此类环境的造访者产生了与神庙类似的影响。尽管辛努赫有着与国王最亲近的几位廷臣的陪伴，在面见国王之前他的名字也得到了宣告，但根据故事里所述，他还是因恐惧而瘫倒在地。

> 我看到陛下坐在他的王座上……在银金矿制成的大门中。陛下对这些朋友中的一人说道："把他扶起来，让他对我讲话！"……

故事接着讲述道，国王宽恕了辛努赫许多年前离弃朝廷的愚行。之后，王室家族的女性成员进入了朝觐室，国王对王后说：

> "看，这位就是辛努赫，他回来时已经是一个黎凡

463

特人，是游牧民族的孩子了！"她发出一声惊呼，王室女性们也一起尖叫，并对国王说："王上啊，主人啊，真的是他吗？"陛下说："真的是他！"她们拿来了项链、摇铃和叉铃，献给陛下……

这暗示王室女性们想要唱一首歌，同时用叉铃等打击乐器进行伴奏。叉铃是一种乐器，上面有着小型铙钹一样的碟子，摇动时会发出变硬的干树叶一样的声音。国王似乎答应了她们的请求，因为故事接下来的二十多行都是精心写就的诗。这些王室女性用传统的宫廷礼仪首先祝愿法老健康长寿，然后祝贺他统一了莎草与蜜蜂的王国，最后希望法老也像他一直以来对待臣民们那样，对辛努赫表示同情。根据接下来几行的描述，国王显然是答应了这一请求：

陛下告诉辛努赫不必害怕，他会派人带他到更衣室去，任命他为［王家］密友。我从更衣室中出来时，王家的孩子们向我伸出手，我们便一同穿过了双重大门廊。

根据故事所述，辛努赫似乎与那些为他在国王面前请愿的王室女性成员关系密切。因此我们可以看到，王室家族的女性成员并不是被封闭在东方主义的后宫之中的，而是在国家事务中扮演着活跃而强大的角色，朝觐本身是高度形式化的过程，王室家族的层次丰富的节奏在黑暗的大厅中回响，就如同在诸神的神庙之中一样。这似乎是伊提特威常见的情况，因为辛努赫的故事的开头部分告诉我们，在法老逝世后，王宫的双重大门廊将被关闭，一切将陷入可怕的寂静之中。

喂养法老——供养伊提特威

464　　　　　《家庭管理教化原则与格言》（"The Doctrynal Princyplis and Proverbys Yconomie, or Howsolde Keepyng"）
　　　　　——《朗伯斯手稿》（*Lambeth Ms.*）306, fol. 64

在存留至今的文件中，只有一份与为阿蒙涅姆哈特们和森沃斯雷特们的朝廷提供给养的全国供给系统直接相关。它是一封正式书信，是有关一批运送到王宫的粮食的，其现代编辑者威廉·凯利·辛普森认为这个王宫指的就是伊提特威的宫廷。这封信的寄出者就是那位代表第一位住在伊提特威的国王阿蒙涅姆哈特一世组织并执行了前往蓬特与努比亚的远征的维齐尔安特佛克，因此信件中的"第17年"指的应该也是这位国王统治的第17个年头。

　　　　第17年，泛滥季第2个月，第8天。
　　　　聚落总管、维齐尔、六大法庭的总管安特佛克给提尼斯地方（阿拜多斯附近）的宫殿管家们下达了这样的命令：

你们要做好准备，按照我命令的方式，准备好到下游的（王家）行宫去，每人带上一百五十赫卡特（hekat）单位的小麦，两倍赫卡特单位的麦芽，还有一万条面包。

我会在行宫计算这些东西。尽量带新麦子来……

送信人：饲犬官门图霍特普的儿子门图霍特普，以及西-阿格尔特布（Si-agerteb）的船员中因特夫的儿子森贝夫（Senbef）。

赫卡特是一种体积单位，可以很方便地测量粮食仓储量，但就像欧洲市场时至今日仍然被当作等价单位使用的升和千克一样，它也可以被用作重量单位。尽管现代世界中我们鼓励人们使用标准的重量和体积单位，但在之前的年代里却并非如此。例如，许多西方社会会同时使用英寸、盎司、克、蒲式耳、米和升等单位，每个单位所代表的具体的量在不同的社会可能也会有所不同。但总的来说，赫卡特这个单位的大小比较接近英制单位中的加仑，因此安特佛克下令送到行宫的粮食总计重约半吨。

若我们说法老时代的埃及是铜构建出来的，那它所用的燃料、技艺的来源和繁荣的根基就是粮食。尽管埃及的农作物需要精耕细作，产量也相对较低，但它们仍是人们赖以生存的主食，且与许多只能在新鲜时吃的食物不一样，粮食是便于保存的。这正是考古学家在从北方的三角洲到努比亚的

465

堡垒之间的埃及聚落中，不断发掘出各种各样、形状大小各异的粮仓的缘故。

法老王国最常见的粮食是双粒小麦和大麦。这两种作物在特性上是互补的。赫卡纳赫特（页边码第 372 页及此后多页提及之人）显然不是尼罗河下游河谷中第一位根据年度洪泛水位在不同地点种植这两种作物的农民。双粒小麦是适合于制作面包的作物，它们喜欢灌溉情况较好的土地，而当时主要用作酿酒和饲料的大麦则更适合于生长在较为干燥、含盐度更高的土壤中。

尽管留存下来的文物很容易让人认为粮食和牛肉是伊提特威的主要食物，但当时坟墓祈祷室和神庙中的浮雕和壁画，以及考古学家收集的一系列信息却证实了狩猎和捕鱼也是王国每日给养的重要组成部分，许多记录都描述了将鱼、鸽子、水禽和一块块野生动物的肉送到祭坛、宫廷家族和码头工人团体处的事。实际上，很多更大的家族都包含去河边捕鱼的渔夫家庭和在沙漠中狩猎的猎人家庭，国家采矿和货运远征队也有猎人陪同。

因此实际上，伊提特威宫廷以及其他生活在尼罗河下游地区的人所吃的食物既产自耕地，也来自该地区更宽广的未经开发的土地。农田、果蔬园、葡萄园、牧群与来自沼泽、河流和周遭沙漠的野味一起提供了均衡的饮食，使得古埃及在人口不断增长的情况下仍然维持住了高于生存所需标准的食品消耗，木乃伊的状况也证实了这一点。一些规模较大的国家工程的考古发掘结果证明，这种饮食在伊提特威诸王时代始终被小心地维持着。

466

一份莎草纸残片上有一份罕见的食谱，描述了伊提特威宫廷在长达两星期的饮食，如同赫卡纳赫特的档案和努比亚堡垒的日志一样，它也出土于一座底比斯坟墓，这一次是在一个名叫奈菲尔霍特普（Neferhotep）的人的墓葬室中。他的头衔可以被翻译成"主围墙（伊提特威？）中的会计"。这份莎草纸残片告诉我们，奈菲尔霍特普得到了厚葬，他似乎是维齐尔安克胡——那个监管了阿拜多斯的神庙重建工作的高级朝廷官员——手下的人，因为奈菲尔霍特普的坟墓中还出土了另一份莎草纸，上面写的是有关这位维齐尔的庄园的事。

奈菲尔霍特普详细记录了一位国王及其宫廷成员在造访底比斯的十三天内所消耗的食物。和往常一样，这位法老也被熏香与无名者包围着，甚至这一次连法老本人的名字也没有出现。但是，其他文本表明维齐尔安克胡侍奉过阿蒙涅姆哈特们和森沃斯雷特们之后的许多位同样住在伊提特威的短命君王。当然，奈菲尔霍特普莎草纸上记录的无名国王发挥着和他的前辈们相同的功能，即接见一些来自地方的廷臣以及三名麦德杰领导者组成的代表团，并拜访底比斯附近梅达蒙德的门图神庙，当时这里正在举办节庆活动。

国王一行人似乎是乘坐着小型船队来到底比斯的，并且住在了卡纳克的阿蒙-拉大神庙旁、之前的法老们在位期间所建造的宫殿中。奈菲尔霍特普的账目记录了国王的随从们，其中有各方面的总管和管家，一些书吏、乐师和民兵，还有维齐尔安克胡，国王的一众家庭成员，国王的四个孩子，还有一名和维齐尔安克胡或许有些亲戚关系的后妃。总而言之，这是一支人员组成十分有趣的队伍，它也证明了辛努赫的故事里所描述的王家朝觐场景的真实性，即王室家族的女性成员的确发挥了重要作用。

467　　　奈菲尔霍特普的莎草纸就像阿布西尔神庙中的记录一样排版整齐，但是分成两列记录的。这两列分别题为"收入"和"支出"，都小心翼翼地记录了食物的数量——几条面包、几罐啤酒、几袋枣子、几捆蔬菜，并且每一天都计算总数，剩余的食物量则被记录在题为"剩余"的地方。蔬菜和其他易腐坏的食品是每天购入的，它们自然也因此频繁地出现在收入和支出当中。其他一些保质期较长的食物则会在列表中被作为仓储记录下来，也可以在需求上升时作为额外的补给。这些食物是通过征收和捐赠得来的，就和朝廷官员在王国中游历时获得食物的方式一样。

　　或许，这份独一无二的记录反映的过程与为伊提特威本身提供补给的过程十分相似。显然，被列明的这些在造访底比斯期间获得了食物配给的不同等级的廷臣和他们的助手，对应的正是伊提特威的定居点中可以复原出来的那些分区的居民。一行列出的是政府官员和主要的廷臣所消费的食物，另一行则是王室家族成员和王宫内的职员。

　　列表中所有的消耗——指的是奈菲尔霍特普的账目中的"支出"——与"收入"下面列明的宫廷供给达成了平衡。除了在需求增加时额外征收的补给品，供给的来源被分成四类。其中一类包含了直接由阿蒙神庙提供的面包，或许是在仪式上准备的，就像每天供奉给诸神的供品一样。这些食物或许出产于之前国王设立的、用来支持阿蒙神庙日常运转和这位神明的祭司及仆从的家庭生活的土地。其他三类来源是由三位廷臣掌控的，但无法确认他们提供的这些补给最初来自哪里。就像朝廷中的其他许多角色一样，这些官员的职责也很难在他们头衔的译文——如"南方首领"——中体现出来。

当然，没有证据表明当时存在统一的覆盖全国的课税或征收系统，尽管一份存留至今的莎草纸上记录了一次土地测量活动及之后向一位"王家财务大臣"汇报结果的情况，它有时会被当作国家对农业收成进行课税的证据。这次古代的测量当然有效地记录了对这片土地出产量的评估。然而，这份文献记录的也可能只是为了维护坟墓祈祷室或神庙而授予的土地的测量结果，文本本身并没有提及将对土地上收获的农作物进行征收，用于维持国家运转。实际上，赫卡纳赫特小心写就的书信中也完全没有提及任何与国家课税或税收相关的内容，甚至没有提及国王或国家官员。 **468**

为了解释这个现存记录中的空缺，有一种说法认为法老王国会在粮食被收割后立刻进行征收，所以赫卡纳赫特并没有将其记录下来，毕竟纳税如同死亡一样，是生命中无可避免之事。但是，将收入的一部分作为税收收取的做法本身是现代人的一种发明，认为法老时代的国库也会将全国范围的税收作为增加储备的常规手段的构想则纯属虚构。若是法老时代的埃及真的有某种类似的伪货币系统运行（这种情况不太可能发生），那这种国家资源的重要组成部分也肯定会像其他国家级活动一样变得神圣化，一些有关这种活动的痕迹也肯定会被保存到今天才对。

当然，存在另外一些更简单的为朝廷提供补给的方式，这些方式与现代之前的大部分朝廷采用的方式相似。例如，奈菲尔霍特普记录的法老游历底比斯的过程表明，若朝廷还需要为远征队或建筑工程提供额外补给，它们可以从多种来源获得，朝廷官员可以征募渔夫和猎人，或是征收农场储存的粮食以作为权宜之计。这些来源的补给品在奈菲尔霍特普的账目中被作为礼物和捐赠物列明，和朝廷工程中的劳力以相同的方式记录，因为劳力也会在需求增加时从普罗大众中征募。更多不同的文件和王室法令特别豁免了神庙工作人员和神庙中的物资，使其不会因这种非常规课税而有所损耗。

为了给伊提特威的人提供补给，朝廷或许从河谷和三角洲地区的一系列庄园、王家领地和殖民地中获取了食物，用的是与获取献给死者的课税——供品——相同的方式，这些供品来自死者生前为了这一目的而特意设立的庄园。朝廷也为神庙设立了用于同样目的的庄园，由侍奉诸神的祭司们进行管理。从这个角度看，金字塔和神庙这样的大型建筑工程或许会需要开垦新的农田和地基，征募上来的劳力就靠朝廷拥有的食物仓储来提供补给。

这样的猜测有时会被描述为对"古埃及经济"的探索。然而，生活在孟斐斯、底比斯或伊提特威的任何人都不认识这样的词，因为古埃及并不存在现代概念中的"经济"，没有管理日常生活中各种元素的抽象理论，不管是在农田上，还是在宫廷中。只有肥沃的土地上进行的农耕活动本身，其规模相当大，并且在不断扩张，才能为更多人口提供食物，支持宫廷进行的种种活动，还有为满足诸神、死者和他们活着的仆从而进行的供奉和建造活动。

将这些国家的遗迹——金字塔、坟墓与神庙、书面文件、聚落、工坊中的产品——维系在一起的并非诞生于其他大洲其他时代的某套社会、宗教或政治上的抽象概念，而是一系列错综复杂的关系，是生者对死者、对诸神、对凌驾于他们之上的国王的宫廷的责任。

这便是决定研究法老文化的历史学家们如何对待他们的研究对象的关键点，他们或是将其当成现代社会的原始版本或异化版本——好莱坞中的"古埃及"便来自这种传统学术界——或者，他们会尝试将这个失落已久的古老国度用其自身的术语，在存留至今的文物和现代人的敏感性所允许的范围内，尽可能忠诚地描绘出来。

洪水与法尤姆

有一个十分明显然而又常常遭人忽视的事实，那就是在伊提特威诸王的国家，那些不负责生产食物的人的生存是直接依赖于生产食物的农民、渔民和猎人们的。因此自然而然，对伊提特威的人们来说，获得并储存食物补给，保证供给从农夫流向宫廷、其所有的活动和依靠其生存的人们这一需求，便是法老的廷臣们最重要的利益所在。从最初的法老的时代开始，如同最早的纪念建筑所证明的那样，国家行政管理系统让农业生产超越了自给自足的限度，用剩余的农产品为建设法老文化提供了所需。

与现代世界不同的是，法老的国度在没有技术创新的情况下，用最古老的农耕手段积累了大量的剩余农产品。当

470

然，富饶的尼罗河下游地区，肥沃的土壤、宽广的河流和强烈的阳光最终满足了国家加诸农民身上的各种需求。由于土地丰饶多产，农业管理较为松散，国家官员并不会精确测量农民们的收获，法老时代留存下来的账目碎片里充满了基本的加减法错误。只要每年一度的洪泛还足够丰沛，需求增加时还有可以进一步开发的未经耕种的土地，朝廷便能轻松运转，走向繁荣，可以同时保证大量建筑工程的进行和总人口规模的稳步增长。

河流是关键所在。水位似乎在因特夫们和门图霍特普们的时代重新开始上升了。在接下来的世代中，宫廷迁移到北方的伊提特威，孟斐斯北部发掘出来的三个属于那个时代的农业聚落都使用了国家住房计划中常用的模块化布局，通过尼罗河谷地陶艺工坊出产的碟子、碗、煮锅、储存罐和面包模具来提供补给。这三个定居点有一个建立在一座废弃的孟斐斯聚落上，如今此地名为莫林达·阿布·加利卜（Merimda Abu Ghalib），位于尼罗河三角洲最南端、尼罗河一条小支流的牛轭形河弯上，河流从这里开始缓缓流向大海。另外两座聚落建在处女地上，位于多沙的三角洲龟背地形上，并且是已知最早的建立在三角洲东部泰勒达巴的聚落，后来黎凡特人也在此定居。

泰勒达巴最早的聚落包含了至少四百个小家庭。这座聚落位于三角洲上几条河流蜿蜒曲折的河道中间的一处天然港边，它应当也拥有码头，只是尚未被发掘出来。这里的住宅十分简朴，表明与孟斐斯时期三角洲地区的聚落一样，这里住的是在食物存储与生产中心劳动的工人的家庭。实际上，

471

泰勒达巴和阿布·加利卜的聚落都出土了大量拥有罕见高光泽——所谓的"镰刀光泽"（sickle sheen）——的燧石小刀，这些刀只可能是用来进行收割的。

无论如何，底比斯的宫廷迁移到位于狭窄的孟斐斯平原最南端的伊提特威后，其供应来源必然要经过相当大规模的重新规划，这就使得伊提特威的朝廷像之前的孟斐斯朝廷一样开始了对三角洲地区的开发。当然，三角洲地区的淤泥之下一定还有许多未被发现的，与阿布·加利卜和泰勒达巴的聚落一样的聚落。例如，在三角洲东部的布巴斯蒂斯发现了一座大宫殿，它是伊提特威诸王时代的长官宅邸，该地区其他地方又出土了两座小型神庙。同时代的文本提及过大约三十处如今仍未被发现的三角洲地区聚落，该地区还出土了一些来自当时的大墓地中的材料。

宫廷从底比斯搬迁至伊提特威还促使朝廷对法尤姆（Fayum）地区产生了全新的兴趣。法尤姆是一处巨大而又有些神秘的洼地，位于现代开罗西南方六十英里处的西部沙漠之中，离利什特只有几英里远。在伊提特威诸王的时代，法尤姆的水源来自尼罗河的一条支流，如今这条支流被称作巴赫尔-优素福（Bahr Yusuf）。在之前的千年之中，这条支流在尼罗河西部的悬崖上冲出了一个小缺口，将年度洪泛带来的充满淤泥的水倾倒进了法尤姆洼地之中，在沙漠中创造了一个广阔的大湖，使之成为距离大河四十英里远的一个安静而封闭的附属水域。湖周围沼泽地中的尼罗河淤泥从新石器时代起便支撑了农业人口在此生活，《金字塔铭文》中也将法尤姆描述为捕鱼的好地方，拥有丰茂的草地，是创始之 472

地。当地有一位令人畏惧的鳄鱼神，他自称——

> 索贝克（Sobek），有着绿色的羽毛，机警而又闪耀……我来到我的水道上，那里是年度大泛滥的河岸，是满足之地，是绿色的田地，在西方的地平线上。

因此，在宫廷回到北方狭长的淤泥带上的孟斐斯与伊提特威后，其确保食物补给的方式便不仅限于在三角洲地区设立国家农场，还包括加强法尤姆地区的尼罗河河水供应。河水是沿着穿过尼罗河畔悬崖上长达一英里的裂隙的狭窄通路来到这里的，在之前的几个世纪中它由于泛滥水位不足而被淤泥堵塞，甚至可能在中间期时完全被流沙阻断了。

这样的灌溉系统称不上革新。自王国建立之初，便有各种各样有关灌溉规划的记录，不少文本描述了大量为迎接年度洪泛做的准备。首先会在当地人口中征召劳力——这或许就是国家征召劳力建造金字塔和神庙的起源。这些征召来的劳力有的被派去翻修从尼罗河连接到淤泥地边缘的古老的人造水渠，有的被派去重建农田中的集水堤坝。水渠中的淤泥被清理干净之后，便可以再度引导水穿过泛滥平原。这样，在尼罗河泛滥期间，重建好的集水堤坝便可以将泛滥的洪水困在田地当中，创造出许多闪耀的、浅浅的小湖。在阿斯旺的两座大坝建造之前，这样的小湖在埃及随处可见。被困住的洪水会在接下来的几个月中被分给该地区各个农业家族，这个过程至关重要，因此监督这样的活动常常被记录在许多长官和廷臣的坟墓祈祷室的铭文中。这样做可以最大化耕地面积，同时延长作物生长季。在伊提特威诸王的时代，若是不启动这些工程，国家或许就不可能将剩余的农产品提供给建筑工人，以及供养伊提特威和其他所有庄园了。

没有任何文件或铭文提及是从哪位法老在位期间着手改 **473**进法尤姆供水系统的工程的。但是，在这片地区唯一的现代城市法尤姆城（Medinet el- Fayum）出土了一根形似方尖碑的、粉色阿斯旺花岗岩制成的、大约四十二英尺高的柱子，上面写着森沃斯雷特一世的名字。就像这根花岗岩柱子本身一样，其上刻画的大部分神明——伊提特威的主要神明，包括底比斯的阿蒙和门图、赫利奥波利斯的阿图姆、孟斐斯的普塔——都是被带到法尤姆来的。据说，柱子最顶上的凿痕处原本有一尊雄鹰的雕像。若真是如此，那这根立柱原本应该是被摆在重造出的湖附近的，因为创始之丘上生长着芦苇，鹰神荷鲁斯在世界创立之初便栖息在这些芦苇上。

除了这根华美的立柱之外，还有少量来自失落已久的圣坛上的花岗岩石块，以及一些写着森沃斯雷特一世的前代法老阿蒙涅姆哈特一世名字的雕塑碎片，它们是法尤姆地区存在持续性的法老时代建筑计划的最早证据。这些早期的建筑中没有任何证据能表明法尤姆当地存在对本地神明的系统性崇拜，但法尤姆地区出土的众多时代更晚的建筑的碎片却表明，在后来的法老统治期间，这种崇拜已经被发展出来，并拥有了自己的纪念建筑。

但是，伊提特威朝廷与法尤姆地区之间关系的最显著象征体现在两座王家金字塔的位置当中，第一座金字塔为森沃斯雷特二世而建，他手下的建筑工人们放弃了原本在达舒尔平原的建造计划，尽管后来的伊提特威国王们都将自己的金字塔建在了这里。森沃斯雷特二世的建筑工人们将他的陵墓精确地放到了巴赫尔-优素福河急转向西，穿过尼罗河畔悬崖上的缺口，灌入法尤姆湖的地方。如今此地被称作拉胡恩（el-Lahun），这个名字来源于其古称，意为"运河口"：这条原本曲折蜿蜒的古代尼罗河支流已经被改造成了深而直的水道，人称哈瓦拉水渠（Hawara Channel），如今这里的水依然深而流速快，穿过极其干燥的沙漠，滋润了湖畔的土地。

半个世纪之后，长寿的国王阿蒙涅姆哈特三世手下的建筑工人们在哈瓦拉水渠旁建起了第二处王家金字塔建筑群。这处建筑群似乎是一项规模相当大的国家建筑工程的一部474 分，金字塔上的一处涂鸦表明朝廷从这个古老王国的各地征召了一支相当大的劳力队伍，让他们在王宫集合。

近期对该地区地质的研究表明，对巴赫尔-优素福和哈瓦拉水渠中的水流进行的整治工作，使得法尤姆湖的面积恢复到了它于五百年前吉萨诸王时代的水平。尼罗河水流的改变也因重新出现的虹吸现象而对下游地区产生了相当大的影响。据估计，古代的哈瓦拉水渠在巅峰时期能从尼罗河中引走五分之一的水量。这不仅将尼罗河年度洪泛时的水位降低到了巴赫尔-优素福支流的水位之下，还增加了同一片地区接下来几个月的水流量，洪水回落时，有将近一半进入法尤姆的水会被吸回到尼罗河干流当中。

哈瓦拉水渠强大的虹吸作用使得这条宽广的大河从巴赫尔-优素福支流到地中海之间的流域年度水位的涨落变得更

加平缓。这带来的直接结果就是，伊提特威诸王的建筑工人们可以将王家金字塔建筑群中的河谷神庙建造在比以前更靠近河边的地方，在河谷中海拔更低的位置上。同时，金字塔的墓葬室也被建到了远比以前更靠下的位置，有些墓室如今甚至已经在水位线之下了，因此也从未被打开过。尼罗河部分河段水流变得平缓带来的另一个影响是，三角洲地区地势最低的地方从沼泽变成了草地。

在一般的年头里，尼罗河流量会在洪水泛滥前的几个月降低到平时水流量的六分之一。根据从努比亚到孟斐斯的伊提特威官员们的记录，接下来到来的洪水的最高水位可以用来预估来年的收成情况。然而，这条大河的水流量以及其年度最高和最低水位却不是由单一因素决定的，因为尼罗河水来自三条支流。如今这三条支流分别被称作白尼罗河、青尼罗河和阿特巴拉河，它们的水源来自埃塞俄比亚的融雪和苏丹中部每年的降水。然而，这三条支流在一年的不同时段给尼罗河下游提供的水流量是截然不同的。因此，若是三条支 475 流流经的不同地带的气候状况变得不稳定，尼罗河的最高和最低水位便会发生剧烈波动。

努比亚城防部队的书吏留下的涂鸦证明，在阿蒙涅姆哈特三世在位期间，尼罗河失去了它通常保有的平衡。这处涂鸦在河流上方的悬崖上记录下了一系列洪水的水位，比平常高了二十英尺。努比亚的一部分堡垒因此受损，其他的则或许被整个冲走了。下游的王国疆域内，运河和堤坝都因此被冲毁，储藏的粮食遭到浸泡，耕种活动被迫推迟，河畔的聚落和船坞被冲走，刚刚重建的三角洲地区的大部分也被重新淹没在水下。后来时代的涂鸦也记载过类似的灾害，在这些涂鸦中，底比斯的神庙中的纸莎草立柱被洪水淹没，如同创世之初的沼泽那样。

因此很可能，阿蒙涅姆哈特三世在位期间——这位君主在其统治期间征召了相当大规模的国家劳力，并让手下的建筑工人们在哈瓦拉水渠之上建造了第二座王家金字塔——凶猛的洪水促使国家进一步拓宽了巴赫尔-优素福支流，以便减轻这种灾难性的洪泛对伊提特威、孟斐斯和三角洲地区的影响。显然，古典时代法尤姆的祭司将阿蒙涅姆哈特三世视为神明崇拜，他的妻子也被当作谷仓女神伊西丝的化身。他们告诉造访神庙的古典时代的历史学家们，这位传说中的君王曾在这个地区开展了巨大的工程。

这些古老的故事在两尊阿蒙涅姆哈特三世的坐像上得到证实，这两尊雕像曾被摆在古老的湖边，弗林德斯·皮特里在 1888 年发现了它们的碎片。他回忆道，一天早上他正走向自己的考古发掘工地时：

> 我看到两个男孩使劲地向我这边拉来了一块石头，想要给我看看。它在阳光下闪闪发光，被抛光得十分明亮。他们摆好了石头，我很想知道它到底是什么：是被砸下来的斯芬克斯的爪子？不，是巨像的鼻子……几乎有一英尺宽。因此，这里一定曾经有过一尊八倍于真人大小的雕塑，也可能是高约三十六英尺的坐像。这会是怎样的杰作啊！这粗粒砂岩经过了抛光，过了这么多年，它仍像玻璃一样反射着光芒。

　　皮特里的发掘结果很快便得到了确认，这两尊石英岩雕
塑高约五十英尺，都拥有高约二十五英尺的石灰岩基座，上
面装饰着代表繁荣多产的所谓"尼罗河河神"的形象。

巨像复原图

剖面图

**皮特里在法尤姆的巴亚姆（Byahmu）村旁边进行的简短发掘
工作中留下的部分图像记录**

　　这种设计十分奇特，其他法老时代的建筑从未出现过这
么高的基座，其建筑目的与环绕着铺好了地面的神庙庭院中
两座巨像的高高的矩形围墙是一致的。在尼罗河水位较低
时，阿蒙涅姆哈特三世的两尊雕像会肩并肩地坐在古老的湖
边，巨像的身影从围绕着它们的围墙上方显现，俯瞰着湖面
和周围数英里的土地。但到了泛滥季，水便会冲到雕像脚
下，将围墙之内的地方填满，没过基座，这样一来雕像就像
是站在了覆盖后方整个淤泥平原的巨大湖面上一样。根据皮
特里的记录，雕像基座上那些存留至今的巨石上的裂隙中充
满了汹涌洪水带来的干净的冲积沙和淤泥。

　　与此同时，早些时候这座古老的湖边黄沙自然形成的湖
岸也得到了加固，有时还会被铺上一层泥砖。这似乎同样是
为了控制洪水。似乎在伊提特威诸王时代的最后一个世纪
中，又开始了第二次人为分流哈瓦拉水渠的工作。这个分流
口在古典时代曾被当作水闸使用，在当时却不是为了便利灌

477 溉，而是为了将尼罗河中高高涌起的洪水通过虹吸作用更多地引导到附近沙漠中的另一处低地，在法尤姆创造第二块溢流地，将过多的、灾难性的尼罗河水容纳于此。无论如何，就像阿蒙涅姆哈特三世的巨像在接下来的千年之中始终俯瞰着湖面一样，他的金字塔的废墟也始终矗立在哈瓦拉水渠的第二处分流口所在的位置上。

舍赫特（Shehet）是法尤姆地区古时候的中心，如今它就在省会法尤姆城下面。在伊提特威诸王的时代，这里有许多神庙，其所用的部分石材是从别处运到此地来的。与此同时，法尤姆地区还建起了其他的神庙，全新的神明，如法尤姆的奥西里斯和这片地区古老的鳄鱼神索贝克一起受到崇拜。这些几乎无人知晓的建筑中发现了许多精美的雕塑以及伊提特威诸王的许多非凡的画像，其中最重要的是一组接近真人大小的铸铜像，其中有阿蒙涅姆哈特三世、几位后妃、两名祭司和一条鳄鱼，这些雕像上都装饰着黄金和白银，并用宝石镶嵌出了生动有神的双眼。从它们身上漂亮的铜绿色来看，这组独一无二的雕像曾在沙漠中屹立了相当长的时间。它们或许曾被放置在阿蒙涅姆哈特三世的哈瓦拉金字塔祭葬神庙的围墙之内。这座建筑的大部分如今已荡然无存，其浮夸的大小和建筑结构的复杂程度曾让古典时代的人们称其为"埃及大迷宫"（Egyptian Labyrinth）。

在湖的北边，两座已然消失的巨像目光所不及之处，矗立着一座完美的小神庙，名为卡希尔沙加（Qasr el-Sagha）。这座神庙用颜色与周围的沙子一样的棕色巨石建成，其中有为七位不知名神明设立的精美圣坛，但圣坛上没有任何文字，这是从伊提特威诸王时代屹立至今的唯一一座神庙。这座神庙附近建造了两座分区的由泥砖住宅组成的聚落，它们应当是用来给建筑工人和祭司的家族提供住处的。附近还有一处供运输石材的驳船停靠的平台，但如今这一小群建筑却已经在干燥的高处，远离面积缩小且含盐量增加的湖的岸边了，从这里看去，湖只是遥远的薄雾中的一条白线。在水位较高、收成不错的时代，这座古老的神庙会倒映在水平如镜的湖面上。

27　生活在国家中

为国家工作——提尼斯船坞

　　1904 年，乔治·赖斯纳在阿拜多斯附近那伽德尔的地方大墓地中发掘出一座不知墓主姓名的坟墓，墓中有一系列重要的文献。远征队拍摄的照片表明共有四卷脆弱的莎草纸卷轴，上面满是虫蛀的孔洞，躺在其四千年前被放下的地方——覆满灰尘的箱子一样的雪松木棺材上。这里一共有三口棺材，它们一起挤在这个小墓室里。由于墓中并未发现能表明墓主身份的东西，这里葬的很可能是与伊提特威朝廷在地方的工程有关联的一个书吏家族的成员。

　　这些文献的编辑和翻译者威廉·凯利·辛普森将其称为"破烂的分类账目"，它们平均六英尺长，最长的一份有将近十二英尺长。这些莎草纸上都用流畅而灵巧的僧侣体写满了字，写成它们的手早已在书写成千份此类文本的过程中练习得技艺纯熟。几位书吏将账目和记录写在一叠书页般的莎草纸上，每一张都只比 A4 纸大一点，它们一张接着一张组成了卷轴。尽管这份文献内容简朴，却记录下一些广泛存在

的为伊提特威朝廷提供补给、建造船只与建筑的群体的日常
活动。若是没有这份记录，这些人的生活和日常工作就会完
全不为人知晓。

　　这份文献被称作那伽德尔莎草纸卷，编纂于森沃斯雷特
一世在位期间维齐尔为安特佛克时，其中记录了提尼斯船坞
的一些活动。提尼斯船坞的历史至少可以追溯到孟斐斯诸王
时代早期，它被伊提特威朝廷重新利用起来，并且成为该地
区的中心，既是尼罗河上国家航运的交通枢纽，也是通往南
方的货运道路和海陆航线的中途补给站。实际上，正是提尼
斯船坞在安特佛克向蓬特之地发起远征时为萨乌港提供了船
只和造船工人。

　　那伽德尔莎草纸卷中有三封来自维齐尔安特佛克的府衙
的书信，是其下达的命令，这表明位于提尼斯的收信人是在
这位维齐尔的直接控制之下办事的。信中内容还表明船坞附
近的聚落可以接触到当地庄园出产的农产品，因为在其中一
封信里，安特佛克下令让船坞运输大量的粮食到下游的王宫
去。这里的工人就像王家神庙的员工一样，依附于伊提特威
的朝廷，却又不在其中工作。维齐尔在另一封信中提到另一
名朝廷官员提出征用部分船坞工匠的要求是错误的，这表明
他们也同样可以免除国家强制的劳役。

　　第三封信所写的则是有关捕鱼和运送王家船只、船桨、
舀水勺、防滑楔、木槌等的精细之事。除此之外，这些莎草
纸卷的大部分内容都是各种各样的账目。例如，一份船坞工
具制造者的工作记录便详细记载了运输铜矿石，以及将铜矿
石熔炼加工铸造为造船工人所用的凿子、锛子、斧头和其他

479

带刃或雕刻所用的工具的情况。但是，这些记录十分简短，虫蛀和时间又造成了诸多缺损，书吏们还使用了一些目前尚无译文的词句，使得其无法被完整地翻译出来。尽管如此，编纂者所表现出来的对细节的关注还是再次凸显了铜这种珍贵而坚硬的材料在打造宫廷文化的过程中所发挥的不可或缺的作用。

文献中记载的长长的名单也让人着迷，这些名单中的人是来自提尼斯地方各个家庭的儿女，他们被征募来参与各种各样的国家项目。每个人都记录下了父亲和本人的名字。有时似乎一家三代人会同时被征募："安克的儿子纳克提"后面写着"纳克提的儿子索贝克梅特"，他们被一个接一个地列入了同一工作组。这些工作组有十人的，也有五十人和一480 百人的，考虑到他们所要完成的任务，这样的人数未免太少了，尽管被提到名字的这些人很可能还带来了其他家庭成员，甚至干脆让别人替他们去工地干活。

总之，这些工作组的任务多种多样，从在朝廷官员航海时担任水手，到制作泥砖——制作泥砖时还需要有人仔细计算所需的切割好的干草的用量，因为时至今日，干草在埃及农业社会中依然是一种昂贵的商品。工作组的任务还包括砍下生长在河边的金合欢和悬铃木，这或许是为了给船坞的熔铜炉提供燃料，又或许是为了获得生火烹饪所需的柴火，因为莎草纸卷中记录了一些运输鱼、鸽子、禽鸟和大块肉的事情。

那伽德尔莎草纸卷的其他部分似乎是有关建造坟墓祈祷室和神庙的，因为上面记录的是一座不知名建筑的房间规划和墙壁厚度，还有建造它们预计所需的工作量，包括运输和拖拽石材、制作泥砖、制作并放置立柱基座和地基。书吏们以每人每日的工作量为单位计算这些不同任务所需的工作量，这样他们就能很快计算出该项目所需的食物配给，劳役名单中每个人分配到的面包都会按照此人工作的天数来记录。因此，这些记录让我们能一瞥伊提特威朝廷是怎样构想这些建筑的建造工程的，因为每一项工程都以所需的人力和补给的形式被估算了出来。

这些劳役工作时间最长的持续了两个半月，并且有记载表明，部分工作组的成员在完成项目的过程中"逃跑了"——也许是去帮自己的家族收获农作物了？但依照现代标准，书吏们所计算的完成任务所需的工作量似乎很少，分给劳工的补给又十分慷慨，因此法老工地上的生活似乎并非十分艰苦。

国家住房——拉胡恩的聚落

> 神庙屹立在尼罗河平原那布满岩石的地表上一个十分突出的位置上。其北方的丘陵蜿蜒曲折，形成了一个四分之一英里宽的山弯。工人们的镇子和商店就建在这里……
>
> ——W. M. 弗林德斯·皮特里，1890

481

尽管伊提特威诸王的金字塔如今已损毁到看不出形状，但一处与王家崇拜以及金字塔和神庙建造有关的聚落却被相对完整地保存了下来。这个聚落位于哈瓦拉水渠和法尤姆附近一个如今被称作拉胡恩的地方，它曾在一个世纪的时间内为数千人提供了住处，是伊提特威诸王时代所有已知的朝廷定居点中最大的一座。这也是埃及最神秘离奇的地方之一，古代生活遗留的碎片就躺在沙漠的现代地表之下几英尺的地方。

　　我在一座第十二王朝时期的小镇待了几个星期，仔细检查了其中几百个房间，发现了各种各样日常生活所用的普通物品，它们就好像才被自己的主人使用过一样，我现在感觉自己就像是触碰并了解了那个遥远年代的文明一样。很难相信，这些房间上一次回荡着其居住者的声音还是在四千年前。

拉胡恩的聚落是皮特里在 1889 年春季发现的，他之前一直在附近阿蒙涅姆哈特二世金字塔裸露的废墟中进行考古发掘。皮特里听说有另一名考古学家打算在拉胡恩进行考古发掘，出于竞争心态他先让一小队人在无人监管的情况下发掘了这座古老的聚落，然后才在接下来的冬季亲自接手了发482掘工作。他用的方法相当直接。聚落中的房子是按照所有朝廷定居地的方式布局的，成行排列且经过精确测量，所以他在发掘过程中只需要简单地挖出长方形坑洞，一次发掘一间房子就可以了，而这间房子的坑洞可以用于存放从下一间房子挖掘出来的填充物。就这样，他只用两个短暂的冬季就把此地所有存留下来的房屋都发掘出来了。此地共有二百三十间大小不同的房子，其存留下来的墙壁高度不一，从二英尺、四英尺到五英尺不等。这次发掘带来了极为丰富的材料，在当时所有于埃及进行考古发掘的人当中，皮特里是最关注古代日常生活中微不足道的细节的，他在之后出版的作品中对这些出土的文物做了总结。但不幸的是，当时皮特里在埃及的考古事业才刚刚开始，许多现代考古方法还没有被发明出来，所以他那追求速度的发掘和记录方法使得现代的考古学家（在最近的数十年中他们刚刚重新对这些日常生活相关的发现产生兴趣）只能从褪色的照片、平面图和潦草的日记中重现他在拉胡恩的考古发掘过程。

尽管后来又发现了一些类似的朝廷定居点，但拉胡恩仍然是独一无二的，这不仅仅是因为它规模极大，有大量质量极好的日常生活用品，提供了丰富的有关日常生活的细节，也是因为这里的房屋中出土了大量莎草纸碎片。就像这处遗址本身一样，这些文献也成为最近数十年来重新得到关注的研究对象。因此，与其他类似的同时代聚落中小心谨慎的现代考古学发掘结合在一起之后，对拉胡恩出土的这些文献的新研究，使我们获得了有关这个庞大遗址的更为广泛的认识。

这座聚落极有可能是在阿蒙涅姆哈特二世在位期间建立的，其房屋内部结构是一致的，并且在几代人的时间里被不断调整，皮特里从中发现的大部分物品都来自后来才居住于此的家庭，当时森沃斯雷特三世的廷臣和建筑工人们正忙于为这位国王建造位于此地以北一英里远的金字塔和神庙。尽管如此，皮特里还是找到了一件稀有的塞浦路斯陶器，它当时正躺在一间房屋的地板上。这件陶器应当是从泰勒达巴进口而来，是在后来的几代人生活的时段中制造的。由此可见，在伊提特威诸王时代结束后，拉胡恩也仍旧有人居住，其中的街道和住宅依然生活着各种各样的家庭和居民。

483

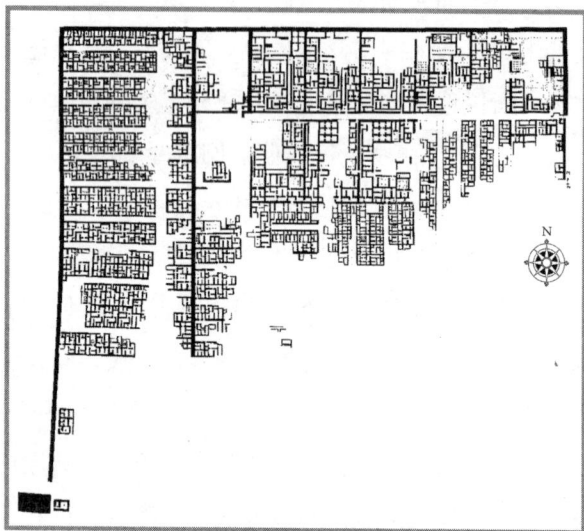

皮特里绘制的拉胡恩的聚落平面图。这座聚落位于阿蒙涅姆哈特二世金字塔以东将近一英里远的地方，这座金字塔附属的河谷神庙紧挨着聚落西墙。聚落中最大的那些居所，即所谓的"大宅"位于平面图上方区域之内，每一座都有厚实而笔直的墙壁，以便与邻居隔开。聚落的北部边界有四百码长

拉胡恩位于沙漠之中，但同时也在一片古老的泛滥平原边上。数千年之后，这座聚落的一部分已经遭到了侵蚀，这或许是河流泛滥水位上涨导致的。若假定聚落最初的布局是对称的，与当时的其他朝廷定居点相类似，那么它最开始便应该是矩形的。这座聚落大约有三十二英亩的住宅，其围墙之内的部分被四百间位于狭窄小巷中的小房子挤满，此外还有两座神庙。其中一座神庙里供奉着豺狼神阿努比斯，这位

神明与死者相关。另一座神庙里供奉的是索贝克，他是附近的法尤姆地区的神。但是，这座聚落有三分之一的面积都被十座宽敞的住宅占据，还有另一座更大的宅邸——它通常被称作"国王的房子"——矗立在高于其他住宅的所谓的"卫城"上。这些较大的宅邸建在聚落北边的高地上，与最近数十年在阿拜多斯、泰勒达巴、努比亚和三角洲地区发掘出来的其他住宅布局相似。其他住宅中存留下来的物件凸显了这十一座宅邸每一座都曾有大量家族居于其中，它们可能是与国王有关联的朝廷官员的居所。反过来，这座聚落里较小的房屋中有许多位于更靠近淤泥的地方，并且房屋中有耙子和镰刀等农业生产工具，皮特里认为这表明这些房屋的居住者会在附近的田地中劳作。这座聚落中出土的莎草纸上有关农业事务的记载证实了他的猜想。

484

　　这十座大宅同样以支配了这座聚落的网格结构来布局，大宅里有房间，也有工坊，它们承担许多在底比斯的梅克特拉随葬模型中详细生动地雕刻并表现出来的功能。但在拉胡恩，这些设施——如牲畜棚、谷仓、烘焙坊、裁缝室等——并不像在梅克特拉的模型中那样分别位于不同的房子里，而是一个挨着一个被一起放进了每座宅邸所占据的半英亩大的矩形地块当中。这些大房子里的居住区中还有浴室、盥洗室和卧室、会客厅和花园、阴影覆盖的柱廊和浅浅的水池，旁边还有一排排的树木和开花的植物。

　　造访过这些宅邸的最机敏观察者是考古学家巴里·肯普。根据他的计算，这些巨大的谷仓能够储存的粮食足以为整个聚落提供一整年的口粮。因此人们可以想象，这些聚落靠下的部分中一排排完美对称的、位于各条小巷里的小房屋中的居民是为这十间大宅中居住的人工作的，而十间大宅中居住的人可能控制着大量位于附近平原上的庄园，并将这些庄园的农获收集到了宅邸的谷仓中。

于附近阿蒙涅姆哈特二世的金字塔神庙中工作的官员和祭司们也住在拉胡恩，聚落中出土的部分森沃斯雷特三世在位期间写就的莎草纸详细记载了在这座神庙工作的祭司家族和其他员工的轮班安排情况。这些支离破碎的档案列出了各个雕像和游行活动，记录了预示着洪泛到来的天狼星出现的情况，它们的部分内容与时代更早的阿布西尔金字塔神庙出土的莎草纸上的内容颇为相似。

485 　　但在拉胡恩，根据莎草纸上的记载，如今已经消失的祭葬神庙附近的几排小房子里住的既有农业生产人员，也有神庙工作人员的家族。还有一道墙将其中一些住宅与聚落中的其他住宅分隔开，以保证轮到其值班的这些家族成员的仪式纯洁性。这些人混居于此长达数个世代。这种混居模式也是因为在所有金字塔神庙附近的聚落当中，拉胡恩是最大的一座。这座聚落所拥有的广泛功能使得其参与到了各种各样的朝廷项目之中，其巨大的谷仓或许也协助支持着附近的伊提特威。

和十间大宅一样，拉胡恩其余的数排房屋也是排列在规模完全一样的条状地块当中的，只不过为八座一排，数排并行，背靠着背，每一间的入口都对着狭窄的小巷。在皮特里所绘平面图中，每一处住宅都有五六间屋子，模仿着上方大宅的布局而建，只是风格朴实无华，将其分隔开来的街道和

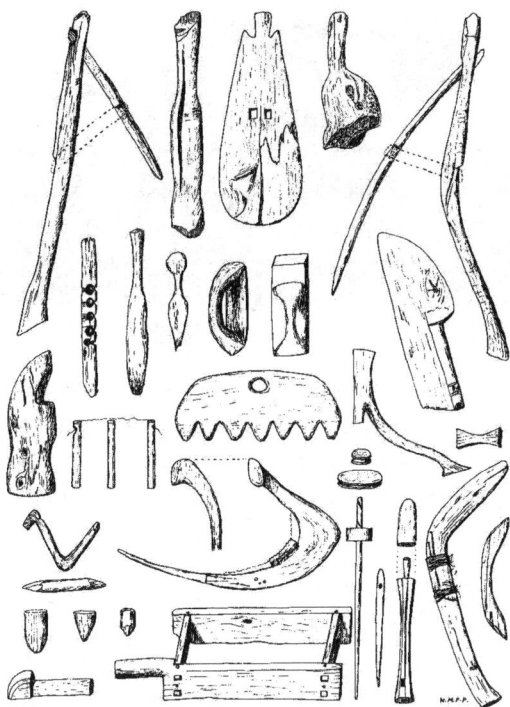

拉胡恩的住宅中出土的部分木质工具、玩具和农业生
产用具：锄头、挖洞器和木槌、镰刀、生火工具、纺
锤、楔子、系梁和陀螺、石膏浮标和烧砖模具

小巷则是以腕尺为单位精准测量出来的。皮特里没有在这些　486
房屋中找到楼梯，因此它们似乎没有上层建筑。但众多坟墓
祈祷室中的图画和模型却表明这些房屋的屋顶也有各种各样
的用途，比如在夏日用来睡觉，用来放置燃料，用来处理粮
食等，人们可能是通过梯子爬上屋顶的。

　　这些小房子的入户处似乎是拱顶的，皮特里在其中一间
房屋的墙壁上发现了一张画着一连排入户大门的画。其中一
些更为狭窄的房屋也按照类似的方式做了拱顶，它们的建造

一幅同时代的描绘拉胡恩的连排房屋的画，是皮特里从这座聚落中一些最简朴的住宅的墙壁上复刻下来的壁画之一。画面中是一整排拥有漂亮入户门的房屋，其上画着一个独立单元中的一些家具

者只是简单地在墙壁的上半部分勾勒出一个拱形，然后按照现代努比亚砖瓦工们所用的方式在开放的房间中倒着施工，沿着拱形将干燥的砖块在没有任何支撑的情况下直接放到泥砂浆中，如此便将拱顶打造了出来。较大房间的屋顶是用横梁搭成的，其上覆以棕榈叶、石头和泥浆，并在有需要时用木质立柱加以支撑，不过大部分房间都很小，当地数量不多的树干弯曲的树木便足够使用了。房间的灰泥墙壁表面通常上部涂抹白色石膏，下部为深色的护墙板，而且就像梅克特拉的模型中护墙板顶部涂了各种各样的颜色那样，拉胡恩的房间的护墙板也是类似的用红与黑的线条装饰的。

487

皮特里还在聚落中找到了许多仍然矗立着的门框和装有门闩的木门。门的顶部和底部用凸出的木钉与石头枢轴铰接在一起，经过多年的使用之后，木钉如今已然磨损，因此人们又在部分枢轴孔中放了旧凉鞋，以便再次将门抬起来。

本图展示了法老时代用来驱赶房子里的老鼠的两种方法：左边是皮特里画的一个在拉胡恩找到的捕鼠器；右边是同时代的坟墓祈祷室中的一幅壁画，画的是正在捕猎的猫。捕鼠器与现代的捕鼠器很像，也将有分量的诱饵连接到了可以滑动的门上，以便将老鼠捉住

这些小小的住宅中到处都有横行霸道的老鼠。皮特里注意到了泥砖墙壁上的老鼠洞，屋主人为了阻止这些害兽将一些鼠洞堵上了，却只是徒劳。他还找到了一个笨重的陶瓷捕鼠器，但其内部十分干净，恐怕从未被使用过。许多家庭日用品——碟子、罐子、桶、镰刀和锄头——都被保存得十分完好，皮特里特别提到在这座聚落有人居住期间较晚的时段内藏起来的一堆凿子和一口铜锅"十分明亮，就好像刚被放在这里一样"。这里还有涂成白色的木头箱子，和伊提特威的水手们航向蓬特时带在船上的箱子一样，聚落中的人们用这些箱子存放镜子、镊子和化妆品。他们也会把夭折和死产的婴儿放在盒子中，埋葬在房子地板下。有时两三具尸体会被葬在一起，还随葬着小项链和装饰着伊提特威诸王名讳的护身符。

尽管大宅中的厨房是分开的，一排排小房子中的厨房却很小，简单的炉灶背靠着起居室墙壁，直接放置在被压平的地面上。但是，这些房子没有一间与现代西方住宅相似。就 488

连十座大宅中间的居住区相比之下似乎也狭窄而拥挤，且拉胡恩的所有住宅都没有给家具留出多少空间，有些人甚至要睡在墙上的壁龛之中。聚落之中没有任何开阔场地，没有广场，也没有公共空间。除了大宅的会客厅和神庙的开放庭院之外，似乎所有古埃及的建筑都没有任何规划出来的公共空间。从高处的十间大宅到下面的一排排小房子，拉胡恩的住宅所承载的是一个紧密而封闭的、面对面的社区。

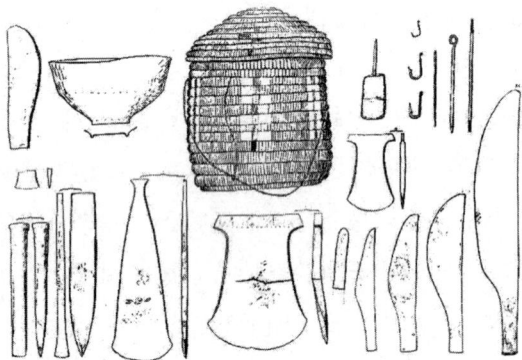

"十分明亮，就好像刚被放在这里一样"：一个出土于拉胡恩的篮子，以及其中盛装着的东西——铜质鱼钩、网针、钎子、斧头、刀子、凿子和一把锥子

尽管如此，这些住宅总体来说仍是被小心翼翼地维护着的，而且至少其中一部分居民非常欣赏它们。在聚落中找到的一张莎草纸上写着一首颂歌，满怀感激地写道，法老给他们提供了——

凉爽的房间，每个人都可以在日间休息时在里面睡

觉……一处庇护所……一处避风港……一处泛滥季的遮阳棚，夏季的阴凉地……一个温暖的角落，在冬季也很干燥。［出自伦敦大学学院莎草纸32157］

社区与存在

在储藏室、会客厅、门厅、花园和工坊中，大部分古埃 489
及房屋最中心的部分都是家庭成员居住的地方。在最小的那些房屋中，居住区内只包含了睡觉和起居的空间，而大部分较大住宅中的居住区则有小小的更衣室和浴室。令人好奇的是，在那些国家规划的位于一排排网格中的房屋内却很少有这种布局，那些房屋太小，只住得下基本的核心小家庭。但在后来的世代当中，它们与邻近的连排房屋组合到一起，这样就容纳得下一个包含几代人的大家庭，以及一些家庭组之外的人。在拉胡恩，数代居住在连排房屋中的人都曾一同在田间劳作，并一同建造附近的王家纪念建筑，根据莎草纸上的记载，他们后来又在这些纪念建筑中担任祭司和仪式执事。与之相对，这些家族的女性则负责缝制衣物、制作食品、照料孩子，从皮特里在房屋地板下找到的众多婴儿尸体来看，养育孩子是一项永久且迫切的需要。

从大的范围来看，拉胡恩的那些大宅就像当时其他朝廷定居点和大型地方家庭的大宅一样，与伊提特威的王宫类似，周围都有一些卫星家族，包括书吏、管家、工匠、农民、牧人、渔民、厨师、酿酒人、园丁和仆人们的家庭。反过来，这些较小的家族又依靠当地农民家族的技艺和劳动生活，这些农民家族的成员也可能被征召来在大庄园中收割作物，维护灌溉盆地，或是在纪念建筑的建造工程中服劳役。

在大多数情况下，分配给这些较小的非农业卫星家族的补给主要由大家族的庄园和工坊中出产的食物和货物组成。这些东西通常都是在未经处理的状态下被分配的，因此还需要进行进一步的处理：猎物和渔获将被处理成大块的肉，谷仓中的粮食可以发酵成啤酒或是在家庭烤炉中烘焙，羊毛和亚麻则会被纺成线、织成布。反过来，在举行节日庆典或是征召工人们去远离家乡的地方工作时，他们的补给品便会由制作好的面包、啤酒、蛋糕以及衣物组成，这些补给品或是出自地方长官家族的庄园和手工作坊，或是伊提特威自身生产并运来的。

乍一看，拉胡恩不同的房屋大小代表着传统观念中古埃及社会里的三个阶层，同时代神庙和坟墓祈祷室的装饰中也体现了这一点，国王和贵族的形象被画得最大，工匠和农民则被画得很小。最近，就像马克思描述的 19 世纪的新贵阶层一样，在这个三阶层模型的基础上又添加了一个新的"中产阶层"，它的来源包括赫卡纳赫特的档案和孟斐斯王朝结束后大墓地中出现的众多装饰丰富却并非贵族的墓葬。

人们普遍认为古埃及的房屋和墓葬建筑的大小是可以用现代消费品的方式衡量的，它可以被当作一种向公众展示财富的方式，如今再加上这幅伊提特威的社会图景，就可以唤起人们对那个古老王国的普遍而扭曲的印象：这个王国有一位神明般的法老；有一些最富裕最尊贵的人，如安克胡和安特佛克这样的贵族，他们会为了权力以及国王的赏赐与同时

代的人竞争；有赫卡纳赫特这样的乡绅，他属于脱离于社会
之外的农村中产阶层，像"自然"资本家那样行事；最后
还有不情不愿的无产阶级，即那些贫穷的农民。

　　这种歪曲印象的根源在商博良时代以及之后的数个世
代，当时，早期现代基督教国家的秩序崩溃了，工业社会蓬
勃发展。新兴工业社会中的社会等级在 19 世纪晚期受到了
严格的分析，然后又被用于西方之外的文化中，为许多
（中产阶层的！）学者，如柏林学派的那些学者的态度套上
了科学的光环，他们本能地将古代社会中的秩序视为由权
力、名望与财富决定的。但联系到古埃及的实际情况，用这
样的标准进行分析就好比克罗默勋爵的 19 世纪政府官员的　491
报告一样，他们为大字不识的埃及农村居民的劳动定价，以
偿还总督欠下的国际债务。

　　反过来，法老时代的埃及是众神、人类与其故去的祖先
共同居住的土地。这片土地上繁荣与稳定是一体的，只有依
照古老的方式行事才能维系。也就是说，要建造更多的纪念
建筑，继续向众神献上供品，遵守数千个供品列表上写明的
生者与逝者之间的契约。尽管来自朝廷的偏爱可以提升个人
威望，法老时代社会最基础的相互关系仍然是固定的，就如
同太阳、季节与群星一样。因此毫不意外，法老文化最具标
志性的图像展示了国王击杀混乱制造者的姿态。在这个社会
中，道德、繁荣与社会秩序是一体的，叛乱行为——从活泼
的动物到维齐尔安特佛克之子所展示的——被认为是邪恶
的、应当被斥责的。

　　在当时，"财富"指的仅仅是一个家族族长所积聚的补

给品，阿拜多斯的奥西里斯围场之内有一座石碑，是一个名为门图沃瑟（Montuwoser）的人立下的，石碑上的铭文简洁地写道：

> 我是牛群的所有者，我还有许多山羊。我是驴子的所有者，我还有许多绵羊。我有富足的大麦和双粒小麦，我衣着光鲜：我所有的财富之中都没有任何缺憾。我有充足的船只，还有大量的葡萄酒。

这些财富既能为门图沃瑟和他的家族提供物质上的保证，也能用来确定他的家族同诸神、祖先以及法老时代社会其他生者的家族之间的关系。

当然，没有任何一个青铜时代的文化是被物质进步的观念驱动的。实际上，当时的人们极有可能根本没有与我们今日类似的公共与私人所有权这样的概念。赫卡纳赫特虽然担心收成情况和粮食储备，但他并不是个资本家。他不会努力工作以提升自己在市场经济中对商品和服务的消费能力，而是将自己的首要目标简单地定为维持家庭成员生活，维持自己的家族在社会中的地位。

492　　乍看上去令人惊讶的是，在这样一个石匠和工匠都将极端的精准视为品质的文化中，赫卡纳赫特的档案以及存留至今的国家记录里却会出现那么多简单的账目错误。不过，现代的记账方式并非这些文件的编纂者最关注的东西。赫卡纳赫特小心翼翼地列明了所做的工作，他与邻居之间的协定，他租出的土地和交易的货物，这些并非一名疲惫的会计员所做的粗劣记录，而是有关他家族的社会责任的档案。因此毫不意外，试图为中王国时期的劳动者确立"基本工资"的尝试是失败的，那伽德尔的书吏留下的有关建筑工作的记录中有许多简单的错误，无论是在人数天数的计算中，还是在看起来过于慷慨的给工人们的配给品上。实际上，这些"工资"只是足量的物资补给，其质量和数量足以保证一个或者多个工人的正常工作。

然而，这并不表示伊提特威朝廷治下的国度就是地上天堂。毫无疑问，古代的王国就和我们现代的世界一样，有许多残忍的行径。在建造巨型金字塔的时代，制度上的手段温和并非那个狂热年代的特点。就像击打敌人的国王形象一样，画中工头和廷臣手里的指挥棒也象征着痛苦的惩罚。尽管伊提特威的国家对其治下人民的索求肯定相比斯尼夫鲁与吉萨诸王统治下的金字塔建造狂热时期有所下降，但国家总是需要人民向其提供劳动力。那伽德尔的莎草纸和一些矿井与采石场中的文本证实，在伊提特威朝廷统治的年代，强制劳役和兵役依然是生活的一部分，试图逃脱这些工作的人会遭到严厉的惩罚。当然，古埃及也没有自由这一说。自由这个概念是相对于奴役而诞生的——它是奴役的反义词——而在奴隶制社会，人会被贬损成抽象概念中的物品，可以在市场上出售。

尽管如此，在中王国时期的埃及，国家的干预程度依然很低。例如，在赫卡纳赫特所有存留至今的书信当中，都没有提到过国王或是政府。当然，强制劳役和兵役也从未超越过进行收获或完成其他构建这一农业社会普遍需要的、不断 **493**

重复的季节性活动的所需。

古代的记录也同样体现了关怀与仁慈，绘图员和设计师把宽广的视野扩展到了他们笔下各种有生命之物的形象当中。就像许多记录王家采矿远征的文本小心地记录下全体人员和驮货的驴子安全回归的情况一样，杰胡提霍特普坟墓祈祷室中的铭文也常常宣称负责拖拽雪花石膏巨石的四个征募上来的工作组中的全体人员安全地完成了这项危险的工作，没有发生任何事故或造成任何损失。因此，这些活动不应该被视为某些国家的精英阶层公开展示权力的活动，当然也并非好莱坞电影中用鞭子和锁链刻画出来的那样。在杰胡提霍特普的坟墓祈祷室中，巨石被运到的场景是用表示欢庆的词来描述的。

同样，人们也会歌颂自己在食物和繁育方面的共同需要，歌颂炎热天气中凉爽的房屋，冬天里暖和而干燥的一隅，歌颂工匠们高兴地渲染出的人体之美，歌颂孩子的珍贵价值以及感叹他们常常遭遇的死亡所带来的痛苦，皮特里在拉胡恩发现的与死婴一起埋葬的漂亮珠宝已然无声地证实了这一点。根据这位考古学家的报告，他后来又默默地将这些婴儿重新埋葬到了附近的沙漠之中。

若这些不幸的孩子当初活了下来，他们将会生活在一个比现代西方城市更为团结的社会当中。人们在联系极其密切的社区中一起工作，千年以来农民和矿工不断地提供材料、工具和补给品，使得建造伟大的纪念建筑成为可能。众多无名工匠的作品共同创造了一系列独一无二的形象，由此歌颂了非凡的和谐。这些形象有雕塑也有建筑，而世界上已经再也不会创造出这样的作品了。

这些非凡的能力在千年之间的数千个面对面的小社群中被不断加强，它们是两串沿河而建的村庄，拥有种类丰富且卓越的自然资源可供使用。当朝廷没有狂热地建造王家金字塔或其他大型纪念建筑时，就算是伊提特威这样的定居点也会变得很小，小到其中的居民互相都认识。聚落中各种各样的居住者，包括国王、廷臣、农民都拥有特定的尊严，并且可以基本上理解为他们之间都是彼此依存的。

中王国时期留存下来的最好故事之一被记载在了四张分开的莎草纸上，这个故事如今被称作《能言善辩的农夫》（"The Eloquent Peasant"）。与同时代其他一些文献一样，这篇文献中的故事也发生在之前的中间期时段，当时伊提特威朝廷还没有建立。与大部分存留至今的所谓文学性文本一样，这个故事大体上也是用散文的文风和方式写成的。

不过，即便如此，这个故事依旧反映出了法老时代的社会秩序，以及对人民来说何谓公平与不公平，还有这一文化中的每一部分彼此之间负有哪些责任。就像在当时的其他文本中一样，各个阶层和职业的人似乎都是用十分直截了当的方式称呼彼此的，比当今社会还要直言不讳。同时代的雕塑和浮雕似乎也用类似的方式强调了这一点，将法老文化表现为一个明智而直接的社会。

这所谓的能言善辩的农夫的故事讲述了一个名叫库纳普（Khunanup）的农夫的不幸遭遇，他当时正从一片位于尼罗河三角洲西部的小绿洲——今日我们称其为瓦迪纳特隆（Wadi el-Natrun）——前往尼罗河下游谷地。在路上，一名

494

低级国家官员欺骗、殴打并抢劫了库纳普，把他的驴子和驴子所驮的、准备带到市场上去的货物都拿走了。

这个农夫积极而又愤愤不平地为自己进行了辩护，他所阐明的信条中有许多如今仍旧会被认为是公平社会的特点。当地的长官聆听了库纳普慷慨激昂的请愿之后，将他的能言善辩告知了国王。国王似乎觉得很有趣，下令让地方官留住库纳普，延长他的请愿期，并且在此期间要给他的家庭提供食物，还要让一名书吏记录下他另外说的话。可怜的库纳普就这样被迫又作了不少于九篇的演讲，每一篇都体现出他面对自己所遭遇的不公以及官僚们的懒惰行径时不断增长的愤怒与懊恼之情："难道我要永远吃你的面包，喝你的啤酒吗？"最后，在极度恼怒之中，他威胁要以死相逼，于是沉闷的请愿过程终止了，库纳普得到了那个对他犯罪的人的货物和财产作为奖赏："他的小麦，他的大麦，他的驴子……他的猪，他的牛……"

495　　在这无畏的演讲的文学记录之下潜藏着微妙的卡夫卡式纠缠，它有关丧失的自由和任何有组织的国家的秩序中固有的残酷——实际上，现代国家也仍然在与同样的问题缠斗。但这个故事开始于法老文化的核心地带，在埃及乡村的温暖而甜美的微风之中……

　　　　从前有个人，名字叫作库纳普。他是瓦迪纳特隆那个地方的农民，妻子名叫梅丽特（Merit）。

　　　　农夫对他的妻子说："你看，我要到河谷去，为我的孩子们带来食物。去称量一下去年收获的大麦在储藏室里还剩下多少。"于是他称量出了六个单位的粮食。

农夫对他的妻子说："看，你现在有二十个单位的粮食，可以给你和孩子们吃，现在就把这六个单位的粮食做成面包和啤酒吧，我靠它们过活。"

于是农夫出发前往谷地，在驴子背上驮了芦苇和草、泡碱、盐和木棍……还有来自法拉夫拉（Farafra）绿洲的东西、豹子皮、豺狼皮、植物和蛇纹石、鸽子和其他禽鸟、莓果和种子，还有瓦迪纳特隆出产的其他美好之物。

此人朝南方赫利奥波利斯的方向前进，来到了美迪尼（Mednit）地区北部的佩尔菲菲（Perfefi）区……

尾声 对黄金时代的反思

工匠的诗歌——中王国物质文化

　　人类有史以来制造的最打动人的形象中，有一部分诞生自古埃及中王国时期的雕塑工坊。这一时期中，大部分绘画和浮雕十分精致，宫廷珠宝堪称举世无双。就算是伊提特威的日用陶器也十分精美。

　　很显然，伊提特威朝廷通过华丽的风格实现了因特夫们和门图霍特普们的愿景。在伊提特威朝廷存续的两个世纪中，它不仅重新建立起了高等法老文化——包括工艺、建筑和书写——还让其变得更加精致，给其带来了精美与平衡，使得接下来两千年中法老的书写室和工匠们的工坊变得更加丰富。总的来说，这项事业充满热情而又兼具思想性。

　　然而不幸的是，我们今日对中王国时期工艺与建筑的认识还有相当多的不足。朝廷的主要事业，法老文化跳动的心脏，国家建筑和伊提特威自身如今都已经消失无踪。就连当时的那些巨型雕像也被后来的国王们重新切割并刻上了新的铭文。伊提特威诸王时代的建筑跟孟斐斯时代的建筑相比更为轻盈，因此大部分被烧石灰的人和后来的神庙建筑工人给摧毁了，除地方长官的坟墓祈祷室之外，其他存留下来的东西只剩下来自失落的遥远年代的碎片。

但从一开始，在门图霍特普二世建造底比斯的神庙陵墓时，事情就已经很清楚了。这些工匠和建筑工人生活在一个决心重新夺回法老文化的全部的时代，其中也包括孟斐斯工坊中熟练的技术。这个过程十分漫长，而且某种意义上是高度自觉的，一个名叫艾尔提森（Irtisen）的人所立的石碑上的一段文字无意间强调了这点： 497

> 我知道圣书文字的秘密，仪式的组成……我是一名工匠，擅长此等艺术，拥有最前沿的知识。我知道如何估算人体比例，知道在浮雕上雕刻人体时应该如何控制深浅。我知道男性的姿态和女性的面容，知道牛和鸟的姿态，知道一个落单的俘虏在四目相对时屈服的模样，知道猎人用鱼叉刺河马时的姿势，知道奔跑者的步法。

艾尔提森的石碑是用一块精美的白色石灰石板雕刻而成的，高约四英尺，其上有小心翼翼地横向雕刻的十五行圣书文字，下方还有一个用传统方式雕刻的凹陷式画面，画中是一名工匠和他的妻子坐在放着面包的桌子前，桌上还有猎物和大块的肉。与艾尔提森在铭文所宣称的不同，这幅浮雕沉闷而幼稚，让人想起塞加拉诸王时代晚期的那些地方性雕塑。但这座石碑上的文本是独一无二的，再没有另一位法老时代的工匠愿意用这样的决心来描述自己的技艺，而不是仅靠自己的手艺来展现。从这种意义上讲，这篇铭文描绘了他所处时代的目标与雄心，因为宫廷工艺和建筑对法老时代的身份而言，拥有至高无上的重要性。同时，工作室和工坊中也出现了关键性的自我意识，工匠与其作品之间产生了全新的空间。

因特夫们和门图霍特普们的朝廷所维持的南方工坊是复兴道路上的引领者，尽管这些工匠通常使用地方性的、小心的、固定的、南方的形式和组成部分，他们创作的许多较大的王家作品中的设计和绘画却比艾尔提森的石碑要更好。它们中有许多保留了部分绘图师在中间期实现的那些吸引人的、古怪的创新，比如设计并绘制了莫亚拉的安克提菲柱廊式坟墓祈祷室中壁画的那些。

在朝廷搬迁至伊提特威之后，工艺得到了突破，人们再次掌握了孟斐斯朝廷曾经拥有的庄严与高超的技艺。南方的工匠似乎在这里触碰到了塞加拉工坊残存下来的技艺与风格，他们又学习了吉萨诸王时代的方式，并在一代又一代的累积后创造出了与众不同的综合体，即成熟的中王国时期风格。

从较早的地方风格转变为宫廷风格的过程中，最初的变化是在朝廷迁移到伊提特威之后头一个十年中完成的，这一变化如此迅速，以至于代尔拜赫里的一些属于王后或廷臣的纪念建筑同时展现了新旧两种风格。与之类似，维齐尔安特佛克的母亲森尼特（Senet）在底比斯的坟墓祈祷室与她儿子在利什特的宫廷马斯塔巴在风格上形成了鲜明的对比。森尼特坟墓祈祷室中有两面墙位于石头切割而成的狭窄走廊，上面的壁画是漂亮而幼稚的风格，有着活泼生动的细节，是这庞大墓地最亮眼的部分之一。反过来，安特佛克的纪念建筑矗立在阿蒙涅姆哈特一世的金字塔旁，用的是最早的国王那个时代的泥砖马斯塔巴和宫殿的形式，但被雕成了某种意义上属于仿古和创新的苍白折中的样式。该建筑存留下来的部分——其中包含他前往黎巴嫩的那次航海的记录——则表明，其已经展现了新兴的宫廷风格的优雅。

除卡纳克森沃斯雷特一世那珍宝般的亭子——这座建筑在 20 世纪 20 年代得以重建，其所用的石块原本被后来的一座建筑拿去做了地基——之外，当时的宫廷建筑几乎什么也没有留下，尽管当时的宫廷工匠在整个王国各处都建造并装饰了各样的神庙，从三角洲地区到赫利奥波利斯，再到阿拜多斯、底比斯和阿斯旺。但同时，地方长官家族的工匠们又创造出了华丽的坟墓祈祷室，并在其中用独特的方式使用了立柱和支柱。祈祷室内部也出现了许多创新性的主题，如代尔伯莎的杰胡提霍特普的坟墓祈祷室中拖拽巨像的画面，以及贝尼哈桑的克努姆霍特普父亲的坟墓祈祷室中一群阿姆人的画面。贝尼哈桑的坟墓祈祷室中其他的画面则包括刻画详尽的围城场景、在沙漠中狩猎怪兽般动物的场景，还有摔跤比赛和各种各样其他的娱乐活动，它们都用精美而高雅的风格绘制而成，堪称前所未见。

从阿拜多斯附近的提尼斯到下游的贝尼哈桑，这些长官的坟墓如今已经成为一条常用的旅游路线的组成部分——包括卡凯比尔、艾斯尤特、梅尔、代尔伯莎等——它们都展现了地方生活中生动的那一面，这一面被敏锐的眼睛所观察到，且常常被以真正具有创新性的风格绘制下来。其中一些

499

画面暗示了绘制它们的人是模仿了克里特及北方的其他文化艺术形式，通过泰勒达巴等三角洲地区的港口，人们可以前往这些文化所在的地区。但是，这股创新潮的关键点在于那些会在廷臣的雪松木棺材上写下长篇文本的绘图书吏——他们的写作方式以及部分内容来自《金字塔铭文》。时代更早的绘图师们几乎没有人展现出这种技艺。例如，这是第一次有画家用精致的细节表现了打褶的衣服、鸟类的羽毛，乃至燃烧的柴火留下的发着光的灰烬上颜色的变化。这是古埃及绘画中存留至今的杰作的一部分，它们强调了几乎已荡然无存的同时代宫廷纪念建筑的重要性。

然而，如今已然消失之物遗留的痕迹——精美浮雕留下的细长而清晰的线条、全新的运用空间的方式和设计——却被保存在当时的一些王家石碑，以及所剩不多的神庙门廊的门楣上。它们是古埃及工匠们所做的最复杂设计的一部分，展现出非凡的、全新的老到技艺。在石碑上，绘图师们有时只会刻画一些稀稀落落的图案，却创作出具有罕见的简洁之美的圣书文字作品。在神庙的门楣上，古王国设计师们创造的简单的对称纹章却变成了复杂而又和谐的图案，其中有国王与诸神的形象立在复杂而平衡的垂直或水平的格子图案当中。它们标志着早先的宫廷风格已然变得成熟。

同时代的宫廷珠宝也展现出同样罕见的平衡与设计感。它们体现的也是法老时代的工匠们改变物体大小的能力，从巨大之物到微小之物，他们生产出了各种各样大小不同的物品，却全然没有失去其一贯的形式。

500

罕见的平衡设计。这枚精致的吊坠（左图）串在紫水晶与绿松石做成的项链上，上面有森沃斯雷特三世的王名圈，是出身王室家族的一位公主所佩戴的。吊坠由黄金制成，点缀着石榴石、红玉髓和青金石。这座出土于尼罗河第二瀑布地区的王家砂岩石碑（右图）上刻着简短的铭文"异邦土地的主人荷鲁斯"和"伟大之神，天空之主"。石碑高十八英寸

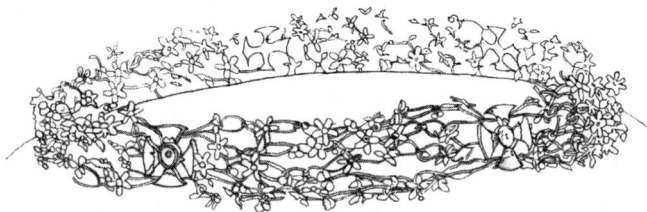

属于阿蒙涅姆哈特二世的女儿库梅特（Khnumet）公主的冠冕，是一个由花组成的王冠。这个冠冕发现于这位公主在达舒尔的坟墓中的一个首饰盒里，似乎是用于在宫廷中佩戴的。其中的花朵和莓果是用绿松石、红玉髓和青金石制成的，每一枚都分别嵌在金丝上，通过环和管连接到十根交缠的金丝组成的松散的网状基座上。冠冕必定曾随着公主的一举一动而熠熠生辉

从代尔拜赫里的王室女性墓葬中出土的珍贵宝石和银珠子串成的项链，还有戴着两个华美的银质圣甲虫以

及银与彩陶做成的项链的梅克特拉庄园管家瓦（Wah）

501 的木乃伊上，我们可以看到未来的一点先兆。但这些精美的珠宝若是与葬在达舒尔和拉胡恩的王家金字塔中的九位王室女性与廷臣墓中出土的家用珠宝相比，便会黯然失色。他们的墓穴在千年之中都未被打扰过，被深埋在上方墓地中一代代的烧石灰工人和石材小偷留下的碎石与废墟下面。

尽管后来发现的图坦卡蒙墓中的珍宝又超越了这些时代较早的珍宝，但这些王室女性成员所佩戴的珠宝却拥有一种后世作品中没有的克制——其柔和的纹理、质地较软的宝石、闪耀的金属、比例、和谐的设计、无与伦比的技艺以及伊提特威工匠纯粹的喜悦就体现在他们用纯金与紫水晶、精美的蓝色彩陶、绿松石与青金石为伊提特威宫廷的女性打造出来的戒指、手镯、腰饰、项圈、胸饰与项链中。又一次，这些珠宝匠的工坊使用了一些从北方、从黎凡特与爱琴海传入伊提特威的技艺。

伊提特威珠宝的简洁与优雅在其对贝壳的使用中得到了集中体现。来自红海的宝螺被打了孔，当成普通的珠子来用，有时也会用黄金雕出它们优美的形态。它们被和小而暗色的、经过雕琢抛光、样子颇似刺槐种子的红玉髓一起串在用作护身符的腰饰上，金色的贝壳里还装上了小珠子，这样便能随着佩戴者最轻微的动作而叮当作响。抛光的牡蛎壳被串在项链上，当作项坠使用。它们被称作"健康者"，常常以黄金包边，精细地用金银丝、掐丝珐琅和造粒装饰，还饰有当时在位国王的王名圈。男性佩戴的则是一串管状彩陶珠

子组成的项链，以牡蛎壳作为吊坠，其闪光的表面轻轻地雕
刻着一个用烟黑色颜料以细线勾画出的王名圈。

国王的形象

　　围绕着伊提特威宫廷文化之核心的花环中最能引起人们
共鸣的部分便是王家雕塑，因为在现代人看来，这些雕塑看
起来就像是具体的个人的肖像。虽然留存下来的雕塑数以百
计，但其中大部分已经被打碎或是破坏，只有少数还保持着
完整——其中最著名的是森沃斯雷特一世的十尊真人大小的 502
石灰岩雕像，它们被小心地掩埋在利什特的一个坑中，还有
一些出土于三角洲地区东北部古塔尼斯（Tanis）的乱石堆中
的巨大的斯芬克斯像。但是，王家雕塑拥有如此强大的力量，
即便是受损或是化为碎片，也能让人很容易地在头脑中将其
重新拼合起来，创造出一列完美而又强有力的中王国国王们
的形象。

　　这段走向成熟的旅程再次从底比斯开始，门图霍特普二
世的工匠们在这里为他们的国王打造了一系列雕塑，放置在
他的神庙陵墓里面以及周围。留存下来的最精美的一尊雕像
接近真人大小，以亚麻布包覆，像人类的遗体一样被下葬在
这座神庙陵墓中的一间墓室里（见彩图11）。这尊雕像上涂
着浓重的油彩，有着大大的眼睛，形态完整，存在感极强，
展现出了工匠对完整雕塑形式的完全掌握。这尊雕塑是用标
志性的砂岩雕成的，与神庙陵墓中处处都在使用的砂岩是同
一种，它是底比斯风格的缩影。

　　在朝廷迁移到伊提特威之后，工匠们开始检视近在手边

的古老的孟斐斯时代的作品。虽然森沃斯雷特一世金字塔堤道旁的部分巨像展示了底比斯的风格，但其他雕塑的风格却来自六个世纪之前制造的斯尼夫鲁的雕像。这位国王有十尊真人大小的坐像在刚出工匠工坊的全新状态下被直接埋在了利什特，从未被放进神庙里。这些雕像表明雕塑家们使用了来源于吉萨诸王雕塑的标准的孟斐斯形式来塑造其身体，却在这理想的身形上放了一系列全新的年轻面孔。在现代人看来，这种矛盾带来了一种奇特的脆弱性。伊提特威的雕塑家们在这里发展出新的雕塑方式，许多传统的形态被施以微妙的变化，在现代人看来，它们变得更加自然了。

在其之后的国王阿蒙涅姆哈特一世的部分雕像则以吉萨大斯芬克斯为模型雕刻国王的头部，工匠们测量了这尊巨大的雕像的尺寸，并将其复刻，打造出许多有着大耳朵、圆眼睛、厚嘴唇的国王面部。这些强有力的雕塑中最著名也最完美的一座是一尊坚定而凶猛的斯芬克斯像，有着十五英尺长的花岗岩躯体，于 19 世纪出土于塔尼斯，后来又被运到卢浮宫。这座雕像的面容青春不老、神秘莫测而又极其端庄，它在接下来的数个世纪当中成为后世众多王家斯芬克斯雕像和巨像的典范。

503　　　有时，宫廷工匠们也会参考来自更久远的过去的作品。例如，一尊威风凛凛的、比真人更大的阿蒙涅姆哈特三世花岗岩雕像便穿戴着精巧的假发、珠宝以及古代祭司所穿的兽皮，而其脸部的形象则参考了不少古代的雕像（见彩图18）。又有时，王家工匠们似乎重新运用了古王国时期廷臣们的雕像所用的形体和姿态。其他作品则仍然使用来自地方的形式，只是也采用了将法老的面容表现得十分年轻的理念，同时工匠们还越来越注重自然的比例。在另一个极端上，一些王家雕像将国王的面容表现成饱经忧患、眼皮沉重的样子，尽管面容下的躯体总是像最早出现于吉萨诸王时代的孟斐斯风格的躯干一样完美。有年轻的，有年老的，有斯芬克斯像，也有地方性的雕像，这些截然不同的雕像有时会被并排放在一起。当然，这些全然不同的雕像种类也强调了这样一个事实，即中王国时期的风格是一种精心培养出的身份认同，而不是像人们长久以来假定的那样，是某种固有的民族特色的表达。

雕塑技术的改变大大帮助了伊提特威雕塑工坊所持的兼收并蓄原则。这似乎是古埃及历史上第一次出现青铜而非黄铜所制的凿子，因此珠宝、假发和胡子等部分的细节才能被详尽刻画，或至少刻画起来变得容易得多了。也是因此，工匠们能在硬石上雕刻出精细的眼角与嘴角以及斯芬克斯的爪子，这些细腻的线条之前只能在较软的石灰岩雕塑上见到。到中王国时代晚期，金匠们制作合金和镶嵌的技术越来越纯熟，出现了青铜铸造的真人大小的雕塑，如在哈瓦拉的阿蒙涅姆哈特三世金字塔围场内发现的那些。这些雕像运用了一种特殊技术，能将用较软的材料，如黏土、蜡或沙子做成的雕像的形态用青铜精确地复刻出来。这使得王家雕塑师们可以用全然不同的方式来塑造形体，与传统的石材雕刻相比，相当于加法之于减法。这一过程似乎增强了雕塑师的感受力，因为他们开始用全新且各不相同的方式来处理花岗岩、蛇纹石和石英岩的表面了。

例如，雕塑师们可以用研磨粉摩擦表面的方式来塑造法

504 老的面容，不再用之前雕塑中所用的方式，即让平滑下凹的表面变得光亮，而是在石头上削出形状，重现出年长男性面部柔软而凸出的褶皱。实际上，这正是作品的本质所在，因为这样一来就可以在之前形象更年轻而理想化的国王雕像上面重新创作出"年老的"头部了。这两种头部下面连接的都仍然是完美而理想化的孟斐斯式身体。无论如何，森沃斯雷特三世和阿蒙涅姆哈特三世——这两位国王的统治时期加在一起长达七十余年——的这些卓越而强有力的"老国王"形象堪称有史以来最精美的雕塑，它们虽然被打碎了，但石头碎片中仍能体现出他们强壮、努力和暮年的特质（见彩图19）。

这些王家雕塑的不同风格中有许多以类似的方式出现在同时代贵族的雕像上。于是，这些雕像展现了前所未见的法老廷臣们的形象。尽管孟斐斯宫廷的那些生动而魁梧的雕像也可以展现肥胖富足的中年男性廷臣的形象（女性在雕像中总是被展现成孟斐斯式的青春永驻的模样），当这些雕像被照亮并拍摄时，它们能流露出类似巴洛克式肖像或渥太华的摄影大师尤瑟夫·卡希（Yousuf Karsh）的照片那样的感觉。

除了如今已然不存的杰胡提霍特普的雪花石膏巨像，伊提特威的廷臣们很少以硬石雕塑的形式被展现。但在盛产花岗岩的阿斯旺地区的象岛，却发现了许多保存状态十分完美的硬石所制的廷臣雕像，它们矗立在一座独一无二的用来崇拜一个名叫赫凯布（Hekaib）的人的建筑里众多的圣坛当中。赫凯布拥有唯一同伴、助理祭司、外事总管、在异邦土

地上灌注对荷鲁斯的恐惧者等头衔，他是古王国时代末期曾游历至努比亚和黎凡特，且将坟墓建在阿斯旺悬崖上的大墓地当中的人之一。由于目前尚未知晓的缘故，后世的地方长官和廷臣将赫凯布当成神明来崇拜，因此今日他古怪的圣坛——这座圣坛由埃及文物局在拉比卜·哈巴奇（Labib Habachi）的指挥下发掘——成为为数不多的能深入体验中王国的地方。此地的环境从几何学上来讲十分精确，周围又满是面相凶狠、坚定不移的男性形象，每一个都被供奉在一个圣坛之中。

这些雕像相当于现代意义上的肖像吗？当然，个人的面部特征是可以在各种各样装饰着王名圈或廷臣姓名的中王国雕塑上识别出来的，它们赋予了这些个体简单而又有特色的身份，若没有这些雕像，这些人就会成为一个个神秘莫测的谜团。实际上，许多传统的历史学家将这些饱经忧患的国王肖像当作古代版的威尼斯宫中半夜燃着灯油的墨索里尼的肖像，当然在这里，国王彻夜工作是为了规划法尤姆的防洪设施，而不是为了排出彭甸沼地中的水。当然，这距离在辛努赫和所谓"能言善辩的农夫"的库纳普等人的故事中，注入于中王国廷臣们的雕像中感受到的情感只有一小步之遥。

但当你站在赫凯布圣坛中心庭院中时，在众多这样的雕塑的注视之下，你首先便会意识到群体的团结便是廷臣们身份中最主要的元素，就像许多古埃及的文本和图画一直体现的那样，他们心中个人身份的概念是与他们的行为紧密联结在一起的，因为这会影响到国家的秩序。因此在现代人看来，这些看起来很有特点的雕塑不禁让人对肖像的本质产生

505

了疑问。

问题并不在于这些雕像的现实主义程度，因为完全精确地复刻某一个人的面容并不是肖像的目的。例如，地球上并没有一个人面部的比例能长成吉萨斯芬克斯的头部那样，但我们却能轻易读懂这古老的面容中体现的属于人的个性，就像我们能轻易读懂伦勃朗的肖像画中深沉的感情一样。

在中王国的雕像中，我们完全地感受到了古埃及工匠令人惊异的给刻画对象的形体赋予生命力的能力。就连古代雕像的碎片也被灌注了这种生机，并且造成了古代石像与现代概念上的个人性格之间的冲突。或许从这种意义上讲，中王国雕塑师们的作品可以被视为艺术史与工艺史上的一种共同趋势的例证，即早期作品与后来作品相比总是会将表现对象渲染得十分彻底，以至于要给新作品赋予真实性，唯一的办法便是找回旧的形态，并通过一种魔法般的技巧将对生命形式的全新观察覆于其上。

向后看，向前看——森沃斯雷特三世在阿拜多斯的坟墓

506　　尽管如今伊提特威的金字塔除了看不出形状的泥砖堆之外已经所剩无几，那些设计并建造了这些曾经伟大的建筑的人却通过回顾时代更早的传统，于五百余年的时间中，在从吉萨到利什特之间的沙漠平原上镶嵌了一系列高大、洁白、角度相似、形态完美的金字塔。孟斐斯与伊提特威的宫廷文化汇聚在一起，留下了极其深刻的影响。在达舒尔，古王国时期陶器的碎片被混在了中王国时期金字塔的泥砖当中，这是因为古王国时期的

陶器在建金字塔时仍然散落在此地。伊提特威的陶艺工匠们也模仿了古王国时期孟斐斯坟墓祈祷室中用来盛装净化和供奉所用的油和药膏的那些陶器的形态和色彩，制作了许多作品。在利什特的墓地当中，供奉的方式完全复刻了古王国墓葬中的供奉方式。实际上，他们是如此小心翼翼地重复前人做事的方法，以至于有说法认为存留下来的数量巨大的容器反映了孟斐斯供品列表详细列明的供品的数量。

但在伊提特威的金字塔之下，宫廷建筑师们建造了令人惊异的各种各样极具创新性的内部建筑结构。一代又一代之后，坑洞、走廊和房间组成的系统变得越来越复杂，它们都建造得十分精巧，在金字塔的泥砖拱顶下曲折蜿蜒，形成了一系列建筑上的巧妙把戏，使王家墓葬变得更加幽暗，同时也将许多古代王家墓葬的形式结合在一起，奏出了完美的乐章。例如，其中一位法老的宏伟的花岗岩大石棺模仿的是当时已有七百年历史的最早的金字塔围场，另一座墓葬室则是从一整块重量超过一百吨的石英岩上切割出来的。

人们通常猜测这些优雅的迷宫的设计目的是阻挡邪恶的盗墓贼。然而在它们的建造过程中，建筑者却付出了极大心血，显然已经超过了这一目的所需，并且从古代的盗墓贼到现代的考古学家，所有对此有兴趣的群体都知道这些建筑并非固若金汤。因此，这些精美的内部结构可能是出于更高尚的目的建造的，而不仅仅是满足安保需要。无论如何，它们显然展现了对用伊提特威最精美的工艺装饰并保护法老墓葬的渴望。 507

尽管所有伊提特威的金字塔中都没有铭文，但孟斐斯与伊提特威王国廷臣坟墓和坟墓祈祷室中的文字却表明，葬礼仪式与死后的命运对廷臣和国王而言相差无几。因此，其在墓葬安排上的本质性不同，反映的应当是墓主人社会地位的不同。

然而，就像廷臣们的坟墓祈祷室中的文本和图画一再告诉我们的那样，廷臣们在国家组织中是以扮演的角色来区分的，法老却无须经历这样的校验。法老的角色将他们放到了一切国家机关、一切朝廷、一切行省之上，他们的每一座金字塔都是一座宇宙模型，为周遭的景观增添典范与内涵，为这个鲜活的王国赋予生命与秩序。

因此，森沃斯雷特三世在位期间为国王建造完全没有金字塔的大墓，并将其建在远离孟斐斯传统墓葬所在地的决定，代表的便是朝廷对王权本质的理解方面的变革。

但在某些地方，伊提特威朝廷为森沃斯雷特三世在阿拜多斯打造的这座变革性的陵墓仍然遵从了其王室祖先陵墓的建筑先例，在耕地边缘为其建造了一座神庙，并且将通往陵墓的入口设在了上方的沙漠当中，神庙和陵墓这两个组成部分位于阿拜多斯的一条轴线上，有将近三分之一英里长。

在阿拜多斯沙漠中王陵所在位置上原本应有金字塔的地方被清理出了一块空地，其面积大约有五英亩，由岩石组成，边缘则由泥砖围成，形成了一座 T 形的古老祭坛。就像伊提特威的金字塔一样，这巨大的围墙边也建起了马斯塔巴，还有一对假的马斯塔巴，里面装的是挖掘王家陵墓产出的碎石。这座陵墓巨大的走廊十分陡峭，从 T 形围墙表面直通往下方，深入沙漠下面的石灰岩层。走廊和房间共有约七百英尺长，结束于尼罗河畔沙漠边缘的悬崖下方。

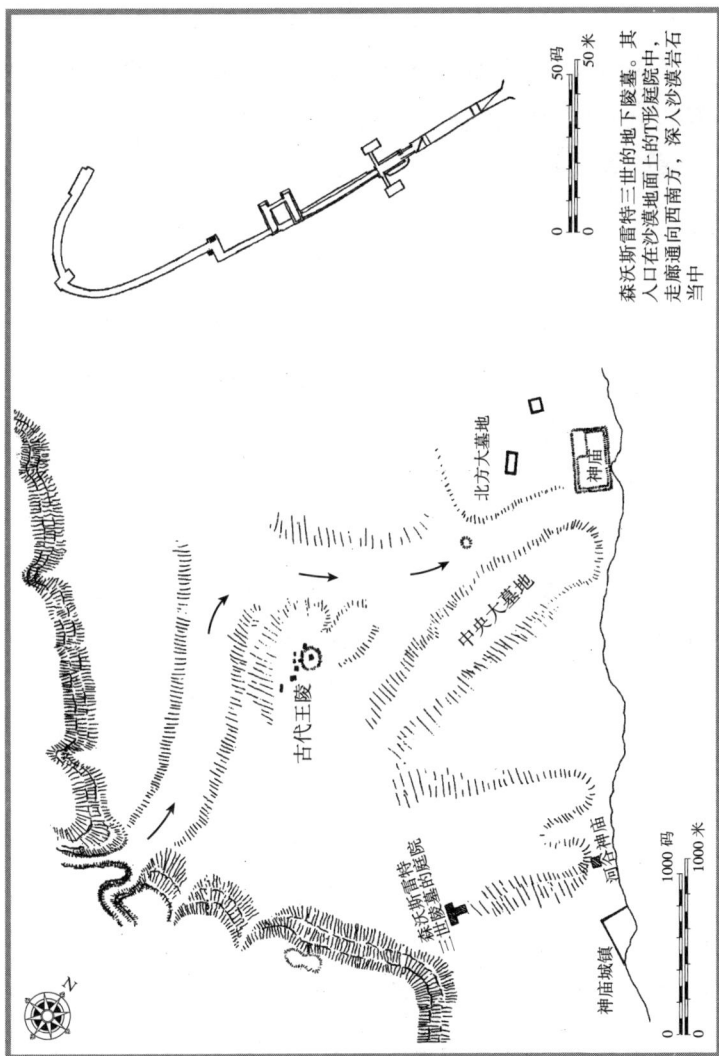

森沃斯雷特三世的地下陵墓。其入口在沙漠地面上的T形庭院中，走廊通向南方，深入沙漠岩石当中

中王国时期的阿拜多斯，展现了森沃斯雷特三世在位期间建造的建筑所在地，以及其中作为核心建筑的巨大的地下王陵

509   森沃斯雷特三世在阿拜多斯的陵墓与他在达舒尔的金字塔下方的走廊和墓室相比，大小和长度都是后者三倍多，其结构像绝大多数伊提特威金字塔的内部结构一样曲折蜿蜒，令人辨不清方向，如同王宫里那些通往朝觐厅的复杂道路，或是同时代某些神庙中通往诸神圣坛的道路。在这里，建筑工人们通过在岩石上挖掘而不是用矩形泥砖和石块搭建的方法建造出了类似的不对称结构，但使用的却是长长的半圆形曲线，而不是一系列直角。

这座巨大的回廊以同时代建造金字塔的方式用精美的白色石灰岩石块优雅地排列而成，尽管在其较低的、弯曲的部分，石灰岩有时会被坚硬的红色石英岩石板替代。石英岩是古埃及工匠们用作材料的岩石中最硬的之一。就像伊提特威的金字塔一样，这里也有复杂的建筑把戏，用来伪装墓葬所在地。在这种情况下，石棺的一部分被藏在了一间位于挖掘路径半途的小墓室当中。下方走廊中墙壁上的部分石英岩石块已经被拆了下来，似乎是有人决心要找到更多隐藏起来的房间和走廊，这表明这一建筑上的策略取得了暂时性的成功，尽管就如同其他所有的王家陵墓一样，这里的石棺最终也被人打开了。

这座不规则的甚至有些神秘的建筑最近才被约瑟夫·韦格纳（Joseph Wegner）带领的团队重新发掘出来，在那之前它一直被认为是一座"衣冠冢"，是一位一定与阿拜多斯有些特殊关联的国王的奇思妙想所催生的模型陵墓，毕竟阿拜多斯终究是王国中最神圣的朝圣目的地。何况，这位国王不是已经有了一座合适的陵墓，已经在达舒尔的平原上按照他祖先的方式建造了一座金字塔吗？

　　然而，时代更早的多位国王也给自己准备了两座坟墓，考古学家对国王的遗体究竟被葬在了哪一座坟墓中进行了无休无止的论辩，但他们忽视了这些建筑在生者的国度发挥的关键作用。例如，早在孟斐斯诸王的时代，国王便会在主陵墓建筑附近建造形式为小金字塔的第二陵墓。反过来，森沃斯雷特三世之后的法老则有两座以其名义建造的全尺寸金字塔，其中一座位于达舒尔平原，另一座在哈瓦拉通往法尤姆的入口处。此外，设计并建造了阿拜多斯陵墓的宫廷工匠们显然与设计并建造了利什特、达舒尔和拉胡恩的金字塔的工匠们属于同一流派。在阿拜多斯，就如同在拉胡恩一样，他们也在森沃斯雷特三世的河谷神庙旁建造了一个网格形式的朝廷聚落，朝廷中的地方官员会居住在这里，负责王家崇拜的祭司和仆人们或许也住在这里。

　　最近对阿拜多斯的森沃斯雷特三世陵墓围场的发掘结果确认了这一地区短时间内存在过一些大型泥砖建筑，这些建筑残存下来的碎片表明这里进行过相当大规模的仪式活动，尽管只持续了较短的一段时间。这种盛大而持续时间短暂的活动表明，不管这座坟墓中是否安葬着国王的遗体，这里都举行过繁复的葬礼仪式。那么，国王到底是出于什么原因要建造一座没有金字塔的大型王陵，并且要把它建在远离孟斐斯的传统墓葬地的地方呢？

　　森沃斯雷特三世的阿拜多斯王陵的形状以及其中举行的至少一场葬礼的形式是有先例可循的。代尔拜赫里的门图霍特普二世神庙王陵中就有两座安葬国王用的坟墓。其中一座需要从

510

神庙第二层通往底比斯悬崖下方深处的走廊进入，另一座则由直通神庙王陵前方的平原中心的长而深的道路进入，与阿拜多斯的森沃斯雷特三世坟墓入口十分相似。这第二座陵墓的入口位于神庙宽而平的围场之内，陵墓中有一尊位于众多供品当中的著名的门图霍特普巨像。并且，森沃斯雷特三世的宫廷展现了对底比斯建筑的直接兴趣，在那里的一处阶地上放置了一系列超过真人大小的壮丽的国王雕像。

在阿拜多斯建造王陵也有强大而非常古老的先例。埃及最初的那些国王的地下陵墓距离森沃斯雷特三世的王陵围场还不到两英里远。伊提特威朝廷再一次展现出自己与古代建筑之间直接而且有力的关联。在他们所处的时代，其中一座古代王陵被清理、修复并重新开放，以作为奥西里斯神的坟墓。同时，按照森沃斯雷特三世在阿拜多斯的陵墓及墓葬神庙的设置，耕地边缘建起了一座相当大的供奉奥西里斯的神庙。因此，伊提特威朝廷，尤其是森沃斯雷特三世的朝廷回到了国家的中心地带，复刻了这个国家的许多古老习俗。同时，他们也为后来所有王陵的设计创造了一个可以参考的先例。

后来时代的朝廷并没有将王陵迁回孟斐斯，也没有再使用金字塔这一形式，而是把森沃斯雷特三世在阿拜多斯的陵墓当成了所有王陵的范本。森沃斯雷特三世的阿拜多斯王陵坐落于河谷悬崖的底部，此处的岩石阶地天然形成了一个巨大的金字塔。后来的底比斯帝王谷中的王陵将这座王陵当成了先例，在这座阿拜多斯陵墓入口旁建筑的碎片中出土了一些印章，它们也正是后来在帝王谷的王陵中找到的许多印章的典型形态的已知最早实例。

森沃斯雷特三世阿拜多斯王陵的布局也以类似方式成为帝王谷中切割出来的第一座王陵的布局所依照的先例。但这些著名陵墓的最直接先例是森沃斯雷特三世在阿拜多斯的建筑以南雅赫摩斯（Ahmose）的墓葬建筑群。雅赫摩斯是后来的底比斯王朝的第一位国王，他小心翼翼地模仿了时代更早的森沃斯雷特三世建筑的复杂结构，在沙漠中挖掘出一座深深的地下陵墓，并在下方的平原上建造了一座神庙和一座网格布局的聚落。雅赫摩斯王的建筑群谨慎地承袭了森沃斯雷特三世的建筑，并精确地朝向它所在的方向，这样他们相距三分之一英里的建筑群的轴线便在沙漠黄沙之上构建出了一个完美的正方形。

这便是中王国给未来的法老王国留下的巨大的，或许是无意识的赠礼。通过放弃作为王家墓地的孟斐斯，回到他们文化的古老的核心地带，并设计出直接与更早的上埃及王家葬礼形式相关的王陵类别，森沃斯雷特三世的设计师们开启了一场法老之角色和祖先之命运方面的变革。在后来的时代中，这种命运被帝王谷的王陵中墙壁上那些著名的文本详细阐述，其对于死亡和重生的精心描述正呼应着中王国时期王陵中那些曲折的过道和走廊，尤其是古老的阿拜多斯的森沃斯雷特三世陵墓中的那些。

512

心灵之眼——中王国的文学

中王国时期法老的朝廷不仅重建了法老国度的物质文化，并使其更加精致，而且变革了圣书文字写作的形式和应用范围。在现代人看来，这是所谓的古埃及文学的"古典"时期，在这个时期庄严的孟斐斯传统转变为如今称为"中埃及语"的书面语言。与此同时，伊提特威的书吏们还创造了一种文学，后来这种文学的作品直到希腊罗马时代还在被当成文风良好、文笔优美的范本加以抄录——这些文本被广泛当成古埃及文学的杰作，时代更晚的法老王国的书吏和学习圣书文字的现代学生都需要学习它们。

据估计，在伊提特威时代，能够读写的人口数量不超过一万，这一事实再次强调了这种宫廷文化小且面对面的本质。传统的文本类别仍旧是书吏文集中的一部分，且依然生机勃勃、不断有所发展，而中王国时期新兴的所谓"文学文本"中目前已知存留至今的文章还不到四十篇，并且大部分依照现代标准来看都相当简短。

这些文本既非书信也非账目，与神庙或坟墓祈祷室、供奉或法令也没有根本的联系。这些文学作品用独特的书法书写在皮革或莎草纸做成的卷轴上，如今主要被保存在欧洲的博物馆里，其中大部分文本最初的中王国时期的版本都是19世纪时出土于底比斯的。这些文本在被商人售卖之前或许是从古代的坟墓中取出来的，尽管如今我们只知道一处古代用来存放此类卷轴的地点，因为在该地进行的早期考古发掘中发现了莎草纸卷。这些腐烂的莎草纸出土于一个久经使用的墓穴当中，其上方是一座后来修建的神庙的储藏室。它们似乎是一名书吏的私人藏书的一部分，因为莎草纸旁边还有一捆芦苇做的笔，它们一起放在一个涂成白色的小匣子当中。匣子里的这些卷轴记载了辛努赫的故事，还有能言善辩的农夫库纳普的故事，以及其他一些故事。

留存至今的中王国时期的文学作品中有一半在被创作出来后的一千多年都反复被抄录，这自然是一件幸运的事情，因为这些后世抄本也包括维斯特卡莎草纸卷，其中保存了目前已知的哈杰德夫和预言家杰蒂的故事的唯一版本。还有一篇仅存于后世抄本中的中王国时期的文章便是所谓的《凯提的教谕》（"Teaching of Khety"），这篇文章有大约二百五十份支离破碎的抄本，都是在不同时期抄录成的。凯提也是其他一些文章的署名作者，因此有的说法认为这位书吏便是古埃及文学的创造者。但就像我们之前已经说过的，"凯提"是当时常用的人名之一，因此越来越多的现代学者开始认为这个作为文章作者的凯提就像荷马或哈杰德夫一样，是群体创作者用的托名。

值得注意的是，《凯提的教谕》又被称为"对行业的讽刺"，作者在这篇文章中赞扬了"手指灵活的"书吏，认为其高于一切其他职业。他描述了从事其他职业的人的种种可怕特性，说他们手指肿胀，因劳动而疲惫不堪，双眼蒙眬而化脓，味道就像鱼卵一样脏臭，有时甚至浑身都是大粪！但凯提还告诉我们，良好的文学修养标志着社会地位的差异："你若是懂得如何书写，便将万事如意！"他所教授的东西能让向他学习的人走上神的道路，对笔墨善加使用便可以在王宫中取得要职。难怪这篇文章在古代的课堂中被广泛使用——现代学者也经常引用它。

中埃及文学与当时的视觉文化一样，是在回顾过去的氛围之中发展起来的。一位伊提特威的书吏在哈马马特干河谷的岩石上并排写下了三位孟斐斯法老的名字——胡夫、杰德夫拉、哈夫拉——然后又错误地将两位王子，即哈杰德夫和鲍夫拉（Baufre）当成了国王来记录，将这五个王名圈排成了一排。这是一种对古代王国的追忆。古代王国建立于永恒存在的诸神和已然逝去的法老们统治的时代，而如今已经和这个遥远的过去分隔开来，人们由此也发展出了对国家不同的理解。

514

从伊提特威的宫廷这里，可以完整看到沙漠平原对面的孟斐斯金字塔，因此他们能够远远地注视那个古老的时代，并对朝廷的脆弱性产生新的认识。过去已成为由人为事件以及时间构成，未来的国家可能会成功，也可能会失败。这种关注在当时的雕像的脸上也有所反映。

无论如何，这是一个充满了反思的时代，书吏们小心翼翼地模仿着古老的书写方式，但同时也对它们加以改变。在这个时代，古老的宫廷身份得到精心培养，甚至在具体的语言使用方面也是如此。因此，尽管伊提特威诸王的金字塔中没有《金字塔铭文》，这些文章中的一部分却出现在了一些伊提特威廷臣的墓室当中，以及许多同时代的棺材上。这种继承而来的文学传统也被用于创作新的文章，其中充满了维护这个重建而来的国家所需的价值观和态度。

新创作出来的作品的一些潜在的叙事方法是从时代更早的作品借鉴来的。例如，《能言善辩的农夫》故事中的一部分就同古老的荷鲁斯与赛特二神相争的故事中的一部分十分相似，而后者在《金字塔铭文》中便有提及。有时，古老的宗教想象会为新的故事带来怪异的氛围，就像所谓的

《遇难水手》（"Shipwrecked Sailor"）的故事中人与巨蛇对话的情节那样。教谕与指导文本的结构也来自孟斐斯坟墓祈祷室中概述墓主人伟业的铭文。在辛努赫的故事当中，孟斐斯坟墓祈祷室中传记铭文的形式也以类似方式得到了扩充，并与孟斐斯远征叙事文本——描述远征队出发、经历冒险并在宫廷中达到情节高潮的文本——融合起来。但是，也有些文本是几乎没先例可循的。例如，在《一个人和他灵魂的争论》（"Dispute of a Man with His Soul"）中，作者冷静地讨论了死亡，而之前从来没有任何一篇法老王国的文章如此做过，在《一位埃及书吏的箴言》当中，世界就像陶轮一样旋转，作者运用想象小心翼翼地历数了社会动荡导致的共同的不幸命运，许多后来的文化当中的作者和视觉艺术家也曾以同样的方式进行艺术表达。 515

　　然而，所有这些文学创作的精神，它们的清晰、直白的特点却与之前所有的书面文本都大不相同。从某种意义上来讲，这种文学态度可以在之前的一些墓葬文本中找到先例，这些文本认真地坚称自己所写的话都是真实的。这种写作态度第一次在读者和文本之间设立了反思的空间，而孟斐斯的书吏们似乎从未想象过这个空间。

被宦官谋杀？——现代历史与古代文学

　　　　晚餐时间过后，夜幕降临，我打算休息一小时。我当时十分疲惫，因此躺在自己的床上。当我的心也陷入沉睡之后，那些原本用来保护我的武器却被用来对抗我了。我

623

就像沙漠中的蛇一样。我醒来开始战斗，召集了自己的人，发现是王宫守卫在偷袭我。若我能迅速将武器拿到手中，我便能很快击退那些懦夫。但在夜晚，没有人是强大的。没有人能够单打独斗。没有帮助，就不可能取得成功。

——选自《阿蒙涅姆哈特一世的教谕》（"Instruction of Amenemhet Ⅰ"），约公元前1970

传统的历史学家曾用文学作品中的几篇故事构建出有关孟斐斯与伊提特威朝廷统治者的政治历史。人们也无法责怪他们，毕竟要构建现代叙事，除此之外便几乎没有可以参考的东西了。

因此，预言家杰蒂所做的有关地方祭司的妻子会生下三胞胎国王的预言，被认为记录了曼涅托王表（页边码第110页）中第四王朝和第五王朝之间的政治变迁。在所谓的"奈菲尔蒂（Neferti）预言"中，提到出现了一位战士国王，"亚细亚人死在他的剑下，利比亚人被他烧死，反叛者被他的烈怒席卷"，此人被认为说的是阿蒙涅姆哈特一世，他后来被王宫的守卫或宦官谋杀，如同《阿蒙涅姆哈特一世的教谕》中所说的，也有说法称维齐尔安特佛克的儿子参与了这次密谋，否则他为什么会在诅咒文本中被诅咒呢？实际上，据说正是这一阴谋导致朝野动荡，使得辛努赫逃亡到了黎凡特！

现代人构建出的故事十分生动，甚至有些老套，但它们当然不是古代的历史。许多观点反对使用这样的材料来构建政治历史。当然，其中最明显的一个反对理由就是，上面简

516

述的这些故事完全采集自存留至今的那些稀少而支离破碎的莎草纸卷上的文本，几乎没有任何其他证据能为它们在故事中的编排提供具体的支持。在将这些常常并不明确乃至相互冲突的文本联系在一起时，人们也会遇到问题。例如，用来构建所谓的阿蒙涅姆哈特一世遭到谋杀的故事时所用的四篇材料中，只有《阿蒙涅姆哈特一世的教谕》提到了一位具体的国王，但众多的现代翻译者却在这篇文章的内容上产生了激烈争议，他们在这篇文章的创作时间和这篇文章的叙述者，即国王本人的生死上都无法达成一致。

在确定应该选择哪些文本的过程中，也存在基础的方法论上的问题。历史学家们能够简单地从那些似乎不合历史或是荒诞的文本中提取出看起来像是"真实历史"的段落吗？例如，没人会在现代历史书中记录下《遇难水手》的故事中不幸的水手与巨蛇交谈的事。那么，神明一般的国王被自己的宦官在王宫中谋杀的故事又如何呢？

最后，是否把这些故事当作政治历史取决于历史学家对过去的个人看法。例如，将阿蒙涅姆哈特一世遭到攻击的故事当作"真实历史"的决定，建立在伊提特威诸法老与商博良时代的君王统治方式相似的猜想之上。若把他们猜想为像商博良时代的君主那样，是一个充满竞争而又危险的社会的唯一统治者，那么阿蒙涅姆哈特一世可能确实是个老练的战士。若这位国王之前曾是维齐尔阿蒙涅姆哈特，后来像许多人猜测的那样篡夺了王位，那他的王宫可能确实是个危险的地方。但在我们把这样的文本放到政治历史的背景之下时，又产生了更多问题。文本中宣称的作者在这篇文章写成 517

时，究竟是已经死了，还是仍然活着？这篇文章是阿蒙涅姆哈特--世所留的政治遗嘱，还是一位活着但遭到围困的君王给他的儿子以及继承人留下的教谕？若是前者，那么这份文本的目的便是在国王遭到谋杀后给家族继承赋予合法性。若是后者，那它可能是一份宫廷宣传，旨在解释为什么会有两位国王共治。许多历史学家相信这正是当时的情况，但也有一些人否认这一点。于是，史学方法论的过程被忽视了，文章的词语和时态被详细检查，以确认叙述者是还活着还是已经死了。

很明显，通过大部分古代文本的译文的欧洲古典语法术语来进行想象——如"第一人称单数"、"所有格"乃至"过去时"和"现在时"——并认为它们能准确反映生活在不同世界、对时间和自我有着不同观念的人们的思想是十分愚蠢的。因此，传统的历史学家很快就把自己带入了文学的范畴之内，开始讨论具体的古代人物的动机和情感，有时这种讨论甚至还需要用同一位国王的雕塑"肖像"来加以说明。当然，现代政治态度相关的问题也开始出现。阿蒙涅姆哈特一世是古埃及的理查三世吗，他瘦弱还是强壮，正直还是邪恶，是真正的金雀花还是莎士比亚剧中的那个？我们是更偏向19世纪印象中的托马斯·克伦威尔，还是更偏向《狼厅》里的那个？这就不可避免地导致其中包含的有关现代歌手的信息远远多于古代歌曲本身的信息了。

中王国时期的文学作品从最初被翻译时起便被当作了民间故事。例如，埃尔曼便将维斯特卡莎草纸卷中的故事称为童话故事。但在当时，学界对民间故事和神话传说与历史之间的关系有着广泛的兴趣，比如著名的哥廷根语言学家格林兄弟收集的那些民间故事。学者们断定这些文本中含有了解"原初的"思维方式的关键，这种观点一直流行到了 20 世纪。与此同时，许多早期古典学者相信经典的神话与民间故事里藏着流传于口头的历史，就像《伊利亚特》与《奥德赛》那样。这种观念很快便被新教圣经学者和柏林学派的埃及学家们吸收，他们据此依照希腊罗马时代记录下来的古埃及神话故事构建出了相当多的有关法老国度之开端的历史。

因此，著名历史学家、柏林学派非官方年代学者爱德华·迈尔（Eduard Meyer）在他颇具影响力的五卷本古代世界史中引用了节选自中王国文学作品的段落。迈尔维持了民间文学是历史事实的重要来源的观念，这一观点一下子便有效地使得著名的柏林学派的历史学家们延长了自己对将古埃及文学纳入原始材料范畴内的坚持。这似乎正是许多古埃及伪历史的根源所在。

中王国时期的宫廷既非原始，也非野蛮，当然也不属于所谓的民间文化。甚至不如说，它恰恰与此相反。创作这些文学的人不过是几千名宫廷书吏，他们发展出了一种正式的文学创作形式，以及今日我们称为中埃及语的语法。森沃斯雷特一世手下一名总管在他墓葬石碑铭文中明确表示，他们对这一成就是完全有意识的。"我是用官话说话的，不会使用'这个'或'那个'（即定冠词）"——尽管实际上定冠词被记录在时代更早的坟墓祈祷室铭文中工人的闲聊里已经有很久了（页边码第 165 页）。

518

627

因此最终，要将中王国文学作品用作历史材料，必然取决于你看重的是什么类别的历史：是让西方的政治叙事披上东方主义的外衣的历史，还是更加试探性的，有关于一个消逝已久的古代文化中生活之方方面面的历史。

看呀，我们到家啦！

木槌已被抓住，系泊柱已经被钉进去，帆脚索已经被扔上了岸。

献上赞美，感谢诸神，每个人都在拥抱着他的同伴。我们的船员安全回来了，远征队没有任何损失……

看啊，我们安然无恙地回来了！我们回到了自己的土地上！

519　　有关中王国文学，有一个毫无争议的事实，那就是其想象的局限性、其故事中的氛围都来源于创造它们的那个文化。当然，与一贯乐观的坟墓祈祷室铭文相比，它们提供了生动而真实的另一个版本的古代宫廷生活。它们还告诉了我们古代廷臣们的更多所思所想。不管文学作品中记录的谋杀伊提特威维朝廷国王是事实还是虚构，在接近同时代的文学作品中描写这一行为都表明古人认为它是可能发生的，而且更关键的是，它将阿蒙涅姆哈特一世此人进一步从法老的身份中区别出来了。这一事实本身便提供了一个少见的深入了解这个时代的机会，因为有关这个国家中君王之角色的任何事实都很难被建立起来。

大部分中王国时期的文学性文章都不是叙事性的，而是有关行为举止的散文。它们不是故事而是指导、教谕和论述。即便是其中饱受争议的叙事也充满了小心翼翼描写的宫廷举止，有关于称呼方式的例子，朝觐法老和与怪兽、外国人以及王国其他居民对话时的得体礼仪和恰当行为。

很显然，古埃及的书吏并不会像我们今日一样写下确凿的政治叙事，因为这一类别的文章还并不存在。就像伊提特威朝廷没有现代概念的商品一样，也没有人会把故事当成新闻或是历史。中王国的书吏对过去的理解产生于孟斐斯朝廷和伊提特威朝廷之间的隔断，这使得他们产生了对作为他们生活文化中不可或缺的一部分的宫廷身份的自觉性意识。因此，在当时的工匠和建筑师将孟斐斯宫廷的物质文化重新创造出来并加以精炼的同时，书吏也将传统的宫廷行为举止记录下来并加以精炼，其具体的书写方式也包含在里面。

文学性文本可以让我们一瞥真实的古老的过去，特别是其社交礼仪方式，对待法老、诸神以及祖先的得体态度，还有这重建的法老国度中人们良好的生活秩序、社区与福祉所需的一切。这就是为何这古老的宫廷文化中的图画和文本拥有一种生动的美，一种欢乐而优雅的形态。

终局

伊提特威王朝的终结十分神秘。古代的记录将中王国的终结表现得同古王国的终结一样，将最后一位统治者记录为女性法老奈弗鲁索贝克（Neferusobek）女王。但这一次，

520

考古学记录中没有任何能够佐证朝廷的衰落源于生态变化的证据。就连阿蒙涅姆哈特三世在位期间发生的破坏性的尼罗河大洪水似乎也已经停止了。同样，也没有任何有关瘟疫或是收成不佳导致伊提特威无法获得建造宏伟建筑所需人力和资源的证据。没有任何证据表明发生了内部革命或暴力入侵，没有纸牌屋的倒塌，也没有 W. H. 奥登笔下那肮脏而混乱的历史。

所有存留下来的记录所能表明的仅仅是公元前 1790 年后，在阿蒙涅姆哈特三世漫长的统治结束后的一个半世纪中——古希腊历史学家曼涅托称这一时期为第十三王朝——有多位法老来去迅速，以至于他们的具体数量和统治的先后顺序仍然充满争议。

在那段时间内，人们不再建造大型金字塔，为数不多建在南塞加拉和达舒尔的时代更早、规模更大的建筑之间的小金字塔也少有修建完成的。同样，那些长久以来被用于崇拜地方长官的一排排漂亮的坟墓祈祷室也没有再增加。国家力量撤出了努比亚，堡垒被放弃了，当地居民搬到了堡垒的四方形泥砖房间中居住。在埃因苏赫纳和加瓦西斯干河谷中的潟湖旁，朝廷使用的港口先是被放弃，然后很快便被东部沙漠的沙丘吞没。伊提特威朝廷派出的远征队在哈马马特干河谷采石场内的巨石和岩石上画下涂鸦的行为先是减少了，然后完全消失了。胡迪干河谷中的紫水晶矿缝旁、哈特努布的雪花石膏悬崖上、西奈半岛的铜矿中和赛拉比特卡迪姆的神庙里也再没有出现新的文字。

因此，伊提特威朝廷派去获取国家工坊所需的精美石材

尾声　对黄金时代的反思

和制造工匠工具所需的铜的远征队，先是放慢了速度，然后完全停止了，派到努比亚、蓬特之地和黎巴嫩的陆上货运队和海运船队也是如此。

一名时代更早一些的书吏预感到了这样一场灾难，于是告诫他的读者们"记得要建造圣坛，在黎明焚香敬神，并从罐子里倒酒"。但现在，朝廷已经没有资源再建造大型金字塔，或是继续将神庙粉刷得白如牛乳，或是在芳香的圣坛上设置供奉桌，并在其上供奉尼罗河下游地区各个庄园中出产的面包和捕获的猎物了。书吏继续写道："记得要维护规章制度，还有历法的正确次序。这包括永恒之前的日子、历数的月份和已知的年份！"但为伊提特威朝廷的生者与死者提供支持的宫廷活动，以及课税和供奉这类居于其核心且必要的内在机制，都已经渐渐消亡了。

第十三王朝的一些短命法老是在伊提特威进行统治的。例如，宫廷书吏奈菲尔霍特普坟墓中出土的莎草纸卷便包含了其中一位短命法老造访底比斯期间的家庭账目。王家工坊也依然被维持着，尽管其产出大幅度缩减，因为那些未完成的小金字塔中的一些石工作品仍然保持了最高的质量。同时代的王家雕塑也是一样，其中一些被藏在了时代更早的伊提特威诸王的大型金字塔围场之中，被考古学家们发现时还保持着原本的样子。然而，这些小国王的统治更迭得过于迅速——都灵王表列出了五十多个国王名字——似乎法老的政府是被伊提特威官场的一群人联合掌控的，这种情况或许表示法老的角色本身发生了变化。

我们对这一朝廷终结时的情况一无所知。就像建造了最

初那些金字塔的国王的家族如今看来似乎是凭空出现的一

522 样，九个世纪之后的伊提特威诸王的家族也凭空消失了，如
同干旱的夏季逐渐干涸的溪流。在本书的最后，我们几乎没
什么可讲的东西，只能再一次提醒大家我们与古人之间持续
不断的联系是多么的纤细、脆弱而又幸运，从他们的生活中
存留至今的那些碎片又是多么的珍贵。

　　但同时，在尼罗河三角洲东部低矮的淤泥平原上，在喜
爱黎凡特、塞浦路斯和安纳托利亚产物的伊提特威诸王修建
的滨海港口旁，新的聚落悄然建起，他们小小的坟墓和神庙
依照了叙利亚和黎凡特北部的方式布局。另一段历史就这样
开始了……

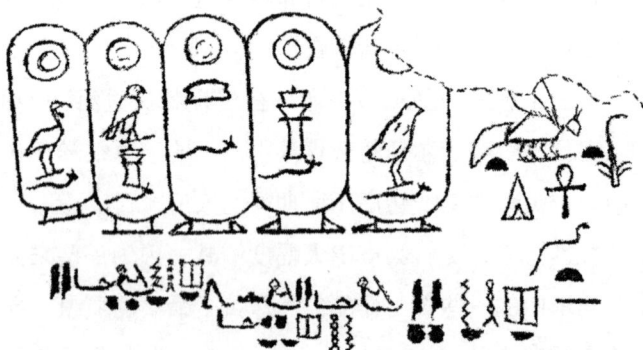

在哈马马特干河谷的这处涂鸦上，一名中王国时代晚期的书吏
虔诚地写下了三位古王国时期的法老的名字——胡夫、杰德夫
拉、哈夫拉——并将他们的王名圈按照统治顺序排列。然而，
他又将哈杰德夫与另一位王室家族成员的名字也写进了王名圈
中，把两位已故王子的地位提升到了以现代人的眼光来看他们
生前从未达到过的高度

以下所涉年份均为公元前

第四王朝：2625～2500（共 125 年）

国王：	已证实的统治时长（单位为年）：	坟墓和推定的王宫所在地：
斯尼夫鲁	24～46	美杜姆到达舒尔
胡夫	23～27	吉萨
杰德夫拉	8～11	阿布鲁韦斯
哈夫拉	24～26	吉萨
门卡乌拉	5～28	吉萨
舍普赛斯卡夫	5	塞加拉

第五王朝：2500～2350（共 150 年）

国王：	已证实的统治时长（单位为年）：	坟墓和推定的王宫所在地：
乌塞尔卡夫	6～7	塞加拉
萨胡拉	12～14	阿布西尔
内弗尔卡拉	10～20	阿布西尔
舍普赛斯卡拉（Shepseskare）	7	阿布西尔

兰尼弗雷夫	3~7	阿布西尔
纽塞拉	24~31	阿布西尔
门卡霍 （Menkauhor）	7~8	？
伊塞西	39~43	塞加拉
乌纳斯	15~30	塞加拉

524

第六王朝：2350~2200（共 150 年）

国王：	已证实的统治时长 （单位为年）：	坟墓和推定的 王宫所在地：
特提	12~26	塞加拉
乌塞尔卡拉	2~8	？
佩皮一世	34~48	塞加拉
麦然拉一世	9~10	塞加拉
佩皮二世	63~94	塞加拉
奈杰尔卡拉 （Netjerkare）王后		
西普塔 （Siptah）王后	3~17	？

第一中间期：2200~2140（共 60 年）

第七和第八王朝	2200~2175？	孟斐斯？
第九和第十王朝	2175~2140？	赫拉克里奥波利斯？

第十一王朝：2140~2000（共 140 年）

国王：	已证实的统治时长 （单位为年）：	坟墓和推定的 王宫所在地：
门图霍特普一世	？	底比斯？
因特夫一世	13	底比斯
因特夫二世	49	底比斯
因特夫三世	7~8	底比斯

门图霍特普二世	50～51	底比斯
门图霍特普三世	11～12	？
门图霍特普四世	7	？

第十二王朝：2000～1780（共 220 年）

国王：	已证实的统治时长 （单位为年）：	坟墓和推定的 王宫所在地：
阿蒙涅姆哈特一世	29	底比斯到伊提特威
森沃斯雷特一世	45	伊提特威
阿蒙涅姆哈特二世	34～35	伊提特威
森沃斯雷特二世	7～8	伊提特威
森沃斯雷特三世	18～39	伊提特威
阿蒙涅姆哈特三世	45	伊提特威
阿蒙涅姆哈特四世	8～9	伊提特威
奈弗鲁索贝克女王	3～4	伊提特威

第十三王朝：1780～1660（共 120 年）

国王：	已证实的统治时长 （单位为年）：	坟墓和推定的 王宫所在地：
韦加夫（Wegaf）、阿蒙涅姆哈特、索贝克霍特普斯、肯杰尔（Khendjer）、奈菲尔霍特普、伊巴乌-瓦西布拉（Ibiau Wahibre）、索贝克霍特普、阿亚-梅尔涅夫雷（Aya Merneferre）、伊尼-梅尔霍特普拉（Ini Merhetepre）、斯瓦吉图（Swadjtu）、伊涅德（Ined）、霍里（Hori）、德杜摩斯（Dedumose）等		伊提特威

说明

下面引用的简略标题和缩写的详情可以在参考文献中查看。

我不希望像其他历史书那样，让读者直接面对几乎不参考其他历史划分的年表，因此保留了通常使用的古典时代历史学家曼涅托对王朝的划分。但同时，我也另加了一列——"坟墓和推定的王宫所在地"——以便让读者了解我这套古埃及史的框架，此处我并没有遵从这位古代希腊祭司的划分方式，而是把古王国时期依照更广阔的时间和地理类别分为吉萨、阿布西尔和塞加拉，又把中王国时期按照推定的王宫地点变更的时间分为底比斯和伊提特威。

之前大部分覆盖了这两个时期的年表是围绕着两个不同参数来构建的，即所谓的"高"与"低"两个确定日期的系统，这两个系统在这段历史的开端时相差大约七十五年，到一千年后的中王国结束时则相差大约二十五年。

然而，迈克尔·迪伊（Michael Dee）在《基于放射性碳定年法的中王国年表》["A Radiocarbon-based Chronology for the Middle Kingdom"，出自安德鲁·肖特兰（Andrew Shortland）和克里斯托弗·布朗克·拉姆齐（Christopher Bronk Ramsey）主编的《放射性碳》（*Radiocarbon*）]中提出的数字却一致证实了"高"系统下的年表，因此也如同一些考古天文学家最近的发现表明的那样，强调了一些饱受争议的日期是"低"系统下年表的关键，是从各种如今已经无须再重视的天文学观察记录中计算出来的——
第 10 章"现在的时间与过去的时间"一节中详细讨论了
这个问题。

　　因此，我把这个年表总体的框架放到了"高"系统下
的日期参数当中。

　　和第一卷一样，我抵抗住了用一列列具体国王对应确定
日期给读者提供虚假的安慰的诱惑，而是列出了人们对他们
的统治时长的各种推测——其中大部分数字来源于 *AEC* 中
的米洛斯拉夫·维尔纳、米歇尔·鲍德（Michel Baud）、史
蒂芬·席德梅尔（Stephen Seidlmayer）和托马斯·施耐德的
论文，以及伊恩·肖（Ian Shaw）主编的《牛津古埃及史》
第 480~481 页。为了与其中的不一致和各种其他的不确定
性保持一致——例如，部分短命法老的存在以及众多有关中
王国时期时共治现象相关的理论——我以二十五年为单位估
算了古王国时期王朝的长度，以十年为单位估算中王国时期
王朝的长度，而更多的统治时长已经在古代被证明了。

参考文献

除了简短地列出一般性的引用作品外，这份参考书目按照章节划分，依照每个章节的内容排列。我尽量引用了英文版的权威性近期作品。这些作品本身又会引用更早的作品，它们常常是这一主题的知识基础，但由于篇幅限制，我没有列出更早期的作品。

许多被引用的作品都是专业出版物中的论文，其中一些的标题以及一些经常被引用的著作均以下面列出的缩写形式写明。在首次被详细列明之后，所有的引用书目均以缩写的形式出现。

缩略词

AEC   Erik Hornung, Rolf Krauss and David Warburton（eds.），*Ancient Egyptian Chronology*（《古埃及年表》）（Leiden，2006）

AEL   Miriam Lichtheim, *Ancient Egyptian Literature*（《古埃及文学》），3 vols.（Berkeley，1973–80）

AEMT   Paul T. Nicholson and Ian Shaw（eds.），*Ancient Egyptian Materials and Technology*（《古埃及材料与技术》）（Cambridge，2000）

BIFAO   *Bulletin de l'Institut français d'archéologie Orientale*（《法国东方考古研究所简报》）

EAAP   *Egyptian Art in the Age of the Pyramids*（《金字塔时代的埃及艺术》），Metropolitan Museum Exhibition Catalogue（New York，1999）

638

参考文献

Haus und Manfred Bietak（ed.），*Haus und Palast im Alten Ägypten*（《古埃
Palast 及的房屋与宫殿》）（Vienna，1996）

JARCE *Journal of the American Research Center in Egypt*（《埃及美国研究
中心期刊》）

JEA *Journal of Egyptian Archaeology*（《埃及考古学期刊》）

JNES *Journal of Near Eastern Studies*（《近东研究期刊》）

LÄ Wolfgang Helk，Eberhard Otto and Wolfhart Westendorf（eds.），
Lexikon des Ägyptologie（《埃及百科全书》），7 vols.（Wiesbaden，
1975-92）

LAE William Kelly Simpson（ed.），*The Literature of Ancient Egypt: an
anthology of stories，instructions，stele，autobiographies，and
poetry*（《古埃及文学：故事、教谕、石碑铭文、自传与诗歌精
选》）（3rd edn，New Haven，2003）

Letters Edward Wente，*Letters from Ancient Egypt*（《古埃及的信》）
（Atlanta，1990）

MDAIK *Mitteilungen des Deutschen Archäologischen Instituts Abteilung Kairo*
（《开罗德国考古研究所报告》）

SAK *Studien Zur Altägyptischen Kultur*（《埃及古文化研究》）

Sinuhe Richard Parkinson，*The Tale of Sinuhe，and Other Ancient
Egyptian Poems 1940-1640 BC*（《辛努赫的故事及其他古埃及诗
歌，公元前 1940~前 1640 年》）（Oxford，1998）

Texts Nigel Strudwick，*Texts from the Pyramid Age*（《金字塔时代的文
本》）（Atlanta，2005）

Voices Richard Parkinson，*Voices from Ancient Egypt：an anthology of
Middle Kingdom writings*（《古埃及的声音：中王国文学精选》）
（London，1991）

综合性参考书目

卡尔·布策（Karl Butzer）先驱性的作品 *Early Hydraulic Civilisation
in Egypt*（Chicago，1976）在我们理解古埃及环境的过程中仍旧发挥着
基础性的作用。John Baines and Jaromir Malek，*The Atlas of Ancient Egypt*

（Oxford，2002）则为其自然地理和历史地理提供了一份现代指南。Paul Nicholson and Ian Shaw（eds.），*Ancient Egyptian Materials and Technology*（Cambridge，2000）中包含了有关法老文化使用的材料和它们的使用方法的简短记录和实用书目。Morris Bierbrier et al.（eds.），*Who Was Who in Egyptology*（4th edn，London，2012）是有关本书中提及的学者们的相关信息的主要来源。

艾伦·加德纳爵士的 *Egypt of the Pharaohs*（Oxford，1961）"显然是以语文学的角度写成的"，并且如今已经有些过时了，但它仍是柏林学派中的杰出人物写就的一部拥有绝妙连贯性的宫廷历史。Ian Shaw（ed.），*The Oxford History of Ancient Egypt*（Oxford，2000）则是现代对其的补充。Wolfram Grajetzki，*The Middle Kingdom of Ancient Egypt*（London，2006）是我在写作这一卷后半部分时主要参考的资料。Alexander Peden，*The Graffiti of Pharaonic Egypt*（Leiden，2001）不断提供了许多新鲜观点。Mark Lehner，*The Complete Pyramids*（London，1997），对其研究对象进行了简明概述，并提供了必不可少的参考书目。

研究古埃及文本的学术作品卷帙浩繁，且仍是埃及学研究的中心。大部分有关此主题的论文都发表在专业期刊上，相关的资料也按照需要被注引在下方。我主要使用了六卷书中的翻译：利希海姆的 *AEL*、温特的 *Letters*、帕金森的 *Voices*、帕金森的 *Sinuhe*、辛普森的 *LAE* 和斯特拉德威克的 *Texts*。

序　言

有关 18 世纪和 19 世纪欧洲的语言学、人种学研究与古埃及语言之间的关系，请参考 Tonio Richter，'Early Encounters：Egyptian-Coptic studies and comparative linguistics in the century from Schlegel to Finck'，in Martin Haspelmath，Eitan Grossman and Tonio Richter（eds.），*Egyptian-Coptic Linguistics in Typological Perspective*（Berlin，2015），pp. 3-68。

"……大型国家战争"引用自埃尔曼影响极大的作品 *Ägypten und ägyptisches Leben im Altertum*（Tübingen，1885）。其英文版 *Life in Ancient Egypt*，trans. Helen Tirard 出版于 1893 年，这两本书时至今日仍在印行。

施泰因多夫的 *Die Blütezeit des Pharaonenreichs* 最初于 1900 年出版于莱比锡，其英文版 *When Egypt Ruled the East*（Chicago，1942）由 Keith Seele 翻译并编辑（Chicago，1942），这本书也仍在印刷中。

至于所谓的《柏林词典》，如今以线上的 *Thesaurus Linguae Aegyptiae*（《埃及语语料库》）的形式延续了下来，网址为 http://aaew. bbaw. de，请参考第 18 章中的"语法与词典"一节（页边码第 222 页）。

在格拉波那一代过去之后，活跃的纳粹主义者沃尔特·沃尔夫带头倡导了"强大"法老这一毫无根据的概念，将法老视为拥有绝对君权的统治者、战士以及神明。他于 1969 年从教学工作中退休。参见 Thomas Schneider, 'Ägyptologen im Dritten Reich: Biographische Notizen anhand der sogenannten "SteindorffListe"', in Thomas Schneider and Peter Raulwing（eds.），*Egyptology from the First World War to the Third Reich*（Leiden，2012），以及 Bernd Schipper（ed.），*Ägyptologie als Wissenschaft: Adolf Erman（1854–1937）in seiner Zeit*（Berlin，2006），特别是其中的 Stephan Rebenich, 'Adolf Erman und die Berliner Akademie der Wissenschaften', pp. 340–70。

从 19 世纪 90 年代至今，埃及学发展史的叙事中一直有一条传承脉络，尼古拉斯·格里马尔（Nicolas Grimal）在他为 *A History of Ancient Egypt*（Oxford，1992）（trans. Ian Shaw, of Paris，1988）所作的序言中便主张了这一点。有两本现代教材，其中一本的作者是纳粹政策的狂热支持者，另一本的作者则是活跃的纳粹主义者。前一本是 Heinrich Schäfer, *Von ägyptischer Kunst, besonders der Zeichenkunst*（Leipzig，various editions，1919–1963），trans. John Baines as *The Principles of Egyptian Art*（Oxford，1974）。后一本是 Herman Kees, *Das alte Ägypten, eine kleine Landeskunde*（Berlin 1955），trans. T. G. H. James as *Ancient Egypt: a cultural topography*（London，1961）。

有关尼采在历史和哲学方面的沉思，可以参考威廉·阿罗史密斯（William Arrowsmith）在《阿里翁》（*Arion*）2.1、2.2、2.4 以及《阿里翁》新系列 1.2 中的评论和翻译。海达·高布乐的抱怨引自易卜生戏剧的第二幕，由威廉·阿彻（William Archer）和艾德蒙·戈斯（Edmund Gosse）翻译。斯蒂芬·迪德勒斯出自乔伊斯的《尤利西斯》

（*Ulysses*）。《芬尼根守灵夜》（*Finnegans Wake*）中的一部分可以当作对同时代学界中的陈词滥调的一则极其隐晦的评论。

贝恩斯对古代智慧的评论出自他的论文 'The Earliest Egyptian Writing: development, context, purpose', in Stephen Houston（ed.）, *The First Writing: script invention as history and process*（Cambridge, 2004）, p. 183。巴里·肯普的评论出自 Barry Kemp, *Ancient Egypt: anatomy of a civilisation*（2nd edn, London, 2006）, pp. 395-6, n. 31。有关施耐德的评论，请参考 'Ägyptologen im Dritten Reich'。

"整部神话就存在于⋯⋯"引自 Ludwig Wittgenstein, *Notes upon Frazer's Golden Bough*, ed. Rush Rees（Oxford, 1979）, p. 10e。

有关持续存在的翻译古埃及文本需要某种程度的直觉的论点，可以参考：Maspero's remarks, p. 216 herein; Alan Gardiner, 'The Eloquent Peasant', *JEA*, 9（1923）, p. 6; Raymond Faulkner, *The Ancient Egyptian Pyramid Texts*（Oxford, 1969）, p. viii; Parkinson, *Sinuhe*, p. xi。

1 迄今为止的故事

建造四座巨型金字塔相关的统计数据出自 John Romer, *The Great Pyramid: ancient Egypt revisited*（Cambridge, 2007）的附录。（我没有将中型金字塔包含在我所说的四座巨型金字塔当中，因为其大小和建造方式某种意义上更类似于更早的那些金字塔。）

我对法老时代埃及的人口估算的数据来源于 Butzer, *Early Hydraulic Civilisation*, Chapter 7, 如今这些数据仍得到广泛接纳，可以参见 Kemp, *Ancient Egypt*, p. 49 ff, and p. 406, n. 7, 以及 John Baines, *Visual and Written Culture in Ancient Egypt*（Oxford, 2007）, pp. 65-6。

2 书写改变了一切

有关法老时代的文本中展现的古人对过去的态度的讨论，请参考 Baines, *Visual and Written Culture*, Chapter 7 [这是论文 'Third to Second Millennium Evidence' in Robert Layton（ed.）*Who Needs the Past?*（London, 1989）的升级版本]。一个有关这种态度的生动的古代例证便

参考文献

是所谓的 "Lamentations/Complaints/Words of Khakheperreseneb"（《哈克佩雷森涅布的哀歌/怨言/话》），译本包括利希海姆译本，收录在 *AEL*, vol. 1, pp. 145-9。辛普森译本，收录在 *LAE*, pp. 211-13，以及帕金森译本，收录在 *Sinuhe*, pp. 144-50。

有关哈杰德夫王子历史地位的变化，请参考 Harold Hays, 'The Historicity of Papyrus Westcar', *Zeitschrift für Ägyptische Sprache und Altertumskunde*, 129（2002），pp. 20-130。有关哈杰德夫在《亡灵书》中的出场的描述请参考 Harold Hays, *The Organization of the Pyramid Texts*（Leiden, 2012），pp. 43-4。[要查看哈杰德夫在法老时代文本中所有已知的出场，请参阅 *LÄ*, vol. 3, cols. 978-9, 'Lehre des Djedefhor' (Georges Posener)]。我所翻译的哈杰德夫的教谕（这篇文本只有第一部分留存至今）来源于 Lichtheim, *AEL*, vol. 1, pp. 5-7 and 58-9, 以及 Simpson, *LAE*, pp. 127-8。

有关哈杰德夫在吉萨高原上的坟墓 G7210 和 7220, 请参考 Peter Jánosi, *Giza in der 4: Dynastie, Die Baugeschichte und Belegung einer Nekropole des Alten Reiches*, vol. 1, *Die Mastabas der Kern Friedhöfe und die Felsgräber*（Vienna, 2004），pp. 104-6。www. gizapyramids. org 上那些极好的档案中包含了赖斯纳未发表的手稿 *Giza Necropolis II*, 其中描述了哈杰德夫坟墓中的涂鸦；参见 Appendix B, 'G7210', p. 16。同样也可以参考 William Stevenson Smith, 'Inscriptional Evidence for the History of the Fourth Dynasty', *JNES*, 11, 2（1952），p. 126 and fig. 5。

"他的尸身几乎完好无损……" 引用自赖斯纳 1925 年 3 月 23 日的日记，现在可以在 www. gizapyramids. org 查阅，这位考古学家对清理哈杰德夫坟墓过程以及其旁边廷臣卡的纪念建筑的描述也可以在该网站上查到。Anna Maria Donadoni Roveri, *I Sarcofagi Egizi Dalle Origini Alla Fine Dell'antico Regno*（Rome, 1969），p. 112（B10）中描述了哈杰德夫的石棺。

"人死之后，尸体被深埋在地里……" 节选自 Papyrus Chester Beatty IV（切斯特·贝蒂莎草纸卷 IV）的译本，请参见 Lichtheim, *AEL*, vol. 2, p. 177 以及 Simpson, *LAE*, p. 1。我引用的部分维斯特卡莎草纸卷改编自 Lichtheim, *AEL*, vol. 1, pp. 215-22 和 Simpson, *LAE*, pp. 13-24, 以及 Parkinson, *Sinuhe*, pp. 102-27。

有关福楼拜的埃及日记的评价是由爱德华·赛义德（Edward Said）做出的。维斯特卡莎草纸卷的第一位现代编辑者阿道夫·埃尔曼将其中的故事称为"童话"——更多内容请参阅本书第18章页边码第221页。

"空虚而嘈杂的争吵……"引用自约尔延·波德曼·索伦森（Jørgen Podemann Sørensen）翻译的《赫耳墨斯文集》第十六篇，摘自 Orly Goldwasser, *From Icon to Metaphor: studies in the semiotics of the hieroglyphs*（Fribourg and Göttingen, 2002），p. 27。

"圣坛与神庙的地方……"出自 Asclepius 24，转引自亚瑟·达尔比·诺克（Arthur Darby Nock）的译本，收录在 John Cooney（ed.），*Coptic Egypt*（Brooklyn, 1944），p. 21。"就像古生物学家一样……"出自 James Allen, 'Response to J. Baines, Research on Egyptian Literature: background, definitions, prospects', in Zahi Hawass and Lyla Pinch Brock（eds.），*The Proceedings of the Eighth International Congress of Egyptologists*, 3 vols.（Cairo, 2002），vol. 3, p. 27。

3　复活哈杰德夫？

"正在揭示事实之卓越"出自 George Steiner, *In Bluebeard's Castle: some notes towards the re-definition of culture*（London, 1971），p. 16。斯坦纳还补充道，如今我们"怀着困惑的讽刺"回顾那个世纪中人们的自满和骄傲。

许多作品仍旧将维斯特卡莎草纸卷当作潜在的历史信息的来源来使用。可参考 Grimal, *History* 和 Aidan Dodson and Dyan Hilton, *The Complete Royal Families of Ancient Egypt*（London, 2004），以及 Toby Wilkinson, *The Rise and Fall of Ancient Egypt: the history of a civilisation from 3000 BC to Cleopatra*（London, 2010）。

有关布鲁格施的历史，请参考 Heinrich Brugsch Bey, *Egypt Under the Pharaohs*, trans. H. D. Seymour（London, 1879）。有关加德纳的，参考 *Egypt*。

"在破译后变得可以阅读的……"出自汉斯·沃尔夫冈·穆勒（Hans Wolfgang Müller）所作的阿道夫·埃尔曼小传，可在 www. deutsche-biographie. de 查阅。

参考文献

4 开端

开头的引文出自 Jean François Champollion, *Lettre a M. Dacier, relative a l'alphabet des hiéroglyphes phonétique* (Paris, 1822) 的最后一段。

"解读之爆"出自让·博泰罗 (Jean Bottero) 的 *Archaeologia*, 52 (1972), "贪吃的鸡"的说法出自 Erik Iversen, *The Myth of Egypt and its Hieroglyphs in European Tradition* (Copenhagen, 1961), p. 138, 引用的是 Adolf Erman, 'Die Entzifferung der Hieroglyphen', *Sitzungsberichte der Preußischen Akademie der Wissenschaften zu Berlin*, January 1922。

有关拿破仑远征的作品繁多而又不断增加。克里斯托弗·赫勒尔德 (Christopher Herald) 的 *Bonaparte in Egypt* (London, 1962) 为几代人提供了一个标准的英文版介绍。Juan Cole, *Napoleon's Egypt: invading the Middle East* (London, 2007) 则是一部时代更近的记录。但是,一些非凡的同时代记录在现代得到了一致好评,其中包括 *Al-Jabart Chronicle of the First Seven Months of the French Occupation of Egypt*, trans. Smuel Moreh (Leiden, 1975) 和 Joseph Laporte, *Mon Voyage en Égypte et en Syrie carnet d'un jeune soldat de Bonaparte* (Paris, 2007), 以及众多随军学者亲手写下来的作品。法国远征军和同时代埃及的物质文化在 Fernand Beaucour, Yves Laissus and Chantal Orgogozo, *The Discovery of Egypt*, trans. Bambi Ballard (Paris, 1990), 以及展览目录 *Bonaparte et l'Égypte, feu et lumières*, ed. Jean-Marcel Humbert (Paris, 2008) 中得到了很好体现。

拿破仑时代的作品 *Description de l'Égypte, ou recueil des observations et des recherches qui ont été faites en Égypte pendant l'expédition de l'armée française* (Paris, 1809-1828) 多次被部分重印。查尔斯·吉利斯皮 (Charles Gillispie) 和米切尔·德瓦赫特 (Michel Dewachter) 为 *Monuments of Egypt: the Napoleonic Edition. The complete archaeological plates from La Description de l'Égypte* (Princeton, 1987) 撰写的序言中也记录了《埃及记述》的出版版史。

有关商博良的作品甚至比有关拿破仑的埃及之行的作品还要多。除了商博良本人出版的大量作品之外,传记作品 Hermine Hartleben,

Champollion, *Sein Leben und sein Werk*, 2 vols. (Berlin, 1906) 以及 *Lettres de Champollion le jeune*, 2 vols. (Paris, 1909) 也成为后来所有作品所用的基础性资料。Andrew Robinson, *Cracking the Egyptian Code: the revolutionary life of Jean-Francois Champollion* (Oxford, 2012) 是近期出版的有关商博良的著作之一，其中包含了最新版的参考书目。

"世界之神庙"出自 Asclepius 24。请参考 Brian Copenhaver (ed.), *Hermetica: the Greek Corpus Hermeticum and the Latin Asclepius in a new English translation* (Cambridge, 1995)。

迪皮伊的话引用自他的 *Origine de tous les cultes*, *ou Religion Universelle*, 4 vols. (Paris, 1795) 的英译本。"理性和历史的火炬"一句出自该译本的序言，译本名为 *The Origin of All Religions* (New Orleans, 1872), p. 4。

用法老时代的星图以及古代的观星记录计算现代日期已经有很长的历史了。其所用的方法中某些错误和不严谨之处可见 Rolf Krauss, 'Astronomical Chronology', Juan Antonio Belmonte and Mosalam Shaltout (eds.), *In Search of Cosmic Order: selected essays on Egyptian archaeoastronomy* (Cairo, 2009), Chapter 5。

傅里叶的信中的一部分在另一位随军学者化学家克劳德·路易斯·贝托莱 (Claude Louis Berthollet) 的长信中有所引述，参见 *Magasin encyclopédique*, *ou journal des sciences*, *des lettres et des arts*, 6 (1801), pp. 115–19。

这一章中描述的商博良事业上的大事件在 Hartleben, *Lettres*, vol. 1 中有所讲述，其中第 12 页之后简述了学者们对他发现的反应。（请注意，法语中的"cartouche"这个词不但能指一种弹药，也能指代一种常见的洛可可风格装饰，即中间有字的小卷轴或镶嵌板。）

"价值观和观念发生了巨大的变化……"引用自 Steiner, *Bluebeard's Castle*, p. 21。

5　通往孟斐斯的路

开头的引文出自 Rifa'a el-Tahtawi, *Takhlis Al-Ibriz fi Talkhis Bariz aw al-Diwan al-Nafis bi-Iwan Baris*, translated and elegantly edited by Daniel

参考文献

Newman as *An Imam in Paris: account of a stay in France by an Egyptian Cleric* (*1826–1831*) (London, 2004)。

"通往孟斐斯的路……"引用自 Hartleben, *Lettres*, vol. 1, p. v, 第 10 页及之后则是商博良自己记录的他在都灵的经历。

Silvio Curto, *Storia del Museo Egizio di Torino* (2nd edn, Turin, 1978) 描述了都灵的藏品是如何被收集而来, 以及存放它们的宫殿。Ronald Ridley, *Napoleon's Proconsul in Egypt: the life and times of Bernardino Drovetti* (London, 1998) 则描述了商博良研究并分类的这些古董的来源。

"一种观点" (页边码第 32 页) 一节开头的引文出自斯坦尼斯拉夫斯基评论的 (欧洲的!) "完美的自然", 出自 Oliver Sayler, *Russian Theatre* (New York, 1922), p. 254。

温克尔曼在 *Geschichte der Kunst des Altertums* (Dresden, 1764) 之前还有一部作品, 即 *Gedanken über die Nachahmung der griechischen Werke in der Malerei und Bildhauerkunst* (Dresden, 1755–6), p. 21, 著名的 "高贵的朴素、宁静的庄严" 便出自该书第 21 页。这两部著作在最初出版之后不久便又出版了欧洲几种主要语言的译本。有关这位学者一生的永恒传奇在多梅尼科·罗塞蒂 (Domenico Rossetti) 的著作 *Il Sepolcro di Wincklemann in Trieste* (Venice, 1823) 中有所概括, 这本书描述了温克尔曼的一生、他的死亡以及最后的安葬。Suzanne Marchand, *Down from Olympus: archaeology and philhellenism in Germany, 1750—1970* (Princeton, 1996) 则是有关这位学者影响的现代记录。

温克尔曼与商博良不同, 他并未沉醉于古埃及艺术的魅力, 而是认为这种艺术 "好比一棵树, 虽然得到精心培养, 但其生长过程却被虫子或是其他原因造成的损伤所抑制。因此它保持不变, 精确地保留了完全相同的模样……" [引自温克尔曼的 *Geschichte*, trans. G. Henry Lodge as *The History of Ancient Art* (Boston, 1874)]。

商博良依照公元 2 世纪教会神父亚历山大的革利免 (Clement of Alexandria) 的方式, 将法老时代书吏们所用的手写文字称为 "僧侣体"。请参考 *The Oxford Encyclopedia of Ancient Egypt*, vol. 3, ed. Donald Redford (New York, 2001) 中 "僧侣体" 这一条 (爱德华·温特编写), 以及约翰·贝恩斯在 'Last Writing: script obsolescence in Egypt,

Mesopotamia, and Mesoamerica', *Comparative Studies in Society and History*, 45, 3 (2003), p. 439 ff 中的评论。

有关商博良对都灵莎草纸卷研究的描述来自他本人充满热情的记录，出版于 Hartleben, *Lettres*, vol. 1, p. 79 ff。记录了拉美西斯四世陵墓平面图的莎草纸最后于 1917 年出版，见 Alan Gardiner and Howard Carter, 'The Tomb of Ramesses IV and the Turin Plan of a Royal Tomb', *JEA*, 4 (1917), pp. 130–58。

Kim Ryholt, 'The Turin King-List', *Ägypten und Levante*, 14 (2004), pp. 135–55 是一份不错的有关都灵王表的最新记录。Donald Redford, *Pharaonic King-Lists, Annals and Day-Books* (Mississauga, Ontario, 1986) 列举并评估了法老时代的国王记录。

"历数国王"一节末尾（页边码第 39 页）的引文出自 Nigel Strudwick, *The Administration of Egypt in the Old Kingdom* (London, 1985), p. 2。下一节"计算时间"开头的引文出自 Jean François Champollion, *Lettres a M. le Duc de Blacas d'Aulps relatives au Musée Royal Égyptien de Turin* (Paris, 1824), p. 92。

"chéri d'Amon"引用自 Champollion, *Lettres a M. le Duc*, p. 71。要查看有关法老的两个王名圈中所写的名字的近期记录，请参考 Ronald Leprohon, *The Great Name: ancient Egyptian royal titulary* (Atlanta, 2013), pp. 17–9, 以及 James Allen, *Middle Egyptian* (3rd edn, Cambridge, 2014), p. 64 ff。

这位"格勒诺布尔的罗伯斯庇尔"（Hartleben, *Champollion*, vol. 1, p. 410）总是对自己的判断感到畏缩，将那位宣称圣书文字是魔鬼造物的人称为"热那亚的朱庇特·阿塞纳留斯"。至于拿破仑时代的学者们，他认为他们绘制的图画非常好，但他们的理论却"像布丁的汤一样稀"[Léon de la Brière, *Champollion inconnu* (Paris, 1897), p. 67]。

"商博良的胜利"（页边码第 43 页）一节开头的引文出自 Gardiner, *Egypt*, p. 14。"该死的丹德拉星图"出自 Ridley, *Napoleon's Proconsul*, p. 259, 引用的是弗朗索瓦·阿图亚德（Françoise Artuad）的一封信，出自 Silvio Curto and Laura Donatelli (eds.), *Bernardino Drovetti Epistolario* (*1800–1851*) (Turin, 1983), p. 304 ff。

商博良与罗塞里尼的合作关系在 Hartleben, *Champollion*, vol. 2 以

及 Hartleben, *Lettres*, vol. 2 中都有详述。要查看有关托斯卡纳埃及学活动的近期记录，以及最新的参考书目，请查看展览目录 *Lungo il Nilo: Ippolito Rosellini e la spedizione Franco-Toscana in Egitto*, ed. Marilina Betrò（Florence, 2010）。

"让主教们夜不能寐"出自 Hartleben, *Champollion*, vol. 1, pp. 427-8。"圣经年代学的拯救者"出自同一本书第 565 页。

Hartleben, *Lettres*, vol. 2 中收录了商博良一些重要的埃及通信。*Egyptian Diaries: how one man's passion for codes unveiled the mysteries of the Nile*（London, 2001）则是其删减后的英文译本。商博良在一封 1828 年 11 月 24 日于底比斯写成的书信当中描述了他拜访丹德拉神庙一事。

法国-托斯卡纳联合远征中绘制的图画以两套对开本的形式出版，分别为 *Monuments de L'Égypte et de la Nubie*, 4 vols.（Paris, 1835-45）和 *Monumenti Dell Egitto e della Nubia*, 3 vols.（Pisa, 1832-44）。有关所有埃及学出版物中最精美的托斯卡纳三卷本的翔实评论，请参考 Edda Bresciani（ed.）, *L'Antico Egitto di Ippolito Rosellini*（Novara, 1993）。

"……埃及学的建立者和'埃及学之父'……"引自 Morris Bierbrier et al.（eds.）, *Who Was Who in Egyptology*（4th edn, London, 2012）。

6 余波

"您对商博良的……"引用自 Francis Bunsen, *The Memoirs of Baron Bunsen*, 2 vols.（London, 1869）, vol. 1, p. 153。"自我被商博良的演讲……"引用自 Christian Carl Josias von Bunsen, *Egypt's Place in Universal History*, 5 vols.（London, 1867）, vol. 1, p. vii。

"七十位孟斐斯的统治者……"出自 W. G. Waddell 翻译的 *Manetho*（London, 1914）, p. 57, fragment 23。大部分现代历史学家和年代学者都延长了本生划分的中王国时期：可参考例如 Shaw（ed.）, *Oxford History* 和 Andrew Shortland and Christopher Bronk Ramsey（eds.）, *Radiocarbon and the Chronologies of Ancient Egypt*（Oxford, 2013）, Chapter 14。

古埃及史（第二卷）：从大金字塔到中王国的衰亡

Alan Gardiner, 'A Stela of the Earlier Intermediate Period', *JEA*, 8 (1922), pp. 191-2 是第一篇使用了"中间期"这个词的出版文章。要了解更多，请参考本书第 21 章页边码第 285~286 页。

肯尼斯·基钦（Kenneth Kitchen）开创性的作品 *The Third Intermediate Period in Egypt（1100-650 BC）* （Warminster, 1973; 4th edn, Oxford, 2009）不仅为新王国结束之后的那段时期编排了确凿的年表，还第一次将这脱节的五百年时间命名为"第三中间期"。

"古迹"一节开头的引文出自 Thomas Hobbes, *Elementorum philosophiae sectio prima de corpore*, trans. William Molesworth, in *Thomae Hobbes Malmesburiensis*, 5 vols. （London, 1839）, vol. 1, p. 13。

"满足对更多材料……"出自 Gardiner, *Egypt*, p. 15。

《埃及与埃塞俄比亚的古迹》最初由十二卷组成。在其重印版（Geneva, 1972）的序言中，罗伯特·哈里（Robert Hari）提到莱普修斯的雄心壮志便是成为"德意志的商博良"。

莱普修斯的《致罗塞里尼教授的信……关于圣书文字》于 1837 年出版于罗马。要了解近期的有关单字符与多字符符号的描述，请参考 Allen, *Middle Egyptian*, Chapters 2 and 3。

莱普修斯于 1849 年在柏林首次出版了其作品《埃及年表》（*Chronologie der Ägypter*），并在接下来的二十年中发表了许多文章，将之前的作品加以精修。

皮特里拒绝接受他称之为"德国年表"的年表，请参考 Margaret Drower, *Flinders Petrie: a life in Archaeology* （London, 1985）, p. 313 ff.。

除了一个明显的例外之外，确定日期的传统方法与科学方法之间原本存在的差距已经基本被弥合了。请参考 Shortland and Ramsey （eds.）, *Radiocarbon*。

在商博良出版作品和欧洲大学开始建立埃及学专业之间的数十年中，对圣书文字的研究是由一小群欧洲热衷者推动的。Wolfgang Schenkel, 'Bruch und Aufbruch Adolf Erman und die Geschichte der Ägyptologie', in Schipper （ed.）, *Ägyptologie als Wissenschaft*, pp. 224-8 中简洁地总结了这一时期。

根据《牛津英语词典》（*Oxford English Dictionary*）的记录，"埃及学家"这个词第一次被使用是在 William Gregory, *Egypt in 1855 and*

参考文献

1856（London，1859）中。五年后，皮亚齐·史密斯（Piazzi Smyth）抱怨称"不幸的埃及学家本生男爵⋯⋯"，参考 Piazzi Smyth，*Our Inheritance in the Great Pyramid*（London，1874），p. 418。

"遗产"一节开头的引文出自莫扎特歌剧《后宫诱逃》（*Die Entführung aus dem Serail*）（1782 年首演）第四幕第一场中佩德里洛（Pedrillo）的台词，剧本由克里斯托弗·布雷茨纳（Christoph Bretzner）和小约翰·史蒂芬尼（Johann Stephanie the Younger）整理。

商博良写过许多戏剧、诗歌和讽刺性的小册子，其中最有名的是为 1814 年格勒诺布尔狂欢节所写的一部东方风格的闹剧，故事题为《巴耶济德》（*Bejazet*），发生在伊斯坦布尔。十年后，他正在研究都灵莎草纸卷时，他代表奥西曼德斯（Ozymandias）法老向他的主上撒丁国王与萨伏依公爵卡洛·费利切（Charles Felix）写了一封请愿书，在请愿书中法老抱怨自己在航行离开埃及的过程中饱受晕船折磨，他和其他君王所住的仓库简直是苦行折磨，唯有阿美诺菲斯（Amenophis）法老美妙的歌喉能减缓这种痛苦。但最重要的是，他因在博物馆遭到粗鲁对待，最后又被发到底比斯小资产阶级的公司里而感到羞辱（de la Brière，*Champollion inconnu*，pp. 102-69）。

著名的法国-托斯卡纳联合远征参与成员的画像被挂在佛罗伦萨考古博物馆的楼道中，画中众人都穿着东方式的长袍。可参考 Bresciani，*L'Antico Egitto* 的扉页。

商博良的《埃及诸神：古埃及神话人物合集》（*Le Panthéon Égyptien: collection des personnages mythologiques de l'ancienne Égypt*）于 1823 年在巴黎出版。

"谬论与暴力的大杂烩"引用自歌德和席勒的讽刺短诗 *Zahme Xenien*，number 9。奥登所说的"虚假而无趣的寓言"引用自他在 *Secondary Worlds*（London，1968），p. 28 上的文章。

7　能说会道的雕像

开头的引文出自 Sir Phillip Sydney，*The Defense of Poesy*（London，1581）。

Christiane Zivie-Coche，*Sphinx! Le Père la Terreur: histoire d'une* statue（Paris，1997），trans. David Lorton as *Sphinx: history of a monument*（Ithaca，2002）提供了有关这座纪念建筑的近期记录。[莱纳·施塔德尔曼（Rainer Stadelmann）认为斯芬克斯像是胡夫统治期间建造的，但这种说法未被广泛接受。可参考 Rainer Stadelmann，'Le Grand Sphinx de Giza'，in Eugène Warmenbol（ed.），*Sphinx: les gardiens de l'Égypte*（Brussels，2006）。]

Biri Fay，*The Louvre Sphinx and Royal Sculpture from the Reign of Amenemhat II*（1996，Mainz）敏锐地观察到了斯芬克斯对中王国时期的雕像带来的影响。Lynn Gamwell and Richard Wells（eds.），*Sigmund Freud and Art: his personal collection of antiquities*（London，1989），pp. 93-5 对弗洛伊德的小斯芬克斯进行了分类。

认为斯芬克斯像有一万年历史的愚蠢观点——这是有关吉萨的纪念建筑的诸多猜想之一——让我想起了弗朗索瓦·博尔德（François Bordes）的评论，当时一名来访者对他正在发掘的考古点的年代提出了一个过于离奇的猜测，于是他说："你这就好像在跟我说路易十五会骑摩托车。也许他骑过，也许他没骑过，但你要让我说的话，我当然是不信的。"出自 Glyn Daniel，*Writing for 'Antiquity': an anthology of editorials from 'Antiquity'*（London，1992），p. 155。

"哈夫拉与金鹰"一节开头的引文（页边码第65页）出自 Auguste Mariette，*Notice des principaux monuments exposés dans les galeries provisoire du Musée d'antiquités Égyptiennes a Boulaq*（3rd edn，Paris，1869），p. 203。

"哈夫拉采石场"在 Ian Shaw，Elizabeth Bloxam，Tom Heldal and Per Storemyr，'Quarrying and Landscape at Gebel el-Asr in the Old and Middle Kingdoms'，in Francesco Raffaele，Massimiliano Nuzzolo and Ilaria Incordino（eds.），*Recent Discoveries and Latest Researches in Egyptology*（Wiesbaden，2010），pp. 203-312 中有所描述。哈夫拉采石场中出产的质量罕见的片麻岩在 *AEMT*，pp. 32-4（Barbara Aston，James Harrell and Ian Shaw）中有所记录。Romer，*Great Pyramid*，pp. 176-9 中有关于用花岗岩进行雕刻的困难之处的评论，而片麻岩的硬度要更高。

"坚硬的历史"一节开头的引文（页边码第69页）出自 Erman，*Life in Ancient Egypt*，p. 36。

尽管在 William Stevenson Smith，*A History of Egyptian Sculpture and*

Painting in the Old Kingdom（3nd edn，Oxford，1949）出版后又出土了不少雕像，但这本书仍然是该主题下的一部基础性研究著作。要查阅当今的资料库的记录，请参考 Hourig Sourouzian，' Old Kingdom Sculpture'，in Alan Lloyd（ed.），*A Companion to Ancient Egypt*，2 vols.（Chichester，2010），vol. 2，pp. 853-81。

在 Fay，*Louvre Sphinx*，pp. 62-9 这本有关斯芬克斯分类的书中，法伊表示著名的石英岩杰德夫拉头部雕像并非像人们广泛猜测的那样原本来自一座斯芬克斯像。Smith，*History of Egyptian Sculpture* 第三章讨论了胡夫廷臣们的雕像，第 28~30 页则讨论了雕像和坟墓浮雕中被重新切割的情况和可能存在的复制个人面部特征的现象。还可以参考 Jan Assmann，' Preservation and Presentation of Self in Ancient Egyptian Portraiture'，in Peter Der Manuelian（ed.），*Studies in Honor of William Kelly Simpson*，2 vols.（Boston，1996），vol. 1，pp. 55-81。

我和阿斯曼所说的"魔法"现实主义的概念在 Georges Charbonnier and Claude Lévi-Strauss，*Conversations with Claude Lévi-Strauss*（London，1969）中有长篇讨论。

EAAP，cat. 54，pp. 248-9（Christiane Ziegler）讨论了阿布鲁韦斯精美的杰德夫拉雕像。有关近期该地点的考古工作的概述，请参考 Michel Valloggia，' Le complexe funéraire de Radjedef à Abu Rawash：bilan et perspectives au terme de dix saisons'，in Jean-Claude Goyon and Christine Cardin（eds.），*Proceedings of the Ninth International Congress of Egyptologists*，2 vols.（Leuven，2007），vol. 2，pp. 1861-8。

哈夫拉河谷神庙的发掘过程与建筑结构，以及其中发现的大量雕塑在 Uvo Hölscher，*Das Grabdenkmal des Königs Chephren*（Leipzig，1912）中有所描述。还可参考 Lehner，*Complete Pyramids*，p. 127，and *EAAP*，cats. 56-63，pp. 252-61 以查看更多有关这座神庙中出土的重要雕塑碎片的案例。

"遥远而神圣的完美"是将现代早期对欧洲国王的认识加诸法老时代环境的众多相似案例之一，引用自 Janet Richards，' Kingship and Legitimation'，in Willeke Wendrich（ed.），*Egyptian Archaeology: from text to context*（Chichester，2010），p. 63。Christiane Ziegler（ed.），*The Pharaohs*（London，2002）的序言中有另一个例子。

埃尔南·科尔特斯和库克船长被他们所到之处的非欧洲文化中的人们当成神明的说法在 Gananath Obeyesekere, *The Apotheosis of Captain Cook*（Princeton, 1992）中有所讨论。还可参考 Robert Borofsky, 'Cook, Lono, Obeyesekere, and Sahlins', *Current Anthropology*, 38, 2（1997）, pp. 255–88。

"在一些宗教中……"引用自 Ragnhild Bjerre Finnestad, 'On Transposing Soul and Body into a Monistic Concept of Being: an example from ancient Egypt', *Religion*, 16（1986）, p. 359。将动物的部分特征与人结合起来的概念在本套古埃及史的第一卷中有所探究——例如其中边页码第 130 页及之后部分——本章中其余部分的主题也是如此。

斯尼夫鲁和胡夫神庙中的一些浮雕碎片在 *EAAP*, cats. 22, 38, 41 中以精美图片的形式展示了出来。还可以参考 Hans Goedicke, *Re-Used Blocks from the Pyramid of Amenemhet I at Lisht*（New York, 1971）。

8　寻找门卡乌拉

引言出自 Michael Angelo Titmarsh（William Thackeray）, *Notes of a Journey from Cornhill to Grand Cairo*（London, 1846）, p. 252。

这一章中大部分信息都来自 George Reisner, *Mycerinus: the temples of the Third Pyramid at Giza*（Cambridge, Mass., 1931）；还可以参考 Lehner, *Complete Pyramids*, pp. 122–37。

有关门卡乌拉的古代传说，以及其他许多精彩的故事在希罗多德《历史》的第二卷中有所叙述。

"上下埃及之王……"引用自 Reisner, *Mycerinus*, p. 31。所谓的"门卡乌拉雪花石膏巨像"的碎片也原封不动地展示在 Reisner, *Mycerinus*, pls. 7b and 7d 上，工坊中复原的雕像则在 pls. 12–16 上。

"河谷神庙"一节开头的引文（页边码第 80 页）出自 Reisner, *Mycerinus*, p. 4。同一本书 pls. 36–60 上有出土于这座河谷神庙的雕像的一系列照片。*EAAP*, cats. 67–71（various authors）中的彩图和评论为赖斯纳的发现提供了不错的现代评论，还可参考 Mark Lehner, 'Shareholders: the Menkaure Valley temple occupation in context', in Peter Der Manuelian and Thomas Schneider（eds.）, *Towards a New History for the Egyptian Old Kingdom: perspectives on the Pyramid Age* （Leiden，2015）。

9 王室家族

引言出自 Reisner，*Mycerinus*，p. 6。"哈佛－波士顿远征队在门卡乌拉的神庙……"出自同一本书第七章第一段。

门卡乌拉的雕塑得到了大量研究的关注，其中有两篇观点相左的文章，一篇是 Wendy Wood，'A reconstruction of the Triads of King Mycerinus'，*JEA*，60（1974），pp. 82-93，另一篇是 Florence Dunn Friedman，'The Menkaure Dyad（s）'，in Stephen Thompson and Peter Der Manuelian（eds.），*Egypt and Beyond: essays presented to Leonard H. Lesko*（Providence，2008），pp. 109-44。

我所写的有关粉砂岩雕刻的内容基于个人经验，并且参考了马克·沃登（Mark Warden）的线上文章 'Recarving the Narmer Palette'，in *Nekhen News* 12（2000）。要了解门卡乌拉的河谷神庙中出土的未完成雕像，请参考 Reisner，*Mycerinus*，pp. 115-18。要了解粉砂岩采石场，请参考 Barbara Aston et al.，*AEMT*，pp. 57-8。

要了解古王国时期王官所在位置，请参考 Rainer Stadelmann，'La ville de pyramides à l'Ancien Empire'，*Revue d'Égyptologie*，33（1981），以及 Miroslav Verner，'Several Considerations Concerning the Old Kingdom Royal Palace（aH）'，*Anthropologie*，48，2（2010），pp. 91-6。

有关马克·莱纳在吉萨港南部持续进行的大规模发掘活动的报告可以在 Giza Plateau Mapping Project 的网站上找到。还可参考 Kemp，*Ancient Egypt*，pp. 184-92，以及 Mark Lehner and Ana Tavares，'Walls，Ways and Stratigraphy：signs of social control in an urban footprint at Giza'，in Manfred Bietak，Ernst Czerny and Irene Forstner-Müller（eds.），*Cities and Urbanism in Ancient Egypt*（Vienna，2010），pp. 171-216。

"王后与女神"一节开头的引文出自福柯有关委拉斯凯兹的画作《官女》（*Las Meninas*）的文章，该文章是 *Les Mots et les choses: une archéologie des sciences humaines*（Paris，1966）的第一章，英译本为 *The Order of Things: an archaeology of the human sciences*（London，1970）。

"俗世与不朽"一节开头的引文（页边码第 88 页）出自 Samuel Rawson Gardiner（ed.），*Reports of Cases in the Courts of Star Chamber and High Commission*（London，1886），p. 44。

Strudwick，*Administration*，pp. 336-46 和 Klaus Baer，*Rank and Title in the Old Kingdom*（Chicago，1960），pp. 296-302 都描述了古王国的官廷头衔在吉萨诸王时代之后产生的变动，这种变化趋势暗示了王室家族成员和廷臣的角色之间的区别越来越大。

Hill，*EAAP*，p. 230 和 Romer，*Great Pyramid*，pp. 86-90 都讨论了我们认为定义了王室家族成员之间亲属关系的一些词中产生的令人困惑之处。例如，赫米乌努（Hemiunu）"王子"是一位与哈杰德夫时代相近的人物，他既被描述为"身体上是国王的儿子"，又被称为王室家族中另一位王子的儿子。（一种缺乏根据的猜想认为这些称号影响了法老的王位继承，许多历史小说的灵感都由此而来，但这些小说是建立在欧洲宫廷的普遍规则之上的。）

这些翻译而来的头衔也被当成在暗示王室家族中存在着的某种"天赋"。例如，赫米乌努的头衔（参考 Hill，*EAAP*，p. 230，以及 Romer，*Great Pyramid*，pp. 86-90 和 p. 324，fig. 157）似乎将他描述为一位维齐尔、一位大臣，同时也是四座大神庙的祭司、乐师总管、书吏总管，以及王家建筑工程——在他所生活的时代，这也包括大金字塔——的管理者！

10　吉萨之后

Lehner，*Complete Pyramids*，pp. 10-11 中的关键地图展示了古王国金字塔地区的范围。

Toby Wilkinson，*Royal Annals of Ancient Egypt: the Palermo Stone and its associated fragments*（London，2000）是一份有关这非凡的石碑的近期记录。我之所以认为巴勒莫石碑原本位于孟斐斯，是参考了米歇尔·鲍德对威尔金森这部作品的评论，该文章收录在 *Annales. Histoire, Sciences Sociales*，57，33（2002），pp. 683-4 中。

有关南塞加拉石碑，请参考 Michel Baud and Vassil Dobrev，'De nouvelles annales de l'Ancien Empire égyptien, une "Pierre de Palerme" pour la VIe dynastie', in *BIFAO*, 95（1995）, pp. 23-63。那些时代更早也更小的、石板形式的档案在本套古埃及史的第一卷页边码第 178~191 页有讨论和相关配图。阿布西尔的神庙和红海的港口加尔夫干河谷中出土的莎草纸卷上的记录格式与王家年鉴相似。要了解更多，请参考本书第 12 章页边码第 124~126 页以及第 20 章页边码第 263~264 页。

　　"斯尼夫鲁［王］［第 14 年?］……"的译文是基于 Strudwick, *Texts*, p. 66 以及 Foy Scalf, ' Rereading the 7th Count of Snefru in the Palermo Stone', *Göttinger Miszellen*, 220（2009）, pp. 89-93 中的版本。有关不断进行的对许多古王国时期文本日期的重新评估（它们可能会最终改变斯尼夫鲁年鉴中推测的"第 14 年?"），请参考 John Nolan, ' Cattle, Kings and Priests: phyle rotations and Old Kingdom civil dates', in Der Manuelian and Schneider（eds.）, *Towards a New History*, pp. 337-65。

　　要查看一系列按现代推定时间位于古王国吉萨时代之后——曼涅托划分的第五和第六王朝——的文献，请参考米洛斯拉夫·维尔纳和米歇尔·鲍德在 *AEC*, pp. 124-56 上的列举，其中还有它们与都灵王表之间的对比。

　　有关胡夫王"第 24 年"的铭文，请参考 Klaus-Peter Kuhlmann, ' Der " Wasserberg des Djedefre"（Chufu 01/1）: ein Lagerplatz mit Expeditionsinschriften der 4. Dynastie im Raum der Oase Dachla', *MDAIK*, 61（2005）, pp. 243-89, 要查阅对这一铭文以及其他类似铭文的重新评估，请参考 Friedrich Berger, ' Rock Art West of Dakhla: " water mountain" symbols', in *Studies in African Archaeology*, vol. 11（Poznan', 2012）, pp. 279-305。

　　"现在的时间与过去的时间"一节开头的引文（页边码第 96 页）出自哈代的 *Return of the Native*（London, 1878）, part 2, section 8。

　　要了解有关埃及史前天文观察的证据的总结，请参考 Belmonte and Shaltout（eds.）, *Cosmic Order* 中的第一章（Shaltout and Belmonte）和第二章（Magdi Fekri）。该书的第八章（Belmonte, Shaltout and Fekri）以及第九章（César Gonzáles Garcia, Belmonte and Shaltout）记录的是数百座法老时代的坟墓和神庙的方位。尽管该书对传统的埃及学材料的处理已经有些过时了，但它还是对这个长久以来被人忽视的领域做出了许多有价值的观察。

Juan Antonio Belmonte, 'Astronomy on the Horizon and Dating: a tool for ancient Egyptian chronology?', in *AEC*, pp. 380-85, 这篇文章对古代通过肉眼观察记录下来的天文学现象中固有的不准确性提出了小心的警告。［要了解更多有关相关主题的内容，请参考 *AEC* 第三部分中其他文章（Rolf Kraus, Kurt Lochner and Teije de Jong）。］

"人类历史上仅有的智能日历" 引用自 Otto Neugebauer, *The Exact Sciences in Antiquity* (Providence, RI, 1957), p. 81。

Juan Antonio Belmonte and José Lull, 'The Egyptian Calendar: keeping Ma'at on Earth' in Belmonte and Shaltout (eds.), *Cosmic Order*, Chapter 4, 这篇文章提供了有关法老时代历法研究的最新讨论。要查阅对更为传统的观点的总结，请参考 Leo Depuydt, 'From Twice Helix to Double Helix: a comprehensive model for Egyptian calendar history', *Journal of Egyptian History*, 2, 1 (2009), pp. 115-47。

有关门卡乌拉统治期间尼罗河下游地区采用太阳历这一话题，请参考 *Cosmic Order*, p. 91 ff。有关将非丧葬用金字塔当成太阳观测中的标记物这一话题，请参考该书第 331~335 页。

古埃及月份的名字在 Allen, *Middle Egyptian*, p. 118 中有所讨论。要了解法老有关保持一年的秩序不变的传统承诺，可参考 Philippe Germond, *Les invocations à la bonne année au temple d'Edfou* (Geneva, 1986)。

"时间与历史" 一节开头的引文（页边码第 100 页）出自 Vincent Alsop, *A Sermon Upon the Wonderful Deliverance by His Majesty from Assassination, the Nation from Invasion* (London, 1696), p. 13。

要了解与西方在文艺复兴之后形象塑造的狭隘特点相关的观察，可以参考 Laurence Binyon, *The Spirit of Man in Asian Art* (Cambridge, Mass., 1936), especially p. 138 ff. 有关法老时代对单一事件的描述的不错案例可见 The Epigraphic Survey, *Reliefs and Inscriptions at Luxor Temple: the Festival Procession of Opet in the Colonnade Hall* (Chicago, 1994)。

"所有人造物范围内的东西……" 引用自 George Kubler, *The Shape of Time: remarks on the history of things* (New Haven, 1962) 的开头。

参考文献

11　阿布西尔与塞加拉

Lehner, *Complete Pyramids*, pp. 142-9 对阿布西尔的金字塔进行了建筑学上的概述。还可参考路德维希·博尔夏特的 *Das Grabdenkmal des Königs Ne-User-Re*（Leipzig, 1907）和 *Das Grabdenkmal des Königs Nefer-Ir-Ke-Re*（Leipzig, 1909）。要查看阿布西尔发掘现场的早期照片，请参考博尔夏特的 *Das Grabdenkmal Des Königs Sahu-Re*, 2 vols.（Leipzig, 1910）, vol. 1, Chapter 1。

史蒂芬·席德梅尔讨论了胡尼及之前的法老的纪念建筑存留下来的部分，可参考 *AEC*, pp. 116-23。要了解舍普赛斯卡夫和肯特卡维斯的马斯塔巴，请参考 Miroslav Verner, *The Pyramids: their archaeology and history*（London, 2002）, pp. 254-64。还可参考 Mark Lehner, 'The Monument and the Formerly So-called Valley Temple of Khentkawes I: four observations', in Filip Coppens, Jiří Janák and Hana Vymazalová（eds.）, *Royal versus Divine Authority: acquisition, legitimization and renewal of power*（Wiesbaden, 2015）。

Hays, 'Historicity', p. 25, n. 51 对有关"肯特卡维斯王后"的讨论做了部分总结。还可参考 Miroslav Verner, 'Further Thoughts on the Khentkaus Problem', *Discussions in Egyptology*, 38（1997）, pp. 109-17。要了解阿布西尔的为一位肯特卡维斯王后修建的金字塔建筑群，请参考 Miroslav Verner, *The Pyramid Complex of the Royal Mother Khentkawes*（Prague, 1994）。2015 年，阿布西尔又发现了另一座为（另一位?）肯特卡维斯王后修建的陵墓。

有关塞加拉一位肯特卡维斯王后的金字塔建筑群，请参考 Patrizia Piacentini（ed.）, *Victor Loret in Egypt*（*1881-1899*）: *from the archives of Milan University to the Egyptian Museum in Cairo*（Cairo, 2008）, pp. 11-14 and 67, 以及 Audran Labrousse, 'Les Reines de Téti, Khouit et Ipout Ire: recherches architecturales', in Catherine Berger, Gisèle Clerc and Nicholas Grimal（eds.）, *Hommages á Jean Leclant*, *Bibliothèque d'Étude*, 106（4 vols.）, vol. 1, pp. 231-43。

"分解"一节开头的引文（页边码第 112 页）出自 Marcus Cato,

De Agriculture 30，1，trans. W. D. Hooper（London，1934）。

安科纳的西里亚科在信中频繁哀悼古代大理石的毁坏，尤其是罗马自身的建筑。可参考 Charles Mitchell，Edward Bodnar and Clive Foss（eds.），*Cyriac of Ancona: life and early travels*（Cambridge，Mass.，2015），p. 93。

James Quibell，*The Monastery of Apa Jeremias*（Cairo，1912）描述了这座修道院建造过程中拼凑建筑材料的情况。该书中的图 LXXXV 是一个后期时代的横梁切割而成的石棺。

古代纪念建筑中的某些吓到了早期基督徒的恶魔在约翰·雷（John Ray）的 'Ancient Egypt'，in Michael Loewe and Carmen Blacker（eds.），*Divinations and Oracles*（London，1981），pp. 175-6 中有所描述。

有关博尔夏特在阿布西尔发现并在其出版作品中复原了一部分的浮雕，请参考 Borchardt，*Ne-User-Re* 和 *Sahu-Re*，vol. 2，这些作品是对那个时代的学术和绘图精神的纪念。John Baines，'Kingship before Literature: the world of the king in the Old Kingdom'，in Rolf Grundlach and Christine Raedler（eds.），*Selbstverständnis und Realität*（Wiesbaden，1997），pp. 143-52，这篇文章将博尔夏特的复原结果放到了更早或更晚的时代中类似场景的环境之下。

塞加拉附近其他王家建筑上复制用的辅助网格线似乎是在公元前 7 世纪到前 6 世纪期间画上去的。可参考 Gay Robins，*Proportion and Style in Ancient Egyptian Art*（London，1994），pp. 169-70。

Jochem Kahl，'Archaism'（2010），on UCLA's online *Encyclopedia of Egyptology*，ed. Willeke Wendrich 提供了对复制阿布西尔浮雕的作品的概述。伊玛·哈珀（Yvonne Harpur）的 *Decoration in Egyptian Tombs of the Old Kingdom*（London，1987）一书的第七章和第八章为其研究的主题提供了标准的处理方法，其中详尽地列明并评价了王家神庙浮雕和贵族坟墓祈祷室中的画面之间的关系。Baines，'Kingship before Literature'，pp. 149-52 讨论了后来阿布西尔浮雕中部分主题的形式化。

古王国时期廷臣的称号与头衔逐渐复杂化的过程在 Strudwick，*Administration*，pp. 337-46 有所总结，Klaus Baer，*Rank and Title in the Old Kingdom*（Chicago，1960）中对此也有分析。但是，与传统的猜想

不同，并没有证据表明这些头衔数量和类别的增加象征着中央控制权力的逐渐丧失。

部分阿布西尔神庙的入口处有一幅壮观的哺乳画面，*EAAP*，cat. 118，pp. 352-3（Dorothea Arnold）有相关的描述和图片：此书中cats. 111-14，pp. 333-43 的图片展示了阿布西尔王家浮雕非凡的品质。

12　肉类、面包与石头

"赫利奥波利斯"一节开头的引文出自 W. M. Flinders Petrie and Ernest Mackay，*Heliopolis*，*Kafr Ammar and Shurafa*（London，1913），p. 2。

尽管从拿破仑入侵时起，便有各种各样的调查勾勒出了赫利奥波利斯城墙的轮廓，但在 1912 年皮特里初次涉足此地之前，还没有人对这片巨大的古迹进行过任何系统性的考古学调查。当前由埃曼·阿什马威（Aiman Ashmawy）和迪特里希·劳厄（Dietrich Raue）领导的考古计划的进程在 *Egyptian Archaeology*，46（2015），pp. 8-11，and 47（2015），pp. 13-16 中有所概述，相关的照片展示了这项工程的规模与困难程度。有关古赫利奥波利斯历史的近期概述包括 Dietrich Raue，*Heliopolis und das Haus des Re*（Berlin，1999）和 Stephen Quirke，*The Cult of Re*（London，2001），Chapter 3，以及 Anne van Loo and Marie-Cécile Bruwier（eds.），*Heliopolis*（Brussels，2010）。

要了解对拉神特质的共时性概述，请参考 Quirke，*Cult of Re* 的序章。Racheli Shalomi-Hen，'The Dawn of Osiris and the Dusk of the Sun-Temples: religious history at the end of the Fifth Dynasty'，in Der Manuelian and Schneider（eds.），*Towards a New History*，pp. 456-69 中有不少关于阿布西尔诸王时期拉与赫利奥波利斯之间关系的理论。

David Jeffreys，'The Topography of Heliopolis and Memphis: some cognitive aspects'，in Heike Guksche and Daniel Polz（eds.）*Stationen: Beiträge zur Kulturgeschichte Ägyptens*，*Rainer Stadelmann Gewidmet*（Mainz，1998），pp. 63-71 中小心地描述了将赫利奥波利斯与阿布西尔的太阳神庙联系在一起的古老的视线。

Massimiliano Nuzzolo，'The Sun Temples of the V Dynasty: a reassessment'，*SAK*，36（2007），pp. 217-47，以及同一位作者的 'Sun

Temples and Kingship in the Ancient Egyptian Kingdom ', in Goyon and Cardin（eds.），*Ninth International Congress*，pp. 1402 - 10，这两篇文章中都有较长篇幅的对这些重要建筑结构的评估。Quirke，*Cult of Re*，p. 128 给出了一份它们名字的列表，*EAAP*，cats. 119-21，pp. 354-9 记录了博尔夏特在纽塞拉的太阳神庙中发掘出来的部分精美浮雕。

"阿布西尔莎草纸卷" 一节的第一段引文出自 Hratch Papazian，*Domain of Pharaoh: the structure and components of the economy of Old Kingdom Egypt*（2005），published online。第二段引文出自 John Strachey et al.（eds.），*Rotuli Parliamentorum*（*The Rolls of Parliament*）（London，1767-77），1451，v. 219/1。

要查阅有关阿布西尔的莎草纸档案的介绍，请参考 Paule Posener-Krieger，'News from Abusir'，in Stephen Quirke（ed.），*The Temple in Ancient Egypt: new discoveries and recent research*（London，1997），pp. 17-23，以及 Miroslav Verner，*Abusir: realm of Osiris*（Cairo，2002），Chapter 6。

我在书中描述的阿布西尔莎草纸卷中列出的神庙用品在 Kemp，*Ancient Egypt*，pp. 166-70 and fig. 60 中有翻译和描述。

"太阳神庙与屠宰场" 一节开头的引文（页边码第127页）改编自 Abusir Papyri，University College Sheet A，UC 32769：http：//www. digitalegypt. ucl. ac. uk/abughurab/abusirtranslation. html。Papazian，*Domain of Pharaoh* 对本书这一部分内容提供了现代而又广泛的指导。

要了解对阿布西尔神庙中古代活动的现代研究的概况，请参考 Jiří Janák，Hana Vymazalová and Filip Coppens，'The Fifth Dynasty "Sun Temples" in a Broader Context'，in Miroslav Bárta，Filip Coppens and Jaromír Krejí（eds.），*Abusir and Saqqara in the Year 2010*（Prague，2011），pp. 430-42。

"刀之屋" 是在阿布西尔进行考古发掘的捷克考古队发现的，可参考 Miroslav Verner，'A Slaughterhouse from the Old Kingdom'，*MDAIK*，42（1986），pp. 181-9。还可参考 Christopher Eyre，*The Cannibal Hymn: a cultural and literary study*（Liverpool，2002），p. 175 ff。要了解王家神庙中狩猎场面的仪式化，请参考 Baines，'Kingship before Literature'，pp. 146-52。

有两篇文章概述了这一时期埃及国内的农业情况，分别是 MarieFrancine Moens and Wilma Wetterstrom, 'The Agricultural Economy of an Old Kingdom Town in Egypt's West Delta: insight from the plant remains', *JNES*, 47, 3 (1988), pp.159-73, 以及 Wilma Wetterstrom, 'Foraging and Farming in Egypt: the transition from hunting and gathering to horticulture in the Nile Valley', in Thurstan Shaw, Paul Sinclair, Bassey Andah and Alex Okpoko (eds.), *The Archaeology of Africa: food, metals and towns* (London, 1993), pp.165-226。

要查看更多有关古埃及世界中的食人主义表现以及柏林美好时代 (Belle Époque Berlin) 的讨论，请参考第 19 章。

Papazian, *Domain of Pharaoh*, p.175 ff 上有令人着迷的有关王宫中的人员和阿布西尔神庙中的人员，以及其所用的供给系统之间的相互关系的记录。

"事物的价值" 一节开头的引文出自 Strudwick, *Texts*, p.69。

尼罗河下游地区的自给农业以及对荒野的开拓在本套古埃及史第一卷第 14~15 章中有所描述。

被描述为 "天堂吹来的风暴" 的过程出自 Walter Benjamin, *Über den Begriff: der Geschichte*, 最早的英语版可见 *Illuminations* (London, 1968), pp.258-9。我对于 "经济" 这个词的反思遵循了 Timothy Mitchell, *Rule of Experts: Egypt, techno-politics, modernity* (Berkeley, 2002) 一书序章中的内容。

引用的赫拉克利特的话出自 Robin Waterfield, *The First Philosophers: the pre-socratics and the sophists* (Oxford, 2000), p.42, F38。亚里士多德的话出自 Nancy Demand, *Urban Relocation in Archaic and Classical Greece: flight and consolidation* (Bristol, 1990)。阿里斯托芬的话出自 *The Acharnians*, 30-33。

13　生者的宫廷

为数不多有关建造了金字塔的诸位国王的居所的文献收录在 Stadelmann, 'La ville de pyramides' 中，并且在 Verner, 'Old Kingdom Royal Palace' 中有所讨论，我们还可以将最近在加尔夫干河谷古港口发现的胡夫时代的莎草纸卷加入其中——请参考本书第 20 章中"沙漠、船只与驴子"一节页边码第 261 页及之后的图片。

达舒尔平原上的考古发掘工作中发现了斯尼夫鲁时代的精美的泥砖建筑群和花园的一部分，请参考 Nicole Alexanian and Felix Arnold, 'The Necropolis of Dahshur Eleventh Excavation Report of the Work in Spring 2014', published online at https：//www. dainst. org. 马克·莱纳在吉萨金字塔南部持续进行的发掘工作发表在 Giza Plateau Mapping Project 网站上。

吉萨的"北部聚落"在 Juan Carlos Moreno García, 'Administration territoriale et organisation de l'espace en Égypte au troisième millénaire avant J. -C. : grgt et le titre a(n) D-mr grgt', *Zeitschrift*, 123（1996），pp. 116-38 中有所讨论。考古学家们自己对发掘出的吉萨定居点的解读可参考 Lehner and Tavares, 'Walls, Ways and Stratigraphy', 以及 Mark Lehner and Freya Sadarangani, 'Beds for Bowabs in a Pyramid City', in Zahi Hawass and Janet Richards（eds. ）, *The Archaeology and Art of Ancient Egypt: essays in honor of David B. O'Connor*, 2 vols.（Cairo, 2007），vol. 2, pp. 59-81。有关附近一处工人的大墓地，请参考 Zahi Hawass, 'The Workmen's Community of Giza', in *Haus und Palast*, pp. 53-67。

有关乌塞尔卡夫和舍普赛斯卡夫的墓葬建筑，请参考 Lehner, *Complete Pyramids*, pp. 139-41。

Baer, *Rank and Title* 的末章以及 Strudwick, *Administration* 中概述了整个古王国时期宫廷称号变得愈发复杂的过程。本套古埃及史的第一卷描述了早期法老宫廷的构成。Neal Spencer, 'Priests and Temples：pharaonic' in Lloyd（ed. ）, *Companion to Ancient Egypt*, vol. 1, pp. 255-73 概述了古埃及的祭司制度。

Nuzzolo, 'Sun Temples of the V Dynasty', p. 290 ff, 以及 Ann Macy Roth, *Egyptian Phyles in the Old Kingdom*（Chicago, 1991），Chapter 5 描述了一些有关阿布西尔宫廷中的生活节奏以及参与了其维系工作的不同团体的事。Papazian, *Domain of Pharaoh*, Chapters 3 and 4 提供了有关宫廷经济的详细分析。

法老宫廷系统的起源在"建立宇宙模型"一节中有所概述，在本套埃及史第一卷第 14 章和第 30 章中则有详细描述。

参考文献

14 生者的世界

对装饰四座巨型金字塔所需铜的数量的估算，可以参考 Romer, *Great Pyramid*, pp. 168-70（请注意，该书中编号为74的图片上的垂直刻度印错了，单位应该是"吨铜"）。法老的朝廷派遣的远征队获取的铜在本书第24章中有所描述。

铜在阿布西尔金字塔建筑群中的广泛应用在博尔夏特的 *Sahu-Re*, vol. 1, pp. 3 and 75-83 中有所描述。

奈基-安卡的坟墓祈祷室浮雕以及同一地点上其他浮雕在 Smith, *History of Egyptian Sculpture*, p. 214 有所讨论，这篇文章暂时假定它们属于门卡乌拉统治时期。Hans Goedicke, 'Cult-Temple and "State" During the Old Kingdom in Egypt', in Edward Lipinski (ed.), *State and Temple Economy in the Ancient Near East* (Leuven, 1979), p. 122 ff 中将这些浮雕上的铭文放到了其历史背景中来分析。有关提到了奈基-安卡名字的两座坟墓祈祷室中的铭文的译文，请参考 Strudwick, *Texts*, pp. 195-9。

国王直接参与支持朝廷及其活动的食物和材料供应系统的情况在这一章的后文中有所描述。Papazian, *Domain of Pharaoh*, pp. 107-17 记录了这一时期内建立新聚落的情况。

有关托马斯·库克与其子公司的简史，请参考 Donald Reid, *Whose Pharaohs? archaeology, museums, and Egyptian national identity from Napoleon to World War I* (Berkeley, 2002), pp. 88-92。

"沿着河谷"一节中的统计与观察结果所用的数据来源于 Harpur, *Decoration*, p. 5 ff. 有关悬崖上的岩凿坟墓的发明，请参考 Jánosi, *Giza*, Part 3, 和 Dows Dunham and William Kelly Simpson, *The Mastaba of Queen Mersyankh III* (Boston, 1974)。

六卷本的 Aylwood Blackman and Michael Apted, *The Rock Tombs of Meir* (London, 1914-1953) 中有许多生动的地方性坟墓祈祷室内装饰的案例。José Galán, 'Bullfight Scenes in Ancient Egyptian Tombs', *JEA*, 80 (1994), pp. 81-96 中分析了一些典型的地方性画面。

在最近的数十年中，本章内讨论过的许多雕塑的年代鉴定方面都发生了革新。要了解有关其结果的概述，以及有关众多宫廷风格的简要描述，还有有关它们散失到各个行省中的记录，请参考 Christiane Ziegler, 'Nonroyal Statuary' 以及 Nadine Cherpion, 'The Human Image in Old Kingdom Nonroyal reliefs', in *EAAP*, pp. 57-71 and 103-13。

描述森内杰米布-英提的棺材运输过程的文本的译文可以参考 Edward Brovarski, *The Senedjemib Complex*, Part 1 (Boston, 2000), pp. 108-10, inscription D, 以及 Strudwick, *Texts*, p. 305。

"存在于亚洲西部和……" 引用自 Donald Redford, 'The Ancient Egyptian "City": Figment or Reality?', in Walter Aufrecht (ed.), *Aspects of Urbanism in Antiquity* (Sheffield, 1997), p. 210。可以把这种观点与埃尔曼在 *Life in Ancient Egypt*, p. 26 中对孟斐斯的基础性描述相对比："埃及的旧都……已经彻底消失了。土丘上生满了棕榈树……著名的都城'白墙'和其他建筑一样杳无踪迹……" 要了解现代对难以统计的古埃及"城市人口"规模的估算，可参考 Fekri Hassan, 'Town and Village in Ancient Egypt: ecology, society and urbanisation' 以及 David O'Connor, 'Urbanism in Bronze Age Egypt and northeast Africa', both in Shaw et al. (eds.), *Archaeology of Africa*, pp. 551-85。

Christopher Eyre, 'The Village Economy in Pharaonic Egypt', in Alan Bowman and Eugene Rogan (eds.), *Agriculture in Egypt from Pharaonic to Modern Times* (Oxford, 1999) 为法老时代尼罗河下游地区王室家族和官员家庭之外的生活提供了平衡的评估。在该书的序章中，鲍曼和罗根探讨了现代历史观念中"古埃及"。

要查看有关古代尼罗河下游地区农业社群中迁移模式的分析，请参考 Sarah Symons and Derek Raine, 'Agent-Based Models of Ancient Egypt', in Nigel Strudwick (ed.), *Information Technology and Egyptology in 2008* (Piscataway, NJ, 2008)。Claire Newton and Beatrix Midant-Reynes, 'Environmental Change and Settlement Shifts in Upper Egypt During the Predynastic: charcoal analysis at Adaima', *The Holocene*, 17, 8 (2007), pp. 1109-18 中的信息大部分也适用于古王国时期。

"用力点拉，朋友！"等铭文出自 Brovarski, *Senedjemib Complex*。要查看类似的劳动口号，请参考 Strudwick, *Texts*, Chapter 19。Christopher Eyre, 'Peasants and "Modern" Leasing Strategies in Ancient Egypt',

Journal of the Economic and Social History of the Orient 40，4（1997），pp. 367-90 概述了古代的农业庄园。

这一章最后一部分中的大部分内容来自同时代坟墓祈祷室中的图画，以及该地区内现代景观中存留下来的类似活动的痕迹。

有关戈伯伦莎草纸卷，请参考 Eyre，'Village Economy'，p. 40，以及 Strudwick，*Texts*，pp. 185-6。

15 崇拜与王国

Goedicke，'Cult-Temple' 概述了同时代文本中记录的古王国时期宫廷在孟斐斯之外的活动。有关官廷的地方性崇拜的早期历史的考古证据在本套古埃及史第一卷页边码第 320～327 页中有所讨论，还可以参考页边码第 169～172 页。

Helen Jacquet-Gordon，*Les Noms des Domaines Funéraires sous l'ancien empire Égyptien*（Cairo，1962）是现代人对整个尼罗河下游地区王家庄园的理解的基础。

"一份王家政令……" 改编自一篇较长的文本，完整的原文可以参考 Strudwick，*Texts*，pp. 119-20。

Kemp，*Ancient Egypt*，pp. 116-34 描述并讨论了早期的地方性圣坛。Papazian，*Domain of Pharaoh*，Chapter 1 中详细审视了有关它们在国家中发挥的作用的争议，我基本上沿用了他得出的结论。

"金名" 以及法老称号中的其他元素在 Leprohon，*Great Name*，pp. 7-18 以及 Allen，*Middle Egyptian*，pp. 64-6 中有所描述。

有关已知最早的 "王宫的荷鲁斯" 的描述，请参考 *EAAP*，cat. 9，pp. 177-8（Christiane Ziegler）。有关近期对这一被广泛讨论的浮雕的评论，请参考 Stephan Seidlmayer，*AEC*，p. 121。

牧师胡克的 "有关神圣事物的研究" 引用自 *Of the Lawes of Ecclesiastical Politie*（London，1594-7），vol. 3，Chapter 8。

"看得见的与看不见的" 一节开头的引文出自 Thomas Hobbes，*Leviathan*（London，1651），Book 2，p. 191。后面几段中的内容部分概括了本套古埃及史第一卷中广泛探索的主题。

16 从莎草纸到石头

引用自国王写给森内杰米布的两封信或两道政令的内容来自 Wente, *Letters*, pp. 18-19（3 and 4）上的译文，以及 Brovarski, *Senedjemib Complex*, p. 92（A2）and pp. 96-7（B2）。

"用两个手指书写"出自 Brovarski, *Senedjemib Complex*, p. 90, note o（on p. 92）。引用的第三份政令来自 Wente, *Letters*, p. 18（2）和 Brovarski, *Senedjemib Complex*, p. 90（A1）。有关"第 11 年，第三季度第一个月……"这一段，请参考 Wente, *Letters*, p. 42（40）和 Strudwick, *Texts*, p. 177（94）。

"词汇与书写"一节开头的引文出自 1580 年伦敦印刷的所谓的《兰厄姆的信》，其中描述了"女王陛下在沃里克郡基林沃思城堡的庆典"。

我对法老国度中各个地区的地区性和当地口音的观察主要基于 Alessandro Roccati, 'Response to J. Baines, Research on Egyptian Literature: background, definitions, prospects', *Eighth International Congress*, vol. 3, pp. 38-44，以及同一作者对 Strudwick, *Texts* 的评论，收录在 *JEA*, 94（2008），pp. 323-5。

古王国宫廷对圣书文字符号系统的改进在 Antonio Loprieno, *Ancient Egyptian: a linguistic introduction*（Cambridge, 1995），pp. 12 and 20 ff 中有所概述。我对古王国时期工作的书吏数量的估算基于 John Baines and Christopher Eyre, 'Four Notes on Literacy', in Robert Layton（ed.），*Visual and Written Culture in Ancient Egypt*（Oxford, 2007），p. 64 ff 的更新后的版本。

作为法老文化之具体特性的"礼仪"这一概念是 John Baines, 'Restricted Knowledge, Hierarchy and Decorum: modern perceptions and ancient institutions', *JARCE*, 27（1990），pp. 1-23 中定义的。

"短暂的生命"一节开头的引文出自 Matthew Prior, *Carmen Sæculare for the Year 1700: to the King*（London, 1700），p. 14。

早期埃及学家留下了大量关于德贝尼坟墓祈祷室中的浮雕与铭文的记录，在 Bertha Porter and Rosalind Moss, *Topographical Bibliography of*

Ancient Egyptian Hieroglyphic Texts, *Reliefs*, *and Paintings*, vol. 3, Part 1 (2nd edn, rev. Jaromír Málek, Oxford, 1974), pp. 235-7 中列明。

"至于这座坟墓"引用自有关德贝尼的坟墓祈祷室的发掘和维护记录中给出的译文：请参考 Selim Hassan, *Excavations at Giza IV* (Cairo, 1943), pp. 159-84; Strudwick, *Texts*, pp. 271-2 有其部分译文。

Hays, *Organization*, pp. 88-9 中将德贝尼的葬礼铭文放到了更广阔的历史背景之中，还可参考 Baines, 'Kingship before Literature', pp. 136-40, 以及 John Baines, 'Forerunners of Narrative Biographies', in Anthony Leahy and John Tait (eds.), *Studies on Ancient Egypt in Honour of H. S. Smith* (London, 1999), pp. 34-7。

"……尼安科赛克美特对他的王说"改编自 James Henry Breasted, *Ancient Records of Egypt*, 7 vols. (Chicago, 1906), vol. 1, pp. 108-9 (237-40) 中的译文，还可参考 Strudwick, *Texts*, pp. 302-3 (225)。

Peter Dorman, 'The Biographical Inscription of Ptahshepses from Saqqara: a newly identified fragment', *JEA*, 88 (2002), pp. 95-110 评估了这位廷臣的铭文的重要性，并部分记录了当时这些坟墓祈祷室在 19 世纪晚期遭到的破坏。

"他进入坟墓后……"改编自 Breasted, *Ancient Records*, vol. 1, pp. 111-13 (242-9) 以及 Nicholas Picardo, '(Ad) dressing Washptah: illness or injury in the vizier's death, as related in his tomb biography', in Zahi Hawass and Jennifer Houser Wegner (eds.), *Millions of Jubilees: studies in honor of David P. Silverman*, 2 vols. (Cairo, 2010), vol. 2, pp. 93-104 中的铭文译文。Hans Goedicke, 'A Fragment of a Biographical Inscription of the Old Kingdom', *JEA*, 45 (1959), pp. 8-11 描述并翻译了一段类似的铭文，尽管这段铭文所描述的对象如今已不知其名。

"河谷与三角洲之王……"改编自 Selim Hassan, *Excavations at Giza I* (Cairo, 1932), pp. 1-38 (这本书还记录了这座坟墓祈祷室的建筑结构), 以及 James Allen, 'Re-wer's Accident', in Alan Lloyd (ed.), *Studies on Pharaonic Religion and Society in Honour of J. Gwyn Griffiths* (London, 1992), pp. 14-20 中的译文，我沿用了后者的解读。

有关拉维尔毁损严重的坟墓祈祷室中高质量的雕塑，请参考 *EAAP*, cat. 131, pp. 377-8 (Christiane Ziegler), and cat. 144, p. 396

（Christiane Ziegler and Sophie Labbé-Toutée）。

　　与"前逻辑思维"相反的"实用理性"——前者仍然是许多埃及学解读中潜在的假想——在 Obeyesekere, *Apotheosis of Captain Cook*, Part One 当中有对其的定义和讨论。

17　金字塔中的书写

　　在本章和下一章中描述的金字塔的位置和设计在 Lehner, *Complete Pyramids*, pp. 10-1, 16-7 and 153-63 中有所概述。

　　Hays, *Organization*, pp. 1 ff and 262 - 3, 以及 James Allen, *The Ancient Egyptian Pyramid Texts*（2nd edn, Atlanta, 2015）, p. 1 ff 中提供了有关各自主题不同方面的最新概述。

　　"走进地下墓穴"一节开头的引文（页边码第 199 页）出自 James Henry Breasted, *The Dawn of Conscience*（New York, 1933）, p. 19。

　　Hays, *Organization*, p. 86 ff 讨论了《金字塔铭文》与同时代的廷臣墓葬室和坟墓祈祷室中铭文之间的关系。Mark Smith, 'Democratization of the Afterlife', in UCLA's *Online Encyclopedia of Egyptology* 将其放到了更广阔的历史背景当中。

　　有关英提和其他廷臣的墓葬安排和葬礼文本的描述，请参考 Brovarski, *Senedjemib Complex*, pp. 22 and 79 - 82 and pls. 53 - 7, 以及 Naguib Kanawati, 'Decoration of Burial Chambers, Sarcophagi and Coffins in the Old Kingdom', in Khaled Daoud, Shafia Bedier and Sawsan Abd el-Fatah（eds.）, *Studies in Honor of Ali Radwan*, 2 vols.（Cairo, 2005）, vol. 2, pp. 55-71。

　　有关"朗诵语"和"结束语"这样的短语，请参考 Allen, *Pyramid Texts*, p. 3。

　　要查看对乌纳斯金字塔建筑群的完整描述，请参考：Audran Labrousse et al. , *Le temple haut du complexe funéraire du roi Ounas*（Cairo, 1977）; *Le temple d'accueil du complexe funéraire du roi Ounas*（Cairo, 1996）; 以及 *La chaussée du complexe funéraire du roi Ounas*（Cairo, 2002）。

　　"金字塔中的声音"一节的第一段引文（页边码第 203 页）改编自

Laurie Rouviere, 'Bata, Seigneur de Saka: dieu bélier ou dieu taureau?', *Égypte Nilotique et Méditerranéenne*, 6 (an online journal) (2013), pp. 139–58。这篇文本中提到的不寻常的神明"巴提"在 Edward Brovarski, 'Two Old Kingdom Writing Boards from Giza', *Annales du Service des Antiquités de l'Égypte*, 71 (1987), p. 32 中有所描述。还可参考 John Baines, 'Research on Egyptian Literature: background, definitions, prospects', in Hawass and Brock (eds.), *Eighth International Congress*, vol. 3, p. 19。

"金字塔中的声音"一节的第二段引文来源于 Lichtheim, *AEL*, vol. 1, p. 49 以及 Allen, *Pyramid Texts*, p. 180 的译文。

Hays, *Organization*, Chapter 3, p. 136 ff 讨论了《金字塔铭文》中众多的"声音"。

18 生者与死者

这一章参考了大量作品,主要包括: Heinrich Brugsch, *Mein Leben und Mein Wandern* (Berlin, 1894); The Earl of Cromer, *Modern Egypt*, 2 vols. (London, 1908); Charles Edwin Wilbour, *Travels in Egypt*, ed. Jean Capart (December 1880 to May 1891) (Brooklyn, 1936); Afaf Lutfi Al-Sayid, *Egypt and Cromer* (London, 1968); Élisabeth David, *Mariette Pacha* (Paris, 1994); Élisabeth David, *Gaston Maspero: le gentleman égyptologue* (Paris, 1999); and Roger Owen, *Lord Cromer: Victorian imperialist, Edwardian proconsul* (Oxford, 2004)。

"马里耶特去世后……"译自 David, *Maspero*, pp. 78–7。"尽管如此……"出自 David, *Mariette*, p. 264。

"年轻男子的木乃伊……"引用自萨缪尔·伯奇(Samuel Birch)主席的一封通信,出自 Samuel Birch, in *The Proceedings of the Society of Biblical Archaeology*, 11 (1878), p. 112。要想一瞥马里耶特最后几个月工作的动人场面,他是怎样耐心地接待不速之客,以及怎样展现他的继任者们时至今日仍保有的机敏的,请参考 John Weisse, *The Obelisk and Freemasonry* (New York, 1880), pp. 20–3。

"尼罗河畔的克朗代克"这个称呼出自 David Landes, *Bankers and*

Pashas: international finance and economic imperialism in Egypt (Cambridge, Mass., 1958)。

有关上埃及 1879 年食物短缺的详细情况，可参考 William Loftie, *A Ride in Egypt, from Sioot to Luxor* (London, 1879), especially p. 363 ff, 'An Appendix of Letters Relating to the Famine in Upper Egypt'。

"他的助手们在博物馆集合……"引用并翻译自维克多·洛雷的一封信，出自 Patrizia Piacentini and Victor Rondot, '1881, Musée de Boulaq, mort de Mariette', in Mamdouh Eldamaty and Mai Trad (eds.), *Egyptian Museum Collections around the World* (Cairo, 2002), pp. 949–56。马里耶特的摄影师出版了一本有关这位考古学家的房子、博物馆和坟墓的重要纪念作品：请参考 Alfred Chélu, *Mariette Pacha* (Paris, 1911)。

Gabriel Charmes, *L'Égypte archéologie-histoire-littérature* (Paris, 1891) 很好地记录了在当时的法国人眼中埃及纪念建筑控制权是怎样从马里耶特被转交给马斯佩罗的。David, *Maspero*, p. 75 ff 和 Reid, *Whose Pharaohs?*, p. 172 ff 描述了马斯佩罗掌控埃及文物后发生的制度变化。

Wallis Budge, *Cook's Handbook for Egypt and the Egyptian Sudan* (3rd edn, London, 1911), p. 488 表明，打开乌纳斯金字塔所需的资金是托马斯·库克与其子公司提供的。

要查看近期的有关 1881 年底比斯发现的王家木乃伊密室的记录，请参考 Dylan Bickerstaff, 'The History of the Discovery of the Cache', in Erhart Graefe and Galina Belova (eds.), *The Royal Cache 320: a reexamination* (Cairo, 2010), pp. 13–26。

Drower, *Flinders Petrie*, pp. 43–6 描述了皮特里在南塞加拉的冒险，以及它们造成的令人烦恼之事。"充满了困难"引用自 Birch, *Proceedings of the Society of Biblical Archaeology*, 11, p. 112。

"作为一名即将结束学生时代的少年……"出自 Gardiner, *Egypt*, p. iv。马斯佩罗所说的"你知道，我有很多想法"以及对巴黎的年轻的加德纳的描述均出自 Alan Gardiner, *My Early Years* (Andreas, IoM, 1986), pp. 9–10。

"这些词语中大部分……"引用自 Gardiner, 'Eloquent Peasant',

p. 6。现代金字塔铭文学术圈元老詹姆斯·艾伦也发现《金字塔铭文》"常常晦涩难解，甚至根本无法解读"：Allen, *Pyramid Texts*, p. 7。

"用学术征服古代世界"出自 Suzanne Marchand, *Down from Olympus: archaeology and philhellenism in Germany, 1750 - 1970* (Princeton, 1966), p. 17, 引用的是 Ulrich von Wilamowitz-Moellendorff, *Geschichte der Philologie* (Leipzig, 1921)。接下来的几段中对加德纳在柏林居住期间的描述主要来自 Gardiner, *My Early Years* 和 Alan Gardiner, *My Working Years* (London, 1962)。

我对德国古典学术开端的记录部分来自 Marchand, *Down from Olympus*, Rudolf Pfeiffer, *History of Classical Scholarship 1300 - 1850* (Oxford, 1976); Hugh Lloyd-Jones, *Blood for the Ghosts: classical influences in the nineteenth and twentieth centuries* (London, 1982); 以及 Friedrich Nietzsche, 'We Philologists', trans. Arrowsmith, *Arion*, new series 1. 2 的注释。

有关"历史的科学"，可参考 Pfeiffer, *History*, p. 176。

马克·吐温的旅行信件（1891~1892）是写给芝加哥《每日论坛报》（*Daily Tribune*）的，有关柏林的文章发表于 1892 年 4 月 3 日。它们中的一部分被收录在 Mark Twain, *The Chicago of Europe: and other tales of foreign travel*, ed. Peter Kaminsky (New York, 2009), p. 191 ff。

有关阿道夫·埃尔曼和埃及学柏林学派的文章相当多，尤其值得参考的是 Adolf Erman, *Mein Werden und mein Wirken* (Berlin, 1929) 以及 Schipper (ed.), *Ägyptologie als Wissenschaft*。

有关埃尔曼开始研究时古埃及语在其他古代语言当中的地位，请参考 Holger Gzella, 'Expansion of the Linguistic Context of the Hebrew Bible/Old Testament: Hebrew among the languages of the ancient Near East', in Magne Sæbø (ed.), *Hebrew Bible/Old Testament*, 3 vols. (Göttingen, 2012), vol. 3, p. 134 ff。

"真是可惜啊"和"除了自己学派的作品……"引用自 Gardiner, *My Early Years*, p. 23。

有关编纂柏林词典的记录，请参考 Stephan Seidlmayer, 'Das Ägyptische Wörterbuch an der Berliner Akademie: Entstehung und Konzept', in Schipper (ed.), *Ägyptologie als Wissenschaft*, pp. 162-92。

"将年轻而充满欢乐的……"以及接下来两段引文引用自英译本 Adolph Erman，*Life in Ancient Egypt*，pp. 13–15。

布雷斯特德对柏林美好时代中柏林大学的态度与马克·吐温截然不同，这在 Charles Breasted，*Pioneer to the Past*（New York，1943），Chapter 2 中有生动的记录。

布雷斯特德翻译的埃尔曼的 *Aegyptische Grammatik*（Leipzig，1894）以 *Egyptian Grammar*（London，1894）出版，当时他为其作了一篇充满激情却有些笨拙的序，他在其中指出了同时代英语版和法语版埃及语语法书的缺陷。

布雷斯特德的 *History of Ancient Egypt*（Chicago，1906）和 *Ancient Records of Egypt*（Chicago，1906）现在都仍在发行，前者是亚马逊畅销书榜单中古埃及相关分类的固定上榜作品。

"第一位以历史角度展现埃及宗教"引用自弗朗西斯·卢埃林·格里菲斯为埃尔曼的 *Die ägyptische Religion*（Berlin，1905）的 *A Handbook of Egyptian Religion*（London，1907）所作的序。布雷斯特德的 *The Development of Religion and Thought in Ancient Egypt*（New York，1912）在约翰·威尔逊（John Wilson）为 1959 年重印版所作的介绍中被称作"里程碑与经典之作"。布雷斯特德有关古埃及宗教的第二本书是 *The Dawn of Conscience*（New York，1933）。

Allen，*Middle Egyptian*，p. 463 赞赏了加德纳的《埃及语语法》[即 Alan Gardiner，*Egyptian Grammar*（3rd edn，Oxford，1957）]，并列明了其他当时已有的语法书。

"作为一名即将结束学生时代的少年……"引用自 Gardiner，*Egypt*，p. iv。在埃尔曼那个年代，古代语言研究被广泛认为是科学的一个分支："实际上，语文学并不只研究语法，从其最大意义上来说这是一门大师级的科学，其职责在于将整个古代生活展现给我们……"*Athenæum*，816，1（25 June 1892）。

19　解读金字塔

开头的引文出自 Breasted，*Development of Religion*，p. 131。

接下来的几段中对比了 Kurt Sethe，*Die altägyptische Pyramidentexte*，

4 vols. （Leipzig，1908 – 22）和 Gaston Maspero，*Les inscriptions des pyramides de Saqqarah*（Paris，1894）。

泽特关于金字塔中的铭文的评论出版在六卷本的 *Übersetzung und Kommentar zu den altägyptischen Pyramidentexten*（2nd edn，Hamburg，1962）中。乌纳斯金字塔中的铭文后来被单独出版在 Alexandre Piankoff，*The Pyramid of Unas*（Princeton，1968）当中。

尼采的《我们语文学家》中有一系列的"笔记、见解、备忘录和引文"，其不完整的英译本最早出版于 1911 年，完整版则直到 1967 年才出版。请参考 Arrowsmith，*Arion*，new series 1. 2。

尼采出版的文本中的前一部分包含了我所描述的感情。"国家组织得越好……"出自 Arrowsmith，*Arion*，5［178］，"浅薄的理性主义"以及之后引用的内容出自 *Arion*，5［59］，"道德并非基于宗教……"出自 *Arion*，5［104］。

"地狱之犬的骨头在颤抖"一节开头的引文（页边码第 232～233 页）出自 Breasted，*Development of Religion*，pp. 127–8。我保留了布雷斯特德的括号，但将他对乌纳斯法老的称呼修改为了现在通用的拼写方式。要了解翻译这些文本的人所遇到的困难，可以对比 Allen，*Pyramid Texts*，p. 57（273 ff）中的翻译和布雷斯特德对这几段的翻译，再将此二者与 Eyre，*Cannibal Hymn*，pp. 7–10 上的译文对比，后者对这篇文本进行了文化上的探究。

"怪诞的食人画面……"引用自 Breasted，*Development of Religion*，p. 90。

"天空上的公牛"：译文和我对其象征的解读都出自 Eyre，*Cannibal Hymn*，pp. 60，80 and 84–96。

有关"他母亲的公牛"，请参考 Gertie Englund，'Gods as a Frame of Reference：on thinking and concepts of thought in ancient Egypt'，in Gertie Englund（ed.），*The Religion of the Ancient Egyptians: cognitive structures and popular expressions*（Uppsala，1989），p. 17。

"当对语法和词典……"引用自 Gardiner，'Eloquent Peasant'，p. 6。"包含了重要的表述……"出自 Breasted，*Development of Religion*，p. 90。"若有人认为下面……"出自 Erman，*Egyptian Religion*，p. 7。

"从黑暗中升起来的"引用自 Erman，*Life in Ancient Egypt*，p. 31。

该书第 2 章和第 3 章概述了埃尔曼对古埃及种族和历史的看法。尽管这些观察中所用的语言从埃尔曼的时代开始就在不断发生变化，但直到今日，他的观点在本质上仍是那些传统的历史学家的观点。

"对那个时代的许多学者而言……"：这样的态度在同时代的人类学家吕西安·列维-布留尔（Lucien Lévy-Bruhl）的 *La mentalité primitive*（Paris，1922），p. 32 中有所阐述，他认为"原始思维会回避并忽视逻辑思维"。

有关"艰苦而单调的环境"及其后的内容，请参考 Erman，*Life in Ancient Egypt*，p. 14。温克尔曼的观察出自他的 *History of Art*，trans. G. Henry Lodge（Boston，1873）第二卷开头。"像大猩猩一样生活混乱"引用自 Charles Darwin，*The Descent of Man*（2nd edn，London，1882），p. 590 ff。

有关 20 世纪 30 年代德国埃及学的历史，请参考托马斯·施耐德、史蒂芬·雷本里希（Stephan Rebenich）以及其他人的文章，收录在 Schneider and Raulwing（eds.），*Egyptology from the First World War* 以及 Schipper（ed.），*Ägyptologie als Wissenschaft* 当中。

"作为中介的人和事件都被抹去了……"引用自 Hays，*Organization*，p. 252，他细致的观察启发了本章下一节"在黑暗中阅读"。

20　看看我们！

"在其他任何历史时期中……"引用自 Smith，*History of Egyptian Sculpture*，p. 56。马里耶特对古王国时期雕塑的评论记录在 Édouard Mariette et al.，*Mariette Pacha: lettres et souvenirs personnels*（Paris，1904），p. 165 中。

有关"书吏坐像"这一同时代其他雕塑中典型姿态的历史，请参考 Gerry Scott，*The History and Development of the Ancient Egyptian Scribe Statue*，4 vols.（Yale/University Microfilms，1989），vol. 1，Chapter 1。要了解镶嵌的眼睛，请参考 Arthur Lucas，*Ancient Egyptian Materials and Industries*（4th edn，rev. John Harris，London，1962），Chapter 7。

就像许多古王国时期的雕塑那样，村长雕像的具体制作时间也无法确定，它是如何重见天日的也不为人知，尽管工人们对这尊雕像的反应的著名故事肯定与马里耶特有关。请参考 Claude Vandersleyen，'La Date du Cheikh el-Beled（Caire CG34）'，*JEA*，69（1983），pp. 61 - 5，以及 Christiane Ziegler，'Nonroyal Statuary'，in *EAAP*，pp. 57-71。

一些打造了古王国时期的坟墓祈祷室的工匠和他们的委任者之间订立的协议收录在了 Strudwick，*Texts*，Chapter 15 中。有关近期对同时代木质雕塑的讨论，请参考 Julia Harvey，*Wooden Statues of the Old Kingdom*（Leiden，2001）。

"等级和头衔"一节的第一段引文（页边码第 244 页）出自 John Rutt（ed.），*The Diary of Thomas Burton, 1656-1659*，4 vols.（London，1828），vol. 2，p. 403。第二段引文改编自 Brovarski，*Senedjemib Complex*，p. 133 的译文。第三段引文出自 *EAAP*，p. 464。第五段引文出自《牛津英语词典》中"yeoman"（约曼）一条。

"世界上曾出现过的组织程度……"出自 Gardiner，*Egypt*，p. 106。

提及了安卡夫王子的莎草纸卷在本章后面的"沙漠、船只与驴子"一节中有所描述。

阿布西尔诸王时代的宫廷头衔在 Massimiliano Nuzzolo，'The V Dynasty Sun Temples Personnel'，*SAK*，39（2010），pp. 289-312 中有所描述。还可以参考约翰·贝恩斯在 'Restricted Knowledge'，p. 17 ff 中有洞察力的评论。

"人们做出了勇敢尝试……"出自 Gardiner，*Egypt*，p. 102。

若我们假定被翻译成"国库总管"的头衔如其字面含义一样，描述的是法老政府中一位部长的职责，那我们是不是也该同样认为"国防大臣"的职责与洪水或蝗灾有关？当前（2016 年）的黑杖传令官是大卫·李基中将。

Strudwick，*Administration*，pp. 172 ff and 300-334 描述了"维齐尔"这个头衔的使用。被翻译成"世袭王子""足科医生""管家"的头衔传统上是赐予那些拥有奢华的坟墓祈祷室的廷臣的，如塞加拉的提伊和阿布西尔的普塔舍普赛斯。可参考 Verner，*Abusir* 的´第 7 章，题为"王家发型师耀眼的生涯"。还可参考 John Baines，'Modelling the Integration of Elite and Other Social Groups in Old Kingdom Egypt'，*Cahiers*

de Recherches de L'Institut de Papyrologie et d'égyptologie de Lille，28
（2010），pp. 117-44。

"管理国家"一节开头的引文（页边码第 249 页）出自 Benedict
Anderson，*Imagined Communities: reflections on the origin and spread of
nationalism*（rev. edn，London，1991），pp. 6-7。

有关对大金字塔建造过程中统计数据的概述，请参考 Romer，
Great Pyramid，Chapter 6 and Parts 3 and 6。

有关如今被人称为"那伽德尔"的考古发掘点的记录，请参考
'Naga（Nag'）-ed-'Dêr'，in *LÄ*，vol. 4，cols. 296 - 307（Edward
Brovarski）；要了解"牧群总管"，请参考该书 col. 306。还可参考
Baines，'Modelling the Integration' 中的评论。

加德纳对"教诲文本"中列举的美德的评论在他的 *Egypt*，p. 106
有所引述。"你会像鳄鱼一样去征服"出自所谓的 'Maxims of
Ptahhotep' 7，5，请参考 Lichtheim，*AEL*，vol. 1，p. 66，和 Vincent
Tobin，*LAE*，p. 134。

"佩皮是从前……"（《金字塔铭文》486）的译文出自 Lichtheim，
AEL，vol. 1，p. 47 和 Faulkner，*Pyramid Texts*，p. 173，以及 Allen，
Pyramid Texts，p. 139。

"这是一位寡妇写给……"改编自 Wente，*Letters*，pp. 211-12 以及
Strudwick，*Texts*，pp. 182-3。

有关中东地区运输路线的早期历史，请参考本套古埃及史第一卷
页边码第 99~107 页和页边码第 229~239 页。要了解古王国时期法老
王国在这些道路上进行的交通运输的概况（尽管不包括最近在红海岸
边发现的海港），请参考 Karin Sowada，*Egypt in the Eastern Mediterranean
during the Old Kingdom: an archaeological perspective*（Göttingen，2009）。
还可参考 Lorenzo Nigro，'The Copper Route and the Egyptian Connection
in 3rd Millennium BC Jordan Seen from the Caravan City of Khirbet al-
Batrawy'，*Vicino Oriente*，18（2014），pp. 39-64，以及 Graeme Barker，
David Gilbertson，David Mattingly et al.，*Archaeology and Desertification:
the Wadi Faynan Landscape Survey*（London，2008），Chapter 8。

"我在我主麦然拉法老……"：这篇引人注目的文本在 Michele
Marcolin，'Iny, a Much-Trav Official of the Sixth Dynasty: unpublished

reliefs in Japan', in Miroslav Bárta, Filip Coppens and Jaromír Krejčí (eds.), *Abusir and Saqqara in the Year 2005* (Prague, 2006) pp. 282 - 310, 以及 Michele Marcolin and Andrés Diego Espinel, 'The Sixth Dynasty Biographic Inscriptions of Iny: more pieces to the puzzle', in Bárta, Coppens and Krejčí (eds.), *Abusir and Saqqara in the Year 2010*, pp. 570-615 中被重新发现、整理并翻译。

古王国时期法老王国与比布鲁斯之间的贸易在 Andrew Bevan, *Stone Vessels and Values in the Bronze Age Mediterranean* (Cambridge, 2007) 中有所描述。还可参考 Andrés Diego Espinel, 'The Role of the Temple of Ba'alat Gebal as Intermediary Between Egypt and Byblos during the Old Kingdom', *SAK*, 30 (2002), pp.103-19, 这篇文章还讨论了有关这座神庙发掘工作的混乱记录。

一次发生在安纳托利亚的盗掘发现了臭名昭著的所谓 "多拉克宝藏" (Dorak Treasure), 其中包括刻有萨胡拉法老王名圈的金条, 它似乎来自一件产自法老王国的家具。但如今这些文物已经丢失, 只剩下了 *Illustrated London News*, 29 November 1959 刊载的一份初步报告。

有关法老时代早期在西奈半岛进行的采矿活动, 请参考 Pierre Tallet, *La zone minière pharaonique du Sud-Sinaï*, 2 vols. (Cairo, 2013, 2015)。

加尔夫干河谷从 2008 年起便接受了详细的考察, 持续有与考察相关的作品出版。Pierre Tallet and Gregory Marouard, 'The Harbor of Khufu on the Red Sea Coast at Wadi al-Jarf, Egypt', in *Near Eastern Archaeology* 77, 1 (2014), pp.4-14 为其提供了不错的介绍。

有关从加尔夫干河谷到红海的聚落, 请参考 Gregory Mumford, 'Tell Ras Budran: defining Egypt's Eastern frontier and mining operations in South Sinai during the late Old Kingdom', *Bulletin of the American Schools of Oriental Research*, 342 (2006), pp.13 - 67, 以及同一位作者的 'Ongoing Investigations at a late Old Kingdom Coastal Fort at Ras Budran in South Sinai', *Journal of Ancient Egyptian Interconnections*, 4, 4 (2012), pp.20-28。

驴子货运队的组织情况在 Frank Förster, Heiko Riemer and Moez Mahir, 'Donkeys to El-Fasher, or how the present informs the past', in

Frank Förster and Heiko Riemer（eds.），*Desert Road Archaeology in Ancient Egypt and Beyond*（Cologne，2013）中有所描述。

要查看埃因苏赫纳考古发现的概述，请参考'A New Pharaonic Harbour in Ayn Sokhna（Gulf of Suez）'，in Dionisius Agius et al.（eds.），*Navigated Spaces, Connected Places*（London，2012），还可参考 Pierre Tallet，'New Inscriptions from Ayn Soukhna，2002 - 2009'，in Pierre Tallet and El-Sayed Mahfouz（eds.），*The Red Sea in Pharaonic Times: recent discoveries along the Red Sea Coast*（Cairo，2012），pp. 105–15。

有关萨胡拉神庙中的比布鲁斯之船的图片，请参考 Borchardt，*Das Grabdenkmal Des Königs Sahu-Re*（Leipzig，1910），pls. 11–15。

阿斯旺及其上游地区古王国时代的涂鸦在 Peden，*Graffiti*，pp. 10–3 有所描述。有关当时的绿洲地区的文章很多，而且数量还在不断增加，可参考 Georges Castel et al.，*Balat*，vols. 1–13（Cairo 2001–2013）。

有关骆驼被引入尼罗河下游谷地的历史，可参考马丁·海德（Martin Heide）的记录；关于骆驼的驯化，可参考 Martin Heide，'The Domestication of the Camel'，*Ugarit-Forschungen*，42（2011），pp. 331–82。

Frank Förster et al.，'Tracing Linear Structures：remote sensing, landscape classification and the archaeology of desert roads in the Eastern Sahara'，in Wilhelm Möhlig，Olaf Bubenzer and Gunter Menz（eds.），*Towards Interdisciplinarity*（Cologne，2010），pp. 49–75 是一份令人着迷的有关沙漠道路考古的记录。还可参考 Frank Förster，'With Donkeys, Jars and Water Bags into the Libyan Desert：the Abu Ballas Trail in the late Old Kingdom/First Intermediate Period'，*British Museum Studies in Ancient Egypt and Sudan*，7（2007），pp. 1 - 36，以及 Peter Schonfeld，'Wegstationen auf dem Abu Ballas-Trail-Dynastische Fundplätze aus der Western Desert'，*Ägyptens Archäologische Informationen*，30，1（2007），pp. 133–40。

"我主麦然拉王让我……"改编自 Lichtheim，*AEL*，vol. 1，pp. 25–6 和 Simpson，*LAE*，pp. 409–10，以及 Strudwick，*Texts*，pp. 330–31。长距离沙漠小组（Long Range Desert group）的 W. B. K. 肖（W. B. K. Shaw）

在 'Darb el Arba' in: the Forty Days' Road', *Sudan Notes and Records*, 12, 1 (1929), pp. 63-71 中给出了一份令人着迷的有关沙漠货运路线的记录。

有关"象牙之路",请参考 Hans Goedicke, 'Harkhuf's Travels', *JNES*, 40, 1 (1981), pp. 1-20。塔莱的研究 'New Inscriptions from Ayn Soukhna', p. 11 提到阿斯旺的沙漠旅行者也曾行经埃因苏赫纳的海港。

旅行的廷臣们的坟墓祈祷室铭文在 Elke Blumenthal, 'Die Textgattung Expeditionsbericht in Ägypten', in Jan Assmann et al. (eds.), *Fragen an die altägyptische Literatur: Studien zum Gedenken an Eberhard Otto* (Wiesbaden, 1977), pp. 85-118 中有所分析。

"由国王在统治的……"改编自 Wente, *Letters*, pp. 20-21; Simpson, *LAE*, pp. 410-11; 以及 Strudwick, *Texts*, pp. 331-3。

维尼的坟墓发现于 19 世纪 60 年代,发现它的是由马里耶特带领的工作组,坟墓祈祷室中的大石碑被取了出来,在开罗展出。坟墓于 1999 年被重新发掘,请参考 Janet Richards, 'Text and Context in late Old Kingdom Egypt: the archaeology and historiography of Weni the Elder', *JARCE*, 39 (2002), pp. 75-102。

"古王国时期最长的叙事性描述……"出自 Breasted, *Ancient Records*, vol. 1, p. 134, 其中描述并翻译了下一页上的文本。

"从历史的角度来看……"出自 Gardiner, *Egypt*, p. 94, 接下来的几页中有对这篇文本的翻译和评论。还可参考 Christopher Eyre, 'Weni's Career and Old Kingdom Historiography', in Anthony Leahy and Lisa Montagno Leahy (eds.), *The Unbroken Reed: studies in the culture and heritage of ancient Egypt in honour of A. F. Shore* (London, 1994), pp. 107-24, 以及 Naguib Kanawati, 'Weni the Elder and His Royal Background', in Amanda-Alice Maravelia (ed.), *En quête de la lumière: mélanges in honorem Ashraf A. Sadek* (Oxford, 2009), pp. 33-50。

"这支军队安全返回……"以及其后的引用部分基于 Simpson, *LAE*, pp. 402-7 的译文。

21 突然的中断

要查看有关古王国时期坟墓中动物粪便的令人着迷的记录,请参考 Miroslav Bárta and Ales Bezdek，'Beetles and the Decline of the Old Kingdom: climate change in ancient Egypt'，in Hava Vymazalová and Miroslav Bárta（eds.），*Chronology and Archaeology in Ancient Egypt*（Prague，2008），pp. 214–22。

"佩皮的美停驻于此"引用自 Henry Fischer，*Egyptian Studies III: Varia Nova*（New York，1996），p. 75。

Barbara Aston，*Ancient Egyptian Stone Vessels*（Heidelberg，1974），p. 64 上说古王国结束之后，就再没有用片麻岩和闪长岩制成的石器了。

"七十位国王统治了七十年"以及之后的引文出自 W. G. 沃德尔（W. G. Waddell）在 *Manetho*（London，1940），p. 57 ff 上的翻译。

有关一位古王国晚期的法老的夜间冒险故事，请参考 Parkinson，*Sinuhe*，pp. 288–9。

"哀歌与箴言"一节开头的引文来自所谓的《伊普威尔箴言》（Admonitions of Ipuwer）第 3.3 至 3.10 段的诸多译文，Parkinson，*Sinuhe*，pp. 166–99 和 Tobin 在 *LAE*，pp. 188–210 中都提供了不错的译文和评论。

"除非他们的理论得到事实上的支持……"引用自 Alan Gardiner，*The Admonitions of an Egyptian Sage*（Leipzig，1909），p. 17。

要查看有关法老时代预言与箴言文本以及其他文化中类似思想的缜密探论，请参考 Jan Assmann，*The Mind of Egypt*（New York，2002），pp. 106 – 14，安德鲁·詹金斯（Andrew Jenkins）对 *Ägypten: Eine Sinngeschichte*（Munich，1996）的译文。

四年后，加德纳在 'A Stela' 中所用的小写的"中间期"一词被亨利·法兰克福在其论文 'Egypt and Syria in the First Intermediate Period'，*JEA*，12（1926），pp. 80–99 中改为大写。

Assmann，*Mind of Egypt*，pp. 84–5 提供了将出现在各类记录中的、通常在位时间十分短暂的第一中间期法老们严格按照时间次序排列的案例。部分属于这一时期的遭到损毁或不完整的金字塔在 Lehner，*Complete Pyramids*，pp. 164–5 有所描述。史蒂芬·席德梅尔则在 Shaw（ed.），*Oxford History*，Chapter 6 中为现代人有关第一中间期的思考提供了不错的介绍。

赫拉克里奥波利斯在很大程度上是一个存在于文本中的地点。但根据拉比卜·哈巴奇（Labib Habachi）的观点，最近几十年中西班牙考古发掘队所发掘的正是这座城市。可参考 Maria Carmen Pérez Die, 'El proyecto de investigación "Heracleópolis Magna"（Ehnasya el-Medina）：Trabajos 2008–2009', in Luís Manuel de Araújo and José das Candeias Sales（eds.）, *Novos trabalhos de Egiptologia Ibérica: IV Congresso Ibérico de Egiptologia*（Lisbon, 2012）。

认为赫拉克里奥波利斯的统治者们被葬在城北的大墓地中的观点来自 Harco Willems, 'Les fouilles archéologiques de la Katholieke Universiteit Leuven dans la région de Dayr al-Barshā', in Laurent Bavay et al.（eds.）, *Ceci n'est pas une pyramide ... un siècle de recherche archéologique belge en Égypte*（Leuven, 2012）, pp. 126–47。

有关莫亚拉的坟墓的主要出版物是 Jacques V dier, *Mo'alla: la tombe d'Ankhtifi et la tombe de Sébekhotep*（Cairo, 1950）。但是，有关奥西里斯的现代研究让我们进一步了解了安赫提菲坟墓祈祷室中的气氛、空间与纹理。

"强大且高度组织化的……"引用自 Gardiner, *Egypt*, p. 106, "国家在将近一千年的时间里……"出自 Breasted, *History of Ancient Egypt*, p. 143, 后面引用的他的话出自该书第 144 页。

有关古王国解体的原因，人们提出了许多猜想。有关国家僵化的说法，请参考 Grimal, *History*, p. 88 ff。有关官僚毁灭了国家的说法，请参考 Baer, *Rank and Title*, Chapter VII。有关资本主义初兴导致的道德败坏毁灭了国家的说法（以及"国家在将近一千年的时间里都是繁荣……"这一段引用），请参考大卫·瓦伯顿对 Arlette David, *De l'infériorité à la perturbation: L'oiseau du "mal" et la catégorisation en Égypte ancienne*（Wiesbaden, 2000）的评论，收录在 *Discussions in Egyptology*, 53（2002）, pp. 135–52 中。有关生态灾难导致的道德败坏毁灭了国家的说法，请参考 Fekri Hassan, 'Droughts, Famine and the Collapse of the Old Kingdom: re-reading Ipuwer', in *The Archaeology and Art of Ancient Egypt: essays in honor of David B. O'Connor*, 2 vols.（Cairo, 2007）, vol. 1, pp. 357–77。

然而，这份清单中的最后一条，即看起来有些《圣经》风格的古王国之命运已经被有关这一时代的生态事实的硬数据驳斥了：请参考

Nadine Moeller, 'The First Intermediate Period: a time of famine and climate change?', *Ägypten und Levante*, 15 (2005), pp. 153 – 67。Corinne Duhig, 'They are Eating People Here!: anthropology and the First Intermediate Period', in Salima Ikram and Aidan Dodson (eds.), *Beyond the Horizon: studies in Egyptian art, archaeology and history in Honour of Barry J. Kemp*, 2 vols. (Cairo, 2009), vol. 1, pp. 45-88 表明去世于第一中间期之前和之后的人们的遗骸中并未发现明显的生理变化，因此与传统的断言相反，"似乎没有人需要靠吃掉别人过活"（该书第 64 页）。

要了解有关那个时代的物质现实的更广阔的概述，请参考 Karl Butzer, 'Environmental Change in the Near East and Human Impact on the Land', in Jack M. Sasson (ed.), *Civilisations of the Ancient Near East* (New York, 1995)。还可参考 Pierre de Miroschedji, 'The Socio-political Dynamics of Egyptian-Canaanite Interaction in the Early Bronze Age', in Edwin van den Brink and Thomas Levy (eds.), *Egypt and the Levant: interrelations from the 4th through the early 3rd millennium BCE* (London, 2002), pp. 39-57。

象岛发生的真实的生态变化被仔细地记录在了 Stephan Seidlmayer, 'Town and State in the Early Old Kingdom: a view from Elephantine', in Jeffrey Spencer (ed.), *Aspects of Early Egypt* (London, 1996), pp. 108-27 当中。Miroslav Bárta, 'In Mud Forgotten: Old Kingdom palaeoecological evidence from Abusir', *Studia Quaternaria*, 30, 2 (2013), pp. 75-82 中报告了发生在阿布西尔的类似变化。

Christopher Eyre, 'Feudal Tenure and Absentee Landlords', in Schafik Allam (ed.), *Grund und Boden in Altägypten* (Tübingen, 1994), p. 133 总结了法老时代的政府结构和土地开发，并表明它们从来不是整齐划一的，而是要根据环境进行调整。

"……麦然拉王让我向上游走……" 出自 Simpson, *LAE*, pp. 412-13 以及 Mahmoud El-Khadragy, 'The Edfu Offering Niche of Qar in the Cairo Museum', *SAK*, 30 (2002), pp. 203-28 中的译文。

艾德福遗址中记录了有关从古王国晚期开始的几个世纪以来土地占领活动的证据，Nadine Moeller and Gregory Marouard, 'Discussion of

Late Middle Kingdom and Early Second Intermediate Period History and Chronology in Relation to the Khayan Sealings from Tell Edfu', *Ägypten und Levante*, 21（2011）, pp. 88-91 中简要记录了它们。

Günter Dreyer et al. , 'Stadt und Tempel von Elephantine 28. /29. / 30. ', *MDAIK*, 58（2002）, pp. 157-225 描述了同时代政府在象岛上的仓储, Cornelius von Pilgrim, 'The Practice of Sealing in the Administration of the First Intermediate Period and the Middle Kingdom', in Brigitte Gratien（ed. ）, *Le sceau et l'administration dans la Vallée du Nil*（Lille, 2001）, pp. 161-72 中对此也有所讨论。有关同时代阿拜多斯的聚落, 请参考 Matthew Adams, *Community and Society in Egypt in the First Intermediate Period: an archaeological investigation of the Abydos settlement site*（dissertation）（Ann Arbor, 2005）。有关彩陶生产的文章也很多, 可参考 *AEMT*, pp. 177-94。

同时代达赫莱绿洲中长官的宅邸在 Clara Jeuthe, Valérie Le Provost and Georges Soukiassian, 'Ayn Asil, palais des gouverneurs du règne de Pépy II: état des recherches sur la partie sud', *BIFAO*, 113（2014）, pp. 203-38 中有所描述。Willem Haarlem, 'The First Intermediate Period Cemetery and Settlement at Tell Ibrahim Awad', in *Des Néferkarê aux Montouhotep: travaux archéologiques en cours sur la fin de la VIe dynastie et la première période intermédiaire*（Paris, 2005）, pp. 195-202 中描述了同时代三角洲地区的墓地。

"存在的毁灭" 一节开头的引文出自 David Warburton, *Journal of the Economic and Social History of the Orient*, 53, 3（2010）, p. 514。

要了解近期有关 "iwn" 以及相关词语的讨论, 请参考 David Warburton, 'The Egyptian Example and the Macroeconomic Implications', in Massimo Perma（ed. ）, *Fiscality in Mycenean and Near Eastern Archives*（Paris, 2006）, p. 259 ff. Mitchell, *Rule of Experts* 的第一章中提供了有关经济史的不同看法。

埃及耶鲁学院派出的工作团对莫亚拉山附近的地区进行了调查, 科琳·马纳萨（Colleen Manassa）的在线报告（2006）可以在他们的网站上找到。

石灰岩中所谓的 "崩塌" 岩石, 即从尼罗河下游河谷高处滑落下来的岩石上严重的岩石裂隙带来的影响，可以清晰地在安赫梯菲的坟墓祈祷室平面图中看到，请参考 Vandier, *Mo'alla*, pl. 3。

范迪尔有关这座坟墓的第一份报告 'La tombe d'Ankhtifi à Mo'alla (Haute-Égypte)', *Comptes rendus des séances de l'Académie des Inscriptions & Belles-Lettres*, 91, 2 (1947), pp. 285-93 中包含了有关这座建筑物的重新发现和保护的少有记录的详情。莫亚拉坟墓中有两件文物被 20 世纪 50 年代的部分实地埃及学家认为可能是战斗中掠夺所获，请参考 Hans Goedicke, 'Two Inlaid Inscriptions of the Earliest Middle Kingdom', in Emily Teeter and John Larson (eds.), *Gold of Praise: studies on ancient Egypt in honor of Edward F. Wente* (Chicago, 1999), pp. 149-57。

"……我用我自己的铜……"：这一段，以及我在后面所写的对于安赫梯菲坟墓祈祷室中铭文的改编出自 Lichtheim, *AEL*, vol. 1, pp. 85-6, Eric Doret, 'Ankhtifi and the Description of his Tomb at Mo'alla', in David Silverman (ed.), *For His Ba: essays offered in memory of Klaus Baer* (Chicago, 1994), pp. 79-86, 以及 John Baines, 'Feuds or Vengeance? Rhetoric and Social Forms', in Teeter and Larson (eds.), *Gold of Praise*, p. 14。

安赫梯菲时代文本对后世作品的影响在 Shih-Wei Hsu, 'The Development of Ancient Egyptian Royal Inscriptions', *JEA*, 98 (2012), p. 269-83 中有所评估。

有关翻译当时以及后续时代的等级与头衔时产生的困惑，请参考 Harco Willems, 'Nomarchs and Local Potentates: the provincial administration in the Middle Kingdom', in Juan Carlo Moreno Garcia (ed.), *Ancient Egyptian Administration* (Leiden, 2013), p. 360 ff。这一篇论文还列明了这一时期的墓地，认为它们可能暗示了尼罗河下游地区其他重要聚落的位置，并概述了有关同时代军事状况的争论。

"民要攻打民……"引用自 James Bowling Mozley, *War: a sermon preached before the University of Oxford* (London, 1915)。

"Nahkampftruppen" 等词引用自 Anthony Spalinger, 'The Organisation of the Pharaonic Army (Old to New Kingdom)', in Garcia (ed.), *Ancient Egyptian Administration*, pp. 460-71。

有关传统上对第一中间期的构想，以及将其认为是战争年代的总结，可以参考 Grimal, *History*, Chapter 6（'The Struggle for Power'）以及约翰·科尔曼·达内尔（John Coleman Darnell）的评论和他不断进行的对沙漠中铭文的考察——可参考 *The Theban Desert Road Survey*, vol. 1（Chicago, 2002）, numbers 6-9。

在分析了安赫梯菲坟墓祈祷室中立柱上的铭文之后，约翰·贝恩斯认为至少安赫梯菲遇到的麻烦都是小规模的内部冲突，可参考 Baines, 'Feuds or Vengeance?', pp. 11-20。

被称为"艾斯尤特士兵"的木质随葬人物模型的实际结构在 Förster et al., 'Tracing Linear Structures', fig. 2.3 中有所展示：他们只是沿着与货运道路平行的路线前进的一组人。

Seidlmayer, 'First Intermediate Period' 提供了一份不错的有关这一时期坟墓的概述。

我关于当时的随葬人像木雕的统计来源于 Julia Harvey, 'Continuity or Collapse: wooden statues from the end of the Old Kingdom and the first Intermediate Period', in Miroslav Bárta（ed.）, *The Old Kingdom Art and Archaeology*（Prague 2006）, pp. 157-66。

22 两地之统一者

开头段落中的统计数据来源于 *LÄ*, vol. 4, cols. 395-427。

有关达拉的坟墓建筑，请参考 Lehner, *Complete Pyramids*, p. 164 和 Raymond Weill, *Dara: campagne de 1946-1948*（Cairo, 1958）。

中王国时期国王的称号在 Leprohon, *Great Name*, pp. 54-60 中有描述和翻译。还可参考 Shih Wei Hsu, 'Development of Ancient Egyptian Royal Inscriptions', esp. p. 278 ff。

"阿蒙涅姆哈特-伊提特威"这个术语在 William Kelley Simpson, 'Studies in the Twelfth Egyptian Dynasty', *JARCE*, 2（1963）, pp. 53-63 中有所讨论。有关伊提特威的实际位置，请参考 Felix Arnold, 'Settlement Remains at Lisht-North', in Haus und Palast, pp. 13-21。还可参考 Stephen Quirke, 'The Residence in Relations between Places of Knowledge, Production and Power: Middle Kingdom evidence', in Rolf Gundlach and John Taylor（eds.）, *Egyptian Royal Residences*（Wiesbaden,

2009），pp. 111-30。

"总计：住在伊提特威的国王们……"引用自 Ryholt，'Turin King-List'，p. 141。

"国王、王官与国家"一节开头的引文（页边码第 321 页）出自 Ludwig Wittgenstein，*Philosophical Investigations*，trans. Anthony Kenny（Oxford，1953），Part One，p. 13，paragraph 31。

要查看有关用来描述法老时代国家的古老词语的历史发展的讨论，请参考 Ogden Goelet，'Kemet and Other Egyptian Terms for Their Land'，in Robert Chazan，William Hallo and Lawrence Schiffman（eds.），*Ki Baruch Hu: ancient Near Eastern, Biblical, and Judaic studies in honor of Baruch A. Levine*（Winona Lake，Indiana，1999），pp. 23-42。

法老时代的尼罗河下游地区联盟的和平主义性质在 Hans Goedicke，'ZM;-T; WY'，in *Mélange Gamal Eddin Mokhtar*，2 vols.（Cairo，1985），vol. 1，pp. 307-23 中有所强调。

Grajetzki，*Middle Kingdom*，pp. 10-28 简要记录了因特夫们和门图霍特普们的建筑计划。Kaiser et al.，'Stadt und Tempel von Elephantine'，*MDAIK*，31，1（1975），pp. 39-58 描述了中王国早期时在这座岛上进行的活动的范围。该书中第 15~23 号插图展示了当时的建筑中典型的石雕与铭文的质量。

有关在卡纳克发现的与象岛上采掘出的石材几乎相同的石块，可参考 Martina Ullman，'Thebes: origins of a ritual landscape'，in Peter Dorman and Betsy Bryan（eds.），*Sacred Space and Sacred Function in Ancient Thebes*（Chicago，2007），p. 4。

Geneviève Pierrat-Bonnefois，'L'histoire du temple de Tôd: quelques réponses de l'archéologie'，*Kyphi*，2（1999），pp. 63-76 概述了陶德的类似的建筑活动。Elisa Fiore Marochetti，*The Reliefs of the Chapel of Nebhepetre Mentuhotep at Gebelein*（Leiden，2010）中复原了另一座同时代的圣坛，并且为所有如今已经几乎消失的建筑结构提供了示意图，请参考该书第 29 页图 8 和图 9。

"开端时刻"一节开头的引文（页边码第 326 页）改编自 Allen，*Pyramid Texts*，pp. 166 and 265 的译文。

有关卡纳克的地貌，请参考 Luc Gabolde，'Les Origines de Karnak

et la Genèse de la Théologie d'Amon', *Bulletin de la Société Française d'Égyptologie*, 186-187（2014），p. 20 ff。

埃及神庙的奠基仪式在 Corinna Rossi, *Architecture and Mathematics in Ancient Egypt*（Cambridge, 2006），Chapter 4 以及 Belmonte and Shaltout（eds.），*Cosmic Order*, Chapter 7（Belmonte, Miguel Molinero Polo and Noemi Miranda）中有所描述。

尽管在卡纳克神庙建筑群附近没有已知的时代更早的建筑，但这一地区却出土了前王朝时代的陶器。我在 20 世纪 60 年代看到过圣湖（Sacred Lake）东边支撑声光亭（Sound and Light pavilion）的立柱地基下的发掘洞中出土的黑顶面器物的碎片。还可参考 Gabolde,'Les Origines de Karnak', pp. 13-20。

"（这座神庙献给）阿蒙-拉，天空之主……"改编自 Ullman, 'Thebes', p. 6。

阿蒙/阿蒙-拉是法老时代记录最广泛的神明之一。要了解有关其历史和作用的概述，请参考 LÄ, vol. 1, cols. 237-48（Eberhard Otto）以及 Vincent Tobin,'Amun and Amun in Donald Redford（ed.），*The Ancient Gods Speak: a guide to Egyptian religion*（New York, 2002）。

"就像一种新物质的粒子……"引用自 John Locke, *An Essay Concerning Human Understanding*（London, 1690），Book Two, Chapter 26。

"像神庙一样兴起"一节开头的引文改编自 Charles Francis Nims, *Thebes of the Pharaohs: pattern for every city*（London, 1965），p. 17 以及 Wolfgang Schenkel in Dieter Arnold, *Gräber des Alten und Mittleren Reiches in El-Tarif*（Mainz, 1976），pp. 50-6 的译文，后者中还有关于因特夫们坟墓的完整记录。

Dieter Arnold, *The Temple of Mentuhotep at Deir el-Bahari*（New York, 1979）为门图霍特普神庙的建筑和发掘提供了丰富的记录。要了解神庙建筑工作组和工匠使用过的工具和撬棍，以及神庙花园的平面图，请参考该书第 34~36 号、第 38-43 号和第 49 号插图。

我对现在填满了神庙庭院南边沟渠一部分的灰泥的鉴别基于人称"鲍勃"的穆罕默德（Mohammed'the Bob'）的回忆，他是一位年长的卢克索翻译，曾经参与了德米尔的电影《十诫》（1956）的拍摄。

古埃及史（第二卷）：从大金字塔到中王国的衰亡

他有这个奇怪的绰号是因为德米尔在代尔拜赫里拍摄出埃及记的时候曾经对他吼道"摘帽！"（bob down），当时穆罕默德忘记把自己的高帽摘下来了。

有关门图霍特普神庙中的一百余件雕刻精美的浮雕碎片是怎样被装到了多尼戈尔（Donegal）一座乡间别墅的墙壁上的，请参考 I. E. S. Edwards, 'Lord Dufferin's Excavations at Deir el-Bahari and the Clandeboye Collection', *JEA*, 51 (1965), pp. 16-28。

Dorothea Arnold, 'Amenemhat I and the Early Twelfth Dynasty at Thebes', *The Metropolitan Museum of Art Journal*, 26 (1991), pp. 5-48 为代尔拜赫里南部神秘的未完工的神庙提供了考古学上确定的日期。

有关阿蒙涅姆哈特一世和森沃斯雷特一世的金字塔，请参考 Lehner, *Complete Pyramids*, pp. 168-73 和 Dieter Arnold, *The Pyramid of Senwosret I* (New York, 1988)，以及 Dieter Arnold, *The Pyramid Complex of Senwosret I* (New York, 1992)。

"赫利奥波利斯与阿拜多斯"一节开头的引文改编自柏林莎草纸卷 3029 号的译文，出自 Quirke, *Cult of Re*, p. 88 和 Parkinson, *Voices*, pp. 40-3。

有关尼罗河三角洲地区中王国时代早期的神庙，请参考 Kemp, *Ancient Egypt*, pp. 126-8。要查看门图霍特普二世众多失落的建筑留下来的精美残片，请参考 Cyril Aldred, *Middle Kingdom Art in Ancient Egypt* (London, 1950), pls. 16-18 (Armant) 和 Gay Robins, *The Art of Ancient Egypt* (London, 1997), pls. 88 (Dendera), 97 and 98 (Tod), and 103 (Qift)，还有 Joseph Wegner, 'A New Temple: the mahat of Nebhepetre at Abydos', in *Egyptian Archaeology*, 46 (2015), pp. 3-7。

有关奥西里斯的十三个起源以及有关这位神明历史和作用的简要记录，可参考 *LÄ*, vol. 4, cols. 623-33 (John Gwyn Griffiths)。利什特的森沃斯雷特一世堤道雕像在 Arnold, *Pyramid of Senwosret I*, pp. 21-2 and pls. 3-7 中有所描绘。

有关中王国时期阿拜多斯的奥西里斯神庙，请参考 David O'Connor, *Abydos: Egypt's first pharaohs and the cult of Osiris* (London, 2009), p. 87 ff。要查看杰特坟墓上放置的棺材上的奥西里斯雕像群的图片，请参考 O'Connor, *Abydos*, p. 90。最近的考古发掘中发现了放置

这组雕像的封闭圣坛的碎片，以及放置圣坛的雪花石膏台石，请参考 Ute Effland, Julia Budka and Andreas Effland, 'Studien zum Osiriskult in Umm el-Qaab/Abydos', *MDAIK*, 66（2010）, pp. 30–5。同一篇报告中给出的有关陶器的资料表明奥西里斯崇拜在中王国时期十分兴旺。要了解这一时期距离奥西里斯圣坛有一定距离的诸多设施的概况，请参考 O'Connor, *Abydos*, pp. 90–6。

"我亲自为阿拜多斯……" 出自 William Kelly Simpson, *The Terrace of the Great God at Abydos: the offering chapels of dynasties 12 and 13*（New Haven, 1974）。

要查看森沃斯雷特一世在卡纳克的神庙复原图，请参考 Luc Gaboldе, *Le 'Grand Château d'Amon' de Sésostris Ier à Karnak: la décoration du temple d'Amon-Rê au Moyen Empire*（Paris, 1998）以及 Jean-François Carlotti, Ernst Czerny and Luc Gaboldе, 'Sondage Autour de la Plate-Forme en Grès de la "Cour Du Moyen Empire"', *Cahiers de Karnak*, 13（2010）, pp. 111–93。

请注意，加博尔德的体系已经在 François Larché, 'Nouvelles observations sur les monuments du Moyen et du Nouvel Empire dans la zone centrale du temple d'Amon', *Cahiers de Karnak*, 12（2006）, pp. 407–592 中被评估和扩展了，这篇文章针对森沃斯雷特一世的神庙的形式和中轴线提出了不同看法。但是，这些观点并不会对我写的内容构成太大影响。

要了解"阿蒙-拉的大宅"，请参考 Gaboldе, *Le 'Grand Château d'Amon'*。

阿蒙的底比斯大宅所用的石灰岩来自孟斐斯附近图拉的采石场和底比斯附近大巴比亚（Dababiya）的采石场，请参考 Thierry de Putter and Christina Karlshausen, 'Provenance et caractères distinctifs des calcaires utilisés dans l'architecture du Moyen et du Nouvel Empire à Karnak', *Cahiers de Karnak*, 11（2003）, pp. 373–83。

要查看卡纳克的中王国城镇的网格规划的一部分，请参考 Jean-Françoise Carlotti, 'Considérations architecturales sur l'orientation, la composition et les proportions des structures du temple d'Amon-Rê à Karnak', in Peter Jánosi（ed.）, *Structure and Significance: thoughts on ancient Egyptian architecture*（Vienna，2005），pl. 1。

有关"南方的赫利奥波利斯"，请参考 Gabolde，*Le 'Grand Château d'Amon'*。阿蒙的头衔最早出现在底比斯的建筑物上的情况以及其与赫利奥波利斯之间的联系在 Jadwiga Iwaszczuk，'Jmn xntj jpwt. f from the Middle Kingdom to the mid-Eighteenth Dynasty'，*Études et Travaux*（*Institut des Cultures Méditerranéennes et Orientales de l'Académie Polonaise des Sciences*），26（2013），pp. 303-25 中有所评估。

吕克·加博尔德认为卡纳克东西轴线的确立时间可以具体到公元前 1946 年 1 月 7 日这一天，但根据他的观察，这种看法被一些考古天文学家否定了。可参考他的 'Mise au Point sur l'orientation du Temple d'Amon-Rê à Karnak en Direction du Lever du Soleil au Solstice d'hiver'，*Cahiers de Karnak*，13（2010），pp. 243-56。

有关重新建立国家历法，请参考 Nims，*Thebes*，p. 203，n. 37。

底比斯西方地平线上的神庙在 Győző Vörös，*Temple on the Pyramid of Thebes*（Budapest，1998）和 Győző Vörös，'The Ancient Nest of Horus above Thebes：Hungarian excavations on Thoth Hill at the Temple of King Sankhkare Montuhotep（1995 - 1998）'，*Eighth International Congress*，vol. 1，pp. 547-56。

581　　"两地之主阿蒙"引用自 Ullman，'Thebes'，p. 7 ff。Claas Bleeker，*Egyptian Festivals: enactments of religious renewal*（Leiden，1967）是有关法老时代节庆的本质的基础性研究。

有关"河谷节"及其游行路线，请参考 Manfred Bietak，'Das schöne Fest vom Wüstentale：Kult zur Vereinigung mit den Toten in der thebanischen Nekropole'，in Georg Danek and Irmtraud Hellerschmid（eds.），*Rituale - Identitätsstiftende Handlungskomplexe*（Vienna，2002），pp. 23-36。

"祭司奈弗拉贝德……"（施皮格尔贝格涂鸦 968 号）改编自 Peden，*Graffiti*，p. 31 的译文。

Elaine Sullivan，'Visualising the Size and Movement of the Portable Festival Barks at Karnak Temple'，*British Museum Studies in Ancient Egypt and Sudan*，19（2012），pp. 1-37 聪明地计算出了卡纳克船的大小及其载运量。

参考文献

有关哈布城所谓的"小神庙"后期阶段的复原图,请参考 Uvo Hölscher,'The Architectural Survey', *Medinet Habu Reports*（OIC 10）（Chicago, 1931）, pp. 61-91。该地发现的已知年代最早的神庙在 Uvo Hölscher, *The Excavation of Medinet Habu*, vol. 2（Chicago, 1939）, p. 4 ff 中有所概述。

Ullman,'Thebes', p. 9 ff 中假定了阿蒙的节庆游行与哈布城的小神庙之间最早的联系,他还认为这与卢克索神庙也有关联,而近期在卡纳克的考古发现（Ullman,'Thebes', p. 10, n. 37）以及卡纳克与卢克索神庙之间游行路线的重启加强了这一观点。请参考 Mansour Boraik,'Excavations of the Quay and the Embankment in front of Karnak Temples: preliminary report', *Cahiers de Karnak*, 13（2010）, p. 47。

有关伊提特威的船上游行,请参考 Simpson,'Studies', p. 54（G）,尽管 Richard Parkinson, *Poetry and Culture in Middle Kingdom Egypt*（London, 2002）, pp. 311-12 对这篇文本的日期提出了质疑。

拉比卜·哈巴奇是个很有故事的人,他告诉我 20 世纪 30 年代他还是个卢克索的年轻检察员时,他听到一名神庙守卫在谢赫阿布·哈加格的三条节庆船经过神庙高塔时向它们大吼道:"来这里吧,阿蒙啊!"（Taala henna Ya Amun!）

23 底比斯朝廷

开头的引文出自 W. M. Flinders Petrie, *A Season in Egypt*（London, 1887）, p. 14,引用的是 Auguste Mariette, *Questions relatives aux nouvelles fouilles à faire en Égypte*（Paris, 1879）。

有关第一瀑布以北不断变化的景观的地质状况,请参考 Muhammad Abu al-Izz, *Landforms of Egypt*（Cairo, 1971）, p. 85 ff。

有关沙特里加尔干河谷中的浮雕最近期的记录,请参考 *LÄ*, vol. 6, cols. 1119 - 24（Ricardo Caminos）,以及同一位作者的'Epigraphy in the Field', in Jan Assmann, Günter Burkard and Vivian Davies（eds.）, *Problems and Priorities in Egyptian Archaeology*（London, 1987）, pp. 65-6。

"掌玺大臣"凯提和与他同时代的门图霍特普的廷臣们在 James Allen,

'Some Theban Officials of the Early Middle Kingdom', in Der Manuelian (ed.), *Studies in Honor of William Kelly Simpson*, vol. 1, pp. 1-26 中有所记录和探讨，还可参考 James Allen, 'The High Officials of the Early Middle Kingdom', in Nigel Strudwick and John Taylor (eds.), *The Theban Necropolis: past, present and future* (London, 2003), pp. 14-29。

"砂岩与石灰岩"一节开头的引文（页边码第 357 页）翻译自 Petrie, *A Season in Egypt*, pl. XV。

有关西尔希拉山丘及其与沙特里加尔干河谷的关系，请参考 James A. Harrell and Per Storemyr, 'Ancient Egyptian Quarries：an illustrated overview', in Nizam Abu-Jaber et al. (eds.), *QuarryScapes: ancient stone quarry landscapes in the Eastern Mediterranean* (Trondheim, 2009), p. 17, fig. 8。

因特夫们和门图霍特普们的大宅所用的砂岩的来源在 Carlotti et al., 'Sondage Autour de la Plate-Forme en Grès', p. 113 中有所讨论。有关代尔拜赫里的门图霍特普神庙中使用的来自大巴比亚采石场的石灰岩，请参考 de Putter and Karlshausen, 'Provenance et caractères distinctifs', pp. 373-83。

"上天赐予……"引用自 Allen, 'The High Officials', p. 18。

Allen, 'The High Officials' 中提供了有关当时部分宫廷头衔的分析。还可参考 Denise Doxey, *Egyptian Non-Royal Epithets in the Middle Kingdom* (Leiden, 1998) 和 Nathalie Favry, 'L'hapax dans le corpus des titres du Moyen Empire', *NeHet* (an online journal), 1 (2014), pp. 71-94, 以及 Wolfram Grajetzki, 'Setting the State Anew：the central administration from the end of the Old Kingdom to the end of the Middle Kingdom', in Garcia (ed.), *Ancient Egyptian Administration*, pp. 215-56。

Allen, 'The High Officals', p. 2 ff 为代尔拜赫里的中王国时期的大墓地提供了一张概念地图，并讨论了国王与这些坟墓的主人之间的关系。

有关"角、蹄、羽毛与鳞片的总管……"以及其他，请参考 Allen, 'The High Officials', 该头衔是被列明的众多总管、维齐尔和财政大臣的称号之一。

Herbert Eustace Winlock, *Excavations at Deir el Bahri 1911 - 1931*

（New York，1942）是有关这些以及其他许多底比斯西部的中王国时期纪念建筑的经典记录。Catharine Roehrig，'The Middle Kingdom Tomb of Wah at Thebes'，in Strudwick and Taylor（eds.），*Theban Necropolis*，pp. 11-13 描述了"庄园管理员"瓦后来的命运。

"只是昔日美丽形象所留下的残骸"引用自 Norman de Garis Davies，*Five Theban Tombs*（London，1913），p. 39。

有关"王家装饰"，请参考 Lisa Kuchman Sabbahy，'The Titulary of the Harem of Nebhepetre Mentuhotep，Once Again'，in *JARCE*，34（1997），pp. 163-6。这篇文章考察了埋葬在代尔拜赫里的门图霍特普二世陵墓周围的"王后们"。其中两具木乃伊上发现的重要文身在 Louis Keimer，*Remarques sur le tatouage dans L'Égypte ancienne*（Cairo，1948）中有所讨论，这篇文章的作者将其放到了更广阔的文化背景当中，对比了同时代坟墓祈祷室的装饰当中的人偶和人物上的标记。

梅克特拉的坟墓祈祷室和木质葬礼模型在 Winlock，*Excavations*，p. 17 ff 中有所描述，同一位作者的 *Models of Daily Life in Ancient Egypt from the Tomb of Meket-re at Thebes*（Cambridge，Mass.，1955）中提供了相关的精美细节。还可参考 Arnold，'Amenemhat I'和 Allen，'The High Officials'，p. 19。

"一座小坟墓的缝隙"引用自 Winlock，*Excavations*，p. 57。

"哈尔霍特普对尤达亚说……"改编自 T. G. H. James，*The Hekanakhte Papers and Other Early Middle Kingdom Documents*（New York，1962），p. 78 以及 Wente，*Letters*，pp. 63-4 的译文。

有关温洛克发现了赫卡纳赫特档案的坟墓祈祷室的发掘记录，请参考 James Allen，*The Heqanakht Papyri*（New York，2002），pp. 3-5。后面对这些文献的描述主要基于艾伦在该书中所做的敏锐的司法鉴定式的检查。我的引用和评论也是基于同样的来源，但也利用了更早的研究：James，*The Hekanakhte Papers*；Hans Goedicke，*Studies in the Hekanakhte Papers*（Baltimore，1984）；Wente，Letters，pp. 58-63；以及 Parkinson，*Voices*，pp. 101-7。

24　国家的原材料

有关西奈半岛和黎凡特的铜矿概述，请参考 Jack Ogden，*AEMT*，

p. 149 ff。有关最近在纳斯布干河谷进行的调查，请参考 Pierre Tallet, Georges Castel and Philippe Fluzin, ‘Metallurgical Sites of South Sinai （Egypt）in the Pharaonic Era: new discoveries’, *Paléorient*, 37, 2 （2011）, pp. 79-89。

埃因苏赫纳的铭文在 Mahmoud Abd el-Raz Georges Castel, Pierre Tallet and Victor Ghica, *Les inscriptions d'Ayn Soukhna* （Cairo, 2002）中出版了。还可参考 Tallet, ‘New Inscriptions’。提及了伊比的一处涂鸦 （AS7）的历史意义在 Pierre Tallet, ‘The Treasurer Ipi, early Twelth Dynasty’, in *Göttinger Miszellen*, 193 （2003）, pp. 59-64 中有所讨论。

“第 1 年，国王的人到达了……”引用自 Abd el-Raziq, Georges Castel, Pierre Tallet and Gregory Marouard, ‘The Pharaonic Site of Ayn Soukhna in the Gulf of Suez: 2001-2009 progress report’, in Tallet and Mahfouz （eds.）, *Red Sea in Pharaonic Times*, p. 4。还可参考 Pierre Tallet, ‘Ayn Sukhna and Wadi el-Jarf: two newly discovered pharaonic harbours on the Suez Gulf’, in *British Museum Studies in Ancient Egypt and Sudan*, 18 （2012）, pp. 147-68。

有关埃因苏赫纳的中王国时期的重要铜矿石熔炼设施，请参考 Mahmoud Abd el-Razik, Georges Castel, Pierre Tallet and Philippe Fluzin, *Ayn Soukhna II: les ateliers métallurgiques du Moyen Empire* （Cairo, 2011）。我对西奈半岛南部铜矿石的还原和精炼过程的估计来源于 Maryvonne Chartier-Raymond, Brigitte Gratien, Claude Traunecker and Jean-Marc Vinçon, ‘Les sites miniers pharaoniques du Sud-Sinaï: quelques notes et observations de terrain’, *Cahier de recherches de l'Institut de papyrologie et d'égyptologie de Lille*, 16 （1994）, p. 65。

有关西奈半岛的地质状况，请参考 Abu al-Izz, Landforms, pp. 257-74。有关铜矿石等的形成，请参考 Paul Weis, Thomas Driesner and Christoph Heinrich, ‘Porphyry-Copper Ore Shells Form at Stable Pressure-Temperature Fronts Within Dynamic Fluid Plumes’, *Science*, 338, 6114 （2012）, pp. 1613-16。

“绿松石阶地”引用自 Tallet, ‘Ayn Sukhna and Wadi el-Jarf’, p. 151。“只有在拥有了……”出自基尔索普·莱克（Kirsopp Lake）为 ‘The Serabit Expedition of 1930’, *Harvard Theological Review*, 25, 2

（1932），p. 97 所写的介绍。

埃因苏赫纳和西奈半岛都出现了相同的对"负责驱赶蝎子的人"和维齐尔的记录。请参考 Abd el-Raziq et al. ，'The Pharaonic Site of Ayn Soukhna'，p. 149。

我对马加拉干河谷中采矿活动留下的遗迹的描述大部分来自 W. M. Flinders Petrie，*Researches in Sinai*（London，1906）的经典记录。

"香料"一节开头的引文（页边码第 384 页）出自 *The Two Noble Kinsmen, presented at the Blackfriars by the King's Maiesties servants with great applause*，Act V（London，1634）。

要查看有关撒哈拉深处位置偏僻的中王国早期圣书文字涂鸦的报告，请参考 Joseph Clayton, Aloisa de Trafford and Mark Borda，'A Hieroglyphic Inscription Found at Jebel Uweinat Mentioning Yam and Tekhebet'，*Sahara*，19（2008），pp. 129-34。后来 Andrés Diego Espinel，'The Tribute from Tekhebeten'，*Göttinger Miszellen*，237（2013），pp. 15-19，以及 Julien Cooper，'Reconsidering the Location of Yam'，*JARCE*，48（2012），pp. 1-21 都对其进行了评估，将其放在了古代货运线路的背景下。

"寻找绿洲人民"引用自 Förster，'With Donkeys, Jars and Water Bags'，p. 9。还可参考 Michel Baud, Frédéric Colin and Pierre Tallet，'Les gouverneurs de l'oasis de Dakhla au Moyen Empire'，*BIFAO*，99（1999），p. 2 ff。

有关古代历史中乍得湖的环境，以及它与后来的法老时代文本可能存在的联系，请参考 Thomas Schneider，'The West Beyond the West：the mysterious 'Wernes' of the Egyptian underworld and the Chad Palaeolakes'，*Journal of Ancient Egyptian Interconnections*，2，4（2010），pp. 1-14。Hays，*Organization*，p. 211，n. 778 将"芦苇之野"的景象追溯到了古王国时期。

要查看 19 世纪 30 年代发现的埃及商队路线，以及路边石碑上铭文的翻译，请参考 Alessandra Nibbi，'Remarks on the Two Stelae from the Wadi Gasus'，*JEA*，62（1976），pp. 45-56。但是，该文章中的解读如今已经被取代了。请参考 El-Sayed Mahfouz，'New Epigraphic material from Wadi Gawasis'，in Tallet and Mahfouz（eds.），*Red Sea in Pharaonic Times*，pp. 117-33。

古埃及史（第二卷）：从大金字塔到中王国的衰亡

"生长于王官之中……"改编自 Nibbi, 'Remarks on the Two Stelae', p. 50, 和 James Allen, 'The Historical Inscription of Khnumhotep at Dahshur: preliminary report', *Bulletin of the American Schools of Oriental Research*, 352 (2008), pp. 27 and 38, 后者将克奴姆霍特普放到了历史背景当中。

那座长久以来被认为画着约瑟和他的亲族们的著名坟墓祈祷室在 Percy Newberry, *Beni Hasan*, vol. 1 (London, 1893) 中被称作"3 号坟墓"。

阿卜杜勒·穆奈姆·赛义德在一系列作品中宣告了加瓦西斯干河谷中发现的法老时代的港口，其中包括 'The Recently Discovered Port on the Red Sea Shore', *JEA*, 64 (1978), pp. 69-71。他带领的远征队发现的文本出版在 El-Sayed Mahfouz, 'Les Ostraca Hiératiques Du Ouadi Gaouasis', *Revue d'Égyptologie*, 59 (2008), pp. 275-322 当中。石碑的非凡结构和支撑它们的基石在 Shelley Wachsmann, *Seagoing Ships and Seamanship in the Bronze Age Levant* (College Station, Texas, 1998), pp. 259-62 中得到了重新探讨。

要了解有关加瓦西斯干河谷中各个遗迹的复杂的调查、发掘、分析和出版工作的概述，请参考 Rodolfo Fattovich, 'Egypt's Trade with Punt: new discoveries on the Red Sea coast', *British Museum Studies in Ancient Egypt and Sudan*, 18 (2012), pp. 1-59。

"海之阿蒙"出自 Mahfouz, 'New Epigraphic Material', p. 132。

"陛下下令……"改编自 Claude Obsomer, *Sésostris Ier.: étude chronologique et historique du règne* (Brussels, 1995), pp. 711-12, 以及 Dominique Farout, 'La carrière du [ouhemou] Ameny et l'organisation des expéditions au Ouadi Hammamat au Moyen Empire', *BIFAO*, 94 (1994), p. 144 (T1)。(要了解更多有关来自尼罗河畔船坞的莎草纸卷的信息，请查看本书第 27 章。)

要查看有关加瓦西斯干河谷中发现的船只缆绳的描述，请参考 Ksenija Borojevic and Rebecca Mountain, 'The Ropes of Pharaohs: the source of cordage from "Rope Cave" at Mersa/Wadi Gawasis revisited', *JARCE*, 47 (2011), pp. 131-41。

Rodolfo Fattovich and Kathryn Bard (eds.), *Mersa/Wadi Gawasis*

2006-2007（online report）中有关于这一古老遗迹中心的考古发掘的详细报告，这只是工作组在实地工作的十年间发布的许多调查报告中的一篇。

有关建造船只复制品的过程——基于加瓦西斯干河谷中发现的船材构建的"浮动的假想"——以及关于其在红海中航行的记录，请参考 Cheryl Ward，'Building Pharaoh's Ships：cedar, incense and sailing the Great Green'，*British Museum Studies in Ancient Egypt and Sudan*，18（2012），pp. 217-32。Andrea Manzo，'From the Sea to the Deserts and Back：new research in Eastern Sudan'，*British Museum Studies in Ancient Egypt and Sudan*，18（2012），pp. 75-106 描述了在港口发现的、有着非洲文化根源的异国陶器；还可参考 Fattovich，'Egypt's Trade with Punt'。

"来自蓬特的美妙事物"改编 Mahfouz，'New Epigraphic Material'，p. 131。Kenneth Kitchen，'The Land of Punt'，in Shaw et al.（eds.），*Archaeology of Africa*，pp. 587-606 展示了法老时代资料的标准处理方式。

在 2015 年第 84 届美国体质人类学家协会年度大会上，纳撒尼尔·多米尼（Nathaniel Dominy）和萨利马·伊克拉姆（Salima Ikram）报告了两具狒狒木乃伊的 DNA 检测结果。

"记得要建造圣坛……"改编自 Gardiner，*Admonitions*，p. 13；Lichtheim，*AEL*，vol. 1，p. 159 ff；Parkinson，*Sinuhe*，p. 183 ff；以及 Tobin，*LAE*，p. 203 ff。

所谓的"哈夫拉采石场"中的中王国遗迹在 Shaw et al.（eds.），'Quarrying and Landscape at Gebel el-Asr'，pp. 293-305 中有所考察。还可参考 Ian Shaw，'Non-textual Marks and the Twelfth Dynasty Dynamics of Centre and Periphery：a case-study of potmarks at the Gebel el-Asr gneiss quarties［sic］'，*Lingua Aegyptia*，8（2009），pp. 69-82。

"目的是带回'门泰特'石"引用自 Rex Engelbach，'The Quarries of the Western Nubian Desert：a preliminary report'，*Annales du Service des Antiquités de l'Égypte*，33（1933），p. 66。

古王国和中王国时期的宫廷工坊中所用的石材种类的变化在 Andrew Bevan，*Stone Vessels and Values in the Bronze Age Mediterranean*（Cambridge，2007），pp. 100-1 中有所描述。

"从很久以前开始……"出自 Ahmed Fakhry, *The Inscriptions of the Amethyst Quarries at Wadi el-Hudi*（Cairo, 1952）的序。紫水晶在 *AEMT*, pp. 50-52（Barbara Aston, James Harrell and Ian Shaw）中有所描述，而 Ian Shaw and Robert Jameson, 'Amethyst Mining in the Eastern Desert: a preliminary survey at Wadi el-Hudi', *JEA*, 79（1993）, pp. 81-97 中则描述了采石场。

"派我来搬走紫水晶"改编自 Obsomer, *Sésostris Ier.*, pp. 711-2。

有关维齐尔霍尔前往胡迪干河谷的远征，请参考 Karl-Joachim Seyfried, *Beiträge zu den Expeditionen des Mittleren Reiches in die Ost-Wüste*（Hildesheim, 1981）, p. 267。关于来自胡迪干河谷的紫水晶的广泛用途，请参考 Jacke Phillips, 'Egyptian Amethyst in the Bronze Age Aegean', *Journal of Ancient Egyptian Interconnections*, 1, 2（2009）, pp. 9-25。

Andrés Diego Espinel, 'A Newly Identified Stela from Wadi El-Hudi（Cairo JE 86119）', *JEA*, 91（2005）, pp. 55-70 讨论了胡迪干河谷中曾经有过神庙的可能性和萨雷鲁的石碑。

"11 月的一天早上……"引用自 Arthur Weigall, *Travels in the Upper Egyptian Deserts*（Edinburgh, 1909）, p. 29 ff。

有关哈马马特干河谷中的涂鸦和铭文，请参考 *LÄ*, vol. 6, cols. 1099-116（Wolfgang Helk）。有关其中的石材与采石场的概述，请参考 *AEMT*, pp. 57-8（Barbara Aston, James Harrell and Ian Shaw），以及 Myriam Wissa, 'Jbh3. t in the Autobiographical Inscription of Weni: developments since 1994', *JEA*, 97（2011）, pp. 223-7。

"我的主上派遣我乘大船……"改编自 Grajetzki, *Middle Kingdom*, p. 24。

"三角洲与河谷之王……"以及这一节中接下来的引文出自 Breasted, *Ancient Records*, vol. 1, pp. 213 and 216（441 and 451）; Donald Redford, *Egypt, Canaan, and Israel in Ancient Times*（Princeton, 1992）, p. 72; Farout, 'La carrière'; 以及线上资源 'St Andrews Corpus' of Mark-Jan Nederhof。

将记录远征的文本——如哈马马特干河谷中的那些——当中的数字，如参与此次活动的人数等当成真实可靠的记录是十分荒谬的，这在 Dieter Mueller,'Some Remarks on Wage Rates in the Middle Kingdom',*JNES*, 34, 4 (1975), pp.249-63 中有所探讨，他得出的结论是这些数字是一种计算食物配给量的方式。Farout,'La carrière', pp.143-72 则提出了不同的解释。但要了解有关法老时代采矿活动后勤工作的硬考古证据，请查看 Elizabeth Bloxam,'Who Were the Pharaohs' Quarrymen?', *Archaeology International*, 9 (2005), pp.23-7, 以及 Abu-Jaber et al. (eds.), *Quarryscapes* 中的诸多文章。

"雪花石膏"一节开头的引文出自 Pliny, *Natural History*, Book XXXVII, Chapter 10, 使用的是 17 世纪的译本《世界历史》(*The Historie of the World*)。

有关法老时代的雪花石膏、其质量和相关采石工作，请参考 *AEMT*, pp.59-60 (Barbara Aston, James Harrell and Ian Shaw)。

"被火焰炼就的东西……"出自 Tom Heldal and Per Storemyr,'Fire on the Rocks: heat as an agent in ancient Egyptian hard stone quarrying', in Georgio Lollino et al. (eds.), *Engineering Geology for Society and Territory*, vol.5 (Switzerland, 2014), p.291, 转引自 Hans Goedicke,'Some Remarks on Stone Quarrying in the Egyptian Middle Kingdom (2060-1786 BC)', *JARCE*, 3 (1964), pp.43-50。

"黄金之屋"引用自 *LÄ*, vol.2,'Hatnub', cols.1 (William Kelly Simpson)。哈特努布采石场以及其采矿工作的组织工作在 Ian Shaw,'A Survey at Hatnub', in *Amarna Reports III* (London, 1986), Chapter 10 中有所描述，还可参考 Ian Shaw, '"We Went Forth to the Desert Land ...": retracing the routes between the Nile Valley and the Hatnub travertine quarries', in Förster and Riemer (eds.), *Desert Road Archaeology*, pp.521-32。

哈特努布早期的经历在 Sydney Aufrère,'L'origine de l'albâtre à la Ire dynastie d'après les inscriptions des vases provenant des galeries de la pyramide à degrés', *BIFAO*, 103 (2013), pp.1-15 中有所描述。还可参考罗兰·恩马克 (Roland Enmarch) 有关正在进行的任务的报告：Roland Enmarch,'Writing in the "Mansion of Gold": texts from the Hatnub quarries', *Egyptian Archaeology*, 47 (2015), pp.10-12。

有关代尔伯莎的遗址及其与哈特努布之间的关系的近期概述，请参考 Harco Willems and Wala'Mustafa Muhammad, 'A Note on the Origin of the Toponym al-Barsha', *JEA*, 96 (2010), pp. 232-6。

"运输哈特努布石头所造的 13 腕尺高的雕塑"以及后续引用部分改述自 Percy Newberry, *El Bersheh*, vol. 1 (London, 1894), pp. 17 - 23, Breasted, *Ancient Records*, vol. 1, pp. 306 - 12 (668 - 706) 以及 Mark-Jan Nederhof 的译文。

有关森沃斯雷特三世统治期间的雪花石膏碎片，请参考 Hans Goedicke, 'A New Inscription from Hatnub', *Annales du Service des Antiquités de l'Égypte*, 56 (1959), pp. 55-8。

"我在王家金字塔那里安全地靠岸……"引用自 Shaw, '"We went forth to the Desert Land…"', p. 528。

Harco Willems, Christoph Peeters and Gert Verstraeyten, 'Where did Djehutihotep Erect his Colossal Statue?', *Zeitschrift*, 132 (2005), pp. 173-89 认为雪花石膏巨像是建在代尔伯莎的一座未知的神庙当中的。

25　黎凡特与努比亚

开头的引文出自 W. M. Flinders Petrie, *Memphis* 1 (London, 1909), p. 6。

"尽管这位国王统治了……"引用自 Grajetzki, *Middle Kingdom*, p. 45。

Ezra Marcus, 'Amenemhet II and the Sea: maritime aspects of the Mit Rahina (Memphis) inscription', *Ägypten und Levante*, 17 (2007), pp. 137-90 完整地记录了之前有关这篇重要文本的论文，并且讨论了这篇文本的译者所面对的诸多模棱两可之处。

有关"荷鲁斯之路"，请参考上述文章第 417 页。

"突然，面纱便可以说是……"引用自 Redford, *Egypt, Canaan, and Israel*, pp. 79-80。

有关复原的比布鲁斯之船，请查看上述作品第 394 页。（根据沃德对这种船载货量大小的估算，我认为它运送的是马库斯所说的"雪松木板"而非"雪松原木"。）

有关陶德宝藏的概述，请查看 Joan Aruz, Kim Bezel and Jean Evans

（eds.），*Beyond Babylon: art，trade and diplomacy in the Second Millennium BC*（*New York*，2009），pp. 65-9（Geneviève Pierrat-Bonnefois and Michèle Casanova）。Michel Menu，'Analyse du trésor de Tôd'，*Bulletin de la Société Française d'Égyptologie*，130（1994），pp. 29-45 提供了有关窖藏的统计资料。Marcus，'Amenemhet II and the Sea'，pp. 158-60 总结了众多关于窖藏来源及其与孟斐斯铭文之间关系的理论。

Allen，'The Historical Inscription'提供了有关克奴姆霍特普与黎凡特之间交易的长篇讨论，以及铭文现存部分的译文。"中王国时期最重要的历史文献之一"引用自这篇文章的结尾部分，第38页。

"……我打击了北方的异邦人"引用自 John Baines，'The Stela of Khusobek: private and royal military narrative and values'，in Jürgen Osing and Günter Dreyer（eds.），*Form und Mass: beitrage zur Literatur，Sprache und Kunst des altern Ägypten*（Wiesbaden，1987），pp. 43-61。

有关比布鲁斯海边坟墓的一些方面最近在 Robert Schiestl，'The Coffin from Tomb I at Byblos'，*Ägypten und Levante*，17（2007），pp. 265-72 中得到了重新考察，还可查看 Lorenzo Nigro，'The Eighteenth Century BC Princes of Byblos and Ebla and the Chronology of the Middle Bronze Age'，*Bulletin d'Archéologie et d'Architecture Libanaises*，6（2009），pp. 159-75。

辛努赫的故事是法老时代所有文本之中被讨论和记录得最多的。我对其的记录依照的是 Parkinson，*Sinuhe*，p. 21 ff，我对原文的引用则来自 Lichtheim，*AEL*，vol. 1，pp. 222-35，Parkinson，*Sinuhe*，pp. 21-43 和 Simpson，*LAE*，pp. 54-66。

"西奈站"一节开头的引文（页边码第424页）改编自 Alan Gardiner，'The Tomb of a Much-Trav Theban Official'，*JEA*，4，1（1917），pp. 35-6，以及 Grajetzki，*Middle Kingdom*，p. 25。

赛拉比特卡迪姆最近在 Charles Bonnet and Dominique Valbelle，'The Middle Kingdom Temple of Hathor at Serabit el-Khadim'，in Quirke（ed.），*Temple in Ancient Egypt*，pp. 82-9 中得到了重新调查和评估，还可参考同作者的'Le sanctuaire d'Hathor à Sérabit el-Khadim et la topographie urbaine'，in Charles Bonnet and Dominique Valbelle（eds.），*Le Sinaï durant l'antiquité et le Moyen-Age*（Paris，1998），pp. 44-9。

有关彩陶的釉彩中使用的铜化合物，请参考 Michael Tite et al. , 'The Use of Copper and Cobalt Colorants in Vitreous Materials in Ancient Egypt', in Sylvie Colinart and Michel Menu（eds. ）, *La couleur dans la peinture et l'émaillage de l'Égypte ancienne*（Bari, 1998）, pp. 111-20。

有关中王国时期西奈半岛的陶器，请参考 Janine Bourriau, 'Observations on the Pottery from Serabit el-Khadim（Zone Sud）', *Cahiers de Recherches de L'Institut de Papyrologie et d'égyptologie de Lille*, 18（1996）, pp. 19-32。分配给中王国时期赛拉比特卡迪姆的神庙工作人员的补给在 Mueller, 'Some Remarks on Wage Rates', p. 249 ff 中有所讨论。

Petrie, *Researches in Sinai* 中有许多不错的有关赛拉比特卡迪姆石碑的照片，还有其他大量与这座神庙相关的材料。

有关尼罗河三角洲和黎凡特南部的黎凡特圣坛的近期评论，请参考 Manfred Bietak, 'Near Eastern Sanctuaries in the Eastern Nile Delta', *Bulletin d'Archéologie et d'Architecture Libanaises*, 6（2009）, pp. 209-26。有关黎凡特南部广泛进行的古代采矿活动的近期概述，请参考 Nigro, 'Copper Route'。

Petrie, *Researches in Sinai*, pp. 129-33 包含了有关赛拉比特卡迪姆一份不知名文本中的铭文的第一篇报告。Alan Gardiner, 'The Egyptian Origin of the Semitic Alphabet', in *JEA*, 3, 1（1916）, pp. 1-16 记录了对其最初的破译。加德纳将这一项研究描述为他最重要的工作的说法出自 Gardiner, *Working Years*, p. 24 ff。

在赛拉比特卡迪姆之外的地方也发现了这种原始西奈文字的铭文，它们与沙漠神庙之间的内在联系在 Orly Goldwasser, 'Canaanites Reading Hieroglyphs: Horus is Hathor? the invention of the alphabet in Sinai', *Ägypten und Levante*, 16（2006）, pp. 121-60 中有所审视。

"黎凡特聚落"一节开头的引文（页边码第 429 页）出自拜伦的《唐璜》第三章第 29 段。

有关《圣经》中的亚摩利人，请参考 John van Seters, 'The Terms "Amorite" and "Hittite" in the Old Testament', *Vetus Testamentum*, 22, 1（1972）, pp. 64-81。有关青铜时代亚摩利人好战一面的近期观点，请参考 Glenn Schwartz, 'An Amorite Global Village: Syrian-Mesopotamian relations in the Second Millennium BC', in Joan Aruz, Sarah Graff and Yelena Rakic (eds.), *From Mesopotamia to the Mediterranean in the Second Millennium BC* (New York, 2013), pp. 2–11。

要查看有关黎凡特金属工艺的描述，请参考 Graham Philip et al., 'Copper Metallurgy in the Jordan Valley from the Third to the First Millennia BC: chemical, metallographic and lead isotope analyses of artefacts from Pella', *Levant*, 35 (2003), pp. 71–100。Graham Philip, 'Metalwork and Metalworking Evidence of the Late Middle Kingdom and Second Intermediate Period', *Tell el-Dab'a* 15 (Vienna, 2006), pp. 137–67 提供了有关黎凡特——所谓的"亚摩利"——文化的这一与众不同的方面的概述，并重点强调了在尼罗河三角洲中的泰勒达巴的发现。

Janice Kamrin, 'The Aamu of Shu in the Tomb of Khnumhotep II at Beni Hasan', *Journal of Ancient Egyptian Interconnections*, 1, 3 (2009), pp. 22–36 对这一著名的场景进行了重新评估。

泰勒达巴不断进行的考古发掘已经带来了一百多本出版物，它们中的大部分都被列在了 http://www.auaris.at/html/index_en.html 上，该网站上还有交互式的网站指南。Manfred Bietak, *Avaris: the capital of the Hyksos* (London, 1996) 尽管有些过时了，但仍然为这处复杂的遗迹提供了便捷的初步指南。

有关泰勒达巴的石灰岩雕塑及其考古背景，请参考 Robert Schiestl, 'The Statue of an Asiatic Man from Tell el-Dab'a, Egypt', *Ägypten und Levante*, 16 (2006), pp. 173–85。Robert Schiestl, 'Three Pendants: Tell el-Dab'a, Aigina and a new silver pendant from the Petrie Museum', in J. Lesley Fitton (ed.), *The Aigina Treasure: Aegean Bronze Age jewellery and a mystery revisited* (London, 2009), pp. 51–8 强调了泰勒达巴聚落的国际化属性。

有关中王国时代早期法老王国对努比亚的渗透，请参考 Peden, *Graffiti*, pp. 23–5。有关同时代阿斯旺以南的土著社区，请参考 Kate Liska, '"We Have Come from the Well of Ibhet": ethnogenesis of the Medjay', *Journal of Egyptian History*, 4, 2 (2011), pp. 149–71。

"进行了二十年的往来之后"以及接下来的两段引文改编自 *Obsomer, Sésostris Ier.*, Part 2.1 和 Parkinson, *Voices*, pp. 95–6（31b and 31c）。

"古代世界中建立的一连串……"引用自 William Adams, *Nubia: corridor to Africa*（London, 1977），p. 176。

努比亚堡垒的范围在 Baines and Malek, *Atlas of Ancient Egypt*, pp. 178-9 有所展示。Kemp, *Ancient Egypt*, pp. 231-44 提供了相关概述。请注意，尽管所有的努比亚堡垒按照猜想都已经沉没到了纳赛尔湖上升的水面之下，但最近的发现表明乌尔奥纳提和沙尔法克（Shalfak）的那些地势较高的堡垒存留了下来，人们正在对其进行重新考察。

"横穿大陆从陆路进军……"引用自罗林森（Rawlinson）翻译的 Herodotus, *Histories*, Book II, 10（London, 1858）。

"南方边境，矗立于此……"引用自 Christopher Eyre, 'The Semna Stelae: quotation, genre and functions of literature', in Sarah Israelit-Groll（ed.）, *Studies in Egyptology Presented to Miriam Lichtheim*, 2 vols.（Jerusalem, 1990）, vol. 1, p. 136。

"上下埃及之王卡卡雷……"改编自 Grajetzki, *Middle Kingdom*, p. 52。布雷斯特德翻译的森沃斯雷特三世的大石碑铭文引用自 *Ancient Records*, vol. 1, pp. 295-7。

Aaron Burke, *Walled up to Heaven: the evolution of Middle Bronze Age fortication strategies in the Levant*（Winona Lake, Indiana, 2008）完整记录了这一时期黎凡特要塞的历史变迁，其中第 175~176 页列明了它们共有的特征。

有关因特夫坟墓中的围城场面，请参考 Brigitte Jaros-Deckert, *Das Grab des Jnj-jtj.f: Die Wandmalereien der XI. Dynastie*（Mainz, 1984）, pp. 28-30 and 37-46。Burke, *Walled up to Heaven*, p. 52 也讨论了同一画面。

温洛克在 *Excavations*, pp. 123-7 中生动地描述了他发现的中王国战士密室，Carola Vogel, 'Fallen Heroes?: Winlock's "slain soldiers" reconsidered', *JEA*, 89（2003）, pp. 239-45 中对其年代进行了令人信服的重新确定。

贝尼哈桑坟墓祈祷室中的围攻场景在 Franck Monnier, 'Une iconographie égyptienne de l'architecture défensive', *Égypte Nilotique et*

Méditerranéenne (an online journal), 7 (2010), pp. 173-219 中有所描述。Burke, Walled up to Heaven, Chapter 3 中也讨论了同一画面。

Walter Emery, Harry Smith and Anne Millard, *The Fortress of Buhen: the archaeological report* (London, 1979) 是有关这个相当大的建筑结构的图像记录。与其他要塞一样, 布亨的要塞中也没有任何有关围城或缓和的弃守过程的证据, 请参考 Emery et al., *Fortress of Buen*, p. 90 ff。

有关努比亚前哨站的名字, 请参考 Alan Gardiner, 'An Ancient List of the Fortresses of Nubia', *JEA*, 3 (1916), pp. 184-92。

"边境巡逻队"及以下的引文改编自 Parkinson, *Voices*, pp. 93-5 和 Wente, *Letters*, pp. 70-73 的译文。

有关考古中发现的努比亚堡垒的各种各样的功能, 请参考 Stuart Smith, 'Askut and the Role of the Second Cataract Forts', *JARCE*, 28 (1991), pp. 107-32。米尔吉萨堡垒旁引人注目的一英里长的沙漠滑道在 Jean Vercouter et al., *Mirgissa* 1 (Paris, 1970) 中有所描述, 还可参考 Barry Kemp, *AEMT*, p. 93 and fig. 3.8a。

Grajetzki, 'Setting the State Anew', p. 256 ff 描述了法老时代行政体系当中军事风格头衔的兴起。

Janet Richards, *Society and Death in Ancient Egypt: mortuary landscapes of the Middle Kingdom* (Cambridge, 2005), p. 4 和 Marc Van De Mieroop, *A History of Ancient Egypt* (Oxford, 2011), p. 151 都认为法老时代埃及的尚武精神初兴于中王国时期, 并且特别提及了努比亚堡垒在此背景下的意义。

两座没有防御工事的所谓的中王国努比亚"大宅"在 Kemp, *Ancient Egypt*, p. 241 and fig. 89 中有所描述。

米尔吉萨堡垒外的埋葬物在 André Vila, 'Un dépôt de textes d'envoûtement au Moyen Empire', *Journal des Savants*, 3 (1963), pp. 135-60 中有所描述。Robert Ritner, *The Mechanics of Ancient Egypt Magical Practice* (Chicago, 2008), pp. 136-80 将其放在了当时的时代背景之下。

"……对每一个想在这整片土地上发起叛乱的叛徒……"改编自 Parkinson, *Voices*, pp. 125-6 (46)。

26　故乡的宫廷

开头的引文出自 Turin Canon VI, 3, 转引自 Ryholt, 'Turin King-List', p. 141。

有关"利什特"这个词起源于"伊提（特威）"的近期记录，请参考 Stephen Quirke, 'Residence', p. 114。有关利什特发掘出的一些中王国晚期的房屋，请参考 Arnold, 'Settlement Remains'。

所有已知的中王国时期宫殿的平面图在 Giulia Pagliari, *Function and Significance of Ancient Egyptian Royal Palaces from the Middle Kingdom to the Saite Period*（University of Birmingham e-thesis, 2015）, Chapter 4 中被收集起来并加以讨论。该作品中的第 1 章对法老时代用来称呼王宫和王家居所的词进行了词典编纂学上的分析。

Dieter Arnold, *Middle Kingdom Tomb Architecture at Lisht*（New York, 2008）, pls. 1 and 115 展示了阿蒙涅姆哈特一世和森沃斯雷特一世及其部分家族成员的金字塔所在的中央围场周围廷臣坟墓的排布。

与中王国时期的宫殿有关的廷臣与官员、工匠与乐师的头衔和称号在 Grajetzki, 'Setting the State Anew', p. 220 ff 有所描述。

众多中王国时期官员的家族所居住的大型的似乎不属于王室的宫殿和宅邸在 *Haus und Palast* 中 Manfred Bietak、Dieter Eigner 和 Charles Van Siclen III 的论文中有分析和讨论。还可参考 Josef Wegner, 'The Town of Wah-sut at South Abydos', *MDAIK*, 57（2001）, pp. 281–308, 以及同一作者的 'Social and Historical Implications of Sealings of the King's Daughter Reniseneb and other Women at the Town of Wah-Sut', in Manfred Bietak and Ernst Czerny（eds.）, *Scarabs of the Second Millennium BC from Egypt, Nubia, Crete, and the Levant: chronological and historical implications*（Vienna, 2004）, pp. 221–40。

有关宫殿中的工坊，请参考 Grajetzki, 'Setting the State Anew', pp. 252–3。

"国王给王子……"改编自 Breasted, *Ancient Records*, vol. 1, pp. 297–300 以及 Lichtheim, *AEL*, vol. 1, pp. 123–5 的译文。

"维齐尔森涅布的儿子提亚蒂的书吏……"改编自 John Baines,

'The Stelae of Amenisonbe from Abydos and Middle Kingdom Display of Personal Religion', in Janine Bourriau, Diana Magee and Stephen Quirke (eds.), *Sitting Beside Lepsius: studies dedicated to Jaromir Malek at the Griffith Institute* (Leuven, 2009), pp. 7-8。

"破晓时分，天还很早……"出自辛努赫的故事，改编自 Lichtheim, *AEL*, vol. 1, pp. 222-35, Parkinson, *Sinuhe*, pp. 27-43, 以及 Simpson, *LAE*, pp. 55-66 的译文。

Andrea Gnirs, 'In the King's House: audiences and receptions at court', in Gundlach and Taylor (eds.), *Egyptian Royal Residence*, pp. 13-43 对中王国时期王宫中的朝觐进行了中肯的论述。还可参考 Dorothea Arnold, 'The Royal Palace: architecture, decoration and furnishings', in Ziegeler (ed.), *The Pharaohs*, pp. 271-95, 这篇文章强调了王宫设计中非凡的一致性。

"喂养法老"一节开头的引文是一篇 1530 年前后写成的文章的标题，"由圣伯纳德寄给安布罗斯城堡领主雷蒙德"(sent from Saynt Bernarde, vnto Raymonde, lorde of Ambrose Castelle), 转引自 Frederick Furnivall (ed.), *Political, Religious and Love Poems* (London, 1866), p. 29。

"第 17 年，泛滥季第 2 个月……"改编自 William Kelly Simpson, *Papyrus Reisner*, vol. 2: *accounts of the dockyard workshops at This in the reign of Sesostris I* (Boston, 1965) 以及 Wente, *Letters*, p. 43 (42) 的译文。

赫卡特这一单位最近在 Hana Vymazalová, 'The Wooden Tablets from Cairo: the use of the grain unit HK3T in ancient Egypt', *Archiv Orientální*, 70, 1 (2002), pp. 27-42 中有所讨论。请注意，体积和重量共用单位是许多文化之中共有的现象，这引发了金字塔设计和粮食储存方面的研究之中的一些奇特猜想。

有关耕种作物，可参考 *AEMT*, 'Cereal Production and Processing', pp. 505-36 (Mary Anne Murray)。有关野生食材的记录较少，但可以参考 Camille Gandonnière, 'Hunters and Groups of Hunters from the Old to the New Kingdom', *NeHet* (an online journal), 1, pp. 47-69, 还可参考 María Teresa Soria Trastoy, 'Iconographic and Archaeological Analysis of the

Fishing Tackle in the Tomb of Niankhkhnum and Khnumhotep', *Oriental Studies*, 1（2012），pp. 13-56。

要查看对奈菲尔霍特普的墓室及其中内容的复原，请参考 Gianluca Miniaci and Stephen Quirke, 'Mariette at Dra Abu El-Naga and the Tomb of Neferhotep：a mid 13th Dynasty Rishi coffin（?）', *Egitto e Vicino Oriente*, 31（2008），pp. 5-25。有关奈菲尔霍特普的记录，请参考 Stephen Quirke, 'Visible and Invisible：the King in the administrative papyri of the late Middle Kingdom', in Rolf Gundlach and Christine Raedler（eds.），*Das frühe ägyptische Königtum*（Wiesbaden, 1997），pp. 63-71，还可参考 Mahmoud Ezzamel, 'Accounting and Redistribution：the palace and mortuary cult in the Middle Kingdom, ancient Egypt', *Accounting Historians Journal*, 29, 1（2002），pp. 61-103。

要查看记录了土地调查的莎草纸卷的译文，请参考 Paul Smither, 'A Tax-Assessor's Journal of the Middle Kingdom', *JEA*, 27（1941），pp. 74-6。（这一节中接下来的几段重申了本书前几章以及本套古埃及史第一卷中被广泛探索的主题。）

有关莫林达·阿布·加利卜的聚落，请参考 Tine Bagh, 'Abu Ghalib, an Early Middle Kingdom Town in the Western Nile Delta：renewed work on material excavated in the 1930s', *MDAIK*, 58（2002），pp. 29-45，有关泰勒达巴的聚落，请参考恩 Ernst Czerny, *Tell el-Dab'a IX: eine Plansiedlung des frühen Mittleren Reiches*（Vienna, 1999），他认为中王国时期的聚落是建立在未经开发的淤泥之上的。

布巴斯蒂斯的官殿在 Charles Van Siclen III, 'Remarks on the Middle Kingdom Palace at Tell Basta', in *Haus und Palast*, pp. 239-46 中有所描述。有关中王国时期三角洲地区遗址的调查，请参考 Grajetzki, *Middle Kingdom*, pp. 129-33。

"索贝克，有着绿色的羽毛……"引用自 Edda Bresciani, 'Sobek, Lord of the Land of the Lake', in Salima Ikram（ed.），*Divine Creatures: animal mummies in ancient Egypt*（Cairo, 2005），p. 199。

John Ball, 'The Physical History of the Faiyûm and its Lake', 即该作者的著作 *Contributions to the Geography of Egypt*（Cairo, 1939）的第八章如今仍是了解法尤姆地区古代历史的基础性指南，尽管其部分历史结

参考文献

论已经被推翻了——请参考 Butzer, *Early Hydraulic Civilisation*, pp. 16 ff (Bahr Yusuf) and 36-7, 以及下文中 Ginter 等人的作品。

对蓄洪盆地和防洪堤的维护在 Christopher Eyre, 'Work and the Organisation of Work in the Old Kingdom', in Marvin Powell (ed.), *Labor in the Ancient Near East* (New Haven, 1987), pp. 18-20 中有所评价。一个中王国时期行省所参与的实际规划在 Willems, 'Nomarchs and Local Potentates', pp. 344-52 有所描述。

法尤姆城的花岗岩柱于 19 世纪倒塌之后, 被送到了其现在所在的地方, 可参考 Marco Zecchi, 'The Monument of Abgig', *SAK*, 37 (2008), pp. 373-86。

矗立在哈瓦拉水渠边的两座金字塔在 Lehner, *Complete Pyramids*, pp. 175-6 and 181-3 有所描述。

阿拉伯语中的"运河河口"这个词来自圣书文字和科普特语, 请参考 Zoltán Horváth, 'Temple (s) and Town at El-Lahun: a study of ancient toponyms in the el-Lahun Papyri', in David Silverman, William Kelly Simpson and Josef Wegner (eds.), *Archaism and Innovation: studies in the culture of Middle Kingdom Egypt* (New Haven, 2009), p. 171。

有关众多中王国时期建造金字塔的工人们的地理来源的分析, 请参考 Felix Arnold, *The Control Notes and Team Marks* (New York, 1990), Chapter 2 and fig. 1。

有关古法尤姆湖高水位和低水位的日期, 及其与该地区内中王国时期聚落和神庙之间的关系, 请参考 Ginter et al., 'Excavations in the Region of Qasr el-Sagha, 1979: contributions to the Holocene geology, the Pre-Dynastic and Dynastic settlement in the Northern Fayum Desert', *MDAIK*, 36 (1980), pp. 105-69。

令人感到有趣又有教益的发现是, 在 20 世纪初, 直接追随托勒密时代先辈们的脚步的那些殖民者提议道, 应当在法尤姆低地再造一个湖, 用来灌溉尼罗河河谷。同一地区内的拉扬 (Rayan) 干河谷被 Ball (*Contributions*, p. 288) 和 Ahmed Fakhry ['Wadi el-Rayyan', *Annales du Service des Antiquités de l'Égypte*, 46 (1947), pp. 1-19] 认为曾在古时尼罗河洪泛水位较高时存在湖泊, 可参考 William Willcocks, *The Assuân Reservoir and Lake Mœris* (London, 1904)。

中王国时期洪泛水位的记录在 Barbara Bell，'Climate and the History of Egypt: the Middle Kingdom'，*American Journal of Archaeology*，79，3（1975），pp. 223-69 中被细致地整理了出来。尽管贝尔的文章后半部分的历史评析已经过时了，但其中记录的证据仍被广泛使用，本套古埃及史中的许多章都引用了这些证据。

"我看到两个男孩使劲地向我这边拉来了一块石头……"引用自皮特里的一封信，请参考 Drower，*Flinders Petrie*，p. 132。W. M. Flinders Petrie，*Hawara*，*Biahmu and Arsinoe*（London，1889），pp. 53-6 记录了他在两座巨像的遗址处进行的为期十天的调查和发掘工作。

有关 20 世纪中期离开埃及的那些独一无二的真人大小的中王国时期铜质雕像，请参考 Ziegler（ed.），*The Pharaohs*，cat. 12，pp. 388-9（George Ortiz）。

Marco Zecchi，*Geografia religiose del Fayyum*（Imola，2001）概述了中王国时期朝廷在法尤姆进行的活动。

有关卡希尔沙加神庙，请参考 Dieter Arnold and Dorothea Arnold，*Der Tempel Qasr el-Sagha*（Mainz，1979），有关附近的中王国时期的聚落，请参考 Joachim Sliwa，'Die Siedlung des Mittleren Reiches bei Qasr el-Sagha'，*MDAIK*，42（1942），pp. 167-79。

27　生活在国家中

来自那伽德尔的"破烂的分类账目"出版于 William Kelley Simpson，*Papyrus Reisner*，4 vols.（Boston，1963-86），本章之后的内容大部分引自该书。

有关提尼斯及其码头，请参考 *LÄ*，vol. 6，'Thinis'，cols. 47（Edward Brovarski）。

Simpson，*Papyrus Reisner*，vol. 2，Chapter 2（'Administrative Orders'）中将安特佛克的信放到了历史背景之下，John Wilson，*Journal of the American Oriental Society*，87，1（1967），pp. 68-9，以及 Edward Wente，*JNES*，26，1（1967），pp. 63-4 在对该书的评价中也简短地讨论了这份文本。

"安克的儿子纳克提"等引用自 Simpson，*Papyrus Reisner*，vol. 4，

Section C（117-18）和'fleeing'，Section B（1）。

"国家住房"一节开头的引文（页边码第 481 页）出自 W. M. Flinders Petrie，*Kahun*，*Gurob*，*and Hawara*（London 1890），p. 23，"我在一座第十二王朝……"的引文出自该书 p. 21（34）。

我对拉胡恩发掘工作的描述基于 Carla Gallorini，'A Reconstruction of Petrie's Excavation at the Middle Kingdom Settlement of Kahun'，in Stephen Quirke（ed.），*Lahun Studies*（Reigate，1998），pp. 42-59。我还参考了皮特里的诸多记录，包括 *Kahun*，*Gurob*，*and Hawara*；*Illahun*，*Kahun*，*and Gurob*，*1889-90*（London，1891）以及（with Guy Brunton and M. A. Murray）*Lahun 2*（London，1923）。

拉胡恩出土的莎草纸卷上有献给法老的诗歌、人口普查记录的片段、有关诸神的故事的残篇、遗嘱以及妇科和兽医学方面的治疗方案，还有遗产继承纠纷相关的备忘录——实际上，与人们能在 19 世纪欧洲的乡村别墅中发现的材料的范围差不多。有关其中一部分文本的译文，请参考 Parkinson，*Voices*，numbers 7，20，29b，36-8 and 42。

要查看有关皮特里发现的塞浦路斯残片的迷人记录，请参考 Carla Gallorini，'A Cypriote Sherd from Kahun in Context'，in David Aston et al.（eds.），*Under the Potter's Tree: studies on ancient Egypt presented to Janine Bourriau*（Leuven，2011），pp. 397-416。

皮特里唯一一幅聚落平面图收录在他的 *Illahun*，*Kahun and Gurob*，pl. 14，其中各种各样的组成部分以及"卫城"等写的都是它们通用的现代名称。有关对皮特里的发现的近期解读，请参考 Kemp，*Ancient Egypt*，pp. 211 – 21，以及 Manfred Bietak，'Zum Raumprogramm ägyptischer Wohnhäuser des Mittleren und des Neuen Reiches'，in *Haus und Palast*，pp. 25-43。

"十分明亮，就好像刚被放在这里一样"出自 Gallorini，'Reconstruction'，p. 48，引用的是皮特里 1889 年 4 月的发掘日志。

"凉爽的房间……"出自写给森沃斯雷特三世的五首诗中的第三首。其译文可参考 Lichtheim，*AEL*，vol. 1，pp. 199 – 200，Parkinson，*Voices*，pp. 46-7（7）以及 Simpson，*LAE*，p. 304。

"我是牛群的所有者……"引用自门图沃瑟石碑（MMA 12.184），译文出自 Allen，*Heqanakht Papyri*，p. 164。

有关拉胡恩埋葬的婴儿的报告，请参考 Petrie, *Kahun*, *Gurob*, *and Hawara*。

《能言善辩的农夫》的译文，请查看 Lichtheim, *AEL*, vol. 1, pp. 169-84, Parkinson, *Sinuhe*, pp. 54-88 以及 Tobin, *LAE*, pp. 25-44。我引用的部分改编自这三份资料。

尾声 对黄金时代的反思

"我知道圣书文字的秘密……" 出自 Stela of Irtisen, Louvre Museum, C 14。译文改编自多个材料。

早期中王国宫廷中汇集的各种不同的工艺风格在 Janine Bourriau, *Pharaohs and Mortals: Egyptian art in the Middle Kingdom* (Cambridge, 1988) 和 Robins, *Art of Ancient Egypt*, Chapters 5-7 中有所描述。

有关中王国与青铜时代爱琴海地区联系的概览，请参考 Peter Warren, 'Minoan Crete and Pharaonic Egypt', in Vivian Davies and Louise Schofield (eds.), *Egypt, the Aegean and the Levant: interconnections in the second millennium BC* (London, 1995), p. 1 ff 的开头章节。

Edward Terrace, *Egyptian Paintings of the Middle Kingdom* (London, 1968) 中对中王国时期的绘画进行了优雅的考察，插图也很精美。

Alix Wilkinson, *Ancient Egyptian Jewellery* (London, 1971) 中将大多数存留至今的中王国时期的宫廷珠宝放在了历史背景当中。Cyril Aldred, *Jewels of the Pharaohs* (London, 1971) 中则以共时研究的视角将许多中王国时期的材料包含了进去。

有关精美的牡蛎壳做的首饰，请参考 Herbert Winlock, 'Pearl Shells of Sen-wosret I', in Stephen Glanville (ed.), *Studies Presented to F. Ll. Griffith* (London, 1932), pp. 388-92。

Rita Freed, 'The Sculpture of the Middle Kingdom', in Lloyd (ed.), *Companion to Ancient Egypt*, vol. 2, pp. 882-912 是有关中王国时期雕塑和浮雕的实用概览。Davis Lorand, 'The "Four Schools of Art" of Senwosret I: is it time for a revision?', in Katalin Kóthay (ed.), *Art and Society: ancient and modern contexts of Egyptian art* (Budapest, 2012), pp. 47-55 揭露了从不同雕塑风格的证据中创造古代艺术流派

参考文献

的危险。

Joseph-Étienne Gautier and Gustave Jéquier, *Mémoire sur les Fouilles de Licht* (Cairo, 1902), pp. 30-38 and pls. IX-XIII 描述了罕见的装着十尊完整的森沃斯雷特一世雕像的密室。有关时代更晚的中王国时期王家雕塑的照片，可参考许多已经引用过的文献，以及 Fay, *Louvre Sphinx* 和 Kurt Lange, *Sesostris* (Munich, 1954)。

中王国时期的雕塑工坊所经历的技术变革在 Judith Devaux, 'Nature du métal employé pour les outils des sculpteurs égyptiens', *Revue d'égyptologie*, 50 (1999), pp. 275-7 中有所描述。还可参考 Jacques Aubert and Liliane Aubert, *Bronzes et or égyptiens* (Paris, 2001)。

很少有文章提及为雕塑抛光时磨具的使用，但可以参考 Denys Stocks, 'Sticks and Stones of Egyptian Technology', *Popular Archaeology*, 7, 3 (1986), pp. 24-9, 以及 Romer, *Great Pyramid*, p. 177。

有关赫凯布的圣坛及其中非凡的神龛和雕像，请参考 Labib Habachi et al., *The Sanctuary of Heqaib*, 2 vols. (Mainz, 1985)。

有关法老时代的雕像与真人相貌之间的关系这一令人烦恼的问题，总是导致人们对古代雕塑与西方传统概念中的肖像进行过于简单的比较。为数不多的例外是 Assmann, 'Preservation and Presentation', pp. 55-81, 还可参考 Binyon, *Spirit of Man*, especially p. 138 ff。

Dieter Arnold, *The Pyramid Complex of Senwosret III at Dahshur* (New York, 2002), pp. 26 and 29-31 估计中王国时期的金字塔至少在长达五个世纪的时间里都完整地矗立着。同一本书第 121~122 页中列举出了金字塔设计者从更为古老的纪念建筑中沿袭来的特征。有关这一细致的继承性的更令人着迷的维度，请参考 Susan Allen, 'Funerary Pottery in the Middle Kingdom: archaism or revival?', in Simpson and Wegner (eds.), *Archaism and Innovation*, pp. 319-39。

Lehner, *Complete Pyramids*, p. 174 ff 展示了中王国后期王家金字塔愈趋复杂的内部建筑结构。

Antonio Morales, *The Transmission of the Pyramid Texts into the Middle Kingdom* (University of Pennsylvania e-thesis, 2013) 评估了一些中王国时期贵族墓葬中对《金字塔铭文》的再利用。

最近对阿拜多斯的森沃斯雷特三世纪念建筑进行的重新调查带来

了新的启发。Josef Wegner, 'The Tomb of Senwosret III at Abydos: considerations on the origins and development of the Royal Amduat-Tomb', in Simpson and Wegner（eds.）, *Archaism and Innovation*, pp. 103-68 列出了之前有关这一主题的文章，并提供了有关其设计和功能的全新观点。

要查看阿拜多斯的森沃斯雷特三世墓葬建筑群与代尔拜赫里的门图霍特普墓葬布局之间的对比，请参考 Wegner, 'Tomb of Senwosret III' 和 Arnold, *Temple of Mentuhotep* 中的平面图，还可参考上述著作第22章第335~336页。（古代王家陵墓的建筑结构以及它们在法老时代国家形成中发挥的作用在本套古埃及史第一卷第17章和第20章中有所描述。）

有关"中埃及语"的历史和学术背景，请参考 Loprieno, *Ancient Egyptian*, Chapter 1 和 Stephen Quirke, 'Archive', in Antonio Loprieno（ed.）, *Ancient Egyptian Literature: history and forms*（Leiden, 1996）, pp. 379-401, 这篇文章描述了从中王国时期到罗马时期对法老时代非墓葬文本的抄录。

Baines and Eyre, 'Four Notes on Literacy' 以及 Parkinson, *Voices*, p. 18 对中王国时期有读写能力的人的数量进行了类似的估算。

Quirke, 'Archive' 列出了不到三十篇从中王国时期存留至今的文学性文本，Parkinson, *Sinuhe*, p. 3 则列出了大约四十篇。（为了区分这些所谓的"文学性"文本和其他文本，学者们使用了一系列现代分析手段。）

James Quibell, *The Ramesseum*（London, 1898）, Chapter 2, pp. 3-4 描述了这座著名神庙下发现的一处中王国时期的密室，其中出土了装着所谓的"拉美西斯神庙（文学）莎草纸卷"的盒子。Ritner, *Magical Practice*, pp. 222-33 从"魔法"方面详细讲述了这个盒子的背景。

"你若是懂得如何书写……"引用自《凯提的教谕》，请参考 Lichtheim, *AEL*, vol. 1, pp. 184-92, Parkinson, *Sinuhe*, pp. 273-83 以及 Simpson, *LAE*, pp. 431-7。有关理解这样的文本要小心注意的事，请参考 John Foster, 'Some Comments on Khety's Instruction for Little Pepi on his Way to School（Satire on the Trades）', in Teeter and Larson （eds.），*Gold of Praise*，pp. 121-9。

Redford，*Pharaonic King-Lists*，p. 25 简单地评估了哈马马特干河谷中一排古王国王名圈的涂鸦。

有关荷鲁斯与赛特争斗的故事和能言善辩的农夫的故事之间结构上的相似性，请参考 Schafik Allam，'Social and Legal Aspects Regarding the Trader from the Oasis'，in Andrea Gnirs（ed.），*Reading the Eloquent Peasant*（Göttingen，2000），pp. 83-92。有关一些中王国文学创作的形式在古王国时期坟墓祈祷室铭文中的来源，请参考 Elke Blumenthal，'Die Textgattung Expeditionsbericht in Ägypten'，in Jan Assmann，Erika Feucht and Reinhard Grieshammer（eds.），*Fragen an die altägyptische Literatur: Studien zum Gedenken an Eberhard Otto*（Wiesbaden，1977），pp. 85-118。胡迪干河谷中的紫水晶矿地带中的一处铭文引发了有关另一种中王国时期文学类别起源的讨论，可参考 José Galán，'The Stela of Hor in Context'，*SAK*，21（1994），pp. 65-79。

《一个人和他灵魂的争论》的译文，请参考 Lichtheim，*AEL*，vol. 1，pp. 163-9，Parkinson，*Sinuhe*，pp. 151-65 以及 Tobin，*LAE*，pp. 178-87。"伊普威尔箴言"出自 Lichtheim，*AEL*，vol. 1，pp. 149-63，Parkinson，*Sinuhe*，pp. 166-99 以及 Tobin，*LAE*，pp. 188-210。

要了解古王国朝廷解体后读者和作者之间慢慢打开的空间，请参考 Laurent Coulon，'Véracité et rhétorique dans les autobiographies égyptiennes de la Première Période Intermédiaire'，*BIFAO*，97（1997），pp. 109-38。

"被宦官谋杀？"一节开头的引文改编自 Lichtheim，*AEL*，vol. 1，p. 137，Parkinson，*Sinuhe*，p. 207 以及 Tobin，*LAE*，pp. 168-9 的译文。（在《阿蒙涅姆哈特一世的教谕》更早的译文中出现过王宫中的宦官。）

"亚细亚人死在他的剑下……"引用自 Lichtheim，*AEL*，vol. 1，p. 143。

Lichtheim，*AEL*，vol. 1，pp. 211-15，Parkinson，*Sinuhe*，pp. 89-101 以及 Simpson，*LAE*，pp. 45-53 提供了《遇难水手》故事的现代译文。

有关二战后对所谓"原始"或"民间"文化的描述，可参考 Robert Redfield，'The Folk Society'，*American Journal of Sociology*，52，

4（1947），pp. 293-308。20 世纪早期，映照着荷鲁斯、奥西里斯与赛特之间冲突的故事，Kurt Sethe, *Urgeschichte und älteste Religion der Ägypter*（Leipzig, 1930）认为奥西里斯是一位真实存在过的古代法老，出生于三角洲地区，并在进行了一系列战争之后统一了法老王国，最后被葬在了阿拜多斯。

有关爱德华·迈尔的民间故事、童话和神话传说能够包含历史真相的断言，请参考 *Geschichte des Altertums*（3rd edn, Berlin, 1913），vol. 1. 2, p. 25 [157], Hays, 'Historicity', p. 20。似乎这种错误在当时十分普遍，人们会把看上去真实的古代故事中的设定宣称为历史真实性的证明。

"我是用官话说话的……" 引用自 Antonio Loprieno, 'Linguistic Variety and Egyptian Literature', in Loprieno（ed.）, *Ancient Egyptian Literature*, p. 519。

"看呀，我们到家啦！……" 选自 Lichtheim, *AEL*, vol. 1, p. 212, Parkinson, *Sinuhe*, p. 92 和 Simpson, *LAE*, p. 47 的译文。

Bell, 'Climate and the History of Egypt', p. 260 ff 表示没有找到森沃斯雷特三世统治结束后的时期中发生了激烈的生态变化的证据。有关第十二王朝末期后法老王国的矿井、采石场以及努比亚地区涂鸦数量的减少，请参考 Peden, *Graffiti*, pp. 49-51。有关努比亚堡垒被抛弃的概况，请参考 Daphna Ben-Tor, Susan Allen and James Allen, 'Seals and Kings', *Bulletin of the American Schools of Oriental Research*, 315（1999），pp. 55-8。

"记得要建造圣坛……" 等引文改编自 Gardiner, *Admonitions*, p. 13; Lichtheim, *AEL*, vol. 1, p. 159 ff; Parkinson, *Sinuhe*, p. 183 ff; 以及 Tobin, *LAE*, p. 203 ff。

地图和图片列表

在可行的情况下，发掘者绘制的平面图原件和绘画都得到了复刻。因此，这些图片中有许多本身就是历史文件。

地图则是基于现代自然地理绘制的，尼罗河下游古代的地理状况在大多数情况下都资料不足，不足以进行精确复原。但最近的研究表明，三角洲地区在古时候面积要更小一些，尼罗河河道在河谷中变化不定，总体而言要更靠东一些。

如同在参考文献中一样，引文出处部分已经尽量简略，且在第一次引用后再引用时均使用缩写。有关缩写的使用，请查看参考文献的开头部分。以下页码皆指本书页边码。

第 xxi 页：公元前两千纪中期的古埃及及其周边地区。

第 xxiv 页：古孟斐斯地区，古王国时期金字塔所在的位置以其现代地名标出。

第 6 页：（左）吉萨马斯塔巴 7240 和 7230，出自 George Reisner, *A History of the Giza Necropolis I* （Cambridge, 1942），map 1。（右）出自 The Sakkarah Expedition, *The Mastaba of Mereruka I* （Chicago, 1938），pl. 1。附带的草图出自 Herman Junker, *Giza I* （Vienna, 1929,）fig. 6 和 Gaston Maspero, *The Dawn of Civilisation* （London, 1894）p. 248。

第 8 页：画在吉萨马斯塔巴 7210～7220 （属于哈杰德夫王子）的石块上的三个工作组的名字。[赖斯纳使用了门卡乌拉时代名字相近的工作组的较早的翻译，将其中一个工作组的名字翻译为"基奥普斯醉了工作组"（'The Crew of Cheops-is-drunk'）。]出自 William Stevenson Smith, 'Inscriptional Evidence for the History of the Fourth Dynasty',

JNES, 11, 2（1952），p. 127 and fig. 5。

第 9 页：吉萨高原鸟瞰图，出自 Reisner, *Giza Necropolis I*, pl. 1, 以及 Giza Plateau Mapping project 网站上的图片。

第 23 页：商博良宣告了破译古埃及字母表的论文的封面的一部分，1822 年出版于巴黎。

第 27 页：丹德拉星盘边框上的细节，出自拿破仑时代的 *Description de l'Égypte*, vol. 4, pl. 21A。

第 29 页：商博良列出的圣书文字字母表，出自他的 *Lettre a M. Dacier*（Paris，1828），pl. IV。

第 43 页：商博良的 *Lettre a m. le duc de Blacas d'Aulps relatives au Musée Royal Égyptien de Turin. Première lettre-monuments historiques*（Paris，1824）。

第 46 页：商博良时代的丹德拉神庙，出自 Vivant Denon, *Voyage dans la Basse et la Haute Égypte, pendant les Campagnes du Général Bonaparte*, 2 vols.（2nd edn, Paris, 1802），vol. 2, pl. 38。

第 60 页：吉萨整体平面图，出自 Reisner, *Giza Necropolis I*, map 1。

第 64 页：吉萨斯芬克斯像附近神庙中发现的四座石碑。出自 Selim Hassan, *The Sphinx: its history in the light of recent excavations*（Cairo，1949），figs. 12, 14, 35 and 36，以及 Selim Hassan, *The Great Sphinx and its Secrets*（Cairo，1953），figs 53, 94, 197 and 199。

第 66 页：卡赫杰特王的石碑。伊丽莎白·罗默（Elizabeth Romer）绘制，参照的是 *EAAP* 第 92 页插图。

第 72 页：赫尔舍复原的哈夫拉河谷神庙的平面图和正面图，出自 Uvo Hölscher, *Das Grabdenkmal des Königs Chephren*（Leipzig，1912），fig. 5 and pl. 17。

第 75 页：伊丽莎白·罗默重新绘制的表现登王击打敌人的饰板，出自 Jeffrey Spencer（ed.），*Aspects of Early Egypt*（London，1996）中的插图。表现国王登基的饰板则由皮特里绘制，出自 W. M. Flinders Petrie, *The Royal Tombs of the First Dynasty*, 2 vols.（London，1900–1901），vol. 1, pl. 15（16）。

第 92 页：巴勒莫石碑，出自 Ludwig Borchardt and Kurt Sethe, 'Ein

Bruchstück altägyptischer Annalen', *Abhandlungen der Königlich Preussischen Akademie der Wissenschaften I* (March, 1902), pl. 1。

第 94 页：巴勒莫石碑上的细节，出自 Schäfer et al., 'Ein Bruchstück'。

第 107 页：阿布西尔的神庙和金字塔，出自 Mark Lehner, *The Complete Pyramids* (London, 1997), p. 11, 有所添加。

第 109 页：阿布西尔鸟瞰图，出自 Ludwig Borchardt, *Das Grabdenkmal des Königs Ne-User-Re: Der Bau* (Leipzig, 1907) 的卷首插页，以及 I. E. S. Edwards, *The Pyramids of Egypt* (rev. edn, Harmondsworth, 1993), p. 172, fig. 35。

第 115 页：丰饶之神的画面，出自 Ludwig Borchardt, *Das Grabdenkmal Des Königs Sahu-Re*, 2 vols. (Leipzig, 1913), vol. 2, pl. 29。Gay Robins, *Proportion and Style in Ancient Egyptian Art* (London, 1994), pp. 169-70 表示其他王家纪念建筑上类似的用于复刻的网格绘制于公元前 7~前 6 世纪。

第 117 页：萨胡拉的金字塔神庙中庆典与供奉场景的碎片，出自 Borchardt, *Sahu-Re*, vol. 2, pls. 45 and 56。

第 120 页：19 世纪 40 年代的赫利奥波利斯。Ernst Wiedenbach 制作的平板印刷，出自 Richard Lepsius, *Denkmäler aus Aegypten und Aethiopien*, 12 vols. (Berlin, 1849-59), vol. 1, pl. 56。

第 122 页：两座来自赫利奥波利斯的方尖碑。伊丽莎白·罗默绘制，出自 Charles Kuenzt, *Obélisques* (Cairo Catalogue, vol. 40) (Cairo, 1932), numbers 17002 and 17003。

第 123 页：展现了太阳神庙与赫利奥波利斯之间关系的地图，出自 David Jefferies, 'The Topography of Heliopolis and Memphis: some cognitive aspects', in Heike Guksche and Daniel Polz (eds.), *Stationen: Beiträge zur Kulturgeschichte Ägyptens, Rainer Stadelmann Gewidmet* (Mainz, 1998), p. 70, fig 3。

第 124 页：三个圣书文字。"金字塔"符号出自 Norman de Garis Davies, *Mastaba of Ptahhotep and Akhethetep at Saqqareh*, 2 vols. (London, 1900-1901), vol. 1, pl. 12 (246)。中间的图片来自 Herbert Ricke, *Das Sonnenheiligtum des Königs Userkaf: Der Bau* (Cairo, 1965), p. 5。第三张图

来自博尔夏特复原的太阳神庙原本的样子，出自 Ludwig Borchardt, *Das Re-Heiligtum des Königs Ne-Woser-Re（Rathures）: Der Bau*（Berlin，1905）。

第 125 页：出自阿布西尔的兰尼弗雷夫档案的莎草纸卷碎片。伊丽莎白·罗默绘制，出自 Miroslav Verner Abusir, *Realm of Osiris*（Cairo，2002），p. 143。

第 129 页：博尔夏特复原的纽塞拉王的太阳神庙建筑群，出自 Borchardt, *Das Re-Heiligtum* 的卷首插画，以及 Jean Capart and Marcelle Werbrouck, *Memphis a L'ombre des Pyramides*（Brussels，1930），p. 83，fig. 80。

第 142 页：吉萨的工匠聚落，出自 Mark Lehner and Ana Tavares, 'Walls, Ways and Stratigraphy: signs of social control in an urban footprint at Giza', in Manfred Bietak, Ernst Czerny and Irene Forstner-Müller（eds.），*Cities and Urbanism in Ancient Egypt*（Vienna，2010），p. 172。

第 145 页：乌塞尔卡夫的金字塔建筑群复原图，出自 Herbert Ricke, *Bemerkungen zum ägyptischen Baukunst des Alten Reiches II*（Cairo，1950），p. 149 ff。

第 156 页：展示了古王国时期坟墓祈祷室位置的地图，所用信息主要来源于 *LÄ* 以及 Bertha Porter, Rosalind Moss and Jaromir Malek（eds.），*Topographical Bibliography of Ancient Egyptian Hieroglyphic Texts, Reliefs, and Paintings*，6 vols（various editions，Oxford，1927-）。

第 167 页：一张拿破仑时代的埃及地图，细节来自 Pierre Jacotin, *Carte topographique de l'Égypte*（Paris，1818），pl. 12。

第 171 页：三座古王国时代晚期的地方性神庙。泰勒-易卜拉欣-阿瓦德的神庙的现代平面图出自 Dieter Eigner, 'Tell lbrahim Awad: a sequence of temple buildings from Dynasty 0 to the Middle Kingdom', in Zahi Hawass and Lyla Pinch Brock（eds.），*Proceedings of the Eighth International Congress of Egyptology*，3 vols.（Cairo，2002），vol. 1，p. 163，fig 1。阿拜多斯的神庙出自 W. M. Flinders Petrie, *Abydos II*（London，1903），pl. LII。希拉康波利斯的出自 James Quibell, *Hierakonpolis* 2（London，1902），pl. LXXII。

第 187 页：德贝尼坟墓祈祷室中的葬礼场景，出自 Selim Hassan, *Excavations at Giza*，vol. 4（Cairo，1943），p. 176，fig. 122。

地图和图片列表

第 191 页：拉维尔的"自传"文本，出自 Selim Hassan，*Excavations at Giza 1929-1930*（Oxford，1932），p. 18，fig. 13。

第 192 页：拉维尔坟墓祈祷室的平面图，出自 Hassan，*Giza 1929-1930* 的卷首插画，以及 Porter et al.（eds.），*Topographical Bibliography*，vol. 3. 1，p. 265 ff and plan XXXIII。

第 195 页：塞加拉中部和南部的金字塔地图，出自 Lehner，*Complete Pyramids*，p. 10，有所添加。

第 197 页：一般性的金字塔内部平面图，出自 Edwards，*Pyramids of Egypt*，p. 190，fig. 41。

第 201 页：森内杰米布-英提的贡品列表。出自 Edward Brovarski，*The Senedjemib Complex*，Part 1（Boston，2000），pl. 53a and fig 71。

第 202 页：拿着莎草纸卷的祭司，出自 Friedrich Wilhelm von Bissing，*Die Mastaba des Gem-Ni-Kai*，2 vols.（Leipzig and Berlin，1905-11），vol. 2，pls. 29-31，以及 Alan Gardiner，'The Mansion of Life and the Master of the King's Largesse'，*JEA*，24，1（1938），pp. 83-91。

第 213 页：乌纳斯金字塔的入口，由照片制作而成的版画，照片由马里耶特和马斯佩罗在开罗的助手埃米尔·布鲁格施拍摄。出自 Maspero，*Dawn of Civilization*，p. 439。

第 213 页：乌纳斯金字塔的内部结构，出自 Gaston Maspero，*Les Inscriptions des Pyramides de Saqqarah*（Paris，1894），pp. 2-3。

第 215 页：《金字塔铭文》的初次面世，出自布鲁格施和皮特里的简单描绘，收录于 Samuel Birch，in *The Proceedings of the Society of Biblical Archaeology*，11（1881），p. 95 and pl. E。

第 229 页：马斯佩罗和泽特不同的《金字塔铭文》，出自 Maspero，*Les Inscriptions*，p. 3 以及 Kurt Sethe，*Die Altaegyptischen Pyramidentexte nach den Papierabdrucken und Photographien des Berliner Museums*（Leipzig，1908），p. 8。

第 260 页：满载着柱子的驳船。由伊丽莎白·罗默根据多份资料编绘。

第 261 页：加尔夫干河谷建筑的地图，出自 Pierre Tallet and Gregory Marouard，'The Harbor of Khufu on the Red Sea Coast at Wadi al-Jarf，Egypt'，in *Near Eastern Archaeology*，77，1（2014），pp. 4-14。

第 262 页: 古王国时期通往黎凡特的主要道路的地图, 出自 Graham Philip et al. , 'Copper Metallurgy in the Jordan Valley from the Third to the First Millennia BC: chemical, metallographic and lead isotope analyses of artefacts from Pella', *Levant*, 35 (2003), pp. 71-100, 以及 Lorenzo Nigro, 'The Copper Route and the Egyptian Connection in 3rd Millennium BC Jordan Seen from the Caravan City of Khirbet al-Batrawy', *Vicino Oriente*, 18 (2014), pp. 39-64, fig. 1。

第 264 页: 加尔夫干河谷莎草纸卷中的一张被发现时的样子。伊丽莎白·罗默绘制, 参考自 Tallet and Marouard, 'The Harbour of Khufu', p. 9, fig. 12。

第 266 页: 萨胡拉王时代的航海船只, 出自 Borchardt, *Sahu-Re*, vol. 2, pl. 29。

第 267 页: 古王国时期西部的货运路线地图, 来自多份资料, 包括: W. B. K. Shaw, 'Darb el Arba'in: the Forty Days Road', *Sudan Notes and Records*, 12, 1 (1929), pp. 63-71; Frank Förster, 'With Donkeys, Jars and Water Bags into the Libyan Desert: the Abu Ballas Trail in the late Old Kingdom/First Intermediate Period', *British Museum Studies in Ancient Egypt and Sudan*, 7 (2007), pp. 1-36; 以及 Nigro, 'The Copper Route'。

第 286 页: 莱顿莎草纸第 344 页, 出自 Alan Gardiner, *The Admonitions of an Egyptian Sage* (Leipzig, 1909), frontispiece。

第 288 页: 展示了第一中间期时主要的大墓地和聚落位置的地图。

第 320 页: 展示了中王国时期主要的金字塔所在位置的地图。

第 324 页: 展示了中王国时期主要的遗址所在位置的地图。

第 325 页: 象岛上的古代石头圣坛的扩建部分, 出自 Werner Kaiser et al. , 'Stadt und Tempel von E ine 19./20. Grabungsberich', *MDAIK*, 49 (1993), pp. 148-9, figs. 5-8。

第 328 页: 卡纳克的一根因特夫二世的立柱, 以及复原出的这座神庙奠基时通往古尼罗河的路。有关这根立柱, 请参考 Françoise Le Saout et al. , 'Le Moyen Empire à Karnak: Varia 1', *Cahiers de Karnak*, 8 (1987), pp. 294-7 and fig. 1。有关复原的尼罗河古河道, 请参考 Luc Gabolde, 'Les Origines de Karnak et la genèse de la théologie d'Amon',

地图和图片列表

Bulletin de la Société Française d'Égyptologie, 186–187（2014），p. 20 ff。

第 331 页：因特夫二世的陵墓，出自 Dieter Arnold, *Gräber des Alten und Mittleren Reiches in el-Tarif*（Mainz，1976），fig. 16。

第 333 页：中王国时期底比斯的地图，出自 Herbert Winlock, 'The Theban Necropolis in the Middle Kingdom', *American Journal of Semitic Languages and Literatures*, 32, 1（1915），pp. 8–9, fig. 1。

第 335 页：温洛克复原的代尔拜赫里的门图霍特普神庙正面，来源于 Walter Hauser 的设计，出自 Dieter Arnold, *The Temple of Mentuhotep at Deir el-Bahari*（New York，1979），pl. 41。

第 342 页：两座来自利什特的奥西里斯雕像，来源于最早对此遗迹进行发掘的人们绘制的图画。Joseph-Étienne Gautier and Gustave Jéquier, *Mémoire sur les Fouilles de Licht*（Cairo，1902），p. 39, fig 38。还可参考 Dieter Arnold, *The Pyramid of Senwosret I*（New York，1988），pp. 21–2。

第 345 页：卡纳克的森沃斯雷特—世神庙正面复原图，出自 Jean-François Carlotti, Ernst Czerny and Luc Gabolde, 'Sondage Autour de la Plate-Forme en Grès de la "Cour Du Moyen Empire"', *Cahiers de Karnak*, 13（2010），pp. 111–93, 以及 François Larché, 'Nouvelles observations sur les monuments du Moyen et du Nouvel Empire dans la zone centrale du temple d'Amon', *Cahiers de Karnak*, 12（2006），pl. 23。

第 351 页：早期底比斯神庙的平面图以及当时游行的路线，出自 Elisa Marochetti, *The Reliefs of the Chapel of Nebhepetre Mentuhotep at Gebelein*（Leiden，2010），p. 29, figs. 8 and 9, 以及 Manfred Bietak, 'Das schöne Fest vom Wüstentale: Kult zur Vereinigung mit den Toten in der thebanischen Nekropole', in Georg Danek and Irmtraud Hellerschmid（eds.），*Rituale: Identitätsstiftende Handlungskomplexe*（Vienna，2002）。

第 356 页：沙特里加尔的门图霍特普二世铭文，出自 W. M. Flinders Petrie, *A Season in Egypt*（London，1887），pl. 16（489）。

第 357 页：沙特里加尔的乌塞尔涂鸦，出自 Herbert Winlock, 'The Court of King Neb-Ḥepet-Rē Mentu-Hotpe at the Shaṭṭ er Rigāl', *American Journal of Semitic Languages and Literatures*, 57, 2（1940），p. 148, fig. 10 A。

古埃及史（第二卷）：从大金字塔到中王国的衰亡

第 362 页：中王国时代早期的代尔拜赫里的地图，参考自 Dieter Arnold, *Das Grab des Jnj-jtj. f. Die Architektur* (Mainz, 1971), pl. 1, Arnold, *Temple of Mentuhotep*, pl. 49 以及 James Allen, ' Some Theban Officials of the Early Middle Kingdom ', in Peter Der Manuelian (ed.), *Studies in Honor of William Kelly Simpson*, 2 vols. (Boston, 1996), vol. 1, pp. 1–26 and fig. 1。

第 364 页：亚麻布碎片。伊丽莎白·罗默绘制，参照自大都会艺术博物馆登记照片 07. 230. 1c. 1a, b。

第 364 页：门图霍特普二世的滚筒印章和匣子。伊丽莎白·罗默根据她拍摄的照片绘制。

第 368 页：有文身的女性。伊丽莎白·罗默绘制，参照自 Louis Keimer, *Remarques sur le Tatouage dans L'Égypte Ancienne* (Cairo, 1948), pls. XII (1, 2) and 13 (5)。

第 370 页：一个宫廷家族的裁缝工坊，出自 Percy Newberry, *El-Bersheh I: the tomb of Tehuti-Hetep* (London, 1894), pl. XXVI。

第 373 页：未开封的赫卡纳赫特信件 III。伊丽莎白·罗默绘制，出自 James Allen, *The Heqanakht Papyri* (New York, 2002), pl. 6。

第 380 页：西奈半岛上的四座熔炉，出自 Pierre Tallet, Georges Castel and Philippe Fluzin, ' Metallurgical Sites of South Sinai (Egypt) in the Pharaonic Era: new discoveries ', *Paléorient* 37, 2 (2011), fig. 14 (east face)。

第 383 页：展示了西奈半岛西南部法老时代铜矿位置的地图，出自 W. M. Flinders Petrie, *Researches in Sinai* (London, 1906), p. 34, Map 1; Kirsopp Lake et al., ' The Serabit Expedition of 1930 ', *Harvard Theological Review* 25, 2 (1932), map following p. 122; Maryvonne Chartier-Raymond, Brigitte Gratien, Claude Traunecker and Jean-Marc Vinçon, ' Les sites miniers pharaoniques du Sud-Sinaï: quelques notes et observations de terrain ', *Cahier de recherches de l'Institut de papyrologie et d'égyptologie de Lille*, 16 (1994), p. 35, fig. 2; Tallet et al., ' Metallurgical Sites ', p. 80, fig. 1; 还有 Gregory Mumford, ' The Sinai Peninsula and its Environs: our changing perceptions of a pivotal land bridge between Egypt, the Levant, and Arabia ', *Journal of Ancient Egyptian*

Interconnections, 7, 1 (2015), p. 2, fig. 1。

第385页：乌威纳特山丘上门图霍特普二世的铭文，图片出自www. fjexpeditions. com 以及 Andrés Diego Espinel, 'The Tribute from Tekhebeten', *Göttinger Miszellen*, 237 (2013), pp. 15-19。

第386页："水之山"的符号。伊丽莎白·罗默绘制，参考自 Friedrich Berger, 'Rock Art West of Dakhla: "water mountain" symbols' in J. Kabacinski et al. (eds.), *Studies in African Archaeology*, vol. 11 (Poznań, 2012), pp. 279-305, figs. 1 and 6, 以及 Stephan Kröpelin and Rudolph Kuper, 'More Corridors to Africa', *Cahiers de Recherches de L'Institut de Papyrologie et d'Égyptologie de Lille*, 26 (2006-7), pp. 219-29, figs. 2 and 3。

第390页：展示了加瓦西斯干河谷中古代港口位置的地图，出自 Rodolfo Fattovich, 'Egypt's Trade with Punt: new discoveries on the Red Sea coast', *British Museum Studies in Ancient Egypt and Sudan*, 18 (2012), figs. 2 and 3。

第392页：加瓦西斯干河谷出土的印章。伊丽莎白·罗默绘制，出自 Fattovich, 'Egypt's Trade with Punt', figs. 55 and 56。

第396页：加瓦西斯干河谷中出土的货物箱子上的铭文。伊丽莎白·罗默绘制，出自 Fattovich, 'Egypt's Trade with Punt', figs. 47 and 48。

第413页：拖拽杰胡提霍特普的巨像，出自 Newberry, *El-Bersheh I*, pl. XV。

第415页：孟斐斯普塔神庙的中王国时期的文本，出自 W. M. Flinders Petrie, *Memphis I* (London, 1909), pl. 5。

第425页：19世纪90年代的赛拉比特卡迪姆，出自 Maspero, *Dawn of Civilisation*, p. 475。

第426页：赛拉比特卡迪姆神庙的平面图，出自 Petrie, *Researches in Sinai* 一书末尾的平面图，以及 Charles Bonnet and Dominique Valbelle, 'The Middle Kingdom Temple of Hathor at Serabit el-Khadim', in Stephen Quirke (ed.), *The Temple in Ancient Egypt: new discoveries and recent research* (London, 1997), fig 1。

第432页：克奴姆霍特普之父坟墓祈祷室中的阿姆家族，出自

Percy Newberry, *Beni Hasan*, vol. 1 (London, 1893), p. XXXI。

第 435 页：泰勒达巴的吊坠。伊丽莎白·罗默绘制，出自 Robert Schiestl, 'Three Pendants: Tell el-Dab'a, Aigina and a new silver pendant from the Petrie Museum', in J. Lesley Fitton (ed.), *The Aigina Treasure: Aegean Bronze Age jewellery and a mystery revisited* (London, 2009), fig. 190。

第 439 页：展示了努比亚堡垒位置和平面图的地图，出自 William Adams, *Nubia: corridor to Africa* (London, 1977) p. 177, fig. 26, and p. 179, fig. 28。

第 441 页：森沃斯雷特三世的第二赛姆纳石碑，钢板雕刻，出自 Richard Lepsius, *Denkmäler aus Aegypten und Aethiopien*, 12 vols. (Berlin, 1849–59), vol. 2, pl. 136h。

第 476 页：皮特里绘制的巴亚姆巨像，出自 W. M. Flinders Petrie, *Hawara, Biahmu and Arsinoe* (London, 1889), pp. 53–6 and pl. 26, 以及 W. M. Flinders Petrie, *Ten Years Digging in Egypt* (London, 1893), p. 83, fig. 66。

第 483 页：皮特里绘制的拉胡恩的聚落平面图，出自 W. M. Flinders Petrie, *Illahun, Kahun and Gurob* (London, 1891) pl. XIV。

第 485 页：拉胡恩出土的木质工具，出自 W. M. Flinders Petrie, *Kahun, Gurob, and Hawara* (London, 1890), pl. 9。

第 486 页：一幅当时绘制的关于拉胡恩聚落连排房屋的画，复刻自 Petrie, *Illahun, Kahun and Gurob*, pl. XVI。

第 487 页：捕鼠器和坟墓祈祷室中的一幅画。捕鼠器由皮特里绘制，出自 Petrie, *Illahun, Kahun and Gurob*, pl. V, 8, 但他当时并没有认出这个沉重的陶盒实际上是一个捕鼠器。还可参考 David Drummond and Rosalind and Jacobus Janssen, 'An Ancient Egyptian Rat Trap', *MDAIK* 46 (1990), pp. 91–8。坟墓祈祷室中的绘画来自贝尼哈桑的 15 号贝克特坟墓祈祷室，出自 Percy Newberry, *Beni Hassan*, vol. 2 (London, 1894), pl. 6。

第 488 页：一个篮子和里面装的东西，出自 Petrie, *Kahun, Gurob, and Hawara*, pl. XVI。

地图和图片列表

第 500 页：一个金吊坠，出自 Maspero, *Dawn of Civilisation*, p. 518。一座努比亚石碑，伊丽莎白·罗默绘制，出自 Dietrich Wildung et al.（eds.）, *Sudan: ancient kingdoms of the Nile*（Paris, 1997）, p. 84-5（92）。

第 500 页：库梅特公主的冠冕，伊丽莎白·罗默绘制，参考了埃米尔·布鲁格施拍摄的照片。

第 508 页：中王国时期的阿拜多斯和森沃斯雷特三世坟墓的地图，出自 Petrie, *Abydos II*, pl. III 以及 Joseph Wegner, 'The Tomb of Senwosret III at Abydos: considerations on the origins and development of the royal Amduat-Tomb', in David Silverman, William Kelly Simpson and Josef Wegner（eds.）, *Archaism and Innovation: studies in the culture of Middle Kingdom Egypt*（New Haven, 2009）, pp. 103-69, fig. 20。

第 522 页：哈马马特干河谷中的涂鸦，出自 Étienne Drioton, 'Une Liste des Rois de la IV Dynastie dans l'Ouadi Hammamat', *Bulletin de la Société Française d'Égyptologie*, 16（1954）, pp. 41-9。还可参考 Donald Redford, *Pharaonic King-Lists, Annals and Day-Books*（Mississauga, Ontario, 1986）, p. 25。

彩插列表

这些彩图是为了展现本书中一些特定的方面。本书并不打算将所探讨的文物中的大部分展示出来，因为它们已经在流行的书籍和电视纪录片中得到了充分的展示。实际上，我写作这本书的目的之一就是为这些物品提供更真实的背景描述，因为它们之前常常被表现得像是精美的销售手册中的商品一样。

没有什么能取代我描述的这些物品给人带来的真实的第一印象，包括它们的大小、颜色和材质，尤其是它们在尼罗河谷地明媚的阳光之下的样子。

除了另有说明的之外，其他照片都是约翰和伊丽莎白·罗默拍摄的，由于这些照片是在过去的五十年当中拍摄的，照片中的物品和环境与现在相比可能有较大的不同。

1. 来到欧洲的古埃及。德霍维提抵达都灵的第一批藏品，出自 Giovanni Battista Biscarra and Francesco Gonin, frontispiece to *Regolamenti della Reale Accademia di Belle arti*（Turin，1825）。
2. 真人大小的胡夫王坐像。开罗博物馆，Catalogue général 14。
3. 门卡乌拉的河谷神庙，出自 George Reisner, *Mycerinus: the temples of the third pyramid at Giza*（Cambridge，Mass，1931），pl. VIII。
4. 门卡乌拉三联雕像，国王与哈索尔和所谓的"豺诺姆"女神站在一起。开罗博物馆，Journal d'Entrée 40679。
5. 萨胡拉的金字塔。
6. 正在复原萨胡拉河谷神庙的一部分由博尔夏特带领的考古发掘工作

者，出自 Ludwig Borchardt, *Das Grabdenkmal Des Königs Sahu-Re* (2 vols.) (Leipzig, 1910) (vol. 1), fig 10。

7. 发掘过程中的萨胡拉河谷神庙，出自 Borchardt, 1910, （vol. 1） fig 2。

8. "卢浮书吏"，E3203，在它最近的修复之前拍摄的照片。19 世纪 60 年代由马里耶特从一座无名的塞加拉坟墓祈祷室中发掘出来，后来这座坟墓祈祷室的主人被确定为名为凯的廷臣。

9. 莫亚拉的安赫梯菲坟墓祈祷室。

10. 安赫梯菲的赛船大会壁画的一部分，拍摄于 1974 年。

11. 门图霍特普二世的大型坐像。开罗博物馆，Journal d'Entrée 36195。

12. 代尔拜赫里的门图霍特普神庙。

13. 卡纳克。中王国时期的神庙位置，出自 Jean Lauffrey, 'Les Travaux du Centre Franco-Égyptien d'Étude des Temples de Karnak, de 1972 – 1977 ', *Cahiers de Karnak* 6 (1980), p. 24 – 35 and Pl. VIa. (photo. CRNS 15637)。

14. 卡纳克神庙东西主轴线的平面图，展示了被拆解的森沃斯雷特一世神庙，出自 Jean-François Carlotti, Ernst Czerny and Luc Gabolde, 'Sondage Autour de la Plate-Forme en Grès de la "Cour Du Moyen Empire" ', *Cahiers de Karnak* 13 (2010), pp. 111–93, fig. 23。

15. 森沃斯雷特一世的巨像。卢克索博物馆，J. 174。

16. 森沃斯雷特一世的停船点。卡纳克神庙露天博物馆。

17. 森沃斯雷特一世的停船点中的一根立柱上的浮雕。卡纳克神庙露天博物馆。

18. 无名国王的花岗石雕像，通常被认为是阿蒙涅姆哈特三世的肖像。来自法尤姆。开罗博物馆，Catalogue général 395。

19. 一座中王国时期来源未知的王室雕塑的碎片，通常被认为是森沃斯雷特三世的肖像。纽约大都会艺术博物馆，26–7–1394，来自 MacGregor 和 Carnarvon 的藏品。

致　谢

感谢爱丁堡的亚历克斯·佩登（Alex Peden）和阿雷佐的阿蒂利奥·布里利（Attilio Brilli），他们为我提供了书籍、影印本和建议；感谢亚历克斯·佩登和悉尼的安德鲁·怀特（Andrew Wright），他们对这本书进行了批判性阅读。若这本书中还存在任何缺陷，那自然只是我一个人的问题，就如同这本书中表达的态度和观点也只属于我个人一样。

在企鹅出版社中，劳拉·斯蒂克尼（Laura Stickney）、修艾布·洛卡迪亚（Shoaib Rokadiya）和理查德·杜吉德（Richard Duguid），以及优秀的设计师们都极大地鼓舞了我，尤其是劳拉，她颇为冷静而老练。

但说到底，没有我的妻子伊丽莎白·罗默，这本书，以及我过去五十年中其他所有作品都永远无法完成。

约翰·罗默，
2016 年秋于阿雷佐

图书在版编目（CIP）数据

古埃及史．第二卷，从大金字塔到中王国的衰亡／
（英）约翰·罗默（John Romer）著；刘依晨译．--北
京：社会科学文献出版社，2024.11
书名原文：A History of Ancient Egypt（Ⅱ）：
From the Great Pyramid to the Fall of the Middle
Kingdom
ISBN 978-7-5228-1708-8

Ⅰ．①古…　Ⅱ．①约…②刘…　Ⅲ．①埃及-古代史
Ⅳ．①K411.2

中国国家版本馆 CIP 数据核字（2023）第 066450 号

审图号：GS（2024）3332号。本书地图系原书插附地图。

古埃及史（第二卷）：从大金字塔到中王国的衰亡

著　　者／〔英〕约翰·罗默（John Romer）
译　　者／刘依晨

出 版 人／冀祥德
组稿编辑／董风云
责任编辑／张金勇
责任印制／王京美

出　　版／社会科学文献出版社·甲骨文工作室（分社）（010）59366527
　　　　　　地址：北京市北三环中路甲 29 号院华龙大厦　邮编：100029
　　　　　　网址：www.ssap.com.cn
发　　行／社会科学文献出版社（010）59367028
印　　装／南京爱德印刷有限公司

规　　格／开本：889mm×1194mm　1/32
　　　　　　印张：25　插页：0.5　字数：525 千字
版　　次／2024 年 11 月第 1 版　2024 年 11 月第 1 次印刷
书　　号／ISBN 978-7-5228-1708-8
著作权合同
登 记 号／图字 01-2024-4281 号
定　　价／148.00 元

读者服务电话：4008918866